MOTIVATIONSFORSCHUNG • BAND 16

Psychologie des Zukunftsdenkens

MOTIVATIONSFORSCHUNG

HERAUSGEGEBEN VON JULIUS KUHL UND FRANK HALISCH
BEGRÜNDET VON HEINZ HECKHAUSEN

BAND 16

Psychologie des Zukunftsdenkens

von

Gabriele Oettingen
Berlin

Hogrefe • Verlag für Psychologie
Göttingen • Bern • Toronto • Seattle

Psychologie des Zukunftsdenkens

Erwartungen und Phantasien

von

Gabriele Oettingen

Hogrefe • Verlag für Psychologie
Göttingen • Bern • Toronto • Seattle

Dr. Gabriele Oettingen, geb. 1953. Studium der Biologie an der Ludwig-Maximilians-Universität München; 1986 Promotion in Verhaltensbiologie. 1986-89 Post-Graduierten-Ausbildung in Psychologie an der University of Pennsylvania. 1996 Habilitation für das Fach Psychologie am Fachbereich Erziehungswissenschaft, Psychologie und Sportwissenschaft der Freien Universität Berlin. Seit 1989 Wissenschaftliche Mitarbeiterin am Max-Planck-Institut für Bildungsforschung, Bereich für Psychologie und Humanentwicklung in Berlin.

Die Deutsche Bibliothek - CIP-Einheitsaufnahme
Oettingen, Gabriele:
Psychologie des Zukunftsdenkens : Erwartungen und Phantasien / von Gabriele Oettingen. - Göttingen ; Bern ; Toronto ; Seattle : Hogrefe, 1997
(Motivationsforschung ; Bd. 16)
ISBN 3-8017-1008-4
NE: GT

Druck: Dieterichsche Universitätsbuchdruckerei
W. Fr. Kaestner GmbH & Co. KG, D-37124 Rosdorf / Göttingen
Printed in Germany
Auf säurefreiem Papier gedruckt

ISBN 3-8017-1008-4

Vorwort der Herausgeber

Eine basale Klassifikation von Motivationstheorien unterscheidet danach, ob das motivierende Agens des Handelns in der Vergangenheit (Schubkonzeption) oder in der Zukunft (Zugkonzeption) gesehen wird. Reine Schubkonzeptionen, in denen Triebe, Instinkte, Bedürfnisse aufgrund von Mangelzuständen den Organismus zum Handeln drängen, sind selbst im Hinblick auf biogene, körpernahe Motive (Hunger, Durst, Sexualität) zugunsten von Zugkonzeptionen als zu begrenzt aufgegeben worden; sie können nicht hinreichend die Gerichtetheit des Handelns erklären. Dem aber sollen die mittlerweile klassischen Konzepte von Erwartung und Anreiz Rechnung tragen: Motivierend und zielweisend sind die Erwartungen künftiger Anreize. Dies kennzeichnet die Familie der Erwartungs x Wert-Theorien, die in der Motivationspsychologie eine so hervorragende Rolle gespielt haben.

Moderne Motivationstheorien haben diese Perspektive der Zukunftsorientierung weiter entwickelt. Sie sind Theorien des Zielstrebens, in denen Fragen der Zielbildung und Zielverfolgung, der Abschirmung gegen konkurrierende Ziele, der Aktivierung und Desaktivierung von Zielintentionen usw. im Vordergrund stehen. Die Zielspanne reicht dabei von kurzfristigen Zielen bis zu weit in der Zukunft liegenden Oberzielen. Und man bedient sich in großem Umfang kognitiver Konzepte. Um so bemerkenswerter ist, daß die Frage, ob und wie zukunftsbezogenes Denken das Handeln beeinflußt, bislang kaum systematisch untersucht worden ist. Hier knüpft die vorliegende Arbeit von Gabriele Oettingen an.

Think positive! Think positive??? Die Maxime des positiven Denkens, die gelegentlich in der Psychotherapie oder in laienpsychologischen Publikationen propagiert wird, wird hier kritisch unter die Lupe genommen. Oettingen unterscheidet zwei Formen des Zukunftsdenkens: Erwartungen und Phantasien. Der theoretischen Herleitung beider Konzepte aus ihren traditionellen Wurzeln - Erwartung als die Antwort auf die Erklärungsunzulänglichkeiten behavioristischer Grundkonzeptionen, Phantasien als Gegenstand der Tagtraumforschung - sind die einleitenden Kapitel gewidmet.

Erwartungen beziehen sich auf die Eintreffenswahrscheinlichkeiten künftiger zielrelevanter Ereignisse und sind damit als Ableitungen aus vergangenen Erfahrungen mehr oder weniger realitätsbezogen. Phantasien dagegen können losgelöst von realitätsgebundenen Restriktionen künftige Ereignisse in den schönsten Farben ausmalen.

In einer eindrucksvollen Serie von vier korrelativen und drei experimentellen Studien lotet die Autorin die Tragfähigkeit dieser Unterscheidung zweier Formen des Zukunftsdenkens aus. Die Bandbreite der lebensnahen Anwendungsfelder reicht dabei von Programmen zur Gewichtsreduktion über Probleme von Krankheitsbewältigung, Partnerschaft, Berufseinstieg bis zu Fragen der Vereinbarkeit von Beruf und Familie. Alle Studien zeigen, wie verwickelt das Wechselspiel von Erwartungen und Phantasien und wie einseitig und unter Umständen irreführend die Maxime des positiven Denkens sein kann. Schwelgen in positiven Zukunftsphantasien kann nämlich dysfunktional für die Handlungssteuerung werden und eine erfolgreiche Problembewältigung behindern, wenn die Phantasien gewissermaßen eine Ersatzfunktion für das tatsächliche Handeln gewinnen und Handlungsintentionen vorwegnehmend desaktivieren. Andererseits zeigen die Experimente, daß positive Zukunftsphantasien auch erfolgsfördernde Wirkung haben können, nämlich dann, wenn sie mit hohen Erfolgserwartungen einhergehen und mit einer Vergegenwärtigung negativer Realitäten kontrastiert werden.

Auf der Basis dieser Ergebnisse schlägt die Autorin ein neues Kapitel der Motivationsforschung auf, in dem Zukunftsphantasien als wesentliches Bestimmungsstück in die Analyse aufgenommen werden. Es entsteht eine Motivationspsychologie des Zukunftsdenkens, in der Erwartungen und Phantasien von zentraler Bedeutung für die Handlungsregulation bei der Verfolgung mittelfristiger Anliegen und langfristiger Oberziele sind. Der Stellenwert einer solchen Konzeption und ihre Implikationen werden in den Schlußkapiteln des vorliegenden Bandes kritisch vergleichend in den Kontext moderner Zieltheorien und der Psychologie der Lebensspanne gestellt. Es bleibt zu hoffen, daß diese Arbeit nicht zuletzt auch dadurch eine fruchtbare Anregung für weitere theoretische Auseinandersetzungen und empirische Studien sein wird.

Juli 1996

Frank Halisch
Julius Kuhl

Vorwort der Autorin

Mitte der 80er Jahre stieß ich zum erstenmal auf die Frage nach der motivationalen Bedeutung des Zukunftsdenkens. Wir (gemeinsam mit M.E.P. Seligman) verglichen den Attributionsstil in Ost- und West-Berlin. In den Berichten über die Olympischen Spiele in Sarajevo 1984 fanden sich in den Ostberliner Zeitungen pessimistischere Erklärungen für Erfolg und Mißerfolg der einheimischen Sportler als in den Westberliner Zeitungen. Wir untersuchten diesen bemerkenswerten Befund (denn ostdeutsche Sportler waren den westdeutschen haushoch überlegen) zur Auswirkung politischer Systeme auf optimistisches Denken auch hinsichtlich seiner motivationalen Konsequenzen. Dabei beschränkten wir uns aus pragmatischen Gründen auf die Erfassung des Ausdrucks depressiver Gefühle an öffentlichen Orten (Kneipen), wo wir mehr Bedrücktheit in Ost- als in West-Berlin beobachteten.

Diese Forschungsarbeit reihte sich ein in eine Vielzahl von Studien, die die Relation von optimistischem Zukunftsdenken zu Motivation und Handeln untersuchten. Unabhängig davon, wie optimistisches Zukunftsdenken gemessen wurde (direkt abgefragt oder indirekt über den Attributionsstil erhoben), wiesen die Befunde stets in die gleiche Richtung: Optimistisches Denken fördert Motivation und Handeln, pessimistisches Zukunftsdenken behindert sie. Diese Erkenntnis wurde bereitwillig von der populärwissenschaftlichen Literatur rezipiert, wo sie sich zum Slogan "*Think positive!*" verdichtete.

Spätestens zu diesem Zeitpunkt begann ich Zweifel an der Generalisierbarkeit dieses 1:1-Zusammenhangs zu hegen. Mir war aufgefallen, daß Zukunftsdenken in allen relevanten Arbeiten stets in Form von Urteilen gemessen wurde (Kausalattributionen oder Erwartungsurteilen). Damit war das Zukunftsdenken fest an das in der Vergangenheit Erlebte gebunden, denn aufgrund der in der Vergangenheit gemachten Erfahrungen werden Kausalattributionen gebildet und Erwartungsurteile bezüglich der Zukunft gefällt. Diese Überlegung entzaubert in gewisser Weise die hervorragenden Vorhersagequalitäten von Erwartungen (und Attributionen), denn das in der Vergangenheit gezeigte Verhalten einer Person war schon immer ein guter Prädiktor für das weitere, in der Zukunft auftretende Verhalten. Sie macht aber auch deutlich, daß die auf Urteile fokussierende Psychologie des Zukunftsdenkens eine andere Art des Denkens über die Zukunft unberücksichtigt gelassen hat: die freie und von der Vergangenheit abgelöste Zukunftsvision, in der über zukünftige (Handlungs-)Welten phantasiert wird, die es zuvor anders oder überhaupt noch nicht gegeben hat. Diese andere Art des Zukunftsdenkens sollte relativ unabhängig von der urteilsbezogenen Art des Zukunftsdenkens sein, so daß Personen mit pessimistischen Erwartungen durchaus hoffnungsvoll phantasieren können und umgekehrt. Die Frage war jedoch, ob die motivationalen und handlungsbezogenen Konsequenzen der beiden Arten des Zukunftsdenkens parallel verlaufen oder gegenläufig sind.

In einer Serie von Korrelationsstudien, die ich an der *University of Pennsylvania* durchführte, ließ sich diese Frage anhand verschiedener Stichproben in unterschiedlichen Inhaltsbereichen klären. Während positive Erwartungen erfolgsförderlich waren, standen positive Zukunftsphantasien in einer negativen Beziehung zu Motivation und Erfolg. Mit diesem Ergebnis war es gelungen, den generellen Slogan des *Think positive!* auf erwartungsbezogenes Zukunftsdenken einzuschränken. Gerade das freie und spontane Zukunftsdenken, das eine Person beliebig gestalten kann (und bei dem somit Selbstinstruktionen wie *think positive!* besonders wirksam sein sollten), hat sich als motivationaler Hemmschuh erwiesen. Nur die Erwartungsurteile zeigen die motivationalen Zusammenhänge, die sich die Vertreter des *Think positive!* versprechen. Leider sind diese Urteile nicht beliebig der eigenen Gestaltung in Selbstkontrolle zugänglich, denn sie sind durch die in der Vergangenheit gemachten Erfahrungen bereits weitgehend festgelegt.

Mit dieser ernüchternden Erkenntnis war für mich die Frage nach der motivationalen Bedeutung des positiven Zukunftsdenkens jedoch nicht abschließend beantwortet. Mir wollte nicht einleuchten, daß positive Zukunftsphantasien motivational stets von Nachteil sein sollten. Sind es nicht gerade Personen mit positiven Zukunftsvisionen, die Neues schaffen und "Unmögliches" bewerkstelligen? Was muß also geschehen, damit positive Zukunftsphantasien zu einer positiven motivationalen Kraft werden? Bereits die Korrelationsstudien machten deutlich, daß positive Zukunftsphantasien, wenn schon kein phantasie-realisierendes Handeln, so doch wenigstens konsumtives Handeln in Gang bringen. Den positiven Phantasien folgten Handlungen, die das Schwelgen in der positiven Phantasie zusätzlich begünstigten und somit von einer Auseinandersetzung mit der Realität abhielten. Diese Beobachtung führte zu der Überlegung, daß die Voraussetzung für die Stimulierung phantasie-realisierender Handlungen möglicherweise darin besteht, daß die mit positiven Zukunftsphantasien assoziierte konsumtive Haltung durch einen Blick auf die widersprechende Realität durchbrochen werden kann.

In einer Serie von Experimenten wurden deshalb Kontrastierungsverfahren entwickelt, in denen die Versuchspersonen angehalten wurden, ihren spontanen positiven Zukunftsphantasien relevante Reflexionen der widersprechenden Realität entgegenzuhalten. Ich vermutete, daß durch die Kontrastierung von positiven Zukunftsphantasien mit Reflexionen über die negative Realität eine Handlungsnotwendigkeit und -aufforderung entstünde, die sich dann in phantasie-realisierende Motivation umsetzt, wenn dazu die entsprechenden positiven Erfolgserwartungen vorliegen. In drei Experimenten, die jeweils andere, für die Versuchspersonen bedeutsame Zukunftsthematiken heranzogen, konnte dies bestätigt werden. Die Experimente nutzten stets Kontrollgruppen, in denen die Versuchspersonen entweder nur in positiven Zukunftsphantasien schwelgten oder ausschließlich über negative Aspekte der vorliegenden Realität grübelten. In diesen Kontrollbedingungen konnte keine erwartungsabhängige Motivierung der Versuchspersonen beobachtet werden.

Die Ergebnisse dieser experimentellen Arbeiten sind in zweifacher Hinsicht aufschlußreich. Zum einen verweisen sie auf die Bedingungen, die positiven Zukunftsphantasien ihren konsumtiven Charakter rauben und sie motivational fruchtbar machen. Zum anderen geben sie Hinweise darauf, wann Erfolgserwartungen ihre handlungsleitende Funktion besonders wirksam entfalten. Die Ergebnisse der Korrelationsstudien und der Experimente zusammengenommen offerieren somit eine Differenzierung und Ausgestaltung der Psychologie des Zukunftsdenkens, die sich bislang ausschließlich auf die Analyse von Erwartungsurteilen beschränkte. Will man Aussagen zur motivationalen Bedeutung des Zukunftsdenkens machen, empfiehlt es sich, zunächst zwischen Erwartungsurteilen und spontanen Zukunftsphantasien zu unterscheiden. Weiterhin ist es ratsam, die von der Person gewählte Art des mentalen Umgangs mit positiven Zukunftsphantasien zu berücksichtigen. Denn unter Kontrastierungsbedingungen gewinnen positive Zukunftsphantasien durchaus eine motivationsförderliche Bedeutung, und zwar über die Umsetzung positiver Erfolgserwartungen.

Die vorliegende Schrift ist wie folgt aufgebaut. In *Teil I* werden vier verschiedene theoretische Traditionen, die sich mehr oder weniger explizit mit Fragen des Zukunftsdenkens beschäftigten, daraufhin analysiert, welche Positionen bezüglich der motivationalen Bedeutung des Zukunftsdenkens jeweils vertreten werden. In Kapitel 1 wird zunächst der klassische behavioristische Ansatz diskutiert, beginnend mit den ursprünglichen radikalbehavioristischen Prinzipien über den Neo-Behaviorismus bis hin zu den kognitiven Reinterpretationen des Konditionierens. Dabei wird darauf hingewiesen, daß bereits in den klassischen behavioristischen Lerntheorien Raum für erwartungsbezogene Konzepte geschaffen wurde. Diesen nutzten die Theorien der gelernten Hilflosigkeit und die sozialkognitiven Theorien Banduras und Mischels, in denen das Erwartungskonzept seinen Siegeszug antrat. In der angewandten Psychologie der letzten 20 Jahre wurde schließlich die praktische Bedeutung der Erwartungsurteile für die Vorhersage zentraler Variablen von Erfolg in Beruf und Gesundheit demonstriert, was im letzten Teil des ersten Kapitels nachgezeichnet wird.

Im zweiten Kapitel wird das Postulat der humanistischen Psychologie, wonach eine förderliche Persönlichkeitsentwicklung nur dann erwartet werden darf, wenn der Mensch sich realistisch einschätzt, dazu genutzt, eine andere Position bezüglich der Analyse des Zukunftsdenkens herauszuarbeiten. Das Kapitel beginnt mit dem Versuch, die Ursprünge der Realismus-Position (in der Psychologie Freuds) zu lokalisieren. Danach kommen wesentliche Vertreter der humanistischen Psychologie zu diesem Thema zu Wort. Schließlich wird der Zusammenhang zum ersten Kapitel dadurch hergestellt, daß die rezente Kontroverse zur motivationalen Funktion illusionär positiven Zukunftsdenkens konzeptuell analysiert wird. Hier stehen auf der lerntheoretischen Tradition basierende Positionen (zusammengefaßt von Taylor und Brown) im Widerspruch zu Positionen der humanistischen Psychologie (vorgebracht von Colvin und Block).

Das dritte Kapitel kehrt schließlich zu einer psychologischen Tradition zurück, die sich bereits in den 30er Jahren explizit mit spontanen Phantasien beschäftigte. Es handelt sich um die Bedürfnispsychologie Murrays und die Messung von Motiven durch den "thematischen Apperzeptionstest". Die Frage nach dem Zusammenhang der über Phantasien gemessenen Motive zum Verhalten wird in den theoretischen Arbeiten McClellands und Atkinsons in Angriff genommen. Die beiden Autoren finden dabei jeweils andere Antworten. Jedesmal spielen jedoch sowohl motiv-bezogene Phantasien als auch Erwartungsurteile eine Rolle bei der Vorhersage von Verhalten. Kapitel 3 macht somit deutlich, daß in der motivationspsychologischen Literatur die Unterscheidung zwischen Phantasien und Erwartungsurteilen zumindest "angedacht" wurde.

In Kapitel 4 wird schließlich eine Forschungsrichtung aufgegriffen, die sich explizit und ausschließlich mit spontanen Phantasien beschäftigt: die moderne Tagtraumforschung. Das Kapitel beginnt mit William James' Ausführungen über die Qualitäten des Gedankenstroms. Schließlich werden die von Jerome Singer und seinen Mitarbeitern gewonnenen Erkenntnisse der empirischen Erforschung des Tagträumens berichtet, wobei individuelle Unterschiede, Inhalte der Tagträume und Auslösebedingungen zur Sprache kommen. Abschließend wird Eric Klingers Zieltheorie des Tagträumens besprochen, wonach die Inhalte der Tagträume die Zielsetzungen (*Current concerns*) einer Person widerspiegeln.

In *Teil II* werden die empirischen Untersuchungen dargestellt, und zwar sowohl die Korrelationsstudien zum gegenläufigen Zusammenhang von Zukunftsphantasien versus Erwartungen mit Motivation und Handlungserfolg (Kapitel 6) als auch die experimentellen Untersuchungen zur Kontrastierung positiver Zukunftsphantasien mit Reflexionen über negative Aspekte der vorliegenden Realität (Kapitel 8).

Kapitel 5 leitet die korrelativen Studien ein. Dabei wird zunächst die Unterscheidung zwischen Phantasie und Erwartung begründet, wobei die Merkmale von freien Phantasien einerseits und Erwartungsurteilen andererseits gegenübergestellt werden. Schließlich wird die Hypothese herausgearbeitet, daß positive Zukunftsphantasien erfolgshemmend, positive Erwartungen dagegen erfolgsförderlich sein sollten.

In Kapitel 6 werden schließlich die einzelnen Korrelationsstudien dargestellt, wobei zunächst auf Fragen der Messung der Positivität von Erwartungen versus Phantasien eingegangen wird. Schließlich werden vier Studien mit jeweils anderen abhängigen Variablen des Handlungserfolgs beschrieben: Erfolg beim Gewichtsverlust (Studie 1), bei der Krankheitskontrolle (Studie 2), in der Liebe (Studie 3) und bei der Arbeit (Stellensuche, Studie 4). Dabei wird für jede einzelne Studie der Stand der Forschung zur jeweiligen Thematik der abhängigen Variablen diskutiert, und die erzielten Ergebnisse werden in diesen Rahmen eingebunden.

Kapitel 7 beginnt mit der Diskussion methodologischer Aspekte, die allen vier Korrelationsstudien gemein sind, und zieht außerdem unterstützende experimentelle Befunde aus der Literatur heran. Im zweiten Teil des Kapitels werden die Hypothesen für die experimentellen Studien entwickelt, wobei insbesondere auf den Unterschied zwischen konsumtivem und realisierendem Handeln hingewiesen wird. Die mentale Kontrastierung von positiven Zukunftsphantasien und Reflexionen über die widersprechende negative Realität wird schließlich als effektive mentale Strategie zur Durchbrechung der konsumtiven Orientierung beim Phantasieren identifiziert.

In Kapitel 8 werden Durchführung und Ergebnisse der drei Experimente dargestellt, wobei sich die Experimente 1 und 2 auf zwischenmenschliche Thematiken beziehen. In Experiment 1 brachten die Versuchspersonen persönliche zwischenmenschliche Angelegenheiten mit ins Experiment, während in Experiment 2 eine solche gestiftet wurde (Möglichkeit des Kennenlernens einer attraktiven Person). Experiment 3 bezog sich auf eine andere Thematik, nämlich die Vereinbarung von Beruf und Familie. Weiterhin gilt, daß in den ersten beiden Experimenten eine andere Methode zur Induktion des Kontrastierens, des bloßen Schwelgens und des reinen Grübelns angewendet wurde als in Experiment 3. Auch wurden für die drei Experimente zwar ähnliche, aber doch unterschiedliche Maße zur Bestimmung von Motivation und Handeln eingesetzt. Es ist somit umso bemerkenswerter, daß für alle drei Experimente das gleiche Datenmuster beobachtet wurde: ein stark erwartungsgebundenes Engagement in Richtung Phantasierealisierung beim Kontrastieren und ein mittleres, erwartungs*un*gebundenes Engagement sowohl beim Schwelgen als auch beim Grübeln.

Kapitel 9 bespricht Implikationen der Ergebnisse der Experimente. Dabei wird insbesondere auf mögliche Bedingungsvariablen starker Kontrastierungseffekte eingegangen, und es wird diskutiert, ob es sich beim Kontrastieren, Schwärmen und Grübeln um stabile mentale Gewohnheiten handelt oder um mentale Strategien, die je nach Bedarf flexibel zur Handlungsregulation eingesetzt werden. Abschließend werden Ähnlichkeiten zu Zieltheorien der Diskrepanzreduktion elaboriert mit der Erkenntnis, daß die Kontrastierung von positiven Zukunftsphantasien mit Reflexionen über die negative Realität möglicherweise den Königsweg für die Umwandlung von positiven Zukunftsphantasien (Wünschen) in Zielsetzungen darstellt.

In *Teil III* wird dann das Fazit aus der vorliegenden Forschung (Korrelationsstudien und Experimente) gezogen. Zunächst wird in Kapitel 10 im Rückblick auf die ersten vier Kapitel versucht zu bestimmen, inwieweit die erzielten Erkenntnisse und die vorliegende Theoriebildung die traditionellen Ansätze zum Zukunftsdenken bereichern. Dann wird eine neue Strömung in der Motivationspsychologie, die "Psychologie des Zielstrebens", vorgestellt. Dabei wird untersucht, inwieweit die Zielpsychologie für die vorliegende Arbeit Ansatzpunkte für zukünftige Forschung liefern könnte und welche Einsichten aus der vorliegenden Forschung für die Zielpsychologie fruchtbar gemacht werden sollten. Schließlich wird auf die Unterscheidung zwischen Wünschen und Zielen eingegangen, die dann mit unserer Unterscheidung zwischen Zukunftsphantasien und Erwartungen vergleichend diskutiert wird.

Das abschließende Kapitel 11 erprobt die in dieser Habilitationsschrift entwickelte Theorie des Zukunftsdenkens im Bereich der Psychologie der Lebensspanne. Es wird versucht herauszufinden, inwieweit die vorliegenden Ideen im Rahmen einer Metatheorie des Alterns (selektive Optimierung mit Kompensation) testbare Hypothesen bezüglich optimalen Alterns anzubieten vermag.

Die Qualität und Quantität von Forschungsprogrammen, wie dem hier vorgestellten, ist letztendlich immer auch ein Ergebnis der Arbeitsbedingungen. In dieser Beziehung fühle ich mich extrem bevorteilt. Die Korrelationsstudien sind in einer Zeit entstanden, als ich mich als Postdoktorandin am *Department of Psychology* der *University of Pennsylvania* ausschließlich und uneingeschränkt der Realisierung meiner Forschungsideen widmen konnte. Mein Postdoktorandenstipendium wurde von der *John D. and Catherine T. MacArthur Foundation* und der *Deutschen Forschungsgemeinschaft* jeweils zu gleichen Teilen finanziert, wofür ich mich zu großem Dank verpflichtet fühle. Die *University of Pennsylvania* bot auch ausführlich Gelegenheit, Forschungsideen zu diskutieren, wobei ich mich gerne und dankbar an Gespräche mit Jonathan Baron, Susan Nolen-Hoeksema, Paul Rozin, Eliot Stellar, Albert J. Stunkard, Thomas A. Wadden und insbesondere Martin E. P. Seligman erinnere. Den schwierigen Zugang zum *Hospital of the University of Pennsylvania* (Studie 1) ermöglichte mir Thomas A. Wadden; die Türen zum *Children's Hospital of Philadelphia* (Studie 2) öffneten mir Anne E. Kazak, Madelaine Nathanson und Beatrice Wood. Ohne ihre Unterstützung und das Wohlwollen der betreuenden ÄrztInnen (Drs. Kravis, Meadows und Watkins) wären die beiden ersten Studien dieser Arbeit nie zustandegekommen.

Nun bedeuten empirische Studien immer eine Vielzahl von mühseligen Arbeitsschritten, die man bei der Lektüre der Darstellung dieser Studien nur zu leicht vergißt. Deshalb ist es mir ein besonderes Anliegen, die Arbeit der studentischen Hilfskräfte der *University of Pennsylvania* und des *Swarthmore College* hervorzuheben: Kourtney D. Johnston, Stephanie P. Ralph, Katherine M. Sharkey, Eric McCormick, Lori Kuznar und Scott Kieserman, die mit großem Enthusiasmus und selten endender Persistenz bei der Durchführung der Studien zur Stelle waren.

Nach Deutschland zurückgekehrt wurde ich ein zweites Mal verwöhnt, indem ich meine Ideen am Max-Planck-Institut für Bildungsforschung in Berlin weiterverfolgen durfte. Hier fand ich KollegInnen, die mich mit ihrer kompetenten Kritik anspornten, die Korrelationsstudien durch eine Serie von Experimenten zu ergänzen. Für ihre konstruktiven Hinweise und unterstützenden Kommentare danke ich insbesondere Laura L. Carstensen, Freya Dittmann-Kohli, William Fleeson, Alexandra M. Freund, Jutta Heckhausen, Kurt Kreppner, Michael Marsiske, Jacqui Smith und Ursula M. Staudinger. Ulman Lindenberger und Todd D. Little haben neben inhaltlichen Anregungen auch wertvolle Vorschläge für die Analyse der Daten eingebracht. Zu großem Dank fühle ich mich Paul B. Baltes verpflichtet. Seine hohen Standards bezüglich Theoriebildung sowie der Ausführung und Auswertung empirischer Studien haben diese Arbeit ständig begleitet und ihr Ergebnis mitbestimmt. Er hat die notwendigen finanziellen Mittel und die zum Verfassen der Schrift benötigte Zeit in großzügigster Weise zur Verfügung gestellt.

Die "*hands-on*"-Arbeiten der Korrelationsstudie 4 sowie der Experimente 1-3 haben die studentischen Hilfskräfte und technischen Angestellten des Instituts geleistet. Hier möchte ich den Diplompsychologinnen Birgit Böhringer, Annette Losert und Marianne Stall sowie den StudentInnen Daliah Bawanypeck, Kathrin Doll, Verena von Olberg, Nicole Ueltzhöffer, Beate Schröder, Mathias Stroux sowie den Mitarbeitern der Druckerei und hier insbesondere Herrn Ulrich Kuhnert meine Anerkennung und meinen Dank aussprechen. Das Sekretariat unserer Forschungsabteilung, vertreten durch Herrn Ulrich Knappek, hat zahlreiche Literaturarbeiten übernommen und dadurch sehr zum Gelingen dieser Arbeit beigetragen. Schließlich hätte ich die vielen kleinen und großen Hürden beim Schreiben dieser Arbeit sowie der Darstellung der Ergebnisse nicht ohne die Hilfe von Doris Mayer überwinden können. Sie hat mit beispiellosem Einsatz geholfen, das Manuskript in seine jetzige Form zu bringen, wobei sie von Susanne Grünbaum, Tatjana Polon, Nicole Ueltzhöffer und Markus Wrobel unterstützt wurde. Ihnen allen möchte ich für die schönen Zeiten der Zusammenarbeit und die entgegengenommene Hilfe und Unterstützung danken.

G. O.

Inhalt

Teil III: Fazit

I

Theoretische Ausgangspunkte

1

Zukunftsdenken in der psychologischen Analyse des Verhaltens

Radikal-behavioristische Grundsätze als Ausgangspunkt

Die Position des radikalen Behaviorismus´ läßt sich am prägnantesten durch ausgewählte Zitate der Schriften von J. B. Watson (1925) und B. F. Skinner (1953) beschreiben, da sich beide Wissenschaftler einer sehr direkten und aussagekräftigen Sprache bedienten. Weiterhin ist es hilfreich, die programmatischen Aussagen von Watson und Skinner in Grundsätze zu strukturieren. Dabei lassen sich meiner Meinung nach drei wesentliche Grundsätze unterscheiden. Den ersten Grundsatz kann man in der eindeutigen Stellungnahme des radikalen Behaviorismus´ zur Anlage-versus-Umwelt-Diskussion sehen. Watson läßt hier keinen Zweifel daran, auf welcher Seite er steht:

> *Give me a dozen healthy infants, well-formed, and my own special world to bring them up in and I'll guarantee to take any one at random and train him to become any type of specialist I might select -- doctor, lawyer, artist, merchant chief and, yes, even beggarman and thief, regardless of his talents, penchants, tendencies, abilities, vocations, and race of his ancestors. I am going beyond my facts and I admit it, but so have the advocates of the contrary, and they have been doing it for thousands of years.* (Watson, 1925, S. 104)

Auf der Idee aufbauend, daß der menschliche Verstand eine tabula rasa sei, fokussiert der Behaviorismus in stärkerem Ausmaß auf das, was dem Organismus zustößt, als auf den Organismus selbst; der Anstoß zum Verhalten kommt eher von außen als von innen. Die behavioristische Perspektive ist durch die Idee gekennzeichnet, daß alle Organismen, also auch der Mensch, primär durch die Umwelt geprägt sind.

Einen weiteren Grundsatz radikal-behavioristischen Denkens mag man in folgenden Überlegungen, die sich auf die Art der Erklärung menschlichen Verhalten und Lernens beziehen, erkennen. In einem Akt theoretischer Selbstbeschränkung tritt der freiwillige Verzicht auf alle mentalistischen Konzepte zu Tage. Watson schreibt:

> *According to the opinion of many scientific men today, psychology even to exist longer, not to speak of becoming a true natural science, must bury subjective subject matter, introspective method and present terminology. Consciousness, with its structural units, the irreducible sensations (and their ghosts, the images) and their affective tones, and its processes, attention, perception, conception, is but an indefinable phrase.* (Watson, 1919, S. 3).

Diese Perspektive wurde von Skinner selbst in den späten 80er Jahren noch vehement verteidigt. In einer Ausgabe der "*Times Literary Supplement*" schrieb Skinner 1987 folgende Zeilen zum Thema Introspektion und ließ dabei die Gelegenheit nicht aus, auch die Methoden der Physiologie und der Neurologie anzugreifen:

> *For at least 3,000 years, ... Philosophers, joined recently by psychologists, have looked within themselves for the cause of their behaviour. For reasons which are becoming clear, they have never agreed upon what they have found. Physiologists, and especially neurologists, look at the same body in a different and potentially sucessful way, but even when they have seen it more clearly, they will not have seen initiating causes of behaviour. What they will see must in turn be explained either by ethologists, who look for explanations in the evolution of the species, or by behaviour analysts* [die Bezeichnung für die von Skinner und seiner Gefolgschaft betriebene Art des Behaviorismus'], *who look at the histories of individuals. The inspection or introspection of one's own body is a kind of behavior that needs to be analysed, but as the source of data for a science it is largely of historical interest only.* (S. 5).

Um das dritte Grundprinzip herauszustreichen, sei die folgende Position, die allerdings mit dem zweiten Grundprinzip eng zusammenhängt, genannt. Sie bezieht sich darauf, daß radikal-behavioristisches Theoretisieren sich auf die direkten *Stimulus-Response* (*S-R*)-Verknüpfungen beschränkt. Allein aus der Beschreibung von situativen Bedingungen und Verhaltens- und Körperreaktionen auf diese Bedingungen sind Erklärungen menschlichen und tierischen Verhaltens zu entwickeln. Dabei wird auf zwischengeschaltete hypothetische Konstrukte verzichtet, die in der radikal-behavioristischen Tradition als "*spooky*" bezeichnet werden. Auch hier soll Skinner (1950, 1953) zu Wort kommen, und zwar mit seiner Kritik an den neo-behavioristischen Ansätzen der Lerntheoretiker (z.B. E. C.

Tolman, C. L. Hull, K. W. Spence, O. H. Mowrer und N. E. Miller), die sich verschiedener hypothetischer Konstrukte bedienten (wie *Expectation*, *Purpose* und *Incentive*).

> *Statements which use such words as 'incentive' or 'purpose' are usually reducible to statements about operant conditioning, and only a slight change is required to bring them within the framework of a natural science. Instead of saying that a man behaves because of the consequences which* ***are*** *to follow his behavior, we simply say that he behaves because of the consequences which* ***have*** *followed similar behavior in the past. This is, of course, the Law of Effect or operant conditioning".*
> (Skinner 1953, S. 87).

Diese äußerst restriktiven Grundprinzipien des radikalen Behaviorismus´ lassen sich aus heutiger Sicht nur verstehen, wenn man sich Watsons ursprüngliches Anliegen vor Augen hält - ein gewisses Niveau an Objektivität der Daten und Überprüfbarkeit der theoretischen Aussagen in der Psychologie zu gewinnen, so wie in anderen wissenschaftlichen Disziplinen auch (Watson, 1913, 1919). Die Berücksichtigung dieser Grundprinzipien führte im radikalen Behaviorismus zur intensiven Untersuchung zweier grundlegender Prozesse des Lernens: des klassischen Konditionierens und des instrumentellen (operanten) Konditionierens. Beim klassischen Konditionieren (Pavlov, 1927) wurden erlernte Assoziationen zwischen Stimuli auf in der Vergangenheit erlebte Verknüpfungen eines unkonditionierten Stimulus´ (*UCS*) und eines konditionierten Stimulus´ (*CS*) zurückgeführt. Beim instrumentellen Konditionieren (Thorndike, 1911) wurden erlernte Verknüpfungen von Situationen und Verhalten durch in der Vergangenheit erlebte Bekräftigungen dieses Verhaltens erklärt (*Law of effect*).

Nach Thorndike (1911) ist es für die Erklärung des instrumentellen Konditionierens nicht notwendig, irgendwelche innerhalb des Organismus´ ablaufende mentale Prozesse zu postulieren. Seiner Meinung nach braucht der Organismus keinerlei kognitive Leistung, die die Verbindung zwischen Verhalten und Konsequenz herstellt, zu vollbringen. In diesem Sinne beschränkten sich die radikalen Behavioristen auf die Analyse der basalen Lernprozesse und untersuchten diese im Rahmen grundlegender Bedürfnissysteme (z.B. Hunger, Durst) in Experimenten mit Tieren (z.B. mit Hunden, Ratten, Tauben).

Der Einzug der "spooky concepts" in den Behaviorismus

Die Neo-Behavioristen E. C. Tolman und C. L. Hull (in der ersten Generation) sowie N. E. Miller, O. H. Mowrer, K. W. Spence und R. L. Solomon (in der zweiten) wehrten sich in ihren Lerntheorien gegen den Grundsatz der radikalen Behavioristen, keine hypothetischen Konstrukte zuzulassen und nur eine direkte Reiz-Reaktionsverbindung anzunehmen. Was auch immer die Neo-Behavioristen motiviert haben mag, mit der klassischen behavioristischen Tradition zu brechen (möglicherweise nur eine Abneigung gegen den mit dem radikalen Behaviorismus zwangsweise verbundenen Induktionismus, der beim späten Skinner und seinen Anhängern, den *Behavioral analysts,* voll zum Ausdruck kommt), sie zeichneten sich durch eine enorme theorie-bildende Energie aus (Hilgard & Bower, 1966).

Die Neo-Behavioristen betonten die Bedeutung mentaler Prozesse bei der Analyse des Verhaltens, behielten jedoch bei deren Untersuchung eine behavioristische Sichtweise bei. Tolman schreibt 1932 in seinem Werk "*Purposive Behavior in Animals and Men*":

> *The behaviorism here to be presented will contend that mental processes are most usefully to be conceived as but dynamic aspects, or determinants, of behavior. They are functional variables which intermediate in the causal equation between environmental stimuli and initiating physiological states or excitements, on the one side, and final overt behavior, on the other.* (S. 2)

und an anderer Stelle:

> *For the behaviorist, 'mental processes' are to be identified and defined in terms of the behaviors to which they lead. 'Mental processes' are, for the behaviorist, naught but inferred determinants of behavior, which ultimately are deducible from behavior. Behavior and these inferred determinants are both objectively defined types of entity. There is about them, the behaviorist would declare, nothing private or 'inside.' Organisms, human and sub-human, are biological entities immersed in environments. To these environments they must, by virtue of their physiological needs, adjust. Their 'mental processes' are functionally defined aspects determining their adjustments.* (Tolman, 1932, S. 3).

Welche mentalen Prozesse postulierte Tolman als hypothetische Konstrukte zwischen Reiz und Reaktion? Tolman beobachtete, daß Ratten, die 10 Tage lang ohne Belohnung (Futter) den Käfig erforscht hatten, im Vergleich zu Kontrolltieren den Futtertrog schneller fanden, sobald er Futter enthielt. Tolman schloß daraus, daß die Ratten sich Wissen über die Beschaffenheit des Käfigs (*Cognitive map*) ohne Bekräftigung angeeignet hätten. Dieses Wissen oder diese *Erwartungen* würden verhaltensrelevant werden, wenn die Tiere Grund (Anreiz) hätten, sie zu nützen (Tolman & Honzik, 1930). Tolman war der Meinung, daß "...*behavior as behavior reeks of purpose and of cognition. And such purposes and such cognitions are just as evident...if this behavior be that of a rat as if it be that of a human being.*" (Tolman, 1932, S. 12) und betonte somit die Unterscheidung zwischen Motivation und Lernen. Lernen war für ihn der Erwerb von Wissen, den er in Form von Erwartungen konzeptualisierte. Damit Gelerntes aber auch in beobachtbares Verhalten umgesetzt wird, bedarf es nach Tolman der Motivation. Die direkten Reiz-Reaktions-Verknüpfungen der traditionellen Behavioristen wurden also nicht nur um das Konzept der Erwartung erweitert, sondern auch um das Konzept der Motivation.

Insbesondere bezüglich der mentalen Prozesse, die Tolman als Wissen oder Erwartungen bezeichnet, ist seine Theoriebildung äußerst differenziert. Er unterscheidet verschiedene Arten von Erwartungen: Erwartungen der Zielobjekte, Erwartungen der Mittelobjekte und Erwartungen der Mittel-Zielrelation ("*expectations of goal-objects*", "*expectations of means-objects*" und "*expectations of means-end-relations*"). Hinsichtlich der Erwartungen der Zielobjekte schreibt Tolman:

> *The rats must have experienced the new 'better' or 'worse' reward for one or more times, before their behavior can change so as to become appropriate to it. They must have had a chance to build up a 'cognitive expectation' for this new reward with its greater or less satisfactoriness for the given demand.* (Tolman, 1932, S. 71).

Im folgenden Zitat beschreibt er die Erwartungen der Mittelobjekte:

> *Thus far, only such experiments have been considered as testify to the presence and character of immediate cognitive expectations relative to goal-objects. Now we wish to consider some experiments which seem to testify to the presence as well of immanent cognitive expectations as to means-objects, i.e., as to the more immediate alley-features themselves.* (Tolman 1932, S. 77-78)

Schließlich thematisiert Tolman die Mittel-Objekt-Relation:

> *And such perceptions, or memories, as to the specific routes, thus called out by the maze-features in hand, we are designating as means-end-expectations. They are expectations that such and such of the immediately presented means-objects (discriminanda and manipulanda complexes) are going to be better or worse for reaching (or avoiding) the given goal-object (discriminanda and manipulanda complex). The experimental definition and evidence of a means-end-expectation is to be*

found, in other words, in the fact of an animal's selectivity among some array of actually presented means-objects. (Tolman, 1932, S. 95).

Tolman definiert diese Erwartungen dabei als in die Zukunft gerichtete Urteile:

And as thus docile these means-end-readinesses are, we said, cognitive or judgmental. They are of the nature of preliminary 'hunches' which the rat brings with him to any new problem. They are means-end 'judgments,' resulting from innate endowment and previous experience, which he carries around with him as a silent partner wherever he goes. (Tolman, 1932, S. 94).

Tolman (1932) beschreibt eine Vielzahl von Experimenten, die die Relevanz der Differenzierung in Erwartung und motivationale Faktoren einerseits und die Unterscheidung zwischen verschiedenen Arten von Erwartung andererseits belegen (insbesondere mit Organismen der Species "mus norvegicus albinus", der er sein Buch gewidmet hat). Tolman hat Anfang der 30er Jahre seine Ideen als Ausgestaltung und Erweiterung des Behaviorismus´ verstanden. Erst circa 30 Jahre danach ist der Behaviorismus in die Kritik von kognitiv orientierten Tierpsychologen geraten, die sich nicht mehr als Behavioristen, sondern als kognitive Psychologen verstanden.

Kognitive Reinterpretationen des klassischen Konditionierens. Rescorla (1967) argumentierte, daß die bloße zeitliche Kontiguität von *UCS* und *CS* nicht ausreiche, um die Effekte der klassischen Konditionierung herzustellen. Seine Behauptung basierte auf Experimenten aus den 50er Jahren (Moeller, 1954). Dort wurden die stärksten Konditionierungseffekte dann erreicht, wenn der konditionierte Stimulus unmittelbar vor dem unkonditionierten dargeboten wurde. Der umgekehrte zeitliche Ablauf sowie gleichzeitige Präsentation der beiden Stimuli produzierten vergleichsweise schwächere Konditionierungseffekte.

R. A. Rescorla interpretierte diese Beobachtungen, indem er darauf hinwies, daß der konditionierte Stimulus eine Art Signalfunktion erwerben müsse, damit eine Konditionierung stattfinden könne. Die neue Frage, die es zu beantworten galt, war somit eine kognitive: Wie lernt der Organismus, daß ein Stimulus das Signal für das Auftreten eines anderen Stimulus´ ist? Dazu müssen nach Rescorla zwei bedingte Wahrscheinlichkeiten verrechnet werden. Einmal die Wahrscheinlichkeiten des Auftretens und Ausbleibens des unkonditionierten Stimulus´, wenn der konditionierte Stimulus präsent ist, und zum anderen die Wahrscheinlichkeiten des Auftretens und Ausbleibens des unkonditionierten Stimulus´, wenn der konditionierte Stimulus nicht präsent ist. Nur so könne der Organismus entdecken, ob die Präsenz des unkonditionierten Stimulus systematisch mit der Präsenz des konditionierten Stimulus variiert. Indem der Organismus die Abhängigkeit (oder Unabhängigkeit) des *UCS* vom *CS* feststellt, kann er vorhersagen, mit welcher Wahrscheinlichkeit der *UCS* dem *CS* folgen wird.

Rescorla (1967) führte Experimente mit Hunden durch, die im Trainingsdurchgang die gleiche Anzahl Ton-Schock-Paarungen erfuhren. Jedoch nur in einer der beiden Gruppen hatte der Ton Signalfunktion: Es war wahrscheinlicher, daß der Schock (*UCS*) nach dem Ton (*CS*) präsentiert wurde als zu anderen Zeiten. Wenn im Testdurchgang den Hunden der kritische Ton alleine präsentiert und die Furchtreaktion der Hunde beobachtet wurde, ließen sich vergleichsweise stärkere Furchtreaktionen in der Gruppe beobachten, in der der konditionierte Stimulus Signalfunktion hatte.

Diese Arbeiten von Rescorla waren insofern eine Herausforderung für die traditionellen Behavioristen (sowohl für die radikal- als auch für die neo-behavioristischen Positionen), weil man gerade das klassische Konditionieren als den einfachsten und rudimentärsten Lernprozeß betrachtete. Man ging davon aus, daß Organismen auf einem frühen Entwicklungsstand (sowohl phylogenetisch als auch ontogenetisch) zu dieser Art des Lernens fähig wären. Der Hinweis Rescorlas, daß bereits beim klassischen Konditionieren komplizierte kognitive Leistungen (Verrechnen von bedingten Wahrscheinlichkeiten) erbracht werden, spricht für die Notwendigkeit der Berücksichtigung kognitiver Prozesse bei der Analyse des Lernens.

Kognitive Reinterpretationen des instrumentellen Konditionierens. Hier fokussierten die kognitiven Kritiker darauf, die behavioristische Annahme zu widerlegen, daß Organismen Verhalten nur dann lernen können, wenn dieses systematische Belohnungen oder Bestrafungen hervorruft. Ein Verhalten würde demnach nicht gelernt werden, wenn die Belohnungen oder Bestrafungen zufällig aufträten. In den 60er Jahren zeigten Maier und Seligman (1976; Seligman & Maier, 1967; Seligman, Maier & Geer, 1968; Seligman, 1975), daß Hunde, denen ein zufällig auftretender Schock, den sie nicht kontrollieren konnten, appliziert wurde, durchaus Verhalten lernten. Sie lernten, sich passiv zu verhalten.

Im Trainingsdurchgang ihres ersten Experiments etablierten Seligman und Maier (1967; Maier & Seligman, 1976; Seligman, 1975) 3 Versuchsgruppen: Den Hunden in der 1. Versuchsgruppe applizierten sie entrinnbare Elektroschocks (die Hunde konnten diese verkürzen, indem sie mit ihrer Schnauze einen Hebel drückten). Die Hunde in der 2. Versuchsgruppe erlebten unentrinnbare Elektroschocks. Die Schocks wurden zu den gleichen Zeitpunkten, mit gleicher Häufigkeit und gleicher Schockdauer appliziert, indem für jedes Versuchstier aus der entrinnbaren Versuchsbedingung ein Paarling in der unentrinnbaren Schockbedingung gebildet wurde (*Yoking procedure*). Dieses Verfahren garantierte, daß die Hunde in der 2. Versuchsgruppe insgesamt die gleichen Schockereignisse (Zeitpunkt, Häufigkeit und Dauer) appliziert bekamen wie die Hunde in der 1. Versuchsgruppe. Die Hunde in der 3. Gruppe fungierten als Kontrollversuchstiere und bekamen keinen Schock (*No treatment control*).

Im Testdurchgang wurden die Hunde in eine *Shuttlebox* geführt, in der alle Versuchstiere Elektroschocks bekamen, denen sie durch Überspringen einer Barriere entweichen konnten. Die Hunde, denen im Trainingsdurchgang kontrollierbare oder keine Schocks appliziert worden waren, lernten im Testlauf schnell, den Schocks zu entkommen. Die Hunde, denen unkontrollierbare Schocks appliziert worden waren, verhielten sich dagegen passiv. Sie kauerten sich hin und versuchten erst gar nicht, den Schocks zu entkommen, obwohl dies durch Überspringen der Barriere leicht möglich gewesen wäre.

Aus diesen Beobachtungen schlossen Seligman und Maier (1967), daß zufällig applizierte Bestrafungen durchaus ein Verhaltenslernen hervorrufen können, nämlich dasjenige, auf einen aversiven Stimulus nicht mehr zu reagieren. Gleichzeitig nahmen Seligman und Maier (1967) an, daß die Versuchstiere das Wissen erworben hätten, daß ihr Verhalten konsequenzlos ist, und daß die Versuchstiere deshalb nicht mehr reagiert hätten. Diese erlernten *Erwartungen* seien also dafür verantwortlich gewesen, daß sich die Versuchstiere passiv verhielten.

Diese kognitive Interpretation des Phänomens der "gelernten Hilflosigkeit" mußte sich zunächst des Einwands erwehren, daß die Versuchstiere in der Versuchsbedingung, in der unkontrollierbare Schocks appliziert wurden, passives Sitzenbleiben gelernt hätten; wenn das Versuchstier gegen Ende des Trainingsdurchgangs nur lange genug sitzenblieb, hörte der Schock irgendwann auf. Maier (1970) konzipierte als Antwort auf diese Kritik folgendes Experiment. Er kreierte eine Versuchsgruppe, in der die Hunde für Stillsitzen mit dem Abschalten des Schocks belohnt wurden. Der Versuchsplan enthielt 2 weitere Versuchsgruppen: (a) die eine Versuchsgruppe war wiederum *geyoked* zur ersten Versuchsgruppe (und erhielt somit die gleichen Schocks) und (b) eine Kontrollgruppe ohne Schocks (*No treatment control*). Nach klassisch behavioristischen Überlegungen hätten die Versuchstiere in der ersten Bedingung gelernt, sich passiv zu verhalten, denn dieses Verhalten wurde durch das Abschalten des Schocks bekräftigt. Sie müßten sich deshalb im Testdurchgang im Vergleich zu den anderen beiden Gruppen passiver verhalten. Die kognitiven Überlegungen S. F. Maiers und M. E. P. Seligmans führen zu anderen Vorhersagen. Die Versuchstiere der 1. Gruppe sollten lernen, daß die Schocks kontrollierbar sind. Diese Kontrollerwartungen müßten dazu führen, daß sie auch im Testdurchgang versuchen, die dort auftretenden Schocks zu kontrollieren. Deshalb sollten sich die Versuchstiere der 1. Gruppe im Testdurchgang aktiver verhalten als die Versuchstiere in der 2. Versuchsgruppe, die im Trainingsdurchgang unkontrollierbaren Schocks ausgeliefert waren. Tatsächlich ergab sich das von den kognitiven Forschern vorhergesagte Datenmuster. Die Versuchstiere in der 1. Gruppe versuchten im Testdurchgang zunächst, durch Passivität die Schocks zu kontrollieren, schalteten dann aber auf aktive Kontrolle um (d.h., sie übersprangen die Barriere vergleichsweise häufiger).

In einer Vielzahl von weiteren Experimenten konnte obendrein das Phänomen der erlernten Hilflosigkeit nicht nur bei Hunden, sondern auch bei anderen Tierarten nachgewiesen werden (z.B. bei Ratten oder Katzen: Maier, Albin & Testa, 1973 bzw. Seward & Humphrey, 1967). Weiterhin stellte sich heraus, daß man die erlernte Hilflosigkeit auflösen konnte, wenn man den Hunden im Testdurchgang zeigte, daß man die Schocks vermeiden konnte (die Hunde wurden einfach von den Versuchsleitern über die Barriere gezerrt). Zudem ließen sich die Versuchstiere gegen das Lernen von Hilflosigkeit "immunisieren". Man mußte dazu die Versuchstiere in der Trainingsphase neben unkontrollierbaren Schocks einen Trainingsdurchgang erfahren lassen, in dem sie den Schock kontrollieren konnten (z.B. Seligman et al., 1968).

Die Beobachtung von Maier und Seligman zur gelernten Hilflosigkeit (Maier, Seligman & Solomon, 1969; Maier, 1970; Maier & Seligman, 1976; Seligman, 1975) und die damit verbundene Theoriebildung stellten einen entscheidenden Schritt in Richtung einer kognitiven Analyse des Lernens dar. Dabei fiel dem Begriff der Erwartung die zentrale Rolle zu. Anfang der 70er Jahre differenzierte Bolles (1972) den Erwartungsbegriff, indem er die Erwartung, daß ein gewisser Stimulus zu bestimmten Konsequenzen führt, unterschied von der Erwartung, daß ein gewisses Verhalten zu bestimmten Konsequenzen führt (diese Unterscheidung findet sich wieder als Stimulus-Ergebnis- versus Verhaltens-Ergebnis-Erwartung bei Mischel, 1973; Situations-Ergebnis- versus Handlungs-Ergebnis-Erwartungen bei Heckhausen, 1977; bezüglich Verhaltens-Ergebnis-Erwartungen siehe auch Rotter, 1954 und Seligman, 1975). R. C. Bolles geht sogar soweit anzunehmen, daß die Versuchstiere artenspezifische Erwartungen bezüglich der Konsequenzen von Verhalten in Lernexperimente einbringen, die das dort stattfindende Verhaltenslernen hemmen oder fördern können (Seligman, 1970, spricht von *Preparedness*). Bolles interpretierte auch das sogenannte *Searching* der Labortiere (d.h. das gierige und ungeduldige Verhalten der hungrigen Ratten an Orten, an denen sie zuvor Futter als Bekräftigung erhalten hatten) als Anzeichen dafür, daß die Ratte erwartet, Futter präsentiert zu bekommen.

Die tierpsychologische Forschung der 70er Jahre war somit gekennzeichnet von einer Skepsis hinsichtlich der Annahme, daß *S-S-* oder *S-R*-Lernen nur aufgrund direkter Verknüpfungen von Stimuli bzw. von Stimuli und Verhalten zustande kommt. Die in dieser Zeit entstandenen Versuchsparadigmen (z.B. die Konditionierungsparadigmen Rescorlas oder das Paradigma der gelernten Hilflosigkeit von Maier und Seligman) lieferten neue Daten, die diese Skepsis rechtfertigten. Das Konstrukt, dem in der kognitiven Konzeptualisierung des Lernens die größte Bedeutung zukam, war das der Erwartung.

Die Theorien der gelernten Hilflosigkeit

In den neo-behavioristischen Theorien wurden Erwartungskonzepte als hypothetische Konstrukte gehandelt, die letztendlich operational im Sinne der Beschreibung von Situationen und Verhalten definiert waren. Die kognitive Konzeptualisierung des Lernens geht im Gegensatz dazu davon aus, daß Erwartungen mental repräsentiert sind. Die Annahme von mentalen Repräsentationen macht im Vergleich zum neo-behavioristischen Ansatz der hypothetischen Konstrukte keinen drastischen Unterschied, wenn tierisches Verhalten untersucht wird. Anders sieht die Sachlage aus, wenn menschliches Lernen und Verhalten analysiert wird. Da Menschen über ihre Erwartungen berichten können, verlangt die Annahme der mentalen Repräsentation geradezu nach einem Abfragen dieser Repräsentationen und damit nach einer Messung der Erwartungen. Es kann dann geprüft werden, ob und in welchem Ausmaß subjektiv erlebte und berichtete Erwartungen mit dem Verhalten einer Person in Beziehung stehen. Der Weg des Erwartungskonzeptes von der Tierpsychologie zur Humanpsychologie wurde mit großem theoretischen Aufwand, insbesondere in der Theorie der gelernten Hilflosigkeit, beschritten. Diese Entwicklung soll im folgenden nachgezeichnet werden.

Zunächst wurde das Versuchsparadigma zum Phänomen der gelernten Hilflosigkeit, das ursprünglich für Tiere entwickelt worden war, auf Menschen übertragen (Hiroto, 1974; siehe auch Hiroto & Seligman, 1975). Im Trainingsdurchgang wurde eine Gruppe von Versuchspersonen mit lauten Tönen konfrontiert, und es wurde ihnen die Aufgabe gestellt herauszufinden, wie man diese abstellen könne (durch das Drücken bestimmter Knöpfe). In Wirklichkeit gab es keine Möglichkeit, das Abstellen der Töne zu kontrollieren. Die Versuchspersonen der 2. Versuchsgruppe bekamen vom Versuchsleiter die gleiche Aufgabe gestellt. Hier war das Abstellen der Töne jedoch kontrollierbar. Die Versuchspersonen der Kontrollgruppe wurden nicht durch laute Töne belästigt.

Im Testdurchgang wurde allen Versuchspersonen ein aversives Geräusch präsentiert, das sie durch eine einzige einfache Handbewegung abstellen konnten. Die Ergebnisse entsprachen denen der Tierexperimente: Die Versuchspersonen, die vorher mit unkontrollierbaren Tönen konfrontiert worden waren, waren weniger erfolgreich dabei, den im Testdurchgang präsentierten Lärm abzustellen, als die Versuchspersonen der anderen beiden Gruppen. Dieser Befund ließ sich mit anderen aversiven Stimuli replizieren, wie z.B. mit lauter Musik oder unlösbaren Rechenaufgaben (Gatchel & Proctor, 1976; Hiroto & Seligman, 1975; Klein & Seligman, 1976; Krantz, Glass & Snyder, 1974; Miller & Seligman, 1975; Rodin, 1976).

Parallele Befunde wurden in den 70er Jahren in der Stressforschung gewonnen. Glass und Singer (1972; siehe auch Glass, Reim & Singer, 1971) fanden in Experimenten über die Wirkung von Stress in Großstädten, daß unkontrollierbarer Lärm zu Defiziten in der

Aufmerksamkeit führte und zu geringerer Persistenz beim Problemlösen sowie zu einem intensiveren Stresserleben. Allein die Überzeugung der Versuchspersonen, den Lärm abschalten zu können, wenn sie dies wollten (selbst oder durch die Hilfe anderer), milderte die kognitiven, motivationalen und emotionalen Defizite. Sie reichte bereits aus, die negativen Konsequenzen eines objektiv vorliegenden Lärms zu reduzieren.

Gerade der letztgenannte Punkt ist für die Theorie der gelernten Hilflosigkeit zentral. Es ist nicht das Konfrontiertwerden mit unkontrollierbaren aversiven Stimuli, das Hilflosigkeitssymptome (z.B. Passivität, fehlende Handlungsbereitschaft) erzeugt, sondern die damit verbundene Interpretation der Unkontrollierbarkeit. Es ist die subjektive *Erwartung*, den aversiven Stimulus auch in Zukunft nicht kontrollieren zu können, die als Ursache der negativen Konsequenzen betrachtet wird. Die negativen Konsequenzen werden in der Theorie der gelernten Hilflosigkeit in drei Inhaltsklassen gruppiert. Im motivationalen Bereich wird eine Passivität, aversive Stimuli zu kontrollieren, bezüglich aller relevanter Handlungen postuliert. Im kognitiven Bereich wird angenommen, daß es hilflosen Individuen schwerfällt, relevante Hinweise auf Kontrollierbarkeit zu erkennen und somit zu lernen, daß in einer gegebenen Situation Kontrollierbarkeit vorliegt. Schließlich werden affektive Defizite postuliert, die in der Erstphase des Kontrollverlusts als Furcht und später als Bedrücktheit und Unlust beschrieben werden.

Bereits in der frühen Hilflosigkeitsforschung (Seligman, 1975) wurden Parallelen zwischen dem Zustand der gelernten Hilflosigkeit und der Psychopathologie der Depression gezogen (siehe auch Seligman, 1972; Seligman, Klein & Miller, 1976). Es wurde argumentiert, daß das Hilflosigkeitsphänomen in Etiologie und Symptomatik Ähnlichkeit mit dem der Depression hat. Gelernte Hilflosigkeit und die reaktive Depression wurden als in der Erwartung, daß ein für die Person wichtiges Ereignis unkontrollierbar sei, wurzelnd interpretiert. Um die Hilflosigkeit oder Depression zu mildern, müßten diese Erwartungen verändert werden. Die hilflose oder depressive Person müßte zu der Überzeugung gebracht werden, daß sie persönlich wichtige Ereignisse durch ihr Handeln erreichen und somit das Auftreten dieser Ereignisse in der Zukunft kontrollieren könne.

Die Reformulierung der Theorie der gelernten Hilflosigkeit

Bei den Experimenten zur gelernten Hilflosigkeit beim Menschen beobachtete man, daß es immer einige Versuchspersonen gab, die trotz Unkontrollierbarkeit der aversiven Stimuli keine Hilflosigkeitssymptome entwickelten. Die Frage, die Abramson, Seligman und Teasdale (1978) sich stellten, bezog sich auf diese Personengruppe. Warum gaben diese Versuchspersonen nicht auf, obwohl sie der Hilflosigkeitsmanipulation ausgesetzt waren? Für die Beantwortung dieser Frage nach den individuellen Unterschieden im Entwickeln von Hilflosigkeitssymptomen fokussierten Abramson et al. auf die Bedingungen, die erfüllt sein müssen, damit aus dem in der Vergangenheit oder der Gegenwart gewonnenen subjektiven Eindruck der Unkontrollierbarkeit die zeitlich stabile Erwartung entsteht, daß auch in Zukunft Handlung und Ergebnis voneinander unabhängig sind.

Zur Spezifikation dieser Bedingungen nutzten Abramson et al. attributionstheoretische Überlegungen (Heider, 1958; Kelley, 1967; Weiner, 1974), die in den 70er Jahren großen Einfluß in der sozial- und motivationspsychologischen Forschung hatten. Attributionstheorien erklären Ursachenzuschreibungen für beobachtetes eigenes und fremdes Verhalten (Heider, 1958; Kelley, 1967; Jones & Davis, 1965; Weiner, 1974). In H. H. Kelleys Attributionstheorie treffen Personen Ursachenzuschreibungen, indem sie das sogenannte Kovariationsprinzip anwenden. Damit etwas als Ursache eines Verhaltens in Frage kommt, muß es anwesend sein, wenn das zu erklärende Verhalten auftritt, und abwesend, wenn das Verhalten nicht zu beobachten ist. Dabei werden nach Kelley drei Arten von Kovariationsinformation systematisch verrechnet, wenn es um die Beantwortung der Frage geht, ob ein beobachtetes Verhalten auf situative oder personale Faktoren zurückzuführen ist. Konsensusinformation bezieht sich darauf, ob nur die ins Auge gefaßte Person oder auch andere Personen das Verhalten zeigen; Konsistenzinformation, ob das ins Auge gefaßte Verhalten über die Zeit hinweg in wiederkehrenden gleichen Situationen erneut gezeigt wird, und Distinktheitsinformation besagt, ob das ins Auge gefaßte Verhalten nur in der gegebenen Situation oder auch in anderen Situationen gezeigt wird.

In der sozialpsychologischen Forschung zur Persönlichkeitswahrnehmung interessierte insbesondere die Frage, ob ein bestimmtes Verhalten einer beobachteten Person Ausdruck von Merkmalen der Person oder bloß situationsbezogen sei. Personale Attributionen (Ursachenzuschreibungen auf Aspekte der Person) werden begünstigt bei niedrigem Konsensus, niedriger Distinktheit und hoher Konsistenz; situationale Attributionen (Ursachenzuschreibungen auf Aspekte der Situation) werden dagegen favorisiert, wenn hoher Konsensus, hohe Distinktheit und hohe Konsistenz vorliegen. Attributionstheorien gehen im allgemeinen nicht davon aus, daß Personen für jedes beobachtete Verhalten eine Ursachenzuschreibung treffen. Vielmehr müssen die zu erklärenden Verhaltensereignisse unerwartet und/oder negativ sein. Auch heute ist noch nicht eindeutig geklärt, ob die Unerwartetheit oder die Negativität des zu erklärenden Ereignisses die treibendere Kraft ist. Rezente Befunde (Bohner, Bless, Schwarz & Strack, 1988) sprechen dafür, daß der Negativität ein größeres Gewicht zukommt.

Die reformulierte Theorie der gelernten Hilflosigkeit geht davon aus, daß das Erleben unkontrollierbarer negativer Ereignisse eine intensive Suche nach Ursachenerklärungen auslöst. Was soll erklärt werden oder für was wird eine Ursachenzuschreibung gesucht?

Die betroffene Person versucht in dieser aversiven Situation herauszufinden, warum sie die negativen Ereignisse nicht abwenden kann. Die von ihr gewählten Attributionen bestimmen schließlich die Erwartung darüber, ob in der Zukunft durch eigenes Handeln negative Ereignisse abgewendet oder positive herbeigeführt werden können. Abramson et al. postulierten, daß verschiedene Attributionsformen mit jeweils unterschiedlichen Konsequenzen für die subjektive zukunftsbezogene Erwartung zu unterscheiden sind. Wenn es darum geht festzustellen, über welchen Zeitraum hin und in wievielen verschiedenen Situationen eine Person die Erwartungen aufrecht erhält, daß sie Kontrollverlust erleiden wird, sind stabile/instabile und globale/spezifische Attributionen (die aus der situativen Information über Konsistenz und Distinktheit der erlebten unkontrollierbaren Ereignisse resultieren) in Betracht zu ziehen. Eine Attribution eines negativen unkontrollierbaren Ereignisses auf stabile Ursachen (z.B. Dummheit) impliziert, daß auch in Zukunft negative unkontrollierbare Ereignisse auftreten werden, während eine Attribution auf instabile Faktoren (z.B. Unaufmerksamkeit) die Erwartung impliziert, daß derartige Ereignisse verhindert werden können. Eine Attribution auf globale Ursachen (z.B. Ungeschicklichkeit) bedeutet, daß unkontrollierbare negative Ereignisse auch in anderen als der vorliegenden Situation auftreten können, während eine Attribution auf spezifische Ursachen (Ungeschicklichkeit in Mathematik) dafür spricht, daß Unkontrollierbarkeit lediglich in dem vorliegenden spezifischen Inhaltsbereich erwartet werden muß.

Die Erwartung, also die Einschätzung der Wahrscheinlichkeit, mit der eine Person glaubt, in Zukunft durch ihre Handlungen Erfolg erreichen und/oder Mißerfolg vermeiden zu können, determiniert wiederum die Dauer, die Allgemeinheit und die Art der Hilflosigkeitssymptome. Nach Abramson et al. sind Hilflosigkeitssymptome nämlich bei manchen Personen kurz- und bei manchen Personen langlebig, sie können spezifisch auf einen schmalen Lebensbereich beschränkt sein oder sich über verschiedene Lebensbereiche ausdehnen. Schließlich kann eine Person glauben, daß nur sie selbst die negative Situation nicht ändern könne, andere aber dies sehr wohl vermögen (persönliche Hilflosigkeit) oder daß weder sie selbst noch andere, also gar nichts auf der Welt, die aversive Situation verbessern könnten (universelle Hilflosigkeit). Die Art der Attribution determiniert über die jeweils kreierten Erwartungen das Auftreten der Hilflosigkeitssymptome.

Um persönliche versus universelle Hilflosigkeit erklären zu können, spricht die reformulierte Theorie der gelernten Hilflosigkeit auch noch einen dritten Attributionstyp an: die internale/externale Ursachenzuschreibung. Attributionen auf internale Ursachen (z.B. "*Ich* habe Fehler gemacht.") implizieren Erwartungen, daß eine Person nicht die notwendige Kompetenz besitzt, Kontrollverlust zu beheben. Attributionen auf externale Faktoren (z.B. "Die Aufgabe war zu schwer.") dagegen beinhalten Erwartungen, daß äußere Umstände den Kontrollverlust verursachen. Die Konsequenzen dieser beiden unterschiedlichen Erwartungen sind, daß eine persönliche bzw. eine universelle Hilflosigkeit entsteht. Dabei ist zu beachten, daß die motivationalen und die kognitiven Defizite der gelernten Hilflosigkeit sowohl bei der persönlichen als auch bei der universellen Hilflosigkeit auftreten sollten. Die Unterscheidung zwischen persönlicher versus universeller Hilflosigkeit erlaubt lediglich Vorhersagen darüber, inwieweit die Hilflosigkeit mit Defiziten im Selbstwertgefühl einhergeht. Wenn eine Person also ihre vergeblichen Bemühungen, ein unerwünschtes Ereignis abzuwenden, stabilen, globalen *und* internalen Gründen zuschreibt, sollte sie über die Zeit hinweg und in vielen Situationen erwarten, daß ihr Handeln in Zukunft und in verschiedenen Situationen ohne Konsequenzen bleibt. Zudem sollte sie glauben, daß nur ihre eigenen, aber nicht die Handlungen anderer umsonst sind, und deshalb sollte auch ihr Selbstwertgefühl leiden.

Zusammenfassend wird die Frage nach den individuellen Differenzen von gezeigter Hilflosigkeit nach Abramson et al. wie folgt beantwortet: Unkontrollierbare negative Ereignisse führen nur bei denjenigen Personen zu Hilflosigkeitssymptomen, die die Ursache in stabilen und globalen Gründen suchen (z.B. "Ich bin dumm."). Diese Personen entwickeln Erwartungen, auch in der Zukunft und in verschiedenen Bereichen negative Ereignisse nicht kontrollieren zu können. Dabei kann eine den Selbstwert besonders belastende persönliche Hilflosigkeit entstehen, wenn die stabilen und globalen Ursachen in der eigenen Person gesehen werden und somit die Erwartung entsteht, daß nur die eigene Person mit diesem Kontrollverlust behaftet ist. Universelle Hilflosigkeit dagegen entsteht, wenn die stabilen und globalen Ursachen in äußeren Umständen gesehen werden. Werden unkontrollierbare negative Ereignisse dagegen auf instabile und spezifische Gründe zurückgeführt, entstehen Kontrollerwartungen, die Hilflosigkeitssymptome verhindern. Man erwartet, in zukünftigen Situationen mit negativen Ereignissen fertig zu werden, weil der instabile Grund nicht mehr vorliegt bzw. weil der spezifische Grund nicht auf andere Situationen übertragbar ist.

In der Reformulierung der Theorie der gelernten Hilflosigkeit versuchte man auch auf Probleme der Interpretation der depressiven Symptomatik als Hilflosigkeitsphänomen einzugehen. Dabei wurde zum einen herausgestrichen, daß die subjektive Erwartung eines Kontrollverlusts bezüglich negativer Ereignisse nicht ausreicht, um die Intensität der depressiven Symptomatik vorherzusagen. Dazu müsse man auch die Bedeutsamkeit der negativen Ereignisse für die Person in Betracht ziehen (zur empirischen Überprüfung dieses *Diathesis-stress*-Modells siehe Metalsky, Abramson, Seligman, Semmel & Peterson, 1982; Metalsky, Halberstadt & Abramson, 1987). Weiterhin kann die hilflosigkeitstheoretische Analyse einen typischen Aspekt der depressiven Symptomatik nicht erklären, nämlich die Beobachtung, daß sich depressive Personen keine positiven Leistungen und Erfolge zutrauen. Um diesen Aspekt mit zu berücksichtigen, muß die in der reformulierten Theorie der gelernten Hilflosigkeit vorgetragene attributionale Analyse die

Erklärung positiver Ereignisse einbeziehen. Die reformulierte Theorie der gelernten Hilflosigkeit postuliert deshalb, daß depressive Personen nicht nur vergangene negative Ereignisse stabil, global und internal attribuieren, sondern obendrein positive Ereignisse instabil, spezifisch und external. Personen, die chronisch positive Ereignisse stabil, global und internal sowie negative Ereignisse instabil, spezifisch und external attribuieren, neigen folglich weniger zu depressiven Verstimmtheiten, selbst wenn sie bedeutsame negative Ereignisse (Mißerfolge) erfahren. Dies liegt daran, daß sie erwarten, immer und überall Zugang zu positiven Ereignissen zu haben, aber vor negativen Ereignissen geschützt zu sein. Die umgekehrten Erwartungen dagegen kennzeichnen Personen, die für das Erleben von depressiven Symptomen empfänglich sind. Eine zusätzliche Belastung (Selbstwertverluste) entsteht für die letztgenannten Personen immer dann, wenn ihre Erwartungen für positive Ereignisse auf externalen Ursachenzuschreibungen basieren, während die Erwartungen für negative Ereignisse von internalen Attributionen herrühren.

Der Zusammenhang des Erklärungsstils mit Gesundheit und Leistungserfolg

Die reformulierte Theorie der gelernten Hilflosigkeit führte zu einem wahren Forschungsboom, als ein Meßinstrument zur Bestimmung des chronischen Attributionsstils vorlag. Dieses Meßinstrument wurde von Peterson et al. (1982; siehe auch Peterson & Villanova, 1988) entwickelt. Es handelt sich um einen Fragebogen, in dem die Versuchspersonen eigene Erklärungen für sechs positive und sechs negative vorgegebene hypothetische Ereignisse abgeben müssen. Diese Ereignisse stammen zu gleichen Anteilen aus dem Leistungs- und dem Affiliationsbereich. Beispielitems für positive und negative Ereignisse im Leistungs- bzw. Affilitationsbereich sind: "*You get a raise*" oder: "*You go on a date and it goes badly*". Die Versuchsperson wird zunächst gebeten, einen für sie plausiblen Grund für das Ereignis anzugeben. Dieser muß dann hinsichtlich der Dimensionen Stabilität, Globalität und Internalität von der Versuchsperson eingeschätzt werden (auf drei jeweils von 1 bis 7 reichenden Antwortskalen). Die Antworten für positive und negative Ereignisse werden so voneinander abgezogen, daß ein Wert entsteht, der den Optimismus versus Pessimismus der Versuchsperson ausdrückt. Ein hoher Optimismuswert entsteht dann, wenn eine Person die vorgegebenen positiven Ereignisse mehr als die vorgegebenen negativen Ereignisse auf stabile, globale und internale Ursachen zurückführt (für eine detaillierte Beschreibung der Fragebogencharakteristika siehe Tennen & Herzberger, 1986). Nach der reformulierten Theorie der gelernten Hilflosigkeit erwartet eine optimistische Person, daß positive Ereignisse länger andauern, in unterschiedlichere Lebensdomänen reichen und eher mit dem eigenen Handeln zu tun haben als negative Ereignisse. Der Fragebogen mißt also die Attributionsgewohnheit einer Person oder, wie Peterson und Seligman (1984) ausführen, den Erklärungsstil einer Person. Mit Hilfe dieses Fragebogens (und der auf ihm basierenden Verfahren) ist eine Vielzahl von korrelativen Studien durchgeführt worden.

Optimistischer Erklärungsstil und Gesundheit. Ein Großteil der empirischen Studien zur Prüfung der reformulierten Theorie der gelernten Hilflosigkeit fokussierte auf die Entstehung und das Andauern von depressiven Verstimmtheiten. Die Erklärung von positiven Ereignissen durch instabile, spezifische und externale und insbesondere von negativen Ereignissen durch stabile, globale und internale Ursachen geht nicht nur mit den typischen depressiven Merkmalen des negativen Affekts und einer erhöhten Passivität einher (für eine Zusammenfassung siehe Peterson & Seligman, 1984; kritisch dazu siehe Gotlib, 1991; für Metaanalysen siehe Sweeney, Anderson & Bailey, 1986 sowie Robins, 1988), sondern sie sagt diese auch über die Zeit hinweg vorher und dies sowohl für Erwachsene (z.B. Metalsky et al., 1982) als auch für Kinder (z.B. Seligman et al., 1984; Nolen-Hoeksema, Girgus & Seligman, 1986). Diese Zusammenhänge gelten sowohl in Populationen mit milden Symptomen von Depression (z.B. Studenten) als auch für schwer depressive Populationen (z.B. Patienten, die aufgrund depressiver Störungen in Behandlung sind; siehe z.B. Seligman et al., 1988). Der pessimistische Attributionsstil ist in diesen Studien ein prominenter Prädiktor für die klassischen Symptome der Depression (z.B. negativer Affekt, Passivität, Schlaflosigkeit) sowie für die mit der Depression einhergehenden Selbstwertverluste.

Der Einfluß des Erklärungsstils ist nicht nur in Bezug auf die psychische, sondern auch auf die physische Gesundheit untersucht worden. Dabei ging man von der Überlegung aus, daß ein optimistischer Erklärungsstil, indem er die Erwartungen einer positiven Zukunft fördert, aktives und persistentes Verhalten zur Erhaltung von Gesundheit oder der Milderung von Krankheit begünstigt. Weiterhin vermutete man, daß ein optimistischer Erklärungsstil direkt (ohne Umwege über förderliche Effekte auf gesundheits- und krankheitsbezogenes Verhalten) physiologische Prozesse allgemein sowie immunologische Mechanismen affiziert. Diese Vermutung basierte auf streng kontrollierten Tierexperimenten, in denen Effekte von Kontrollverlust auf physiologische und dabei insbesondere immunologische Parameter der Krankheitsabwehr gezeigt worden waren (Visintainer, Volpicelli & Seligman, 1982; Sklar & Anisman, 1979, 1981; Shavit & Martin, 1987; Seligman & Visintainer, 1985; für Überblicksartikel siehe Maier, Laudenslager & Ryan, 1985 sowie Maier, Watkins & Fleshner, 1994).

Wie auch immer der kausale Zusammenhang zwischen Erklärungsstil und physischer Krankheit vermittelt sein mag (indirekt über Verhalten oder direkt über physiologische Prozesse), es liegt eine Reihe von Studien vor, die einen derartigen Zusammenhang einzufangen versuchen. In einer ersten Studie (Peterson, 1988) sollten Studenten Angaben über ihren augenblicklichen Gesundheitszustand und die Anzahl der Arztbesuche in der jüngsten Vergangenheit machen (Peterson, 1988) und den *Attributional Style Questionnaire* (*ASQ*) ausfüllen. Die Versuchspersonen wurden dann im Laufe des Jahres mehrmals nach ihren Krankheiten gefragt. Studenten mit optimistischem Erklärungsstil berichteten im Laufe des 1. Monats tatsächlich weniger Infektionskrankheiten, und während dieses Jahres besuchten sie weniger häufig einen Arzt. Diese Ergebnisse blieben unverändert, auch wenn für die Anzahl der zum ersten Testzeitpunkt (als der *ASQ* ausgefüllt wurde) angegebenen Krankheiten und Arztbesuche kontrolliert wurde.

In einer weiteren Studie (Peterson, Seligman & Vaillant, 1988) konnte der Erklärungsstil den physischen Zustand von Personen über einen Zeitraum von 35 Jahren hinweg vorhersagen. Die Versuchspersonen dieser Studie waren Studenten der *Harvard University* der Studienjahre 1942-1944 (siehe Vaillant, 1977). Man hatte die damals 26-jährigen unter ihren Kommilitonen nach folgenden Kriterien ausgewählt. Sie sollten gesund, sportlich aktiv, intellektuell begabt und sozial geschickt sein. Man wollte die Versuchspersonen in einer Längsschnittstudie über die Jahrzehnte hinweg begleiten, um nach den Determinanten für Erfolg und Gesundheit zu fahnden. Fast 50 Jahre lang haben die Versuchspersonen an der Studie teilgenommen und sich u.a. alle 5 Jahre ausführlichen Gesundheitsüberprüfungen unterzogen. Der Erklärungsstil der Versuchspersonen im Alter von 25 Jahren war ein prominenter Prädiktor für ihren Gesundheitszustand im Alter von 45 bis 60 Jahren. Dieses Ergebnis änderte sich nicht, wenn für den physischen und psychischen Gesundheitszustand im Alter von 25 Jahren statistisch kontrolliert wurde. Optimistischer Erklärungsstil im jungen Erwachsenenalter scheint somit den Gesundheitszustand im mittleren und höheren Erwachsenenalter zu begünstigen.

Wie aber bestimmten Peterson et al. den Attributionsstil der damals 25-jährigen Collegestudenten? Die Harvardstudenten hatten seinerzeit in einem offenen Fragebogen über ihre Erlebnisse während des Krieges berichtet. Diese persönlichen Berichte wurden nach Schilderungen negativer Ereignisse durchsucht sowie nach von den Studenten dafür angebotenen Ursachenerklärungen. Die Attributionen wurden schließlich von Peterson et al. bezüglich Stabilität, Globalität und Internalität eingeschätzt. Dieses sogenannte *CAVE*-Verfahren (*Content Analysis of Verbatim Explanations*) läßt sich überall dort zur Bestimmung des Attributionsstils einsetzen, wo gesprochene Sprache oder geschriebene Texte spontane Erklärungen erlebter negativer oder positiver Ereignisse enthalten (Peterson, Bettes & Seligman, 1985; Peterson, Luborsky & Seligman, 1983; Zullow, Oettingen, Peterson & Seligman, 1988). Diese Technik, den Erklärungsstil von Personen zu erfassen, wurde in verschiedenen Studien validiert und hat sich auch als reliabel erwiesen. Der über die *CAVE*-Technik gemessene Erklärungsstil ist über die Zeit relativ stabil. In einer Stichprobe von circa 30 älteren Personen korrelierte der Erklärungsstil über einen Zeitraum von 50 Jahren hin, vom Jugendalter bis zum Pensionsalter, im Bereich von $r = .50$ (Burns & Seligman, 1989).

Eine rezente Studie (Kamen-Siegel, Rodin, Seligman & Dwyer, 1991) benutzte ebenfalls die CAVE-Technik, um den Erklärungsstil von Versuchspersonen zu bestimmen. Es handelte sich um eine Stichprobe von 26 gesunden älteren Männern und Frauen, die zuhause lebten (62-82 Jahre). In dieser Untersuchung wurde der Zusammenhang des Attributionsstils mit verschiedenen Maßen der Immunkompetenz (T-Helferzellen/T-Suppressorzellen-Quotient und T-Lymphozytenreaktion auf Mitogenprovokation) erfaßt. Ein pessimistischer Erklärungsstil für negative Ereignisse ging mit geringeren Werten bezüglich dieser Maße einher, selbst wenn für den augenblicklichen Gesundheitszustand (gesundheitliche Probleme während der letzten 1.5 Jahre), Depression, Arzneimitteleinnahme, rezente Körpergewichtsveränderungen, Schlafgewohnheiten und Alkoholeinnahme kontrolliert wurde.

Betrachtet man die Befunde von Studien, die den Zusammenhang von Attributionsstil und physischer Gesundheit zum Thema hatten, so läßt sich zusammenfassend feststellen, daß ein pessimistischer Erklärungsstil wahrscheinlich ein Handicap darstellt, was das Auftreten von physischen Krankheiten betrifft, während ein optimistischer Erklärungsstil einen gewissen Schutz impliziert.

Optimistischer Erklärungsstil und Leistungserfolg. Die Attributionsstilstudien zur psychischen und physischen Gesundheit waren noch deutlich vom ursprünglichen Fokus der Theorie der gelernten Hilflosigkeit auf den Kontrollverlust angesichts negativer Ereignisse geprägt. Man konzentrierte sich bei der Theoriebildung auf den pessimistischen Attributionsstil. Seligman vollzog in seinem Buch über *Learned optimism* (1991) einen Schwenk in Richtung Optimismus und paßte sich damit dem Zeitgeist der 80er Jahre an. Mit dieser Perspektivenverschiebung kamen neue Fragestellungen auf, die sich insbesondere auf die Determinanten von beruflichen, schulischen und sportlichen Leistungserfolgen bezogen. Die grundlegende Annahme des *Learned optimism* ist, daß ein optimistischer Erklärungsstil positive Leistungserwartungen begünstigt, die wiederum das Erzielen guter Leistungen fördern.

In einer Studie zum beruflichen Erfolg wurden Vertreter einer großen amerikanischen Versicherungsfirma als Versuchspersonen gewonnen (Seligman & Schulman, 1986). Versicherungsvertreter, die sich im oberen Bereich der Optimismuswerte auf dem *Attributional Style Questionnaire* (*ASQ*) befanden, schlossen mehr Versicherungskontrakte ab als ihre Kollegen mit niedrigen Optimismuswerten. Der Attributionsstil sagte auch den Erfolg und die Ausdauer bei neu eingestellten Versicherungsvertretern vorher (über den Zeitraum von 1 Jahr und nach statistischer Kontrolle für den von der Firma benutzten Qualifikationstest). Optimistische Angestellte waren produktiver und schafften es eher als ihre pessimistischen Kollegen, trotz der frustrierenden Arbeit bei der Firma zu bleiben.

Auch für den Studienerfolg ist ein optimistischer Erklärungsstil förderlich (Peterson & Barrett, 1987). Studenten füllten am Anfang des ersten Semesters den *ASQ* aus. Nach dem ersten Semester wurde dann ihre Leistung (*Grade-point-average: GPA*) erhoben. Die optimistischen Studenten waren erfolgreicher als ihre pessimistischen Kommilitonen und dies sogar, als für ihre vorhergehenden akademischen Schulleistungen und Eintrittsexamina sowie Depression (Schulabschlußnoten bzw. *Scholastic-aptitude-test, SAT*) kontrolliert wurde.

Schließlich ist ein optimistischer Erklärungsstil auch für sportliche Höchstleistungen förderlich. Die Mitglieder der Schwimmannschaften zweier Universitäten füllten den *ASQ* am Anfang der Saison aus. Schwimmer mit einem optimistischen Erklärungsstil zeigten seltener unerwartete Mißerfolge als ihre pessimistischen Sportskollegen (Seligman, Nolen-Hoeksema, Thornton & Thornton, 1990). Seligman et al. beobachteten auch, daß pessimistische Schwimmer auf negative Leistungsrückmeldung mit Leistungseinbußen beim nächsten Wettkampf reagierten, während dies bei den optimistischen Schwimmern nicht der Fall war.

Zusammenfassung

Die Geschichte der Forschung zum Phänomen der gelernten Hilflosigkeit läßt sich wie folgt zusammenfassen. Aus dem Impetus heraus, die lerntheoretische Theoriebildung um eine kognitive Perspektive zu erweitern, wurden zunächst experimentelle Paradigmen entwickelt, mit denen man ein Lernen demonstrieren konnte, das sich durch kognitive Konstrukte besonders leicht erklären ließ. Für das klassische Hilflosigkeitsparadigma (im Trainingsdurchgang unkontrollierbare negative Ereignisse und im Testdurchgang kontrollierbare negative Ereignisse) bot sich das Konstrukt der Erwartung als besonders erklärungsträchtig an. Man ging davon aus, daß die Versuchstiere im Trainingsdurchgang die Erwartung erworben hätten, daß negative Ereignisse nicht zu kontrollieren seien. Bei der Anwendung des klassischen Paradigmas auf Menschen wurde schließlich die Entwicklung dieser Erwartung thematisiert: Nur Personen, die eine ganz bestimmte Ursachenerklärung für das Auftreten der negativen Ereignisse im Trainingsdurchgang favorisierten, sollten derartige Erwartungen entwickeln und dementsprechende Hilflosigkeitssymptome zeigen. In einem dritten Schritt wurde dieses Erklärungsmuster als Persönlichkeitsattribut konzipiert, und Konsequenzen eines pessimistischen versus optimistischen Attributionsstils auf psychische und physische Gesundheit sowie auf Leistungserfolge wurden untersucht.

Auffallend in der Geschichte der Hilflosigkeitsforschung ist, daß das mediierende

Konstrukt der Erwartung nicht direkt gemessen worden ist. Da Seligman sich in der Tradition der *Animal cognitivists* versteht (siehe Seligman, 1991), die kognitive Konzepte nicht nur als hypothetische Konstrukte, die letztendlich nur über Verhalten operationalisierbar sind (ein Grundsatz der Neo-Behavioristen), sondern als mentale Repräsentation begreifen, wundert man sich, daß man im Verlauf der Hilflosigkeitsforschung nie versuchte, Erwartungen direkt zu erfassen. Damit ist Seligman also dem Neo-Behaviorismus in seinem methodischen Vorgehen treu geblieben (und somit auch seinem Lehrer R. L. Solomon; siehe Peterson, Maier & Seligman, 1993).

Dürfen wir nun annehmen, daß subjektive Erwartungen tatsächlich die von Seligman und Mitarbeitern studierten Hilflosigkeitsphänomene vermittelt haben? Bezüglich der in den klassischen Hilflosigkeitsexperimenten erzielten Ergebnisse hat es gerade in diesem Punkt Kritik gegeben. Die Hilflosigkeitseffekte beim Menschen sind möglicherweise nicht nur durch pessimistische Kontrollerwartungen vermittelt, sondern auch durch *Worry cognitions* (Coyne, Metalsky & Lavelle, 1980) oder andere Gedanken, die sich auf die Verarbeitung des Mißerfolgserlebens in der Trainingsaufgabe beziehen und damit eine effektive Bearbeitung der Testaufgabe verhindern (sog. *Task-irrelevant thoughts* oder *Dysfunctional thoughts*; Brunstein & Olbrich, 1985; Kuhl, 1981).

Bezüglich des Zusammenhangs von Attributionsstil und Depression wurde dagegen die postulierte mediierende Rolle von Erwartungen außerhalb der Forschungsgruppe Seligmans überzeugend nachgewiesen. Hull und Mendolia (1991) erhoben generelle Zukunftserwartungen mit Hilfe der Fragebögen *LOT* (*Life Orientation Scale*, Scheier & Carver, 1985) und *GESS* (*Generalized Expectancy for Sucess Scale*; Fibel & Hale, 1978). Anhand von Strukturmodellanalysen prüften sie die von Seligman und Mitarbeitern postulierte Mediationsrolle der Erwartung. Tatsächlich sind die Effekte des Attributionsstils auf Depression über den durch die beiden Skalen gemessenen Optimismus vermittelt. Dies gilt sowohl für den Erklärungsstil bei positiven Ereignissen als auch für den Erklärungsstil bei negativen Ereignissen. Der Erklärungsstil bei negativen Ereignissen hat obendrein einen direkten Effekt auf Depression.

Hulls Ergebnisse dokumentieren auch einen starken direkten Zusammenhang von subjektiven Erwartungen (gemessen mit Hilfe des *LOT* oder *GESS*) und Depression ($r = -.46$; gemessen über das *Beck Depression Inventory*, *BDI*; Beck, Ward, Mendelson, Mock & Erbaugh, 1961). Damit machen sie deutlich, daß direkt abgefragte Erwartungen gute Vorhersagen darüber erlauben, inwieweit Personen depressive Symptome zeigen. Seligman hat es stets vorgezogen, die Erwartungen nicht direkt abzufragen, sondern über Attributionsgewohnheiten zu operationalisieren. Es gibt aber eine Reihe von Handlungstheoretikern, die die in ihren Theorien formulierten Erwartungskonzepte nicht indirekt erschlossen, sondern beim Prüfen ihrer Theorien diese Konzepte direkt abfragten. Sie hatten keine neo-behavioristischen Skrupel, sich dem Vorwurf der Introspektion auszusetzen. Die Vorteile des direkten Abfragens von Erwartungen sind vordergründig pragmatischer Natur; die Datenerhebung wird ökonomischer. Andererseits förderte die ökonomische Messung von Erwartungen die Bereitschaft, verschiedene Erwartungstypen in der Theoriebildung und Forschungsarbeit zu unterscheiden. Den Theorien, die Erwartungen als mentale Repräsentationen konzeptualisieren, die man obendrein direkt abfragen kann, werden wir uns im folgenden zuwenden.

Die sozial-kognitiven Handlungstheorien

Die sozial-kognitive Handlungstheorie Banduras

A. Banduras Theorie ist vor allem durch die Unterscheidung von zwei Typen von Erwartungen bekannt geworden: Selbstwirksamkeitserwartungen und Ergebniserwartungen. Was ist damit gemeint? Um diese Frage zu beantworten, ist es sinnvoll, nochmals kurz zur reformulierten Theorie der gelernten Hilflosigkeit zurückzukehren und das dort thematisierte Erwartungskonzept näher zu betrachten.

Offensichtlich geht es beim optimistischen/pessimistischen Erklärungsstil um Erwartungen diesbezüglich, ob bestimmte positive oder negative Ereignisse eintreten werden (Abramson et al., 1978; Peterson & Seligman, 1984). Diese Erwartungen werden entweder zu Kompetenz- oder Ergebniserwartungen, je nachdem, ob eine Person das Auftreten positiver/negativer Ereignisse internal oder external attribuiert. Im einzelnen läuft dieser Vorgang nach Abramson et al. wie folgt ab. Erfährt eine Person, daß ihr Handeln nicht zum gewünschten Ergebnis führt, wird sie einen Grund für den vorliegenden Mißerfolg suchen. Diese Erklärung, beispielsweise hinsichtlich eines beruflichen Mißerfolgs, kann so ausfallen, daß das eigene Unvermögen als Ursache des Mißerfolgs herangezogen wird. In diesem Fall sollte sich die Erwartung ausbilden, daß man das für das erwünschte Ergebnis notwendige Handeln nicht ausführen kann. Es fehlt die Kompetenz dazu (Schwarzer, 1993, spricht in diesem Fall von Kompetenzerwartung). Wird dagegen external attribuiert, wird beispielsweise die Ursache für einen beruflichen Mißerfolg in der wirtschaftlichen Flaute gesehen, sollten sich Erwartungen entwickeln, daß selbst bei erfolgreichem Handeln das erwünschte Ereignis sich nicht einstellen wird (Schwarzer, 1993, spricht von Konsequenzerwartung). Die in der reformulierten Theorie der gelernten Hilflosigkeit implizit angelegte Differenzierung zwischen Erwartungstypen wird nun bei Bandura explizit ausformuliert.

Selbstwirksamkeits- versus Ergebniserwartungen. Ein Jahr vor der Publikation von Abramson et al. hatte Bandura (1977a) bereits zwischen Selbstwirksamkeits-

und Ergebniserwartungen unterschieden. Selbstwirksamkeitserwartungen (*Self-efficacy expectations*) beziehen sich auf das Urteil einer Person ("*How certain are you...?" in percent*), inwieweit sie eine bestimmte Handlung in dem jeweils relevanten Kontext ausführen kann (siehe auch Bandura, 1986, in Druck; Bandura spricht neuerdings von *Self-efficacy beliefs* oder *Sense of efficacy*). Ergebniserwartungen (*Outcome expectations*) hingegen spezifizieren, inwieweit eine Person überzeugt davon ist ("*How certain are you...?" in percent*), daß eine ins Auge gefaßte Handlung ein gewünschtes Ergebnis zur Folge hat.

Bandura entwickelte seine Theorie im Rahmen von verhaltenstherapeutischen Überlegungen. Dort (z.B. bei der Therapie von Phobien) geht es insbesondere darum, mit Personen ein neues Verhalten einzuüben. In diesem Zusammenhang spielt die subjektive Erwartung dieser Person, dieses kritische Verhalten ausüben zu können, eine entscheidende Rolle. Die stärkere Gewichtung der Selbstwirksamkeitserwartungen gegenüber den Ergebniserwartungen bei Bandura wird somit verständlich. In der Theorie der gelernten Hilflosigkeit lag der Fokus dagegen nicht auf den Selbstwirksamkeitserwartungen. In den Tierexperimenten Seligmans stand außer Frage, daß die Versuchstiere das instrumentelle Verhalten (z.B. einen Hebel zu drücken) beherrschten. Was in diesen Experimenten analysiert wurde, war die Frage nach den Konsequenzen des Verhaltens der Tiere: ob sie die Erwartung erlernten, daß ihr Verhalten konsequenzlos bleibt (unentrinnbarer Schock). Der Fokus lag somit auf der Ergebniserwartung.

Beide Theorien thematisieren trotz unterschiedlicher Schwerpunktsetzungen auch die jeweils andere Art der Erwartung. In der reformulierten Theorie der gelernten Hilflosigkeit werden, wie oben beschrieben, mit Hilfe der Dimensionen Internalität und Externalität der Attribution die Ergebniserwartungen in kompetenzabhängige Handlungserwartungen versus kompetenzunabhängige Ergebniserwartungen getrennt. In Banduras Theorie werden den Selbstwirksamkeitserwartungen die Ergebniserwartungen an die Seite gestellt: Letztere spielen insoweit für die Vorhersage von Verhalten eine Rolle, als Selbstwirksamkeitserwartungen nur dann motivierend wirken sollten, wenn auch erwartet werden darf, daß die jeweilige Handlung zu dem gewünschten Ergebnis führt. Umgekehrt freilich sollte die Ergebniserwartung für die Vorhersage von Verhalten nur dann eine Rolle spielen, wenn auch angenommen werden darf, daß die Person überzeugt davon ist, das potentiell zum Ergebnis führende Verhalten ausführen zu können. Bei Banduras Selbstwirksamkeitskonzept geht es also nicht um Überzeugungen, ob eine bestimmte Handlung effektiv sein wird, sondern um die Überzeugung, eine bestimmte Handlung effektiv ausführen zu können. Ein ausgeprägtes Selbstwirksamkeitsurteil ist somit eine situationsspezifische positive Erwartung, daß das, was getan werden muß, auch getan werden kann. Dabei geht Bandura (1977a) so weit anzunehmen, daß alle Formen von psychologischen Therapieverfahren vor allem dadurch wirksam werden, daß sie die

Erwartungen bezüglich der eigenen Wirksamkeit stärken. Die Stärke der Selbstwirksamkeitserwartung bestimmt die Motivation, die respektiven Handlungen zu initiieren, wobei Bandura Motivation im Sinne von Anstrengung und Ausdauer bei der Durchführung dieser Handlungen begreift.

Quellen der Selbstwirsamkeitserwartungen. Bei der Analyse des Entstehens von Selbstwirksamkeitserwartungen erinnert Bandura an seine früheren Arbeiten zum Modellernen (1977b). Bandura, Ross und Ross (1963) untersuchten experimentell das aggressive Verhalten von Kindern, die vorher frustriert worden waren. Die Kinder, denen zuerst ein Film gezeigt wurde, der einen Erwachsenen zeigte, der eine Gummipuppe herumschubste, schlug und trat, waren aggressiver beim späteren Spiel mit dieser Puppe als Kinder, die im vorangegangenen Film einen Erwachsenen gesehen hatten, der sich ruhig und ausgeglichen verhielt. Bandura hat dieses Modellernen (*Modeling*) dem Bekräftigungslernen als zusätzliche und wesentliche Art des Verhaltenslernens zur Seite gestellt (für eine Zusammenfassung siehe Bandura, 1977b). Das Ausmaß des Modelllernens ist von einer Reihe von Charakteristika des Modells abhängig: Respektierte und geschätzte Modelle werden intensiver imitiert (siehe Lefkowitz, Blake & Mouton, 1955), und Modelle, die belohnt werden, sind effektiver als solche, die bestraft werden (Bandura, 1965). Wurde der im Film gezeigte Erwachsene für seine Aggressionen gegenüber der Puppe bestraft, verhielten sich die Kinder weniger aggressiv im Vergleich zu den Kindern, bei denen der Erwachsene ungestraft davon kam.

Bandura (1977b) ging in seiner Theorie des Modellernens davon aus, daß die traditionellen Lernprinzipien der Bekräftigung zu eng gefaßt seien, weil Verhalten offensichtlich auch durch das Beobachten der Ereignisse, die anderen Personen zustoßen, gelernt werden kann und nicht nur durch die Bekräftigungen, die dem eigenen Verhalten widerfahren. Bandura argumentierte, daß das stellvertretende Lernen (*Vicarious learning*) eigentlich ein Lernen von Erwartungen ist (Bandura, 1977b). In diesem Sinne übernahm Bandura die Rolle des Kognitivisten auf dem Gebiet der Verhaltenstherapie, auf dem zu dieser Zeit noch traditionell behavioristische Positionen vorherrschten, die davon ausgingen, daß Verhalten direkt und nicht über kognitive Mediatoren zu modifizieren sei. In Banduras Selbstwirksamkeitstheorie (Bandura, 1977a, 1986) sowie in der Theorie des sozialen Lernens (1977b) spielt das Konzept der Erwartung eine zentrale Rolle. Damit ist auch impliziert, daß den Klienten hier eine gewisse Selbstkontrolle ihres Verhaltens erlaubt wird, die ihnen von traditionell denkenden Verhaltenstherapeuten nur bedingt zugestanden wurde (Bandura, 1977b, 1986).

Welche Faktoren bestimmen die Stärke von Selbstwirksamkeitsurteilen? Nach Bandura (1986) gibt es vier Informationsquellen, die eine Person nutzen kann, um zu einem Urteil über die eigene Selbstwirksamkeit zu gelangen. Die wichtigste Informationsquelle ist die in der Vergangenheit gezeigte Leistung (*Performance accomplishments*). Erfolge stärken die Selbstwirksamkeitserwartungen, während Mißerfolge diese schwächen; frühe Mißerfolge wirken sich besonders negativ aus, weil sie das bereitwillige Akzeptieren künftiger Mißerfolge fördern, die dann wiederum in die Selbstwirksamkeitsurteile integriert werden. Frühe Erfolge dagegen führen zu einem robusten Selbstwirksamkeitsurteil, das eine Person dazu bringt, zukünftige Mißerfolge abprallen zu lassen (bspw. durch Attributionen auf externale Ursachen).

Eine zweite Informationsquelle für das Selbstwirsamkeitsurteil ist das Nachempfinden der Leistungen anderer Personen, die in relevanten Eigenschaften der eigenen Person ähnlich sind (*Vicarious experience*). Erfolge von Personen, die auf wichtigen Vergleichsdimensionen ähnlich sind, stärken die Selbstwirksamkeitserwartungen, während Mißerfolge ähnlicher Personen diese schwächen. Freilich kann vom kompetenten Modell auch abgeleitet werden, wie eine bestimmte Handlung ausgeführt werden muß, was ebenfalls das Selbstwirksamkeitsurteil erhöhen sollte. Die dritte Quelle ist Lob und Tadel anderer, vor allem solcher Personen, die für ihre Erfahrung und ihr Urteilsvermögen respektiert werden (*Verbal persuasion*). Schließlich sind noch die physiologischen Reaktionen als vierte Quelle zu nennen (*Physiological arousal*), wobei geringe Erregung bei der Bewältigung von schwierigen Aufgaben die Selbstwirksamkeitserwartung einer Person stärkt, während Aufregung in solchen Situationen diese eher schwächt.

Auffallend ist, daß es sowohl nach Banduras Selbstwirksamkeitstheorie als auch nach den Theorien der gelernten Hilflosigkeit die in der Vergangenheit erlebten Ereignisse sind, also die Erfolge und Mißerfolge der persönlichen Leistungsgeschichte, die die Erwartungen für die Zukunft determinieren. Ähnlich in beiden Theorien ist auch, daß den Zukunftserwartungen motivationale Konsequenzen zugeschrieben werden. Es sind also die in bestimmten vergangenen Situationen gemachten Erfahrungen, die die Erwartungen hinsichtlich zukünftiger Situationen bestimmen. Die Erwartungen beeinflussen in diesen Situationen die Motivation zum Handeln (d.h., ob und mit welcher Intensität und Persistenz gehandelt wird).

Reziproker Determinismus. Bandura betont explizit die ständige gegenseitige Einflußnahme von Verhalten, Kognition und dem situativen Kontext (1977b, 1978). Bandura gesteht durchaus zu, daß unter bestimmten Bedingungen das menschliche Verhalten direkt vom situativen Kontext gesteuert wird, doch wird der Mensch auch als verantwortlich für den situativen Kontext, dem er sich ausliefert, gesehen. In seinen Interaktionen mit der Umwelt reagiert der Mensch nicht nur passiv auf äußere Reize, sondern mit Hilfe der kognitiven Prozesse kann er Erwartungen bilden, antizipieren und reflektieren, in Gedanken Handlungspläne schmieden und die Konsequenzen von Handlungsfehlern vorwegnehmen. Durch solche selbstinstigierten Gedanken und durch das selbst-kontrollierte Applizieren von Belohnungen und Bestrafungen kann er nach

Bandura sein eigenes Verhalten und damit auch sein eigenes Schicksal gestalten. Somit wird der Mensch zum Objekt seiner eigenen Wirksamkeit. Andererseits beeinflussen nicht nur die Gedanken das Handeln, sondern die Konsequenzen des Handelns (des eigenen oder des Handelns anderer) beeinflussen auch die Gedanken. Weil die Überzeugungen und das Verhalten einer Person sowie der situative Kontext sich gegenseitig beeinflussen, ist der Mensch kein machtloses Objekt von Umwelteinflüssen. Vielmehr gestaltet der Mensch die Palette der Gelegenheiten, die sich ihm in der Zukunft auftun werden; er ist der Gestalter seiner eigenen Zukunft.

Besonderheiten der Selbstwirksamkeitstheorie Banduras. Abramson et al. operationalisierten Erwartungen über Attributionen, während Bandura und seine Mitarbeiter Erwartungen direkt abfragen oder manipulieren. Natürlich gesteht Bandura zu, daß Attributionen die Selbstwirksamkeitserwartungen ändern können: "*...failures would be expected to produce greater reductions in self-efficacy when attributed to ability rather than to unusual situational circumstances.*" (Bandura, 1977a, S. 201). Das direkte Abfragen von Erwartungen hat sich gegenüber dem indirekten operationalen Vorgehen über Attributionsgewohnheiten inzwischen allgemein durchgesetzt. Heute liegt eine Vielzahl von Fragebögen (*Self-report scales*) zur Bestimmung von Erwartungen vor (z.B. Beck, Weissman, Lester & Trexler, 1974; J. Heckhausen, Diewald & Huinink, 1994; Jerusalem & Schwarzer, 1986, 1992; Schwarzer & Jerusalem, 1989; Skinner, Chapman & Baltes, 1988; Scheier & Carver, 1985; Snyder et al., 1991).

Ein weiteres Spezifikum der Banduraschen Theorie ist, daß Selbstwirksamkeitsurteile einer Person als stark kontextabhängig und nicht als Disposition verstanden werden (siehe Bandura, 1986). Die reformulierte Theorie der gelernten Hilflosigkeit betrachtete dagegen den Erklärungs*stil* einer Person und die dadurch gemessenen optimistischen versus pessimistischen Erwartungen als ein relativ kontextunabhängiges Persönlichkeitsmerkmal. Bandura nimmt an, daß die Selbstwirksamkeitsurteile von Faktoren wie beispielsweise der Schwierigkeit und dem Risiko der jeweiligen Situation, sowie der Persistenz, die das Meistern dieser *Situation* erfordert, abhängen. Abramson und ihre Mitarbeiter spezifizieren dagegen die habituelle Neigung einer *Person*, bestimmte Erklärungen für positive und negative Ereignisse zu suchen, und nehmen an, daß Personen individuelle Erklärungsmuster zeigen, die über die Zeit stabil sind und in verschiedenen Situationen zum Tragen kommen. Dementsprechend sind die abhängigen Variablen, die im Rahmen der beiden Theorien untersucht werden, unterschiedlich. Banduras abhängige Variablen sind stets auf die situative Selbstwirksamkeitserwartung hin zugeschnitten (z.B. mißt er für die Selbstwirksamkeitserwartung, eine angebotene Zigarette zurückweisen zu können, die tatsächliche Abstinenz von Rauchern, siehe bspw. Condiotte & Lichtenstein, 1981). Die abhängigen Variablen der reformulierten Theorie der gelernten Hilflosigkeit beziehen sich dagegen auf umfassendere Handlungsergebnisse (z.B. der allgemeine Gesundheitszustand, Peterson et al., 1988). Bezüglich dieser Frage (Messung spezifischer versus generalisierter Erwartungen) folgt die moderne Forschung eher dem Erwartungskonzept der reformulierten Theorie der gelernten Hilflosigkeit. Selbstwirksamkeitserwartungen werden nur selten spezifisch und meist als generalisierte Kompetenzerwartungen konzeptualisiert und gemessen (z.B. allgemeine Selbstwirksamkeitserwartungen: Jerusalem & Schwarzer, 1986, 1992; Schwarzer & Jerusalem, 1989; leistungsbezogene Selbstwirksamkeitserwartungen: Skinner et al., 1988; siehe auch Heckhausen et al., 1994; freundschaftsbezogene Selbstwirksamkeitserwartungen: Little, 1994). Mit dieser Art von Konzeptualisierung und Messung geht die implizite Annahme einher, daß zumindest generalisierte Selbstwirksamkeitserwartungen stabiler sind als die von Bandura thematisierten spezifischen Selbstwirksamkeitsurteile.

Sozial-kognitives Lernen und Persönlichkeit nach Mischel

Mit dem Thema "Situation versus Persönlichkeit als rivalisierende Erklärungsfaktoren für Verhalten" beschäftigt sich Mischel seit den 70er Jahren (1973, siehe auch Mischel & Shoda, 1995). W. Mischel findet ein bindendes Element zwischen den beiden Forschungsperspektiven: die Erwartungen einer Person, inwieweit ihr Handeln zu dem gewünschten Erfolg führt, also die zuvor besprochenen Ergebniserwartungen. Das Ausmaß, in dem das Verhalten einer Person auf verschiedene Situationen generalisiert oder auf eine spezifische Situation beschränkt bleibt, hängt seiner Ansicht nach davon ab, inwieweit diese Erwartungen über verschiedene Situationen generalisieren. Beispielsweise mag ein bestimmtes Verhalten in manchen Situationen zu positiven, in anderen jedoch zu negativen Konsequenzen führen. Diese Erfahrung sollte zu situationsspezifischen Erwartungen führen, die wiederum situationsspezifisches Verhalten hervorrufen. Wenn ein Verhalten dagegen in allen Situationen die gleichen Konsequenzen hervorruft, werden generelle Erwartungen aufgebaut, die dann zu einem über verschiedene Situationen hinweg gleichen Verhalten führen sollten. Mischel argumentiert wie folgt: Werden Erwartungen als globale Eigenschaftsmerkmale konzipiert (wie z.B. im Konzept des sog. *Locus of control*, Rotter, 1954 oder des Erklärungsstils, Abramson et al., 1978), bleiben die Situationen, in der die Erwartungen entstanden sind, unberücksichtigt. Diese Konstrukte haben weniger Vorhersagekraft als Erwartungen, die als spezifische Erwartungen konzipiert werden und somit den jeweiligen Kontext, in dem sie gebildet wurden, mit berücksichtigen. Natürlich muß dabei als abhängige Variable das Verhalten erhoben werden, das sich auf den Kontext bezieht, in dem die zugehörigen Erwartungen entstanden sind. Diese Überlegungen machen erneut deutlich, daß die Unterscheidung von spezifischen versus generellen Erwartungen bedeutsam ist, wenn es darum geht, Zusammenhänge zwischen Erwartungen und Verhalten nachweisen zu wollen.

Mischel argumentiert in seinen Ausführungen auch für die Bedeutung von Erwartungen beim Assoziations- und Verhaltenslernen. Dabei unterscheidet er zwischen Erwartungen bezüglich der Folgen eines Stimulus´ (Situations-Ergebnis-Erwartungen, siehe auch Bolles, 1972; Heckhausen, 1977; Schwarzer, 1993) und Erwartungen bezüglich der Konsequenzen von Verhalten (Ergebniserwartungen). Er zitiert Studien, nach denen Situations-Ergebnis-Erwartungen, die durch verbale Instruktionen induziert wurden, physiologische Reaktionen modifizieren können. Beispielsweise können konditionierte physiologische Reaktionen effektiver gelöscht werden, wenn den Versuchspersonen in der Löschphase mitgeteilt wird, daß kein unkonditionierter Reiz (Schock) mehr auftreten wird (Grings & Lockhart, 1963). Umgekehrt gilt auch, daß Versuchspersonen physiologische Angstreaktionen zeigen, wenn ihnen mitgeteilt wird, daß einem bestimmten Stimulus ein aversiver Stimulus nachfolgt (Chatterjee & Eriksen, 1962). Mischel interpretiert diese Befunde dahingehend, daß konditionierte physiologische Reaktionen durch Instruktionen, die sich auf Erwartungen beziehen, verändert und instigiert werden können. Die Abwesenheit und Anwesenheit unkonditionierter Stimuli muß nicht in realiter erlebt werden. Dies gilt auch für die Bekräftigung beim instrumentellen Konditionieren. Allein die Information, daß ein bestimmtes Verhalten zu einer Belohnung führen wird, läßt dieses Verhalten häufiger auftreten (Kaufman, Baron & Kopp, 1966). Das kritische Verhalten muß nicht in realiter bekräftigt werden.

Bei Rescorla mußten die Versuchstiere noch aus den Vorgabemustern von Stimuli die Erwartung entwickeln, daß der *CS* mit einer bestimmten Wahrscheinlichkeit vom *UCS* gefolgt wird. Bei Seligman mußten die Versuchstiere und die Versuchspersonen aus der Unkontrollierbarkeit eines aversiven Stimulus´ erschließen, daß sie keine Kontrolle hatten. Mischel führt aus, daß man diese Erwartung auch als Information direkt vorgeben kann (in Form verbaler Instruktionen) und sich trotzdem die typischen klassischen und instrumentellen Konditionierungseffekte einstellen. In diesem Sinne ähneln Mischels Überlegungen dem Vorgehen Banduras, der davon ausgeht, daß direkt gemessene (in Fragebögen abgefragte) Erwartungen den gleichen Zusammenhang zum Verhalten offenbaren wie die hypothetisch erschlossenen Erwartungen. Damit gebärden sich Mischel und Bandura als kognitive Psychologen, die Erwartungen als Informationen betrachten, die man den Versuchspersonen mitteilen bzw. von ihnen abfragen kann. Erwartungen sind damit zu Informationen geworden, die aus eigenen Erfahrungen abgeleitet oder von anderen übernommen verhaltensleitend sind. Interessanterweise regte vor allem die Konzeptualisierung der Selbstwirksamkeitsurteile Banduras empirische Forschung an, während Mischels sozial-kognitive Perspektive des Lernens empirisch weniger fruchtbar war. Möglicherweise lag dies daran, daß sich Mischel der experimentellen Analyse klassischer motivationspsychologischer Phänomene (dem Widerstehen von Versuchungssituationen) zuwandte (siehe Kapitel 7).

Der Zusammenhang von Selbstwirksamkeitsurteilen mit Gesundheit und Leistungserfolg

Selbstwirksamkeitsurteile wurden in einer beeindruckenden Anzahl von empirischen Studien als potentieller Prädiktor von Verhalten analysiert. Im Bereich der psychischen und physischen Gesundheit sowie im Leistungsbereich (bspw. in Beruf, Schule und Sport) wurde wieder und wieder gezeigt, daß die Überzeugung, eine starke Selbstwirksamkeit zu besitzen, vorteilhafte Konsequenzen für Motivation, Emotion und Problemlösen hat. Personen mit einem starken Gefühl der eigenen Selbstwirksamkeit sind persistenter angesichts von Schwierigkeiten, sie sind weniger von Ängsten und Mißerfolgsfurcht geplagt, und sie wenden effektivere Strategien an, wenn es um das Lösen von Problemen geht (für eine rezente Zusammenfassung siehe Bandura, in Druck).

Selbstwirksamkeitsurteile und Gesundheit. Im Bereich der psychischen Gesundheit wurde die Wirkung von Selbstwirksamkeitsurteilen vor allem bei *Phobien* untersucht. Hier hat eine Stärkung der subjektiven Selbstwirksamkeit deutlich symptomreduzierende Effekte (siehe Bandura, Adams & Beyer, 1977; Bandura, Taylor, Williams, Mefford & Barchas, 1985; Bandura, Reese & Adams, 1982). Weiterhin reduziert ein starkes Vertrauen in die eigene Selbstwirksamkeit depressive Symptome (Kavanagh & Bower, 1985; Kavanagh, 1992), wobei jedoch noch im einzelnen zu prüfen wäre, inwieweit Selbstwirksamkeitsurteile, gezeigte Leistungserfolge und depressive Symptomatik sich gegenseitig bedingen.

Im Bereich der physischen Gesundheit sind die Effekte von Selbstwirksamkeitsurteilen auf Genesung insbesondere in Bezug auf *Suchtkrankheiten*, bei denen durch Verhaltensänderungen eine deutliche Symptomlinderung erreicht werden kann, untersucht worden. Im Bereich der Übergewichtigkeit, in dem psychologische Variablen nur selten Therapieerfolg vorhersagen, sagt die subjektive Selbstwirksamkeit Erfolg im Sinne des Einhaltens von Diät und beim tatsächlichen Gewichtsverlust vorher. Übergewichtige Frauen, die am Anfang eines Gewichtsreduktionsprogramms eine hohe Selbstwirksamkeitserwartung hatten, den gewünschten Gewichtsverlust auch erreichen zu können, zeigten mehr Ausdauer hinsichtlich des Besuchs des Therapieprogramms als Patientinnen mit einer weniger stark ausgeprägten Selbstwirksamkeitserwartung (Bernier & Avard, 1986;

Mitchell & Stuart, 1984). Auch hilft eine Therapie, die erfolgreich die subjektive Selbstwirksamkeit der Patientinnen hinsichtlich verschiedener Versuchungssituationen stärkt, langfristig beim Gewichtsverlust (Bernier & Avard, 1986; Desmond & Price, 1988). Chronisch diäthaltende Probandinnen mit einem starken Vertrauen in ihre Selbstwirksamkeit aßen weniger angebotene Schokoladenplätzchen als Probandinnen mit vergleichsweise weniger Vertrauen in ihre Kompetenz, Diät halten zu können (Stotland, Zuroff & Roy, 1991).

Auch auf dem Gebiet der Alkohol-, Drogen- und Nikotinabstinenz ist Selbstwirksamkeit eine der bisher erfolgreichsten psychologischen Variablen zur Vorhersage von Resistenz gegen erstmaligen Konsum, von Abstinenz oder kontrolliertem Gebrauch nach bereits erfolgtem Konsum sowie bei der Bewältigung von Rückfällen. Dabei wurden Selbstwirksamkeitsurteile meist spezifisch auf die verschiedenen Aufgaben abgestimmt (Bandura, in Druck; Marlatt, Baer & Quigley, 1995). Im einzelnen wurde gemessen, inwieweit eine Person überzeugt ist, der Versuchung des erstmaligen Konsums widerstehen zu können, oder inwieweit sich eine Person sicher ist, eine bereits vorliegende langjährige Abhängigkeit zu überwinden (siehe Marlatt et al., 1995; Marlatt & Gordon, 1985). Damit kommen Marlatt und seine Mitarbeiter der Forderung Banduras entgegen, die Selbstwirksamkeitsurteile für das Handeln in einer spezifischen Situation zu erheben und diese dann mit dem Erfolg eben dieser Handlung in Beziehung zu setzen.

Weiterhin wurde beobachtet, daß Jugendliche mit einer hohen Selbstwirksamkeit darin, dem sozialen Druck von Gleichaltrigen entgegenzutreten, Verführungen zum erstem Zigarettenkonsum vergleichweise häufiger widerstanden (für eine Zusammenfassung der Literatur siehe Conrad, Flay & Hill, 1992; im Bereich des Drogenkonsums siehe Ellickson & Hays, 1991; Ellickson, Bell & McGuigan, 1993). Auch hinsichtlich des Überwindens einer bestehenden Sucht ist das Vertrauen in die eigene Selbstwirksamkeit, mit dem Suchtverhalten aufhören zu können, von Vorteil (siehe Marlatt, Curry & Gordon, 1988). Hohe Selbstwirksamkeitsurteile begünstigen den Erfolg von Entwöhnungstherapien. Dies gilt sowohl für Nikotin- als auch für Alkoholabhängigkeiten (Baer, Holt & Lichtenstein, 1986; Condiotte & Lichtenstein, 1981 bzw. Sitharthan & Kavanagh, 1990).

Therapieerfolge in anderen Kankheitsbereichen erwiesen sich als von der Selbstwirksamkeit der Patienten, mit der Krankheit umgehen zu können, abhängig. Dies gilt für so unterschiedliche Krankheiten wie chronische Störungen der respiratorischen Funktionen (Toshima, Kaplan & Ries, 1990; siehe auch Toshima, Kaplan & Ries, 1992), chronischer Arthritis (Holman & Lorig, 1992), chronische Kopfschmerzen (Holroyd et al., 1984) und Herzkrankheiten (Ewart, 1992). Die Bewältigung von schmerzhaften und invasiven medizinischen Prozeduren wird ebenfalls von relevanter subjektiver Selbstwirksamkeit begünstigt (Gattuso, Litt & Fitzgerald, 1992). Holman und Lorig (1992) beispielsweise berichten von Patienten, die an einer Therapie für chronische Arthritis teilnahmen, in der unter anderem auch ihre Selbstwirksamkeit hinsichtlich der Kontrolle von Schmerzen gestärkt wurde. Patienten, die am Anfang und im Laufe der Therapie hohe Selbstwirksamkeitserwartungen hatten, zeigten sich durch ihre Krankheit weniger eingeschränkt als Patienten mit niedrigen Selbstwirksamkeitsurteilen. Die Vorhersagekraft von Selbstwirksamkeitsurteilen erstreckte sich über 4 Jahre (Holman & Lorig, 1992). Patienten mit hohen Selbstwirksamkeitserwartungen nahmen vergleichsweise auch weniger medizinische Hilfe in Anspruch. In einer anderen Studie mit Herzinfarktrekonvaleszenten Patienten und ihren Frauen (C. B. Taylor, Bandura, Ewart, Miller & DeBusk, 1985) wurde die Überzeugung der Patienten und ihrer Frauen gestärkt, daß die Männer physische Übungen erfolgreich ausführen können. Je höher die relevanten Selbstwirksamkeitserwartungen waren, desto weiter vorangeschritten war die kardiovaskuläre Genesung nach 6 Monaten, selbst wenn für die direkt nach dem erfolgten Herzinfarkt gezeigte Krankheitsaktivität kontrolliert wurde.

All diesen Studien zur Krankheitskontrolle ist nicht zu entnehmen, inwieweit die Selbstwirksamkeitsurteile auf das Verhalten, mit der jeweiligen Krankheit umzugehen, gewirkt oder aber direkt die physiologischen und biochemischen Prozesse im Körper beeinflußt haben. Es gibt inzwischen eine Reihe von Arbeiten, die darauf hinweisen, daß Selbstwirksamkeitserwartungen auch direkt auf die physiologischen Prozesse im Körper wirken können. Werden bei Phobikern die Selbstwirksamkeitsurteile experimentell gestärkt, zeigen sie angesichts des furchtauslösenden Stimulus´ keinen Anstieg der Herzschlagrate und keinen erhöhten Blutdruck, während anhaltende Zweifel an dieser Kompetenz die Herzrate und den Blutdruck angesichts der kritischen Situation hochschnellen lassen (Bandura et al., 1982).

Ebenfalls bei Phobikern wurden biochemische Reaktionen in Abhängigkeit der Stärke der Selbstwirksamkeitsurteile untersucht (Bandura et al., 1985). Im einzelnen analysierten Bandura et al. die Wirkung von Selbstwirksamkeitsurteilen auf Katecholamine, eine Gruppe von Neurotransmittern, die die Herzschlagrate, den Blutdruck und andere stressabhängige Reaktionen des autonomen Nervensystems sowie die Hormonausschüttung und das Immunsystem beeinflussen (siehe Maier et al., 1994). Insgesamt zeigte sich, daß die subjektive Selbstwirksamkeit, die Angst zu bewältigen, mit der Stressreaktion der Versuchspersonen zusammenhing. Die Versuchspersonen zeigten eine hohe Ausschüttung von Epinephrin und Norepinephrin bei der Bearbeitung von Aufgaben, für die sie geringe Selbstwirksamkeitserwartungen hatten; sobald ihre Selbstwirksamkeitserwartungen experimentell gestärkt wurden, reduzierte sich die Katecholaminausschüttung. Interessant war der weitere Befund, daß die Katecholaminausschüttung sich auch dann reduzierte, wenn die Versuchspersonen die Bearbeitung von Aufgaben, für die sie sich nicht für selbstwirksam hielten, aufgaben.

Weitere Hinweise dafür, daß Selbstwirksamkeitserwartungen Stressreaktionen von Versuchspersonen vermitteln, werden in einer rezenten Studie über kognitive Stressoren berichtet (Bandura, Cioffi, Taylor & Brouillard, 1988). In dieser Studie konnte nachgewiesen werden, daß Versuchspersonen mit niedriger mathematischer Selbstwirksamkeit beim Bearbeiten komplexer Mathematikaufgaben intensivere Stressreaktionen zeigten (subjektiv berichtetes Stresserleben, stressbedingte Leistungseinbrüche und Veränderungen in der Herzschlagrate) und auch mehr endogene Schmerzhormone produzierten als Versuchspersonen mit hoher mathematischer Selbstwirksamkeit. Die physiologische Reaktion der Ausschüttung von Schmerzhormonen zeigte sich somit nicht direkt abhängig von der vorgegebenen Belastung durch die Bearbeitung der Aufgabe, sondern abhängig von der Stärke der relevanten Selbstwirksamkeit.

Interessant sind die dargestellten Experimente im Hinblick auf die Wirkung von Selbstwirksamkeitserwartungen auf das Aufkommen und den Verlauf von Krankheiten. In den 80er Jahren ist vielfach diskutiert worden, daß psychosoziale Stressfaktoren über das Immunsystem auf die Empfänglichkeit von Krankheiten wirken (für zusammenfassende Darstellungen siehe Maier et al., 1994; für die Korrelation von Stress und Immunabwehr siehe auch Kiecolt-Glaser & Glaser, 1988). Die zuvor beschriebene Forschung macht jedoch deutlich, daß nicht die Umweltbelastung per se die Immunabwehr beeinflussen dürfte, sondern die Selbstwirksamkeitserwartungen, diese Belastungen bewältigen zu können.

Insgesamt spricht die Befundlage dafür, daß Selbstwirksamkeitserwartungen die Gesundheit beeinflussen können. Dies kann einmal auf dem Wege der Motivierung gesundheitsfördernden Verhaltens geschehen. Zum zweiten können Selbstwirksamkeitserwartungen auch direkt auf physiologische Stressreaktionen wirken und dürften somit das Immunsystem beeinflussen.

Selbstwirksamkeitsurteile und Leistungserfolg. Nicht nur im Bereich der psychischen und physischen Gesundheit hat eine hohe Selbstwirksamkeitserwartung positive Konsequenzen, sondern auch im Bereich der schulischen, beruflichen und sportlichen Leistung. Zunächst gilt, daß hohe Selbstwirksamkeitserwartungen die *berufliche Karriere* beeinflussen können. Personen mit hohen Selbstwirksamkeitserwartungen erwägen ein breiteres Spektrum an Möglichkeiten, sich beruflich zu entfalten und haben höhere Aspirationen. Hohe Selbstwirksamkeitserwartungen im mathematischen Bereich fördern die Wahl relevanter Berufe stärker als die tatsächliche mathematische Kompetenz im Sinne von mathematischer Schulbildung und gezeigter Schulleistung. Erwartungen, die jeweilige Kompetenz zu besitzen, spielen somit eine größere Rolle als die tatsächlich vorhandenen Kompetenzen (Hackett & Betz, 1989).

Das subjektive Selbstwirksamkeitsurteil, wissenschaftlich arbeiten zu können, sagt den Erfolg in der wissenschaftlichen Arbeit und die Persistenz beim Studium vorher (Lent, Brown & Larkin, 1984). Aber nicht nur Erfolg und Persistenz werden von der subjektiven Selbstwirksamkeit einer Person beeinflußt, sondern auch, wieviel Interesse für die Inhalte der jeweiligen Fächer gezeigt wird. Personen mit einer experimentell erhöhten Selbstwirksamkeitserwartung für natur- und ingenieurwissenschaftliche Leistungen fanden mehr Interesse an diesen Fächern als Personen, die man an dieser Leistungsfähigkeit zweifeln ließ (Lent, Brown & Larkin, 1986; Lent, Larkin & Brown, 1989). Diese Beziehung zwischen der subjektiven Selbstwirksamkeit, in einem bestimmten Bereich zu reussieren, und dem Spaß, in dem jeweiligen Gebiet zu arbeiten, wurde auch für andere Fächer belegt (Lent, Lopez & Bieschke, 1991).

Lent, Lopez und Bieschke (1993) untersuchten auch die Unterschiede zwischen Selbstwirksamkeitserwartungen und Ergebniserwartungen. Wenn für tatsächlich vorhandene mathematische Kompetenz kontrolliert wurde, sagten sowohl Selbstwirksamkeits- als auch Ergebniserwartungen die Absicht vorher, Mathematikkurse zu belegen; weiterhin zeigten sich positive Zusammenhänge mit den erzielten Noten. Dabei waren Selbstwirksamkeitserwartungen ein erfolgreicher Prädiktor auch direkt für die Noten und nicht nur vermittelt über das Interesse an Mathematik.

Es liegt noch eine Reihe weiterer Studien vor, die nicht nur das Interesse für und die Wahl von bestimmten beruflichen Karrieren untersuchten, sondern auch das tatsächliche berufliche Weiterkommen. In einer Studie mit Arbeitslosen zeigten Kanfer und Hulin (1985), daß auf Arbeitssuche bezogene Selbstwirksamkeitserwartungen mit dem tatsächlichen Erfolg, eine Arbeit zu finden, in Beziehung standen. Dies galt auch dann, wenn für den Beitrag anderer Variablen wie beispielsweise "Dauer des vergangenen Arbeitsverhältnisses", dort erzielte Leistungen oder demographische Variablen (u.a. Alter) statistisch kontrolliert wurde.

Selbstwirksamkeitsurteile fördern auch *kognitive Leistungen*. Nach Bouffard-Bouchard (1990) fördert eine experimentell erhöhte Selbstwirksamkeit die Leistungen in einer typischen Testaufgabe zur verbalen Intelligenz. Schüler, deren Selbstwirksamkeitsurteile gestärkt worden waren, setzten sich höhere Leistungsstandards, nutzten wirksamere Strategien zur Lösung der gestellten Aufgaben, erzielten bessere Leistungen und waren realistischer in der Bewertung ihrer eigenen Leistung als Gleichaltrige, deren Selbstwirksamkeitsurteile durch die experimentelle Manipulation geschwächt worden waren (Bouffard-Bouchard, 1990). In einer weiteren Studie erzielten Schulkinder mit hohen Selbstwirksamkeitserwartungen vergleichsweise höhere Werte in einer klassischen Begriffsbildungsaufgabe und dies selbst dann, wenn für tatsächlich vorhandene kognitive

Fähigkeiten kontrolliert wurde (Bouffard-Bouchard, Parent & Larivée, 1991).

Mittlerweile gibt es bereits Trainingsprogramme, die sich diese Befunde zu Nutze machen. Schunk (für eine Zusammenfassung siehe Schunk, 1989) entwickelte für Kinder mit schwachen mathematischen und verbal-kognitiven Leistungen ein Therapieprogramm zur Stärkung von Selbstwirksamkeitserwartungen. Eine Vielzahl von Studien demonstriert, daß erhöhte Selbstwirksamkeitserwartungen später gezeigte Schulleistungen begünstigen und auch bei Erwachsenen für kognitive Leistungen förderlich sind (für eine umfassende Metaanalyse siehe Multon, Brown & Lent, 1991). Personen mit geringer intellektueller Selbstwirksamkeitsüberzeugung zeigten nicht nur schwächere respektive Leistungen, sie sind auch vergleichsweise ängstlicher (Betz & Hackett, 1983), wobei niedrige Selbstwirksamkeitserwartungen die Leistungsangst mehr zu entfachen schienen als die in der Vergangenheit tatsächlich gezeigten schwachen Leistungen (Meece, Wigfield & Eccles, 1990; siehe auch Schwarzer, 1986).

Die Wirkung von Selbstwirksamkeitserwartungen wurde auch für *sportliche Leistungen* untersucht. In einem Experiment mußten die Versuchspersonen ihre physischen Kräfte im Wettbewerb messen. Zuvor waren die Selbstwirksamkeitsurteile der Versuchspersonen gestärkt oder geschwächt worden. Versuchspersonen mit hoher physischer Selbstwirksamkeit gewannen in der Regel gegenüber denen mit niedriger Selbstwirksamkeit (Weinberg, Gould & Jackson, 1979). Bei einem weiteren Wettbewerbsspiel zeigten die Versuchspersonen mit hohen Selbstwirksamkeitserwartungen mehr Ausdauer und verkrafteten erlittene Mißerfolge erfolgreicher. Auch unter Bedingungen ohne Wettbewerb trugen experimentell gestärkte Selbstwirksamkeitsurteile zu erhöhter physischer Leistung bei (Gould & Weiss, 1981; für eine Zusammenfassung zum Thema subjektive Selbstwirksamkeit und physische Fitness sowie sportliche Höchstleistungen siehe Feltz, 1992).

Zusammenfassung

Betrachtet man die im Rahmen der reformulierten Theorie der gelernten Hilflosigkeit und der Selbstwirksamkeitstheorie erzielten Ergebnisse im Vergleich, so ist die Parallelität der Befundmuster besonders auffällig. Obwohl die Studien vor dem Hintergrund unterschiedlicher theoretischer Ansätze durchgeführt wurden und die empirische Forschung in Ansatz und Methode differierte, fielen die Ergebnisse durchgehend so aus, daß positive Erwartungen mit Erfolg einhergingen. Das gilt für beide untersuchte Lebensbereiche (Gesundheit und Leistung).

Dies ist insofern überraschend, als in der Forschung zur reformulierten Theorie der gelernten Hilflosigkeit die Erwartungen anders konzeptualisiert und operationalisiert sind als in der Selbstwirksamkeitsforschung. In den Hilflosigkeitsstudien wurden Erwartungen über Attributionen gemessen und als generelle Persönlichkeitseigenschaften konzeptualisiert und operationalisiert. In den Studien zur Selbstwirksamkeit wurden Erwartungen direkt abgefragt und als spezifische, auf bestimmte Handlungssituationen bezogene Wirksamkeitsurteile konzeptualisiert und operationalisiert. Entsprechend bevorzugte die erste Forschungstradition die korrelative Methode, während für letztere viele Experimente vorliegen. Auch thematisierte die Hilflosigkeitsforschung insbesondere die Vorhersagekraft von Erwartungen, während in der Selbstwirksamkeitsforschung die reziproke Beziehung zwischen Erwartungen, gemachten Leistungserfahrungen und zu erzielenden Leistungen ein zentrales Thema war.

Es scheint also unerheblich zu sein, wie Erwartungen konzeptualisiert und operationalisiert wurden: Sie zeigten stets einen positiven Zusammenhang zu Gesundheit und Leistung. Dies wird besonders offensichtlich, wenn man bedenkt, daß beim Attributionsstil, je nachdem ob die Versuchspersonen internale oder externale Ursachenerklärungen vorziehen, eher Selbstwirksamkeits- bzw. Ergebniserwartungen vorliegen dürften. Wenn die Versuchsperson die internale und externale Ursachenzuschreibung im Diffusen hält (auf dieser Dimension mittlere Werte ankreuzt), liegen wahrscheinlich sogar Zukunftserwartungen vor, die sich auf den Erfolg per se beziehen (Gesamterwartungen; Schwarzer, 1993, spricht von generalisierten Ergebniserwartungen). Eine genaue Durchsicht der Attributionsstilforschung zeigt, daß je nach Studie und Forscher gewisse Vorlieben bei der Berechnung des Optimismus-/Pessmismuswertes zu beobachten sind (die Dimension Internalität/Externalität wurde manchmal mit einbezogen, manchmal ignoriert; manchmal wurden nur die Attributionsgewohnheiten bei negativen Ereignissen ins Auge gefaßt, manchmal dagegen sowohl bei positiven als auch bei negativen). Damit dürften in diesen Studien alle drei denkbaren Typen von Erwartungen (Selbstwirksamkeitserwartungen, Ergebniserwartungen, Gesamterwartungen) mit den Gesundheits- und Leistungsmaßen korreliert worden sein. Dies bedeutet, daß alle drei Erwartungstypen positiv mit Gesundheit und Leistungserfolg in Beziehung stehen.

Diese konzeptuellen “Grobheiten” konnten offensichtlich der Robustheit des Zusammenhangs von positiven Zukunftserwartungen einerseits und Erfolg andererseits im Gesundheits- und Leistungsbereich nichts anhaben. Angesichts dieser Befundlage wundert es nicht, daß eine neue Gruppe von Erwartungsforschern nicht zwischen Erwartungstypen unterschied, sondern einen generellen Zukunftsoptimismus als förderlich für Erfolge in Gesundheit und Leistung propagierte (z.B. Scheier & Carver, 1985; Taylor & Brown, 1988; Taylor, 1989). Die Konzeptualisierung einer Gesamterwartung hat sich insbesondere in der angewandten Forschung bewährt.

Die moderne angewandte Psychologie: Das Primat des Optimismus´

Positive Erwartungen über das Leben an sich

Scheier und Carver (1985, 1987) konzeptualisierten Optimismus als Erwartung einer insgesamt positiven Zukunft. Wie in der Erklärungsstilforschung wurde diese Gesamterwartung von Scheier und Carver als ein über die Zeit stabiles Persönlichkeitsattribut konzipiert, das Erfolg in verschiedenen Kontexten und Inhaltsbereichen vorhersagen sollte (Scheier & Carver, 1985, 1987). Ursprünglich hatten Carver und Scheier in ihrer kybernetischen Reformulierung der Theorie zur objektiven Selbstaufmerksamkeit (Duval & Wicklund, 1972; Wicklund, 1979) nicht generelle, sondern situationsspezifische Ergebniserwartungen thematisiert. Ergebniserwartungen bei zur Bearbeitung vorgegebenen Aufgaben wurden gemessen oder manipuliert (z.B. Erwartungen hinsichtlich des Erfolgs beim Lösen von Anagrammaufgaben) und die Wirkung auf verschiedene Parameter der Aufgabenbearbeitung getestet (z.B. Persistenz oder Erfolg; Carver, Blaney & Scheier, 1979a,b; siehe auch Carver & Scheier, 1981). Später beklagten Carver und Scheier den Mangel an "ökologischer Validität" ihrer anfänglichen Forschung (Scheier & Carver, 1985). Zur gleichen Zeit interessierten die Autoren sich mehr und mehr für die Frage, ob optimistische Erwartungen auch die Bewältigung alltäglicher Probleme vorhersagen können und argumentierten mit Rotter (1954), daß sich die Vorhersagekraft von Erwartungen maximieren ließe, wenn man das Spezifitätsniveau der Vorhersagevariablen dem der Kriteriumsvariablen anpasse (siehe auch oben die Ausführungen zu den Überlegungen Mischels und die klassische Korrespondenzregel in der Erforschung der Einstellung-Verhalten-Relation, Ajzen & Fishbein, 1977). Folglich konzentrierten sich Scheier und Carver in ihrer rezenten Forschung auf allgemeine Zukunftserwartungen, die eine Person über verschiedene Lebensbereiche hinweg unterhält, und versuchten, über dieses Persönlichkeitsattribut allgemeines psychisches und physisches Wohlbefinden vorherzusagen.

Carver und Scheier fragen dieses Persönlichkeitsattribut mit Hilfe eines extrem kurzen Fragebogens mit sehr hoher *Face validity* ab, dem *Life Orientation Test* (oder *LOT*; Scheier & Carver, 1985). Dieses Instrument besteht aus insgesamt 12 Items, wobei sich 4 Items auf Erwartungen von positiven Ereignissen und 4 Items auf Erwartungen von negativen Ereignissen beziehen (z.B. "In unsicheren Zeiten erwarte ich normalerweise das beste." bzw. "Wenn etwas bei mir schiefgehen kann, dann geht es auch schief."). Die 4 restlichen Items sind Füll-Items. Trotz heftiger Kritik an den meßtheoretischen Eigenschaften dieser Skala (siehe zusammenfassend Schwarzer, 1993) wird der *LOT* in der angewandten Forschung gerne als generelles Maß von Optimismus benutzt.

Mit Hilfe des *LOT* gemessener genereller Optimismus sagte bei Frauen Depressionsresistenz postpartum vorher (Carver & Gaines, 1987). Auch ging mit diesem Optimismus ein reibungsloserer Einstieg ins Studium einher (gemessen über subjektives Wohlbefinden und geringes Stresserleben; Aspinwall & Taylor, 1992). Dabei ergab sich sowohl ein direkter als auch ein indirekter Effekt, der über aktive Bewältigungsstrategien vermittelt war. Eine weitere Studie nutzte sowohl berichtete Krankheitssymptome als auch Maße des objektiven Krankheitsverlaufs als abhängige Variablen. Herzpatienten, die sich einer Bypass-Operation unterzogen hatten, wurden wiederholt befragt: am Tag vor der Operation, 6-8 Tage danach sowie 6 Monate später (Scheier et al., 1989). Optimismus ging mit schnellerer Genesung einher, subjektiv und objektiv gemessen. Vor der Operation waren die optimistischen Patienten weniger depressiv und agitiert als die pessimistischen. In den Tagen nach der Operation ging es den optimistischen Patienten besser: Sie fühlten sich glücklicher und waren zufriedener mit der medizinischen Versorgung und der Unterstützung, die sie von ihren Freunden erhielten. Nach 6 Monaten war ihre subjektive Lebensqualität besser als die der pessimistischen Patienten. Dieser Effekt blieb bestehen, auch wenn für den anfänglichen Gesundheitszustand der Patienten statistisch kontrolliert wurde. Doch nicht nur hinsichtlich der subjektiven Maße, sondern auch hinsichtlich der objektiven Krankheitssymptome ging es den optimistischen Patienten besser als den pessimistischen. Während der Operation zeigten sie vergleichsweise weniger Risikofaktoren für einen Herzinfarkt (gemessen über EKG und relevante Enzymausschüttung), und in den Tagen nach der Operation waren es die optimistischen Patienten, die früher wieder im Bett aufsaßen und im Zimmer spazieren gingen. Auch nach der Einschätzung der Krankenpfleger genasen die optimistischen Patienten schneller als die pessimistischen. Nach 6 Monaten ging es den optimistischen Patienten immer noch vergleichsweise besser. Im Vergleich zu den pessimistischen gaben die optimistischen Patienten an, anspruchsvollere physische Übungen auszuführen und stärker wieder in ihrem Beruf involviert zu sein. Als die Patienten nach 5 Jahren noch einmal kontaktiert wurden, ließ sich dieser Unterschied immer noch beobachten (Scheier & Carver, 1992). Im Vergleich zu den pessimistischen berichteten die optimistischen Patienten zu diesem Zeitpunkt, weniger Schlafstörungen zu haben, und führten ein subjektiv interessanteres Leben.

Der illusionäre Charakter positiver Erwartungen

Der Zusammenhang zwischen Erwartungen einerseits und psychischer und physischer Gesundheit sowie Leistungserfolg andererseits ist sehr eng. Unabhängig davon, welche

Erwartungstypen ins Auge gefaßt werden und wie Erwartung gemessen wird, findet sich stets ein positiver Zusammenhang. Alle bislang besprochenen theoretischen Ansätze zum Konzept der Erwartung stimmen in der Annahme überein, daß Erwartungen auf in der Vergangenheit gemachten Erfahrungen und gesammelten Informationen basieren. Die Erwartungen werden als in die Zukunft projiziertes Abbild der vergangenen Realität verstanden.

Tatsächlich reagieren Erwartungen äußerst sensibel auf Veränderungen in der Realität, wie die Befunde der im Rahmen der Selbstwirksamkeitstheorie entwickelten Therapieprogramme zur Stärkung der subjektiven Selbstwirksamkeit deutlich machen (für eine Zusammenfassung der relevanten experimentellen Studien sowie der Therapieprogramme siehe Bandura, 1986, in Druck). Daß sich Personen in ihren Wahrscheinlichkeitsurteilen durchaus nach den objektiven Gegebenheiten richten, belegen auch Beobachtungen, nach denen studentische Versuchspersonen es eher für wahrscheinlich halten, in ihrem Leben chronisch krank zu werden als das Opfer einer Naturkatastrophe (Weinstein, 1980). Sie halten es auch für wahrscheinlicher, sich an einem Schnupfen anzustecken als an einem objektiv selteneren Leiden zu erkranken (wie bspw. ein Lungenödem zu entwickeln; Weinstein, 1982). In solche Wahrscheinlichkeitsurteile werden durchaus auch persönliche Prädispositionen mit einbezogen (z.B. eine asthmatische Veranlagung).

Es läßt sich allerdings eine überraschende Verzerrung ins Positive beobachten. Betrachtet man das absolute Niveau der subjektiven Erwartungen und vergleicht es mit den objektiven Auftretenswahrscheinlichkeiten, zeichnen erstere im Mittel ein vergleichsweise rosigeres Bild. Mit anderen Worten: Die meisten Menschen schätzen ihre Kontrollmöglichkeiten höher ein als sie tatsächlich sind und erwarten eine positivere Zukunft als aufgrund repräsentativer Statistiken angenommen werden darf. (Fiske & Taylor, 1991; Taylor & Brown, 1988). Offensichtlich werden relevante Informationen und Lebenserfahrungen in einer Art und Weise bearbeitet, die die Zukunft positiver erscheinen läßt, als dies gerechtfertigt ist.

Nach Taylor und Brown (1988; Brown, 1991) benutzen Personen eine Vielzahl von Verhaltensstrategien, um negative Erfahrungen zu vermeiden. Sie weichen systematisch Situationen aus, in denen die Wahrscheinlichkeit einer Mißerfolgserfahrung hoch ist, und suchen Situationen, in denen Erfolgserfahrungen gemacht werden können (Brown, 1990). Sie behindern sich in Leistungssituationen, um sich strategisch in eine bessere Attributionsposition zu bringen, falls ein Mißerfolg zu verarbeiten wäre (Berglas & Jones, 1978). Schließlich umgeben sie sich mit Personen, die keine kritische Haltung gegenüber der Einschätzung ihrer Leistungsfähigkeit entstehen lassen. Aber selbst wenn es nicht gelingt, durch geschicktes Verhalten negative Rückmeldung zu vermeiden, steht eine Vielzahl von kognitiven Strategien zur Verfügung, um negative Leistungsrückmeldung zu entschärfen. Leistungsrückmeldungen werden selektiv aus dem Gedächtnis abgerufen (zugunsten der positiven Aspekte) und obendrein selektiv analysiert und interpretiert. Positive und negative Leistungsrückmeldungen werden beispielsweise mit Ursachenerklärungen versehen, die positive Leistungserwartungen begünstigen, und dies insbesondere dann, wenn es sich um persönlich wichtige Fähigkeiten handelt (Fries & Frey, 1980; Gollwitzer, Earle & Stephan, 1982).

Taylor und Brown vermuten, daß all diese Strategien dem Erhalt und dem Schaffen eines positiven Selbstwertes dienen. Diese Vermutung beruht darauf, daß immer dann, wenn diese Strategien, aus welchen Gründen auch immer, nicht eingesetzt werden können und negative Rückmeldung nicht mehr durch strategisches Verhalten oder interpretativ annulliert werden kann, massive selbstwertschützende Strategien zum Einsatz kommen. So wird plötzlich eine vorher sehr geschätzte Leistungsfähigkeit als für die eigene Person nicht mehr wichtig gesehen (Brown, 1991), die eigenen Schwächen meint man auch bei anderen zu erkennen (Campbell, 1986) oder gar noch stärker ausgeprägt anzutreffen. (Wood, Taylor & Lichtman, 1985). Schließlich kommt es sogar zum Herausstreichen von alternativen Leistungsfähigkeiten, die den Mißerfolg kompensieren sollen (Baumeister & Jones, 1978; Steele, 1988; Wicklund & Gollwitzer, 1982).

Obwohl Personen einerseits durchaus verschiedene objektive Auftretensarten von positiven und negativen Ereignissen in ihren subjektiven Kontroll- und Wahrscheinlichkeitsurteilen abbilden, überschätzen sie andererseits aufgrund der pervasiven, alles durchdringenden Selbstwertthematik ihre Einflußmöglichkeiten und ihre Zukunftschancen. Konkret sieht dies dann so aus: Obwohl die bei Weinstein (1982) befragten studentischen Versuchspersonen ihre Chancen, an einem relativ verbreiteten Leiden zu erkranken, höher einschätzten als die Wahrscheinlichkeit, eine relativ seltene Krankheit (z.B. Lungenkrebs) zu bekommen, waren sie überzeugt davon, daß im Vergleich zu ähnlichen anderen Personen für sie selbst ein geringeres Risiko bestünde, an Lungenkrebs zu erkranken. Für positive Ereignisse gilt das Gegenteil: Wenn die Studenten gefragt wurden, mit welcher Wahrscheinlichkeit sie beispielsweise ihren Traumjob fänden oder über 80 Jahre alt werden würden, und danach angeben mußten, wie hoch die Wahrscheinlichkeit für das Auftreten dieser Ereignisse für andere Studenten sei, dann lagen die Werte der geschätzten Auftretenswahrscheinlichkeit für die eigene Person höher als für den durchschnittlichen Studenten gleichen Alters und Geschlechts (Weinstein, 1980).

Ähnliche Befunde werden von anderen Autoren berichtet. Das eigene Risiko, einen Autounfall zu haben (Robertson, 1977) oder das Opfer einer kriminellen Handlung zu werden (Perloff & Fetzer, 1986), wird kleiner eingeschätzt als das Risiko vergleichbarer anderer Personen. Da nicht jeder ein geringeres Risiko als alle anderen haben kann, offenbart sich hier ein gewisser Realitätsverlust. Dieser Realitätsverlust wird in Hinblick auf Kontrollurteile dann deutlich, wenn objektiv unkontrollierbare Ereignisse als kon trollierbar betrachtet oder kaum kontrollierbare als stark kontrollierbar erlebt werden

(Langer, 1975; Alloy & Abramson, 1979).

Wie kommen illusionäre Einschätzungen im einzelnen zustande? Eine faszinierende Analyse dieser Frage wurde von Langer (1975; Langer & Roth, 1975) in einer Serie von Experimenten vorgelegt, bei der die Versuchspersonen in reine Glücksspielsituationenen gebracht wurden. In diesen Glücksspielen waren die Handlungsergebnisse ausschließlich durch den Zufall bestimmt. Es gab für die Versuchspersonen folglich keine Möglichkeiten (etwa durch Anstrengungen, raffinierte Spielstrategien), die Wahrscheinlichkeit zu erhöhen, das erwünschte Handlungsergebnis zu erreichen: Der Ausgang des Spiels war zufällig und blieb unabhängig von diesen Bemühungen.

Wenn Langer jedoch Fertigkeitsaspekte der Spielsituation und Aspekte persönlicher Kompetenz sinnfällig (salient) machte, verhielten sich die Versuchspersonen, als ob sie Kontrolle über die Situation hätten und der Ausgang des Spiels von ihrem Tun und nicht nur vom Zufall abhängig wäre. So erlebten die Versuchspersonen ein höheres Ausmaß an Kontrolle, wenn sie das Lotterie-Ticket selbst gezogen hatten, als wenn sie es nur passiv entgegen nehmen mußten. Beim Zufallskartenspiel mit Konkurrenten setzten die Versuchspersonen weniger Geld ein, wenn sich der Konkurrent stark und selbstsicher gebärdete, als wenn er schwach und ängstlich auftrat (Langer, 1975). Langer interpretierte ihre heute klassischen Befunde ebenfalls mit einem Verweis auf die Selbstwertschutzthematik. Sie spricht von einem mit dem Selbstwert des Menschen eng verknüpften Grundbedürfnis, die wichtigen Dinge im Leben kontrollieren zu können. Tatsächlich finden sich bei Personen mit stärkerem Bedüfnis nach Kontrolle ausgeprägtere Kontroll-illusionen als bei Personen mit schwächerem Kontrollbedürfnis (Burger & Cooper, 1979).

Zusammenfassend bleibt somit festzuhalten, daß Erwartungen einerseits von den persönlichen Erfahrungen des einzelnen abhängen und sensitiv auf Veränderungen des Kontextes reagieren (siehe Bandura, 1986, in Druck; Mischel, 1973; Weinstein, 1982). Andererseits sind die Erfahrungen, auf denen die Erwartungen basieren, jedoch in ihrer Interpretation von selbstwertschützenden Mechanismen affiziert. Sind diese Mechanismen intakt, darf man davon ausgehen, daß eine gewisse Überschätzung zukünftiger Kontrollmöglichkeiten und eine Unterschätzung von Risiken auftritt. Es erstaunt daher nicht, daß die meisten Menschen erwarten, daß die Zukunft besser sein werde als Gegenwart und Vergangenheit (Brickman, Coates & Janoff-Bulman, 1978).

Ist der illusionäre Anteil positiver Erwartungen ein Handicap?

Spontan ist man versucht anzunehmen, daß sich im Illusionären immer etwas Disfunktionales versteckt. Bandura warnt jedoch vor dieser Sichtweise:

It is widely believed that misjudgment produces dysfunction. Certainly, gross miscalculation can create problems. However, optimistic self-appraisals of capability that are not unduly disparate from what is possible can be advantageous, whereas veridical judgments can be self-limiting. When people err in their self-appraisals, they tend to overestimate their capabilities. This is a benefit rather than a cognitive failing to be eradicated. If self-efficacy beliefs always reflected only what people could do routinely, they would rarely fail but they would not mount the extra effort needed to surpass their ordinary performances. (Bandura, 1989a, S. 1177).

Taylor und Brown (1988; Brown, 1991) untermalen Banduras Position mit folgenden Argumenten. Zunächst wird darauf verwiesen, daß gerade bei *depressiven Personen* die oben beschriebenen illusionären Kontrollerwartungen weniger deutlich auftreten (Alloy & Abramson, 1979; Golin, Terrell & Johnson, 1977; Golin, Terrell, Weitz & Drost, 1979). In den 60er Jahren ging man noch davon aus, daß Depression mit einer ins Negative verzerrten Illusion einherginge. Nach Becks (1967) Modell der "negativen kognitiven Triade" leiden depressive Patienten an einer unrealistisch negativen Einschätzung (a) des eigenen Selbst, (b) des eigenen Umfeldes und (c) der persönlichen Zukunft. Durch die kognitive Therapie sollte diese unrealistisch negative Sicht in eine realistische gewandelt werden.

Alloy und Abramson (1979) konnten jedoch mittels einer einfachen Kontingenz-Lernaufgabe (Estes, 1972) demonstrieren, daß depressive Versuchspersonen realistischere Kontrollerwartungen entwickeln als nicht-depressive Versuchspersonen. Die Handlungen der Versuchspersonen (Knopfdrücken oder nicht) führten entweder zum Aufleuchten oder Nicht-Aufleuchten eines Lichtes. Für jede Serie von Handlungsmöglichkeiten (wenigstens 40) mußten die Versuchspersonen dann angeben, ob es ihnen gelungen war, das Aufleuchten des Lichtes durch ihre Handlungen zu kontrollieren. Wenn die Versuchspersonen keinerlei Kontrolle über das Aufleuchten des Lichtes hatten (d.h., die Aufleuchtwahrscheinlichkeit des Lichtes beim Drücken entsprach der beim Nicht-Drücken), vermuteten die nicht-depressiven Versuchspersonen trotzdem, Kontrolle zu haben, wenn (a) die Aufleuchthäufigkeit des Lichtes sehr hoch war (75%) oder (b) das Aufleuchten des Lichtes belohnt wurde. Die depressiven Versuchspersonen ließen sich durch eine große Häufigkeit des Aufleuchtens bzw. durch Belohnungen nicht ablenken. Sie schätzten die fehlende Kontrollmöglichkeit relativ realistisch ein, d.h. ihre Kontrollurteile fielen vergleichsweise bescheidener aus.

Depressive Personen beurteilten auch die eigenen Fähigkeiten (z.B. soziale Kompetenz) realistischer als nicht-depressive Personen (Lewinsohn, Mischel, Chaplin & Barton, 1980). In einem Experiment mit klinisch depressiven Patienten und 2 Kontrollgruppen (psychiatrische Patienten ohne Depression und nicht hospitalisierte Versuchspersonen) nahmen die Versuchspersonen im Rahmen eines Therapieprogrammes an Gruppensitzungen teil. Nach jeder dieser Gruppensitzungen mußten die Versuchspersonen ihre sozialen Fähigkeiten einschätzen. Weiterhin wurden sie von unabhängigen Beobachtern auf ihre soziale Kompetenz hin beurteilt. Depressive Patienten hielten sich selbst für weniger kompetent und wurden auch von den Beobachtern im Vergleich zu den Kontrollgruppen für weniger kompetent gehalten. Obendrein waren die depressiven Patienten in dem Sinne realistischer in der Einschätzung ihrer eigenen Kompetenz als die Kontrollversuchspersonen, als sie mit der Einschätzung der Beobachter übereinstimmten.

Weiterhin sind depressive Personen auch durch einen weniger illusionär ins Positive verzerrten Zukunftsoptimismus gekennzeichnet (Alloy & Ahrens, 1987; Pyszczynski, Holt & Greenberg, 1987). Depressive Versuchspersonen schätzten die Wahrscheinlichkeit, daß sie im Vergleich zu einer generalisierten anderen Person Erfolg erzielen oder Mißerfolg erleiden würden, ungefähr gleich hoch ein, während nicht-depressive Versuchspersonen von einer höheren Erfolgs- als Mißerfolgswahrscheinlichkeit ausgingen. Die Attributionsstilforschung zeigt das gleiche Ergebnismuster. Ein Erklärungsstil, der negative und positive Ereignisse in gleichem Ausmaß stabilen, globalen und internalen Gründen zuschreibt, geht mit depressiven Symptomen einher (sog. *Even-handed explanatory style*, Seligman, 1991), während ein Erklärungsstil, bei dem positive Ereignisse eher als negative Ereignisse auf stabile, globale und internale Ursachen attribuiert werden, bei nicht-depressiven Personen zu finden ist (sog. *Lop-sided explanatory style*). Personen, die über die Zeit und in verschiedenen Lebensbereichen gleichermaßen positive und negative Ereignissen erwarten, sind demnach depressiver als Personen, die positive Ereignisse über die Zeit und in verschiedenen Lebensbereichen häufiger erwarten als negative.

Taylor und Brown (1988) führen auch die klassischen Studien, wonach positive Erwartungen Leistungserfolge begünstigen (siehe oben), als Beleg dafür an, daß illusionäre Selbsteinschätzungen adaptiv sind. Dies basiert auf der einfachen Überlegung, daß die meisten Selbsteinschätzungen illusionär sind und somit auch illusionäre positive Selbsteinschätzungen leistungsbegünstigend sein müssen, weil sonst der klassische Zusammenhang zwischen positiven Erwartungen und Leistungserfolgen nicht beobachtet werden könnte. Weiterhin verweisen sie auf Studien von Dweck und Leggett (1988), nach denen Personen mit positiven Erfolgserwartungen sich von Personen mit weniger positiven Erfolgserwartungen im tatsächlichen Leistungspotential nicht unterscheiden. Dies bedeutet, daß über das tatsächliche Leistungspotential hinaus illusionäre Erwartungen einen positiven Leistungseffekt haben sollten. Taylor und Brown sehen den leistungsfördernden Effekt positiver (illusionärer) Erwartungen als über drei verschiedene Prozesse vermittelt. Es werden effizientere Problemlöse-Strategien postuliert (Dweck &

Leggett, 1988), weniger aufgabenirrelevante Gedanken (Sarason, 1975) und mehr Anstrengung und Persistenz und dies insbesondere angesichts von Mißerfolgen und Rückschlägen (Bandura, 1989a). Personen mit illusionär positiven Erfolgserwartungen erkennen obendrein vergleichsweise besser, ob sich Persistenz in einer gegebenen Situation auszahlt oder nicht (Janoff-Bulman & Brickman, 1982).

Um zu belegen, daß positive Illusionen die psychische Gesundheit einer Person fördern, berichten Taylor und Brown (1988) nicht nur Studien über den Zusammenhang von fehlender Kontrollillusion und depressiver Stimmung sowie über positive Erwartungen und ihre leistungsfördernde Wirkung. Sie verweisen auch auf die förderliche Wirkung positiver Illusionen im zwischenmenschlichen Bereich. Viele Konzeptualisierungen positiver psychischer Gesundheit streichen nämlich heraus, daß befriedigende zwischenmenschliche Interaktionen insbesondere bei psychisch Gesunden zu finden sind, während es psychisch kranken Personen schwer fällt, mit anderen Personen fruchtbar zu interagieren (Jourard & Landsman, 1980). In der Tat sprechen Forschungsergebnisse dafür, daß Personen in bedrückter, negativer Stimmung mit geringerer Wahrscheinlichkeit als Personen in positiver Stimmung Hilfehandlungen ausführen (z.B. Cialdini, Kenrick & Baumann, 1982), soziale Kontakte initiieren (z.B. Isen, 1970) und sich anderen gegenüber kooperativ und freundlich verhalten (z.B. Diener, 1984). Vermittelt über den stimmungsfördernden Effekt positiver Illusionen dürften diese folglich einen positiven Einfluß auf zwischenmenschliches Handeln ausüben.

Schließlich sollte nicht vergessen werden, daß Taylor ihre Ideen zur Bedeutung positiver Illusionen vor dem Hintergrund ihrer Arbeiten zur Bewältigung von lebensbedrohenden Krankheiten entwickelt hat (Taylor, 1983; siehe auch Taylor, 1989). Taylor analysierte verschiedene Strategien des gedanklichen Umgangs mit der Krankheit (insbesondere soziale Vergleiche mit Personen, denen es noch schlechter ergeht als einem selbst; siehe dazu auch Taylor & Lobel, 1989), die darauf ausgerichtet sind, die eigene Zukunft nicht völlig ausweglos erscheinen zu lassen. Interessanterweise stellte sich heraus, daß gedankliche Manöver, die Zukunftserwartungen in eine optimistische Richtung verzerren, mit einer vergleichsweise effektiveren Krankheitsbewältigung einhergehen als das realistische Einschätzen der Ausweglosigkeit der Krankheit. Auch diese Befunde belegen nach Taylor (1989) die gesundheitsfördernde Kraft positiver Illusionen.

Zusammenfassung

Die Grundpostulate des traditionellen Behaviorismus´ entwerfen eine Verhaltenspsychologie, die ohne kognitive Variablen auskommen muß. Diese Selbstbeschränkung wurde bereits in neo-behavioristischen Ansätzen aufgegeben. Allerdings waren dort kognitive Variablen hypothetische Konstrukte, die operational nach wie vor in Verhaltenstermini definiert wurden. Erst die kognitive Tierpsychologie begriff kognitive Variablen als mentale Repräsentationen. In den Theorien menschlichen Lernens bedeutet die Konzeptualisierung von Kognitionen als mentale Repräsentationen, daß diese direkt abgefragt und die abgefragten Kognitionen bezüglich ihrer Einflüsse auf Verhalten untersucht werden können.

Das wohl populärste kognitive Konzept wurde das der Erwartung. Dabei wurde diese Variable differenzierend betrachtet, und Effekte der verschiedenen Arten von Erwartung auf Motivation und Verhalten wurden sowohl experimentell als auch korrelativ erforscht. Die Untersuchung der Effekte von Erwartungen spielt in der angewandten Forschung insbesondere in der Gesundheitspsychologie eine Rolle und dies sowohl für psychische als auch für physische Gesundheit. In der pädagogischen Psychologie steht der Zusammenhang zwischen Erwartungen und Schul- sowie beruflicher Leistung im Vordergrund.

Betrachtet man die im Rahmen verschiedener Erwartungstheorien vorliegenden Befunde über den Zusammenhang von Erwartungen und Erfolg, ergibt sich ein konsistentes Bild: Optimistische Erwartungen fördern den Erfolg und nützen der psychischen und physischen Gesundheit. Dies gilt für die verschiedenen Differenzierungen von Erwartungen wie Selbstwirksamkeitserwartungen, Ergebniserwartungen und für die diese beiden Arten der Erwartungen einschließenden Gesamterwartungen. Auch findet man die positive Wirkung optimistischer Erwartungen sowohl für Operationalisierungen hinsichtlich spezifischer Lebensbereiche als auch für Zukunftserwartungen, die als generelles Persönlichkeitsattribut gemessen werden.

Die Lebenserfahrungen einer Person gelten als primärer Bedingungsfaktor von Erwartungen. Erwartungen sind Urteile, die sich auf die Zukunft beziehen, jedoch auf den in der Vergangenheit gemachten Erfahrungen beruhen. Erwartungen reflektieren diese Erfahrungen und passen sich neuen Erfahrungen flexibel an. Gleichzeitig gilt jedoch, daß Personen im allgemeinen in ihren Erwartungen die persönliche Zukunft illusionär positiv zeichnen. Nur weniger gut angepaßte Personen (z.B. depressive und leistungsschwache) schätzen ihre Zukunft realistisch ein.

2

Zukunftsdenken in der humanistischen Psychologie

Als Marie Jahoda Ende der 50er Jahre den Begriff der psychischen Gesundheit vergleichend analysierte, mußte sie feststellen, daß verschiedene therapeutische und klinisch-psychologische Ansätze in einer Maxime übereinstimmten. Diese bezog sich auf die Realitätsorientierung des Menschen: Man war in den prominenten therapeutischen Ansätzen ihrer Zeit der Meinung, daß eine illusionäre Sicht der eigenen Person und der Welt der psychischen Gesundheit abträglich sei. Jahoda formuliert diese Position wie folgt: "*... the perception of reality is called mentally healthy when what the individual sees corresponds to what is actually there.*" (1958, S. 49). An anderer Stelle charakterisiert Jahoda eine gesunde (*mentally healthy*) Realitätswahrnehmung: "*... mentally healthy perception means a process of viewing the world so that one is able to take in matters one wishes were different, without distorting them to fit these wishes.*" (1958, S. 51). Diese Position widerspricht der Generalaussage des letzten Kapitels, die besagte, daß positive Zukunftsgedanken, selbst wenn diese illusionär sind, die psychische Gesundheit in ihren verschiedenen Facetten (Stimmung, Wohlbefinden, Leistung, soziales Eingebundensein, Krankheitsbewältigung) begünstigen. Die in Jahodas Aussagen geforderte objektive Wahrnehmung der Realität erlaubt keine illusionären Verzerrungen. Jahoda betrachtet diese sogar als einen Indikator fehlender psychischer Gesundheit. Wie kam es zu dieser Sichtweise? Für die humanistische Psychologie (Allport, 1943; Maslow, 1954; Rogers, 1951), die in den 50er Jahren zunehmend Einfluß auf die therapeutische Praxis gewann, ist das realistische Erkennen der eigenen Person die wesentliche Voraussetzung für eine erfolgreiche Persönlichkeitsentwicklung, da letztere als Selbstverwirklichung (*Self-actualization*) verstanden wird.

Personen, die erfolgreich auf dem Weg der Selbstverwirklichung voranschreiten, beschreibt Abraham H. Maslow wie folgt:

> *Our healthy individuals find it possible to accept themselves and their own nature without chagrin or complaint .... They can accept their own human nature with all of its discrepancies from the ideal image without feeling real concern. It would*

convey the wrong impression to say that they are self-satisfied. What we must rather say is that they can take the frailties and sins, weaknesses and evils of human nature in the same unquestioning spirit that one takes or accepts the characteristics of nature. (Maslow, 1950, S. 54).

Selbst wenn also das, was es zu erkennen gilt, mangelhaft und unvollkommen ist, wird davon ausgegangen, daß eine Person ihre Schwächen in all ihren Auswirkungen akzeptieren müsse. Die realitätsnahe Wahrnehmung der eigenen Schwächen sei für das Reifen der Persönlichkeit unumgänglich. Die humanistische Psychologie gelangte zu dieser Perspektive einerseits durch eine fundamentale Kritik an den behavioristischen Ansätzen in der wissenschaftlichen Psychologie und andererseits durch eine Weiterentwicklung der durch die Neo-Freudianer an der klassischen Psychoanalyse vorgetragenen Kritik. Die Argumente der humanistischen Psychologen sollen im folgenden nachgezeichnet werden, wobei das Augenmerk zunächst auf die Kritik am Behaviorismus fällt.

Humanistische Psychologen (z.B. Allport, 1955) kritisieren den Behaviorismus ideengeschichtlich als ein Produkt des philosophischen Empirismus´ John Lockes (1632-1704), der den menschlichen Verstand als *tabula rasa* verstand, die durch Erfahrung Inhalt und Struktur erlangt. Es gibt folglich keine von innen heraus produzierten Gedanken. Was nicht an Information durch die Sinne aufgenommen wird, ist auch nicht im Intellekt zu finden. In Lockes Worten: "*Nihil est in intellectu quod non ante fuerit in sensu*".

Selbst die unbestreitbare Tatsache, daß Menschen eine jeweils andere subjektive Vorstellung der Realität besitzen, hat die empirischen Philosophen in der Tradition Lockes nicht zur Aufgabe der Ansicht bewegt, daß das menschliche Denken und Wissen ausschließlich durch Wahrnehmungsinhalte (*Sensations*) bestimmt wird. Nach David Hume (1711-1776), der ein halbes Jahrhundert später die empiristischen Ideen Lockes aufgriff, erstreckt sich die schöpferische Kraft des Denkens nicht weiter als auf das Vermögen, denjenigen Stoff, welchen die Sinne als Wahrnehmungsinhalte (Locke sprach von Ideen) liefern, zu verbinden und umzustellen. Hier spielen Assoziationen und bei diesen das Prinzip der Kontiguität eine zentrale Rolle. Nach Hume werden Ursachen und Wirkungen in der Natur nicht durch die bloße Vernunft erkannt, sondern durch Erfahrungen entdeckt. Kausalität ist somit auf Kontiguität reduziert, d.h., der Mensch vermutet einen Kausalzusammenhang dort, wo bestimmte Ereignisse in Raum und Zeit erfahrungsmäßig verknüpft sind. Ursächliche Erkenntnis ist somit erfahrungsbestimmt. Weiterhin geht Hume davon aus, daß das Ich oder Selbst nichts weiter als eine Anhäufung von relevanten Wahrnehmungsinhalten und Assoziationen darstellt, ein Bündel fortwährend wechselnder Verknüpfungen von Sinneswahrnehmungen.

Allport (1955) sieht die behavioristisch dominierte wissenschaftliche Psychologie seiner Zeit als durch die philosophischen Grundsätze Lockes und Humes gegängelt an. Er meint dies daran erkennen zu können, daß in der behavioristischen Psychologie nicht die menschliche Psyche an sich die zentrale Aufmerksamkeit erführe, sondern das, was dem Menschen von außen zustößt (d.h. durch situative Stimuli). Weiterhin würde sich die Aufmerksamkeit insbesondere auf molekulare Einheiten richten und weniger auf molare Größen. Gordon W. Allport beklagt, daß die behavioristische Psychologie den Menschen als eine Ansammlung von *S-S-* und *S-R-*Verknüpfungen begreife. Diese Fokussierung auf molekulare Einheiten begünstige auch den behavioristischen Trugschluß, daß man die grundlegenden Merkmale des menschlichen Seins und Handelns (*Human nature*) ohne größere Erkenntniseinbußen stellvertretend an einfacheren Lebewesen studieren könne. Darüberhinaus habe die Lockesche *tabula-rasa*-Metapher die behavioristische Psychologie dazu verleitet anzunehmen, daß das, was frühzeitig erfahren wird, wichtiger und grundsätzlicher sei als das, was erst später in der Persönlichkeitsentwicklung geschieht. Allport führt zu dieser Position, die er mit dem Etikett "*geneticism*" versieht, aus: " *In keeping with the doctrine of tabula rasa, American geneticism holds that what is important is childhood learning, childhood fixations, childhood conditioning.*" (Allport, 1955, S. 11).

Die humanistische Psychologie fokussiert auf die einzigartigen Eigenschaften und Fähigkeiten, die für menschliche Organismen (im Gegensatz zu Tieren und Maschinen) konstitutiv sind, wie beispielsweise Echtheit (*Authenticity*), Ganzheit (*Wholeness* und *Integrity*), Zweckgerichtetheit (*Intentionality*), Sinnstiftung (*Search for meaning*), Freiheit, das *Being in the world* und andere. Für die Konzeptualisierung dieser menschlichen Eigenschaften dient als Ausgangs- und Ankerpunkt die zentrale Idee der selbstverwirklichenden Person, die ihr Potential voll und ganz nützt und entwickelt. Die humanistische Psychologie geht davon aus, daß die Analyse des Menschen in seiner Ganzheit, Autonomie, Integrität, Freiheit usw. eine Abspaltung von der traditionellen wissenschaftlichen Herangehensweise bedeutet. Das Programm der humanistischen Psychologie besteht darin, die bewußte Erfahrung des Menschen in strikt phänomenologischer Herangehensweise zu untersuchen. Gleichzeitig nimmt man jedoch an, daß die menschliche Natur nie voll und ganz erkannt werden kann.

Allport (1955) sieht entsprechend die humanistische Psychologie in den philosophischen Traditionen begründet, die dem menschlichen Verstand und der menschlichen Psyche eine selbst-initiierende Rolle zuschreiben und die Person als Quelle ihrer Handlungen verstehen. Er verweist auf G. W. Leibnitz und seine Monaden-Theorie (in der der menschliche Verstand oder die Seele als eine mehr oder weniger bewußte, von sich aus agierende Substanz verstanden wird), auf Thomas von Aquins Doktrin der Intentionalität und B. de Spinozas Konzept des *Conatus* (ein Grundstreben nach Selbsterhaltung als Ausgangspunkt jeden Seins) sowie auf die Lehre I. Kants, dem nativistischen Gegenspieler des Empirismus´, der im erkennenden Geiste vor und unabhängig von aller Erfahrung, d.h. a priori bestehende Anschauungsformen (bspw. der Zeit und des Raumes) postulierte.

In der Geschichte der Psychologie versteht Allport vor allem den phänomenologischen Ansatz F. Brentanos und E. Husserls als wegweisend für die humanistische Psychologie. Allport erkennt, daß in der empirischen Psychologie seiner Zeit auch Konzepte gehandelt werden, die sich auf interne Aspekte menschlichen Seins und Handelns beziehen. Allerdings würden diese Konzepte im Vergleich zu dem, was der humanistischen Psychologie vorschwebt, sehr statisch und mechanistisch ausfallen. Auf der kognitiven Seite würde man anstelle von Zukunftsvision, Lebensplanung und Lebensziel von Erwartung, *Cognitive maps* oder *Sets* sprechen. Auf der motivationalen Seite würde man statt vom zentralen Lebensmotiv, dem "*... maintaining, actualizing, and enhancing of the capacities of the experiencing organism.*" (Allport, 1955, S. 16) zu reden, sich auf biologisch-mechanistische Triebmodelle, die mehr (bei McDougall) oder weniger (bei Freud) partikularisiert sind, konzentrieren. Für alle Triebmodelle gilt nach Allport jedoch, daß, obwohl dem Menschen inhärente Kräfte zugestanden werden, fälschlich eine gewisse Unfreiheit angenommen wird:

> *Yet any doctrine of plural instincts tends to occupy a halfway station between the poles of activity and reactivity. It is true that the urge quality of the instinct is self-contained within the organism (not resident in the stimulus instigator, as positivists would like to believe), but instincts are after all multiple 'forces' to which the individual is subject. He is pushed, pulled, and mauled by their energies. He himself is devoid of energy or purpose except as the instincts themselves provide them.* (Allport, 1955, S. 16).

Freud und die Neo-Freudianer als Ausgangspunkt

Bezüglich des Behaviorismus´ fühlen sich die humanistischen Psychologen insbesondere durch die ihrer Meinung nach reduktionistische Annahme gestört, daß das menschliche Handeln durch die Umwelt determiniert sei (Shaffer, 1978). An der Psychoanalyse kritisieren sie den offensichtlichen Biologismus Sigmund Freuds, den sie als depersonalisierend bewerten (Misiak & Sexton, 1973). Obwohl Freud menschliches Denken, Fühlen und Handeln primär als von *innen* heraus bestimmt sah, gestand er dem Menschen freies, selbst-bestimmtes Handeln nur sehr eingeschänkt zu. Angeborenen Trieben und den durch sie ausgelösten frühen Kindheitskonflikten wird eine stark determinierende Rolle zugeschrieben. Freud stützte sich bei der Entwicklung seines Theoriegebäudes auf Berichte der subjektiven Erlebniswelt seiner Patienten oder Klienten.

Die von Freud stark beeinflußten Neo-Freudianer sowie die humanistischen Psychologen wehrten sich gegen die deterministische Position Freuds. Einerseits gestanden die Neo-Freudianer und humanistischen Psychologen zwar zu, daß der Mensch bisweilen von unkontrollierbaren inneren und äußeren Kräften bestimmt ist (z.B. von der genetischen Ausstattung, dem Geschlecht, Alter, Trieben, Gewohnheiten bzw. Kultur, Zeitgeist, Institutionen, Familie), andererseits betonten sie aber, daß jede Person substantielle Freiheiten genießt, ihr eigenes Schicksal zu gestalten und ihr Potential zu entwickeln. Auch und gerade das menschliche Denken wurde als selbstbestimmt und selbstkontrollierbar verstanden. Der freie Mensch kann willkürlich tagträumen und grübeln, sich optimistische oder düstere Zukunftsbilder vor dem geistigen Auge ausmalen, selbstrechtfertigende oder -beschuldigende Interpretationen für Fehlleistungen heranziehen und sich bedeutungsvolle oder triviale Ziele setzen. Der selbstverwirklichende Mensch wählt und plant, erfindet und reflektiert. Er wird nicht durch von vornherein determinierte Pfade gegängelt, und er muß die negativen Konsequenzen fremd-determinierten Handelns nicht passiv erleiden.

Freud war davon überzeugt, daß selbst die sogenannten freien Phantasien durch die Bedürfnisse einer Person determiniert sind. Derartiges Denken hätte negative Konsequenzen für die psychische Gesundheit, weil es einer realistischen Befriedigung dieser Bedürfnisse entgegenstünde. Natürlich könnte es vorübergehend Trost spenden. Langfristig wäre es jedoch einer fruchtbaren Persönlichkeitsentwicklung abträglich. Positive Illusionen bezüglich der schwärmerischen Einschätzung menschlichen Potentials wären ebenfalls nicht zu verantworten. Der Mensch sei in realiter primär von libidinösen und zerstörerischen Kräften determiniert, was man zu akzeptieren hätte. Positives Denken würde seine Triebhaftigkeit und Destruktivität sowie das damit verbundene Potential zur Unmoral nur bemänteln (Freud, 1920, 1930).

Der Preis für das Festhalten an einer unrealistisch positiven Selbstsicht ist nach Freud die Entwicklung von Neurosen. Bei der Persönlichkeitsentwicklung gelte es daher für den einzelnen wie für die Sozialisationsagenten (z.B. Eltern, Lehrer), darauf hinzuwirken, daß die Eigenschaften und Fertigkeiten der sich entwickelnden Person realistisch eingeschätzt werden (Freud, 1923). Aber nicht nur für den einzelnen, sondern für die moralische Entwicklung der gesamten Menschheit sei es notwendig, jegliche positiven Illusionen zu bekämpfen (Freud, 1917).

Betrachtet man die drei Instanzen, die nach Freud die Persönlichkeit ausmachen (das Es, Ich und Über-Ich), so ist es das Ich, das sich um das realistische Einschätzen der Realität kümmern soll (in Freuds Worten: dem Realitätsprinzip Durchbruch verschaffen soll). Während das Es nach Bedürfnisbefriedigung strebt (dem Lustprinzip folgt), verschafft das Ich der Realität Geltung, indem es die Bedingungen der Bedürfnisbefriedigung aufzeigt, die durch die Außenwelt auferlegt werden. Das Ich prüft die Realität dahin gehend, inwieweit der Ausdruck eines Impulses des Es´ möglich und lohnend ist. Es kann die Impulse des Es´ solange zurückhalten, bis sich eine günstige Gelegenheit zur Verwirklichung des Impulses ergibt. In dem Maße, in dem es dem Ich gelingt, das Realitätsprinzip durchzusetzen, geht die Suche nach Befriedigung nicht mehr auf dem kürzesten Wege vor sich, sondern schlägt Umwege ein und schiebt ihr Ergebnis auf. In folgender Metapher beschreibt Freud den schwierigen Versuch des Ichs, das impulsive Es zu kontrollieren:

> Es [das Ich] gleicht so im Verhältnis zum Es dem Reiter, der die überlegene Kraft des Pferdes zügeln soll, mit dem Unterschied, daß der Reiter dies mit eigenen Kräften versucht, das Ich mit geborgten. Dieses Gleichnis trägt ein Stück weiter. Wie dem Reiter, will er sich nicht von dem Pferd trennen, oft nichts anderes übrig bleibt, als es dahin zu führen, wohin es gehen will, so pflegt auch das Ich den Willen des Es in Handlung umzusetzen, als ob es der eigene wäre.
> (Freud, 1923, S. 253).

Nach Freud gelingt es dem Ich, durch "psychische Sekundärvorgänge" die Impulse konstruktiv aufzuschieben und kontrolliert zu befriedigen, indem logisches Denken, Urteilen und Entscheiden sowie Aufmerksamkeitssteuerung und kontrolliertes Handeln zum Einsatz kommen. Der Sekundärvorgang nimmt also Einfluß auf den Primärvorgang, der dem Typus des psychischen Funktionierens entspricht, das dem Lustprinzip Geltung verleiht und auf Mechanismen beispielsweise der Verschiebung oder Verdichtung von Triebenergie basiert.

Im Gegensatz zum Ich kümmert sich das Über-Ich (ähnlich wie das Es) wenig um die Realität. Das Über-Ich steht für die Instanz, die danach Ausschau hält, ob eine Person dem Genüge tut, was sie glaubt, dem sozialen Umfeld schuldig zu sein. Personen, die zu sehr vom Über-Ich beeinflußt sind, beachten die Realität genauso wenig wie Personen, die von ihrem Es dominiert werden. Erstere handeln normativ und moralisierend, letztere sind impulsiv. Freud vermutete, daß die psychische Energie der gesunden Persönlichkeit neben dem Es und dem Über-Ich auch Prozesse des Ichs besetzt, wo die Energie durch den Sekundärvorgang gebunden und ihr Streben nach Abfuhr aufgehalten und kontrolliert wird. Bei der psychisch kranken Persönlichkeit jedoch besetzt die psychische Energie vornehmlich das Es (wobei ein Realitätsverlust insofern eintritt, als durch den Primärvorgang die Energie auf die schnellste und direkteste Weise auf eine Abfuhr zustrebt) oder das Über-Ich (wobei die kontrollierte Abfuhr der Energie durch das Ich eine übermäßige Zäsur erfährt) (Freud, 1923).

Die Frage nach der Unterdrückung des Ichs durch das Über-Ich wurde von den *Neo-Freudianern* aufgegriffen und weiterentwickelt. Nach Horney (1939, 1950) muß zur Förderung psychischer Gesundheit die Unterdrückung des wahren Selbst aufgehoben werden. Anderenfalls bleibt der Mensch in der "*tyranny of the should*" (Horney, 1950, S. 64) gefangen:

> ...*if the shoulds issue an order as to feelings, imagination waves its magic wand and the border line between what we* ***should*** *feel and what we* ***do*** *feel evaporates. We consciously believe or feel then as we should believe or feel.* (Horney, 1950, S. 82).

Das, was die neurotische Person glaubt, sein zu sollen und zu müssen, soll durch das reale Selbst ersetzt werden. Das Erkennen der wahren Wünsche und Gedanken sei Voraussetzung für die Entwicklung einer reifen und verantwortungsvollen Persönlichkeit im Sinne der Ausschöpfung des eigentlichen Potentials im Hinblick auf die Verwirklichung konstruktiver Ziele sowie bezüglich des respektvollen Umgangs mit anderen. Das Verwirklichen dieser Komponenten der psychischen Gesundheit setzt Ehrlichkeit sich selbst gegenüber voraus und wird erreicht durch die Substitution des Soll-Selbst durch das reale Selbst (Horney, 1939, 1950).

Sullivan (1953) propagiert ebenfalls die positive Wirkung einer realen Selbst- und Weltsicht. Bereits bei Kindern und Jugendlichen müsse Wahrhaftigkeit gefördert werden und das Beschönigen von Problemen und selbstwertschützende Entschuldigen von Fehlschlägen entmutigt werden. Erzieher sollten insbesondere Rationalisierungsstrategien, die dazu führen, daß Personen sich und die Welt so sehen, wie ihre vorgefaßten Meinungen dies suggerieren, bekämpfen.

Damit stehen die Neo-Freudianer, wie schon Freud, fest im Glauben an die die Charakterbildung fördernde Funktion eines realistischen Erkennens der eigenen Person und der Welt. Nur die Dynamik ist eine andere: Bei Freud tut der Mensch gut daran, seinen Regungen zu mißtrauen, weil diese triebgeleitet und seine Triebe per definitionem destruktiv sind. Diese Skepsis kommt allerdings nur dann zum Zuge, wenn das Ich mittels der realitätsbezogenen Sekundärprozesse dem ungebrochenen Ausleben der Triebe Grenzen setzt. Bei den Neo-Freudianern hat die Realitätsorientierung die Aufgabe, dem wahren Selbst der Person Durchbruch zu verschaffen. Hier ist das wahre Selbst eine positive Instanz und soll das durch Triebe und insbesondere durch das Über-Ich pathologisch verbogene reale Selbst ersetzen. Somit zeichnet sich bei den Neo-Freudianern bereits die

Grundidee der humanistischen Psychologie ab: der Glaube an die befreiende Funktion der Selbstverwirklichung. Trotz gänzlich unterschiedlicher Ausgangspunkte stimmen Freud und die Neo-Freudianer in ihrem Glauben an die Realitätsorientierung als einer wesentlichen Essenz der gesunden Persönlichkeitsentwicklung überein.

Selbstverwirklichung und das Primat des Realismus´

Während Freud aufbauend auf seinem medizinischen Hintergrund argumentierte, daß die Bemühungen eines Therapeuten sich auf das Lindern von Krankheitssymptomen beziehen müßten, verstanden die humanistischen Psychologen, in noch stärkerem Ausmaß als die Neo-Freudianer, unter psychischer Gesundheit mehr als die bloße Abwesenheit psychischer Krankheiten (Maslow, 1954, 1962; Rogers, 1951, 1961). Psychische Gesundheit bedeutet bei den humanistischen Psychologen, so zu handeln, daß das Wachstum der Persönlichkeit ermöglicht wird. Der Prozeß der Selbstverwirklichung drückt sich unter anderem aus in erhöhter Kreativität, innerer Spannkraft, zwischenmenschlicher Sensitivität und Intimität sowie in der gesteigerten Motivation, sich um die weitere Reifung der eigenen Persönlichkeit zu bemühen. Wachstum ist ein immerwährender, nicht zu erledigender Prozeß. Humanistische Therapien sollten folglich auch Personen helfen, die nicht an einer akuten psychischen Krankheit leiden.

Grundvoraussetzung für den Wachstumsprozeß der Selbstverwirklichung ist das ehrliche Erkennen des wahren Selbst. Deshalb bieten sich humanistische Therapieansätze auch an für Gruppensitzungen, in denen die Teilnehmer dazu angehalten werden, vor den anderen Gruppenmitgliedern die wahren Gedanken und Gefühle auszudrücken. Andere Personen fungieren als Spiegel, der die Selbstkenntnis fördert, die äußere Fassade abbröckeln läßt und das wahre Selbst entblößt (z.B. Rogers, 1951, 1970; kritisch dazu siehe Back, 1972). Aber auch den humanistischen Einzeltherapien ist die Induktion der Erkenntnis des wahren Selbst ein zentrales Anliegen, denn nur, wenn eine Person ihr wahres Selbst (von dem vorausgesetzt wird, daß es neben negativen Qualitäten immer auch die eine oder andere positive Qualität enthält) erkennt, kann sie ihre Stärken verwirklichen und ihre Schwächen bekämpfen (Allport, 1937, 1955; Maslow, 1954, 1962; Rogers, 1951, 1961).

Wie schon bei den Neo-Freudianern angeklungen, kann der Mensch aus humanistischer Perspektive durchaus über die limitierenden Kräfte seiner sozialen Umgebung, über seine biologischen Anlagen und die Macht der Kindheitserlebnisse hinauswachsen. Der Mensch hat die Möglichkeit und das Bedürfnis, sich weiterzuentwickeln (Allport, 1937, 1955; Maslow, 1954, 1962; Rogers, 1951). Da nun aber effektives Handeln in

Richtung Selbstverwirklichung unmöglich ist ohne akkurate Überzeugungen hinsichtlich des Selbst und des eigenen Platzes in der Welt, muß die Angemessenheit des eigenen Urteilens stets kritisch überprüft werden. Wird diese kritische Analyse nicht vollzogen, werden die eigenen Überzeugungen unrealistisch, denn akkurate Urteile entstehen nicht von alleine, sie müssen aktiv gesucht werden. Der Mensch würde dazu neigen, die Realität, die Erinnerung und das Denken nach seinen Wünschen auszurichten und ins Positive zu verzerren. Damit man sich bemüht, die Realität so zu erkennen, wie sie ist, bedarf es deshalb einer Einsicht. Man muß akzeptieren, daß es letztlich nur die Erkenntnis der Wahrheit ist, die der Selbstverwirklichung dient (Allport, 1937, 1955; Maslow, 1954, 1962; Rogers, 1951, 1961).

In ihren Forschungsmethoden unterscheidet sich die humanistische Psychologie grundsätzlich von der Vorgehensweise der empirischen Psychologie. In der empirischen Psychologie werden in korrelativen oder experimentellen Studien objektiv erhobene Daten über verschiedene Versuchspersonen oder Zeitpunkte anhand von Mittelwertsstatistiken auf allgemeine Gesetzmäßigkeiten geprüft, die dann auch im Hinblick auf Therapieprogramme im Einzelfall angewendet werden können. Dies steht in deutlichem Widerspruch zu den klinischen Studien der Freudianer, der Neo-Freudianer und der humanistischen Psychologen, bei denen psychologische Gesetzmäßigkeiten aus dem Verstehen von Einzelfällen abgeleitet werden. Bei der Analyse des Einzelfalls spielt das subjektive Erleben der untersuchten Person die zentrale Rolle (Allport, 1937, 1955; Maslow, 1954, 1962; Rogers, 1951, 1961).

Natürlich gibt es Unterschiede in Inhalt und Methode zwischen den verschiedenen Schulen der humanistischen Psychologie. Exemplarisch sollen hier drei wesentliche Ansätze beleuchtet werden: die Ansätze von Allport, Maslow und Rogers. Trotz zahlreicher Eigenheiten dieser einzelnen Ansätze zeigen sich folgende Gemeinsamkeiten: Der einzig sinnvolle Weg, den Menschen zu verstehen, liege darin, den Menschen von innen heraus zu betrachten, von seinem subjektiven und spontanen Erleben und Fühlen. Weiterhin ist das Erkennen der düsteren und positiven Seiten unseres Daseins eine Grundvoraussetzung für psychische Gesundheit und selbstverwirklichendes Handeln.

Nach Allport (1937, 1955) handelt der gesunde Erwachsene im Gegensatz zum neurotischen Erwachsenen rational und bewußt, weiß um die ihn steuernden Kräfte und kann diese gezielt kontrollieren. Er ist nicht determiniert von unbewältigten Kindheitserlebnissen und blickt auch nicht zurück in die Vergangenheit. Er lebt in der Gegenwart und richtet seine Aufmerksamkeit auf das Hier und Jetzt, wo er Wahl-, Willens- und Handlungsfreiheit beweist.

In seinen Interviews und Beobachtungen konzentierte sich Allport primär auf gesunde Personen. Aspekte der gesunden Person sind ihre überlegten und rational begründeten

Intentionen, Hoffnungen und Aspirationen. Diese Zukunftsgedanken verleihen dem Handeln einer Person Richtung und Zweck. Die gesunde Person zeigt demnach zielgerichtetes und zweckorientiertes Handeln. Diese Zukunftsorientierung (mit ihren relevanten Aspirationen, zusammengefaßt im idealen Selbst-Bild) liefert den Rahmen, in dem sich das Proprium (die zentralen Aspekte einer Person) entwickeln kann. Sie vereinheitlicht die Persönlichkeit und ist Ansporn zum Handeln (Allport, 1937, 1955). Beim neurotischen Menschen ist das ideale Selbstbild etwas Kompensatorisches und Unrealistisches. Es macht die neurotische Person blind für die Gegenwart, und es spornt nicht zum Handeln an.

Bei der Diskussion motivationaler Aspekte stellt Allport heraus, daß das Erreichen eines idealen Selbstbildes nicht einen Stillstand der Persönlichkeitsentwicklung bedeutet. Während in biologischen Diskrepanzmodellen der Motivation, dem Schließen der Diskrepanz Handlungspassivität folgt, geht Allport davon aus, daß die gesunde Persönlichkeitsentwicklung nach jedem Schließen der Diskrepanz zwischen realem Selbst und idealem Selbst eine neue Aspirationssetzung verlangt, die eine neue Diskrepanz zwischen idealem und realem Selbstwert aufspannt. Dieses sich von innen heraus ständig aufrecht erhaltende Eigenstreben ist ein zentrales Merkmal der Selbstverwirklichung.

All den Tugenden des gesunden Menschen wird jedoch eine Grundtugend vorangestellt. Allport schreibt über die zentrale Bedeutung der akkuraten Selbstkenntnis:

> *An impartial and objective attitude toward oneself is held to be a primary virtue, basic to the development of all others. There is but a weak case for chronic self-deception with its crippling self-justifications and rationalizations that prevent adaptation and growth. And so it may be said that if any trait of personality is intrinsically desirable, it is the disposition to see oneself in perspective.* (Allport, 1937, S. 422).

Allport thematisiert im Rahmen der Diskussion der Bedeutung der adäquaten Selbsteinschätzung auch die Beziehung zwischen Selbst- und Fremdbewertung. Wenn es darum geht, ein akkurates Urteil über die eigene Person zu fällen, ist die reife Person offen für die Meinung anderer. Personen mit einem hohen Maß an akkurater Selbsteinsicht sind nach Allport bei anderen auch beliebter. Kürzlich haben Wicklund und Eckert (1992) diese Aussage der humanistischen Psychologie kritisch analysiert und folgendes herausgefunden. Therapeuten attestieren ihren Klienten immer dann eine akkurate Selbsteinsicht, wenn diese ihren Ratschlägen folgen und mit ihren Meinungen übereinstimmen. Es sieht also ganz danach aus, daß die Kausalrichtung umgekehrt verläuft. Wir gestehen Personen eine akkurate Selbsteinsicht dann zu, wenn wir sie mögen (weil sie sich so verhalten, wie wir es für richtig halten). Wicklund und Eckert (1992) verpassen deshalb der Person, die sich durch akkurate Selbstkenntnis auszeichnet, ein wenig schmeichelhaftes Etikett: "*the self-knower, a hero under control*".

Allport versteigt sich in seinen Ausführungen zur akkuraten Selbstkenntnis sogar zu der Aussage, daß Personen mit hoher Übereinstimmung von Selbst- und Fremdbild intelligenter seien als Personen, die in ihrem Selbsturteil weniger mit dem Fremdurteil übereinstimmen. Auch diese Aussage läßt sich empirisch nicht bestätigen. In einer Studie zum Thema Einfluß des Schulkontextes auf leistungsbezogene Selbsteinschätzungen (Oettingen & Little, 1993; Oettingen, 1995) konnte nachgewiesen werden, daß gerade in einem Schulkontext, in dem adäquate Selbsteinschätzung explizites Erziehungsziel war und mit großem Aufwand implementiert wurde (in Ost-Berlin vor der Wiedervereinigung), die Übereinstimmung zwischen leistungsbezogenem Selbst- und Fremdurteil (Lehrerurteil) bei intelligenten Schülern (gemessen über den RAVEN-Test) weit geringer ausgeprägt war als bei weniger intelligenten Schülern.

Die humanistischen Ideen erfuhren eine intensive Weiterentwicklung durch ihre Anwendung auf die therapeutische Praxis. Führend war dabei der Ansatz von Rogers (1951). Carl R. Rogers fokussierte in seiner *Client-centered therapy* auf die sich ständig ändernde subjektive Erlebniswelt des Klienten, die der Therapeut mit Wärme und Verständnis kennenzulernen habe. Trotz dieser Einmaligkeit im subjektiven Erleben jedes einzelnen hätten alle Menschen jedoch eine gemeinsame biologische Anlage, das Streben nach Selbstverwirklichung, das alle Aspekte des menschlichen Wachstums durchdringe. Auf niedriger Ebene drückt sich die Selbstverwirklichungstendenz in den basischen physiologischen Bedürfnissen (z.B. Hunger und Durst) aus, findet sich aber auch im differenzierenden Wachstum der Körperorgane wieder. Das Streben nach der vollen Reife des Menschen erfordert jedoch über die biologischen Wachstumsprozesse hinaus ein intensives und lebenslanges Streben nach Selbstverwirklichung. Die Selbstverwirklichungstendenz ist dabei stärker als die Widerstände der damit verbundenen Mühseligkeiten und gestaltet sich deshalb als zeitlich überdauerndes Streben. Anders als in den Modellen der Spannungsreduktion (z.B. Lewin, 1926) begreift Rogers (wie bereits Allport) die im Zuge der Selbstverwirklichung erreichten Ziele als nicht spannungsreduzierend, sondern als spannungserhöhend. Durch erfolgreiche Selbstverwirklichung wird also nicht ein Gleichgewicht hergestellt, das einen Spannungsausgleich schafft, sondern es wird mehr und mehr Spannung freigesetzt und Energie induziert. Die Selbstverwirklichungstendenz schickt den Menschen somit auf eine andauernde Reise in ein immer komplexer werdendes Leben, in dem jeder Mensch seine einmaligen Eigenschaften entfalten und sein Potential voll ausschöpfen kann (Rogers, 1951, 1961).

Das Denken ist in die Zukunft gerichtet. Schon das Kind hat Vorstellungen von der

Person, die es einmal werden will. Wenn das Kind von der Mutter uneingeschränkte Liebe und Akzeptanz erfährt, kann es dabei jetzt und auch in Zukunft es selbst sein. Durch die unbedingte Akzeptanz durch die Mutter wird nämlich verhindert, daß die Realität in Gedanken den Bedürfnissen angepaßt wird. Derartige defensive Reaktionen würden die individuelle Handlungsfreiheit einschränken. In der Therapie werden daher unrealistische Gedanken und Aspirationen entmutigt (Rogers, 1951, 1961), wobei die Trennung von unrealistischen Idealbildern als durchaus schmerzlich erlebt werden kann. Dafür kann der sich selbstverwirklichende Mensch jedoch die volle Palette menschlicher Erfahrungen und Emotionen erleben und diese Gefühle viel tiefer empfinden als der weniger gesunde und reife Mensch.

Vom Therapeuten verlangt Rogers, daß er echte Gedanken und Gefühle zeigt, Empathie für den Klienten entwickelt und den Klienten akzeptiert, wie er ist, selbst wenn der Klient antisozial oder unmoralisch handeln will (Rogers, 1951). Nur in einer solchen Atmosphäre der uneingeschränkten Akzeptanz und Wertschätzung des Klienten, in der sich dieser nicht durch Liebesverlust bedroht fühlt, kann der Klient lernen, in Harmonie mit seinen eigenen Gedanken und Gefühle zu leben. Er wird jedes Verstecken hinter Rollen und Fassaden nicht mehr nötig haben und sich ganz, ohne Teile der eigenen Persönlichkeit im Verborgenen zu halten, offenbaren (Rogers, 1951, 1961). Die damit verbundene Wehrlosigkeit führt nach Rogers dazu, daß man auch andere Menschen sieht, wie sie sind, und mit ihnen produktiv interagieren kann. Die Interaktionspartner wiederum würden im Zuge solcher offenen Interaktionen ebenfalls lernen, sich selbst gegenüber ehrlich zu sein (Rogers, 1951).

Ehrlichkeit sich selbst und anderen gegenüber sowie die Akzeptanz der eigenen Schwächen und der Probleme anderer tragen nach Rogers das persönliche Wachstum. Der sich selbstverwirklichende Mensch verhält sich mit dieser ehrlichen Haltung konsistent in verschiedenen Situationen und setzt sich über Normen seiner Kultur und Rituale seiner Kindheit hinweg. Dabei ist jede Entscheidung und jedes Verhalten lediglich vom Individuum selbst determiniert (Rogers, 1961). Trotzdem sind die sich selbstverwirklichenden Personen den Normen ihrer Gesellschaft gegenüber nicht grundsätzlich feindlich gesinnt. Vielmehr wird die Berechtigung sozialer Normen nach dem Kriterium beurteilt, ob diese der Selbstverwirklichung dienen (Rogers, 1951).

Mehr noch als Allport und Rogers idealisierte Maslow (1954, 1962) die positive Natur des Menschen und die Notwendigkeit, das Erleben des gesunden und nicht des neurotischen Menschen zu betrachten. Der Versuch, den verkrüppelten, unreifen, ungesunden und neurotischen Menschen zu verstehen, verleite nur dazu, die gesunden Seiten der menschlichen Natur zu übersehen. Wenn man aber die besten, reifsten und gesündesten

Individuen der menschlichen Art untersuche, könne man ein wahres Abbild des positiven menschlichen Potentials gewinnen.

Maslow sah die menschlichen Bedürfnisse in ihrer Wertigkeit als in einer Pyramide angeordnet. Am Fuße der Pyramide finden sich die fundamentalen biologischen Bedürfnisse nach Nahrung, Luft, Wasser und Sex. Weiter oben schließen sich die Bedürfnisse nach Sicherheit, Liebe und Wertschätzung an. Schließlich gibt es noch die höherwertigen Bedürfnisse nach Ästhetik und Wissen. Auf der Spitze thront das Bedürfnis nach Selbstverwirklichung. Jeder Mensch versucht, diese Bedürfnisse zu befriedigen, und beginnt dabei am Fuße der Pyramide. Sobald die niedrigen Bedürfnisse erfüllt sind, steht die Befriedigung der höherwertigen an. Die physiologischen Bedürfnisse sowie die Bedürfnisse nach Sicherheit, Liebe und Wertschätzung motivieren zum Handeln aufgrund eines Mangels. Dies ist bei den höheren Bedürfnissen (z.B. dem Bedürfnis nach Ästhetik und insbesondere dem höchsten Bedürfnis nach Selbstverwirklichung) nicht der Fall. Hier vermutet Maslow eine angeborene Motivation zur Reifung und letztlich zur Selbstverwirklichung, die einen Menschen diese Bedürfnisse nicht abschließend befriedigen läßt.

Die höheren Bedürfnisse nach Ästhetik und Wissen (reflektiert z.B. im Bedürfnis nach Verstehen, Gerechtigkeit, Schönheit, Ordnung und Symmetrie) und das höchste Bedürfnis nach Selbsterfüllung und Selbstverwirklichung kommen jedoch erst zum Tragen, wenn die niedrigeren Bedürfnisse erfüllt sind. Das Bedürfnis nach Selbsterfüllung charakterisiert folglich nur die gesündesten Persönlichkeiten. Um der Frage nach den Spezifitäten der optimalen Entwicklung menschlicher Persönlichkeit nachzugehen, ging Maslow wie folgt vor: Er identifizierte überragende Persönlichkeiten aus seinem Bekanntenkreis und dem öffentlichen Leben, die für ihn modellhaft psychische Gesundheit repräsentierten (Maslow, 1954). Anhand von verschiedenen introspektiven Methoden wurde die subjektive Welt dieser Personen erfaßt (z.B. durch Interviews, projektive Techniken, autobiographische Erzählungen etc.). Dabei stellte Maslow fest, daß diese gesündesten Persönlichkeiten in unserer Gesellschaft nicht gerade häufig wären. Seiner Meinung nach leben nur 1% dieser Menschen unter uns. Wenn wir alle unser Potential freilegen würden, könnte im Prinzip jedoch jeder von uns den idealen Zustand der Selbsterfüllung erreichen.

Welche Eigenschaften kennzeichnen die Elite der Selbstverwirklichung? Sie nimmt ihre Umwelt und andere Personen vergleichsweise präziser wahr und akzeptiert sich selbst und andere bereitwilliger. Sie behält ihr kindliches Vermögen bei, über Kleinigkeiten zu staunen. Sie ist von ihrem sozialen Umfeld unabhängig und legt weder Wert auf die öffentliche Meinung, noch ist sie abhängig von Ritualen, Sitten und Gebräuchen. Daher sind sich selbtverwirklichende Personen auch weniger gesellig, jedoch voller Sympathie und Zuneigung für den Menschen an sich und pflegen tiefe Beziehungen mit einigen wenigen Menschen besonderer Qualität. Selbstverwirklichende Menschen sind von innen heraus motiviert, sie sind frei und autonom und wagen es, ihre Einmaligkeit auszuleben.

Mit zunehmender Selbstverwirklichung erlebt die Person einen qualitativen Sprung: Sie strebt nicht mehr, sondern entwickelt sich in weiser Unschuld (Maslow, 1954). Letzteres beschreibt Maslow durch den metamotivationalen Zustand des "*being*", womit eine Sphäre jenseits allen Strebens und im bloßen Sein gemeint ist. Die sich selbstverwirklichende Person ist vom D-Bereich (*Deficiency*) in den B-Bereich (*Being*) gewechselt (Maslow, 1954, 1962). Die B-Bereich-Erlebnisse können nach Maslow in bestimmten Momenten besonders intensiv und ekstatisch ausfallen. Dann geht der sich selbstverwirklichende Mensch ganz in seiner Umgebung und dem Selbst auf. Die sich selbsterfüllende Person während eines solchen "*peak*"- Erlebnisses beschreibt Maslow wie folgt:

> *The person at the peak is godlike not only in senses that I have touch upon already but in certain other ways as well, particularly in the complete, loving, uncondemning, compassionate and perhaps amused acceptance of the world and of the person,...* (Maslow, 1962, S. 92).

Die Lehre von Frankl (1947, 1959) unterscheidet sich von den bislang beschriebenen humanistischen Positionen. Viktor E. Frankl verknüpft eine positive Persönlichkeitsentwicklung mit einer erfolgreichen Suche nach dem Sinn des Lebens, die durch Zielsetzungen außerhalb des Selbst gegeben ist. In der von Frankl entwickelten Logotherapie soll der Patient die für ihn geltenden Ziele entdecken und dadurch Sinn im Leben finden (das Wort "*logos*" kommt aus dem Griechischen und bedeutet "Sinn"). Eine akkurate Einschätzung des Selbst und der Welt ist für ihn somit nur von Interesse, solange diese hilft, sinnstiftende Lebensziele zu finden. Aufgrund einer eigenen dramatischen Lebenserfahrung (drei Jahre Konzentrationslager) war Frankl von der Fähigkeit des Menschen überzeugt, dem Leben auch dann noch einen Sinn abgewinnen zu können, wenn die eigene Situation absolut ausweglos erscheint (Frankl, 1947, 1959).

Frankl fokussiert in seiner Logotherapie weniger auf introspektive Berichte seiner Patienten über ihre Vergangenheit als auf deren Gedanken über die Zukunft und betont den Sinn und Zweck, den der Patient in seinem zukünftigen Leben erfüllen will. Nach Frankl will der Mensch nicht nur seine Bedürfnisse und Instinkte befriedigen und die Konflikte zwischen Es, Ich und Über-Ich lösen, sondern insbesondere dem Leben Sinn geben, wobei der Wille, dem Leben Sinn zu geben, die wichtigste positiv motivierende Kraft ist (Frankl, 1947); dieser Wille dürfe keinesfalls als bloße Abwehrstrategie für innere Bedrohungen durch niedrige Instinkte oder Bedürfnisse verstanden werden. Wird der Wille, Sinn zu finden, frustriert, entstehen sogenannte noögenische Neurosen

(Griechisch "*noös*" für "Geist"), die auf dem Verlust des Lebenssinns und der dadurch ausgelösten existentiellen Krise beruhen.

Anders als seine humanistischen Kollegen propagierte Frankl also nicht die Suche nach dem Selbst, sondern die Suche nach Zielen, die außerhalb der eigenen Person liegen: Ziele, die dem Menschen erlauben, in einer Sache aufzugehen, einem anderen Menschen zu begegnen oder jemanden zu lieben. Je mehr man sich selbst vergißt, desto mehr kann man sich selbst verwirklichen. Um sinnstiftende Ziele zu finden, muß sich der Mensch also mit den Gegebenheiten des Lebens und mit seinem Gegenüber auseinandersetzen. Die noögenisch neurotische Person, die nach Frankl keine solche Auseinandersetzung kennt, befindet sich in einer existentiellen Leere, vermißt die Energie und die Fülle des Lebens und ist durch Trägheit, Untätigkeit, Passivität, Langeweile, Apathie und Entfremdung charakterisiert. Die sinnstiftenden Ziele, die spezifisch für jede Person mit der jeweiligen Situation über die Zeit variieren können, sind charakerisiert durch eine Kluft zwischen dem, wie eine Person sich sieht, und dem, wie sie glaubt, sein zu sollen. In den Worten Frankls:

> *Thus it can be seen that mental health is based on a certain degree of tension, the tension between what one has already achieved and what one still ought to accomplish, or the gap between what one is and what one should become. Such a tension is inherent in the human being and therefore indispensable to mental well-being*. (Frankl, 1959, S. 127).

Die mit dieser Diskrepanz einhergehende Spannung hilft nach Frankl dem Patienten, Sinn zu finden, und ist Voraussetzung für psychische Gesundheit. Auf der Verhaltensebene beschreibt Frankl die Konsequenzen dieser Spannung wie folgt: "*What man actually needs is not a tensionless state but rather the striving and struggling for a worthwhile goal, a freely chosen task.*" (Frankl, 1959, S. 127).

Frankls Position unterscheidet sich von den anderen humanistischen Ansätzen somit dadurch, daß der Mensch über das bloße Erkennen des wahren und idealen Selbst und das Erleben der Diskrepanz hinaus zusätzlich etwas unternehmen muß, um die Persönlichkeitsentwicklung voranzutreiben: Er muß sich Aufgaben in seinem Umfeld suchen und deren Lösung anstreben. Dementsprechend steht der gesunde Mensch nicht abgeklärt über den Dingen, sondern befindet sich in einem konstanten Streben nach der Erfüllung der gesetzten Ziele. Diesem Streben liegt die Kluft zwischen dem Ist und Soll zugrunde. Diese wird in der Logotherapie nicht nur toleriert, sondern sogar gefördert, denn aus ihr soll die für das Streben verantwortliche Spannung resultieren.

Nur, wenn die Realität nicht verändert werden kann, wenn sie unumstößlich ist, schlägt Frankl vor, das Streben nach Realitätsveränderung aufzugeben. In diesen Fällen sieht Frankl als einzige Möglichkeit der Sinnstiftung eine kreative Interpretation der ausweglosen Situation: "*When we are no longer able to change a situation-just think of an incurable disease such as inoperable cancer-we are challenged to change ourselves*" (Frankl, 1959, S. 135). In solchen ausweglosen Situationen ist es das Ziel, eine Haltung zu finden, die das Leiden lindert und die Würde bewahrt. Das eigene Leiden kann beispielsweise als im Dienste anderer Menschen oder Aufgaben stehend interpretiert werden. Es wird so zur äußeren Welt in Beziehung gesetzt und gewinnt damit an Bedeutung. Der Mensch soll sich also nicht dem Leiden unter der real ausweglosen Situation hingeben, sondern das eigene Denken und Fühlen durch eine wie auch immer geartete Sinnstiftung ins Positive verkehren. Frankl betont allerdings, daß diese Interpretationsmaßnahmen nur dann gerechtfertigt sind, wenn die Realität durch Handeln nicht veränderbar ist. Wenn es dagegen Möglichkeiten gibt, die negative Situation handelnd zu verändern, ist es sinnvoll, dies auch zu versuchen.

Frankl vertritt demnach eine differenziertere Position als andere humanistische Psychologen, die in ihrer Forderung nach akkurater Selbst- und Weltsicht keinen Bezug darauf nehmen, inwieweit eine Person glaubt, die Realität tatsächlich verändern zu können. Sie kritisieren ein strategisches Uminterpretieren des Leidens ins Positive grundsätzlich als neurotisches Manöver und betrachten vorbehaltlos das Akzeptieren der Realität, auch der unkontrollierbaren und negativen, als die Voraussetzung für die Entwicklung einer psychisch gesunden Persönlichkeit. Frankl bewertet dagegen das Leiden unter unkontrollierbaren negativen Situationen als masochistisch und nicht als heldenhaft (Frankl, 1959).

Da das Leben an sich eine Herausforderung darstellt, braucht der Mensch nach Frankl sich nicht intellektuell anzustrengen, um im Leben einen Sinn zu finden. Der Sinn im Leben wird ihm gegeben, wenn er nur die einzelnen Herausforderungen des Lebens verantwortungsbewußt annimmt. In der Therapie werden die Patienten darauf hingewiesen, daß sie sich selbst zu entscheiden hätten, für was sie sich engagieren sowie für was und für wen sie sich verantwortlich fühlen wollen. Nach Frankl darf der Patient die Verantwortung nicht auf den Therapeuten abschieben, und der Therapeut darf sich nicht dazu verführen lassen, diese Verantwortung auf sich zu nehmen. Frankl führt aus:

> *Logotherapy tries to make the patient fully aware of his own responsibleness; therefore, it must leave to him the option for what, to what, or to whom he understands himself to be responsible. That is why a logotherapist is the least tempted of all psychotherapists to impose value judgments on his patients, for he will never permit the patient to pass to the doctor the responsibility of judging....Logotherapy is neither teaching nor preaching.* (Frankl, 1959, S. 132).

Auch Rogers hat immer wieder darauf hingewiesen, daß der Therapeut das wahre Selbst des Klienten akzeptieren müsse, ohne Einfluß zu nehmen, auch wenn dieses unmoralisch sei und den gängigen Normen nicht entspräche. Frankl und Rogers sprechen damit einen Punkt an, in dem die humanistische Tradition, auch ihre eigenen Ansätze, Anlaß zur Kritik gibt: Wer definiert letztendlich, wann eine Selbsteinschätzung wahr ist bzw. eine Zielsetzung sinnstiftend, wenn nicht die humanistischen Therapeuten selbst? Da auch Therapeuten von den Wertesystemen und schlimmer noch von den Ideologien ihrer Zeit beeinflußt sein dürften, sollten diese bei ihren Klienten immer dann eine sinnvolle Zielsetzung entdecken oder das Erkennen des wahren Selbst vermuten, wenn Inhalte angesprochen werden, die in den jeweiligen Wertesystemen und Ideologien als konstitutiv für eine positive Persönlichkeitsentwicklung gelten. Nach den Ergebnissen von Wicklund und Eckert (1992) darf man davon ausgehen, daß die Klienten immer dann sinnstiftende Ziele finden und das wahre Selbst entdecken, wenn diese die Werte der jeweiligen Gesellschaft abbilden.

Optimismus versus Realismus: Methodische Aspekte

Die Forschungsziele der in der empirischen Forschungstradition entstandenen angewandten Psychologie einerseits und der auf der humanistischen Psychologie basierenden Therapieansätze andererseits sind erstaunlich ähnlich. Es geht um die psycholgischen Faktoren, die dem Menschen ein gesundes und erfolgreiches Leben ermöglichen, das für die Person erfüllend und für die Gesellschaft fruchtbar ist. Dabei wird in beiden Traditionen dem in die Zukunft gerichteten Denken eine zentrale Bedeutung zugewiesen. Auch ist man in beiden Traditionen der Ansicht, daß die Art des eigenen Denkens und Handelns einen entscheidenden Einfluß auf die psychische Gesundheit einer Person hat.

Trotz ähnlicher Ziele und zum Teil überschneidender Grundsätze divergieren die Positionen darin, wie der Mensch diese Ziele am effektivsten erreicht. Positive Illusionen über die eigene Person und die Welt sind in der der nativistischen Denktradition folgenden neo-freudianischen und humanistischen Psychologie verpönt. Die Überhöhung der eigenen Person und eine illusionär positive Sicht der Welt schade dem Menschen. Eine ins Positive überzeichnete Selbst- und Weltsicht mache den Menschen psychisch krank, denn diese Überzeichnungen seien nichts anderes als neurotische Abwehrmechanismen, die ein freies und selbstverantwortliches Handeln unmöglich machen. Positive Illusionen behindern somit Leben und Erleben, fruchtbare Beziehungen und intensive Gefühle. Sie behindern ein authentisches (echtes) Leben und die Entwicklung des wahren Potentials der Person.

Die empirische Psychologie argumentiert gegen diese Sichtweise und bezieht sich dabei insbesondere auf die in Kapitel 1 dargestellten Befunde. Der Mensch mit positiven Erwartungen hinsichtlich des eigenen Potentials und des sozialen und nicht-sozialen Umfeldes ist offensichtlich auch dann psychisch gesünder, wenn diese Erwartungen illusionär überzeichnet sind. Positiv illusionäre Erwartungen befreien von Sucht und Zwang, führen zu positiven Stimmungen und einem höheren allgemeinen Wohlbefinden, ermöglichen eine konstruktive Bewältigung von Krankheiten und fördern die Persönlichkeitsentwicklung im Sinne des Wählens vielversprechender Karrierepfade sowie Erfolg im Beruf. Obendrein darf von einer optimistischen Person auch angenommen werden, daß sie hilfsbereiter und sensitiver im Umgang mit anderen ist.

Wie läßt sich dieser Widerspruch auflösen? Offensichtlich handelt es sich um zwei Theoriegebäude, die auf völlig unterschiedlichen philosophischen Denktraditionen beruhen und in unterschiedlichen psychologischen Theorietraditionen entstanden sind. Die einfachste Lösung des Widerspruchs wäre es natürlich, wenn sich für eine der beiden Positionen nicht genügend Bestätigungen sammeln ließen - wenn also eine der beiden Positionen die Auseinandersetzung auf der Ebene der Beobachtungen verlieren würde. Über die Ansammlung relevanter Befunde in der empirischen Psychologie wurde bereits berichtet. Wie steht es um die humanistische Position im Vergleich dazu? Welche Beobachtungen wurden im Rahmen humanistischer Therapien gemacht, die die humanistische Position stützen könnten? Oder anders formuliert: Mißlingt es der humanistischen Psychologie möglicherweise, Evidenzen für ihre Position anzusammeln?

Die Effektivität humanistischer Therapien

In der humanistischen Tradition wird das jeweils Einmalige des menschlichen Denkens und Fühlens betont. Von daher ist man an der Beobachtung der subjektiven Gedanken über Erlebnisse jeder einzelnen Person besonders interessiert. Der in der empirischen Psychologie üblichen Fokussierung auf das Erheben von Gedanken und Gefühlen mittels standardisierter Fragebögen oder Interviews und der Betonung von Mittelwertsunterschieden zwischen Gruppen von Personen steht man in der humanistischen Forschung deshalb skeptisch gegenüber (Allport, 1937; Maslow, 1954). Maslow äußert sich wie folgt zu den Gefahren dieser in der empirischen Forschung verbreiteten Analyseverfahren:

Means centering tends to push into a commanding position in science the technicians, and the "apparatus men", rather than the "question askers" and the problem solvers....Means centering in science creates too great a cleavage between scientists and other truth seekers, and between their various methods of searching after truth and understanding. (Maslow, 1976, S. 12-14)

In der humanistischen Psychologie vertraut man dagegen dem klinischen Urteil (siehe auch Shedler, Mayman & Manis, 1993, für eine rezente Stellungnahme der humanistischen Position). Da man die subjektive Erlebniswelt jedes einzelnen Menschen ergründen will, glauben die Vertreter der humanistischen Therapien die Wirkung ihrer therapeutischen Maßnahmen im Einzelfall bei den jeweiligen Klienten selbst erfragen zu müssen, was die humanistischen Therapeuten zwingt, Gedanken und Gefühle detailliert beim einzelnen zu erkunden. Sie haben es konsequenterweise auch weitgehend unterlassen, die Wirkung ihrer Therapien für die Gesamtheit ihrer Patienten mittels standardisierter Methoden zu prüfen (Eysenck, 1952; Grawe, 1992).

Nun ist man aus empirisch-psychologischer Perspektive versucht, derartige Daten als wenig reliabel und daher als wenig aussagekräftig zu bewerten. Andererseits muß man der humanistischen Therapie zu gute halten, daß sie versucht, die Dinge zu erheben, die sie verändern will, und das ist nun einmal das subjektive Erleben und Empfinden. Nutzt man somit die subjektive Berichterstattung des Klienten als Datenbasis für die Evaluation des Therapieausgangs, so sind die humanistischen Therapien durchaus erfolgreich. Bis zu 90% der Klienten sind zufrieden mit dem Ausgang der Therapie (Strupp, Fox & Lessler, 1969).

Setzt man dagegen Bewertungsmaßstäbe der empirischen Psychologie an, zeigt sich, daß viele aus der humanistischen Tradition stammende Therapieformen nie oder nur sehr vereinzelt anhand standardisierter Verfahren evaluiert worden sind (Grawe, 1992). Es gibt allerdings eine Ausnahme: Carl Rogers und seine Nachfolger haben die Effektivität ihrer klienten-zentrierten Therapie vor, während und nach der Therapie von den Klienten auf vorgegebenen Skalen einschätzen lassen (auch die *Q-Sort Technique* kam zum Einsatz; Stephenson, 1953). Aufgrund dieser Daten beobachteten Butler und Haigh (1954) eine über die Therapiesitzungen abnehmende Divergenz zwischen idealem und realem Selbst, die sich in ihrem Ausmaß einer gesunden Kontrollgruppe annäherte. Es bleibt aber unklar, ob das ideale Selbst dem realen Selbst näher kam (und/oder nicht umgekehrt). In einer weiteren Studie jedoch wurden die Klienten über die Therapiesitzungen hinweg in ihrem idealen Selbstbild tatsächlich etwas realistischer (Rudikoff, 1954).

Im Gegensatz zu anderen humanistischen Schulen machte Rogers die klienten-zentrierte Gesprächstherapie der wissenschaftlichen Öffentlichkeit zugänglich, indem er die Therapiesitzungen akribisch auf Tonträgern aufzeichnete. Schließlich haben Rogers und seine Schüler auch Forschung über die Charakteristika guter Therapeuten betrieben. Insbesondere die Echtheit, das Einfühlungsvermögen sowie die uneingeschränkte Akzeptanz und Wertschätzung für den Klienten haben sich als wichtige Charakteristika eines erfolgreichen Therapeuten herausgestellt (Truax & Mitchell, 1971).

Der von Rogers angeleiteten Evaluation von Gesprächstherapien ist es zu verdanken, daß die in der modernen Psychotherapieforschung am besten untersuchte humanistische Therapie die Gesprächspsychotherapie ist. Sie hat sich zwar als insgesamt weniger wirksam erwiesen als beispielsweise die kognitiven Verhaltenstherapien. Gleichzeitig ist sie aber wirksamer als andere Therapien wie beispielsweise kurz- und mittelfristige psychoanalytische Verfahren (Wallerstein, 1989) oder gar keine Behandlung (Kazdin & Wilson, 1978; für eine Übersicht siehe Grawe, 1992, 1993). Im einzelnen verbessert eine Gesprächspsychotherapie nicht nur die jeweilige Symptomatik, sondern auch die subjektive Befindlichkeit sowie die zwischenmenschlichen Beziehungen des Patienten (Grawe, 1992).

Die Psychotherapieforschung hat bislang allerdings nicht aufklären können, welche Faktoren für den Erfolg der Gesprächspsychotherapie verantwortlich sind (Grawe, 1992). Es bleibt folglich unklar, ob die von den humanistischen Psychologen postulierte realistische Selbst- und Weltsicht tatsächlich die zentrale Rolle für den Erfolg der klientenzentrierten Therapie spielt. Andererseits schließen die vorliegenden Daten nicht aus, daß diese Therapieerfolge primär oder zumindest teilweise auf einen durch die Therapie erhöhten Realismus bezüglich der eigenen Person und der Welt zurückzuführen sind.

Es sieht also ganz danach aus, daß der Widerspruch zwischen der behavioristischen Position (Optimismus) und der humanistischen Position (Realismus) empirisch nicht aufgelöst werden kann. Beiden Seiten gelingt es, Beobachtungen anzuführen, die die eigene Position stützen. Natürlich wird seitens der behavioristischen Position, was die Evaluation ihrer Postulate angeht, sowohl bei der Datenerhebung als auch bei der Datenanalyse ein größerer Aufwand betrieben. Damit dürften die Befunde relativ verläßlich sein. Andererseits bleibt jedoch der Eindruck bestehen, daß die humanistischen Postulate, würden sie mit gleichem Aufwand empirisch überprüft werden, möglicherweise auch Bestand hätten. Aus ihrer philosphischen und psychologischen Forschungstradition heraus ist den humanistischen Psychologen dies jedoch kein Anliegen.

Trotzdem hat sich kürzlich (etwa seit 1993) ein Schlagabtausch zwischen der behavioristischen und der humanistischen Position entwickelt, der überraschenderweise auf der empirischen Ebene geführt wird. Diese Kontroverse soll im folgenden kurz nachgezeichnet werden, bevor die in dieser Habilitationsschrift angebotene Lösung für den Konflikt zwischen der (empirischen) Optimismus- und der (humanistischen) Realismus-Position dargestellt wird. Es sei hier vorweggenommen, daß in der vorliegenden Arbeit anstelle einer methodischen eine theoretisch-konzeptuelle Lösung vorgestellt wird.

Die rezente Optimismus-Realismus-Debatte

Kürzlich haben Persönlichkeitspsychologen (Colvin & Block, 1994) und klinische Psychologen (Shedler et al., 1993) massiv die (von diesen Kritikern als sozialpsychologisch bezeichnete) Position Taylors und Browns (1988) kritisiert, wonach positiv illusionäre Gedanken der psychischen Gesundheit dienen. Diese Kritiker betonen in der Tradition der humanistischen Psychologie, daß nur eine realistische Selbst- und Weltsicht die psychische und physische Gesundheit fördern könne, und dies selbst dann, wenn "realistisch" eine negative Sicht bedeutet. Man geht sogar so weit, das illusionär positive Denken als konstitutiv für psychische Krankheit zu betrachten, sozusagen als Wesensmerkmal fehlender psychischer Gesundheit.

Mit dieser These müssen sich Colvin und Block (1994) sowie Shedler et al. (1993) natürlich den von Taylor und Brown (1988) vorgetragenen Befunde stellen. Es gilt eine überzeugende Antwort dafür zu finden, warum sogenannte gesunde Personen durch positive Illusionen gekennzeichnet sind. Colvin und Block (1994) argumentieren, daß in den von Taylor und Brown (1988) herangezogenen Befunden die Akkuratheit der Realitätseinschätzungen nicht valide erhoben worden ist:

> *In summary, the logic by which Taylor and Brown inferred the presence of illusions is uncertain because they did not establish the external, objective, pertinent frames of reference (i.e., 'the reality') against which the subjective evaluations of individuals can be compared so that accuracy or distortion may indeed be evaluated. The problem of establishing a valid criterion for reality afflicts almost all of the work in this field.* (Colvin & Block, 1994, S. 15).

Während Colvin und Block (1994) an der Validität der Messung von positiven Illusionen ihre Zweifel hegen, kritisieren Shedler et al. (1993) die Messung mentaler Gesundheit. Taylor und Brown (1988) hätten sich allein auf Studien gestützt, die der sozialpsychologischen Tradition folgend psychische Gesundheit lediglich anhand von Fragebögen erhoben hätten. In der klinischen Psychologie sei es jedoch üblich, das Urteil erfahrener Therapeuten (klinisches Urteil) als letztendliches Kriterium für psychische Gesundheit heranzuziehen (Shedler et al., 1993). Beide Kritikergruppen stören sich schließlich an den von Taylor und Brown (1988) zitierten Befunden, weil diese meist in experimentellen Settings und insbesondere mit studentischen Versuchspersonen erhoben wurden. Die Argumente erinnern deutlich an die klinisch-humanistische Tradition, in der die Einzelfallanalyse und das subjektive Erleben des Patienten im Vordergrund stehen und in der es ein großes Vertrauen in die klinische Autorität (den erfahrenen Therapeuten) gibt. Er allein erkennt eine gesunde Selbsteinschätzung und das Vorliegen psychischer Krankheit.

In den von Taylor und Brown (1988) berichteten Studien wird illusionäres Denken in empirischer Tradition auf verschiedene Weise operationalisiert. Einmal wird überprüft, ob Personen sich selbst positiver oder negativer einschätzen als eine hypothetische relevante Vergleichsperson (z.B. der durchschnittliche Universitätsstudent für eine Stichprobe von Universitätsstudenten). Wenn sich nun eine studentische Stichprobe im Mittel selbst höher einschätzt als den durchschnittlichen Universitätsstudenten, gehen Taylor und Brown davon aus, daß eine positive Verzerrung vorliegt.

In anderen Studien wurden die Versuchspersonen gebeten, sich bezüglich allgemeiner Persönlichkeitsattribute und Fertigkeiten im Vergleich zu den meisten anderen Leuten einzuschätzen. Wenn sich die gewählte Stichprobe höher einschätzt als die meisten anderen, wird dies als positive Illusion gewertet, weil rein logisch nicht alle Menschen über dem Median liegen können. In einer weiteren Serie von Studien wurden die Versuchspersonen gebeten, sich an Ereignisse und Erlebnisse bezüglich der eigenen Person zu erinnern. Wenn mehr positive als negative Ereignisse berichtet werden, wird dies als positive Verzerrung gewertet. Schließlich wurden Illusionen auch im Bereich von Kontrollurteilen operationalisiert. Dabei wurden Ereignisse, deren Kontrollmöglichkeit objektiv variiert wird, vorgegeben. Liegen die Versuchpersonen in ihren Kontrollurteilen über den objektiv vorliegenden Kontrollmöglichkeiten, wird dies als Kontrollillusion gewertet.

Colvin und Block (1994) richten ihre Kritik insbesondere auf die ersten drei Operationalisierungen von illusionär positivem Denken, weil hier kein objektives Kriterium für die Überprüfung des Optimismus' der untersuchten Personen vorliege:

> *...because (these measures) were without a valid external criterion for an individuals's accuracy about the future, Taylor and Brown continued to invoke the idea of balance of anticipations as their criterion. As we have already argued, numerically balanced judgments have no necessary connection with the accuracy of judgments. Some individuals quite realistically can look forward to positive futures; others can be uncertain (i.e., balanced) or even pessimistic about the lives they will experience....The absence of an independent, external, subsequent life criterion against which an individual's current optimism may be judged as realistic or unrealistic renders suspect and perhaps erroneous all attributions of accuracy or error...* (Colvin & Block, 1994, S. 12).

Für die vierte Operationalisierung positiv illusionären Denkens, der Messung von

Kontrollurteilen bezüglich mehr oder weniger kontrollierbarer Ereignisse, liegen jedoch objektive Realitäts-Kriterien vor. Der Versuchsleiter manipuliert das Ausmaß der Kontrollierbarkeit der erwünschten Ereignisse. Die objektive Kontrollierbarkeit ist somit als Vergleichskriterium gegeben. Der klassische Befund, wonach depressive Personen unter bestimmten Bedingungen angesichts fehlender objektiver Kontrolle niedrigere Kontrollurteile fällen als nicht-depressive Personen, läßt sich also nicht über ein In-Frage-Stellen der validen Erfassung von Kontrollillusionen wegdiskutieren. Colvin und Block (1994) erkennen dies und kritisieren den Befund des sogenannten depressiven Realismus' als wenig verläßlich und nicht replizierbar.

Taylor und Brown (1994a) nutzen die Attacke von Colvin und Block (1994), um eine Reihe von Mißverständissen hinsichtlich ihres 1988 publizierten Artikels zur Bedeutung von positiven Illusionen für psychische Gesundheit aufzuklären. Ihre Position impliziere nicht, daß auch äußerst illusionäre Selbsteinschätzungen positive Wirkungen hätten. Extrem positive Illusionen stünden der psychischen Gesundheit entgegen. Taylor und Brown (1994a) betonen auch, daß positive Illusionen nicht mit defensiven Abwehrmechanismen gleichzusetzen sind. Dieses Argument belegen sie damit, daß die von ihnen diskutierten positiven Illusionen sich auf Einschätzungen darüber beziehen, direkt und aktiv auf Bedrohungen im Umfeld reagieren zu können. Positive Illusionen sind keine Abwehrmechanismen, weil letztere die Bedrohung als solche nicht akzeptieren oder diese beschönigen und somit eine aktive Auseinandersetzung mit der Bedrohung nicht entstehen lassen.

Nach Taylor und Brown (1988, 1994a) sind positive Illusionen auch nicht Voraussetzung für psychische Gesundheit, und sie sind kein Allheilmittel, weder für psychische noch für physische Leiden. Schließlich argumentieren Taylor und Brown (1994a) gegen ein weiteres Mißverständnis, nämlich daß ihre Position impliziere, daß das Nichtvorhandensein von Depression bereits mentale Gesundheit bedeute. Die Abwesenheit depressiver Symptome ist für die Autoren nur eines von vielen Kriterien mentaler Gesundheit. In Übereinstimmung mit der humanistischen Psychologie sind Taylor und Brown (1988, 1994a) der Meinung, daß eine Vielzahl von Aspekten psychische Gesundheit ausmache, wie z.B. die Fähigkeit, sich um andere zu kümmern, kreative und produktive Arbeit zu leisten sowie die Fähigkeit, angesichts belastender Lebensereignisse sich trotzdem weiterzuentwickeln und das Leben sinnvoll zu gestalten.

Besonders wichtig ist es Taylor und Brown (1994a) herauszustreichen, daß die positiven Folgen optimistischer Illusionen nicht nur für privilegierte Studenten gelten dürften, sondern auch für andere Bevölkerungsgruppen. Gerade im Bereich der Gesundheit sind auch andere Populationen untersucht worden (Taylor et al., 1992). In einer Studie mit homosexuellen Männern wurde der Optimismus bezüglich des Ausbruchs von AIDS untersucht, wobei mit dem HIV-Virus infizierte Personen mit nicht-infizierten Personen verglichen wurden. Überraschenderweise stellte sich heraus, daß die infizierten Personen weniger pessimistisch waren als die nicht-infizierten. Dies ist sicherlich als ein illusionär positives Denken einzuordnen. Noch wichtiger für die Position von Taylor und Brown war es, daß dieser offensichtlich illusionäre Optimismus mit einer ganzen Palette von "gesunden" Denk- und Handlungsweisen einherging: Hilfeleistungen für andere, generelle gesundheitsfördernde Handlungen, ein ausgeprägtes Gefühl, über das eigene Leben Kontrolle zu haben, und direkt auf den Ausbruch der Krankheit bezogenes Bewältigungsdenken und -verhalten.

Auf die Kritik von Colvin und Block (1994), wonach die Akkuratheit der Selbst- und Weltsicht in vielen Studien inadäquat erhoben worden sei (siehe die ersten drei der oben besprochenen Erhebungsweisen), antworten Taylor und Brown (1994a) lapidar, daß diese Maße eindeutig erheben würden, ob Personen eine schönere Zukunft antizipieren, als dies aufgrund der statistischen Grundlage rational gerechtfertigt sei. Sie konzentrieren sich statt dessen auf den Vorwurf Colvins und Blocks (1994), wonach die Position von Taylor und Brown den kognitiven Apparat des Menschen generell nicht auf das Erkennen der Realität ausgerichtet sähe ("*We do not accept the pervasive dismal view of the human mind as being untuned to reality detection*"; Colvin & Block, 1994, S. 16). Taylor und Brown (1994a) machen im Gegenzug deutlich, daß ihre Position durchaus die Annahme erlaubt, daß sich Personen, die zu positiven Illusionen fähig sind, Freiräume genehmigen, in denen sie eine realistische Sichtweise einer illusionär positiven vorziehen.

Shedler et al. (1993) versuchen ebenfalls (wie Colvin und Block, 1994), der Optimismus-versus-Realismus-Kontroverse anhand methodologischer Argumente beizukommen. Diesmal geht es um die verläßliche Erfassung der psychischen Gesundheit und nicht wie bei Colvin und Block um die valide Erfassung illusionären Denkens und Urteilens. Shedler et al. ziehen die auf Selbstberichten basierenden Fragebögen in Zweifel und betonen die Wichtigkeit des klinischen Urteils. In einer Studie, die die Validität des klinischen Urteils demonstrieren soll, wurden Versuchspersonen von einem Therapeuten auf ihre psychische Belastbarkeit geprüft und gleichzeitig gebeten, bewährte Fragebogeninstrumente zur Erfassung psychischer Gesundheit auszufüllen (in Studie 1 wurde das *Beck Depression Inventory* ausgegeben, in Studie 2 Eysencks Skala zur Erfassung von Neurotizismus). Diejenigen Versuchspersonen, die im therapeutischen Urteil als psychisch krank eingestuft wurden, sich selbst aber für gesund hielten, wurden als "illusionär psychisch gesund" bezeichnet. Shedler et al. postulierten (und fanden), daß diese Personen während belastender Aufgaben (z.B. schwierige arithmetische Aufgaben, Ergänzung von Sätzen mit aggressivem Inhalt) mehr physiologische Reaktionen (erhöhte Herzrate und erhöhter Blutdruck) zeigten als die "wirklich gesunden" (also mittels beider Meßmethoden als gesund befundenen) Versuchspersonen. Obendrein beobachteten

Shedler at al. eine negative Korrelation zwischen den erhobenen physiologischen Reaktionen und den über die Fragebögen gemessenen Werten für psychische Gesundheit für die illusionär gesunden Versuchspersonen, nicht jedoch für die wirklich gesunden.

Diese Ergebnisse werden von den Autoren als Beleg dafür interpretiert, daß die Position von Taylor und Brown auf einem Trugschluß basiert. Personen mit positiven Illusionen dürften aller Wahrscheinlichkeit nach auch bei der Beantwortung von Fragebögen zur psychischen Gesundheit ihren positiven Illusionen frönen. Damit sei gezeigt, daß positiv illusionäres Denken über die eigene Person und die Welt nicht mit psychischer Gesundheit einhergeht, sondern daß diese Personen alle Fragebögen über die eigene Person, also auch die zur psychischen Gesundheit, lediglich mit einem positiven Bias beantworten. Dies ist kein Problem für Personen, die "wirklich gesund" sind; für Personen jedoch, für die das nicht gilt, bedeutet eine derartige Sicht der eigenen Person das Aufrechterhalten einer Fassade, die, wie die physiologischen Daten von Shedler et al. zeigen, eine ungesunde Belastung induziert. Shedler et al. meinen somit einen Beleg dafür gefunden zu haben, daß illusionäres Denken eine bestimmte Gruppe sogar krank macht.

Ganz abgesehen davon, ob man die von Shedler et al. beobachteten physiologischen Reaktionen als ungesund bezeichnen will (das Auftreten von physiologischer Erregung in Stressituationen mag man auch als für die Bewältigung von Stressituationen funktional und damit selbst langfristig als gesundheitsfördernd beurteilen, siehe Eysenck, 1994), ist ihre Argumentation zur validen Bestimmung von psychisch kranken Personen in Frage zu stellen. In den Stichproben von Shedler et al. (Universitätstudenten und -angestellte sowie Jugendliche mit Mittelschichtsherkunft) wurden nach dem klinischen Urteil etwa 50% bzw. 47% als psychisch krank eingestuft. Diese überraschend hohe Zahl gibt zu denken. Shedler et al. nutzen diesen Denkanstoß, um die Prinzipien der humanistischen Psychologie auszubreiten. Ihrer Meinung nach (Shedler, Mayman & Manis, 1994) verlangt und begünstigt die westliche Kultur die Fassadenbildung, so daß die hohe Zahl tatsächlich psychisch kranker Personen dem nicht-klinischen Auge verborgen bleibe: "*Our culture places a premium on adjustment, on success, on fitting in. We tend to value appearances over inner experience. Is it possible that illusory mental health is the prevalent form of psychopathology in our own culture?* "(S. 976).

Nun ist die zentrale These von Shedler et al., nach der unter den Personen mit illusionärer psychischer Gesundheit insbesondere Personen zu finden sind, die eine positiv illusionäre Selbst- und Weltsicht pflegen, nur eine mit großer Überzeugung vorgetragene Vermutung. Sie beruft sich auf die Existenz einer Beurteilungsinstanz *non grata*. Der klinische Therapeut ist die letzte Instanz der Bestimmung psychischer Krankheit und Gesundheit. Dies läßt sich besonders deutlich daran erkennen, wie Shedler et al. (1994) auf Taylors und Browns (1994b) Anmerkungen zu ihrem Artikel reagieren. Wenn Taylor und Brown darauf verweisen, daß in den von ihnen für den Beleg ihrer These angeführten Studien die psychische Gesundheit häufig auch von außen beurteilt wurde (z.B. durch geschulte Krankenschwestern; Helgeson & Taylor, 1993; Taylor, Lichtman & Wood, 1984), bezweifeln Shedler et al. die Kompetenz dieser Personen, ein valides klinisches Urteil abzugeben.

Damit kommen wir zu folgender Gesamtbewertung der rezenten Optimismus-Realismus-Kontroverse. Während Colvin und Block (1994) sich um die valide Messung der akkuraten versus illusionären Selbst- und Weltsicht sorgen, beschäftigt Shedler et al. (1993) die valide Bestimmung psychischer Krankheit. Von diesen Beiträgen zur Lösung der Optimismus-Realismus-Kontroverse darf man also bestenfalls neue Verfahren zur Bestimmung der Variablen erwarten, die in der Optimismus-Realismus-Debatte zur Diskussion stehen (siehe bspw. Colvin, Block & Funder, 1995). Da die Bewertung der Qualität von Meßverfahren in den philosophisch-psychologischen Traditionen, aus denen die beiden in Konflikt stehenden Seiten der Debatte hervorgegangen sind, sich grundlegend widersprechen (wie wir anhand der Darstellung der behavioristischen und humanistischen Ansätze zu zeigen versucht haben, siehe Kapitel 1 bzw. 2), darf man von der rezenten auf Methodenfragen fokussierenden Debatte keine Lösung des klassischen Optimismus-Realismus-Konflikts erwarten. Die die eigene Position stützenden Befunde werden jeweils mit Verfahren erzielt, die von der Gegenseite nicht akzeptiert werden. Die Auflösung des Konflikts muß unserer Meinung nach deshalb auf konzeptuell-theoretischer Ebene gesucht werden.

Optimismus versus Realismus: Konzeptuelle Aspekte

In jüngster Zeit wird im Rahmen der empirischen Forschungstradition die Frage nach der Bedeutung von illusionär positiven versus realistischen Erwartungen für Gesundheit und eine erfolgreiche Entwicklung zunehmend auch konzeptuell-theoretisch diskutiert. Die in dieser Hinsicht relevanten Ideen beziehen sich insbesondere auf drei Thematiken: das *Ausmaß* des Illusionären, den *Kontext* der illusionären Erwartungen und den *Erwartungstyp*. Die Forschungsansätze zu diesen drei Thematiken werden nun kurz skizziert.

Das Ausmaß des Illusionären. Die Frage nach der Bedeutung des illusionär positiven Denkens für Gesundheit und eine erfolgreiche Entwicklung wird ausführlich von Baumeister (1989) diskutiert. Wie Taylor und Brown (1994a) bereits hervorgehoben hatten, betont auch Baumeister, daß ein Zuviel an positiven Illusionen durchaus negative Folgen haben kann. Er warnt aber nicht nur vor den negativen Folgen, sondern sucht nach einer konstruktiven Lösung der Optimismus-Realismus-Kontroverse. Baumeister postuliert einen optimalen Grenzbereich des Ausmaßes positiver Illusionen (*Optimal margin of illusion*), der mit einem optimalen psychologischen Funktionieren einhergehen soll. Wenn der Mensch sein Selbst und die Welt nur *ein wenig* besser sieht, als diese wirklich sind, und sich nicht zu einer substantiellen Realitätsverzerrung hinreißen läßt, kann er beide Vorzüge genießen, die des illusionär optimistischen und des realistischen Denkens. Sind die Erwartungen einer Person in diesem optimalen Grenzbereich, kann sie die Vorteile optimistischer Erwartungen für affektives Erleben auskosten und es vermeiden, aufgrund der realitätsnahen Weltsicht unangemessene Risiken ein- und von falschen Tatsachen auszugehen.

Abweichungen von diesem optimalen Grenzbereich positiver Illusionen sind nach Baumeister mit Gefahren verbunden. Beispielsweise können positiv illusionäre Erwartungen zum Verfolgen unerreichbarer Ziele führen (Feather, 1962), zu leichtsinnigem Verhalten (Burger & Burns, 1988) und zu selbst-behindernden Strategien (*Self-handicapping*, Tice, 1991). Personen mit einem sehr hohen Selbstwertgefühl tendieren beispielsweise dazu, sich selbst unnötige Hindernisse aufzuerlegen (z.B. vor einer Prüfung wenig zu lernen oder Alkohol zu trinken), damit sie später den Mißerfolg auf diese Umstände schieben können. Diese selbstwertschützenden Strategien reduzieren letztendlich aber Leistung und Erfolg.

Eine Abweichung vom optimalen Grenzbereich positiver Illusionen bewirkt aber nicht nur Risiken für die eigene Person, sondern hat möglicherweise auch fatale Konsequenzen für andere. Baumeister illustriert diese Überlegung anhand anschaulicher Beispiele aus der Geschichte. Er führt Napoleon und Hitler an, die anfangs positive Illusionen im optimalen Bereich gehabt und dadurch ihre anfänglichen Erfolge erzielt haben sollen "*...but as their margin of illusion continued to expand they undertook grandiose, unrealistic projects, such as invading Russia, with disastrous results for themselves and their followers.*" (Baumeister, 1989, S. 186). Es bleibt allerdings dahingestellt, ob Napoleon und Hitler nicht schon zu Beginn ihrer Diktaturen oberhalb der optimalen Bandbreite positiver Illusionen lagen. Die von Baumeister genannten Beispiele weisen jedoch darauf hin, daß risikoreiches Verhalten insbesondere dann auftreten sollte, wenn illusionär positive Erwartungen mit institutioneller Macht gepaart sind. Tatsächlich zeigt die Forschung über das *Power-corrupts*-Phänomen, daß Macht mit positiv illusionären Erwartungen einhergeht. Personen mit hohem Status sind von einer Vielfalt von Realitätsverzerrungen geplagt. Sie tendieren dazu, die Leistung der Untergebenen abzuwerten, diese als Spielball ihrer Manipulationen zu betrachten und deren Bemühungen als durch den eigenen Einfluß determiniert zu sehen (Kipnis, 1972). Diese Realitätsverzerrungen sollten zu risikoreichem und leichtsinnigem Verhalten seitens der Mächtigen gegenüber den von ihnen abhängigen Personen beitragen (siehe auch Fiske, 1993).

Baumeister diskutiert auch den Fall, in dem der Grenzbereich optimaler Illusion unterschritten wird. Hier verweist er auf die hinlänglich bekannten demotivierenden und das Gefühlsleben belastenden Effekte niedriger Erwartungen. Man kann sich bei Baumeisters Lösung des Optimismus-Realismus-Konflikts nicht des Eindrucks erwehren, daß von den positiven oder negativen Konsequenzen des Handelns einer Person auf die optimale Illusionslage zurückgeschlossen wird. Eine Vorhersage positiver oder negativer Konsequenzen für Handlungserfolg und Gefühlsleben scheint aufgrund einer zuvor gemessenen mehr oder weniger ausgeprägten positiven Illusion jedoch nicht möglich. Um wieviel darf bzw. muß man die Realität ins Positive verzerren, um eine Position im idealen Grenzbereich zu erzielen?

Die Frage nach dem optimalen Grenzbereich positiv illusionären Denkens ist damit eine Frage, die für jede Person und Situation empirisch über die Handlungs- und affektiven Konsequenzen bestimmt werden müßte. Erschwerend kommt dann noch hinzu, daß auch die Konsequenzen kritisch diskutiert werden müßten, da jeder Handlungsgewinn immer auch einen gewissen Verlust impliziert (Baltes, 1987). Daß die skizzierten Schwierigkeiten auch von anderen Forschern erkannt werden, läßt sich daran ablesen, daß Baumeisters (1989) Artikel zum optimalen Bereich positiv illusionären Denkens zwar sehr oft zitiert wird, bisher aber keine Forschungsarbeiten angeregt hat.

Der Kontext illusionär positiver Erwartungen. Eine praktikablere Lösung der Optimismus-Realismus-Kontroverse wird von Forschern skizziert, die auf die Funktionalität von Erwartungsurteilen für die jeweils unterschiedlichen Anforderungen verschiedener situativer Gegebenheiten fokussieren (Bandura, 1977a, 1986; Gollwitzer & Kinney, 1989; Taylor & Gollwitzer, 1995). Bandura führt Beispiele für situative Gegebenheiten an, in denen illusionäre Überschätzungen gefährlich sein können:

> *...the functional value of veridical self-appraisal depends on the nature of the endeavor. In activities where the margins of error are narrow and missteps can produce costly or injurious consequences, personal well-being is best served by highly accurate self-appraisal. Thus, for example, persons who seriously misjudge their swimming capabilities in tackling heavy surf may not survive for more prudent encores.* (Bandura, in Druck, S. 56).

Bandura spezifiziert auch situative Kontexte, in denen eine Überschätzung der eigenen Möglichkeiten und die damit einhergehende vermehrte Persistenz lohnend sein dürfte:

> *When people err in their self-appraisals they generally overestimate their capabilites. In nonhazardous activities, optimistic self-appraisals are a benefit, whereas veridical*

> *judgments can be self-limiting. If efficacy beliefs always reflected only what people can do routinely, they would rarely fail but they would not set aspirations beyond their immediate reach nor mount the extra effort needed to surpass their ordinary performances. The difficult nature of human realities makes optimistic self-efficacy an adaptive judgmental bias rather than a cognitive failing to be eradicated.* (Bandura, in Druck, S. 56).

Nach Bandura ist die Bedeutung positiv illusionären Denkens also nicht zu bestimmen, ohne die jeweilige Situation in Betracht zu ziehen. Taylor und Brown (1988, 1994a) gehen davon aus, daß Personen in einer eine Realitätsorientierung erfordernden Situation von sich aus die positiv illusionären Erwartungen zugunsten einer adaptiven Realitätsorientierung aufgeben. Mittels dieses "*Window of realism*" kann der Mensch auch angesichts positiv illusionärer Erwartungen Gefahren erkennen und somit erfolgreich sein Leben meistern. Taylor und Gollwitzer (1995; Gollwitzer, 1990) postulieren, daß eine Person ein solches Fenster zur Realität durch das intensive Bearbeiten von Aufgaben, zu deren Lösung realistische Erwartungen funktional sind, öffnen kann. Eine solche Aufgabe ist beispielsweise das einer Zielsetzung vorausgehende Abwägen alternativer Zielsetzungen. Hier lohnt es sich, die eigenen Stärken und Schwächen realistisch zu prüfen sowie die Möglichkeiten und Grenzen des jeweiligen Umfeldes möglichst unvoreingenommen einzuschätzen. Denn die Wahl eines nur schwer oder gar nicht zu erreichenden Zieles dürfte langfristig negative Konsequenzen haben. Wenn dagegen die Verwirklichung eines bereits gewählten Ziel geplant wird, sollten positive Illusionen die notwendige Motivation generieren, an der Zielverwirklichung festzuhalten und diese auch angesichts von Schwierigkeiten zu Ende zu führen.

Taylor und Gollwitzer (1995) nutzten die Unterscheidung zwischen abwägender und planender Bewußtseinslage (Gollwitzer, 1990; Gollwitzer & Kinney, 1989), um zu prüfen, ob bei Personen, die in eine abwägende Bewußtseinslage versetzt werden, weniger positiv illusionäre Erwartungen auftreten als bei Personen, die in eine planende Bewußtseinslage gebracht werden. Taylor und Gollwitzer brachten die Versuchspersonen in eine abwägende oder eine planende Bewußtseinslage, indem sie sie das Für und Wider einer anstehenden persönlichen Entscheidung (z.B. ein Studium aufzunehmen) abwägen bzw. die Verwirklichung einer bereits gefällten persönlichen Entscheidung planen und das Wann, Wo und Wie der jeweiligen Handlungen festlegen ließen. Danach sollten die Versuchspersonen ihre Stimmungslage, Merkmale der eigenen Person und vorgegebene persönliche Risiken (insbesondere Gesundheitsrisiken) bewerten und die gleichen Merkmale und Risiken für den durchschnittlichen Universitätsstudenten einschätzen (alle Versuchspersonen waren Universitätsstudenten). Das Abwägen führte zu einer schlechteren Stimmung und zu einer weniger illusionären Selbst- und Risikoeinschätzung als das

Planen. Die beiden letztgenannten Effekte blieben auch unter statistischer Kontrolle der Stimmungslage bestehen.

Gollwitzer und Kinney (1989) hatten bereits Bewußtseinslageneffekte auf Kontrollillusionen mittels der im zuvor beschriebenen Kontingenzlernaufgabe von Alloy und Abramson (1979; siehe Kapitel 1) beobachtet. Die Versuchspersonen wurden in eine abwägende oder planende Bewußtseinslage versetzt und danach in einem zweiten angeblich unabhängigen Experiment dazu angehalten, durch Drücken oder Nicht-Drücken eines Knopfes ein Licht aufleuchten zu lassen. Das Aufleuchten des Lichtes wurde vom Versuchsleiter so gesteuert, daß es häufig oder weniger häufig auftrat, in beiden Fällen jedoch nicht kontingent zum Drücken oder Nicht-Drücken des Knopfes. Damit war das Aufleuchten des Lichtes für die Versuchspersonen nicht kontrollierbar. Während die Versuchspersonen in der planenden Bewußtseinslage sich beim häufigen Aufleuchten des Lichtes zu Kontrollillusionen verleiten ließen, blieben die abwägenden Versuchspersonen in ihren Kontrollurteilen relativ realistisch. Die Kontrollgruppe (*No-treatment control*) lag zwischen den beiden experimentellen Gruppen und dabei näher an den planenden als den abwägenden Versuchspersonen. Die abwägenden Versuchspersonen zeigten somit nicht nur weniger Kontrollillusionen als die planenden Versuchspersonen, sondern auch weniger als die Kontrollversuchspersonen.

Offensichtlich hängt es von der Art des Handlungsproblems (die Wahl zwischen Handlungszielen versus das Planen der Realisierung eines gewählten Ziels) ab, ob eine Person ihre Erwartungen der Realität anpaßt oder positiv illusionäre Erwartungen aufrecht erhält. Erfordert das Handlungsproblem eine realistische Analyse, so werden die Einschätzungen des eigenen Wirkungskreises, der eigenen Person und der eigenen Risiken tatsächlich realistischer; erfordert es dagegen Anstrengung und Persistenz, wird eine positiv illusionäre Einschätzung gefördert. Taylor und Gollwitzer (1995, Studie 3) berichten auch eine Studie, nach der die Versuchspersonen von sich aus eine abwägende oder planende Bewußtseinslage entwickeln, wenn sich ihnen ein Entscheidungsproblem bzw. ein Planungsproblem stellt. Damit wird die Frage, ob gesunde und erfolgreiche Personen eine realistische oder eine illusionär optimistische Selbst- und Weltsicht besitzen, wie folgt beantwortet: Erfolgreiche Personen passen sich den situativen Anforderungen flexibel an. Erfordert die Situation eine realistische Einschätzung (bspw. eine Handlungsentscheidung), wird diese auch erbracht. Ist dagegen eine optimistische Einstellung funktional, wird entsprechend umgeschaltet. Die Vorstellung, daß eine Person immer nur realistisch oder illusionär durch die Welt geht, wobei das eine als gesund und erfolgsfördernd und das andere als erfolgsabträglich eingeschätzt wird, wird hier zugunsten einer funktionalen Sichtweise differenziert.

Die Differenzierung verschiedener Erwartungstypen. Schließlich mag es auch von der jeweiligen Art der Erwartung abhängen, ob eine illusionär positive versus realistische Einschätzung als förderlich für Gesundheit und Erfolg betrachtet werden kann. In Kapitel 1 haben wir die Differenzierung zwischen Ziel-, Mittel- und Mittel-Ziel-erwartungen (oder Gesamt-, Selbstwirksamkeits- bzw. Ergebniserwartung) besprochen und sind dabei davon ausgegangen, daß ein positives Urteil stets Gesundheit und Erfolg fördert, unabhängig davon, welche dieser drei Erwartungsarten in Betracht gezogen wird. Es gibt aber über die besprochenen Erwartungsarten hinaus noch einen weiteren Erwartungstyp, von dem nicht von vornherein angenommen werden kann, daß Positivität von Vorteil für Gesundheit und Erfolg ist. Welche Art der Erwartung ist gemeint? Es ist die Situations-Ergebnis-Erwartung, verschiedentlich auch "Risikoeinschätzung" genannt.

Bereits 1977 schlug Heinz Heckhausen eine Differenzierung des Erwartungsbegriffs aufgrund der Überlegung vor, daß Personen beim Bilden von Erwartungen den Handlungskurs in vier Entitäten trennen: Situation, Handlung, Ergebnis und Ergebnisfolgen. Der Angelpunkt bei der Bildung von Erwartungen liegt jeweils im vorweggenommenen Ergebnis. Die Verknüpfung des Ergebnisses mit jedem der drei anderen Aspekte der Ereignisfolge erlaubt die Differenzierung einer jeweils anderen Erwartungsart: (1) *Situations-Ergebnis-Erwartung* als Erwartung darüber, in welchem Maße eine momentane Situation ohne eigenes Zutun auf ein erwünschtes Ergebnis hinführen oder von ihm wegführen wird; (2) *Handlungs-Ergebnis-Erwartung* als Erwartung darüber, mit welcher Wahrscheinlichkeit sich die gegenwärtige Situation durch eigenes Handeln verändern läßt, so daß das erwünschte Ergebnis eintritt; (3) *Handlungs-bei-Situations-Ergebnis-Erwartung* als die Erwartung, daß äußere und variable Umstände der Situation die eigenen Handlungen in dem Bemühen fördern oder behindern, ein erwünschtes Ergebnis zu erreichen und schließlich (4) *Ergebnis-Folge-Erwartung* als Erwartung darüber, in welchem Ausmaß das Ergebnis instrumentell ist für das Eintreten von Folgen mit bestimmten Anreizwerten.

Wie stehen nun diese Erwartungen mit Motivation und Handeln in Beziehung? Wann streben Personen danach, ein bestimmtes Handlungsergebnis zu erzielen? Um diese Fragen beantworten zu können, muß man nach Heckhausen in motivationspsychologischer Erwartung-mal-Wert-Tradition (siehe dazu auch Kapitel 3) zunächst die Ergebnisvalenz bestimmen. Ein bestimmtes Ergebnis hat selbst keinen eigenen Anreizwert, sondern erfährt diesen durch seine Folgen. Als unmittelbare Folgen treten Ereignisse der Selbstbewertung auf (z.B. Stolz oder Scham); weitere Folgen sind die Fremdbewertung des Ereignisses (z.B. positive Bewertungen schulischer Leistungen durch die Lehrer) und ob das erzielte Ergebnis die Person einem übergreifenden Oberziel näher bringt (z.B. Auslandsstipendium). Schließlich kann das Ergebnis auch Konsequenzen haben, die außerhalb des ursprünglich angelegten Beweggrundes zum Handeln liegen (sog. fremdthematische Nebenwirkungen; für eine leistungsmotivierte Person bspw. ein neues Auto für ein gutes Abitur). Das Gesamt der Ergebnisvalenz ergibt sich aus den über alle antizipierten Folgen summierten Produkten aus dem Anreiz jeder Folge und der Erwartung, daß das Handlungsergebnis diese Folge nach sich ziehen wird (*Ergebnis-Folge-Erwartungen*).

Heckhausen bleibt jedoch nicht, wie in klassischen Erwartung-mal-Wert-Modellen üblich (siehe zusammenfassend Feather, 1982), bei der Bestimmung der Ergebnisvalenz stehen. Heckhausens Meinung zufolge ist obendrein die Handlungs- und Situationsvalenz zu bestimmen. Die Handlungsvalenz ergibt sich aus der Multiplikation der oben beschriebenen Ergebnisvalenz mit der Summe aus Handlungs-Ergebnis-Erwartung und Handlungs-bei-Situations-Ergebnis-Erwartung. Entsprechend wird die Situationsvalenz durch die multiplikative Gewichtung der Ergebnisvalenz mit der Situations-Ergebnis-Erwartung bestimmt. Die resultierende Motivationstendenz ist schließlich nichts anderes als die Differenz zwischen Handlungsvalenz und Situationsvalenz. Die Tendenz, eine Handlung durchzuführen, wird also um den Betrag reduziert, welcher der Erwartung entspricht, das erwünschte Ergebnis in der gegebenen Situation auch ohne eigenes Zutun erlangen zu können. Damit wird zum ersten Mal auf eine Erwartung hingewiesen, die die Handlungsmotivation nicht stärkt, sondern schwächt.

Es ist also die Situations-Ergebnis-Erwartung, die, wenn sie positiv ausfällt, die Motivation und das Handeln einer Person eher bremsen als fördern sollte. Wenn die Situation das erwünschte Ergebnis ohne deren Handeln hervorbringt, warum soll eine Person sich dann noch anstrengen? Oder anders herum gesehen: Warum sollte sich eine Person vor einem befürchteten Ereignis schützen, wenn in der Situation, in der man sich zu befinden glaubt, dieses Ereignis nur mit geringer Wahrscheinlichkeit auftreten wird? Schwarzer (1993, 1994) hat den letztgenannten Fall des Auftretens unerwünschter Ereignisse im Bereich der Gesundheitspsychologie differenzierend diskutiert. Er unterscheidet zwischen einem defensiven und einem funktionalen Optimismus. Defensiver Optimismus, der sich auf hohe Erwartungen bezieht, von bestimmten negativen Schicksalsschlägen nicht getroffen zu werden, sollte gesundheits- und erfolgsförderndes Verhalten eher schwächen als stärken. Funktionaler Optimismus dagegen bezieht sich auf positive Erwartungen hinsichtlich der eigenen Handlungsmöglichkeiten angesichts von Gefahren und Schwierigkeiten; er sollte daher Gesundheit und Erfolg begünstigen. Schwarzer verweist auch auf die Ausführungen Taylors (1989) bei denen ebenfalls zwischen einem defensiven und funktionalen Optimismus unterschieden wird. Er vermutet, daß in der Optimismusforschung noch eindeutigere positive Beziehungen zwischen Optimismus und Gesundheits- sowie Leistungserfolg beobachtet werden könnten, wenn man den defensiven Optimismus (die Situations-Ergebnis-Erwartung) getrennt vom funktionalen Optimismus (den Selbstwirksamkeits- und Ergebniserwartungen oder in Schwarzers Worten: den Kompetenz- und Konsequenzerwartungen) erheben und bei der Bestimmung der Relation zwischen funktionalem Optimismus und Erfolg für die negative Beziehung zwischen defensivem Optimismus und Erfolg statistisch kontrollieren würde.

Die Bedeutung der Situations-Ergebnis-Erwartung für Motivation und Handeln ist auch aus der von Skinner, Chapman und Baltes (1988) vorgetragenen Handlungskontrolltheorie ersichtlich. Hier werden Handlungen in die Entitäten Agent, Mittel und Ziel zerlegt und entsprechende Erwartungen differenziert. Selbstwirksamkeitserwartungen (*Agency beliefs*) beziehen sich auf die Überzeugung, Zugang zu relevanten Handlungsmitteln zu haben. Kausalititätsüberzeugungen (*Means-ends beliefs*) beziehen sich auf die Überzeugung, daß bestimmte Handlungsmittel zu dem erwünschten Ergebnis oder Ziel führen. Das allgemeine Kontrollbewußtsein (*Control beliefs*) schließlich steht für die Überzeugung, das Erreichen des Ziels beeinflussen zu können. Die Handlungskontrolltheorie von Skinner et al. ist insbesondere im Schulleistungsbereich untersucht worden. Es sind dabei die Kausalitätsüberzeugungen, die es erlauben, die Bedeutung von Situations-Ergebnis-Erwartungen für Motivation und Handeln zu thematisieren. Skinner et al. differenzieren die Art der Mittel, die in der Überzeugung der Kinder gute Schulleistung fördern, und unterscheiden dabei zwischen internalen (Fähigkeiten, Anstrengung) und externalen Mitteln (Glück, Hilfe der Lehrer und unbekannte Hilfsmittel). Kausalitätsüberzeugungen bezüglich internaler Mittel entsprechen somit Handlungs-Ergebnis-Erwartungen, während Kausalitätsüberzeugungen bezüglich externaler Mittel die Situations-Ergebnis-Erwartungen erfassen. Tatsächlich wurde in empirischen Arbeiten zur Handlungstheorie von Skinner et al. eine positive Korrelation zwischen der Schulleistung und Kausalitätsüberzeugungen für internale Faktoren, jedoch eine negative Korrelation für Kausalitätsüberzeugungen bezüglich externaler Faktoren beobachtet. Je stärker Kinder personenbezogene Faktoren (z.B. Anstrengung, Fähigkeiten) als Ursache guter Schulleistung betrachten, desto größeren Erfolg haben sie; je stärker Kinder jedoch situative Faktoren (z.B. Glück, Hilfe der Lehrer) als Ursache von guter Schulleistung verstehen, desto weniger erfolgreich sind sie. Dieses Ergebnismuster ist sehr robust. Es gilt für gänzlich unterschiedliche kulturelle und schulische Kontexte: Ost- und West-Berlin, Los Angeles und Moskau (Little, Oettingen, Stetsenko & Baltes, 1995). Diese Befunde sprechen somit dafür, daß optimistische Situations-Ergebnis-Erwartungen Motivation und Handeln hemmen können. Offensichtlich sind optimistische Erwartungen, daß situative Faktoren das gewünschte Ergebnis herbeiführen, dem schulischen Erfolg eher ab- als zuträglich. Die These, nach der optimistische Erwartungen stets positive Folgen für Motivation und Handeln haben, ist demnach zu korrigieren. Für die meisten Erwartungstypen mag dieses

Postulat gelten (z.B. Selbstwirksamkeits-, Ergebnis-, Gesamterwartungen), für Situations-Ergebnis-Erwartungen sicherlich nicht.

Faßt man die in den letzten drei Abschnitten besprochenen konzeptuellen Lösungsversuche der Optimismus-Realismus-Debatte zusammen, so hängt die Bedeutung positiv illusionärer Erwartungen für Gesundheit und Erfolg von drei verschiedenen Faktoren ab: von dem Ausmaß der Illusion, den situativen Gegebenheiten und Anforderungen und schließlich von der Art der betrachteten Erwartung. All diese Lösungsversuche ähneln sich darin, daß sie das Zukunftsdenken einer Person in Form von Erwartungen konzeptualisieren und damit auf die in der empirischen Forschungstradition favorisierte Konzeptualisierung des Zukunftsdenkens fokussieren. Es geht im Prinzip nur darum, moderierende Variablen für den positiven Zusammenhang von Erwartung und Motivation sowie Handeln zu finden. Die These, daß positive Erwartungen den Leistungserfolg begünstigen, wird somit reduziert auf die vorsichtigere Aussage, daß dies nur dann gilt, wenn bestimmte Bedingungen erfüllt sind.

Verschiedene Formen des Zukunftsdenkens

Es besteht allerdings noch eine weitere, radikalere Möglichkeit, nach Lösungen für die Optimismus-Realismus-Kontroverse zu suchen. Man müßte dazu die ausschließliche Konzeptualisierung des Zukunftsdenkens als Erwartungen aufgeben und nach neuen Formen des Zukunftsdenkens suchen. Die Kontroverse könnte dann insofern eine Lösung finden, als für erwartungsbezogenes Zukunftsdenken unter Berücksichtigung entsprechender Bedingungen eine positive Beziehung zum Handlungserfolg gilt, für die andere (noch zu bestimmende) Art des Zukunftsdenkens dagegen eine negative Beziehung. Diese neue Lösungsstrategie würde sich zunächst einmal von der Suche nach Moderatorvariablen der Erwartungs- und Erfolgsbeziehung befreien müssen, da es darum geht, eine andere Art des positiven Zukunftsdenkens zu entdecken, die den Handlungserfolg behindert.

Interessanterweise gibt es eine Stichprobe, in der Zukunftsdenken sowohl in Form der von der empirischen Forschungstradition favorisierten Erwartungen erhoben wurde als auch in Form der in der psychoanalytischen und humanistischen Forschungstradition diskutierten Abwehrmechanismen bzw. Bewältigungsstrategien. Diese beiden Studien demonstrieren, daß sowohl die empirische als auch die humanistische Position zum Thema Optimismus-Realismus Bedeutung haben. Sie veranschaulichen auch, daß es sich für die Beantwortung der Frage nach den Folgen positiven Zukunftsdenkens durchaus lohnen dürfte, die aus der neo-behavioristischen Tradition stammende Fokussierung des

Konzepts der Erwartung zu erweitern und die Wirkung auch anderer Formen des Zukunftsdenkens auf Gesundheit und Erfolg empirisch zu untersuchen. Diese beiden Studien sollen daher kurz vorgestellt werden.

In der ersten Studie (Vaillant, 1977; Vaillant & Vaillant, 1990) wurde die Bedeutung von defensiven Bewältigungsstrategien (Abwehrmechanismen) für die psychische und physische Gesundheit untersucht. Aus psychoanalytischer Perspektive lassen sich Bewältigungsstrategien nach dem Grad ihrer illusionären Realitätsverzerrung einstufen (Vaillant, 1977). Umso stärker diese Strategien die Realität verzerren, als desto unreifer gelten sie. Zu den besonders unreifen Bewältigungsstrategien zählen beispielsweise schizoide Phantasien, Projektion, passive Aggression, Hypochondrie, ausagierendes Verhalten und Dissoziation. Zu den reiferen Bewältigungsstrategien zählen Intellektualisierung, Isolierung, Verdrängung, Verschiebung und Reaktionsbildung; zu den reifsten Strategien Sublimation, Altruismus, Humor und bewußte Unterdrückung. Vaillant (1977) hat nun diese Bewältigungsstrategien in einer Stichprobe untersucht, die bereits im ersten Kapitel beschrieben wurde: bei auf gute psychische und physische Gesundheit hin ausgewählten Studenten der Harvard Universität der Klassen 1942 bis 1944. Die Männer wurden während ihres Studiums ausführlich befragt und von Ärzten auf ihre psychische und physische Gesundheit hin untersucht, dann noch einmal im Alter von 25, 30 und zwischen 47 und 55. Nach Vaillant sollte die Reife der in den Interviews erwähnten Bewältigungsstrategien mit Lebensqualität und physischer sowie psychischer Gesundheit einhergehen, wobei er psychische Gesundheit durch so unterschiedliche Kriterien wie ärztliche Diagnose, Wohlbefinden, Einkommen oder Engagment für das Gemeinwohl operationalisierte. Tatsächlich konnte die Realitätsanbindung der Bewältigungsstrategien Gesundheit und Erfolg 30 Jahren später vorhersagen. Nicht nur, daß die Männer, die im Jugendalter weniger realitätsverzerrende Bewältigungsstrategien nutzten, im fortgeschrittenen Alter psychisch gesünder waren, sie waren auch glücklicher und hatten vergleichsweise mehr beruflichen Erfolg (gemessen über das Einkommen). Sie dienten mehr der Allgemeinheit, hatten erfolgreichere Ehen und pflegten intensivere Freundschaften. Dagegen waren Personen, die im jungen Erwachsenenalter realitätsfernere Bewältigungsstrategien benutzten, 30 Jahre später arbeitswütiger (gemessen über das Verfallenlassen des zugestandenen Urlaubs) und physisch kränker (operationalisiert über objektive Arztbesuche) als ihre ehemaligen Mitstudenten mit realitätsnäheren Strategien. Insgesamt also hatten die Personen, deren Bewältigungsstrategien im frühen Erwachsenenalter vergleichsweise realitätsnah waren, im mittleren Erwachsenenalter eine bessere psychische und physische Gesundheit sowie mehr Erfolg in ihrem beruflichen und privaten Leben als die Personen, die realitätsfernere Bewältigungsstrategien einsetzten. Auch für die Gesundheit im fortgeschritteneren Erwachsenenalter sind realitätsnahe Bewältigungsstrategien hilfreich. Eine erneute Befragung der Männer 40 Jahre nach der Erstbefragung (Vaillant &

Vaillant, 1990) bestätigte die positive Relation realitätsnaher Bewältigungsstrategien (gemessen im Alter von 30 bzw. zwischen 47 und 55 Jahren) und psychischer und physischer Gesundheit (im Alter von 65 Jahren).

Die Interviews, die in den 40er Jahren mit den 25-jährigen Harvard-Studenten durchgeführt wurden, wurden nicht nur von Vaillant anhand psychoanalytischer Konstrukte auf realitätsferne versus -nahe Bewältigungsstrategien untersucht, sondern auch im Rahmen der empirischen Forschungstradition analysiert. Wie bereits in Kapitel 1 beschrieben, haben Peterson, Seligman und Vaillant (1988) die Berichte der 25-jährigen Männer auf ihre optimistischen versus pessimistischen Zukunftserwartungen hin ausgewertet (operationalisiert über den Erklärungsstil). Personen mit optimistischem Erklärungsstil waren im Alter zwischen 47 und 55 physisch gesünder als jene mit pessimistischem Erklärungsstil, auch wenn für die physische und psychische Gesundheit im Alter von 25 Jahren statistisch kontrolliert wurde. Zudem zeigte der Erklärungsstil keine systematische Relation zu den von Vaillant (1977) erfaßten Maßen reifer Bewältigungsstrategien. Offensichtlich ist der in der empirischen Tradition konzeptualisierte Optimismus (erfaßt über den Erklärungsstil) weitgehend unabhängig von dem in der nativistischen Tradition thematisierten Realismus (erfaßt über die Realitätsnähe von Bewältigungsstrategien).

Man kann die zuvor dargestellten Studien (von Vaillant & Vaillant einerseits und Peterson et al. andererseits) als Hinweis darauf interpretieren, daß sowohl der in der behavioristischen Forschungstradition verteidigte Optimismus als auch der in der humanistischen Tradition propagierte Realismus ihre Bedeutung für Gesundheit und Erfolg besitzen. Sowohl anhand optimistischer Erwartungen als auch mittels realistischer Bewältigungsstrategien ließ sich Gesundheit langfristig vorhersagen.

Betrachtet man die Bewältigungsstrategien als ein selbst-initiiertes und frei konstruiertes Denken über das eigene Selbst- und Weltbild, so läßt es sich als eine andere Art des Zukunftsdenkens dem Denken in Erwartungen entgegensetzen. Danach hat das Zukunftsdenken im Sinne positiver Erwartungen eine positive Beziehung, das Zukunftsdenken im Sinne der Konstruktion eines positiven Selbst- und Weltbildes eine negative Beziehung. Es kommt also auf die Art des Zukunftsdenkens an, ob diese in einem positiven oder negativen Zusammenhang mit Gesundheit und Lebenserfolg steht.

Warum hat sich diese Lösung des Optimismus-Realismus-Konflikts den Beteiligten an dieser Kontroverse bislang noch nicht aufgedrängt? Dies mag daran liegen, daß die erwartungsbezogenen Konzeptualisierungen des Zukunftsdenkens den humanistischen Psychologen zu mechanistisch und blutleer zu sein scheinen. Zudem mögen die Erwartungskonzepte von vornherein auf Ablehnung gestoßen sein, weil sie der behavioristischen Tradition entstammten. Andererseits mögen empirisch orientierte Psychologen sich bereitwillig auf die Konzeptualisierung des Zukunftsdenkens in Erwartungsbegriffen beschränkt haben, weil diese einfach zu operationalisieren sind. In der empirischen Psychologie finden sich zwar Definitionen des Zukunftsdenkens, die nicht notwendigerweise eine Beschränkung auf Erwartungskonzepte implizieren. Als Beispiel sei die Definition von Illusion bei Taylor und Brown (1988) genannt; dort wird Illusion nach Stein (1982, S. 662) definiert als:

> ... *a perception that represents what is perceived in a way different from the way it is in reality. An illusion is a false mental image or conception which may be a misinterpretation of a real appearance or may be something imagined. It may be pleasing, harmless, or even useful.* (S. 194).

Trotzdem hat es die empirische Psychologie bislang vorgezogen, auf die Erforschung der Konsequenzen mentaler Zukunftsbilder, -phantasien und -visionen zugunsten der Analyse von zukunftsbezogenen Urteilen und Überzeugungen (z.B. Selbsteinschätzungen, Kontrollüberzeugungen und Zukunftserwartungen) zu verzichten. Letztere werden in behavioristischer Tradition als Spiegel der Vergangenheit interpretiert und gelten deshalb als besonders verhaltenswirksam.

Auch die humanistische Position legt sich im Prinzip nicht auf die eine oder andere Konzeptualisierung des Zukunftsdenkens fest. Trotzdem wird hier Zukunftsdenken nahezu ausschließlich auf eine Art und Weise verstanden, die der jedem Menschen zugedachten aktiven Produktion einer überwältigenden Vielfalt von Gedanken und Gefühlen Rechnung trägt. Man fokussiert auf das bewußte Erleben spontaner Tagträume und intensiver Stimmungen, die weniger als Spiegel der in der Vergangenheit gemachten Erfahrungen betrachtet werden, sondern als Gedankenfluß im Zuge des Drangs nach Selbstverwirklichung unmittelbar von Interesse sind. Es werden also auch spontane Phantasien und vage Vorstellungen als Gegenstand der Analyse zugelassen, wobei die Spontanität und die Erlebnisqualität im Vordergrund stehen. Aus der Überzeugung der humanistischen Psychologie heraus, daß der menschliche Geist letztlich frei und unabhängig sei und daß die Gedanken spontan und die mentalen Bilder jedes einzelnen einmalig und unwiederholbar sind, werden psychologische Konzepte betont, die in der empirischen Psychologie stiefmütterlich behandelt werden: spontane Vorstellungen und Tagträume, Phantasien und Reflexionen, die von der unmittelbaren Realität, der erlebten Vergangenheit und dem unmittelbaren Umfeld abgelöst vom menschlichen Geist produziert und vor seinem geistigen Auge erlebt werden.

Die humanistische Position und die Arbeiten von Vaillant und Vaillant lehren uns, daß die Frage nach den positiven Konsequenzen optimistischen versus realistischen Denkens nicht notwendigerweise, wie in der empirischen Tradition üblich (und von den modernen humanistischen Kritikern unkritisch übernommen), ausschließlich im Rahmen von

Erwartungskonzepten diskutiert werden müssen. Nach der humanistischen Position läßt sich eine zweite Art des Zukunftsdenkens anführen, die dann im Gegensatz zu den Erwartungen eine negative Beziehung zu Motivation und Handeln einer Person aufweisen sollte. Diese zweite Art des Zukunftsdenkens bezieht sich auf spontane positive Zukunftsphantasien. Allerdings würde man bei der Analyse der Konsequenzen dieser Art des Zukunftsdenkens, nicht wie in der humanistischen Psychologie üblich, eine objektive Operationalisierung und eine systematische empirische Herangehensweise verweigern wollen. Die Konsequenzen spontaner Zukunftsphantasien sollten geschickterweise sogar in ein und derselben Studie parallel zur Messung der Erwartungen analysiert werden, wobei für beide Arten des Zukunftsdenkens dieselben Maße für Motivation und erfolgreiches Handeln zum Einsatz kommen sollten. Nur so läßt sich eine überzeugende Antwort für die Optimismus-Realismus-Debatte finden, die darauf hinweist, daß die eine Art des Zukunftsdenkens (die erwartungsbezogene) positive Konsequenzen hat, die andere Art (die phantasiebezogene) dagegen negative. Damit sind wir bei der empirischen Fragestellung des ersten Teils der vorliegenden Arbeit angelangt, der Frage nach der Bedeutung positiver Erwartungen versus positiver Zukunftsphantasien für Gesundheit und Erfolg.

Bevor wir uns der Darstellung der zu dieser Fragestellung durchgeführten vier korrelativen Studien zuwenden, werden in den nächsten beiden Kapiteln psychologische Theorien und Ansätze diskutiert, die sich direkt mit dem Thema der Produktion von Phantasien beschäftigen. Dabei werden zwei Forschungsrichtungen unterschieden. In der einen, der Psychologie der Motive, werden Phantasien als ein Ausdruck von Bedürfnissen betrachtet, in der anderen, der rezenten Tagtraumforschung, sind sie der Forschungsgegenstand per se.

Zusammenfassung

Ausgehend von dem Positionspapier Taylors und Browns (1988), wonach illusionär positives Denken mit psychischer und physischer Gesundheit sowie mit Leistungserfolg einhergeht, wurden verschiedene Ansätze der humanistischen Tradition besprochen. Diesen ist, trotz Unterschieden im Detail, gemeinsam, daß eine realistische Selbst- und Weltsicht als konstitutiv für psychische Gesundheit und eine vorteilhafte Persönlichkeitsentwicklung angesehen wird. Wir zeichneten die Entwicklung dieser Ansätze nach, beginnend mit den Ideen Freuds, nach denen die Realitätsorientierung ein wesentlicher Bestandteil des erfolgreichen Umgangs mit den libidinösen und destruktiven Triebkräften des Menschen ist. Die neo-freudianischen Positionen in ihrem Glauben an die positiven Qualitäten des Menschen verstehen die Realitätsorientierung als den Königsweg für das

Herausschälen des Guten und Wertvollen im Menschen. Die humanistischen Psychologen schließlich betonen, daß die Realitätsorientierung eine Voraussetzung dafür ist, daß der Mensch dem angeborenen Streben nach Selbstverwirklichung ungehindert nachgehen könne.

Aber nicht nur hinsichtlich ihrer Position zur Bedeutung des optimistischen versus realistischen Denkens für Gesundheit und Leistungserfolg unterscheiden sich die aus der behavioristischen und der humanistischen Denkungsart hervorgegangenen Konfliktparteien der Optimismus-Realismus-Debatte. Sie differieren auch hinsichtlich der Methoden, mit denen sie der Beantwortung dieser Frage nachgehen, wobei das jeweils andere methodische Vorgehen entschieden und von vornherein abgelehnt wird. Während die aus der behavioristischen Tradition hervorgangene Forschung standardisierte Instrumente und Mittelwertsstatistiken benutzt, sprechen sich die im Rahmen der humanistischen Psychologie durchgeführten Arbeiten für das klinische Urteil und Einzelfallbeobachtungen aus. Für die in jüngster Zeit insbesondere auf methodischer Ebene geführte Optimismus-versus-Realismus-Kontroverse ist daher keine Lösung zu erwarten. Die Lösung des Konflikts bedarf konzeptueller Anstrengungen. Innheralb der empirischen Tradition gibt es bereits erste Ansätze, die sich entweder auf das Ausmaß der illusionär positiven Erwartungen, auf die situativen Gegebenheiten und Anforderungen oder auf den ins Auge gefaßten Erwartungstyp konzentrieren.

Am Ende des Kapitels wurde eine weitere konzeptuelle Lösung angedeutet, nämlich die Unterscheidung zwischen zwei Arten des Zukunftsdenkens: zum einen die Zukunftserwartungen und zum anderen spontane Zukuntsphantasien. Es wurde postuliert, daß für Zukunftserwartungen unter Einhaltung bestimmter Rahmenbedingungen die in der empirischen Tradition beschriebene positive Beziehung zu erfolgreicher Leistung gilt, während auf die spontanen Zukunftsphantasien die von der humanistischen Psychologie befürchtete negative Beziehung zutrifft.

3

Zukunftsdenken in den Bedürfnistheorien

Instinkt- und Triebtheorien als Ausgangspunkt

Charles Darwin (1859) beschreibt in seinem Buch "*On the origin of species*" die anatomische und physiologische Kontinuität zwischen Tier und Mensch und verdeutlichte damit, daß es einen graduellen Übergang vom Tier zum Menschen auch im Verhalten gibt. Dieser Gedanke wird in seinem späteren Werk "*The expression of emotions in man and animals*" (1872) noch vertieft. Seit Darwins Schriften wird die Untersuchung tierischen Verhaltens als möglicher Ausgangspunkt für das Verstehen des zwar komplexeren, aber letztlich doch ähnlichen menschlichen Verhaltens betrachtet. Mit der Rezeption der Position Darwins gewannen biologische Konzepte Bedeutung bei der Analyse menschlichen Verhaltens. Die über Jahrhunderte hinweg bestehenden animistischen Erklärungskonzepte wurden ersetzt durch aus der Biologie entlehnte Konzepte wie z.B. "Instinkt". Dabei wurde Instinkt als eine Kraft betrachtet, die menschliche und andere Organismen zu einer Vielzahl von Aktivitäten bewegen kann. Obwohl das Konzept des Instinkts bereits seit Jahrhunderten diskutiert worden war (siehe Beach, 1955 für eine historische Analyse), war es die Rezeption Darwins, die dem Instinktkonzept Einzug in die Psychologie verschaffte. Insbesondere Freud (1905) und der Sozialpsychologe McDougall (1908) machten das aus der Biologie entlehnte Instinktkonzept zu einem zentralen Begriff in ihrer Theoriebildung.

William McDougall (1908) betont in seiner Instinkttheorie die Zielgerichtetheit von Verhalten und versteht Instinkte als die basischen "Motive", die die Organismen in Richtung bestimmter Ergebnisse oder Ziele bewegen. Für McDougall ist ein Instinkt angeboren und nicht durch Lernprozesse erworben. Er begreift den Instinkt als einen emotionalen Impuls, der den Organismus prädisponiert, relevante Stimuli zu erkennen und sich diesen entweder zu nähern oder sie zu meiden. Dabei hängt die Anzahl der Stimuli, die jeweils relevant werden, von der persönlichen Lerngeschichte ab. Der Kampfinstinkt ist beispielsweise ein emotionaler Impuls zu kämpfen, der sich, wenn kritische Stimuli präsent sind, in verschiedenen Kampfbewegungen manifestiert. Der Instinkt zu fliehen beschreibt einen Furchtimpuls und die Bereitschaft, bei einer vorliegenden Bedrohung die

Flucht zu ergreifen. Insgesamt löst der emotionale Impuls eine kritische Reaktion aus, die den Zweck hat, den Gegner zu überwältigen bzw. sich vor ihm zu schützen. Diese Reaktionen können verschiedene Formen annehmen, denn auch die einzelnen Handlungen werden im Rahmen der persönlichen Erfahrungsgeschichte jeweils individuell erlernt.

In verschiedenen Punkten unterscheidet sich McDougalls Instinkttheorie von den Instinkttheorien der Ethologen, in denen letztere sogenannte "*Fixed action patterns*" beschreiben: angeborene formkonstante Bewegungsabläufe, ausgelöst durch a priori festgelegte Signalstimuli (siehe z.B. Eibl-Eibesfeldt, 1984; Hinde, 1966). Bei McDougall ist dagegen lediglich die Möglichkeit der Auslösung eines emotionalen Impulses (z.B. Empathie, Selbstbehauptung) angeboren, während die auslösenden Stimuli sowie die Einzelheiten der Reaktion auf den emotionalen Impuls durch die individuelle Lerngeschichte modifiziert werden. Die durch den emotionalen Impuls angeregte Zielgerichtetheit endet nach McDougall erst, wenn das Ziel erreicht ist. McDougall war somit ein überzeugter Verfechter zweckgebundenen Handelns. In einem Kapitel über "*The natural endowment of man*" des Buches "*The energies of men*" (1932) schreibt McDougall:

> *In our study of instinctive behaviour we saw that the typically instinctive action expresses two distinguishable features of the native endowment; on the one hand, a special ability, simple or complex (as the ability of the wasp to recognize and master the prey natural to her species); on the other hand, a propensity, which, on being roused from its dormant state, generates an active tendency: and the tendency is, in some sense, an energy; and not merely energy in general or a special kind of energy, but an energy which is directed to a goal, which works towards that goal and is brought to rest only on the attainment of it; an energy which activates the ability and brings it into the service of the tendency as a means towards its end or goal.* (S. 86-87).

Zunächst listete McDougall (1908) 12 Instinkte auf, von denen er annahm, daß sie die Palette menschlichen Handelns erschöpfend beschreiben könnten. Später erweiterte er die Liste auf mehr als 18 "angeborene Neigungen" (die er *Propensities* nannte, McDougall, 1932). Die Liste reichte von Futtersuche-, Geschlechts- und Schlafinstinkt über Ekel-, Furcht- und Ärgerinstinkt bis hin zu sehr abstrakten Instinkten wie dem der Selbstbehauptung, Konstruktivität und des Besitzerwerbs.

McDougalls Instinkttheorie blieb nicht ohne Kritik. Vor allem die traditionellen Behavioristen griffen seine Ideen an und argumentierten (Watson, 1925), daß Instinkte eine Pseudo-Erklärung von Verhalten seien, weil sie nur eine redundante Beschreibung des beobachteten Verhaltens darstellen und nichts Erklärendes zu den reinen Verhaltensbeobachtungen hinzufügen würden. Aggression auf den Kampfinstinkt und Flucht auf den Furchtinstinkt zurückzuführen sage im Prinzip nicht mehr aus als bereits die einfache Feststellung, daß das beobachtete Tier kämpfe bzw. fliehe.

Trotz dieser Kritik der Behavioristen hatte McDougalls Theorie der Instinkte anhaltenden Einfluß auf die Motivationspsychologie. Auch wenn der Begriff Instinkt wegen seiner inhaltlichen Ausdifferenzierung (für jede Art des Verhaltens ein passender Instinkt) in Ungnade fiel, so übernahm doch ein anderes Konzept, nämlich das des Triebes, viele der dem Instinkt angedachten Funktionen (siehe Herrnstein & Boring, 1965). Woodworth (1918) sprach vom Trieb als einer allgemeinen energetisierenden und handlungsaktivierenden Kraft im Menschen (siehe Young, 1936, für eine Zusammenfassung der damaligen Motivationspsychologie).

Das Triebkonzept (*Drive*) wurde insbesondere durch die theoretischen Arbeiten Hulls (1943) populär. Clark L. Hull nutzte es, um eine neo-behavioristische Lerntheorie zu entwickeln, die auch motivationale Aspekte des Verhaltens berücksichtigen konnte. Damit unterschied er sich von den traditionellen Behavioristen, die explizit auf mentale sowie motivationale Konzepte verzichteten. Hull blieb dem traditionellen behavioristischen Denken jedoch verhaftet, als er in seiner Theorie kognitive Termini aussparte und ausschließlich in Reiz- (*S*) und Reaktions- (*R*) Verknüpfungen dachte. Verhalten war definiert als Trieb multipliziert mit gelernter Reiz-Reaktions-Verknüpfung. Triebreduktion begünstigte auch das Erlernen von Reiz-Reaktions-Verknüpfungen. Wie aber wurde Trieb definiert und operationalisiert? Für Hull war Trieb ein hypothetisches Konstrukt, das letztendlich eine Funktion von Bedürfnissen (*Needs*) ist. Bedürfnis wiederum ist ein bestimmter Mangelzustand im Organismus (z.B. Hunger) oder ein starker Reiz (wie bspw. ein schmerzhafter Reiz), der einen verhaltensaktivierenden Trieb generiert. Bedürfnis ist also ein manipulierbarer Zustand, während Trieb für Hull ein hypothetisches Konstrukt darstellt.

> *... when a condition arises for which action on the part of the organism is a prerequisite to optimum probability of survival of either the individual or the species, a state of need is said to exist. Since a need, either actual or potential, usually precedes and accompanies the action of an organism, the need is often said to motivate or drive the associated activity. Because of this motivational characteristic of needs they are regarded as producing primary animal* ***drives****.... It is important to note in this connection that the general concept of drive (D) tends strongly to have the systematic status of an intervening variable or X, never directly observable.* (Hull, 1943, S. 57).

Die Reiz-Reaktions-Verknüpfung bezeichnete Hull als Ausführungsgewohnheit (*Habit*). *Habits* unterscheiden sich in ihrer Stärke (d.h. in der Wahrscheinlichkeit, mit der auf einen Reiz eine Reaktion folgt), und es sind die stärkeren Gewohnheiten oder dominanten Reaktionen, die vom angeregten Trieb stärker "energetisiert" werden als Verhaltensweisen mit geringerer Gewohnheitsstärke. Für Hull (1943) war Verhalten somit ein Produkt von Gewohnheitsstärke multipliziert mit der Triebstärke. Wenn der Trieb angeregt ist, beeinflußt er die Intensität des Verhaltens, aber nicht die Richtung des Verhaltens. Die Richtung des Verhaltens ergibt sich aus dem Produkt der Triebstärke und den Stärken der einer Gewohnheitshierarchie angehörigen Reiz-Reaktions-Verknüpfungen, wobei bei stark angeregtem Trieb das Auftreten der dominantesten Reaktion (größte Gewohnheitsstärke) wahrscheinlicher wird.

Später hat Hull (1952; zusammen mit Spence, 1956) seine Gleichung um eine dritte Variable, den Anreiz, ergänzt. Die Berücksichtigung der Variable Anreiz sollte der Beobachtung Rechnung tragen, daß trotz gleicher Bedingungen hinsichtlich Trieb- und Gewohnheitsstärke die beobachteten Versuchstiere bei schmackhafterem Futter schneller liefen. Damit beschreibt Hull (1952) die Verhaltenstendenz (*Excitatory potential*) als das Produkt von Ausführungsgewohnheit mal Trieb mal Anreiz. Spence hat die Anreizvariable nicht mit dem Produkt von Trieb und Gewohnheitsstärke multipliziert, sondern Trieb und Anreiz aggregiert und erst dann als Multiplikator in die Formel eingesetzt. Damit sollte der Beobachtung Rechnung getragen werden, daß die alleinige Präsenz von Trieb oder Anreiz zu Verhalten führen kann, wenn eine starke Reiz-Reaktions-Verbindung vorliegt, während in Hulls Formel sowohl Trieb als auch Anreiz vorhanden sein müssen, damit Handeln erfolgt. Mowrer (1939) hat den Begriff des Triebes durch ein weiteres motivationales Konzept ergänzt, nämlich durch das des erworbenen Furchtmotivs, wobei er dieses Motiv nicht als notwendigerweise angeboren, sondern als erlernbar betrachtete.

Die ersten kognitiven Motivationstheorien

Während Hull und seine Schüler in ihren Theorien kognitive Konstrukte ausklammerten, hatten andere motivationale Verhaltenstheoretiker weniger Skrupel und ließen sowohl kognitive als auch motivationale Konzepte zu. Hier ist zum einen der Neo-Behaviorist Edward C. Tolman und zum anderen der der Tradition der Gestalttheorie nahestehende Kurt Lewin zu nennen.

Tolman (1932) machte nicht nur darauf aufmerksam, daß Erwartungen Verhalten beeinflussen (siehe Kapitel 1), sondern betonte auch die Unterscheidung zwischen Lernen und Motivation. Lernen war für ihn Wissenserwerb, den er in Form von Erwartungen konzeptualisierte. Damit Gelerntes aber auch in beobachtbares Verhalten umgesetzt wird, bedarf es nach Tolman der Motivation. In seinem in Kapitel 1 bereits erwähnten Buch

"*Purposive behavior in animals and men*" (1932) beschreibt er eine Reihe von Experimenten, die das Appetenzverhalten der Versuchstiere in Abhängigkeit von der Futterqualität und dem Triebzustand der Tiere analysiert. Tolman kennt somit zwei motivationale Variablen: einmal den Triebzustand des Organismus' und zum anderen den "*Demand for the goal object*" oder das Zielverlangen.

> *It appears that, given one and the same physiological drive, certain goal-objects, when provided at the end of the maze, produce more efficient maze-performance than do others. And this leads us to the assumption of a variable to be designated* ***the demand for the goal-object.*** (Tolman, 1932, S. 67).

Anders als Hull spricht Tolman nicht von Triebreduktion, sondern sieht die kognitiven Variablen der Erwartungen dann in zielgerichtetes Verhalten umgesetzt, wenn die motivationalen Variablen dafür die Voraussetzungen schaffen (Tolman, 1932). Obwohl die Variable *Demand-for-the-goal-object* der Anreiz-Variable Hulls (1952) ähnelt, unterscheidet sich Tolmans Theorie von dem Modell Hulls darin, daß der Organismus in Richtung eines akttraktiven Objekts oder Ziels hin "gezogen" wird, während bei Hull der Trieb den Organismus zum Handeln "schiebt".

Der Begriff des Zielverlangens ähnelt Lewins (1926) Konzept des Aufforderungscharakters. Tolman selbst beschreibt die konzeptuelle Verwandschaft mit Lewins Position:

> *The environment takes on for the physiologically aroused organism, by dint of his innate endowment and past experience, the character of a hierarchy of to-be-sought and to-be-avoided superordinate and subordinate objects. Environmental presences possess or acquire what have been picturesquely designated by Lewin as positive and negative 'initation-characters' or 'valences'. The ultimate appetites and aversions plus the depending means-end-readinesses, make of the environment a field of superordinately and subordinately 'demanded' and hence 'to-be-responded-to' types of objects.* (Tolman, 1932, S. 37).

Wie Tolman begreift auch Lewin (1936) Handeln als Produkt von sowohl motivationalen als auch kognitiven Variablen. Bereits in seiner Doktorarbeit befaßte sich Lewin (1922) mit motivationalen Aspekten von Verhalten. Er schloß aus einer Reihe von Assoziationsexperimenten, daß Gewohnheiten (*Habits*) alleine Verhalten nicht produzieren können. Die Experimente, in denen die Versuchspersonen gelernte Paare von sinnlosen Silben auf verschiedene Arten reproduzieren mußten, zeigten für Lewin, daß Assoziationen per se Verhalten nicht motivieren können; dafür wären Intentionen oder Vornahmen notwendig. Solche Vornahmen können nach Lewin aufgrund trivialer Ereignisse entstehen (z.B. aufgrund der Bitte des Versuchsleiters, die anstehenden Aufgaben zu lösen). Um diese Vornahmen von den lebensnotwendigeren Bedürfnissen zu trennen, nannte Lewin sie "*Quasi-needs*".

Das Thema der Energie oder der Spannung, die zum Handeln antreibt, beschäftigte Lewin auch in seiner Feldtheorie, die ein Person- und ein Umweltmodell einschließt (Lewin, 1936; siehe auch die Diskussion dieser Arbeiten von Heider, 1960). Hier nutzt Lewin das Konzept der Bedürfnisspannung (*Tension state*) als personseitige und das Konzept des Aufforderungscharakters als situationsseitige Motivationsvariable. Das Bedürfnis mit der zugehörigen Energie veranlaßt die Suche nach bestimmten Zielen, indem Aspekte der Außenwelt Aufforderungscharakter erwerben. Letztere bestimmen die Richtung des Verhaltens. Wenn eine Person beispielsweise hungrig ist (hohe Bedürfnisspannung), erhält Nahrung in der Umgebung Aufforderungscharakter und die Person beginnt, in Gedanken und/oder in der Realität mit den ihr am günstigsten erscheinenden Mitteln die Nahrung aufzusuchen. "*whereever a resultant force...exists, there is either a locomotion in the direction of that force or a change in cognitive structure equivalent to this locomotion*" (Lewin, 1951, S. 256).

Diese kognitive Verbindung zwischen dem Bereich der Mittel und dem Bereich des Zielobjekts innerhalb der subjektiven Umwelt (*Life space*) wird von Lewin "*Means-end-order*" genannt. Sie ähnelt auf den ersten Blick der von Tolman postulierten *Means-end*-Erwartung. Lewin versteht die *Means-end-order* jedoch nicht als Erwartung, sondern als tatsächlich gezeigtes Verhalten, in Gedanken ausgeführtes Verhalten oder sogar symbolisch ausgeführtes Verhalten in Richtung des Zielobjektes. Die Person führt also die Handlungen real oder symbolisch aus oder stellt sich gedanklich vor, wie sie am besten das Objekt mit Aufforderungscharakter erreichen könne. Lewin betont also nicht die Erwartung, sondern stellt durch Bilder, die vor dem geistigen Auge vorbeiziehen, die kognitive Verbindung zwischen dem subjektiv am günstigsten erscheinenden Mittel und dem Objekt mit Aufforderungscharakter her. Ansonsten ähnelt Lewins Modell dem Tolmans insofern, als beide Autoren sowohl motivationale Komponenten (Bedürfnisspannung und Aufforderungscharakter bzw. *Drive* und *Demand-for-the-goal-object*) als auch eine kognitive Komponente (Mittel-Ziel-Ordnung bzw. verschiedene Arten von Erwartungen: *Expectations of goal-objects*, *Expectations of means-objects* und *Means-end-expectations*) beinhalten.

Phantasie als Ausdruck latenter Bedürfnisse

Der Personologe Henry A. Murray verwendet ebenfalls den Begriff des Bedürfnisses. Er läßt sich dabei nicht nur von den Modellen McDougalls, Tolmans und Lewins leiten, sondern auch von den Ideen Freuds. In seinem Hauptwerk "*Explorations in personality*" wendet Murray (1938) die motivationspsychologischen Ideen seiner Zeit auf die Persönlichkeitspsychologie an. Er postuliert, daß es individuelle Unterschiede in sogenannten Bedürfnisdispositionen gebe. Diese können entweder angeboren oder erworben sein. Murray geht obendrein davon aus, daß menschliche Bedürfnisse meist nicht-bewußt sind. Damit meinte er aber nicht psychodynamische Kräfte, wie Bedürfnisse nach Sex, Tod oder Aggression, die wie bei Freud aufgrund ihrer Bedrohlichkeit ins Unbewußte verdrängt werden, sondern vielerlei Bedürfnisse, von deren Existenz die Person nicht bewußt ausgeht, die sie aber trotzdem begleiten und ihr Handeln beeinflussen.

Murray definiert ein Bedürfnis als ein

> *...construct (a convenient fiction or hypothetical concept) which stands for a force (the physio-chemical nature of which is unknown) in the brain region, a force which organizes perception, apperception, intellection, conation, and action in such a way as to transform in a certain direction an existing, unsatisfying situation.* (Murray, 1938, S. 123-124).

Murray untersuchte in einem über verschiedene situative Kontexte hinweg längsschnittlich angelegten Forschungsprojekt die individualtypische Bedürfnisausstattung seiner Probanden mit verschiedenen introspektiven Methoden wie Interviews, Inhaltsanalysen von Biographien und freien Assoziationen. Diese introspektiven Arbeiten führten schließlich zur Differenzierung von über 30 verschiedenen Bedürfnissen (*Needs*), die nach verschiedenen Kriterien geordnet wurden. Beispielsweise lassen sich nach Murray (1938) die menschlichen Bedürfnisse, von denen er annahm, daß sie neuro-hormonale Korrelate haben, in primäre (physische) und sekundäre (psychogene) Bedürfnisse einteilen. Murray unterschied auch zwischen Annäherungs- (*Approach*) und Vermeidungs- (*Avoidance*) Bedürfnissen sowie zwischen manifesten (ausgedrückt durch reales Verhalten) und latenten Bedürfnissen (ausgedrückt in der Phantasie). Ein Bedürfnis kann entweder von innen oder von außen angeregt werden. Von innen geschieht dies durch physiologische Vorgänge, von außen durch die Wirkung der unmittelbaren Situation, die Murray situativen Druck (*Press*) nannte: "*We have selected the term* ***press*** *(plural* ***press****) to designate a directional tendency in an object or situation*." (Murray, 1938, S. 118). Wie Tolman und Lewin begreift Murray Verhalten, ob real gezeigt oder in der Phantasie vorgestellt, als ein Zusammenwirken von Person und Situation. Der Begriff Thema steht für das Ergebnis des Zusammenwirkens von Person und Situation: "... *a thema exhibits the press of the stimulus to which a subject is exposed when he reacts the way he does.*" (Murray, 1938, S. 123).

Wie aber läßt sich die individuelle Konstellation latenter Bedürfnisse einer Person erheben? Ein bis heute verwendeter Test wurde von Morgan und Murray (1935) entwickelt, der sogenannte thematische Auffassungstest (*Thematic Apperception Test; TAT*). Der Name des Instruments bezieht sich mit dem ersten Wort auf das von Murray vorgeschlagene Konzept des Themas, also auf das Zusammenwirken von Person und Situation. Mit dem zweiten Wort wird das Konzept der Auffassung (*Apperception*) angesprochen, worunter Murray (1938) ein interpretatives Imaginieren versteht:

> *As the subjects who took this test were asked to interpret each picture - that is, to apperceive the plot or dramatic structure exhibited by each picture - we named it the 'Thematic Apperception Test.' Only by experience did we discover that much more of the personality is revealed if the S is asked to create a dramatic fiction rather than to guess the probable facts.* (S. 531).

Murray unterscheidet hier zwischen Phantasie und dem Einschätzen der Wahrscheinlichkeit bestimmter Ereignisse, wobei er nicht ausführt, was mit "*did we discover much more of the personality*" gemeint ist. Er spezifiziert auch nicht die Kriterien, die die beiden Arten des auf das vorgegebene Szenario bezogenen Zukunftsdenkens (Phantasie versus Wahrscheinlichkeitsurteil) unterscheiden. Murray hatte ursprünglich neben dem *TAT* auch andere Methoden eingesetzt, um latente Bedürfnisse zu untersuchen. All diesen Methoden war eines gemeinsam: Sie sollten imaginative Prozesse stimulieren und damit den Ausdruck latenter Bedürfnisse erleichtern. Vorstellungen konnten dabei durch einzelne Worte oder Sätze, verbale Assoziationen und einfache oder komplexe Phantasiegeschichten geäußert werden. In all diesen Verfahren wird die Phantasieproduktion erleichtert, indem die Versuchspersonen explizit aufgefordert werden, ihre Vorstellungskraft für die Beschreibung vorgegebener, verschieden interpretierbarer Ereignisse, Situationen oder Szenarios zu nutzen.

Diese Verfahren, wie auch der "*Thematic Apperception Test*" oder thematische Auffassungstest, werden verschiedentlich auch "projektive Tests" genannt (Heckhausen, 1960). Projektive Tests sind Instrumente, die vieldeutige Stimuli als Anhaltspunkt für das Produzieren von Phantasien vorgeben, etwa einen Tintenklecks oder eine vieldeutige Szene im thematischen Auffassungstest (Holtzman, 1962). Indem die Stimuli mehrdeutig sind, erlauben sie den Probanden, sich ihre eigenen Gedanken zu machen. Die Probanden werden auch explizit gebeten, das zu berichten, was sie in der Vorlage zu entdecken glauben. Die zugrunde liegende Idee bei der Konstruktion projektiver Verfahren ist demnach, daß die individualtypischen Bedürfnisse wegen der geringen situativen Strukturiertheit der Vorlage in der Phantasie über die Vorlage zum Ausdruck kommen. Diese Überlegung erklärt auch, warum eines der Vorlagen im *TAT* lediglich eine leere, weiße Seite darstellt. Die Differenzen zwischen Personen bezüglich ihrer jeweils anderen Ausstattung latenter Bedürfnisse wird sozusagen in die Interpretation des Stimulusmaterials projiziert (siehe Heckhausen, 1960).

Projektion wird dabei nicht im Sinne Freuds (1896) verstanden. Nicht der psychodynamische Prozeß eines Abwehrmechanismus', bei dem Personen eigene Intentionen und emotionale Erlebnisse anderen zuschreiben, weil sie für die eigene Person zu bedrohlich sind, sondern der erweiterte Begriff der Projektion ist gemeint:

> Aber die Projektion ist nicht für die Abwehr geschaffen, sie kommt auch zustande, wo es keine Konflikte gibt. Die Projektion innerer Wahrnehmungen nach außen ist ein primitiver Mechanismus, dem z.B. auch unsere Sinneswahrnehmungen unterliegen, der also an der Gestaltung unserer Außenwelt normalerweise den größten Anteil hat. Unter noch nicht genügend festgestellten Bedingungen werden innere Wahrnehmungen auch von Gefühls- und Denkvorgängen wie die Sinneswahrnehmungen nach außen projiziert, zur Ausgestaltung der Außenwelt verwendet, während sie der Innenwelt verbleiben sollten. (Freud, 1912, S. 81).

Der *Thematic Apperception Test* (*TAT*) besteht in seiner ursprünglichen Form aus einer Serie von 20 Bildern, in denen mindestens eine Person in einer vieldeutigen Situation dargestellt ist. *TAT* Bild No. 11 beispielsweise wird von Murray wie folgt beschrieben:“ *A short elderly woman stands with her back turned to a tall young man. The latter is looking downward with a perplexed expression, his hat in his hands*.” (Murray, 1938, S. 537). Auf den meisten Bildern erscheint zumindest eine Person, in die der Proband sich leicht hineinversetzen kann. Der *TAT* liefert verschiedene Bilder, so daß der ihn verwendende Psychologe für seine Probanden die jeweils passenden aussuchen kann. Es gibt beispielsweise Bilder für Kinder, ältere Leute, Männer und Frauen. Die von Morgan und Murray gegebenen Instruktionen (die sich später nicht mehr substantiell änderten) an die Probanden lauteten wie folgt:

> *This is a test of your creative imagination. I shall show you a picture and I want you to make up a plot or story for which it might be used as an illustration. What is the relation of the individuals in the picture? What has happened to them? What are their present thoughts and feelings? What will be the outcome? Do your very best. Since*

I am asking you to indulge your literary imagination you may make your story as long and as detailed as you wish. (Murray, 1938, S. 532).

Die Phantasiegeschichten der Versuchspersonen wurden dann einer Analyse von *Need*, *Press* und *Theme* unterzogen und je nach Untersuchungszweck hinsichtlich verschiedener latenter Bedürfnisse (z.B. Affiliation, Leistung) untersucht. Es wurde davon ausgegangen, daß der Inhalt der Geschichten überwiegend auf den bedürfnisabhängigen Phantasien der Probanden zum Zeitpunkt des Ausfüllens basiert. Die Bedürfnisse der Person, die den *TAT* ausfüllt, werden erst dann angeregt, wenn die dazu passenden Situationsbedingungen vorliegen. Es kommen also nicht nur die überdauernden Merkmale der Erzählerpersönlichkeit und ihrer subjektiven Welt zum Ausdruck (gemessen in thematischen Wiederholungen), sondern es können auch vorübergehende Stimmungen und kurzfristige Anliegen in die Geschichten einfließen.

Diese Situationsabhängigkeit von *TAT*-Phantasien war schon bei den Pilotstudien zur Entwicklung des *TAT* deutlich geworden. Murray (1933) hatte Kindern entweder vor oder nach einem furchteinflößenden Spiel Bilder von Gesichtern gezeigt und sie nach deren Böswilligkeit einschätzen lassen. Nach der Schreckens-Manipulation wurden dieselben Gesichter als böswilliger interpretiert als vorher. Auch physiologische Bedürfniszustände (z.B. Hunger) haben Einfluß auf das Phantasiegeschehen. Die Interpretation eines Bildes fiel für hungrige und satte Probanden jeweils unterschiedlich aus. Hungrige Probanden generierten häufiger essensbezogene Vorstellungen als satte (Sanford, 1936, 1937). Diese Studien sprechen dafür, daß die momentane Bedürfnislage projektive Phantasien beeinflußt.

Auch unter Hypnose gegebene Instruktionen affizieren die Inhalte der *TAT*-Geschichten. Probanden produzierten *TAT*-Geschichten vor und nach der hypnotischen Anweisung, ärgerlich zu sein. Die nach dieser Anweisung erzählten Geschichten hatten einen aggressiveren Inhalt als die Erzählungen vor der hypnotischen Instruktion (Bellak, 1944). Ein ähnliches Experiment wurde von Fuchs (1962) durchgeführt, der seinen Versuchspersonen eine Bedrohungserwartung und bestimmte Strategien, wie man dieser Bedrohung begegnen könnte (entweder das Bedrohliche zu übersehen oder es direkt anzugehen) suggerierte. Je nachdem, welcher Bewältigungsmodus suggeriert worden war, fielen die *TAT*-Geschichten der Versuchspersonen unterschiedlich aus (Übergehen führte zu Vermeidungs-, direktes Angehen zu Bewältigungsstrategien). Aber auch nicht hypnotisch vorgegebene Bedrohungen (z.B. tatsächliche Mißerfolgserlebnisse) beeinflussen den Inhalt der *TAT*-Geschichten. Versuchspersonen, die vor dem Bearbeiten des *TAT*s sozialen Mißerfolg erlitten hatten, produzierten aggressivere Geschichten als Versuchspersonen ohne Mißerfolg (Lindzey, 1952).

Derartige Studien stützen die Position Murrays, der ein latentes Bedürfnis nicht nur als eine Dispositionsvariable begriff, sondern auch als eine kontextabhängige, variable Größe; denn latente Bedürfnisse stehen nach Murray letztendlich im Dienste der Bewältigung der jeweils vorliegenden Situation. Murray beschrieb mit Hilfe des *TAT* das Phantasiegeschehen bei seinen Probanden äußerst genau, isolierte daraus eine Liste verschiedener latenter Bedürfnisse und kategorisierte die jeweils dazugehörigen situativen Anregungsbedingungen. In der motivationspsychologischen Forschung wurde das Konzept der latenten Bedürfnisse und ihrer Messung durch den *TAT* von McClelland bekannt gemacht (McClelland, Atkinson, Clark, & Lowell, 1953). McClelland fokussierte auf die Analyse des Leistungsbedürfnisses. Neben dem Leistungsbedürfnis blieben noch zwei andere von Murrays Bedürfnissen populär, nämlich das Anschluß- und das Machtbedürfnis (McAdams & Constantian, 1983; Shipley & Veroff, 1952 bzw. McClelland & Watson, 1973; Winter, 1973). Man zog es dann vor, von Motiven (*Motives*) und nicht mehr von Bedürfnissen zu sprechen. Die restlichen der mehr als 35 von Murray spezifizierten Bedürfnisse wurden dagegen kaum mehr systematisch untersucht.

Phantasie als Ausdruck thematischer Motive

Die Messung von Motiven

Bevor sich John W. Atkinson und David C. McClelland der Analyse des Leistungsmotivs zuwandten, analysierten sie zunächst (Atkinson & McClelland, 1948) die situativen Anregungsbedingungen physischer Bedürfnisse. Dabei wurde der *TAT*, der von Murray für individuelle Testsitzungen entwickelt worden war, auf Gruppensitzungen adaptiert. Die Bilder wurden auf eine Leinwand projiziert und man bat die Probanden, ihre Phantasien dazu niederzuschreiben. Aus der ursprünglichen Serie von *TAT*-Bildern und aus Zeitschriften wurden verschiedene Bilder ausgewählt, die die von Atkinson und McClelland (1948) untersuchte Motivthematik (Hunger) betrafen. Die Bilder bezogen sich auf verschiedene Aspekte der Nahrungssuche und -aufnahme. Sie wurden 20 Sekunden lang gezeigt, danach durften die Probanden 4 Minuten lang eine Geschichte über das Bild erfinden. Die von Morgan und Murray (1935) entwickelten Standardfragen zu den Bildern schrieben Atkinson und McClelland auf den oberen Rand des Blattes, auf das die Geschichte geschrieben werden sollte: Was geschieht im Moment? Wie kam es dazu? Was geht in den Personen vor? Wie wird es weiter- und ausgehen? Damit war der Anfang dafür gemacht, den bisher nur in Interview-Form existierenden *TAT* als standardisiertes Instrument in die empirische Forschung einzuführen.

Das nächste Problem, das Atkinson und McClelland zu lösen versuchten, war die Standardisierung des Auswertungsverfahrens. Murray hatte auf das Erstellen eines systematischen Kategoriensystems für die inhaltsanalytische Auswertung der Phantasien seiner Probanden verzichtet. Dies wurde jetzt nachgeholt (Atkinson & McClelland, 1948; McClelland et al. 1953). Folgende Kategorien gingen in den Inhaltsschlüssel ein: Zielorientierte Handlungen der in den Geschichten vorkommenden Personen; die Bedürfnisse dieser Akteure; ob den Akteuren Erfolg oder Mißerfolg angedichtet wurde; ob diese positive oder negative Gefühle im Verlauf des Zielstrebens erlebten; ob (im Falle des Hungermotivs) den Akteuren Dinge zugeschrieben wurden, die mit Hunger, Nahrungssuche und Nahrungsaufnahme zu tun hatten. Die Phantasien wurden abschließend noch hinsichtlich der Fülle der genannten Details eingeschätzt.

Atkinson und McClelland (1948) erlangten anhand dieses Schlüssels einen Gesamtwert dafür, wie sehr die von den Versuchspersonen erfundenen Geschichten durch Phantasieinhalte gekennzeichnet waren, in denen es um Mangel an Nahrung, Nahrungssuche, Nahrungsaufnahme und die Bewältigung von Hungergefühlen ging. Die beobachteten Unterschiede zwischen Versuchspersonen mit unterschiedlich langen Hungerperioden unterstützten Atkinsons und McClellands Vermutungen, daß der Inhalt der produzierten Phantasien tatsächlich motivationsabhängig sei. Die Versuchspersonen waren Matrosen auf einem Unterseeboot, die zu Übungszwecken, die mit dem Experiment nichts zu tun hatten, entweder 1, 4 oder 16 Stunden gefastet hatten. Interessanterweise unterschieden sich die *TAT*-Phantasien insbesondere in der Häufigkeit von Phantasien, die mit der Bewältigung des Nahrungsentzugs zu tun hatten. Je länger die Matrosen gefastet hatten, desto höher war der Prozentsatz an Geschichten, die Aspekte des Nahrungsentzugs, des Bedürfnisses nach Nahrung und instrumentelle Aktivitäten zum Beschaffen von Nahrung zum Inhalt hatten. Mit größerem Hunger reduzierte sich dagegen der Prozentsatz der Versuchspersonen, die die Aktivität des Essens schilderten oder sich bereitstehende Nahrung vorstellten (Atkinson & McClelland, 1948). Diese Ergebnisse bewerteten Atkinson und McClelland als Ermutigung dafür, daß angeregte Bedürfniszustände über die thematische Auffassungsmethode meßbar seien. Angeregte Motive seien außerdem über Entzugsphantasien besser zu messen als über Ziel-Erfüllungsphantasien (Atkinson & McClelland, 1948). Als nächstes wandten sie sich der Untersuchung eines in Murrays Worten "psychogenen Bedürfnisses" zu, des "*Need to achieve*" oder "*Need mastery*" (McClelland et al., 1953).

McClelland und seine Mitarbeiter initiierten damit eine bis heute aktive Forschungstradition. Zunächst war die Frage zu beantworten, ob das Leistungsmotiv, wenn experimentell angeregt, ebenfalls Veränderungen in *TAT*-Phantasien produzieren würde. McClelland, Clark, Roby und Atkinson (1949) entwarfen also eine zu dem im vorigen dargestellten Hungerexperiment analoge Studie. Männliche Versuchspersonen mußten Intelligenzaufgaben lösen und erhielten im Anschluß daran Leistungsrückmeldungen. Das Versuchsdesign enthielt eine Reihe verschiedener Bedingungen. Zunächst wurde variiert, in welcher Art und Weise die Versuchspersonen an die Aufgabenbearbeitung herangingen. In einer Bedingung (*Relaxed condition*) wurde alles getan, um eine Leistungsorientierung zu unterdrücken. Die Versuchspersonen brauchten ihren Namen nicht anzugeben. Angeblicher Zweck der Studie war die Bestimmung von Testmerkmalen. In einer anderen Bedingung (*Achievement-oriented condition*) wurden die Aufgaben als Intelligenztest beschrieben. Die Versuchspersonen mußten ihren Namen angeben. Der Versuchsleiter war formell gekleidet und forderte die Versuchspersonen auf, ihre Höchstleistungen zu erbringen. In einer Kontrollbedingung (*Neutral condition*) wurde weder versucht, die Versuchspersonen zu entspannen, noch ihren Leistungsehrgeiz anzuregen. Für die Versuchspersonen in der leistungsorientierten Bedingung wurde entweder zweimal Erfolgsrückmeldung (*Success condition*) oder zweimal Mißerfolgsrückmeldung (*Failure condition*) gegeben. In einer weiteren Leistungsrückmeldungsbedingung wurde zuerst Erfolgs- und dann Mißerfolgsrückmeldung gegeben (*Success-failure condition*). Schließlich sollten alle Versuchspersonen zu *TAT*-Bildern phantasieren, die eine Leistungsthematik darstellten.

Die Phantasiegeschichten wurden von McClelland et al. (1949) daraufhin analysiert, inwieweit sie sich auf eine Auseinandersetzung mit einem "*Standard of excellence*" bezogen. Es ging also um den Anspruch, etwas möglichst gut zu meistern. Relevante Inhaltskategorien waren die Sorge um den Leistungserfolg oder die Erfüllung eines gesetzten Leistungsanspruchs. Leistungsbezogene Phantasiegeschichten der Versuchspersonen waren auch darauf bezogen, wie eine herausragende Leistung zu erbringen oder ein langfristiges Karriereziel zu erreichen sei. Die größten Unterschiede in derartigen Leistungsphantasien fanden sich zwischen der entspannten Bedingung und der Bedingung mit negativer Rückmeldung. Die Gruppe mit Mißerfolgsrückmeldung zeigte häufiger Leistungsphantasien als die Gruppe mit Erfolgs- oder gemischter Rückmeldung und die Kontrollgruppe ohne Rückmeldung (neutrale Gruppe).

Diese Ergebnisse wurden in den 50er Jahren in weiteren Studien repliziert (siehe McClelland et al., 1953). Der schließlich erstellte Auswertungsschlüssel für die Bestimmung des Leistungsmotivs wurde um Inhaltskategorien angereichert, die diejenigen Verhaltensweisen erfaßten, die man gemeinhin als sichtbare Merkmale leistungsorientierten Handelns identifiziert. Diese Kategorien "*...reveals an implicit acceptance of the kind of descriptive categories elaborated by many different psychologial theorists in conceptualizing adjustive overt behavior.*" (McClelland et al., 1953, S. 108). So wurde beispielsweise die Erwartung von Erfolg oder Frustration und Mißerfolg in der Zielerreichung als Kategorie mit aufgenommen, aber auch das Handeln in Richtung Zielerreichen, das entweder zu Erfolg oder Mißerfolg führt; weiterhin die Hindernisse auf dem Weg zur Zielerreichung, die entweder von externalen Umständen oder von persönlichen Eigenschaften herrühren, aber auch positiver oder negativer Affekt bei der Zielerreichung oder beim Mißerfolg und schließlich von außen gegebene Hilfestellungen bei der Zielerreichung.

Wenn Gedanken, die in diese Kategorien fallen, in einer Phantasiegeschichte vorkamen, wurde das mit einem Punktwert verrechnet, wobei der Gesamtwert für das Leistungsmotiv sich aus der Summe aller Punktwerte für die Geschichten ergibt. Dieser Gesamtwert (*n-Achievement* oder *n-Ach*) ist sensitiv bezüglich der Anregung des Leistungsmotivs; bei angeregtem Leistungsmotiv finden sich vergleichsweise höhere Werte (McClelland et al., 1953).

Damit zeigen die experimentellen Studien, die im Umfeld von McClelland und seinen Mitarbeitern durchgeführt wurden, daß motivationale Faktoren sich im Inhalt von Phantasievorstellungen niederschlagen. Um ein Maß für das Leistungsmotiv als dispositionelles Personmerkmal zu erlangen, also für das latente personale Bedürfnis, sich mit einem "*Standard of excellence*" auseinanderzusetzen, wurden die Instruktionen zur Bearbeitung des Leistungs-*TAT*s neutral gestaltet. Das Thema Leistung wurde nicht angeschnitten, wobei die *TAT*-Bilder allerdings hinsichtlich der Leistungsthematik ausgewählt waren.

Die Herangehensweise bei der Entwicklung des Inhaltsschlüssels zur Bestimmung des Leistungsmotivs ist auch auf das Affilitations- und das Machtmotiv übertragen worden. Das Affiliationsmotiv beschreibt das latente Bedürfnis, positive affektive Beziehungen zu einer anderen Person oder einer Gruppe von Personen aufzubauen, zu erhalten und wiederherzustellen (Heyns, Veroff & Atkinson, 1958). In den Studien zur Anregung des Affiliationsmotivs wurden beispielsweise studentische Versuchspersonen mit Burschenschaftsmitgliedern verglichen, die sich kurz zuvor gegenseitig in einem soziometrischen Verfahren bezüglich interpersoneller Eigenschaften eingeschätzt hatten. Verglichen mit der studentischen Kontrollgruppe zeigten die Burschenschaftsstudenten mehr Phantasien, in denen es darum ging, positive Interaktionen und Beziehungen zu anderen zu etablieren (Shipley & Veroff, 1952; für eine Zusammenfassung siehe Koestner & McClelland, 1992). Bei der weiteren Erforschung des Affiliationsmotivs stellte sich bald heraus, daß zwei soziale Bedürfnisse zu unterscheiden sind: das Bedürfnis nach intimen Beziehungen und das Bedürfnis nach Beziehungen zu möglichst vielen anderen Personen (großer Bekanntenkreis). Dies führte zu der Definition eines Intimitätsmotivs, das konzeptualisiert wurde als latentes Bedürfnis, warme, enge und selbstlose Interaktionen mit ausgewählten anderen Personen zu pflegen (McAdams, 1989), während das klassische Affiliationsmotiv auf das Bedürfnis nach dem Zusammensein mit möglichst vielen anderen Personen eingeschränkt wurde. Für das Intimitätsmotiv gibt es neuerdings einen vom Affiliationsmotiv getrennten Auswertungsschlüssel (McAdams, 1984, 1992a,b).

Auch für das Machtmotiv wurde ein eigener Inhaltsschlüssel erstellt (Veroff, 1957; 1992a,b). Das Machtmotiv steht für das latente Bedürfnis, Zugang zu den Mitteln zu haben, mit denen sich das Verhalten anderer Personen beeinflussen läßt. Zur Validierung dieses Schlüssels wurden Studenten, die für Studentensprecherpositionen kandidiert hatten und gerade den Ausgang der Wahl abwarteten, mit einer neutralen Kontrollgruppe verglichen, die aus Studenten bestand, die nicht kandidiert hatten. Die *TAT*- Phantasien der Kandidaten enthielten Personen, die versuchten, andere vom eigenen Standpunkt zu überzeugen. Die Phantasiepersonen waren obendrein gekennzeichnet durch affektive Äußerungen bezüglich des Zugangs zu Mitteln, die sich für die Beeinflussung anderer Personen benutzen lassen. Studenten mit ausgeprägtem Machtmotiv werden von ihren Kommilitonen daran erkannt, daß sie streitlustig und konfliktfreudig sowie missionarisch darauf bedacht sind, andere von ihrer Meinung zu überzeugen.

Die Relation von Motiv und Verhalten

Atkinson und McClelland wandten sich schließlich der Frage zu, ob und wie Motive relevantes Verhalten beeinflussen. Hier trennten sich ihre Wege. McClelland blieb Murray treu, indem er die latenten Bedürfnisse als zentrale Variable für die Erklärung von Verhalten betrachtet und über 40 Jahre hinweg bis in die heutige Zeit den *TAT* als das einzig geeignete Instrument zur Erfassung indivdueller Unterschiede von Motiven verteidigt. McClelland orientierte sich jedoch nicht nur an Murray, sondern auch am Gedankengut Hulls. Dies kommt in der Betonung der biologisch-affektiven Komponente von Motivation zum Ausdruck sowie in seiner Abneigung, kognitive Variablen in der Motivationspsychologie zuzulassen. Auch bedient sich McClelland häufig neo-behavioristischer, lerntheoretischer Termini (z.B. *Natural incentives*). Im Unterschied zu Murray und Hull, die Bedürfnissen einen *Push*-Effekt zuschreiben (d.h. unangenehme Deprivationszustände werden handelnd verändert), konstruiert McClelland die Wirkung von Motiven als "*Pull*"-Effekte (insbesondere für das Leistungs- und Machtmotiv, weniger jedoch für das Affiliationsmotiv). Dabei geht er davon aus, daß motivgeleitetes Handeln auf die Realisierung des jeweils durch das Motiv spezifizierten befriedigenden Zustands abzielt.

Das Motiv beschreibt nach McClelland einen emotionalen Zustand der Bereitschaft

(*Anticipatory goal state*), der die Antizipation eines zugehörigen "natürlichen Anreizes" und die damit verbundenen positiven Gefühle impliziert. Da das Auftreten natürlicher Anreize an gewisse situative Stimuli gebunden ist, lernt die Person, in diesen Situationen die mit dem *Natural incentive* assoziierten affektiven Reaktionen zu antizipieren (McClelland, 1985a). McClelland versteht die *Natural incentives* somit als Schlüsselreize im Sinne der Ethologen, also als Reize, die automatisch zugehörige angeborene Reaktionen auslösen (Eibl-Eibesfeldt, 1984; Hinde, 1966). McClelland sieht diese Auslösemetapher jedoch auf affektive Reaktionen beschränkt, während das Verhalten des Menschen auf solche natürlichen Anreize flexibler angenommen wird als die starren Verhaltensmuster, die von Ethologen als Reaktion auf Schlüsselreize bei Tieren beschrieben werden. Neuerdings bemüht McClelland biologische Prinzipien auch noch auf eine ganz andere Art und Weise. Er postuliert, daß die verschiedenen thematischen Motivzustände mit jeweils typischen neurohormonalen Funktionsweisen einhergehen (z.B. die Ausschüttung von Norepinephrin mit dem Machtmotiv, die von Dopamin mit dem Anschlußmotiv, McClelland, Koestner & Weinberger, 1989).

Die Vorhersage von Verhalten über lange Zeiträume ist ein zentrales Anliegen McClellands. Studenten wurden beispielsweise mit Hilfe des *TAT* auf ihr Leistungsmotiv untersucht und eine Dekade später hinsichtlich ihrer beruflichen Positionen befragt. Studenten mit ausgeprägtem Leistungsmotiv waren eher in unternehmerischen Berufen tätig als Studenten mit schwachem Leistungsmotiv (McClelland, 1965, 1978). McClelland interpretiert diese Beobachtung mit dem Hinweis, daß unternehmerische Berufe ausreichend Gelegenheiten anbieten, Verantwortung zu übernehmen und eine schnelle und konkrete Leistungsrückmeldung zu erfahren (siehe dazu auch die rezente Kritik, nach der reliable Vorhersagen erst erzielt werden können, wenn Motiv*profile* ins Auge gefaßt werden; hohes Leistungs-, hohes Macht- und niedriges Affilationsmotiv wurden bspw. günstig für eine unternehmerische Karriere identifiziert; zusammenfassend siehe Brandstätter & Gollwitzer, 1994).

McClelland war auch an interkulturellen Fragen interessiert und dabei insbesondere an Unterschieden der wirtschaftlichen Produktivität verschiedener Nationen im Laufe der Geschichte. Er interpretierte Fluktuationen der wirtschaftlichen Produktivität als Folge zyklischer Veränderungen des kulturellen Leistungsmotivs. McClelland (1964) analysierte die kulturellen Phantasien verschiedener Nationen in verschiedenen historischen Epochen, wobei er diese in Romanen und Gedichten, Liedern und Dramen der jeweiligen Nation und Zeit reflektiert sah. Diese Kulturprodukte wurden nach Art der *TAT*-Geschichten auf ihren Leistungsmotivgehalt hin untersucht. Die Ausprägung des kulturellen Leistungsmotivs änderte sich über die Zeitepochen und höhere Werte gingen jeweils einer anwachsenden Industrialisierung voran. Die Leistungsmotivkurve (extrahiert aus britischer schöngeistiger Literatur) in den Jahren 1500 bis 1850 spiegelte mit einem Vorsprung von etwa 50 Jahren die Verlaufskurve der Industrialisierung (operationalisiert über Kohleimporte oder verbrauchte Energie; siehe McClelland, 1964) wider.

Die Entwicklung verschiedener Motivdispositionen

McClelland machte sich auch eine Reihe von spekulativen Gedanken über den Ursprung von Motivdispositionen. Motive würden im frühen, vorsprachlichen Kindesalter entstehen und auf affektiven Lernprinzipien basieren. Für das Leistungsmotiv beispielsweise wird die frühe Körperbeherrschung, für das Machtmotiv das frühe Ausleben von sexuellem Verhalten und Aggression genannt. Wenn einem Kind erlaubt wird, Freude mit der Beherrschung seines Körpers bzw. Freude mit dem Ausleben von Aggression zu verbinden, wird es auch im späteren Leben uneingeschränkt positiven Affekt mit diesen *Natural incentives* assoziieren. McClelland hat versucht, diese Ideen in Langzeitstudien zu prüfen. Mütter von fünfjährigen Kindern wurden ausführlich über ihre Einstellung in Erziehungsfragen befragt (Sears, Maccoby & Levin, 1957). Im Alter von 31 Jahren sind dann die Kinder auf ihr Leistungs- und Machtmotiv hin untersucht worden (McClelland & Pilon, 1983; zusammenfassend siehe auch McClelland et al., 1989). Die strikte Einhaltung von festgelegten Stillzeiten sowie eine frühe Sauberkeitserziehung, erfaßt über die Angaben der Mütter, gingen mit einem ausgeprägten Leistungsmotiv einher (gemessen über den *TAT*). Je strikter die Selbständigkeits- und Sauberkeitserziehung, desto leistungsmotivierter das Kind. Hinsichtlich des Machtmotivs wiesen die Ergebnisse ebenfalls in die gewünschte Richtung: Je freizügiger in den Familien mit "Doktorspielen" und Aggressionen umgegangen wurde, desto ausgeprägter war das Machtmotiv. Die Korrelationskoeffizienten schwankten zwischen .31 und .41 (bei einem *N* von 76).

Auch wenn diese Zusammenhänge auf den ersten Blick beeindruckend sein mögen, ist es ratsam, sich vor Augen zu halten, daß der erfaßte Erziehungsstil ein Merkmal von Familien mit tradierten puritanischen Werten ist. Damit kommt natürlich eine ganze Reihe von Merkmalen, die diese Familien auszeichnet, als Drittvariable für die beobachteten Korrelationen in Betracht (für weitere kritische Anmerkungen zu dieser Forschung siehe Weiner, 1980).

Kritik an der Motivmessung

Das *TAT*-Verfahren zur Bestimmung von Motiven ist auf viel Kritik gestoßen. Insbesondere die geringe interne Konsistenz und die niedrige *Test-Retest*-Reliabilität des Verfahrens wurde von anderen Forschern als Schwäche empfunden (siehe z.B. Entwisle, 1972). Hinsichtlich der geringen internen Konsistenz führt McClelland (1980) verteidigend aus, daß die verschiedenen Bilder eine voneinander unabhängige Schätzung des wirklichen Motivwertes sind und daß diese unabhängigen Schätzungen zur Vorhersage von Verhalten besser geeignet sind, wenn sie nicht korrelieren; ein Argument, das die Kritiker nicht beeindruckt hat (Schmalt, 1976b). McClelland (1980) verweist zudem darauf, daß die Übereinstimmung zwischen den inhaltsanalytisch arbeitenden Auswertern des *TAT* hoch sei (*Interrater reliability*, circa r =.80). Auch reagiere der *TAT* sensitiv auf die vor dem Ausfüllen gegebenen Manipulationen der Motivanregung (dies ist jedoch eher ein Validitätsargument). McClelland nutzt dieses Argument (die Sensitivität des *TAT*s auf Motivanregung) zur Verteidigung der kritisierten niedrigen *Test-Retest*-Reliabilität. Gleichzeitig argumentiert McClelland, daß die *Test-Retest*-Reliabilität des *TAT*s auf beachtliche r = .60 steigen würde, wenn man den Versuchspersonen nahe läge, die ursprünglich erzählten Geschichten wieder zu erzählen (Weinberger & McClelland, 1990). In diesem Sinne versuchte Schmalt (1976a) die geringen Reliabilität des *TAT*-Verfahrens zu erhöhen; den Probanden wurde zu den *TAT*-Bildern mögliche Interpretationen (Gedanken der Akteure) vorgegeben, die sie dann nur noch anzukreuzen brauchten.

Wie sieht es mit der Validität des *TAT* aus? Das entscheidende Argument der Kritiker bezieht sich darauf, daß die *TAT*-Werte mit anderen Fragebögen zur Erfassung des Leistungsmotivs nicht korrelieren. Auch hier weiß McClelland eine überraschende Antwort: Es gibt nach McClelland et al. (1989) zwei verschiedene Leistungsmotive. McClelland et al. argumentieren, daß die Werte des *TAT* mit anderen Fragebögen zur Messung von Motiven nicht korrelieren können, weil die über projektive Tests versus über Fragebögen gemessenen Motive jeweils unterschiedliche Konzepte erfassen, die orthogonal zueinander stehen (Biernat, 1989; McClelland et al., 1989). Projektive Tests messen sogenannte implizite Motive (*Implicit motives*), Fragebögen dagegen selbst-attribuierte Motive (*Self-attributed motives*). Während implizite Motive die Merkmale besitzen, die wir oben im Rahmen der Ausführungen zu McClellands Forschung besprochen haben, beschreiben selbst-attribuierte Motive reflektierte kognitive Urteile. Selbst-attribuierte Motive sind demnach Werte im Sinne des Für-erstrebenswert-Haltens. Eine Person mit einem hohen Wert auf dem selbst-attribuierten Leistungsmotiv hält demnach leistungsmotiviertes Verhalten für attraktiv und erstrebenswert.

McClelland weist die Kritiker, die Zweifel an der Validität des *TAT*s aufgrund geringer Korrelationen zu anderen Motivmaßen äußern, darauf hin, daß er schon immer einen Unterschied zwischen Motiv und Einstellung (Werte) gemacht habe (McClelland, 1951) und daß man nicht erwarten dürfe, daß Motive und Einstellungen korrelieren. Eine Person könne ein engagiertes Leistungsverhalten positiv bewerten, selbst wenn die Auseinandersetzung mit Leistungsstandards keinen direkten Anreiz für die Person besitzt und damit kein latentes Bedürfnis darstellt. Eine Divergenz zwischen Wert und Motiv kann sich immer dann entwickeln, wenn für die Person, aus welchen Gründen auch immer, Leistungsstreben einen positiven Wert erlangt (z.B. Anerkennung durch Lehrer oder Eltern), obwohl das Leistungsstreben an sich geringen positiven Affekt produziert.

Bereits DeCharms, Morrison, Reitman und McClelland (1955) hatten beobachtet, daß die über den *TAT* gemessenen Leistungsmotivwerte nicht mit den über Fragebögen gemessenen Leistungsmotivwerten korrelierten. DeCharms et al. (1955) argumentierten seinerzeit, man solle zwischen den über Phantasie erhobenen Leistungsbedürfnissen (*n-Achievement*) und der über Fragbögen erhobenen Bewertung von Leistung (*v-Achievement*) unterscheiden. Die Befunde von DeCharms et al. (1955), daß die über Phantasie erhobenen Motivmaße unsystematisch und niedrig mit über Fragebögen gemessenen Werten korrelieren, bestätigen auch Ergebnisse anderer Studien (Halisch, 1986; Holmes & Tyler, 1968). Trotz des Einsatzes verschiedener Fragebogeninstrumente waren die Korrelationen zu den über den *TAT* gemessenen Motivwerten stets niedrig.

Die Unterscheidung zwischen operanten und respondenten Meßverfahren

Die berichteten Korrelationsstudien erfaßten auch den Zusammenhang zwischen Phantasie- versus Fragebogenverfahren des Leistungsmotivs einerseits mit Leistungshandeln andererseits. Dabei fanden sich systematische Unterschiede. McClelland et al. (1989) betonen, daß die impliziten Motive spontane Verhaltenstendenzen über langfristige Zeiträume vorhersagen, während die selbst-attribuierten Motive erfolgreich in der Vorhersage von kurzfristigem Wahlverhalten und von spezifischen Reaktionen in bestimmten Situationen seien. McClelland (1980) bezeichnet die spontanen Verhaltenstendenzen, die durch implizite Motive vorhergesagt werden, als operantes Verhalten, während reflektiertes Entscheidungsverhalten als respondentes Verhalten etikettiert wird. Die Namensgebung basiert auf Skinners (1938) Differenzierung zwischen operantem Verhalten, bei dem der unmittelbare Reiz einer gezeigten Reaktion zunächst im Diffusen bleibt, und respondentem Verhalten, bei dem der unmittelbare Reiz einer gezeigten Reaktion leicht identifizierbar ist. McClelland mißt operantes Verhalten als Häufigkeit eines Verhaltens über die Zeit, während respondentes Verhalten über die Intensität einer Reaktion auf einen bekannten Stimulus erfaßt wird.

Die Unterscheidung zwischen operant und respondent nutzt McClelland (1980, 1985b) auch für die Bezeichnung von *TAT*-Verfahren der Motivmessung einerseits und Fragebogenmethoden andererseits. Operante Verfahren verzichten auf die Vorgabe festgelegter Aussagen. Sie geben stimulierendes Material vor, das den Gedanken der Probanden freien Lauf läßt. Die Testvorlage läßt eine Vielzahl von Antworten zu, die nicht in Form reflektierter Urteile abgefragt werden. Im Gegensatz dazu erfordern respondente Verfahren zustimmende oder ablehnende Antworten auf vorgegebene Fragebogen-Items. Hier kann eine Person nicht frei phantasieren, sondern wird um ein zustimmendes oder ablehnendes Urteil gebeten.

McClelland (1985b; siehe auch Weinberger & McClelland, 1990) führt als Beleg der Nützlichkeit der Unterscheidung zwischen operantem und respondentem Verhalten die Dissertation von Constantian (1981) an, in der sowohl Fragebogen- als auch *TAT*-Maße des Affiliationsmotivs erhoben und die Versuchspersonen dann über mehrere Tage hinweg zu zufällig ausgewählten Zeiten "angebeept" wurden. Das implizite Affiliationsmotiv konnte die Häufigkeit affiliativen Verhaltens (operationalisiert darüber, inwieweit sich eine Person, wenn sie angebeept worden war, mit jemand anderem unterhielt) besser vorhersagen als das selbst-attribuierte Motiv. Dagegen war das selbst-attribuierte Motiv ein besserer Prädiktor für affiliative Vorlieben (operationalisiert über die Frage, inwieweit eine Person alleine oder mit jemandem anderen ins Kino gehen wollte) als das implizite Motiv. Ähnliche Ergebnisse berichtet Biernat (1989) im Leistungsbereich.

McClelland argumentiert, daß operante und respondente Motiv-Meßverfahren in der Vorhersage relevanten Verhaltens miteinander interagieren. Zur Untermauerung dieser These führen McClelland et al. (1989) Ergebnisse an (Raynor & Entin, 1982), nach denen sich die Vorhersagekraft des operant gemessenen Leistungsmotivs erst dann entfaltet, wenn das kritische Leistungshandeln (abhängige Variable) einen hohen Wert hatte. Eine Studie von French und Lesser (1964) demonstriert dieses Prinzip. Studentinnen wurden danach befragt, ob sie sich für eine professionelle Karriere entscheiden oder sich in Richtung eines Hausfrauendaseins orientieren wollten. Hohes Leistungsmotiv (*TAT*) äußerte sich bei Studentinnen, die Karriere machen wollten, in vergleichsweise höheren Werten bei der Lösung einer intellektuellen Leistungsaufgabe (Anagramme lösen). Das Leistungsmotiv hatte dagegen keinen Einfluß auf die Leistung in einer interpersonellen Aufgabe (es ging um das Auflisten verschiedener Methoden, Leute kennenzulernen). Bei Studentinnen, die sich in die häusliche Richtung entwickeln wollten (also ein geringes selbst-attribuiertes Leistungsmotiv hatten), hatte das über *TAT* gemessene Leistungsmotiv einen positiven Einfluß auf die Kennenlern-Aufgabe, während sich kein Einfluß auf die Lösung der Anagramm-Aufgabe beobachten ließ.

Es erscheint McClelland deshalb sinnvoll, bei der Vorhersage von Leistungsverhalten sowohl implizite Motive als auch selbst-attribuierte Motive zu messen. Dies wäre auch noch aus einem anderen Grund wichtig: Sowohl intrinsische Aufgabenanreize als auch soziale, extrinsische Anreize können zu Leistungshandeln führen. Nach McClelland sollen die impliziten Motive durch intrinsische, die selbst-attribuierten Motive dagegen durch soziale extrinsische Anreize angeregt werden. Er spekuliert, daß unterschiedliche Faktoren für die Entwicklung der beiden Motivtypen verantwortlich seien. Die impliziten Motive sollen, wie oben bereits beschrieben, auf frühen affektiven Erfahrungen beruhen, während die selbst-attribuierten Motive auf explizite Anweisungen der Eltern hinsichtlich der vom Kind anzustrebenden Werte zurückgehen. Es wird angenommen, daß selbst-attribuierte Motive auf der Basis von verbalen Instruktionen von Sozialisationsagenten entstehen, sobald das Kind verbale Instruktionen versteht und deren Bedeutung in Konzepte des Selbst einzubauen vermag.

Diese Spekulationen dienen McClelland auch als Erklärung dafür, warum implizite Motive operantes und selbst-attribuierte Motive respondentes Leistungsverhalten stimulieren. Wenn nämlich der Anreiz nicht in der Durchführung der Leistungsaufgabe lokalisiert ist, sondern in der damit zusammenhängenden sozialen Anerkennung, können selbst-attribuierte Motive nur dann Leistungsverhalten motivieren, wenn der externe soziale Anreiz salient ist. Daß implizite Motive den Erfolg einer Person im Leistungsbereich über 20 bis 30 Jahre besser vorhersagen als selbst-attribuierte Motive, liegt nun nach McClelland daran, daß die sozialen Anreize nicht vorhanden oder ständig salient sind. Dies wäre bei den intrinsischen Anreizen dagegen nicht der Fall.

Schließlich sieht McClelland auch Unterschiede hinsichtlich der Wirkprozesse von impliziten und selbst-attribuierten Motiven. Implizite Motive beeinflussen Verhalten direkt, während selbst-attribuierte Motive nur über die Vermittlung von kognitiven Konzepten wirksam werden können. Selbst-attribuierte Motive brauchen bewußte Zielsetzungen, Erwartungen, Intentionen usw., all die Konzepte also, die McClelland als genuin nicht motivationspsychologisch bezeichnet. Es verwundert deshalb nicht, daß Weinberger und McClelland (1990) die Erklärung der Handlungssteuerung durch selbst-attribuierte Motive als ein nicht-motivationales Phänomen betrachten, mit dem sich die kognitive Psychologie beschäftigen sollte.

Kritik der impliziten und selbst-attribuierten Motivunterscheidung

In der heutigen Motivationspsychologie stellen McClellands Gedanken zu impliziten und selbst-attribuierten Motiven und die korrespondierende Unterscheidung zwischen operantem und respondentem Handeln eine Außenseiterposition dar, die nicht einmal eine kritische Rezeption erfährt. Dies mag daran liegen, daß die Motivationspsychologie in den letzten 30 Jahren durch die Berücksichtigung kognitiver Variablen (Bandura, 1986; Heckhausen, 1989) einen beachtlichen Aufschwung erlebt hat, der zu einer zunehmenden theoretischen Differenzierung (z.B. von Erwartungskonzepten) und einer effizienteren Vorhersage von Handlungen geführt hat.

Man ist deshalb versucht anzunehmen, daß McClelland seine ursprüngliche Position, nach der motivationspsychologische Theoriebildung keiner kognitiven Konzepte bedarf, durch eine geschickte Zweiteilung der Motivationspsychologie aufrecht erhalten will. Die "echte", von ihm vertretene Motivationspsychologie analysiert implizite Motive und deren Bedeutung für menschliches Handeln; die kognitiven "Abweichler" dagegen beschäftigen sich mit den "anempfundenen" Motiven. Wie wenig differenziert die kognitive Analyse motivierten Verhaltens bei McClelland ausfällt, sticht ins Auge, wenn man seine Beschreibungen der selbst-attribuierten Motive betrachtet. Hier werden ganz unterschiedliche Konzepte der Selbsteinschätzung zusammengefaßt: Verhaltensintentionen (Ajzen & Fishbein, 1970), kognitive Orientierung bezüglich Leistung (Kreitler & Kreitler, 1976), spezifische Selbstwirksamkeitsurteile (Bandura, 1977a) und Selbstkonzept- sowie Selbstbewertungsurteile (z.B. gemessen über den *Jackson Personality* Fragebogen, Jackson, 1974). All diese Konzepte werden von McClelland et al. (1989) als selbst-attribuierte Motive bezeichnet. Bedenkt man die vielen Argumente und Befunde, die in der rezenten Motivationspsychologie zur Begründung der Differenzierung derartiger Konzepte zusammengetragen wurden, erscheinen die von McClelland angestellten Spekulationen über die Wirkung selbst-attribuierter Motive äußerst global.

Aber auch die Wirkungsweise der impliziten Motive wird nicht explizit beschrieben. Es wird behauptet, daß diese Motive durch intrinsische Anreize direkt respektives Verhalten anstoßen, ohne daß ausgeführt wird, wie ein direktes Anstoßen aussehen könnte (siehe zur direkten Handlungskontrolle die theoretischen Analysen von Bargh & Gollwitzer, 1994). Warum sollten implizite Motive mit ihren intrinsischen Anreizen nicht auch dazu führen, daß man sich die Durchführung von affektiv positiv besetzten Handlungen bewußt zum Ziel setzt? Der Versuch McClellands, sich mittels des Postulierens eines Sonderstatus´ für implizite Motive ein motivationspsychologisches Refugium zu schaffen, in dem man auch nach der kognitiven Revolution in der Psychologie ohne die Berücksichtigung kognitiver Prozesse theoretisieren darf, erscheint angesichts der in den letzten 3 Jahrzehnten erzielten Fortschritte in der Motivationspsychologie als eine unnötige Einengung derselben. Das unumstößliche Festhalten daran, daß es *reine* Motivationsprozesse gebe, die frei von kognitiven Prozessen agieren, ist angesichts der Tatsache, daß der *TAT*-Auswertungsschlüssel mit kognitiven Konzepten (z.B. Erwartung von Erfolgen, das Planen instrumenteller Handlungen, relevante Zielsetzungen) und extrinsischen Anreizen (z.B. soziale Anerkennung) angefüllt ist, besonders verwunderlich. Wie läßt sich begründen, daß das "reine Motiv", das nichts mit kognitiven Prozessen zu tun haben soll, nur anhand kognitiver Konzepte erfaßt werden kann und sich auch auf andere Anreize bezieht, die ausschließlich den selbst-attribuierten "anempfundenen" Motiven zugeschrieben werden? Ähnliches gilt für die Konzeptualisierung operanten und respondenten Verhaltens; hier läßt McClelland anklingen, daß insbesondere das operante Verhalten vergleichsweise spontan auftritt, während das respondente Verhalten ein kognitiv reflektiertes Verhalten darstellt. Aber gerade in unstrukturierten Situationen bedarf es doch der Planung und der Reflexion von Verhaltensmöglichkeiten. Warum sollte man annehmen, daß die Frage, ob man in einer vorgegebenen strukturierten Situation zustimmend oder ablehnend reagieren soll, vergleichsweise mehr Reflexion bedarf?

Motive als Determinanten im Risikowahlmodell Atkinsons

Atkinson hatte bereits 1957 die direkte Wirkung von Motiven in Frage gestellt. Er entwickelte ein Modell, das es erlauben sollte, die Wahl von Leistungsaufgaben verschiedener Schwierigkeitsgrade vorherzusagen. Im Gegensatz zu McClelland begriff er die Wirkung des Leistungsmotivs als ein komplexes Zusammenspiel von Anreizen und Erwartungen. McClelland hatte für diese innovativen Arbeiten Atkinsons wenig Verständnis, wie sich aus folgendem Kommentar zu Atkinsons Arbeit ablesen läßt: "*... the notion that drives or motives (have) uniquely different physiological and affective bases (is) replaced by a purely cognitive conception of motives as the product of expectancies and values, accompanied by a general state of physiological arousal.*" (McClelland, 1985b, S. 813). Tatsächlich findet sich in Atkinsons motivationspsychologischen Arbeiten eine kognitive Orientierung, die an Tolmans Ideen erinnert, während McClelland in seinen Arbeiten eher auf die von Hull propagierte triebbedingte Seite (*Drive*) von Verhalten fokussierte. Diese unterschiedlichen theoretischen Perspektiven werden auch in dem jeweils anderen Gebrauch des Begriffs Motivation deutlich. McClelland (1985b) hält nach wie vor an seinem traditionellen Begriff der Motivation fest und verwendet Motivation im Sinne "eines Zustands, in dem das Motiv angeregt ist"; etwa der defizitäre Bedürfniszustand, der durch Nahrungsentzug entsteht oder der Bedürfniszustand, der durch negative Leistungsrückmeldung angeregt wird.

Ganz anders wird der Begriff Motivation von Atkinson und anderen kognitiv orientierten Motivationspsychologen (Heckhausen, 1977) benutzt. Motivation ist dort das Endprodukt von einer Vielzahl verschiedener Handlungsdeterminanten. Alle zu diesem Endprodukt (i.e. der Handlungstendenz) beitragenden Variablen werden motivational genannt (für eine Zusammenfassung siehe Heckhausen, 1989). Diese Variablen sind beispielsweise Motive, Erwartungen, Anreize, Attributionsgewohnheiten, Intentionen, Werte und Einstellungen. Erst kürzlich ist dieser allgemeine Begriff der Motivation im Sinne von Handlungstendenz weiter spezifiziert worden. Man unterscheidet neuerdings sogenannte motivationale (auf die Wahl von Handlungen bezogene) versus volitionale (auf die Ausführung gewählter Handlungen bezogene) Handlungstendenzen. Dabei werden Prozeße der Zielfindung und -setzung als motivationale Prozesse bezeichnet, die des Zielstrebens dagegen volitionale Prozeße genannt (Heckhausen, 1989; Gollwitzer, 1990; für die Unterscheidung zwischen *Goal setting* und *Goal striving* siehe auch Lewin, Dembo, Festinger & Sears, 1944). Damit soll zum Ausdruck gebracht werden, daß möglicherweise andere Bedingungsvariablen vor und nach einer Zielentscheidung die Handlungstendenz bestimmen und daß sich die Wirkung dieser Variablen auf die Handlungstendenz jeweils anders gestaltet.

Auch Atkinson (1957) betonte, daß eine umfassende Motivationstheorie Fragestellungen nach der Selektion von alternativen Handlungsoptionen einerseits (bspw. hinsichtlich der Wahl von Aufgaben bestimmter Schwierigkeitsgrade) und nach dem Ausmaß an Anstrengung und Persistenz bei der Ausführung gewählter Optionen andererseits beantworten können müßte.

Definition der Begriffe Motiv, Erwartung und Anreiz. In Atkinsons (1957) Formel zur Bestimmung der Handlungstendenz gehen drei Größen ein: das Motiv, die Erwartung und der Anreiz, die multiplikativ miteinander verknüpft werden. Motiv wird dabei definiert als: "*... a dispositon to strive for a certain kind of satisfaction, as a capacity for statisfaction in the attainment of a certain class of incentives*." (Atkinson, 1957, S. 360). Die Befriedigung (*Satisfaction*) wird für das Leistungs-, Macht- und Affiliationsmotiv jeweils anders konzipiert: Stolz auf die vollbrachte Leistung beim Leistungsmotiv, das Gefühl, einflußreich zu sein, beim Machtmotiv und das Gefühl dazuzugehören beim Affiliationsmotiv. Das Leistungsmotiv wird damit zur Dispositon, Erfolg zu maximieren und dadurch Stolz zu erleben. Dies ist allerdings nur die Annäherungsseite des Leistungsmotivs (*Approach motive*); es gibt aber auch noch eine davon unabhängige Vermeidungsseite des Leistungsmotivs (*Avoidance motive*), die für die Disposition steht, Mißerfolg zu minimieren und dadurch Scham zu vermeiden.

Erwartung wird definiert als: "*... cognitive anticipation, usually aroused by cues in a situation, that performance of some act will be followed by a particular consequence. The strength of an expectancy can be represented as the subjective probability of the consequence, given the act.*" (Atkinson, 1957, S. 360). Es geht also um die Erwartung, bei der Bearbeitung bestimmter Aufgaben Erfolg oder Mißerfolg zu haben. Atkinson spricht deshalb auch von der "*Subjective probability of success*" bzw. der "*Subjective probability* *of failure"*. Die Ähnlichkeit seines Modells mit der Theorie Tolmans wird von Atkinson (1957) als Grund dafür angegeben, warum er eine dritte Variable, nämlich Anreiz einführte. Die Anreizvariable ist die subjektiv empfundene Attraktivität/Unattraktivität eines Ereignisses, das als Konsequenz einer Handlung auftreten könnte (z.B. Erfolg bzw. Mißerfolg im Leistungsbereich).

Im Leistungsbereich läßt sich nach Atkinson der Anreiz aus der Aufgabenschwierigkeit erschließen. Atkinson folgt dabei Arbeiten von Escalona (1940) und Festinger (1942) über die Anpassung des Aspirationsniveaus nach Erfolg versus Mißerfolg in Leistungsaufgaben. Diese Autoren postulieren, daß die Attraktivität des Erfolg eine positive Funktion der Aufgabenschwierigkeit ist, während die Unattraktivität des Mißerfolgs in negativer Beziehung zur Aufgabenschwierigkeit steht. Atkinson nimmt folglich an, daß Erfolg bei einer schwierigen Aufgabe einen höheren Anreiz hat als Erfolg bei einer leichten Aufgabe. Der Erfolgsanreiz einer Aufgabe kann somit als "1 minus subjektiver Erfolgserwartung" definiert werden. Der Mißerfolgsanreiz einer Aufgabe ergibt sich dagegen aus der mit -1 multiplizierten subjektiven Erfolgswahrscheinlichkeit. Bei einer schweren Aufgabe mit geringen Erfolgschancen sollte der negative Anreiz, d.h. die Scham bei Mißerfolg, nämlich weniger schmerzhaft sein als bei einer leichten Aufgabe mit hohen Erfolgschancen.

Natürlich gilt diese Berechnung des Anreizes nur im Leistungsbereich. Hier ist es einsichtig, daß man bei der Lösung schwieriger Aufgaben mehr Stolz und bei Mißerfolg von leichten mehr Scham empfindet. Im Affiliationsbereich kann man jedoch nicht davon ausgehen, daß man ein stärkeres Gefühl dazuzugehören erlebt, wenn sich das Erreichen des Zusammenseins mit anderen als subjektiv schwierig gestaltet. Analoges gilt für den Machtbereich. Auch hier kann man nicht davon ausgehen, daß man sich im Besitz größerer Kontrolle fühlt, wenn die Kontrollierten als potentiell widerspenstig erlebt werden (für eine Diskussion dieser Frage siehe Heckhausen, 1989).

Wenn man nun die im vorigen besprochene Gleichung Atkinsons im Leistungsbereich, für den sie ursprünglich entwickelt wurde, heranzieht, so gilt es, für die Bestimmung der Handlungstendenz zunächst den Anreiz mit der subjektiven Wahrscheinlichkeit zu multiplizieren. Für die Annäherungstendenz ergibt sich bei der Multiplikation des Erfolgsanreizes mit der subjektiven Erfolgswahrscheinlichkeit eine umgekehrte U-Kurve mit positiven Werten, die Höchstwerte bei mittlerer Aufgabenschwierigkeit erreicht. Für die Vermeidungstendenz ergibt sich bei der Multiplikation des Mißerfolgsanreizes mit der subjektiven Mißerfolgswahrscheinlichkeit eine ins Negative reichende U-Kurve, die ihren niedrigsten Wert bei mittlerer Aufgabenschwierigkeit hat, die höchsten (die am wenigsten negativen) Werte dagegen bei sehr leichten und sehr schweren Aufgaben.

Welche Rolle spielen dabei die Motivdispositionen? Das Erfolgsmotiv gewichtet die Annäherungstendenz, und das Mißerfolgsvermeidungsmotiv gewichtet die Vermeidungstendenz. Mit anderen Worten: Die umgekehrte positive U-Kurve bzw. die ins Negative reichende U-Kurve fällt um so steiler aus, je ausgeprägter die respektiven Motive sind.

Die Verrechnung von Annäherungs- und Vermeidungsmotivation. Welche Motivation oder Handlungstendenz entsteht bei gleichzeitigem Auftreten einer Annäherungs- und einer Vermeidungstendenz? Nach Atkinson ergibt sich diese daraus, daß man von der Annäherungstendenz (*Approach*) die Vermeidungstendenz (*Avoidance*) abzieht (in Wirklichkeit handelt es sich um eine Addition, weil die Annäherungstendenz in Atkinsons Formel algebraisch einen positiven, die Vermeidungstendenz dagegen einen negativen Wert besitzt). Auf die Wahl von Aspirationsniveaus angewandt führt diese Verrechnung zur Vorhersage, daß Personen mit stärkerem Erfolgs- als Mißerfolgsvermeidungsmotiv Aufgaben mittlerer Schwierigkeiten präferieren, während Personen mit ausgeprägterem Mißerfolgsvermeidungs- als Erfolgsmotiv Aufgaben niedriger oder hoher Schwierigkeit auswählen sollten. Diese Art der Verrechnung gilt allerdings nur für Situationen, in denen die Versuchspersonen eine Wahl zwischen verschiedenen Alternativen haben (z.B. die Wahl zwischen verschieden schweren Aufgaben in einem klassischen Aspirationsniveau-Experiment).

Atkinson unterscheidet von diesen Wahlsituationen die "*constrained*" Situationen. In diesen "Zwangssituationen" bearbeitet die Person bereits die Aufgabe und kann nur noch bestimmen, ob sie mit mehr oder weniger Anstrengung und Persistenz die Lösung der Aufgabe verfolgen will. Die Handlungstendenz errechnet sich hier nicht mehr subtraktiv (die Vermeidungstendenz wird von der Annäherungstendenz abgezogen), sondern additiv (die Vermeidungstendenz verstärkt die Annäherungstendenz). Dies verhält sich so, weil Mißerfolg hier nur noch dadurch vermieden werden kann, daß man die Flucht nach vorne antritt und sich maximal anstrengt. Daher sollten sich primär Mißerfolgsvermeidungsmotivierte in derartigen Situationen hinsichtlich ihrer Motivation (Anstrengung und Persistenz) nicht von primär Erfolgsmotivierten unterscheiden. Atkinson (1964; 1982) gibt allerdings zu bedenken, daß aufgabenirrelevante Grübeleien den überaus Mißerfolgsängstlichen in seiner Motivation dennoch hemmen könnten.

Ob eine bestimmte Handlung ausgewählt und ausgeführt wird, hängt schließlich nach Atkinson immer auch davon ab, ob die ins Auge gefaßte Handlung im Konzert konkurrierender Handlungen eine relativ stärkere Handlungstendenz aufweist (siehe dazu auch die Überlegungen von Atkinson & Birch, 1978). Es wird also diejenige Handlung aus vielen möglichen ausgewählt, für die die resultierende Motivation oder Handlungstendenz am größten ist. Dies gilt auch für die gezeigte Anstrengung und Persistenz einer einmal begonnenen Handlung.

Alternativerklärungen für die Risiko-Wahl bei Erfolgsmotivierten versus Mißerfolgsvermeidungsmotivierten. In einer Vielzahl experimenteller Studien stellte sich heraus, daß Erfolgsmotivierte nicht Aufgaben mittlerer Schwierigkeit präferieren, sondern etwas schwerere Aufgaben (Heckhausen, 1968; Atkinson, 1964). Dieser Schönheitsfehler ließ sich jedoch durch einfache Modifikation (Einführen von Konstanten) der Formel beheben. Schwieriger war und ist es, die Alternativerklärungen für die Wahl mittlerer Aufgabenschwierigkeiten bei Erfolgsmotivierten und leichter sowie schwieriger Aufgaben bei Mißerfolgsvermeidungsmotivierten zu widerlegen. Weiner (1974, 1985) offerierte eine attributionstheoretische Alternativerklärung. Er ging davon aus, daß Erfolgsmotivierte ihren Selbstwert erhöhen und Mißerfolgsvermeidungsmotivierte ihn schützen wollen. Wenn der Erfolgsmotivierte Aufgaben mittlerer Schwierigkeit wählt, hat er die Möglichkeit, Stolz beim Erfolg zu optimieren, indem er den Erfolg internalisiert (Erfolg bei schweren Aufgaben legt Glücksattributionen nahe, während bei leichten Aufgaben fehlende Aufgabenschwierigkeit die naheliegendste Attribution ist). Wenn der Mißerfolgsvermeidungsmotivierte dagegen sehr schwere Ziele wählt, hat er die Möglichkeit, Scham zu vermeiden, indem er Mißerfolg externalisiert. Bei leichten Aufgaben kann er den Mißerfolg von vornherein vermeiden.

Eine weitere Alternativerklärung wurde von Trope und Brickman (1975) vorgetragen. Hier wird davon ausgegangen, daß Erfolgsmotivierte über das Ausmaß ihrer Kompetenz genau Bescheid wissen und Mißerfolgsmotivierte diese Frage unbeantwortet lassen wollen. Die Wahl von Aufgaben mittleren Schwierigkeitsgrades hat nach Trope und Brickman den höchsten Informationswert (*Diagnosticity*) bezüglich der Beantwortung der Frage nach der eigenen Kompetenz. Bei leichten Aufgaben sagt der Erfolg wenig über die eigene Fähigkeiten aus, weil die meisten Leute hier Erfolg haben. Das gleiche Argument gilt für den Mißerfolg bei schweren Aufgaben, denn die meisten Leute erleiden hier das gleiche Mißerfolgsschicksal. Insgesamt also sollte die Wahl mittelschwieriger Aufgaben mehr Information über die Fähigkeit der eigenen Person vermitteln als die Wahl schwieriger und leichter Aufgaben. Trope (1975) hat in seinen Experimenten die Wahrnehmung der Aufgabenschwierigkeit und den Informationsgehalt der Aufgaben unabhängig voneinander manipuliert. Aufgaben mit hohem Informationsgehalt über die persönlichen Fähigkeiten wurden eher ausgewählt als die mit niedrigem Informationsgehalt. Dieses Ergebnis fand sich insbesondere bei erfolgsmotivierten Personen.

Kritik an der Messung des Mißerfolgsvermeidungsmotivs. Bereits Murray unterschied zwischen aufsuchenden und vermeidenden Bedürfnissen. Zum anderen hatte Atkinson (1953) im Rahmen des Zeigarnik-Paradigmas (1927) Ergebnisse erhalten, die ihm die Notwendigkeit dieser Unterscheidung deutlich machten. In einem Experiment zur Erinnerung von Handlungen mußten Versuchspersonen 20 Aufgaben bearbeiten, von denen die Hälfte vor Fertigstellung unterbrochen worden war, während die andere Hälfte zu Ende geführt werden durfte. Die Aufgabenbearbeitung wurde entweder unter entspannten, neutralen oder leistungsorientierten Bedingungen durchgeführt. Versuchspersonen, die niedrige Werte auf dem über den *TAT* gemessenen Leistungsmotiv hatten, konnten sich in der entspannten Bedingung (in der die Aufgaben als unwichtig dargestellt und die Namen der Versuchspersonen nicht von dem Versuchsleiter notiert wurden) besser an unterbrochene Aufgaben erinnern als die Versuchspersonen mit hohem Leistungsmotiv. Dies war im Rahmen traditioneller Überlegungen (es wurde nur ein Erfolgsmotiv angenommen) nicht zu erklären, denn Versuchspersonen mit hohem Leistungsmotiv sollten im Vergleich zu solchen mit niedrigem Leistungsmotiv generell einen deutlichen Vorsprung beim Erinnern unterbrochener Aufgaben haben (ein Ergebnis, das sich in der leistungsorientierten Bedingung auch bestätigen ließ).

Atkinson (1964) versuchte den Befund, daß Personen mit niedrigen Werten auf dem Leistungs-*TAT* unter entspannten Bedingungen ein Verhalten zeigen, das man eigentlich bei Personen mit hohen *TAT*-Werten erwartet hätte, wie folgt zu erklären: Versuchspersonen mit niedrigen Werten auf dem Leistungs-*TAT* seien möglicherweise nicht nur durch ein niedriges Erfolgsmotiv gekennzeichnet, sondern auch durch ein hohes Mißerfolgsvermeidungsmotiv, d.h. durch eine Disposition dafür, ängstlich auf den möglichen Mißerfolg zu blicken und diesen vermeiden zu wollen. Hinsichtlich des Ergebnisses, daß sich Versuchspersonen mit geringen *TAT*-Werten in der entspannten Bedingung an einen höheren Prozentsatz der unerledigten Aufgaben erinnerten als Versuchspersonen mit hohen Werten, erlaubt diese Annahme eine einfache Antwort. Den Versuchspersonen mit niedrigen *TAT*-Werten (d.h. hoch Mißerfolgsängstliche) wird durch die Entspannungsbedingung die Mißerfolgsangst genommen. Schließlich handelt es sich um einen anonymen Leistungskontext.

Atkinson postulierte folglich ein jeweils eigenständiges Erfolgs- und Mißerfolgsvermeidungsmotiv, die getrennt voneinander zu erfassen seien. Das Erfolgsmotiv über den Leistungs-*TAT*, das Mißerfolgsvermeidungsmotiv mit Hilfe von Fragebögen, insbesondere mittels des *Test Anxiety Questionnaire (TAQ)*. Tatsächlich korrelierten die über den *TAT* gemessenen Werte des Leistungsmotivs und die über den *TAQ* erhaltenen Werte des Mißerfolgsmotivs nicht substantiell negativ miteinander (siehe bspw. Atkinson & Litwin, 1960). In den meisten Studien zum Risiko-Wahl-Modell wurde deshalb ein Mediansplit auf beiden Variablen durchgeführt, wobei Versuchspersonen mit hohen Werten auf dem *TAT* und niedrigen Werten auf dem *TAQ* als hoch erfolgsmotiviert eingestuft werden; das umgekehrte Muster stand für ein hohes Mißerfolgsvermeidungsmotiv.

Argumente gegen die Praxis, Verfahren zur Messung von Prüfungsangst als Maß des Mißerfolgsvermeidungsmotivs zu verwenden, sind insbesondere von Heckhausen (1963) vorgetragen worden. Nach Heckhausen kann ein Fragebogenverfahren wie der *TAQ* das Motiv, Mißerfolg zu vermeiden, nicht erfassen. Der *TAQ* vermag lediglich vermutete Angstzustände in einer antizipierten bedrohlichen Leistungssituation zu messen. Ein weiteres Problem bei der Erfassung des Mißerfolgsvermeidungsmotivs durch den *TAQ* ist, daß das Mißerfolgsvermeidungsmotiv mit dem Selbstkonzept der Begabung (Nicholls, 1984) konfundiert wird (Heckhausen, 1989). Ein niedriges Selbstkonzept der Begabung geht mit hohen subjektiven Angstwerten einher.

Heckhausen (1963) entwickelte deshalb einen Leistungs-*TAT*, der es erlaubt, das Erfolgsmotiv und das Mißerfolgsvermeidungsmotiv getrennt zu erheben. Er entwickelte zwei unabhängige Auswertungsschlüssel für die beiden Motive, die er "Hoffnung auf Erfolg" (HE) und "Furcht vor Mißerfolg" (FM) nannte. Heckhausens Leistungs-*TAT* enthält 6 Bilder, wobei die eine Hälfte einen erfolgreichen und die andere einen erfolglosen Ausgang nahelegt. Der Auswertungsschlüssel umfaßt jeweils 6 Kategorien für Hoffnung auf Erfolg und Furcht vor Mißerfolg: Bedürfnis nach Erfolg bzw. Mißerfolg, instrumentelle Tätigkeit zur Zielerreichung bzw. instrumentelle Tätigkeit zur Vermeidung eines Mißerfolgs, Erfolgserwartung bzw. Mißerfolgsgewißheit oder Erfolgsungewißheit, Lob infolge guter Leistung bzw. Kritik und Tadel in Hinblick auf einen möglichen Mißerfolg, positiver bzw. negativer Gefühlszustand und Erfolgsthema bzw. Mißerfolgsthema.

Die Korrelationen zwischen den Werten für Hoffnung auf Erfolg und Furcht vor Mißerfolg sind im allgemeinen niedrig. Mit den über den ursprünglichen Leistungsmotivationsschlüssel erhaltenen Werten (nach Atkinson und McClelland) korrelierten die Werte für Hoffnung auf Erfolg relativ hoch (*r*s = circa .60), nicht aber die Werte für Furcht vor Mißerfolg (*r*s = circa .15). Auch die Korrelationen zwischen den beiden über Heckhausens *TAT*-Schlüssel gemessenen Leistungsmotivwerten und dem *TAQ* fallen niedrig aus (Fisch & Schmalt, 1970).

Die Unterscheidung zwischen Aufgabenwahl und Aufgabenbearbeitung. Atkinson (siehe bspw. Atkinson & Reitman, 1956) war davon ausgegangen, daß die anhand seiner Formel ermittelte Handlungstendenz nicht nur die Vorhersage der Aufgabenwahl erlaubt, sondern auch der Anstrengungsbereitschaft und Persistenz bei der Aufgabenbearbeitung. Leider mußte Atkinson (1974) rückblickend konstatieren, daß der positive Zusammenhang zwischen Motivationsstärke und Leistung bei seiner empirischen Erforschung nicht verläßlich zu beobachten war. Atkinson folgerte daraus, daß man auch berücksichtigen müsse, um welche Art der Aufgabentätigkeit es sich handele. Manche Aufgaben lassen sich leichter lösen, wenn man sich nicht so sehr anstrengt. Eine Übermotivierung würde den Leistungserfolg behindern.

Der fehlende Zusammenhang zwischen der nach der Formel Atkinsons berechneten Handlungstendenz (Motivationstendenz) und Parametern der Aufgabenbearbeitung (Anstrengungsbereitschaft, Persistenz, Erfolg) hat eine Reihe von Kritikern (Gollwitzer, 1991; Heckhausen, 1989; Kuhl, 1983; Klinger, 1977) dazu veranlaßt, die Gültigkeit des Risiko-Wahl-Modells auf die Aufgabenwahl beschränkt zu sehen. Kuhl (1983) postulierte eine Unterscheidung zwischen Selektionsmotivation (Auswahlmotivation) und Realisationsmotivation (Anstrengungsmotivation), um deutlich zu machen, daß sich das Risiko-Wahl-Modell (auch mit seinen Reformulierungen und Erweiterungen) ausschließlich auf Auswahlmotivation beziehe. Heckhausen (1989) und Gollwitzer (1991) trafen eine Unterscheidung zwischen Motivation und Volition, wobei motivationale Phänomene die Wahl von Handlungszielen betreffen und volitionale Phänomene deren Ausführung. Auch hier wird angenommen, daß die Wahl von Handlungszielen anhand von Erwartung-mal-Wert-Modellen nach Atkinson vorhergesagt werden kann, die effiziente Durchführung gewählter Ziele jedoch nicht. Bei der Aufgabenbearbeitung kämen noch eine Reihe weiterer Prozesse hinzu (nach Kuhl Handlungskontrollprozesse), die eine effiziente Durchführung der Aufgabe bestimmen, und dies weitgehend unabhängig von der Höhe der Motivationstendenz. Die Motivationstendenz bildet hier nur eine Obergrenze für die aktuelle Anstrengung und Persistenz (siehe dazu auch Wright, 1996); bis zu dieser Obergrenze der Anstrengungsbereitschaft strengt man sich reaktiv an, d.h. höhere Aufgabenschwierigkeiten führen zu intensiverer Anstrengung und größerer Persistenz.

Zusammenfassung

Im vorliegenden Kapitel wurde die historische Entwicklung der Motivationspsychologie nachgezeichnet. Zusammenfassend ergibt sich folgendes Bild bezüglich der Rolle des Zukunftsdenkens in der Motivationspsychologie. Bei keinem der berichteten Ansätze wird explizit auf Zukunftsdenken eingegangen, obwohl man meinen sollte, daß gerade in der Motivationspsychologie diesem Thema eine zentrale Rolle eingeräumt werden müßte. Dies ist jedoch nicht der Fall, und es bleibt uns somit abschließend die Aufgabe, Überlegungen darüber anzustellen, wo man in der Motivationspsychologie das Zukunftsdenken produktiv hätte thematisieren können und warum dies nicht geschehen ist.

Wir haben unseren Überblick über die Entwicklung der Motivationspsychologie mit der Instinkttheorie McDougalls begonnen, der Instinkte als inhaltlich eingegrenzte Konstrukte (z.B. der Selbstbehauptungsinstinkt) begriff, die dynamische Qualitäten haben. Instinkte galten ihm als Beweggründe des menschlichen Handelns, wobei letzteres als zielgerichtet verstanden wurde. McDougalls Psychologie hätte somit die Rolle des Zukunftsdenken in der Analyse der Zielgerichtetheit menschlichen Handeln thematisieren können. Wenn man jedoch bedenkt, welcher Widerstand allein McDougalls Vorschlag, menschliches Handeln als selbst-initiiert und zielgerichtet zu begreifen, entgegengebracht wurde, wird verständlich, warum er von der Analyse der Bedeutung des Zukunftsdenkens für zielgerichtetes Handeln Abstand genommen hat. McDougall wäre es andernfalls noch schwerer gefallen, sich gegen den von den Behavioristen vorgetragenen Vorwurf des Mentalismus´ zu wehren (siehe McDougall, 1908).

Auch in den neo-behavioristischen Ansätzen, die dem Anspruch entsprachen, motivationale Konzepte zu berücksichtigen, hatte Zukunftsdenken keinen Platz. Dies gilt insbesondere für die Hullsche Lerntheorie. Die Konzeptualisierung des Triebs als generelle Erregung gibt Zukunftsgedanken keinen Raum, und das Konzept der Erwartung wird hier zur Ausführungsgewohnheit reduziert. Das später dazu addierte Anreizkonzept impliziert im Prinzip jedoch die Bewertung eines in der Zukunft liegenden Ereignisses. In neo-behavioristischer Manier wird jedoch auf eine "mentalistische" Ausformulierung verzichtet (der Anreiz bleibt ein hypothetisches Konstrukt), was die Thematisierung der Inhalte des Zukunftsdenkens ausschließt.

Diese Forschungsphilosophie verhinderte auch bei Tolman eine explizite Beschäftigung mit den Inhalten des Zukunftsdenkens. Obwohl in seiner Theorie verschiedene Konzepte die Zukunftsorientierung des Organismus' erfassen (z.B. die verschiedenen Erwartungskonzepte, sein Anreizkonzept des "*Demand-for-the-goal-objects*"), wird nicht versucht, die Inhalte des Nachdenkens über die Zukunft zu spezifizieren und für die Vorhersage und Erklärung des Verhaltens nutzbar zu machen. Bei Lewin dagegen ist die theoretische Analyse der Inhalte von Zukunftsgedanken (beispielsweise im Rahmen des Konzepts des Aufforderungscharakters) nicht von vornherein aus wissenschaftstheoretischen Gründen obsolet. Trotzdem finden sich nur vereinzelt Ausführungen darüber, wie und mit welchem Effekt über Aufforderungscharaktere nachgedacht wird (z.B. wird im Rahmen des Konzepts der "*Means-end order*" die mentale Simulation des Handelns angesichts starker Aufforderungscharaktere thematisiert).

Die Scheu, tatsächliche Gedanken zu analysieren und für handlungstheoretische Überlegungen fruchtbar zu machen, läßt sich bei Murrays Analyse latenter Bedürfnisse als Persönlichkeitsdispositionen *nicht* beobachten. Allerdings ging es hier nicht um die selbst-bezogenen Gedanken einer Person; vielmehr werden auf andere Personen (Charaktere auf *TAT*-Bildern) projizierte Gedanken analysiert. Aufgrund dieser Gedanken werden dann Rückschlüsse gezogen über die jeweils vorliegende Bedürfnisdisposition. Dabei werden auch Zukunftsgedanken berücksichtigt, die allerdings nicht explizit von anderen Gedanken unterschieden werden. Diese Erfassungsmethode von latenten Bedürfnissen wurde von Atkinson und McClelland auf die Messung des Leistungs-, Affiliations- und Machtmotivs adaptiert. Die ursprünglichen Arbeiten Atkinsons und McClellands in den 50er Jahren lehnen sich noch deutlich an ein Motivkonzept an, das an physiologische Bedürfnisse erinnert. So wird beispielsweise zur Validierung der Auswertung von *TAT*-Phantasien das Hungerbedürfnis herangezogen. Bei angeregtem Hungerbedürfnis zeigt sich keine Erhöhung der in die Zukunft gerichteten, auf instrumentelles Handeln bezogenen Phantasien, sondern nur vermehrte Mangelphantasien. Dieser Befund wies Zukunftsphantasien zunächst eine geringe Bedeutung zu.

Mit dem Schwenk in Richtung psychischer Bedürfnisse (Leistungs-, Affiliations- und Machtmotiv) wird bei der Erfassung der Motive schließlich die Bedeutung des Zukunftsdenkens erkannt. Der Inhaltsschlüssel für die Analyse des Leistungs-*TAT*s beispielsweise enthält viele Kategorien, die sich auf Gedanken der Protagonisten beziehen, die in die Zukunft reichen (z.B. langfristige, übergeordnete Ziele). Diese werden allerdings nicht getrennt von anderen leistungsthematischen Gedanken, die nicht in die Zukunft reichen (z.B. die Beschreibung momentaner affektiver Zustände), verrechnet. Gemeinsam ist der Theoriebildung von McClelland und Atkinson (die sich in anderen wichtigen Punkten jedoch deutlich unterscheiden), daß bei der Vorhersage des Verhaltens zwei Arten des Zukunftsdenkens Berücksichtigung finden. Bei McClelland kommt dies insofern zum Ausdruck, als er zwischen impliziten und selbst-attribuierten Motiven unterscheidet. In die impliziten Motive gehen zumindest potentiell auch spontane Zukunftsphantasien ein, die sich auf die *TAT*-Protagonisten beziehen; die selbst-attribuierten Motive beschreiben dagegen Urteile (z.B. Selbstwirksamkeitserwartungen und andere Kompetenzurteile). McClelland hofft, durch die gemeinsame Berücksichtigung beider Motivtypen eine bessere Vorhersage inhaltlich relevanten Verhaltens erzielen zu können.

Auch Atkinsons Formel zur Vorhersage der Handlungstendenz kennt zwei Arten des Zukunftsdenkens. Einmal die Erfolgs- und Mißerfolgserwartungen als subjektive Wahrscheinlichkeitsurteile, zum anderen die über den *TAT* erfaßte, relevante Motivdisposition, in die auf Protagonisten projizierte Zukunftsphantasien eingehen. Interessant ist, daß in den Überlegungen Atkinsons auch furcht- und vermeidungsbezogene Phantasien einen Platz haben, was durch eine Erweiterung des *TAT*-Verfahrens zur Erfassung eines Mißerfolgsmotivs (durch Heckhausen) Berücksichtigung fand. Damit verweist Atkinson auf die Dimension Positivität versus Negativität von Zukunftsgedanken.

Abschließend läßt sich somit das Fazit ziehen, daß Zukunftsdenken in der Motivationspsychologie durch die Arbeiten McClellands und Atkinsons insofern eine Differenzierung erfuhr, als sowohl auf die Zukunft bezogene Erwartungen (Urteile) als auch spontane Phantasien Berücksichtigung finden. Weiterhin wird deutlich, daß diese Phantasien sowohl positive (anziehende) als auch negative (abstoßende) Qualität haben können. Kritisch ist jedoch anzumerken, daß spontane Phantasien immer nur im Rahmen der Motivdisposition einer Person thematisiert werden (also bedürfnisbezogen konzeptualisiert werden) und somit als Personenmerkmal konstruiert sind. Damit wird vorschnell die Möglichkeit ausgeschlossen, daß die in einer gegebenen Situation ausgelösten spontanen Phantasien über zukünftige Ereignisse und deren Konsequenzen ebenfalls bedeutsam für das Handeln einer Person sind. Die a priori angenommene Verknüpfung von Zukunftsphantasien mit Motivdispositionen übersieht offensichtlich, daß über in einer Situation antizipierte Ereignisse und Konsequenzen nicht nur im Rahmen von Erwartungsurteilen und Anreizbewertungen nachgedacht werden kann, sondern daß sich über diese auch trefflich phantasieren läßt.

4

Zukunftsdenken in der Tagtraumforschung

Das Konzept des Gedankenstroms als Ausgangspunkt

William James' neuntes Kapitel in seinem Buch "*Principles of Psychology*" (1890) ist überschrieben mit "*The stream of thought*", wobei der Titel in späteren Ausgaben in "*The stream of consciousness*" verändert wurde. James war aufgrund introspektiver Analysen (I. Taylor, 1983) zu folgenden Erkenntnissen hinsichtlich der Eigenschaften von Gedanken gelangt: (a) Gedanken sind Teil eines jeweils anderen individuellen Bewußtseins; (b) sie befinden sich stets im Zustand der Veränderung; (c) sie werden als fortlaufend erlebt; (d) sie werden als dissoziiert von den Dingen, auf die sie sich beziehen, empfunden; (e) sie fokussieren auf bestimmte Aspekte dieser Dinge, wobei andere Aspekte ausgeschlossen bleiben.

Nach James sind Gedanken für andere nicht einsehbar - also müssen sie auch dem Forscher zunächst verborgen bleiben. James (1890) schreibt: "*Absolute insulation, irreducable pluralism, is the law. It seems as if the elementary psychic fact were not* ***thought*** *or* ***this thought*** *or* ***that thought****, but* ***my thought****, every thought being* ***owned***." (S. 226). Diese individuellen Gedanken verändern sich über die Zeit und "... ***no state once gone can recur and be identical with what it was before***" (S. 230); und "... *no two 'ideas' are ever exactly the same*" (S. 235), auch wenn die Dinge dieselben bleiben. James führt hierzu aus:

> *What after all is so natural as to assume that one object, called by one name, should be known by one affection of the mind? But, if language must thus influence us, the agglutinative languages, and even Greek and Latin with their declensions, would be the better guides. Names did not appear in them inalterable, but changed their shape to suit the context in which they lay. It must have been easier then than now to conceive of the same object as being thought of at different times in non-identical conscious states.* (James, 1890, S. 236-237).

Warum spricht James aber vom Gedankenstrom? Dies macht er in folgendem Zitat deutlich:

> *Consciousness, then, does not appear to itself chopped up in bits. Such words as 'chain' or 'train' do not describe it fitly as it presents itself in the first instance. It is nothing jointed; it flows. A 'river' or a 'stream' are the metaphors by which it is most naturally described.* ***In talking of it hereafter, let us call it the stream of thought, of consciousness, or of subjective life***. (S. 239).

Nach James müssen die in den Gedanken behandelten Dinge aber ihre eigene Realität besitzen:

> *The reason why we all believe that the objects of our thoughts have a duplicate existence outside, is that there are* ***many*** *human thoughts, each with the* ***same*** *objects, as we cannot help supposing. The judgment that* ***my*** *thought has the same object as* ***his*** *thought is what makes the psychologist call my thought cognitive of an outer reality. The judgment that my own past thought and my own present thought are of the same object is what makes* ***me*** *take the object out of either and project it by a sort of triangulation into an independent position, from which it may* ***appear*** *to both.* (S. 271-272).

Ganz verschiedene Aspekte dieser in der externen Realität liegenden Dinge können dabei ausgewählt werden: "*Consciousness consists in the comparison of these with each other, the selection of some, and the suppression of the rest by the reinforcing and inhibiting agency of attention.*" (S. 288).

James kritisiert die kognitive Psychologie seiner Zeit dafür, daß sie die Analyse des Bewußtseinsstroms vernachlässigte und statt dessen versuchte, die kleinsten, nicht teilbaren bewußtseinsfähigen Elemente zu isolieren. Diese, an die Chemie und ihre Erstellung des Periodensystems der chemischen Elemente erinnernde Position verstand die Aufgabe der Psychologie darin (siehe Titchener, 1896, *Introspective automatism*), die Gesetze und Bedingungen zu entdecken, durch die die Zusammensetzung von elementaren Empfindungen zu komplexen Wahrnehmungen und gedanklichen Vorstellungen geschieht. James (1890) führt dazu aus:

> *What must be admitted is that the definite images of traditional psychology form but the very smallest part of our minds as they actually live. The traditional psychology talks like one who should say a river consists of nothing but pailsful, spoonsful, quartpotsful, barrelsful, and other moulded forms of water. Even were the pails and*

the pots all actually standing in the stream, still between them the free water would continue to flow. It is just this free water of consciousness that psychologists resolutely overlook. Every definite image in the mind is steeped and dyed in the free water that flows around it. (S. 255).

Die empirische Analyse des Tagtraums

Ähnlich wie William James beklagt Jerome L. Singer, der Pionier der modernen Tagtraumforschung, ein ganzes Jahrhundert später, daß seine Kollegen in der kognitiven Psychologie kein Interesse an der Analyse des bewußten Gedankenstroms zeigen (Singer, 1988). Bewußtes Denken in Form von inneren Gesprächen, ob Monolog oder Dialog, von bruchstückhaften Erinnerungen an vergangene Erlebnisse, von Spekulationen über künftige Handlungen oder von gedanklichen Explorationen möglicher und unmöglicher Zukunftswelten, also das, was eine Person gemeinhin in ihren alltäglichen Tagträumen oder Phantasien erlebt, ist nur am Rande Gegenstand der empirischen Forschung der kognitiven Psychologie (Singer, 1988).

Die heutige kognitive Psychologie sieht ihre Aufgabe darin zu erkunden, wie der Mensch Wissen erwirbt und es für die Lösung kognitiver Probleme anwendet (siehe z.B. Glass & Holyoak, 1986; Neisser, 1967). Die untersuchten kognitiven Probleme reichen vom Lesen eines Textes bis hin zum Lösen schwieriger logischer Aufgaben. Dabei verspricht man sich Fortschritte, indem erforscht wird, wie Wissen erworben und in welcher Form es repräsentiert wird (z.B. sprachlich-semantisch, propositional, visuell-räumlich, episodisch; z.B. Rumelhart & Norman, 1988; N. Block, 1981) und durch welche mentalen Prozeduren dieses Wissen schließlich genutzt wird (z.B. Neisser, 1982; Evans, 1983; Anderson, 1981). Der Wert von verbalen Berichten der Versuchspersonen über die bei der Lösung kognitiver Probleme ablaufenden Gedanken wird im allgemeinen gering geschätzt. Diese Skepsis basiert auf der Tatsache, daß entscheidende kognitive Prozesse des Wissenserwerbs und der Wissensnutzung nicht bewußt "eingesehen" werden können (man denke bspw. an die *Bottom-up*-Prozesse der Identifizierung von Buchstaben beim Lesen oder die *Top-down*-Prozesse beim Identifizieren von Wörtern). Aber selbst bei Prozessen des Problemlösens (z.B. beim Planen einer geschickten Reihenfolge des Setzens der Steine beim Problem der Türme von Hanoi), bei dem die Versuchsperson Zugang zu ihren Denkabläufen hat, bleibt die moderne kognitive Psychologie skeptisch bezüglich des Werts verbaler Berichte (für eine rezente Gegenposition siehe Ericsson & Simon, 1980, 1993). Sie verläßt sich lieber auf die Analyse von Bearbeitungszeiten des vorgegebenen Problems oder die Analyse von Lösestrategien, auf die Aufzeichnung von

Augenbewegungen, Reaktionslatenzen beim Wiedererkennen vorgegebener Informationen etc. Die Versuchspersonen berichten nämlich häufig nur die Schlußfolgerungen und nicht die Gedankenabläufe, die dazu geführt haben, oder sie beschreiben ihre Gedankenabläufe in äußerst abstrakten vagen Begriffen, so daß diese vom Forscher vielfältig interpretierbar sind. Das zentrale Problem ist jedoch, daß introspektive Berichte der Versuchspersonen genuin verbal sind. Hat eine Versuchsperson das Denkproblem anhand nichtverbaler Überlegungen gelöst (z.B. durch bildhafte Vorstellungen), muß sie ihren Lösungsweg in Worte fassen, die dann natürlich nicht mehr beschreiben, wie die Person zur Problemlösung gekommen ist.

Offensichtlich ist das generelle Anliegen der kognitiven Psychologie ein anderes als das der von Singer und anderen betriebenen Tagtraumforschung. In der modernen kognitiven Psychologie geht es um das Lösen kognitiver Probleme und darum, welche Rolle dabei Wissen und dessen Umsetzung spielen. Da bewußten Gedankenabläufen hier nur eine eingeschränkte Rolle zukommt und obendrein verbale Berichte als Datenpunkte problematisch sind, ist das Interesse an bewußten Gedankenabläufen gering (Crutcher, 1994; Payne, 1994; Wilson, 1994). Singer dagegen interessiert der Ablauf von Gedanken an und für sich. Ihm geht es um die Analyse von Qualitäten bewußter Gedankenabläufe und nicht um die Funktion von Gedanken für die Lösung kognitiver Probleme. Demzufolge beschäftigt sich Singer in seiner Psychologie des Denkens primär mit bewußten Gedanken, während dies in der kognitiven Psychologie nicht der Fall ist.

Aber auch in dem Zeitraum zwischen den Ausführungen von James zum Gedankenstrom und Singers Tagtraumforschung war das Interesse in der Psychologie an der Analyse des Gedankenstroms per se gering, sieht man einmal von der introspektiven Psychologie nach der Jahrhundertwende, die insbesondere in der Psychologie des Denkens der Würzburger Schule (z.B. N. Ach, O. Külpe, K. Marbe und K. Bühler) betrieben wurde, ab. Die Behavioristen waren primär an Verhalten interessiert und obendrein brachten sie introspektiven Angaben über Beweggründe des Verhaltens größte Skepsis entgegen. In der klinischen Psychologie wurden Denkvorgänge, Tagträume und Phantasien in Anlehnung an Freud als bloße Boten gesehen, also als Überbringer von Informationen, die Rückschlüsse auf unbewußte innere Prozesse einer Person erlauben (Singer, 1988). Freud schreibt zu diesem Thema:

> Nun ist all unser Wissen immer an das Bewußtsein gebunden. Auch das *Ubw* [das Unbewußte] können wir nur dadurch kennen lernen, daß wir es bewußt machen.... Wir haben gesagt, das Bewußtsein ist die O b e r f l ä c h e des seelischen Apparates, das heißt wir haben es einem System als Funktion zugeschrieben, welches räumlich das erste von der Außenwelt her ist. (Freud, 1923, S. 246).

Die Betonung liegt hier auf der Einsicht in das Unbewußte und nicht auf der Erforschung des bewußten Gedankenstroms. Nach Singer (1988) wird der Begriff Tagtraum oder Phantasie immer noch mit der Freudschen Tradition assoziiert und hat daher einen negativen Beigeschmack, der die Begeisterung der empirischen Forscher für die Untersuchung der Phantasie zusätzlich dämpft. Dieses Stigma mag daher rühren, daß Freud und die Psychoanalytiker die negativen, kindlichen, trivialen und feindseligen Phantasien des Menschen betonten. Tagträume, selbst wenn oder gerade wenn sie mit positivem Erleben verknüpft sind, wurden auch noch in der neo-freudianischen und humanistischen Psychologie als ein in sich neurotisches und pathologisches Verhalten angesehen, zumindest aber als eine defensive Bewältigungsstrategie; ein Argument, das auch in jüngster Zeit wieder auftauchte und in den letzten Jahren die Optimismus-Realismus-Kontroverse verschärfte (siehe Kapitel 2).

Auch in der traditionellen Motivationspsychologie (siehe Kapitel 3) ist der Bewußtseinsstrom nicht der Untersuchungsgegenstand an sich. Hier wird Phantasie als der Ausdruck von Bedürfnissen betrachtet. Dies gilt auch für die Leistungsmotivationsforschung McClellands und Atkinsons, die auf zwei Strömungen basiert, die der Untersuchung des Gedankenstroms per se wenig abgewinnen konnten: Murray und die Freudsche Tradition einerseits und Hull und die behavioristische andererseits (siehe Kapitel 3). Im *TAT* werden zwar bewußte Phantasien erhoben, doch sind sie bei Murray Ausdruck latenter Bedürfnisse, die zwar nicht in den tiefen Abgründen des Unbewußten im Freudschen Sinne liegen, aber trotzdem als nicht bewußtseinspflichtig konzipiert sind. Die Qualitäten der Phantasien an sich interessieren McClelland nur insofern, als sie thematisch übereinstimmend mit dem jeweils ins Auge gefaßten, zu erhebenden Motiv sind. Daher ist der *TAT*, wie in Kapitel 3 beschrieben, auch kein Meßinstrument völlig freier spontaner Phantasien oder Tagträume. Er ist vielmehr ein Test von Phantasien als Reaktion auf ein von außen gesetztes Bild, wobei dieses so gestaltet ist, daß das jeweils zu untersuchende Motiv potentiell angeregt wird.

Tagträume als vager Untersuchungsgegenstand

Die moderne kognitive Psychologie rühmt sich ihrer Exaktheit (z.B. Posner, 1978); die Tagtraumforschung betont das Vage ihres Untersuchungsgegenstandes. Gerade das Vage wollte James schon Ende des letzten Jahrhunderts wieder in der Psychologie vertreten wissen: "*It is, in short, the re-instatement of the vague to its proper place in our mental life which I am so anxious to press on the attention*" (James, 1890, S. 254). Man hat es beim Gedankenstrom mit einer Flut von internen Stimuli zu tun, in Form von privaten Gedanken, die das alltägliche Leben einer Person, aber auch ihre in die Zukunft projizierten realen oder irrealen Ereignisse beinhalten können. Da es hinsichtlich der Untersuchung dieser Gedankenflut keine empirische Tradition gab, ging es Singer zunächst um ganz grundlegende Untersuchungen zur Beschreibung der Qualitäten von Tagträumen. Dabei wurden folgende Fragen aufgeworfen: Wie kann man das private bewußte Innenleben messen? Wie häufig sind Tagträume, und unter welchen Umständen kommen sie vor? Gibt es individuelle Unterschiede im Tagträumen und wenn ja, wie stehen sie in Beziehung zu anderen Persönlichkeitsmerkmalen? Welche Inhalte haben Tagträume? Können Tagträume auch verhaltenswirksam sein?

Zunächst galt es die Frage zu beantworten, wie man in die privaten Phantasien Einblick gewinnen kann, ohne sich auf "introspektive Höchstleistungen" von Experten, also Tagtraumforschern mit ihren jeweiligen Theorien (siehe z.B. Varendonck, 1921), verlassen zu müssen. Singer und Mitarbeiter wollten, daß ihre Daten den Anforderungen der empirischen Psychologie entsprechen. Die zum Einsatz kommenden Methoden bei der Untersuchung von Tagträumen reichten von der Aufforderung an Probanden, in standardisierten Bedingungen ihre spontan erlebten Tagträume zu berichten, über Phantasie-*Sampling* mit Hilfe von "*Beepern*" bis hin zu Selbstbeschreibungen auf standardisierten Persönlichkeitsskalen.

Häufigkeit und situative Auslöser von Tagträumen. Anfang der 60er Jahre wurden die ersten Experimente durchgeführt (Antrobus, Singer, Goldstein & Fortgang, 1970; Antrobus & Singer, 1964; Antrobus, 1968; für eine Zusammenfassung siehe Singer, 1988). Das Ziel war, die Häufigkeit und die Qualität von Tagträumen in standardisierten Kontexten festzustellen; und zwar nicht retrospektiv, sondern so nah wie möglich am Moment der Gedankenproduktion selbst. Hierzu verwendeten Antrobus und Singer Vigilanz- und Signal-Entdeckungs-Aufgaben, die einerseits Aufmerksamkeit externen Stimuli gegenüber erforderten, zum anderen aber so monoton und unstimulierend waren, daß aufgabenfremde Gedanken entstehen konnten. Die Autoren sprechen von "*Task-irrelevant thoughts and imagery*" oder "*Stimulus-independent mentation*". Da das Ausmaß externer Stimulation kontrolliert werden kann, indem man die Aufgabe mehr oder weniger monoton gestaltet, erlaubt dieser Versuchsaufbau Aussagen darüber, inwieweit die Versuchsperson ihre Aufmerksamkeit von der Verarbeitung externer Reize ab- und internen Stimuli zuwendet. Zusätzlich können bei einem solchen Versuchsaufbau motivationale Einflußfaktoren variiert werden, indem der Versuchsleiter Belohnung oder Bestrafung bei Erfolg bzw. Mißerfolg in Aussicht stellt.

Antrobus (1968) bat Versuchspersonen in geräuschisolierte, gänzlich dekorationslose Labors. In der Primäraufgabe sollten die Versuchspersonen Töne, die mit großer oder geringer Häufigkeit in ein Geräusch (*White noise*) eingebettet waren, entdecken. Als Sekundäraufgabe sollten die Versuchspersonen bei jeder Unterbrechung (im Abstand von

15 Sekunden) eine ja/nein-Taste drücken, je nachdem, ob sie in der Zwischenzeit aufgabenirrelevante Gedanken erlebt hätten oder nicht. Die Kriterien für Aufgabenrelevanz oder -irrelevanz der Gedanken waren vorher mit den Versuchspersonen festgelegt worden. Als aufgabenrelevant charakterisiert wurden Gedanken, die sich z.B. auf die Lautstärke der Töne bezogen. Gedanken, wie z.B. "Was muß ich heute abend noch einkaufen?" oder "Wie lange wollen die Versuchsleiter mich hier noch stressen?" wurden als aufgabenirrelevante Gedanken definiert. Die Prozedur dauerte 45 Minuten und ergab insgesamt 180 Berichtzeitpunkte für jede Versuchsperson. In einer Abwandlung dieses Versuchsaufbaus wurden visuelle Stimuli eingesetzt (Antrobus & Singer, 1964), und die Versuchspersonen hatten zu entdecken, ob ein Licht, das alle 2 Sekunden für 1 Sekunde aufleuchtete, sich in seiner Helligkeit verändert hatte. Diese Helligkeits-Diskriminationsaufgabe wurde mit einer Sekundäraufgabe gepaart, in der die Versuchspersonen entweder kontinuierlich reden mußten (worüber, war ihnen freigestellt) oder in der Kontrollgruppe kontinuierlich (in steter Geschwindigkeit und Lautstärke) von 1 bis 9 zählen mußten. Die verbalen Äußerungen der Versuchspersonen in der Sekundäraufgabe wurden später bezüglich der Aufgabenrelevanz ausgewertet. So konnte untersucht werden, ob Tagträume auftreten und falls ja, ob diese im Vergleich zur Kontrollgruppe (Sekundäraufgabe des Zählens von 1 bis 9) eine stärkere Behinderung der Leistung in der Primäraufgabe erzeugen.

Die Ergebnisse dieser Experimente lassen erkennen, daß aufgabenirrelevante Gedanken spontan in das Bewußtsein treten und daß erst bei äußerst hoher Belastung (die zu entdeckenden Reize wurden in hoher Dichte und in unvorhersehbaren Abständen präsentiert) keine Tagträume mehr berichtet werden (für eine Zusammenfassung siehe auch Singer, 1988). Erst, wenn die Signale in so unregelmäßigen Intervallen gegeben werden, daß die Versuchspersonen den Darbietungsrhythmus nicht mehr antizipieren können, treten nahezu keine Tagträume mehr auf. Dieser Befund weist darauf hin, daß das Tagträumen offensichtlich erleichtert wird, wenn gleichzeitig (parallel) keine weiteren kognitiven Aufgaben zu erledigen sind.

Wenn die Versuchspersonen hoch motiviert waren, die Primäraufgabe erfolgreich zu bearbeiten (d.h., wenn ihnen für gute Leistungen eine vergleichsweise größere Belohnung versprochen wurde oder wenn sie für Fehler bezahlen mußten), verminderte sich die Tagtraumhäufigkeit ebenfalls. Weiterhin stellte sich heraus, daß das Tagträumen die Leistung in der Primäraufgabe über das Schaffen eines idealen Erregungsniveaus positiv affizieren kann. Ist die Primäraufgabe besonders monoton (gleicher Rhythmus bei der Darbietung der kritischen Stimuli), erzielt die Erhöhung des Erregungsniveaus durch das Tagträumen positive Effekte; bei nicht monotonen Primäraufgaben wird dieser positive Leistungseffekt durch die Interferenz der Inhalte des Tagträumens aufgehoben. Wenn man sich also während relativ eintöniger Aufgaben seinem inneren Erleben zuwendet, geht dies mit einem erhöhten Erregungsniveau einher, das sich zugunsten der Lösung der Primäraufgabe auswirkt. Dabei ist aber immer zu berücksichtigen, wie kognitiv anspruchsvoll die Lösung der Primäraufgabe ist. Tagträumen sollten für langweilige Routine-Tätigkeiten hilfreich sein, denn hier kann durch das innere Erleben ein förderliches Erregungsniveau entstehen. Dieser Bonus hat aber immer dann Nachteile, wenn aufgrund der durch das Tagträumen erzeugten Restriktion kognitiver Kapazität in der Primäraufgabe Handlungsfehler auftreten.

Inwieweit Tagträume in das Bewußtsein einer Person treten, scheint also weitgehend damit zusammenzuhängen, wieviel Aufmerksamkeit die Bearbeitung von externen Stimuli erfordert. Wenn die effektive Durchführung einer Aufgabe die volle Konzentration einer Person verlangt (z.B. bei den oben erwähnten Signal-Entdeckungsaufgaben bei unregelmäßiger Darbietung vieler kritischer Stimuli), werden Tagträume unterdrückt. Anders formuliert: Wenn die situativen Anforderungen an das Leistungspotential einer Person eine ideale Passung bilden und es deshalb zu einem Aufgehen in der Aufgabenbearbeitung kommt (*Flow-Experience*; Csikszentmihalyi & Larsen, 1984; Csikszentmihalyi & Rathunde, 1993), bleibt für Tagträume kein Platz. Wenn eine Aufgabe dagegen wenig herausfordernd ist oder aufgrund von Überforderung ihre Bearbeitung eingestellt wird, kann eine Person sich den Gedanken hingeben, die sich ihr spontan aufdrängen. Die Inhalte dieser Gedanken sind von den Stimuli der vorliegenden Aufgabe und Situation weitgehend unabhängig, obwohl Antrobus et al. (1970) beobachteten, daß die Tagtraummodalität (z.B. auditiv versus visuell) durch die Modalität der externen Stimuli beeinflußt wurde. Versuchspersonen hatten eher visuelle Tagträume, wenn die in einer zu bearbeitenden Aufgabe kritischen Stimuli visuell waren, während sie bei auditorischen kritischen Stimuli eher Tagträume mit auditiver Modalität erlebten.

Individuelle Unterschiede im Tagträumen. Singer interessierte sich insbesondere für individuelle Unterschiede im Tagträumen. Ursprünglich hatte er mit projektiven Fragebögen (Singer, 1966) und hier vor allem mit dem Rorschachtest, aber auch mit dem *TAT* gearbeitet. Versuchspersonen, die in den Tintentropfen menschliche Figuren gesehen hatten, gaben an, häufiger Tagträume zu haben, tendierten zu vielseitigeren Geschichten beim *TAT* und zeigten eine effizientere Kontrolle ihres Verhaltens (z.B. warteten sie ruhiger, wenn sie dazu aufgefordert wurden); auch die Häufigkeit von impulsivem und aggressivem Verhalten war vergleichsweise reduziert (für eine Zusammenfassung siehe Singer & Brown, 1977). Singer scheute sich, lediglich über Inhaltsanalysen von *TAT*- und Rorschachprotokollen Inferenzen über das subjekte Erleben von Tagträumen zu machen. In Anlehnung an frühere Arbeiten (Page, 1957) versuchte er daher, über einen Fragebogen die Häufigkeit von Tagträumen retrospektiv zu erfassen (Singer & Schonbar, 1961). Er validierte diesen Fragebogen mit Hilfe der zuvor beschriebenen Signal-Entdeckungsexperimente. Versuchspersonen, die von sich behaupteten, sie würden häufig tagträumen, berichteten mehr aufgabenirrelevante Gedanken (Antrobus, Coleman & Singer, 1967).

Dieses Ergebnis impliziert, daß Versuchspersonen ziemlich genau über die Häufigkeit ihrer Tagträume berichten können. Daher entwickelten Singer und Antrobus (1972) eine erweiterte Fragebogenversion, das *Imaginal Processes Inventory* (*IPI*), das eine Serie von 22 Skalen mit jeweils 12 Items enthält. Die Items messen auf 5-Punkte-Skalen eine Vielzahl von retrospektiven Einschätzungen der Qualität eigener Tagträume, von Einstellungen zum Tagträumen an sich sowie von retrospektiven Berichten über für den Tagtraum relevantes Alltagsverhalten. Die Skalen reichen von Akzeptanz gegenüber Tagträumen über das Ausmaß an Vergangenheits-, Gegenwarts- oder Zukunftsorientierung bis hin zu Leistungsinvolviertheit in den Phantasien, der Ablenkbarkeit vom täglichen Tun und einer generellen Neigung zur Langeweile. Zudem enthält das *IPI* Skalen, die die emotionale Schattierung der Tagträume feststellen sollen: Feindseligkeits-, Schuld- und Furchtskalen. Das *IPI* wurde auch anhand einer "*Beeper-Studie*" validiert, in der die Probanden 2 Tage lang 12 mal pro Tag "angebeept" wurden (Hurlburt, 1980). Signifikante Korrelationen zwischen Fragebogenskalen und den im Rahmen der *Beeper-Studie* erzielten zugehörigen Werte wurden u.a. für die Häufigkeit von Tagträumen und die Zukunftsorientierung der Tagträume gefunden (*r*s im Bereich von .30). Auch generierten Personen mit ausgeprägt visuellen Vorstellungen beim Tagträumen im Rahmen einer experimentellen Aufgabe vergleichsweise lebhaftere Vorstellungen (Starker, 1974).

Das *IPI* wurde schließlich auf eine heute noch verwendete 45-Item-Version gekürzt (*Short Imaginal Processes Inventory*, *SIPI*; Huba, Aneshensel & Singer, 1981; Huba, Singer, Aneshensel & Antrobus, 1982), wobei eine Faktorenanalyse zu drei Subskalen mit jeweils 15 Items führte:

a. *Positiv-konstruktive Orientierung gegenüber Tagträumen* (Die Items erfassen, ob Tagträume mit positiven Emotionen assoziiert sind und positive Ereignisse betreffen, ob eine hohe Akzeptanz des Tagträumens besteht, ob lebhafte visuelle oder auditive Vorstellungen erlebt werden sowie ob eine generelle Zukunfts- und Problemlöseorientierung vorhanden ist; typische Items sind: "Originelle Ideen stammen aus meinen Tagträumen", "Die Bilder in meinem Kopf sind so klar wie Photographien", "Ich tagträume über die Zukunft", "Tagträume lohnen sich".)

b. *Schuld- und Mißerfolgsorientierung* (Die Items erfassen, ob Tagträume mit Schuld- und Aggressionsthemen assoziiert sind sowie ob sie eine Leistungsüberforderung thematisieren; typische Items sind: "Meine Tagträume enthalten deprimierende Gedanken", "In Tagträumen befürchte ich, daß neue Verantwortungen auf mich zukommen", "In Tagträumen werde ich ärgerlich", "In Tagträumen fühle ich mich schuldig".)

c. *Schwierigkeiten in der Aufmerksamkeitskontrolle* (Die Items betreffen Ablenkbarkeit, Neigung zur Langeweile und eine generelle subjektive Schwierigkeit, sich auf eine

Aufgabe konzentrieren zu können; typische Items sind: "Gedanken, die mit meiner Arbeit nichts zu tun haben, schleichen sich immer ein", "Ich habe Schwierigkeiten, mich zu konzentrieren", "Ich tendiere dazu, leicht gelangweilt zu sein", "Es ist schwer zu lesen, wenn jemand dabei telephoniert".)

Positiv konstruktive Tagträume korrelieren mit der Lebhaftigkeit mentaler Bilder (*Vividness*) und mit der Tendenz, in Gedanken absorbiert zu sein, sowie mit Suggestibilität gegenüber Hypnose (Barrios & Singer, 1981-1982; siehe auch Wilson & Barber, 1983). Schuldig-dysphorische Tagträume und Schwierigkeiten bei der Aufmerksamkeitskontrolle gehen dagegen mit depressiven Symptomen einher (Golding & Singer, 1983).

Wie entstehen individuelle Unterschiede im Tagträumen? Eine Vermutung lautet, daß das Phantasiespiel in der Kindheit der Vorläufer der Imaginationen beim Erwachsenen ist (für eine Zusammenfassung dieser Arbeiten siehe D. G. Singer und Singer, 1990). Dies betrifft allein ausgeführte Phantasiespiele, die komplexen Rollenspiele zwischen Kindern und Erwachsenen, aber auch Phantasie- und Rollenspiele der Kinder untereinander. Bislang fehlen jedoch die notwendigen Langzeitstudien, um verläßliche Aussagen darüber machen zu können, ob Rollen- und Phantasiespiele tatsächlich die Vorläufer eines intensiven Phantasie- und Tagtraumerlebens sind.

In diesem Zusammenhang erscheint es als sinnvoll, zwischen Tagträumen einerseits und Ideenreichtum andererseits zu unterscheiden (siehe auch Klinger, 1990). Wie im vorigen beschrieben ist Tagtraumverhalten gekennzeichnet durch eine Veränderung der Aufmerksamkeit. Diese ist nicht mehr auf externe Stimuli oder auf die Lösung einer Aufgabe gerichtet, sondern auf Phantasiebilder und Gedanken, die sich vor dem inneren Auge entfalten. Die Instrumente zur Messung von Häufigkeit und Qualität solcher Tagträume oder Phantasien sind Einschätzungen der Anzahl der in der Vergangenheit generierten Tagträume und deren subjektive Erlebnisqualitäten. Kreative Vorstellungskraft dagegen ist die Fähigkeit, originelle Ideen zu produzieren. Instrumente zur Messung von kreativer Vorstellungskraft geben Aufgaben vor, in denen der Proband kreative Lösungen finden kann, in denen Zeichnungen oder Geschichten erstellt werden sollen oder anderweitige Aufgaben erfinderisch gelöst werden müssen. Die Lösungen dieser Aufgaben werden dann von Experten darauf hin evaluiert, wie originell sie sind und wieviel kreatives Talent die Leistungen der Probanden signalisieren.

Ein rezenter Überblicksartikel (Valkenburg & van der Voort, 1994), der eine Reihe von Studien zum Einfluß von Fernsehverhalten auf Tagträume und kreatives Vorstellungsvermögen bespricht, macht die Notwendigkeit der Unterscheidung zwischen Tagträumen einerseits und kreativem Vorstellungsvermögen andererseits deutlich. Hinsichtlich des Einflusses von häufigem Fernsehverhalten auf Tagträume (hier gemessen über den *SIPI* oder den *C-IPI*, die Version für Kinder) versus kreativem Vorstellungsvermögen lassen sich die Befunde wie folgt zusammenfassen: Häufiges Fernsehen stimuliert Tagträume, es hemmt dagegen das kreative Vorstellungsvermögen. Die positive Beziehung zum Tagträumen wird mithilfe der "Stimulationshypothese" (Dorr, 1986) interpretiert: Fernsehen erhöht die abrufbare Informationsvielfalt, die dann für die Tagträume genutzt werden kann. Die negative Beziehung zum kreativen Vorstellungsvermögen wird dagegen durch die "Reduktionshypothese" erklärt: Fernsehen bildet Gewohnheiten der Informationsverarbeitung aus und läßt somit ungewöhnliche Stile der Informationsverarbeitung verkümmern; obendrein nimmt Fernsehen viel Zeit in Anspruch, die für kreative Aktivitäten und Gedanken nicht mehr genutzt werden kann. Beide Aspekte werden als Ursache verminderter kreativer Vorstellungskraft vermutet.

Auch die Arbeiten von Csikszentmihalyi (zusammenfassend siehe Csikszentmihalyi & Rathunde, 1993) sprechen dafür, daß häufiges Fernsehen mit vermehrtem Tagträumen einhergeht und daß sogar während des Fernsehens häufig taggeträumt wird (siehe auch Klinger, 1990). Gerade schuld-dysphorisches Tagträumen scheint durch Fernsehen begünstigt zu werden. Nach McIlwraith und Schallow (1982-1983, 1983) erreichen Kinder und Erwachsene, die viel fernsehen, höhere Werte auf der schuld-dysphorischen Tagtraum-Skala. In einer experimentellen Studie mit Kindern führten Fernsehprogramme mit gewaltsamen Inhalten zudem zu aggressiveren Phantasien als gewaltlose Fernsehprogramme (Feshbach & Singer, 1971). Insgesamt aber sind die Befunde zum Zusammenhang von Inhalt und Qualität von Fernsehprogrammen mit korrespondierenden Tagtrauminhalten und -qualitäten noch inkonsistent (zusammenfassend siehe Valkenburg & van der Voort, 1994).

Ein weiterer Forschungsbereich beschäftigt sich mit dem Tagtraumverhalten über die Lebensspanne. Giambra (1977-1978, 1979-1980; siehe auch Giambra, 1974, 1977) ließ den *IPI* von 1300 Probanden im Alter von 13 bis 92 Jahren ausfüllen und bildete Altersgruppen in 5-Jahres-Schritten. Obwohl die Akzeptanz des Tagträumens über alle Altersgruppen konstant blieb, reduzierten sich mit zunehmendem Alter Häufigkeit, Intensität und Absorbiertheit in den Tagträumen. Auch Gefühle der Langeweile, der Ablenkbarkeit und des Bedürfnisses nach externaler Stimulation nahmen mit zunehmendem Alter ab; das gilt auch für das *Mind-wandering* und die positive und negative emotionale Qualität des Tagträumens.

Bezüglich der Frage, ob die Tagträume die Vergangenheit, die Gegenwart oder die Zukunft betreffen, beobachtete Giambra die ausgeprägteste Zukunftsorientierung zwischen 17 und 25 Jahren und eine tendenziell geringere Vergangenheitsorientierung für die Altersgruppe von 30-34 sowie von 50-54. Sexuelle Inhalte der Tagträume waren am dominantesten in der Gruppe der 17- bis 24-jährigen; sie nahmen dann drastisch ab, so daß sie in der Altersgruppe der 75-jährigen völlig verschwanden. Weiterhin nahmen mit zunehmendem Alter Tagträume mit bizarren und ungewöhnlichen Ereignissen sowie Tagträume, die sich auf Leistung, Aggression, Mißerfolgsangst und Schuld bezogen, ab;

konstant blieb dagegen die Häufigkeit der Tagträume, die das Lösen von Alltagsproblemen betrafen. Das Gesamtergebnismuster der Arbeiten Giambras entspricht den Befunden, die Singer und McCraven (1961) bereits Anfang der 60er Jahren erhalten hatten (für ähnliche Befunde siehe auch Parks, Klinger & Perlmutter, 1988-1989).

In rezenten experimentellen Studien, an denen ebenfalls Versuchspersonen im Alter von 17 bis 92 Jahren teilnahmen, verwendet Giambra (1989) das im vorigen beschriebene Signal-Entdeckungs-Paradigma zur Erfassung aufgabenirrelevanter Gedanken. Giambra führte diese Experimente durch, um die Alternativerklärung auszuschließen, daß in den korrelativen Studien eine Abnahme des Tagträumens mit dem Alter schon alleine deswegen beobachtet wurde, weil sich die Versuchsteilnehmer höheren Alters nicht mehr an ihre Tagträume erinnern könnten (in den korrelativen Studien wurden Tagtraumhäufigkeiten und -qualitäten retrospektiv mit Hilfe des *IPI*s oder *SIPI*s gemessen). Die mittels *Thought-sampling*-Verfahren gewonnenen experimentellen Befunde bestätigen jedoch die bereits bekannte abnehmende Tendenz von Tagträumen mit dem Alter. Giambra weist auch darauf hin, daß seine Befunde der gängigen Meinung, wonach Personen höheren Alters viele aufgabenirrelevante Gedanken erleben, weil sie sich nicht mehr auf eine Aufgabenbearbeitung konzentrieren und irrelevante Gedanken unterdrücken können, widersprechen.

Die Inhalte der Tagträume. Die Inhalte der Tagträume wurden zunächst als Frage nach den Modalitäten analysiert. Nach dem Modell von Horowitz (1978) wurden dabei drei Oberkategorien unterschieden. In die erste Kategorie der bildhaften Gedanken (*Images*) fallen die auditorischen, visuellen, taktilen, geschmacklichen und geruchlichen Vorstellungen, die im Gedankenstrom der Person auftreten. Eine zweite Kategorie beschreibt enaktive Gedanken (*Enactive thoughts*), die sich auf Probehandlungen beziehen und die mit minimalen Muskelanspannungen einhergehen können. Eine dritte Kategorie betrifft lexikalische Gedanken (*Lexical thoughts*), in denen Wortbedeutungen grammatikalisch verknüpft werden. Dieses innere Sprechen erlaubt es, zu konzeptualisieren und zu abstrahieren. Horowitz (1978) betont, daß im Tagtraumerleben Gedanken aus den verschiedenen Kategorien auf das engste miteinander verschmolzen sind, so daß eine eindeutige Zuordnung erlebter Tagträume zu der einen oder anderen Kategorie oft nicht möglich ist.

Eine andere Herangehensweise an die Inhalte der Tagträume ist der Vergleich von Tagträumen distinkter Personengruppen. Beispielsweise wurde der Inhalt von Tagträumen Gefangener untersucht (Beit-Hallahmi, 1972) oder Hausfrauen wurden bezüglich ihrer sexuellen Phantasien befragt (Hariton & Singer, 1974). Welche Faktoren bestimmen die Gedankeninhalte einer Person? Bei den sexuellen Phantasien beispielsweise wird der Inhalt durch eine Vielzahl von Faktoren bestimmt, wie z.B. Geschlecht, Alter, sexuelle Orientierung, sexuelle Erfahrung, Persönlichkeitsmerkmale und Zufriedenheit mit dem eigenen Sexualleben sowie dessen Angepaßtheit an soziale Normen (für eine Zusammenfassung der Arbeiten zu sexuellen Phantasien siehe Leitenberg & Henning, 1995).

Klos und Singer (1981) betonen, daß bei der Determination der Inhalte von Tagträumen das Zusammenwirken von chronischen Erfahrungen und momentanen, flüchtigen Erlebnissen zu bedenken ist. In Rollenspielsituationen mußten die Versuchspersonen verschiedene Arten von Konflikten fiktiv mit ihren Eltern durchspielen (diese wurden durch leere Stühle symbolisiert). Die Rollenspiele umfaßten sechs verschiedene Typen: eine konstruktive, interaktive Entscheidungssituation mit den Eltern, die entweder zum Abschluß kam oder vorher abgebrochen wurde; eine konstruktive Konfrontation mit den Eltern, die entweder zum Abschluß kam oder nicht, und eine durch eine autoritäre Maßnahme seitens der Eltern überschattete Konfrontation, die entweder zum Abschluß kam oder nicht. Klos und Singer hatten einige Wochen zuvor erhoben, inwieweit die Beziehungen der Versuchspersonen zu ihren Eltern durch chronischen Stress gekennzeichnet waren. Die Gedankenproduktion in den 20 Minuten nach dem Rollenspiel (die Versuchspersonen saßen alleine in einem Raum und mußten zu zufälligen Zeitpunkten ihre Gedanken berichten), wurde schließlich daraufhin analysiert, inwieweit sie sich auf das gerade durchgeführte Rollenspiel bezog. Die Ergebnisse sprechen dafür, daß die chronische Interaktionsbelastung mit den Eltern mit der situativen Problematik des Rollenspiels interagiert. Erst bei chronischer Belastung finden sich Unterschiede zwischen den Rollenspielen, wobei die Konfrontation, die von autoritären Maßnahmen seitens der Eltern begleitet war, am meisten rollenspiel-bezogene Nach-Gedanken produzierte, die konstruktive Entscheidungssituation am wenigsten; die konstruktive Konfrontation lag dazwischen. Ob die Rollenspiele zu einem Abschluß kamen oder vorher abgebrochen wurden, hatte keinen Effekt. Bei einer chronisch harmonischen Beziehung zu den Eltern fanden sich keinerlei Unterschiede zwischen den Bedingungen.

Klingers Zieltheorie des Tagträumens

Eine zweite Richtung der Tagtraumforschung wurde von Eric Klinger instigiert. In seinem Buch "*Meaning and Void*" führte Klinger (1977) einen neuen Begriff in die Motivationspsychologie seiner Zeit ein. Es ging ihm um zeitlich überdauernde Zielsetzungen, die nicht an Ort und Stelle durch eine Handlung erledigt werden können. Den von diesen Zielsetzungen ausgehenden Zustand der Zielverpflichtung nennt Klinger "*Current concern*". Dieser beginnt mit dem Akt der Zielsetzung (*Act of commitment*), also dem Entschluß, ein bestimmtes Ziel zu verfolgen, und er endet mit dem Zeitpunkt, zu dem das Ziel erreicht ist oder man sich erfolgreich von der Zielbindung gelöst hat (*Disengage-*

ment). Das Zielobjekt, auf das sich der Zustand des *Current concerns* bezieht, bezeichnet Klinger als Anreiz (*Incentive*), zu dem sich die Person hingezogen fühlt. Je nachdem, welches Zielobjekt ins Auge gefaßt wird, kann ein *Current concern* ein kurzfristiges Zielstreben (z.B. Brot kaufen), ein mittel- (z.B. eine Reise organisieren) oder ein langfristiges (z.B. eine berufliche Position zu erlangen) bedeuten. Einer Person können gleichzeitig verschiedene *Current concerns* zugeschrieben werden (sie will Brot kaufen, eine Reise planen und nach einer beruflichen Position streben). Während sie das eine handelnd verfolgt (Brot kaufen), kann sie an das zweite denken (an die Reise), während das dritte vorerst aufgeschoben wird (berufliche Position).

Motive versus Current Concerns als Auslöser von Gedanken. Klinger, der sich als Motivationspsychologe versteht, stellt nicht in Frage, daß Motive die Gedankenproduktion einer Person beeinflussen können. Er geht jedoch davon aus, daß *Current concerns* einen deutlich stärkeren und inhaltsspezifischeren Effekt auf die Phantasien und Tagträume einer Person haben als Motive. Es ging ihm deshalb darum zu demonstrieren, daß *Current concerns* über Motive hinaus den Inhalt von Phantasien bestimmen. Er benutzte deshalb den *TAT* und ließ Versuchspersonen, deren *Current concerns* er zuvor bestimmt hatte, zu *TAT*-Bildern Geschichten erzählen (siehe zusammenfassend Klinger, 1971). Dabei stellte Klinger fest, daß *Current concerns* erfolgreicher in der Vorhersage der Inhalte der Geschichten der Versuchspersonen waren als das konkurrierende Konstrukt des Motivs. Der Einfluß von *Current concerns* auf die Gedankenproduktion wurde auch auf andere Art und Weise untersucht. In Schlafexperimenten (Klinger, 1977, 1996) wurden die Versuchspersonen während der Traumperioden (identifiziert anhand der *REM*s) geweckt und gebeten, über ihre Träume zu berichten. Dabei traten *current concern*-bezogene Thematiken überzufällig häufig auf. *Current concerns* scheinen die Gedankenproduktion einer Person dann besonders ausgeprägt zu beeinflussen, wenn das Verbindlichkeitsgefühl vergleichsweise hoch ist und Schwierigkeiten auf dem Weg zur Realisierung des Ziels antizipiert werden (Klinger, Barta & Maxeiner, 1980).

Klinger führte auch eine Reihe von Studien durch (Klinger, 1977, 1996), die die Sensitivität von Personen bezüglich *current concern*-bezogener Informationen belegen. In dichotischen Hörexperimenten, bei denen es den Versuchspersonen freigestellt war, entweder den einen oder den anderen Kanal zu beachten, wurden den Versuchspersonen auf beiden Kanälen Wörter dargeboten, die entweder einen Bezug zum *Current concern* der Versuchsperson hatten oder irrelevant waren. Die Versuchspersonen beachteten stärker den Kanal, auf dem die *current concern*-relevanten Wörter dargeboten wurden, was u.a. durch eine bessere Erinnerungsleistung für *current concern*-relevante Information zum Ausdruck kam. Neuerdings wird untersucht, warum *current concern*-bezogene Informationen besonders beachtet und effektiver aufgenommen werden (z.B. Bock & Klinger, 1986). Es scheint, daß *current concern*-bezogene Informationen affektive Erregung auslösen und daß die effizientere Verarbeitung dieser Informationen durch diese Erregung mediiert wird. Nikula, Klinger und Larson-Gutman (1993) spielten ihren Versuchspersonen *current concern*-relevante oder -irrelevante Wörter vor und bestimmten gleichzeitg den Hautwiderstand der Versuchspersonen. Die Hautwiderstandveränderungen unterstützten die These, daß *concern*-relevante Wörter mit einer stärkeren Erregung einhergehen.

Der Fragebogen zur Bestimmung von Concern-Qualitäten. Klinger nutzte zunächst Interviews und später einen Fragebogen zur Erfassung der Merkmale von *Current concerns* (*Current Dimensions Questionnaire* oder *CDQ*; Klinger et al., 1980). Im *CDQ* müssen die Probanden eine Reihe von für sie wichtigen Dingen auflisten, über die sie in den letzten Tagen viel nachgedacht haben; danach eine Reihe von ebenfalls für sie wichtigen Dingen, über die sie wenig nachgedacht haben. Schließlich sollen alle aufgelisteten Dinge daraufhin eingestuft werden, wie oft über sie nachgedacht wurde. Klinger geht davon aus, daß er über diese Vorgehensweise *Current concerns* identifizieren kann, nämlich über Dinge, die für die Person wichtig sind und die eine heftige Gedankenproduktion nach sich ziehen. Der Fragebogen erfaßt schließlich eine Vielzahl von Eigenschaften der identifizierten *Current concerns*, u.a. die Stärke des jeweils spezifizierten Anreizes und die Höhe der respektiven Realisierungserwartungen.

Die Validität des Fragebogens wurde mit Hilfe von *Beeper*-Studien geprüft, wobei nach dem Ausfüllen des Fragebogens die Versuchspersonen einen Tag lang jede dreiviertel Stunde unterbrochen und gebeten wurden, ihre spontanen Gedanken niederzuschreiben. Die Gedankenstichproben wurden dann von "blinden" Bewertern daraufhin eingeschätzt, ob die Berichte dem einen oder anderen inhaltlich umschriebenen *Current concern* zugeordnet werden können. Über 60% der Gedanken, die insgesamt nach einem *Beep* von einer Person geäußert wurden, bezogen sich auf ein Thema, das diese Person im zuvor ausgefüllten Fragebogen als einen *Current concern* auswies. Der *CDQ* wurde schließlich durch einen noch differenzierteren Fragebogen ergänzt (siehe Klinger, Barta & Maxeiner, 1981), auf dem die Probanden ihre *Current concerns* aus 15 Lebensbereichen nennen müssen. Diese werden dann hinsichtlich 10 Dimensionen bewertet. Es geht u.a. darum, wieviel der Proband gedenkt, hinsichtlich seines *Current concerns* zu tun, ob er eine passiv beobachtende oder aktiv teilnehmende Rolle einnehmen will, wie verbunden er sich der Sache fühlt, wieviel Erfolgsfreude er antizipiert, ob ein Erfolg auch negative Konsequenzen haben könnte, wie hoch die subjektiven Erfolgschancen sind (dies insgesamt und auch bei unterlassener Anstrengung), wann ein Erfolg erwartet wird und schließlich, wie es um den Stand der Zielverwirklichung oder der Ablösung vom Ziel steht.

Einbettung des Current concern-Konzepts in die Motivationspsychologie. Obwohl Klinger als einer der Pioniere auf dem Gebiet der Tagtraumforschung gilt (siehe sein 1990 erschienenes Buch mit dem Titel "*Daydreaming*"), wurzeln seine theoretischen Arbeiten in der Leistungsmotivationspsychologie. Die Merkmale der *Current concerns*, die Klinger in seinen Fragebögen erhebt (Klinger, Barta & Mahoney, 1976), erinnern deutlich an den Auswertungsschlüssel des Leistungs-*TAT*s (McClelland, Atkinson, Clark & Lowell, 1953). Das Konzept des Anreizes sowie die Unterscheidung zwischen positiven und negativen Anreizen entsprechen den klassischen Variablen der Leistungsmotivationsforschung (Atkinson, 1957). Atkinsons Risiko-Wahl-Modell und Heckhausens (1977) erweitertes Motivationsmodell bestimmen auch Klingers Antwort auf die Frage, wie es zum Akt des *Commitment*s (dem Entschluß, ein Ziel zu verfolgen) als Ausgangspunkt des *Current concerns* kommt. Der Entschluß hängt sowohl von der Erwartung ab, ob das Ziel erreichbar ist, als auch vom Anreiz des Ziels (d.h. von den positiven und negativen Konsequenzen). Es wird in der Tradition der Erwartung-mal-Wert-Modelle vermutet, daß hohe Erwartungen und ein hoher Anreiz das Fassen eines Entschlußes begünstigen (Klinger, 1977).

Doch Klingers Ideen gehen entscheidend über die Arbeiten der traditionellen Leistungsmotivationspsychologie hinaus. Klinger erkannte, daß die klassischen Leistungsmotivationstheorien zwar eine Unterscheidung zwischen Zielsetzung und Zielstreben fordern, diese aber nicht konsequent vollziehen. Dies liegt nach Klinger daran, daß die aus dem Erwartung-mal-Wert-Produkt errechnete Handlungstendenz sowohl für die Wahl von Handlungszielen als auch für deren erfolgreiche Realisierung verantwortlich gemacht wird. Daß die Person nach einem Entschluß in einem anderen motivationalen Zustand ist als vorher, versuchte Klinger durch das Konzept der *Current concerns* deutlich zu machen. Nach dem Entschluß zeigt sich eine Fokussierung auf Informationen, die instrumentell für die Realisierung des Ziels sind.

Auch das von den Erwartung-mal-Wert-Modellen schwer zu erklärende Phänomen, daß Personen auf dem Weg zur Zielrealisierung auf Schwierigkeitssteigerungen (die ja eine Reduktion der Erfolgserwartung bedeuten) zunächst mit spontaner Anstrengungserhöhung reagieren, anstatt sich weniger motiviert zu verhalten, ist im Rahmen des *Current concern*- Konzepts (das die Nachwirkungen eines Verbindlichkeit stiftenden Entschlusses beschreibt) leicht zu verstehen. Klinger konzipiert die Ablösung vom *Current concern* als einen trägen Prozeß, der eine Reihe von Stufen durchlaufen muß. In diesem "*Disengagement cycle*" (Klinger, 1977) entsteht bei Nichterreichung des Ziels zunächst vermehrtes Zielstreben, dann Aggression, die schließlich übergeht in als schmerzhaft erlebte Depression, von der sich eine Person erst mit der Zeit erholt.

Weiterhin unterscheidet sich Klingers Theorie von den klassischen motivationspsychologischen Ansätzen insofern, als letztere Phantasien (im *TAT* erhoben) als Vohersagevariablen für Wahlverhalten oder gar Anstrengung und Persistenz zu nutzen versuchen, während Klinger mittels eines motivationalen Konstruktes (dem *Current concern*) versucht, den Inhalt von Tagträumen sowie die Art der Informationsverarbeitung vorherzusagen. Was der klassischen Motivationspsychologie die unabhängige Variable war, wird bei Klinger die abhängige Variable. Diese Überlegung macht verständlich, warum Klinger sich in seiner Forschung wenig um die Handlungsrelevanz der von den *Current concerns* angeregten Phantasien und Informationsverarbeitungs-Strategien kümmert, obwohl dies im Rahmen seiner Überlegungen zum *Disengagement cycle* möglich und lohnend wäre.

Abschließend sollte noch erwähnt werden, daß *Current concerns* inhaltlich stärker eingeschränkt sind als die in der Motivationspsychologie McClellands genannten Motive (z.B. das Affiliationsmotiv). *Current concerns* beziehen sich auf begrenztere Inhaltsbereiche (z.B. einen Konflikt mit den Eltern auszuräumen). Sie sind somit auch weniger stabil an eine Person geknüpft als die Motive, die McClelland et al. als Dispositionen konzipieren. Sie überdauern nur solange, bis sie in Erfüllung gegangen sind oder es der Person gelungen ist, sich von dem *Current concern* zu lösen. In diesen Punkten erinnern Klingers *Current concerns* an das Lewinsche Konzept des Quasi-Bedürfnisses.

Klinger konzipiert die aus dem *Current concern* entspringenden motivationalen Kräfte als bewußt (Gedanken über antizipierte Anreize und mögliche zukünftige Handlungen, etc.). Allen Konzeptualisierungen einer nicht-bewußten Motivation im Sinne Freuds oder McClellands (implizite Motive) steht er skeptisch gegenüber und dies insbesondere, wenn sie im therapeutischen Bereich thematisiert werden: "*The situation in which unconscious motivation is attributed to a client arises when the client and therapist in some way disagree about the client's goals.*" (Klinger et al., 1981, S. 170). Klinger propagiert deshalb seinen Fragebogen zur Erfassung von *Current concerns* und deren Merkmale als therapeutisch nützliches Instrument. Informationen über die Qualitäten und Inhalte von *Current concerns* (z.B. die Trennung vom Partner) liefern seiner Meinung nach interessante Anhaltspunkte für die Behandlung einer Reihe von psychischen Problemen, wie beispielsweise Depressionen oder Abhängigkeiten, wobei diese Information besonders am Anfang der Therapie hilfreich sein sollte.

Zusammenfassung

William James beklagte Ende des letzten Jahrhunderts, daß die Psychologie seiner Zeit wenig Interesse an der Analyse des Gedankenstroms zeigte. Eine analoge Klage wird gegen Ende unseres Jahrhunderts von Jerome L. Singer vorgetragen. Auch heute ist in der Psychologie die Analyse des Gedankenstroms eher ein Randgebiet. Trotzdem ist unter dem Etikett "Tagträumen" über die letzten Jahrzehnte eine Vielzahl von Studien entstanden, die zumindest zu den grundlegenden Merkmalen des Gedankenstroms Aussagen erlauben.

Die Befunde der rezenten Tagtraumforschung sprechen dafür, daß immer dann, wenn die Aufmerksamkeit durch die Anforderungen der Situation nicht voll gebunden ist, die Möglichkeit zum Tagträumen besteht. Tagträume liefern eine alternative Welt zu der, die wir real erleben (Singer, 1975).

Tagträume lassen sich danach unterscheiden, ob die dabei erlebten Gedanken und Vorstellungen sich durch große Intensität und Lebhaftigkeit auszeichnen, ob sie visuelle oder auditive Vorstellungen enthalten oder rein sprachlicher Art sind, ob sie sich auf die Vergangenheit, Gegenwart oder Zukunft beziehen und ob sie zum Problemlösen herangezogen werden oder nur dazu, die Langeweile zu vertreiben. Weiterhin lassen sich Tagträume danach differenzieren, ob sie emotional positiv (z.B. angenehme, entspannende Ereignisse und Erfolgserlebnisse enthalten) oder negativ erlebt werden (z.B. sich auf unangenehme, mühsame Ereignisse sowie Mißerfolgserlebnisse beziehen). Personen unterscheiden sich in der Häufigkeit des Tagträumens und in der Akzeptanz von Tagträumen (ob sie diese zulassen oder unterdrücken). Sie unterscheiden sich auch danach, wie schwer es ihnen fällt, ihre Aufmerksamkeit auf die Kontrolle externer Tätigkeiten zu richten und sich nicht durch Tagträumen ablenken zu lassen. Schließlich scheinen die Merkmale von Tagträumen (z.B. Lebhaftigkeit) über die verschiedenen Tagträume hinweg für die einzelnen Personen stabil zu sein.

Die individuellen Unterschiede werden bislang noch spekulativ auf Unterschiede im Phantasiespiel im Kindesalter zurückgeführt. Wichtig ist die Unterscheidung zwischen dem Ausmaß der Phantasietätigkeit im Sinne häufigen Tagträumens einerseits und der Fähigkeit zur Ideenvielfalt (Kreativität) andererseits. Hier liegen offensichtlich unterschiedliche Bedingungsvariablen vor. Weiterhin stellte sich heraus, daß in verschiedenen Lebensabschnitten trotz gleichbleibender Akzeptanz sowohl die Häufigkeit, Intensität und Absorbiertheit sowie die in den Tagträumen behandelten Themen unterschiedlich sind. Die strukturellen Merkmale wie beispielsweise die Häufigkeit und Intensität sind mit zunehmendem Alter weniger ausgeprägt, und junge Leute erleben auch andere Inhalte (z.B. mehr sexuelle und zukunftsbezogene Inhalte sowie mehr bizarre und auf Selbstbehauptung bezogene Themen).

Die Bedingungsvariablen der im Tagtraum behandelten Inhalte und Themen sind die Lebenserfahrungen einer Person in Interaktion mit situativ vorliegenden Anregungen. So zeigt sich beispielsweise, daß erst im Zusammenwirken einer schwierigen interaktiven Situation und respektiven chronischen Interaktionsschwierigkeiten der Inhalt von Tagträumen affiziert wird. Eine wesentliche Determinante der Inhalte von Tagträumen scheinen somit chronische Aufgaben und Ziele zu sein. Klinger versuchte, dieser Beobachtung durch ein eigenes theoretisches Konstrukt Rechnung zu tragen. Er untersuchte langfristige Zielsetzungen von Personen und konnte nachweisen, daß diese die Gedankenproduktion beim Tagträumen nachhaltig beeinflussen in dem Sinne, daß die Inhalte, die sich auf die Zielsetzung beziehen, sich in den Tagträumen widerspiegeln (wahrscheinlich vermittelt über die durch die Zielsetzung hervorgerufene affektive Besetzung dieser Inhalte).

Überraschend an der rezenten Tagtraumforschung ist, daß die Frage, inwieweit spontan kreierte Tagtraumphantasien das *Verhalten* einer Person beeinflussen, nicht untersucht wird. Offensichtlich hat die moderne Tagtraumforschung den Aufruf von William James, den Gedankenfluß per se zu untersuchen, ernst genommen. Wir wissen heute mehr über Unterscheidungsmerkmale verschiedener Tagträume, wann sie auftreten und welche Unterschiede im Tagträumen zwischen Personen bestehen, als Ende des letzten Jahrhunderts. Zur Frage nach der Bedeutung des Tagträumens für Motivation und Handeln einer Person besteht jedoch nach wie vor eine Wissenslücke. Selbst der Motivationspsychologe Eric Klinger hat sich nicht um die motivationale Funktion des Tagträumens gekümmert, sondern nur die Bedeutung motivationaler Zustände (*Current concerns*) auf die Inhalte von Tagträumen hin untersucht.

Angesichts der umfangreichen Befundlage zur Bedeutsamkeit von Erwartungen für Motivation und Handeln ist es besonders erstaunlich, daß die rezente Tagtraumforschung den spontanen Phantasien über die Zukunft keinen Sonderstatus zuweist. Der Zeitbezug der Inhalte von Tagtraumphantasien wird einfach als eines von vielen möglichen thematischen Unterscheidungsmerkmalen betrachtet. Somit wird die Möglichkeit, daß den Zukunftsphantasien eine besondere motivationale Bedeutung zukommen könnte, erst gar nicht in Betracht gezogen.

II

Empirische Analysen

5

Zukunftsdenken: Erwartungen versus Phantasien

Wir haben in der Einleitung zur vorliegenden Arbeit zunächst die verschiedenen Gebiete der Psychologie, die sich implizit oder explizit mit Zukunftsdenken beschäftigen, daraufhin durchforscht, welche konzeptuell-historischen Wurzeln die jeweilige Analyse des Zukunftsdenkens beeinflussen. Im ersten Kapitel diskutierten wir die auf lerntheoretischen Prinzipien basierende empirische Forschung und identifizierten dabei das Erwartungskonzept als begriffliches Instrument der Analyse des Zukunftsdenkens. Trotz vieler Unterschiede im Detail stimmen die lerntheoretischen Ansätze darin überein, daß sie für positive Zukunftserwartungen einen förderlichen Effekt auf Motivation und Handeln einer Person vermuten.

Im zweiten Kapitel wurden die humanistischen Ansätze (aber auch die Theorien Freuds) analysiert. Es wird in diesen Ansätzen nicht versucht, Zukunftsdenken durch einen speziellen Begriff zu erfassen; vielmehr liefert das Postulat der akkuraten Selbst- und Weltsicht eine Perspektive zur Bewertung des Zukunftsdenkens. Bewertungskriterium ist eine positive Persönlichkeitsentwicklung in Richtung einer erfüllenden Selbstverwirklichung. Zukunftsdenken, das eine akkurate Wahrnehmung der Realität impliziert, wird als konstitutiv für eine gesunde Persönlichkeitsentwicklung betrachtet.

Im dritten Kapitel zeichneten wir die Entstehung und Entwicklung der Motivpsychologie nach. Dabei interessierte uns insbesondere das Konzept der thematischen Phantasien. Diese enthalten u.a. in der Zukunft liegende Geschehnisse. Somit sprechen die theoretischen Ansätze im Rahmen der Motivpsychologie das Zukunftsdenken direkt an. Interessant ist hierbei, daß spontanes Zukunftsdenken in Form von Phantasien primär zur Kennzeichnung einer persönlichen Motivdisposition genutzt wird und erst darüber vermittelt Vorhersagen für Motivation und Handeln einer Person gemacht werden.

Im vierten Kapitel schließlich wandten wir uns einer speziellen Richtung der Psychologie des Denkens zu, der Tagtraumforschung. Hier erfährt das Zukunftsdenken keine spezielle Beachtung, sondern wird im Rahmen der Dimension Zeitbezug als eines von vielen Merkmalen von Tagträumen (wie bspw. Intensität, Lebhaftigkeit, Bildhaftigkeit und affektive Färbung) aufgeführt. Insgesamt steht in dieser Forschung im Vordergrund, wann Tagträume auftreten und welche externen und internen Bedingungen die Inhalte von Tagträumen bestimmen. Die Fragestellung, ob und wie Tagträume bestimmter Qualität Motivation und Handeln beeinflussen, spielt keine zentrale Rolle.

Wir wollen im folgenden Kapitel die Unterscheidung zwischen zwei Formen des Zukunftsdenkens, Erwartungsurteilen versus spontanen Zukunftsphantasien, begründen. Es wird auf die Art des jeweiligen Denkens verwiesen und auf strukturelle Unterschiede zwischen Erwartungsurteilen und spontanen Zukunftsphantasien eingegangen. Aus diesen Überlegungen werden wir schließlich die Vorhersage ableiten, daß Erwartungsurteile und spontane Zukunftsphantasien die Motivation und das Handeln einer Person auf eine jeweils andere Art beeinflussen. Positive Erwartungsurteile sollten Motivation und Handeln fördern, positive spontane Zukunftsphantasien dagegen hemmen. Um ein besseres Verständnis für die Unterscheidung zwischen diesen beiden Arten des Zukunftsdenkens zu ermöglichen, soll zunächst kurz skizziert werden, wie in den in Kapitel 1-4 besprochenen Forschungstraditionen mit der Möglichkeit der Unterscheidung zwischen den beiden Formen des Zukunftsdenkens umgegangen wird.

Erwartungen versus Phantasien: Eine vernachlässigte Unterscheidung

Die in der Tradition der Lerntheorien entstandene Analyse des Zukunftsdenkens stützte sich ausschließlich auf Erwartungsurteile. Es wurde nicht unterschieden zwischen dem Konzept der Überzeugungen oder Erwartungsurteile einerseits und spontanen Vorstellungen oder Zukunftsphantasien andererseits. Die Erfassung des Zukunftsdenkens, also dessen Operationalisierung, basierte lediglich auf Fragebogenerhebungen von Erwartungsurteilen. Probanden mußten Wahrscheinlichkeitsurteile bezüglich des Auftretens kritischer Ereignisse und Verhaltensweisen abgeben.

Diese Forschungsstrategie ist insofern überraschend, als auch in der lerntheoretischen Tradition von Vorstellungen und mentalen Bildern gesprochen wurde. Beispielsweise sahen Taylor und Brown (1988) im Zukunftsdenken einer Person durchaus *Mental images* enthalten (siehe auch Kapitel 2). Warum wurde Zukunftsdenken trotzdem lediglich in Erwartungsurteilen erfaßt? Unsere Antwort basiert auf der in Kapitel 1 dargestellten Geschichte der Lerntheorien. Wie auch immer die Zukunft für die einzelne Person repräsentiert sein mag, ein in der Tradition der Lerntheorien stehender Forscher wird stets bemüht sein, eine objektive Erfassung dieser Zukunft zu erreichen. Erwartungsurteile, die im Sinne von Wahrscheinlichkeitsurteilen auf Punkte-Skalen abgefragt werden können, erfüllen diesen Anspruch. Das Abfragen der von den Probanden persönlich erlebten Zukunftsgedanken und -vorstellungen entspricht dagegen diesen Kriterien nur eingeschränkt (siehe dazu Crutcher, 1994; Payne, 1994; Wilson, 1994).

Weiterhin dürfte gelten, daß sich in der Tradition der Lerntheorien aufgrund der reichen Befundlage ein großes Vertrauen in Erwartungskonzepte als vorhersagekräftige Variable für Motivation und Handeln entwickelt hat. Die Erwartungen einer Person gelten generell als kognitive Variable, in der sich eine optimistische versus pessimistische Zukunftsorientierung einer Person ausdrückt. Aus lerntheoretischer Perspektive liegt folglich die Überlegung nahe, daß etwaige spontane Zukunftsphantasien einer Person (ganz gleich, ob es sich um Hoffnungen oder Befürchtungen handelt) letztendlich in die reflektierten Erwartungsurteile der Person eingehen. Eine getrennte Erfassung von Erwartungsurteilen und Zukunftsphantasien erscheint deshalb nicht als nötig, weil Zukunftsphantasien ohnehin von der Person im Erwartungsurteil verrechnet werden.

Auch in der humanistischen Psychologie wird nicht zwischen spontanen Phantasien und Erwartungsurteilen als zwei unterschiedlichen Formen des Zukunftsdenkens unterschieden (siehe auch Kapitel 2). Die zentrale Aussage der humanistischen Psychologie, wonach eine realistische Selbst- und Weltsicht die gesunde Persönlichkeitsentwicklung fördert, ist eher als Präskription gedacht und nicht als zu prüfende Hypothese. Das akkurate Erkennen der Realität ist sowohl als unabhängige als auch als abhängige Variable konzipiert, also sowohl als Prädiktor als auch als Indikator mentaler Gesundheit. Da die der Realitätsorientierung zugeschriebenen vorteilhaften Effekte von vornherein als gegeben gelten, ist die Frage nach etwaigen positiven Konsequenzen eines illusionär positiven Zukunftsdenkens irgendwelcher Art auch a priori zu verneinen. Diese präskriptive Sichtweise dürfte somit auch die Suche nach unterschiedlichen Formen positiven Denkens (förderliche versus weniger förderliche) im Keim erstickt haben.

In Rogers (1951) Werk "*Client-centered therapy*" beispielsweise sind weder die Begriffe Überzeugung (*Belief*) oder Erwartung (*Expectation*) noch die Begriffe Denken (*Thought*) oder Phantasie (*Fantasy*) aufgeführt. Die humanistische Psychologie bediente sich bei der Diskussion denkpsychologischer Fragestellungen primär des Begriffs der Wahrnehmung (*Perception*). Von den genannten Begriffen hat der der Wahrnehmung am wenigsten den Beigeschmack einer gedanklichen Konstruktion und ist deshalb für die These der Realitätsorientierung ideal geeignet. Selbst gegenüber dem kognitiven Prozeß der Wahrnehmung erwiesen sich die humanistischen Psychologen jedoch als wachsam, indem sie bereits rudimentäre Wahrnehmungsprozesse anfällig für Verzerrungen hielten. Jahoda (1953, 1958) propagierte die "*Need-free perception*" als integralen Bestandteil mentaler Gesundheit, und Rogers weist daraufhin, daß der Mensch selbst seine angeblich akkuraten Wahrnehmungen ständig kritisch zu überprüfen hätte:

> *Yet mingled with these perceptions, which have been confirmed by a variety of experiences, are perceptions which remain completely unchecked. These untested perceptions are also a part of our personal reality, and may have as much authority as those which have been checked.* (Rogers, 1951, S. 486).

Es wurde allerdings nicht der Frage nachgegangen, in welcher Form des Denkens sich die geprüften versus ungeprüften Wahrnehmungen manifestieren. Man könnte die ungeprüften Wahrnehmungen als "den Stoff" spontaner Phantasien konzipieren, die geprüften Wahrnehmungen dagegen als Urteile. Dieser Schritt hätte es erlaubt zu untersuchen, welche Autorität den *Untested perceptions* bezüglich Motivation und Handeln einer Person zukommt und wie sich die *Tested perceptions* darin von den *Untested perceptions* unterscheiden.

Die von Rogers herausgestellte Unterscheidung zwischen *Tested* und *Untested perceptions* erinnert an Freuds Theorie der Primär- versus Sekundärprozesse. Im Primärvorgang wird die Realität von der Irrealität nicht unterschieden. Er kennzeichnet das System "Unbewußt", welches nach Freud "unfähig [ist], etwas Unangenehmes in den Denkzusammenhang zu ziehen. Das System kann nichts anderes als wünschen" (Freud, 1900, S. 606). Der Sekundärvorgang kennzeichnet die Wirkungsweise des Systems "Vorbewußt-Bewußt"; er ist uns, in Freuds Worten, "durch die Not des Lebens" aufgedrungen (Freud, 1895, S. 381). Der Sekundärvorgang bremst den Primärvorgang und lenkt die Befriedigung der instinktiven Bedürfnisse in realistische Bahnen. Im Sekundärvorgang wird zwischen Realität und Irrealität unterschieden, und es werden die Handlungskontrollprozesse eingeleitet, die zur realitätsberücksichtigenden Regulation der Bedürfnisbefriedigung notwendig sind. Demnach werden bei Freud zwei Formen des kognitiven Funktionierens unterschieden: eine realitätsorientierte Form (Sekundärvorgang) und eine zweite, die der Irrealität zugeordnet ist (Primärvorgang). Letztere wird als im Dienste der ungebrochenen Triebbefriedigung stehend betrachtet. Phantasien entstehen im Rahmen des Primärvorgangs und sind somit Ausdruck von unbewußten Bedürfnissen. Hätte Freud das Konzept der Erwartungen thematisiert (was er nicht tut), dann wäre dieses sicherlich Bestandteil des im Vorbewußt-Bewußten lokalisierten Sekundärvorgangs; denn Erwartungen basieren auf der Auswertung der in der Vergangenheit erlebten Ereignisse und schränken unser Handeln insofern ein, als sie darauf hinweisen, welche Bedingungen für die Befriedigung der Bedürfnisse günstig sind.

Der Konnex zwischen Phantasien und Bedürfnisbefriedigung, der in der Freudschen

Zuordnung der Phantasien zum Primärvorgang begründet ist, findet sich in der modernen Motivpsychologie McClellands und Atkinsons wieder. Phantasien wurden genutzt, um die Motivdispositionen von Personen zu erfassen. Man ging davon aus, daß die Inhalte der spontan auf *TAT*-Bilder produzierten Gedanken Aufschluß darüber geben, ob ein bestimmtes thematisches Motiv beim Probanden vorliegt und mit welcher Ausprägung und Ausrichtung (*Approach* versus *Avoidance*) dies der Fall ist. Betrachtet man den Inhaltsschlüssel für die Auswertung der von den Probanden produzierten Gedanken, so stellt sich heraus, daß hier auch Erwartungen kodiert werden. Wird beispielsweise einer in einem Leistungskontext abgebildeten Person eine positive Erwartung, Erfolg zu haben, zugeschrieben, so erhält der Proband einen Punktwert auf dem Erfolgsmotiv. Dies gilt auch, wenn der abgebildeten Person ein starkes Stolzerleben nach erzieltem Erfolg zugeschrieben wird. Offensichtlich spielen hier die in den Lerntheorien hinreichend bekannten Konzepte der Erwartung und des Anreizes eine Rolle; wichtig ist nur, daß diese sich auf eine bestimmte inhaltliche Thematik beziehen, z.B. auf Leistung, Macht oder Affiliation. McClelland ist sich der Anlehnung an Verhaltenstheorien bei der Erstellung des *TAT*-Auswertungsschlüssels bewußt:

> *Our classification of many of the aspects of the behavior and experiences of characters in imaginative stories reveals an implicit acceptance of the kind of descriptive categories elaborated by many different psychological theorists in conceptualizing adjustive overt behavior. Thus, we perceive the behavioral sequence originating when an individual experiences a state of need or motive (N).* (McClelland, Atkinson, Clark & Lowell, 1953, S. 108).

Durch das Fenster der Phantasie sah man eine Möglichkeit, motiv-relevante Verhaltenssequenzen beim Menschen beobachten zu können. Wurde eine derartige Sequenz auf Charaktere der *TAT*-Bilder projiziert, schrieb man den Probanden das respektive Motiv zu. Interessant ist im Kontext der vorliegenden Arbeit, daß hier spontane Phantasien über die Erwartungen anderer Personen als Motive des Probanden interpretiert werden. Zumindest bei der Erhebung der Motivdisposition werden Erwartungen und Phantasien somit konfundiert. Da Motive als Determinanten (McClelland) oder Co-Determinanten (Atkinson) von Motivation und Handeln interpretiert werden, wird folglich auch keine unterschiedliche Wirkung von Phantasien versus Erwartungen auf Motivation und Handeln konstruiert.

In Atkinsons Formel zur Bestimmung der Handlungstendenz gehen neben der Motivdisposition einer Person auch die von ihr in einer gegebenen Situation getroffenen Erwartungsurteile (Ergebniserwartungen) und Ergebnisanreize ein. Damit werden die Erwartungen ein zweites mal thematisiert; einmal wie bereits ausgeführt im Rahmen der Motivmessung und dann nochmals als situatives Urteil, das sich auf die Wahrscheinlichkeit des Erreichens von Erfolg und des Vermeidens von Mißerfolg bezieht. Interessant ist dabei, daß, obwohl bei der Motivmessung Phantasien und Erwartungsurteile Berücksichtigung finden (wenn sie auch nicht differenzierend analysiert werden), im situativen Handlungskontext die spontanen Phantasien nicht ins Auge gefaßt werden. Hier finden nur noch die Erwartungsurteile einen Raum. Phantasien werden vermutlich deshalb vernachlässigt, weil McClelland und Atkinson der Murrayschen (und damit der Freudschen) Tradition folgend Phantasien ausschließlich als Ausdruck von Bedürfnissen verstehen.

Man könnte jedoch argumentieren, daß McClellands rezente Unterscheidung zwischen selbst-attribuierten und impliziten Motiven eine Differenzierung verschiedener Formen des zukunftsbezogenen Denkens beinhaltet und daß hier auch differentielle Effekte auf Motivation und Handeln reflektiert werden. Nach McClelland lassen sich selbst-attribuierte Motive besser zur Vorhersage reflektierten (respondenten) Verhaltens, implizite Motive dagegen besser zur Vorhersage von spontanem (operantem) Verhalten einsetzen. Die Differenzierung zwischen selbst-attribuierten und impliziten Motiven läuft jedoch nicht parallel zur Differenzierung zwischen Zukunftsdenken im Sinne des Urteilens einerseits und des spontanen Phantasierens andererseits. Bei der Erfassung der impliziten Motive erzielt ein Proband auch dann hohe Werte, wenn er ausschließlich über die Erwartungsurteile der *TAT*-Figur reflektiert. Wie bereits ausgeführt spielt hier der Inhalt des Denkens die zentrale Rolle (z.B. leistungs-thematische Inhalte beim Leistungsmotiv) und nicht, ob es sich bei den Projektionen um Erwartungsurteile oder spontane Phantasien handelt.

Bei der Erfassung der selbst-attribuierten Motive werden dagegen sicherlich Urteile abgefragt. Dabei beschränkt man sich jedoch nicht auf Erwartungsurteile, sondern bezieht auch Zielsetzungen, Anreizeinschätzungen, Handlungsgewohnheiten und generelle Wertschätzungen mit ein. Deshalb erlaubt die Gegenüberstellung von selbst-attribuierten versus impliziten Motiven keine präzisen Aussagen hinsichtlich der Frage, ob Zukunftsdenken in Form von Erwartungsurteilen einen förderlichen Einfluß auf Motivation und Handeln hat, Zukunftsdenken in Form von Phantasien dagegen einen hemmenden. Dazu müßte man beispielsweise bei einer vorliegenden Aufgabe (aus welchem Inhaltsbereich auch immer) ausschließlich die Erwartungsurteile bezüglich des Erfolgs bei der Aufgabenlösung abfragen und obendrein die Probanden um spontane Phantasien hinsichtlich des Erfolgs bei dieser Aufgabe bitten. Dieses Vorgehen wird in der vorliegenden Arbeit in einer Reihe von Studien expliziert, und dabei findet sich tatsächlich eine gegenläufige motivationale Bedeutung von Erwartungsurteilen versus spontanen Phantasien.

Die bislang vorliegenden Ergebnisse zur Unterscheidung zwischen selbst-attribuierten und impliziten Motiven zeigen dagegen keine gegenläufige motivationale Wirkung.

McClelland berichtet sowohl für selbst-attribuierte als auch für implizite Leistungsmotive einen förderlichen Einfluß auf Leistungshandeln, wobei die selbst-attribuierten Motive situativ angeregtes (respondentes) Leistungshandeln begünstigen, während die impliziten Motive langfristiges (operantes) Leistungshandeln und damit den Karriereerfolg fördern. Offensichtlich werden mit selbst-attribuierten versus impliziten Motiven Persönlichkeitsdispositionen in bestimmten Inhaltsbereichen (z.B. Leistung) erfaßt, die mit jeweils anderen Handlungsstrategien der erfolgreichen Auseinandersetzung mit diesen Inhaltsbereichen einhergehen.

In der Tagtraumforschung lassen sich zwei prominente Stränge unterscheiden: der *Current concern*-Ansatz Klingers und die differentielle Tagtraumforschung Singers (siehe Kapitel 4). Klinger macht einen Unterschied zwischen Erwartungen und Phantasien. Erwartungen sind als Wahrscheinlichkeitsurteile konzeptualisiert, die sich auf das Erreichen des Anreizobjekts beziehen und in Klingers Fragebögen zur Erfassung von *Current concerns* durch klassische Fragebogen-Items erhoben werden. Dabei unterscheidet Klinger in Anlehnung an Heckhausen (1977) zwischen Ergebnis-Erwartung und Situations-Ergebnis-Erwartung. Phantasien dagegen erscheinen (*pop up*) in unserem Bewußtsein, können visuelles und anderes sinnliches Erleben beinhalten, eine Person durch Wunschwelten führen und die Realität auf den Kopf stellen (Klinger, 1990).

Erwartungen bestimmen nach Klinger, ob man sich Ziele setzt (realisierbare Ziele haben eine größere Chance, gewählt zu werden), und beeinflussen die Verbindlichkeit der Zielsetzung (realisierbare Ziele gehen mit größerer Verbindlichkeit einher). Phantasien dagegen sind Ausdruck einer verbindlichen Zielsetzung. Die Zielsetzungen kreieren *Current concerns*, die die Informationsverarbeitung einer Person in Richtung relevanter Inhalte orientieren und auch die spontane Gedankenproduktion der Person thematisch ausrichten. Das in der vorliegenden Arbeit zentrale Postulat, nach dem Erwartungsurteile und spontane Phantasien einen gegensätzlichen Effekt auf Motivation und Handeln haben, kann in Klingers Theorie nicht diskutiert werden, weil zwar Erwartungen als Determinanten von Motivation und Handeln erkannt, Phantasien dagegen als bloßer Ausdruck einer verbindlichen Zielsetzung verstanden werden.

In der Tagtraumforschung Singers wird dagegen nicht zwischen Erwartung und Phantasie unterschieden. Besonders deutlich wird dies in einem Abschnitt, in dem Singer und Pope (1978) explizit auf das Thema Selbstwirksamkeit und Phantasievorstellungen zu sprechen kommen:

> *Self-efficacy cognitions in the form of imagery, fantasies, or self-communications in some form determine whether we will initiate certain types of behavior and, once engaged in them, how long we will persist or how much effort we will expend.*

The private image that one ***can*** *cope will help one stick it out in situations that are believed to be dangerous, embarrassing, or otherwise aversive*. (Singer & Pope, 1978, S. 26-27).

Für Singer und Pope scheint es somit keinen Unterschied zu machen, ob subjektive Selbstwirksamkeit nur in der Phantasie vorgestellt oder das Ergebnis eines reflektierten Urteils ist. Es wird postuliert, daß die Prinzipien, die Bandura für eine ausgeprägte subjektive Selbstwirksamkeit in Form eines Urteils annimmt, auch für spontane Phantasien gelten, die eine hohe Selbstwirksamkeit abbilden. Dies widerspricht eindeutig der in der vorliegenden Arbeit vertretenen Position, wonach spontane Phantasien, die eine positive Wirksamkeit beschreiben, eine negative Relation zu Motivation und Handeln aufweisen. Nur der in Form von Urteilen vorliegenden Selbstwirksamkeit wird eine positive Relation zugestanden.

Das in unserer Arbeit zentrale Postulat einer gegensätzlichen Relation von Erwartungen und Phantasien zu Motivation und Handeln wird leichter verständlich, wenn die qualitativen Unterschiede zwischen einem Urteil einerseits und einer Phantasie andererseits bedacht werden. William James hat in seinen "*Principles of Psychology*" sowohl die Qualitäten von Überzeugungen und Urteilen diskutiert als auch an anderer Stelle die Qualitäten des spontanen Gedankenstroms (in Kapitel 21, das mit "*The perception of* reality" überschrieben ist, bzw. in Kapitel 9, das den Titel "*The stream of thought*" trägt). James' differenzierte Ausführungen eignen sich somit für die Analyse der Frage, welche qualitativen Unterschiede zwischen Überzeugungen und Phantasien bestehen.

Überzeugungen versus Vorstellungen

James sieht das wesentliche Merkmal einer Überzeugung darin, daß bei ihr in eine gedachte Wahrheit eingewilligt wird. James führt aus:

Everyone knows the difference between imagining a thing and believing in its existence, between supposing a proposition and acquiescing in its truth. In the case of acquiescence or belief, the object is not apprehended by the mind, but is held to have reality. Belief is thus the mental state or function of cognizing reality. As used in the following pages, 'Belief' will mean every degree of assurance, including the highest possible certainty and conviction. (James, 1890, S. 283).

Nach James sind Überzeugungen das Endprodukt einer Realitätsprüfung gedanklicher Inhalte. James ordnet dem Gewinnen einer Überzeugung ein Gefühls- oder Erlebnismoment zu, das er als die Einwilligung beschreibt, das bislang bloß Gedachte als Wahrheit hinzunehmen. Von einer Idee überzeugt sein bedeutet auch "... *the cessation of theoretic agitation, through the advent of an idea which is inwardly stable, and fills the mind solidly to the exclusion of contradictory ideas*." (James, 1890, S. 283). Wenn man von etwas überzeugt ist, läßt sich auf der Grundlage der respektiven Idee auch handeln ("*When this is the case, motor effects are apt to follow*." James, 1890, S. 283).

Die beschriebene innere Stabilität gilt nach James für das Überzeugtsein ebenso wie für das Nicht-Überzeugtsein. Eine Person ist nämlich nur dann nicht überzeugt, wenn sie von etwas relevantem anderen überzeugt ist. So begreift James auch das Gegenteil der Überzeugung (*Belief*) nicht als Nicht-Überzeugtsein (*Disbelief*), sondern als Zustand des Zweifelns und Erkundens ("***The true opposites of belief***, *psychologically considered*, ***are doubt and inquiry, not disbelief***." James, 1890, S. 284).

Eine Überzeugung geht somit deutlich über das hinaus, was James im Rahmen der Analyse des Gedankenstroms dem schieren Gedanken an ein Objekt zuschreibt (siehe Kapitel 4 dieser Arbeit). Das Bewußtsein kann zu einem Objekt zwei unterschiedliche Beziehungen haben: Es wird einfach über das Objekt nachgedacht im Sinne von dessen Erscheinen in den Gedanken oder es wird eingeschätzt, ob der Inhalt der Gedanken richtig oder falsch ist, d.h., ob er der Realität entspricht. James vertritt nachdrücklich die Position, daß beides, die Einschätzung und der bloße Gedanke, im Bewußtsein vorhanden sein können und erläutert dies mit Hilfe eines Zitats von I. Brentano:

> *But we must insist that, so soon as the object of a thought becomes the object of an assenting or rejecting judgment, our consciousness steps into an entirely new relation towards it. It is then twice present in consciousness, as thought of, and as held for real or denied*; (Brentano zitiert nach James, 1890, S. 286).

Derselbe Gedankeninhalt kann also in zwei verschiedenen Denkformen im Bewußtsein vorhanden sein: einmal als ein zustimmendes oder ablehnendes Urteil über dessen Realitätscharakter und zum anderen als reiner spontaner Gedanke an sich.

James hat insbesondere Überzeugungen analysiert, die sich auf Ereignisse in der Vergangenheit beziehen. Hier ist die Unterscheidung zwischen Überzeugungen und bloßen Gedanken einfach nachzuvollziehen. Man kann die Vergangenheit mehr oder weniger ausgeschmückt vor dem inneren Auge vorbeiziehen lassen; oder man bildet sich ein Urteil darüber, ob die Dinge tatsächlich so waren, wie sie in den auf die Vergangenheit gerichteten Gedanken erscheinen. Während die erste Form des Nachdenkens über die Vergangenheit die Dinge im Fluß hält, geht mit der zweiten Form eine Festlegung einher, die eine zuvor stattfindende "*Theoretic agitation*" ablöst. Es ist letztlich die kognitive Festlegung hinsichtlich des Realitätsgehalts eines Objekts oder Ereignisses, die die Überzeugung vom reinen Gedanken, der bloßen Vorstellung, trennt.

Überträgt man diese Überlegungen auf das Zukunftsdenken, so sollte gelten, daß Überzeugungen die Form von Urteilen über die Auftretenswahrscheinlichkeiten von antizipierten Ereignissen annehmen. In diesen Wahrscheinlichkeitsurteilen oder Erwartungsurteilen legt sich eine Person hinsichtlich der Realität zukünftiger Ereignisse fest. Auch diese Festlegungen sollten mit einer gedanklichen Beruhigung (im Sinne der Reduktion des Zweifelns und Suchens) einhergehen und für das Handeln eine Basis bilden.

Wie aber stellt sich die andere Form des Denkens, nämlich der bloße Ablauf von Gedanken für die Zukunft dar? Die rückblickenden Gedanken beziehen sich nach James auf Inhalte die das betreffen, was geschehen ist und was hätte sein können. Er bezeichnet diese Gedankenproduktion als Grübeleien oder im pathologischen Fall als "Grübelsucht" (James, 1890, S. 284); in der heutigen Psychologie würde man vielleicht von *Rumination* (z.B. Nolen-Hoeksema, 1993) sprechen oder von *Counterfactual thinking* (z.B. Roese, 1994), wenn es um das Bedenken möglicher alternativer Ereignisabläufe in der Vergangenheit geht. Es gibt zwei entscheidende Unterschiede zwischen spontanen Gedanken an die Vergangenheit versus die Zukunft. Die freien Gedanken über die Vergangenheit können in Kontrast zur tatsächlich erlebten Realität geraten. Vor allem, wenn die Realität zu Überzeugungen mit hoher Urteilssicherheit geführt hat, sollte die freie Gedankenproduktion behindert sein. Dieses Problem stellt sich für die spontanen Zukunftsgedanken nur in eingeschränkter Form. Hier dürften die Überzeugungen (Erwartungsurteile) sich zwar ebenfalls limitierend auswirken, dies jedoch weniger stark, da Erwartungsurteile über noch nicht eingetretene Ereignisse mit einer vergleichsweise geringeren Urteilssicherheit einhergehen dürften. Damit stellt sich dic Gedankenproduktion bezüglich der Zukunft als freier dar als jene bezüglich der Vergangenheit. Wir wollen dieser Überlegung in der vorliegenden Arbeit dadurch Rechnung tragen, daß wir bei der freien Gedankenproduktion bezüglich der Zukunft von Zukunftsphantasien sprechen.

Es gibt jedoch noch einen zweiten Unterschied zwischen Gedanken an die Vergangenheit versus die Zukunft. Bei den Gedanken über die Vergangenheit sind die Dinge bereits auf eine bestimmte Art und Weise geschehen. Das für die Zukunft Gedachte dagegen kann potentiell noch Realität werden. Deshalb haben Zukunftsphantasien potentiell auch immer eine direkte Handlungsrelevanz. Die Position von James, wonach insbesondere die Überzeugungen und weniger die bloßen Gedanken einer Person ihr Handeln beeinflussen, sollte deshalb für zukunftsbezogenes Denken *nicht* gelten. Wir postulieren in dieser Arbeit, daß sowohl zukunftsbezogene Überzeugungen (Erwartungsurteile) als auch spontane zukunftsbezogene Gedanken (Zukunftsphantasien) handlungsleitende Funktion besitzen.

Ein im Bewußtsein auftretendes Ereignis kann also zum einen in Form von Überzeugungen (*Beliefs*) vorhanden sein, durch die sich eine Person auf den Realitätsgehalt des gedachten Ereignisses festlegt. Zum anderen kann das Ereignis in Form von spontanen Gedanken auftreten, die keine Festlegung auf die jeweilige Realität implizieren. Auch über ein in der Zukunft liegendes Ereignis kann mit und ohne Realitätsbezug gedacht werden, einmal in Form von Wahrscheinlichkeitsurteilen, zum anderen in Form von spontanen Zukunftsphantasien. Letztere lassen in der Zukunft liegende Ereignisse ohne jedes Beurteilen der Wahrscheinlichkeit ihres Eintretens vor dem geistigen Auge vorbeiziehen.

Die Relevanz der Unterscheidung zwischen diesen beiden Arten des Zukunftsdenkens wäre am überzeugendsten demonstriert, wenn es gelänge, einen gegensätzlichen Effekt auf die Motivation und das Handeln einer Person zu beobachten. Wir führten deshalb vier Korrelationsstudien durch, die in unterschiedlichen Inhaltsbereichen (Gesundheit, Liebe und Arbeit) die Beziehung von Erwartungsurteilen einerseits und spontanen Zukunftsphantasien andererseits zu ein und demselben Maß des Handlungserfolgs erhoben. Bevor diese Studien berichtet werden, wird nun die Hypothese begründet, daß Zukunftsphantasien einen zu den Erwartungsurteilen gegensätzlichen und damit negativen Effekt auf Motivation und Handeln haben sollten.

Positive Erwartungen versus positive Phantasien

Das Konzept der *Erwartung* spielt in der empirischen Forschung zur Vorhersage von Motivation und erfolgreichem Handeln eine überragende Rolle (siehe Kapitel 1 bis 4). Eine Vielzahl von Befunden aus verschiedenen Forschungs- und Lebensbereichen spricht dafür, daß Erwartungen zukünftiger Erfolge das Engagement hinsicht der Realisierung dieser Erfolge beflügeln. Die Befunde betreffen beispielsweise den Bereich der Gesundheit, aber auch zwischenmenschliche Beziehungen und akademische sowie berufliche Leistungen. Auf den in der Vergangenheit gemachten Erfahrungen basierend (Bandura, 1986; Mischel, 1973) signalisieren hohe Erfolgserwartungen das Eintreffen positiver Zukunftsereignisse. Da Erwartungsurteile nicht "aus der Luft gegriffen" sind, sondern auf der Auswertung der eigenen Leistungsgeschichte beruhen, sprechen hohe Erfolgserwartungen dafür, daß auch entsprechende künftige Bemühungen nicht umsonst sein werden. Niedrige Erfolgserwartungen dagegen liefern einen Hinweis dafür, daß man sich zurückhaltend engagieren sollte. In Anlehnung an diese Überlegungen und die zahlreichen Befunde zu den motivations- und erfolgsfördernden Effekten positiver Erwartungen postulierten wir auch in den im folgenden dargestellten Korrelationsstudien eine positive Relation zwischen Erfolgserwartungen und tatsächlichem Erfolg.

Dabei lassen sich, wie in Kapitel 1 ausgeführt, verschiedene Erwartungstypen unterscheiden. Die Vorhersagekraft von Erwartungen dürfte immer dann besonders hoch sein, wenn die Art des gemessenen Erfolgs dem jeweiligen Erwartungstyp Rechnung trägt, d.h., wenn der gemessene Erfolg genau dem Ereignis entspricht, auf das sich die erhobene Erwartung bezieht. Will man das erfolgreiche Ausführen spezifischer Handlungen vorhersagen (z.B. das konsequente Zurückweisen von Süßigkeiten), sollte man die *Selbstwirksamkeitserwartungen* (oder Kompetenzerwartungen, Schwarzer, 1993) einer Person erheben, denn diese beziehen sich auf die Wahrscheinlichkeit der erfolgreichen Ausführung von Handlungen. Stehen dagegen die Konsequenzen bestimmter Handlungen in Frage (z.B. der eigene Diäterfolg durch das konsequente Zurückweisen von Süßigkeiten), sollten die *Ergebniserwartungen* (oder Konsequenzerwartungen, Schwarzer, 1993) erhoben werden, die sich auf die Wahrscheinlichkeiten beziehen, daß die ins Auge gefaßten Konsequenzen bestimmter Handlungen auch eintreten werden. Ist der zu messende Erfolg jedoch von genereller Art (z.B. Gewichtsverlust insgesamt) und damit von verschiedenen Handlungen, ihren multiplen Konsequenzen sowie von einer Reihe externer Faktoren bestimmt, empfiehlt es sich, *Gesamterwartungen* zu erheben. Diese schließen Erwartungen darüber ein, mit welcher Wahrscheinlichkeit relevante Handlungen ausgeführt werden können, mit welcher Wahrscheinlichkeit diese Handlungen zu relevanten Konsequenzen führen sowie mit welcher Wahrscheinlichkeit relevante externe Faktoren das Endergebnis mitbestimmen.

Auch *Phantasien* können sich auf das Eintreten von Erfolgen beziehen und damit auf entsprechende Handlungen und ihre Konsequenzen sowie auf das Endergebnis. Anders als die Erwartungen signalisieren die Phantasien über das Erreichen positiver Zukunftsereignisse jedoch nicht, ob es sich lohnt, das Eintreten dieser Zukunftsereignisse anzustreben. Die Phantasien sind frei von den Fesseln der gemachten Erfahrungen und können völlig "aus der Luft gegriffen" sein. Selbst wenn ihre Bausteine aus in der Vergangenheit erlebten Ereignissen bestehen, können diese in vielfältiger Weise neu zusammengesetzt werden und in veränderter Form im Bewußtsein auftauchen. Auch können durch Phantasien einer Person Ereignisse ins Bewußtsein treten, ohne daß diese in der Vergangenheit je erlebt wurden. Ähnliches gilt für den Ablauf von Ereignissen (z.B. für deren Reihenfolge oder das Endergebnis). Da die vorgestellten Ereignisse und Abläufe nicht auf ihren Realitätsgehalt geprüft werden, müssen die Erlebnisse aus der Vergangenheit auch nicht in ihrer Ganzheit, Folgerichtigkeit und ihren realen Konsequenzen abgebildet werden. Jemand kann beispielsweise zukünftige Erfolge vor dem geistigen Auge durchspielen, ohne sich über deren geringe Realisierbarkeit zu grämen. Ebenso kann er in seinen Zukunftsphantasien meisterliches Können demonstrieren und glückselige Momente der Vergangenheit in die Zukunft projizieren, ohne daß er sich dabei vorwerfen müßte, längst vergangenen Zeiten nachzuhängen. In der Phantasie darf man zukünftige Paradiese zaubern, gänzlich neue Welten aus verschiedenen mentalen Bildern kombinieren, ohne als weltfremd gelten zu müssen.

Eine Person kann somit Erfolge in positiven Zukunftsphantasien ausleben, ohne daß sie deshalb gleich den mühevollen Weg der Realisierung bedenken muß. Weder muß sie sich mit Szenarios der Realität beschäftigen, noch ist sie gezwungen, sich mit den jeweiligen Realisierungschancen auseinanderzusetzen. Das Schwelgen in positiven Phantasien kann uneingeschränkt den Fakten der Realität den Zugriff verwehren. Die persönliche Leistungsgeschichte und die Meinungen anderer dürfen unberücksichtigt bleiben. Informationen über die Realisierbarkeit der phantasierten Vorhaben und Ereignisse sind irrelevant. Auch kann jemand in der Phantasie grandiose Erfolge erreichen und dies problemlos und unverzüglich, ohne den harten Weg der Phantasierealisierung in der Wirklichkeit gehen zu müssen. Man kann die vollbrachte Leistung im voraus auskosten, indem man Szenarios über den glänzenden Augenblick der Erfolgsrealisierung vor dem geistigen Auge ablaufen und in Gedanken andere das eigene Vorwärtskommen bewundernd zur Kenntnis nehmen läßt. Derartige *Happy-end-Szenarios* und ihre anziehenden Folgen können beliebig wiederholt und in verschiedenen Facetten durchlebt werden, ohne daß man sich je bemüht, gedanklich oder handelnd, den Erfolg tatsächlich zu erreichen.

Wie wirken sich solche positiven Zukunftsphantasien auf die Motivation und das Handeln aus, den erträumten Erfolg in die Tat umzusetzen? Gilt für die Zukunftsphantasien wie für die Erfolgserwartungen, daß positives Zukunftsdenken den Erfolg fördert? Positive Zukunftsphantasien verführen, weil sie das Erreichen eines beliebig bunten und attraktiven Ereignisses vortäuschen, zu einem gedanklichen Konsum des Zukunftsereignisses. Daher sollten sie die Motivation, den Erfolg tatsächlich zu erreichen, nicht fördern, sondern *mindern*. Zudem wird in positiven Zukunftsphantasien das Erreichen des Erfolges als problemlos erlebt, was die Notwendigkeit des Handelns verschleiert und die Handlungsmotivation zusätzlich unterdrücken sollte. Ein vor dem mentalen Auge mit phantastischer Leichtigkeit erreichtes Weiterkommen verdeckt schließlich die Tatsache, daß den meisten Erfolgen reifliche Überlegungen und mühselige Anstrengungen vorausgehen. Die Suggestion des leichtfüßigen Fortschritts verhindert, daß detaillierte Handlungspläne darüber erstellt werden, welchen Weg man einschlagen wird und wie man diesen Schritt für Schritt gehen will (siehe Friedman, Scholnick & Cocking, 1987; Gollwitzer, 1996; Taylor & Schneider, 1989; Taylor & Pham, 1996). Somit werden keine effektiven Strategien zur Überwindung von Schwierigkeiten auf dem Weg zur Phantasierealisierung entwickelt, was die Wahrscheinlichkeit eines Handlungserfolges, selbst wenn er in Angriff genommen wird, weiterhin reduzieren sollte.

Wie aber lassen sich derartige positive Phantasien erheben? Die positiven Erfolgserwartungen kann man mit klassischen Fragebogen-Items erfassen, denn hier handelt es sich um Urteile. Bei der Generierung spontaner Zukunftsphantasien geht es dagegen darum einzufangen, ob sich eine Person positive Zukunftsereignisse vorstellt. Um dabei die subjektive Positivität zu berücksichtigen, müssen die Versuchspersonen zunächst zu spontanen Zukunftsphantasien über den zur Messung anstehenden Handlungsbereich verleitet werden. Anschließend werden die Versuchspersonen gebeten, die Positivität der erlebten Phantasien einzuschätzen. Hohe Positivität dürfte immer dann erlebt werden, wenn es den Versuchspersonen gelingt, in positiven Phantasien zu schwelgen. Drängen sich dagegen Bilder und Szenarios auf, in denen die Versuchspersonen das positive Ereignis nur ansatzweise oder überhaupt nicht erreichen oder sich in mühseligen Anstrengungen oder schmerzlichen Verzichten auf dem Weg zu diesem Ereignis sehen, dürfte sich das in weniger positiven Einschätzungen des Phantasieerlebens ausdrücken. Spontane Zukunftsphantasien, die nicht positiv oder sogar negativ erlebt werden, sollten sich demnach mit Gedankeninhalten beschäftigen, die sich auf eine erfolglose oder mühsame Realisierung der erwünschten Zukunft beziehen.

Negativ erlebte Zukunftsphantasien sollten beispielsweise mit Gedanken über Ereignisse und Szenarios angefüllt sein, in denen wir versagen und uns blamieren, in denen lang gehegte Wünsche ausgeschlagen werden und Sehnsüchte zerrinnen. Es erscheinen Versuchungen, denen wir hilflos ausgeliefert, und Vorhaben, denen wir kaum gewachsen sind. In Gedanken verpassen wir einmalige Gelegenheiten und beleidigen achtlos Freunde und Bekannte. Wir stellen uns vor, daß wir Zeit vergeuden und wichtige Termine verstreichen lassen. Wir werden gequält von Bildern der ewigen Fortsetzung oder Alltagslasten und langweiliger Partnerbeziehungen. Derartige negative Phantasien enthalten das Ausbleiben von Erfolgen und betonen unsere Schwächen. Auch hier werden die Realisierungschancen mißachtet, die uns zeigen könnten, daß wir in Schwarzmalerei verfallen sind und unsere Leistungsgeschichte eigentlich Besseres verspricht. Die Aversivität solcher Negativphantasien sollte uns aber aufschrecken und Gedanken darüber anregen, wie man die vorgestellten Ereignisse und Szenarios entschärfen kann. Nun wappnet man sich in Gedanken gegen Versuchungen und rüstet sich für möglicherweise aufkommende Hindernisse und Belastungen. Man entwirft Pläne und Strategien und unternimmt vor dem geistigen Auge Versuche, den langen mühseligen Weg der Erfolgsrealisierung zu gehen.

Da positive Zukunftsphantasien die konsumtive Vorwegnahme von Erfolg implizieren, keine Notwendigkeit zum Handeln suggerieren und das Erstellen und Entwickeln detaillierter Pläne und Strategien zur Bewältigung der Schwierigkeiten auf dem Weg zur Phantasieumsetzung bremsen, sollten positive Zukunftsphantasien Motivation und erfolgreiches Handeln stärker hemmen als vergleichsweise negative Zukunftsphantasien. Damit vermuten wir für die Zukunftsphantasien einen den Erwartungsurteilen entgegengesetzten Effekt. Zukunftsphantasien sollten in negativer Relation zu Motivation und erfolgreichem Handeln stehen, Erwartungsurteile dagegen in positiver.

Zusammenfassung

Zunächst haben wir die in Kapitel 1 bis 4 besprochenen Forschungstraditionen daraufhin geprüft, inwieweit sie Überzeugungen und Erwartungsurteile einerseits und spontane Vorstellungen und Zukunftsphantasien andererseits thematisieren. Die Forschungsansätze behandeln entweder nur die eine Art des Zukunftsdenkens (z.B. analysiert die auf der lerntheoretischen Tradition basierende Forschung nur das Erwartungskonzept, die Tagtraumforschung Singers nur den spontanen Gedankenstrom) oder Erwartungsurteile und Zukunftsphantasien werden indirekt thematisiert (z.B. wird in der humanistischen Psychologie der "Wahrnehmungsprozeß" betont). Aber auch in den beiden Forschungsansätzen, die sowohl Erwartungen als auch Phantasien konzeptualisieren (die Leistungsmotivpsychologie und der *Current concern*-Ansatz Klingers), werden Erwartungsurteile und Zukunftsphantasien nicht als ebenbürtige Prädiktorvariablen von Motivation und erfolgreichem Handeln einander gegenübergestellt. Sie werden entweder im Rahmen der Motivmessung vermischt (Leistungsmotivpsychologie) oder Erwartungen dienen als Prädiktorvariablen von *Current concerns* und damit von spontanen Phantasien (im *Current concern*-Ansatz Klingers).

In der vorliegenden Arbeit wird die Hypothese vertreten, daß Erwartungsurteile und Zukunftsphantasien gegensätzliche Wirkung auf Motivation und erfolgreiches Handeln haben. Diese Hypothese wird zunächst begründet anhand der Ausführungen von William James über die unterschiedlichen Qualitäten von Überzeugungen (Urteile) einerseits und spontanen Gedanken andererseits. Während Überzeugungen und Urteile sich darauf beziehen, ob Gedankeninhalte der Realität entsprechen oder nicht, erscheint in spontanen Gedanken der jeweilige Inhalt lediglich vor dem geistigen Auge. James betont, daß bezüglich eines Ereignisses sowohl Überzeugungen im Sinne des als wahr oder unwahr Beurteilten als auch spontane Gedanken an sich unabhängig voneinander im Bewußtsein vorhanden sein können. Der zentrale Unterschied zwischen diesen beiden Formen des Denkens liegt seiner Meinung nach im Realitätsbezug.

Diesen Überlegungen folgend unterscheiden wir in der vorliegenden Arbeit zwischen zwei Arten des Zukunftsdenkens: den Erwartungsurteilen, die den Realitätsgrad zukünftiger Ereignisse erfassen, einerseits und den freien und spontanen Zukunftsphantasien, die vor dem geistigen Auge zukünftige Ereignisse unabhängig von deren eingeschätzter Eintreffenswahrscheinlichkeit entstehen lassen, andererseits. Positive Erwartungen sind somit Urteile, daß erwünschte Ereignisse in der Zukunft mit hoher Wahrscheinlichkeit eintreffen werden, positive Zukunftsphantasien dagegen sind Gedanken und mentale Bilder von in der Zukunft liegenden Ereignissen, die im momentanen Gedankenstrom auftauchen und positiv erlebt werden. Während die Erwartungen eine Festlegung auf die Wahrscheinlichkeit des Eintretens bestimmter Ereignisse implizieren, ist das Erleben spontaner Bilder und Gedanken im Rahmen von Zukunftsphantasien nicht durch den Realitätsgehalt der Gedankeninhalte belastet.

Falls sich nachweisen ließe, daß Erwartungsurteile und Zukunftsphantasien Motivation und Erfolg gegenläufig vorhersagen, würde sich die Unterscheidung zwischen den beiden Formen des Zukunftsdenkens für die psychologische Theoriebildung als nützlich erweisen. Wir instigierten deshalb ein Forschungsprogramm, das folgende Überlegungen in korrelativen Feldstudien zu prüfen versuchte: Da positive Erwartungen eine erfolgreiche Vergangenheit hinsichtlich des kritischen Zukunftsereignisses widerspiegeln, sollte sich entsprechendes Engagement auch für die Zukunft lohnen. Im Vergleich zu negativen Erwartungen sollten diese Erwartungen deshalb mit mehr Motivation und Erfolg einhergehen. Ganz anders dürfte jedoch die Beziehung zwischen Phantasie und Erfolg aussehen. Da es positive Phantasien erlauben, frei von jeder erfahrenen Realität die Erfolge der Zukunft konsumtiv vorwegzunehmen, sollten sie die Motivation hemmen, den Erfolg in der Realität tatsächlich erreichen zu wollen. Ein vor dem geistigen Auge problemlos erreichter Erfolg sollte zudem keine Notwendigkeit zum Handeln erkennen lassen und obendrein verhindern, daß der Weg zur Erfolgsverwirklichung vorbereitet und geplant wird, was den Erfolg zusätzlich behindert. Demnach sollten positive Erfolgserwartungen Motivation und Leistungserfolg fördern, positive Zukunftsphantasien diese dagegen hemmen.

6

Positive Erwartungen versus positive Phantasien: Relation zu Motivation und Erfolg

In diesem Kapitel wird eine Reihe von Studien dargestellt, die die Relation zwischen Erwartung und Erfolg einerseits versus Phantasie und Erfolg andererseits prüfen. Die Studien sind in drei verschiedenen Lebensbereichen angesiedelt: im Gesundheitsbereich (Studie 1 und 2), im Bereich interpersoneller Beziehungen (Studie 3) und im Bereich der beruflichen Sozialisation (Studie 4). Den zuvor angestellten Überlegungen zufolge wird angenommen, daß positive Erwartungen mit mehr Erfolg einhergehen als negative Erwartungen, positive Phantasien dagegen mit vergleichsweise weniger Erfolg. Die positive Beziehung von Erwartung und Erfolg ist in den hier angesprochenen Lebensbereichen gut dokumentiert (siehe Kapitel 1 und 3), nicht jedoch die postulierte negative Beziehung von Zukunftsphantasie und Erfolg (siehe Kapitel 3 und 4). Daher sind Studien in diesen Lebensbereichen besonders geeignet, Unterschiede in der Relation von Erwartung versus Phantasie zum Erfolg aufzudecken.

Die Messung der Positivität von Erwartungen versus Phantasien

Zur Messung der Positivität von *Erwartungen* wurden in Anlehnung an die in Kapitel 1 dargestellte Forschung Fragen hinsichtlich der Erfolgswahrscheinlichkeit gestellt. Nur in einer der vier Studien (Studie 2) bestimmten wir Erwartung alternativ über Attributionen vergangener positiver und negativer Ereignisse. Stets bezogen sich die abgefragten Erwartungen auf den in der jeweiligen Studie thematisierten Erfolg. Auch mußte entschieden werden, welche Art der Erwartung gemessen werden sollte. Hier halfen ebenfalls die im vorigen und in Kapitel 1 angestellten Überlegungen. Folgende Richtlinien zur Operationalisierung der Erwartung wurden beachtet: Wenn der ins Auge gefaßte Erfolg sich auf die

Durchführung einer bestimmten Handlung bezog, sollten Selbstwirksamkeitserwartungen gemessen werden. Wenn Erfolg sich auf die Wirksamkeit des erfolgreichen Handelns bezog, sollten Ergebniserwartungen erhoben werden. War der thematisierte potentielle Erfolg allerdings multifaktoriell bedingt (d.h., Erfolg konnte durch eigenes Handeln, dessen Konsequenzen sowie durch externe Faktoren bedingt sein), wurden Gesamterwartungen erhoben, die sowohl die subjektive Selbstwirksamkeit als auch Ergebniserwartungen einschlossen.

Auf den potentiellen Erfolg bezogen sich auch die erhobenen *Phantasien.* Wie läßt sich die Positivität/Negativität spontaner Zukunftsphantasien quantitativ erfassen? In Anlehnung an die in Kapitel 3 dargestellten Methoden und Verfahren zur Motiv- und Phantasiemessung wurde ein Verfahren entwickelt, das semi-projektive Merkmale besitzt. Das Verfahren gleicht den in Kapitel 3 dargestellten projektiven (oder operanten) Tests insofern, als die Versuchspersonen (Vpn) spontane Phantasien zu vorgegebenen Szenarios generieren müssen. Es unterscheidet sich jedoch von den im Rahmen der Bedürfnistheorien verwendeten projektiven Verfahren und auch vom *TAT* in fünf wesentlichen Punkten.

Die Szenarios wurden in schriftlicher Form vorgegeben und nicht wie im *TAT* als gezeichnetes Bild. Zum zweiten war das Szenario explizit auf die Situation der Vp zugeschnitten, so daß sie sich leicht darin wiederfinden konnte. Der *TAT* dagegen enthält Bilder allgemeinen Inhaltes, die die bedürfnisabhängigen Phantasien der Vpn hervorrufen sollen. Zum dritten erlaubten die Szenarios einen positiven oder negativen Ausgang, und die Vpn wurden gebeten, die Geschichte frei zu Ende zu phantasieren. Im *TAT* gibt es keine solche Zuspitzung auf einen positiven oder negativen Ausgang der Geschichte. Viertens wurden die Vpn, ganz im Gegensatz zum *TAT*, bei dem Phantasien zu jeder der verschiedenen abgebildeten Personen generiert werden dürfen, explizit gebeten, sich in die Hauptperson des jeweiligen Szenarios hineinzuversetzen. Schließlich mußten die Vpn ihr Phantasieerleben selbst einschätzen, während die Phantasiegeschichten im *TAT* von intensiv geschulten, unabhängigen Beurteilern nach festgelegten Inhaltskategorien ausgewertet werden.

Die Unterschiede unseres Verfahrens zu den klassischen projektiven Tests begründen sich wie folgt: Die in unseren Studien zur Messung positiver versus negativer Phantasien verwendeten Szenarios wurden in schriftlicher Form vorgegeben, und das Szenario wurde explizit auf den in der Studie thematisierten kritischen Erfolg zugeschrieben. Beispielsweise betrafen die Szenarios in der ersten Studie, in der es um Gewichtsverlust bei übergewichtigen Frauen ging, den zukünftigen Diäterfolg und die Bewältigung von Versuchungssituationen. Die Szenarios in der dritten Studie, in der Erfolg in der Liebe die Kriteriumsvariable war, handelten von Situationen, in denen die Zuneigung der Vp potentiell auf die ersehnte Gegenliebe der Person anderen Geschlechts stoßen konnte. Die Vpn konnten sich in der Geschichte also leicht in der jeweiligen erfolgs- oder mißerfolgsbezogenen Situation wiederfinden. Da die Szenarios einen offenen Ausgang hatten, der positiv oder negativ ausfallen konnte, und die Vpn gebeten wurden, die Geschichte zu Ende zu phantasieren, wurden die positiven versus negativen Phantasien auf bestimmte, in den jeweiligen Studien unterschiedliche Anreizobjekte fokussiert.

Im *TAT* dagegen sind die Szenarios durch die bildliche und intentional zweideutig gehaltene Darstellung allgemein gehalten, damit die Vpn die bedürfnisbezogenen Phantasien auf die Personen im Bild "projizieren" können (siehe Kapitel 3). Die Verschiedenheit der Verfahren begründet sich durch den Unterschied der Fragestellung zwischen den Bedürfnistheorien und der hier vorgelegten Arbeit zur motivationalen Funktion von Phantasie. In der vorliegenden Forschung geht es nicht um die Identifizierung der dominanten Bedürfnisse einer Person und die daraus entspringenden Inhalte von Anreizobjekten. Es geht weder um das Ausmaß an Phantasien in einem bestimmten Inhaltsbereich (z.B. Leistung, Macht) noch um die Frage, ob Vpn gewohnheitsmäßig Annäherungsphantasien (z.B. einen dünnen Körper zu haben) versus Vermeidungsphantasien haben (z.B. keinen dicken Körper zu haben). Unsere Arbeit beschäftigt sich dagegen mit der Identifizierung von positiven versus negativen Phantasien bezüglich des Auftretens oder Nichtauftretens der erhofften Anreize. Wir fokussierten die Vpn deshalb in ihren Phantasien auf ein für sie wichtiges Lebensthema, auf das sich dann auch die zu messende Erwartung und der Erfolg bezogen. Themen unserer Studien waren beispielsweise Erfolg in einem Gewichtsverlustprogramm oder Erfolg in der Partner- oder Stellensuche. Es ging also um die Art und Weise, wie über das Eintreffen eines Anreizes nachgedacht wird und ob unterschiedliche Arten des Zukunftdenkens (Erwartungen versus Phantasien) verschiedene Handlungskonsequenzen haben. Das hier neu entwickelte Phantasiemeßinstrument sollte helfen, die Frage zu beantworten, ob positive Phantasien sich für eine Person handlungshemmend auswirken.

Deshalb verlangte das Verfahren von den Vpn, sich in die Hauptperson des Szenarios hineinzuversetzen. Die Vpn sollten Phantasien hinsichtlich der *eigenen* zukünftigen Situation produzieren und nicht auf Gedanken an die Zukunft anderer, peripherer Personen ausweichen oder über für die eigene Person irrelevante Situationen spekulieren können. Indem die Vpn die Rolle der Hauptperson übernehmen mußten und das Szenario sich in der Zukunft abspielte, bezogen sich ihre Phantasien auch auf die eigene Person in der Zukunft. Das Phantasieerleben basierte also auf vorgestelltem eigenen Handeln und dessen Konsequenzen globaler persönlicher Zukunftszustände und -ereignisse. Da jede Vp sich in die im Szenario dargestellte Hauptperson hineinversetzen mußte, erfolgte zudem eine inhaltliche Standardisierung der Messung über die verschiedenen Vpn hinweg. Die erhobenen Phantasien und Erwartungen bezogen sich gleichermaßen auf die eigene persönliche Zukunft in dem durch die Szenarios vorgegebenen Zukunftsbereich. Bei den klassischen projektiven Verfahren wie dem *TAT* kann man dagegen nie sicher sein, mit welcher der verschiedenen Personen auf dem Bild die Vp sich eigentlich identifiziert und wie sehr sie die Perspektiven der verschiedenen Personen auf dem Bild übernimmt (siehe dazu Heckhausen, 1960, 1989). Da die Vpn im vorliegenden Verfahren sich stets in die Hauptperson hineinversetzen mußten, stellte sich diese Problematik nicht.

Das hier entwickelte Verfahren unterscheidet sich von den klassischen projektiven Verfahren auch insofern, und ist daher auch nur halbwegs projektiv, als die von den Vpn dargestellten Szenarios nicht von unabhängigen Beurteilern quasi objektiv auf unbewußte oder latente Bedürfnisse ausgewertet werden. Unsere Vpn wurden gebeten, ihre Phantasien *selbst* auf deren positive oder negative Erlebnisqualität einzuschätzen. Damit haben wir die Stärken der projektiven (oder operanten) Tests auf der einen Seite und der Fragebögen oder respondenten Verfahren auf der anderen Seite in einem Verfahren vereint. Die Vorteile der projektiven Verfahren bestehen darin, daß die Vpn diejenigen Bilder und Szenarios niederschreiben, die sich vor ihrem geistigen Auge von Augenblick zu Augenblick, in situ entfalten. Die Vpn reproduzieren also nicht längst vergangenes Phantasieerleben, wie dies beispielsweise in Selbstbericht-Fragebögen der Phantasiemessung geschieht (z.B. dem *IPI*; Singer & Antrobus, 1963 oder dem *SIPI*, Huba, Aneshensel & Singer, 1981). Derartige Erinnerungsleistungen aus dem Langzeitgedächtnis unterliegen bekanntlich massiven Verzerrungen (Ericsson & Simon, 1980, 1993). Das hier verwendete semi-projektive Verfahren umgeht dieses Problem, indem es wie bei den projektiven Verfahren die Produktion spontaner Phantasien erlaubt. Gleichzeitig nutzt es die Vorteile der respondenten Verfahren insofern, als die Vpn ihr Phantasieerleben auf einer standardisierten Skala einschätzen müssen. Die spontan produzierten Phantasien können damit analog zu den Erwartungen quantifiziert werden. Zudem reflektieren sie wie die Erwartungen auch den subjektiven Standpunkt und nicht die Meinung unabhängiger Beurteiler über die Phantasien der Vpn. Somit ist gewährleistet, daß etwaige Unterschiede in der Wirkung der beiden Formen des Zukunftsdenkens auf Verhalten nicht allein schon durch unterschiedliche Bewertungsstandpunkte zustande kommen (externe Bewertungen durch die Beurteiler in den projektiven Verfahren versus subjektive Einschätzungen durch die Vpn in den Selbstbericht-Fragebögen). Wesentlich bei der Entwicklung unseres Phantasie-Meßverfahrens war, daß die im vorigen aufgestellten theoretischen Überlegungen zur Unterscheidung von Erwartung und Phantasie und ihrer differentiellen Wirkung auf Motivation und Handeln nach einem Maß *subjektiven* Erlebens für beide Konstrukte verlangten. In dem hier verwendeten semi-projektiven Verfahren wird das persönliche Phantasieerleben aus der Perspektive der Vp gemessen: Die von der Vp generierten Phantasien werden schriftlich von ihr festgehalten und dann subjektiv auf ihre positive und negative Erlebnisqualität eingeschätzt.

Im folgenden sollen zunächst zwei Studien aus dem *Gesundheitsbereich* vorgestellt werden. Eine Studie zum Thema "Bewältigung von Risikoverhalten" und eine Studie zum

Thema "Krankheitskontrolle". In der ersten Studie testeten wir übergewichtige Probandinnen, die an einem Diätprogramm teilnahmen. Erfolg beinhaltet hier also vergleichsweise mehr Gewichtsverlust. In der zweiten Studie wurden Erwartungen versus Phantasien von Kindern mit chronischer Krankheit in Relation zum Krankheitsverlauf gesetzt. Erfolg bezieht sich dabei auf den Genesungsprozeß und der damit verbundenen Verbesserung der Lebensqualität.

Positive Erwartungen versus positive Phantasien und Gewichtsverlust (Studie 1)

Die Überlegungen zur Wirkung von Erwartungen versus Phantasien führten zu der Annahme, daß positive Erwartungen (d.h. hohe subjektive Erfolgswahrscheinlichkeiten) zu mehr Erfolg führen als niedrigere Erwartungen. Positive Phantasien dagegen sollten weniger Erfolg nach sich ziehen als negative Phantasien. Da in der vorliegenden Studie der Erfolg sich auf den tatsächlich erzielten Gewichtsverlust im Rahmen eines Gewichtsverlustprogramms bezog, vermuteten wir (Oettingen & Wadden, 1991), daß die Probandinnen mit hohen Erfolgserwartungen vergleichsweise erfolgreicher im Therapieprogramm sein sollten als die mit niedrigen subjektiven Chancen, während die Patientinnen mit positiven Phantasien weniger gut abschneiden sollten als die mit negativen Phantasien.

Die Problematik der Übergewichtigkeit

An dieser Stelle soll kurz die Problematik der Übergewichtigkeit skizziert werden, wie sie sich in den Vereinigten Staaten stellt, da die im folgenden dargestellte Studie in den USA durchgeführt wurde. In einem Überblicksartikel von Brownell und Rodin (1994) sind die jüngsten Häufigkeitsstatistiken dargestellt: In den Vereinigten Staaten ist Übergewichtigkeit ein Problem, das jährlich $39 Milliarden oder 5.5% der Gesundheitsversorgungskosten verzehrt (Colditz, 1992). Übergewichtigkeit geht mit Krankheiten wie Diabetes, Bluthochdruck, Herz-Kreislauf-Störungen und bestimmten Arten von Krebserkrankungen einher (Bray, 1992). Über 31% der Männer und 24% der Frauen sind in den USA derzeit übergewichtig, und 12% der Männer und Frauen sind schwer übergewichtig. Übergewicht bzw. schweres Übergewicht wird dabei definiert als Körpermasseindex oder *Body Mass Index* (*BMI*) von 25-30 bzw. > 30 (*National Academy of Sciences National Research Council*, 1989; zitiert nach Brownell & Rodin, 1994), wobei der *Body*

Mass Index ein Maß für die Normierung des Körpergewichtes ist, das berechnet wird als Gewicht in Kilogramm geteilt durch die quadrierte Körpergröße (siehe auch Schwarzer, 1992a, S. 233). In den Vereinigten Staaten versuchen ungefähr 24% der Männer und 40% der Frauen abzunehmen, und 37% der Männer und 52% der Frauen haben das Gefühl, daß sie zuviel wiegen (Horm & Anderson, 1993).

Die wissenschaftlichen Positionen, die die Frage nach den Wurzeln der Übergewichtigkeit analysieren, haben sich seit Anfang des Jahrhunderts immer wieder verändert (für eine Zusammenfassung siehe Brownell & Wadden, 1992). Die Psychoanalytiker beispielsweise postulieren, daß Übergewicht die Folge des Auslebens unbewußter Konflikte sei (zusammenfassend siehe Stunkard, 1988). Die Behavioristen dagegen glauben, daß klassische und operante Lernerfahrungen bezüglich des mit dem Übergewicht verbundenen Eßverhaltens die zentralen Auslöser sind. Neuerdings wird deutlich, daß nicht nur Verhaltenslernen von Bedeutung ist, wenn es um die Erhellung der Frage nach den Ursprüngen der Übergewichtigkeit geht. Insbesondere spielen genetische Faktoren (Stunkard, Harris, Pedersen & McClearn, 1990) und eine Kombination von physiologischen Prozessen, wie beispielsweise Metabolismusrate und hormonale Faktoren (Keesey, 1986), eine entscheidende Rolle. In einer Studie mit 93 identischen Zwillingen, die getrennt aufwuchsen, kontrollierten genetische Faktoren über 60% der Varianz des *BMI* (Stunkard et al., 1990). Hinsichtlich möglicher Diäterfolge sollte man sich aber von den Befunden zur genetischen Bedingtheit von Übergewichtigkeit nicht entmutigen lassen. Letztlich wird nur eine Tendenz zur Übergewichtigkeit vererbt, die unter günstigen Bedingungen nicht unbedingt zu realisiertem Übergewicht führen muß (Price & Stunkard, 1989). Aus dieser Perspektive wird verständlich, daß sich die Häufigkeit von Übergewichtigkeit seit 1900 verdoppeln konnte (van Itallie, 1985).

Wie sehen die tatsächlich realisierten Gewichtsabnahmeerfolge aus? In den bislang vorliegenden Therapiestudien (für eine umfassende Zusammenfassung der Therapieverfahren bei Übergewicht siehe Wadden & van Itallie, 1992) sind die kurzfristigen Erfolge (bis hin zu 1 Jahr) beachtlich, das langfristige Erhalten des abgenommenen Gewichtes jedoch durchweg enttäuschend. Das Ausgangsgewicht wurde langfristig meist wieder erreicht (siehe auch Wadden, Sternberg, Letizia, Stunkard & Foster, 1989). Die Konsequenzen von Übergewichtigkeit sind nicht nur nachteilig für die physische Gesundheit, sondern auch für das psychosoziale Wohlbefinden. Übergewichtige Personen fühlen sich diskriminiert in Ausbildung und Karriere sowie in ihren persönlichen Beziehungen (Stunkard & Wadden, 1992). Aber nicht nur subjektiv sind Personen mit Übergewicht beruflich und sozial benachteiligt, sie werden tatsächlich diskriminiert. In einem simulierten Jobinterview sprachen sich studentische Vpn eher für die Einstellung des schlanken als für die des übergewichtigen Kandidaten aus. Diese berufliche Diskriminierung war besonders auffällig gegenüber übergewichtigen Kandidat*innen* (Pingitore, Dugoni,

Tindale & Spring, 1994). "Wirkliche" Arbeitgeber diskriminierten ebenfalls übergewichtige Personen. Sechzehn Prozent wollten eine Einstellung nicht einmal erwägen, weitere 44% nur unter besonderen Umständen (Roe & Eickwort, 1976).

Auch sozial wird gegen übergewichtige Personen diskriminiert. Schon übergewichtige Kinder werden deutlich negativer und als weniger liebenswert eingestuft (Staffieri, 1967). Übergewichtige Frauen heiraten überproportional auf der sozialen Leiter nach unten (Sobal & Stunkard, 1989). Soziale Diskrimination scheint vor allem diejenigen zu treffen, von denen angenommen wird, daß sie sich der Problematik der Übergewichtigkeit nicht aktiv stellen (Schwarzer & Weiner, 1990). Dieser Befund paßt zur heute immer noch populären Ansicht, wonach das Körpergewicht nach eigenem Gutdünken gestaltet und geformt werden kann. Der schlanke Körper führt nach dieser Meinung auch zu beruflichem Weiterkommen und sozialem Erfolg (Brownell, 1991).

Für Übergewichtige ist somit der Anreiz, Gewicht zu verlieren, nicht nur in einer besseren physischen Gesundheit zu sehen. Er bezieht sich wohl auch auf das Verlangen, im Aussehen den prävalenten kulturellen Idealen näherzukommen. Diese Überlegungen gingen in den Entwurf der verwendeten Phantasieszenarios zur Messung der Positivität von Phantasien mit ein.

Methode

Versuchsteilnehmerinnen und Versuchsablauf. An der Studie nahmen 25 übergewichtige Frauen teil, die nach dem Zufallsprinzip aus einer größeren Studie ausgewählt worden waren. Das Ziel dieser größeren Studie war, im Rahmen eines Therapieprogrammes die Langzeiteffekte zweier Therapieformen auf Übergewichtigkeit zu untersuchen: Verhaltenstherapie und *Very-low-calorie*-Diättherapie (*VLCD*; siehe Wadden, Foster & Letizia, 1990). Die an unserer Studie teilnehmenden Patientinnen standen also am Anfang eines Gewichtsverlustprogramms, das vom Krankenhaus der *University of Pennsylvania* in Philadelphia im Bereich der Psychiatrie angeboten wurde. Die Patientinnen hatten ein durchschnittliches Alter von 39.5 Jahren, ein durchschnittliches Körpergewicht von 106.4 kg (SD = 16.9) und einen durchschnittlichen Körpermasseindex oder *Body Mass Index* von 39.1 (SD = 6.3), was schwerem Übergewicht entspricht. Die Teilnehmerinnen hatten sich auf Zeitungsannoncen gemeldet: Frauen mit einem Übergewicht von mindestens 25 kg sollten zur Teilnahme an dem Therapieprogramm gewonnen werden. Vor Beginn der Therapie mußten die Teilnehmerinnen sich einer gründlichen medizinischen Untersuchung unterziehen (Wadden & Stunkard, 1986). Gewichtsverlust und insbesondere radikaler Gewichtsverlust, der durch das Einhalten einer *Very-low-calorie-diet* erreicht wird, birgt gesundheitliche Risiken bei Übergewicht und besonders bei Fettleibigkeit (Fettsucht oder Adipositas, einem Übergewicht von mindestens 20%, Schwarzer, 1992a).

Die Patientinnen wurden zufällig einer von zwei Bedingungen zugeordnet: (1) Hunger-Diät (*Very-low-calorie-diet* oder *VLCD*) (n = 13); oder (2) einer ausgeglichenen Diät (*Balanced-deficit-diet* oder *BDD*) (n = 12). Die Teilnehmerinnen beider Bedingungen nahmen im ersten Jahr an den wöchentlichen Therapiesitzungen teil, die jeweils 90 Minuten dauerten. In diesen Sitzungen wurde kognitive Verhaltenstherapie praktiziert (Brownell, 1989; Wadden & Stunkard, 1986). Die Versuchsteilnehmerinnen bezahlten $600 für die Teilnahme an dem Therapieprogramm, von denen sie $150 als Belohnung zurückerhielten, wenn sie das Therapieprogramm erfolgreich durchhielten. Auch wenn im Rahmen unserer Hypothesen die einzelnen Therapieschritte in den beiden unterschiedlichen Therapiebedingungen nicht von primärer Bedeutung sind, sollen zum besseren Verständnis der Ergebnisse die Prozeduren kurz beschrieben werden, denen sich die Versuchsteilnehmerinnen unterziehen mußten.

In der Bedingung, in der die *Hunger-Diät* verordnet wurde, erhielten die Versuchsteilnehmerinnen eine Diät von 1200 kcal in der 1. Woche, eine von 420 kcal in den Wochen 2-17 und eine Diät, die zum normalen Essen zurückführen sollte, in den Wochen 18-23 (Wadden et al., 1990; Wadden & Stunkard, 1986). Für den Rest der Behandlung durften sie ihre 1000-1500 kcal/Tag-Diät selbst zusammenstellen. Während der Periode, in der den Patientinnen die *Very-low-calorie*-Diät verschrieben wurde, wurden die Teilnehmerinnen jede zweite Woche von einem Internisten ausgiebig untersucht (Wadden & Stunkard, 1986). In der Bedingung, in der eine *ausgeglichene Kost* verschrieben wurde, bekamen die Versuchsteilnehmerinnen eine 1000-1500 kcal/Tag-Diät, wohl balanciert für Fett, Protein und Kohlenhydrate. Die Therapiesitzungen fanden über den Zeitraum von 1 Jahr statt. Im 2. Jahr wurde eine sogenannte *Weight maintenance therapy* angeboten. Hier wurden keine Diätvorschriften mehr gemacht und nur noch im Abstand von mehreren Wochen eine Therapiesitzung angeboten.

Die Messung von gewichtsbezogenen Erwartungen und Phantasien. Vor Therapiebeginn gab jede der Versuchsteilnehmerinnen an, wieviele Pfund sie verlieren wolle und für wie wahrscheinlich sie es halte, daß sie die angegebenen Pfund im Rahmen des Therapieprogrammes auch wirklich verlieren werde. Diese *Erwartung*, den angegebenen Gewichtsverlust zu erreichen, wurde mit Hilfe dreier Fragen gemessen. (1) "*How likely do you think it is that during this weight reduction program you will lose the amount of weight (that you have specified)?*"; (2) "*Do you feel that you will be successful in the weight loss program?*"; und: (3) "*How confident are you that after this program is completed, you will have lost the amount of weight you indicated in question number 1?*". Die Fragen wurden auf einer 7-Punkte-Antwortskala beantwortet, die von *not at all likely* bis *very likely*, von *not at all successful* bis *very successful* bzw. von *not at all confident* bis *very confident* reichte. Die interne Konsistenz dieser drei Items gemessen über Cronbachs *alpha* war .73. Daher faßten wir die Werte der drei Fragen in einem Erwartungsindex zusammen.

Wichtig war bei der Messung der Erwartung, daß sie sich auf den Erfolg bei der Therapie bezog, denn darauf bezogen sich später auch die von den Vpn spontan generierten Phantasien. Die Gesamterwartung und nicht die Selbstwirksamkeitserwartung wurde also als Vorhersagevariable verwendet. Die Gesamterwartung wurde deshalb gewählt, weil die Abnahme von Gewicht nicht nur von erfolgreich ausgeführtem Diätverhalten (und damit von den Selbstwirksamkeitserwartungen) abhängig ist, sondern auch von den Erwartungen darüber, inwieweit das Diätverhalten bei der eigenen Person anschlägt. Es ist, wie im vorigen dargestellt, allgemein bekannt, daß genetische Faktoren und physiologische Prozesse bei der Umsetzung von Fasten und Körpertraining eine Rolle spielen und es daher individuelle Unterschiede in der Effektivität von Diäten gibt (Stunkard et al. 1990; Stunkard, 1976). Die Gesamterwartung, die subjektive Wahrscheinlichkeit, nach der Therapie den angegebenen Gewichtsverlust erreicht zu haben, sollte also sowohl die Selbstwirksamkeitserwartungen (d.h. die Erwartungen, die im Rahmen der Gewichtsabnahme relevanten Verhaltensweisen ausführen zu können) als auch die subjektiven Ergebniserwartungen einschließen (d.h. die Erwartungen, inwieweit die im Kontext der Gewichtsabnahme relevanten Verhaltensweisen auch zum persönlichen Erfolg führen).

Um zu prüfen, ob unser Maß der Gesamterwartung die Selbstwirksamkeitserwartungen der Patientinnen tatsächlich umfaßt, erhoben wir die relevanten Selbstwirksamkeitserwartungen auch direkt. Die Messung bestand aus zwei Teilen. Zunächst gaben die Vpn an: "*To what extent do you believe that the following, if applied regularly, will contribute to your losing the amount of weight indicated in question number 1?*" Die Versuchsteilnehmerinnen bewerteten sechs Faktoren, die für die Abnahme von Gewicht relevant sind: Diäthalten, Bewegung, Willenskraft, Planen von Gewichtskontrolle, Mitarbeit bei der Therapie und einen Faktor, den jede Versuchsteilnehmerin selbst wählen durfte. Dann wurden die Versuchsteilnehmerinnen gefragt: "*How likely do you think it is that you will perform these behaviors?" (1 = not at all likely; 7 = very likely).* Die Vpn mußten also für jeden dieser Faktoren die Wahrscheinlichkeit angeben, mit der sie dieses Verhalten ausführen würden. Dieses Maß der zusammengefaßten Selbstwirksamkeitserwartungen korrelierte hoch mit der Gesamterwartung ($r = .77$). Deshalb nahmen wir die Selbstwirksamkeitserwartung in die Analysen nicht als einen separaten Faktor auf.

Für die Messung der Positivität der *Phantasien* setzten wir das zu Beginn dieses Kapitels skizzierte semi-projektive Verfahren ein. Jede Versuchsteilnehmerin wurde gebeten, sich lebhaft als die Hauptperson in vier Szenarios vorzustellen. Zwei dieser Geschichten sollten gewichtsbezogene Phantasien hervorrufen, und zwei andere beschrieben Situationen, die zum Essen verführten. Jede der Geschichten wurde unterbrochen, und die Vp sollte das Szenario zu Ende phantasieren und ihre Vorstellungen und mentalen Bilder ausführlich darstellen. Im folgenden ist ein Item-Beispiel für ein gewichtsbezogenes Szenario angeführt:

You have just completed Penn's weight loss program. A friend of yours has invited you to her annual pool party. You attended this function last year so you will probably see many familiar faces. As you are on your way to the party, you imagine...

Ein Szenario, das Gedanken und mentale Bilder über eine Verführungssituation hervorrufen sollte, ist das folgende Beispiel:

A colleague has brought donuts and brownies to work for the morning coffee break. It is now 3.30 in the afternoon and you go past the lounge: no one else is around and you are aware that the cookies from the morning are in the lounge. As you enter the lounge, you imagine...

Die Vpn kreuzten nun nach jeder Geschichte auf jeweils einer 7-Punkte-Antwortskala an, wie positiv, wie negativ und wie intensiv ihre Phantasien waren. Auf der gleichen Skala schätzten sie auch das Gewicht ein, das sie in ihren Phantasien hatten. Die Skalen reichten von *not at all* bis *very* (*positive, negative* bzw. *intense*). Die Skala zur Messung des vorgestellten Gewichts reichte von *much heavier than present* bis *much thinner than present*. Die Versuchsteilnehmerinnen füllten die Szenarios nacheinander aus. Die interne Konsistenz der vier Geschichten war hoch: Cronbachs *alpha* für die Positivitätsskala war .70, für die Negativitätsskala .65, für die Intensitätsskala .71 und für die Körperumfangsskala .69. Daher wurden die Werte für die einzelnen Skalen über die vier Geschichten hin gemittelt.

Zudem fanden wir eine hohe negative Korrelation zwischen der Positivitätsskala und der Negativitätsskala (r = -.94). Wir zogen die Werte der Negativitätsskala von den Werten der Positivitätsskala ab, um ein umfassendes Positivitätsmaß der Phantasie zu erhalten, das nun von -6 bis +6 reichte. Nachdem diese Positivitätsskala nicht mit der Intensitätsskala korrelierte (r = .09), blieb die Intensitätsskala für die weiteren Analysen unberücksichtigt. Wir beobachteten jedoch eine hohe Korrelation zwischen der Positivitätsskala und den Werten auf der Frage nach dem vorgestellten Körpergewicht (r = .72). Die Phantasien, die von den Patientinnen als positiv bewertet wurden, bezogen sich also auf ihren in die Zukunft projizierten schlanken Körper und nicht auf den Genuß von wohlschmeckenden Speisen.

Abhängige Variable: Erreichter Gewichtsverlust. Das Gewicht wurde in der Klinik mit Hilfe einer Balken-Gewichtswaage (*Balance-beam scale*) gemessen. Nach 17 Wochen (Ende der *Very-low-calorie diet*, $n = 25$), nach 52 Wochen (1 Jahr, $n = 20$) und nach 104 Wochen (2 Jahre, $n = 17$) war der Gewichtsverlust für die *VLCD* Versuchsteilnehmerinnen 17.1 kg (*SD* = 5.4), 16.1 kg (*SD* = 10.5) bzw. 3.3 kg (*SD* = 13.0). Der Gewichtsverlust für die *BDD* -Versuchsteilnehmerinnen war 11.1 kg (*SD* = 10.1), 14.8 kg (*SD* = 11.5) bzw. 7.1 kg (*SD* = 10.5). Die Versuchsteilnehmerinnen der beiden Bedingungen unterschieden sich in ihrem Gewichtsverlust marginal nach 17 Wochen, aber nicht mehr nach 1 oder 2 Jahren. Kovarianzanalysen, die das ursprüngliche Gewicht als Kovariate berücksichtigten, ergaben einen tendenziellen Unterschied zwischen den Bedingungen für den Gewichtverlust nach der Woche 17, $F(1,22) = 3.00$, $p = .10$, aber nicht mehr nach der Woche 52, $F(1,17) = .51$, *ns*, und nach der Woche 104, $F(1,14) = 2.51$, *ns*. Auch war das ursprüngliche Gewicht kein Faktor, der den Gewichtsverlust beeinflußte: Partialkorrelationen, die für den Effekt der Bedingung korrigierten, zeigten zu keinem Meßzeitpunkt eine Relation des ursprünglichen Gewichts zu dem in der Therapie erreichten Gewichtsverlust (*rs* < .27, *ns*).

Ergebnisse

Sowohl Erwartungen als auch Phantasien zeigten nach 52 Wochen und nach 104 Wochen den Gewichtsverlust an, jedoch ergab sich eine Relation in die entgegengesetzte Richtung: Während Versuchsteilnehmerinnen, die sich gute Chancen ausrechneten, erfolgreicher ihr Gewicht reduzierten als die mit vergleichsweise niedrigen Erwartungen, verloren Patientinnen, die in positiven Phantasien schwelgten, weniger Gewicht als diejenigen, die auch düstere Tagträume hinsichtlich ihres Therapieerfolgs zuließen. Nach einer kurzen Beschreibung der Prädiktorvariablen werden diese Datenmuster mit Hilfe von Partialkorrelationen und Regressionsanalysen näher erläutert.

Deskriptive Analysen. Die Erwartungs- und Phantasiewerte der Versuchsteilnehmerinnen zeigten eine signifikante positive Korrelation, $r = .45$, $p < .05$; Erwartung: $M = 6.2$ (*SD* = .7); Phantasie: $M = 2.5$ (*SD* = 2.6). Phantasie korrelierte sowohl kurz- als auch langfristig negativ mit dem Gewichtsverlust. Für die Wochen 17, 52 und 104 ergaben sich Werte von $r = -.34$, $p = .05$; $r = -.31$, $p = .09$ bzw. $r = -.19$, *ns*. Kein systematisches Muster ergab sich dagegen für die Korrelation zwischen der Erwartung, Erfolg im Programm zu erreichen, und dem tatsächlich erzielten Gewichtsverlust (*rs* zwischen -.07 und .22). Schließlich ist noch anzumerken, daß die Erwartungs- und Phantasiewerte sich nicht zwischen der *VLCD*- und der *BDD*-Gruppe (*ps* > .58) unterschieden. Der Gewichtsverlust nach 3 Monaten korrelierte mit dem nach 1 Jahr, $r = .66$, $p < .01$ und nach 2 Jahren, $r = .47$, $p < .06$. Gewichtsverlust nach 1 und nach 2 Jahren zeigten einen Zusammenhang von $r = .88$, $p < .001$.

Partialkorrelationen. Zur statistischen Analyse der Ergebnisse wurden zunächst Partialkorrelationen herangezogen, in denen für die jeweils andere Prädiktorvariable kontrolliert wurde. Als Kriteriumsvariablen wurden die Residualwerte des Endgewichts nach Kontrolle des Anfangsgewichts genommen. Drei Regressionsgleichungen dienten der Berechnung dieser Residualwerte. Jeweils das Gewicht nach 17 Wochen, 1 Jahr und 2 Jahren wurde als abhängige Variable definiert, und das Anfangsgewicht ging als unabhängige Variable ein. Tabelle 1 zeigt die Partialkorrelationskoeffizienten, wobei die Vorzeichen so kodiert sind, daß die Höhe der Koeffizienten als Erfolg beim Gewichtsverlust gelesen werden kann. Sowohl nach 1 als auch nach 2 Jahren begünstigen positive Erwartungen erfolgreichen Gewichtsverlust, während positive Phantasien ein klares Hindernis für den Diäterfolg bilden (alle *p*s < .025). Dieses Datenmuster kündigt sich schon nach 3 Monaten an, kommt aber erst nach 1 Jahr voll zur Blüte.

Tabelle 1

Studie 1: Gewichtsverlust in Abhängigkeit von Erwartung und Phantasie (Partialkorrelationskoeffizienten kontrolliert für die jeweils andere Prädiktorvariable)

Prädiktorvariable	Gewichtsverlust nach 3 Monaten	Gewichtsverlust nach 1 Jahr	Gewichtsverlust nach 2 Jahren
Erwartung	.15	.52 **	.50 *
Phantasie	-.26	-.52 **	-.58 **

Anm. * $p \leq .025$. ** $p \leq .01$.

Regressionsanalysen. Obwohl Partialkorrelationen für geringe Stichproben, wie sie in der Gesundheitspsychologie oft in Kauf genommen werden müssen, die Methode der Wahl sind, haben Regressionsanalysen den Vorteil, daß sie die Analyse von Interaktionseffekten erlauben und die Zusammenhänge zwischen Prädiktor- und Kriteriumsvariablen auf Linearität geprüft werden können. Weiterhin eignen sich hierarchische Regressionsanalysen dazu, eventuelle Suppressor- und Mediatoreffekte zu quantifizieren sowie Moderatoreffekte (Interaktionen) zu entdecken. Wir haben deshalb in allen folgenden Studien beide Methoden zur statistischen Analyse der Daten herangezogen.

In der vorliegenden Studie verwendeten wir als Kriteriumsvariablen für die Regressionsanalysen jeweils die drei oben beschriebenen Residualwerte aus den Gewichten nach

17 Wochen, 1 Jahr und 2 Jahren korrigiert für das Anfangsgewicht. Die beiden Prädiktorvariablen Erwartung und Phantasie gingen im ersten Schritt in die hierarchische Regressionsgleichung ein; somit war für die jeweils andere Prädiktorvariable statistisch kontrolliert. Die Interaktion zwischen Erwartung und Phantasie ging im zweiten Schritt in die Regressionsgleichung ein; somit war möglichen Moderatoreffekten der einen Prädiktorvariable auf die Beziehung zwischen der jeweiligen anderen Prädiktorvariable und Gewichtsverlust Rechnung getragen.

Die Ergebnisse entsprechen weitgehend denen, die sich schon bei den Partialkorrelationsanalysen fanden. Positive Erwartungen gehen vergleichsweise mehr Erfolg, positive Phantasien dagegen mehr Mißerfolg bei der Gewichtsabnahme vorher. Diese Relationen deuten sich nach 17 Wochen an und werden nach 1 und 2 Jahren ganz klar ersichtlich. Es werden sowohl der Haupteffekt für Erwartung als auch der für Phantasie signifikant, $Fs > 4.61$, $ps < .05$ bzw. $Fs > 6.19$, $ps < .02$. Die Haupteffekte von Erwartung und Phantasie nach 1 Jahr, nicht jedoch nach 2 Jahren, sind durch einen tendenziell signifikanten Erwartung x Phantasie Interaktionseffekt qualifiziert, $F(2,17) = 4.03$, $p = .06$. Dieser Interaktionseffekt ist zum ersten Meßzeitpunkt (nach 17 Wochen) auf dem .02 Niveau signifikant, $F(2,22) = 6.87$. Unterzieht man die Daten den Nachfolgeanalysen, die von Cohen und Cohen zur Interpretation von Interaktionseffekten vorgeschlagen werden (siehe Cohen & Cohen, 1983, S. 320 ff.), ergibt sich, daß die Vpn, die vergleichsweise pessimistisch ihren zukünftigen Therapieerfolg einschätzten und gleichzeitig in positiven Phantasien schwelgten, besonders schlecht abschneiden. Weniger bedeutsam ist dagegen die Positivität/Negativität der Phantasien für die Vpn mit positiven Erwartungen. Bei diesen Vpn, die sich vergleichsweise gute Erfolgschancen ausrechneten, macht es kaum einen Unterschied, ob sie ihren zukünftigen Therapieerfolg in positivem oder negativem Licht sahen. Abbildung 1 stellt die respektiven Regressionslinien dar, wobei der Prozentsatz des Gewichtsverlusts (berechnet auf das Anfangsgewicht) in Abhängigkeit von Erwartung und Phantasie nach 17, 52 und 104 Wochen aufgetragen ist.

Nun sei hier angemerkt, daß der im vorigen dargestellte tendenzielle Interaktionseffekt nach 1 Jahr mit Vorsicht zu interpretieren ist. Dieser Effekt mag lediglich die Folge eines Deckeneffektes sein. Betrachtet man die Regressionslinien der Gewichtsabnahme (in Prozent) nach 1 Jahr, drängt sich die Vermutung auf, daß die Regressionslinien der Vpn mit hohen und niedrigen Erfolgserwartungen wohl parallel verlaufen wären, wenn nicht bei den Vpn mit hohen Erwartungen die obere Grenze der Gewichtsabnahme erreicht gewesen wäre. Die Versuchsteilnehmerinnen mit hohen Erwartungen verloren ca. 22% ihres Körpergewichts. Dies entspricht bei einem mittleren Körpergewicht von 106.4 kg etwas mehr als 22 kg, was in etwa der maximale Gewichtsverlust sein dürfte, den eine Patientin in einem Jahr erreichen kann. Für diese Interpretation des Interaktionseffektes spricht auch, daß das Datenmuster nach 2 Jahren nicht mehr zu beobachten ist. Hier verlaufen die Regressionslinien fast parallel. Wie in Abbildung 1 dargestellt, ist der Gewichtsverlust der Patientinnen nach dem 2. Jahr, in dem lediglich eine *Weight maintenance therapy* angeboten wurde, längst nicht mehr so massiv ausgefallen wie nach dem 1. Jahr. Insgesamt haben sich die Vpn von einer etwaigen Obergrenze des abnehmbaren Gewichtes wieder entfernt.

Um zu bestimmen, wieviel Varianz die jeweilige Prädiktorvariable über die andere hinaus erklärt, rechneten wir hierarchische Regressionsgleichungen, in denen die Prädiktorvariablen nacheinander (in zwei getrennten Schritten) in die Regressionsgleichungen eingeführt wurden. Kriteriumsvariablen waren wieder die oben beschriebenen Residuale.

Abbildung 1

Studie 1:
Gewichtsverlust in Abhängigkeit von Erwartung und Phantasie.

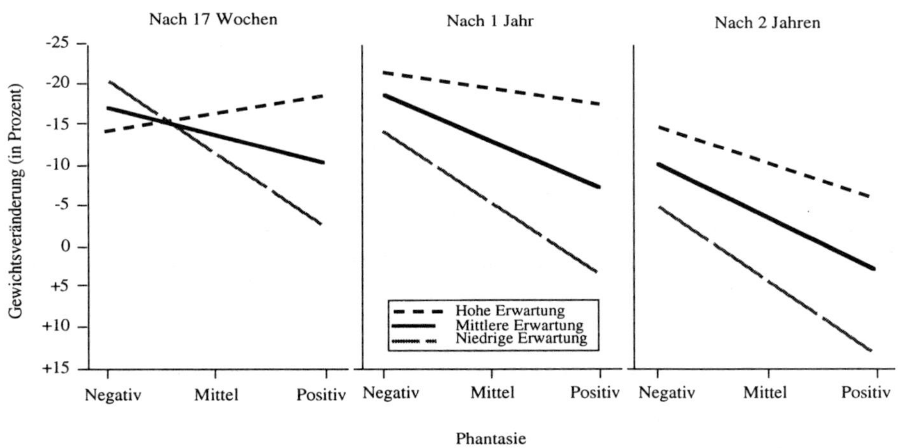

Zunächst zu den Berechnungen, die im ersten Schritt die Erwartung enthalten: Die Erwartung erklärte nach 17 Wochen 0%, nach 1 Jahr 9% und nach 2 Jahren 3% der Varianz. Ging die Phantasie zuerst in die Gleichung ein, erklärte sie 5%, 9% bzw. 15%. Gingen die beiden Prädiktorvariablen dagegen im zweiten Schritt ein, erklärte die Erwartung 2%, 24% ($p < .03$) bzw. 21% ($p < .05$) zusätzliche Varianz, und die Phantasie brachte es auf stattliche 7%, 24% ($p < .03$) bzw. 33% ($p < .02$). Der Zuwachs der über die jeweils andere Prädiktorvariable hinaus erklärten Varianz ist sowohl für die Erwartung als auch für die Phantasie sehr hoch und übersteigt, im Sinne einer reziproken Suppression (Bortz, 1979), in beiden Fällen die Vorhersagekraft der einfachen Effekte.

Mediatoranalysen. Die berichteten hierarchischen Regressionsanalysen machen somit deutlich, daß Erwartung und Phantasie gegenseitig als Suppressorvariablen fungieren. Sobald für die Korrelation von Phantasie und Erwartung kontrolliert wird, tritt die positive Relation zwischen Erwartung und Erfolg sowie zwischen Phantasie und Mißerfolg besonders deutlich zu Tage. Diesen Suppressoreffekt wollten wir näher beleuchten. Wir prüften den Anteil der direkten Relation zwischen der jeweiligen Prädiktorvariable und der Kriteriumsvariable und den Anteil der indirekten Verbindung über die jeweils andere Prädiktorvariable. Dazu rechneten wir eine Pfadanalyse nach einer Prozedur von Kerlinger und Pedhazur (1973, S. 317-331; siehe auch Pedhazur & Pedhazur Schmelkin, 1991). Im folgenden soll dieses Verfahren für die Bestimmung der direkten und indirekten Pfade zwischen Phantasie und Residualgewicht nach 1 Jahr exemplarisch dargestellt werden. Zunächst wird die Korrelation zwischen *Phantasie* und dem Residualgewicht in einen direkten und einen indirekten Pfad zerlegt. Der direkte Zusammenhang wird durch den Pfadkoeffizienten reflektiert, der von der Phantasie zu der abhängigen Variable Gewicht zeigt. Dieser Koeffizient ist das ß-Gewicht der Phantasie aus der Regressionsgleichung, in die das Residualgewicht als abhängige und sowohl Erwartung als auch Phantasie als unabhängige Variablen eingegangen sind. Für das Residualgewicht nach 1 Jahr wurde ein signfikanter ß-Wert für Phantasie beobachtet (.56, $p < .02$). Es gibt also einen direkten positiven Zusammenhang zwischen Phantasie und Residualgewicht.

Die indirekte Relation über die Erwartung wird berechnet über die Multiplikation des Pfadkoeffizienten zwischen Erwartung und Körpergewicht mit dem Pfadkoeffizienten zwischen Phantasie und Erwartung. Diese Koeffizienten sind das ß-Gewicht der Erwartungsvariable aus der Regressionsgleichung, in der sowohl die Erwartung als auch die Phantasie als Prädiktoren und Körpergewicht als Kriteriumsvariablen eingegangen sind (-.56) bzw. der ß-Wert aus der Regressionsgleichung mit Erwartung als Vorhersage- und Phantasie als Kriteriumsvariable (.46). Das Produkt ergibt einen ß-Wert von -.26, ein Wert, der dafür spricht, daß es einen deutlichen, über die Variable der Erwartung laufenden Suppressoreffekt gibt. Zu beachten ist, daß die Addition des direkten (.56) und des indirekten Zusammenhangs (-.26) dem bloßen (*zero-order*) Korrelationskoeffizienten entspricht, der sich für die Relation zwischen Phantasie und der Residualvariable Gewicht ergibt ($r = .30$).

Die alleinige Betrachtung der bloßen Korrelation führt also zu einer Unterschätzung der Höhe der Relation zwischen Phantasie und Therapieausgang, da die Erwartung einen Suppressoreffekt ausübt, der die positive Relation zwischen Phantasie und Gewicht nach 1 Jahr verdeckt hat. Wendet man die gleiche Prozedur für das Residualkörpergewicht nach 2 Jahren an, entdeckt man einen ähnlichen Suppressoreffekt von Erwartung auf Phantasie (-.29). Die Phantasierelation zum Residualkörpergewicht nach 17 Monaten, die ohnehin nicht signifikant war, wird dagegen nur geringfügig von der Erwartung unterdrückt (-.07).

Für die *Erwartung* wurden die analogen Analysen durchgeführt. Hier ergibt sich für das Körpergewicht nach 1 Jahr ein Suppressoreffekt von Phantasie auf Erwartung (ß =

.26). Die negative Relation von Erwartung und Residualgewicht (ß = -.56, $p < .02$) wird also von der Phantasie unterdrückt. Addiert man die beiden Werte, die dem indirekten bzw. direkten Effekt von Erwartung entsprechen, ergibt sich wiederum ein Wert, der der bloßen Korrelation von Erwartung und Residualgewicht ($r = -.30$) entspricht. Die gleiche Prozedur angewandt auf das Residualgewicht nach 2 Jahren bzw. 17 Monaten ergibt Suppressoreffekte der Phantasie auf Erwartung in der Größenordnung von ß = .37 bzw. ß = .13. Die direkte negative Relation zwischen Erwartung und Gewicht wurde also durch den Phantasieanteil der Erwartung erheblich unterdrückt.

Insgesamt gesehen sind beide Prädiktorvariablen am aussagekräftigsten, wenn für die von den Variablen geteilte Varianz kontrolliert wird. Die Prädiktorvariablen sind keine gegenseitigen Vermittler der Relation zum Gewichtsverlust, sondern ganz im Gegenteil: Sie unterdrücken den Zusammenhang der jeweils anderen Variable zur Kriteriumsvariable. Man mag über Implikationen dieses Suppressoreffektes spekulieren: Hätte man in den in der Literatur vorliegenden Studien zu den Effekten von optimistischen Erwartungen auf Gewichtsverlust den Anteil der positiven/negativen Phantasie aus den Erwartungsmaßen herausgenommen, würden sich in diesen Studien womöglich stärkere Korrelationen zwischen optimistischen Erwartungen und gesundheitsförderndem Handeln entdecken lassen, als dies ohne die Korrektur des Phantasieanteils der Fall war (siehe bspw. Bernier & Avard, 1986). Gleichermaßen ist für zukünftige Studien zum Thema Relation zwischen der Positivität von Phantasien und Erfolg das Miteinbeziehen der Erwartung ratsam. Nur so kann der mit der Phantasie geteilte Varianzanteil kontrolliert werden, so daß die Relation zwischen Phantasie und Kriteriumsvariable nicht unterschätzt wird.

Zusätzliche Analysen. Um zu prüfen, ob der Faktor Therapiebedingung das beobachtete Datenmuster affiziert, haben wir Regressionsanalysen gerechnet mit Therapiebedingung als dritter Prädiktorvariable im ersten Schritt der Analyse. Die Art der Therapie erklärte in keiner der Gleichungen zusätzliche Varianz, nicht einmal nach 17 Wochen ($p = .17$). Auch keine der zuvor beobachteten signifikanten Relationen von Phantasie und Erwartung zu den Kriteriumsvariablen veränderte sich (alle vorher signifikanten *p*s bleiben < .03). Die Therapiebedingung interagierte weder mit Phantasie noch mit Erwartung signifikant (alle *p*s > .20). Die negative Beziehung zwischen Phantasie und Gewichtsverlust und die positive Beziehung zwischen Erwartung und Gewichtsverlust wurde von der Therapiebedingung nicht affiziert.

Schließlich wollten wir wissen, inwieweit der gesetzte Standard, also das Ausmaß des angestrebten Gewichtsverlustes, die hier beobachteten Ergebnisse beeinflußt. Dazu rechneten wir die Regressionsgleichungen noch einmal mit Standard oder Zielhöhe der Vpn als zusätzlicher Prädiktorvariable. Um zu prüfen, ob der gesetzte Standard als Moderator der signifikanten Beziehung zwischen Phantasie und Residualgewicht fungiert, nahmen wir die Interaktion zwischen Phantasie und Standard in den zweiten Schritt der Gleichung auf.

Der gesetzte Standard wurde operationalisiert als der Anteil des angestrebten Gewichtsverlustes über das Anfangsgewicht der Patientin (in Prozent). Die Korrelation zwischen Höhe des Ziels und Positivität der Phantasie ist jedoch nicht signifikant (r = .15). Weiterhin ist der Standard kein signifikanter Prädiktor des Gewichts nach 17, 52 oder 104 Wochen (alle $ps > .33$). Zudem bleiben die Datenmuster für Phantasie und Erwartung unverändert. Schließlich gab es auch keine systematischen Interaktionseffekte zwischen Phantasie und Standard oder Erwartung und Standard. Die beobachteten Datenmuster hängen also nicht von der Zielsetzung (Standard) der Vpn in ihrem Gewichtsverlustprogramm ab. Das Argument, daß positive Phantasien mit weniger Gewichtsverlust einhergehen, weil Vpn mit positiven Phantasien sich illusionär hohe und daher nicht zu erreichende Standards gesetzt haben, ist somit nicht stichhaltig.

Diskussion

Sowohl Erwartung als auch Phantasie sagten Gewichtsverlust vorher. Wie vermutet zeigten die Relationen zum Diäterfolg in umgekehrte Richtung: je positiver die Erwartungen, desto mehr erzielter Erfolg; je positiver die Phantasien, desto schlechter schnitten die Patientinnen in der Therapie ab. Besonders schwer taten sich die Teilnehmerinnen, die sich vergleichsweise geringe Erfolgschancen ausrechneten und zudem noch in positiven Phantasien schwelgten. Der Befund, daß positive Erwartungen und positive Zukunftsphantasien eine entgegengesetzte Relation zum gezeigten Erfolg haben, kann als ein erstes Indiz dafür verwendet werden, daß die theoretische Unterscheidung zwischen Erwartungen und Phantasien für die Beantwortung der Frage, wie Zukunftsdenken auf Motivation und Handeln wirkt, bedeutsam ist.

Die beobachteten Ergebnisse bezüglich der Erwartungen stehen in Einklang mit den in der Optimismus-Literatur berichteten Befunden. Dies gilt auch für die im Rahmen der Gewichtskontrolle erzielten Befunde, wonach positive Erwartungen (Schifter & Ajzen, 1985) und gestärkte Selbstwirksamkeitsurteile mit Erfolg bei der Gewichtsreduktion einhergehen (Bernier & Avard, 1986; Chambliss & Murray, 1979; Clark, Abrams, Niaura, Eaton & Rossi, 1991; Edell, Edington, Herd, O'Brien & Witkin, 1987; Glynn & Ruderman, 1986; Stotland & Zuroff, 1991; siehe auch Desmond & Price, 1988). Auch für therapeutische Interventionen sind die Ergebnisse relevant. Die leicht abfragbaren subjektiven Erwartungen bezüglich des Diäterfolges bieten eine einfache Möglichkeit, die für Mißerfolg prädestinierten Personen zu identifizieren und rechtzeitig präventive Maßnahmen einzuleiten.

Die Ergebnisse zur Relation von Phantasie und Gewichtsverlust addieren eine völlig neue Facette zur Erforschung von Gewichtskontrolle. Patientinnen, die in positiven Phantasien schwelgten, waren weniger erfolgreich im Bekämpfen ihres Übergewichtes als Personen, die ihre gewichtsbezogenen Phantasien vergleichsweise negativ erlebten. Dieser Befund bekräftigt unsere Hypothesen zur erfolgshemmenden Wirkung positiver Phantasien. Offensichtlich haben Wunschbilder eines schlanken Körpers und des problemlosen Bewältigens zukünftiger Versuchungssituationen dem in der Wirklichkeit gezeigten Diätverhalten mehr geschadet als genützt. Betrachtet man Auszüge aus den von den Patientinnen niedergeschriebenen positiven Phantasien, läßt sich nachvollziehen, warum solche Erfolgsschwärmereien keinerlei Notwendigkeit zum Handeln aufzeigten. Eine Patientin schrieb beispielsweise als Phantasie zum *Pool-Party*-Szenario folgendes nieder:

> *I am going swimming in front of everyone!! First I have a drink because I'm too excited and have to act like I'm not self-conscious. Everyone is going to really check me out. I'll be shining!*

Gedanken darüber, wie der Weg zum Erfolg aussehen soll und wie Schwierigkeiten auf dem Weg gemeistert werden könnten, dürften in den positiven Schwärmereien der Patientinnen untergegangen sein. Folgendes Beispiel der Phantasien zur Versuchungssituation am Arbeitsplatz illustriert diesen Punkt: "*I will not be tempted by this food. It is probably stale and would give me a headache. I will be stronger after resisting the temptation.*" Diese Patientin meistert die Versuchungssituation der am Kaffeetisch zurückgelassenen Süßigkeiten offensichtlich ohne große Mühe.

Negativ erlebte Phantasien wurden als Mittel benutzt, um sich gegen bevorstehende Schwierigkeiten und Versuchungssituationen zu wappnen. Die Patientinnen kreierten in ihren negativen Phantasien spontan Schwierigkeiten, die hinsichtlich ihres Eßverhaltens und ihres Gewichtes auftreten könnten. In den folgenden spontan generierten Phantasien zur Versuchungssituation wird dies besonders deutlich. Eine Patientin malt sich ihre scheinheiligen Bekannten auf der *Pool Party* aus:

> *...while they are reassuring me, they are also passing all the calorie laden food (that they and the thin crowd wouldn't touch) to me and urging me to enjoy myself 'what's a few more pounds going to hurt?' I see the surprise and envy on their faces, I know they'll try to sabotage me in my determination to keep the excess weight off....*

Nachfolgende Gespräche mit den Therapieteilnehmerinnen machten zudem deutlich, daß Patientinnen in ihren negativen Phantasien auch verschiedene Bewältigungsstrategien dafür ausprobierten, wie sie mit solchen Versuchungssituationen umgehen könnten. In ihren positiven Phantasien dagegen schwärmten die Vpn vom Gewichtsverlust, ohne den harten Weg, die intensive Bemühung und das bevorstehende Hungerleiden zu erwähnen. Offensichtlich halfen solche positiven Wunschphantasien nicht, die Kontrolle über das eigene Gewicht zu gewinnen, und dies gilt insbesondere für die langfristige Gewichtskontrolle (siehe Abb. 1).

In den negativen Phantasien der Patientinnen kamen Bilder und Szenen vor, so wie sie auch im Rahmen von kognitiven Verhaltenstherapien gefördert werden. In der Therapie von Suchtkranken beispielsweise werden Vorstellungen suggeriert, die die eigene Rückfälligkeit darstellen (*Relapse rehearsal*), damit mögliche Bewältigungsstrategien gedanklich ausprobiert werden können (Marlatt & Gordon, 1985). In kognitiven Therapien werden Patienten auch angeleitet, eine angemessene Bewältigungsstrategie zum vorgestellten Rückfall zu entwickeln (*Covert modeling*; Kazdin, 1976). Auch werden Vorstellungen von Rückfälligkeit dazu eingesetzt, um mit den Patienten besonders gefährliche Verführungssituationen zu identifizieren (Marlatt & Gordon, 1985). Die Patientinnen unserer Studie dürften spontan in ihren negativen Phantasien mögliche Schwierigkeiten und Versuchungssituationen ausprobiert haben. Sie erhielten dadurch hilfreiche Hinweise darauf, welche Versuchungssituationen für sie persönlich besonders gefährlich sind (z.B. Gefühle der Einsamkeit, negative Emotionen, Süßigkeiten im Haus) und welche Bewältigungsstrategien sie im Falle einer Versuchung erfolgreich einsetzen könnten.

Verwandt mit den bereits genannten Therapieprogrammen sind auch Programme zur Festigung der subjektiven Selbstwirksamkeit, die in den Bereichen Sport, Arbeit und Schule durchgeführt werden. Es werden mögliche Schwierigkeiten und Hindernisse auf dem Weg zu erfolgreicher Leistung systematisch exploriert und Bewältigungsstrategien eingeübt (zur Stärkung der subjektiven Selbstwirksamkeit siehe Bandura, in Druck; zum Thema mentale Übung siehe Corbin, 1972; Feltz & Landers, 1983). Positive Phantasien über den mühelosen Erfolg bei den jeweiligen Aufgaben sollten angesichts solcher Maßnahmen weniger wahrscheinlich werden.

Wirken negative Phantasien primär über das Auslösen von Angstgefühlen? Dies ist eher unwahrscheinlich, da gerade negative Gefühle (z.B. Angst, Depressivität, zwischenmenschliche Ärgergefühle) häufig mit erhöhtem Suchtverhalten einhergehen und eine Besserung verhindern (Marlatt & Gordon, 1985; Marlatt, Kosturn & Lang, 1975). Im Bereich der Eßstörungen gilt dies insbesondere für Personen, die sich beim Essen zurückhalten wollen (*Restrained eaters*, Herman & Polivy, 1980). Eine Bedrohung der eigenen Person führt bei diesen Personen nicht zu vermindertem, sondern zu vermehrtem Essen (Heatherton, Herman & Polivy, 1991).

Eine rezente Studie (Strauss, Doyle & Kreipe, 1994) erhärtet ebenfalls, wenn auch indirekt, unsere Hypothese, daß positive Phantasien zum Thema Diäterfolg sich ungünstig auf den tatsächlich erreichten Diäterfolg auswirken sollten. Diese Studie baut auf der *Dietary Restraint Theory* auf, die wiederum auf der Idee basiert, daß jeder Mensch ein von seiner Natur her vorgegebenes Idealgewicht hat (Herman & Polivy, 1975). Das Idealgewicht muß aber den kulturellen Normen nicht unbedingt entsprechen und kann daher zu andauerndem Diäthalten (*Restrained eating)* führen. Die *Dietary Restraint Theory* postuliert auch, daß die Selbstkontrolle von diäthaltenden Personen bei permanentem Nahrungsentzug äußerst fragil ist (Herman & Polivy, 1980). Durch eine soziale Realität in Form eines modellhaft fastenden Diätgenossen kann die Selbstkontrolle jedoch gefördert werden (Polivy, Herman, Hackett & Kuleshnyk, 1986).

Strauss et al. (1994) leiteten aus diesen Überlegungen die Hypothese ab, daß Bilder von erfolgreich abnehmenden Personen einem begonnenen Schmausen Einhalt gebieten sollten. *Restrained* und *Unrestrained eaters* nahmen in einem Experiment nach dem Verabreichen von Speisen (*Preload*) an einer Speisenprobe teil, die von einem traurigen Film begleitet war, der die Vpn zusätzlich mit negativen Gefühlen belasten sollte. Dieser Film enthielt je nach Versuchsgruppe entweder Werbespots, die Diätprodukte und Personen mit wünschenswerten Körperkonturen darstellten, neutrale oder keine Werbespots. Strauss et al. (1994) erhielten ihren Hypothesen genau entgegengesetzte Befunde. *Restrained eaters*, die die Werbespots der Diätprodukte und des wünschenswerten Gewichtes gesehen hatten, aßen mehr (fast zweimal soviel) als jede der anderen Gruppen. Diese Befunde führten bei den Autoren zu so großer Verwunderung, daß sie den Titel ihres Artikels mit "*The paradoxical effects of diet commercials...*" überschrieben. Angesichts der Überlegungen, die zu unserer Korrelationsstudie geführt haben, sind die Befunde von Strauss et al. jedoch nicht überraschend. Vielmehr stehen sie in Einklang mit unseren Überlegungen und Beobachtungen: Sie sprechen dafür, daß positive Vorstellungen erfolgreichen Abnehmens dem eigentlichen Diätverhalten abträglich sind. Positive Bilder erfolgreichen Abnehmens scheinen, vertraut man den Strauss et al. Befunden, sogar das spontane Eßverhalten zu enthemmen. Die Vorhersagekraft von Phantasien bezüglich des Diäterfolges ist insofern erstaunlich, als Anfang der 90er Jahre in der Literatur Gewichtsverlustprogramme als ineffektiv und die psychologische Behandlung von Übergewichtigkeit und von Fettleibigkeit als aussichtslos dargestellt wurden (z.B. Garner & Wooley, 1991). Die vielen Hinweise auf die genetische Bedingtheit von Übergewichtigkeit (Stunkard et al., 1990) haben nicht gerade den Optimismus dafür gestärkt, daß psychologische Faktoren eine bedeutende Rolle spielen könnten. In jüngster Zeit ist jedoch Kritik am Pessimismus hinsichtlich der Effektivität von Übergewichtstherapien geübt worden (Brownell, 1993). Die Befunde, auf die sich die pessimistische Position stützt, stammen meist aus Programmen, die ähnlich wie das in unserer Studie beschriebene an Universitätskliniken durchgeführt wurden. Die Langzeiteffekte sind dabei tatsächlich enttäuschend, und die Mühen von Patienten und Therapeuten scheinen langfristig umsonst zu sein, da das Ausgangsgewicht oft schnell wieder erreicht wird (siehe Wadden et al., 1989; Wadden, Stunkard & Liebschutz, 1988; siehe auch Abb. 1). Personen, die Hilfe in solchen Therapieprogrammen suchen, sind nach Brownell jedoch nicht repräsentativ für die übergewichtige Bevölkerung, in der es durchaus zu erfolgreichen Gewichtsverlusten kommt (z.B. Schachter, 1982). Die Patientinnen solcher Therapieprogramme sind übergewichtiger, neigen stärker zur Völlerei (*Binge-eating*) und leiden eher an zusätzlichen psychischen Krankheiten als der Durchschnitt der übergewichtigen Personen in der Bevölkerung (Fitzgibbon, Stolley & Kirschenbaum, 1993). Die aufgezählten Faktoren dürften die Effektivität von Therapien und die erfolgreiche Vorhersage von Phantasie und Erwartung auf den Therapieerfolg erschweren. Gerade angesichts der Tatsache, daß die hier untersuchten Patientinnen zu einer besonders schwierigen Population gehörten, ist die Vorhersagekraft der beiden untersuchten Variablen, Erwartung und Phantasie, beachtenswert.

Positive Zukunftserwartungen und Selbstwirksamkeitsurteile gehören zu den wenigen psychologischen Variablen, die als beeinflussende Faktoren für den langfristigen Erfolg bei Gewichtsverlust nachgewiesen sind (siehe auch Desmond & Price, 1988; Stotland & Zuroff, 1991). Insgesamt weiß man jedoch noch recht wenig über die selbstregulatorischen Strategien von übergewichtigen Personen (Friedman & Brownell, 1995). Unerforscht sind insbesondere die spontanen Zukunftsträume und Phantasien von Personen mit Übergewicht. Die vorgestellten Ergebnisse sprechen jedoch eindeutig dafür, daß nicht nur Zukunftsdenken in Form der positiven Erwartungen eine Rolle spielt, sondern auch das Zukunftsdenken in Form der positiven Phantasien. Anscheinend verheißt positives Denken in Form der positiven Phantasien, ganz im Gegenteil zu den positiven Erwartungen, nichts Gutes. Vor Selbsthilfe-Büchern, die positives Denken in Form der positiven Phantasien als Wundermittel *für* einen erfolgreichen Gewichtsverlust propagieren, sei deshalb gewarnt. In einem Taschenbuch mit dem vielversprechenden Titel "*Taming the diet dragon*" (Kirk, 1994) wird beispielsweise dem Hilfesuchenden vorgeschlagen, sich in positiven Phantasien des großartigen Erfolgs bei der Gewichtsabnahme und beim Bestehen von Versuchungssituationen zu ergehen und sich die Erfolgsbilder immer wieder plastisch vor Augen zu halten. Unsere Beobachtungen weisen derartige Selbsttherapievorschläge als erfolgsbehindernd aus.

Erwartungen und Phantasien sagten in der vorliegenden Studie Gewichtserfolg über einen Zeitraum von bis zu 2 Jahren vorher. Die Effekte deuteten sich nach 3 Monaten an, um sich nach 1 und 2 Jahren voll zu entwickeln. Daß Erwartungen langfristig wirken können, ist nicht überraschend, da sie eine Leistungsgeschichte reflektieren, die das Handeln auch langfristig begünstigt oder behindert. Daß Phantasien langfristige Konsequenzen für den Diäterfolg haben, ist ebenfalls verständlich. Positive Phantasien sollten kurzfristig sogar weniger hemmend sein als langfristig. Geht man davon aus, daß positive Phantasien die gedankliche Auseinandersetzung mit potentiellen Schwierigkeiten unterdrücken, sollte sich das Schwelgen in der Phantasie gerade dann rächen, wenn sich über die Zeit dem Erfolg Schwierigkeiten entgegenstellen. Der Schwärmer ist dann nicht vorbereitet und mag zudem nicht in der Lage sein, seine Mißerfolge im Überwinden dieser Schwierigkeiten zu erkennen und konkret für erfolgreiches Handeln auszuwerten.

Natürlich wäre eine Replikation der vorliegenden Datenmuster im Bereich der Gewichtsabnahme wünschenswert. Andererseits ist es jedoch notwendig, die Gültigkeit von Hypothesen, die sich auf generelle Prinzipien beziehen, in verschiedenen Inhaltsbereichen zu überprüfen. Daher testeten wir unsere Hypothesen in Studie 2 in einem anderen Bereich der Gesundheitspsychologie. Wir wählten chronische und lebensbedrohende Krankheiten.

Positive Erwartungen versus positive Phantasien und Krankheitskontrolle (Studie 2)

Studie 2 untersucht die Bedeutung von positiven Erwartungen versus positiven Phantasien für den Verlauf von chronischen und von lebensbedrohenden Krankheiten. Dieser Bereich der Gesundheitspsychologie ist nicht weniger problematisch als der der Übergewichtigkeit, was die Vorhersagekraft psychologischer Variablen angeht. Auch hier wird seit Jahren nach vorhersagekräftigen psychologischen Variablen gesucht. Die Erwartungen sind, verglichen mit anderen psychologischen Variablen, ebenfalls relativ erfolgreich (zum Thema Selbstwirksamkeitserwartungen und physische Krankheit siehe Schwarzer, 1992b; zum Thema Optimismus und physische Krankheiten siehe Peterson & Bossio, 1991; Scheier & Carver, 1992; Taylor, 1989).

Erfolg liegt hier weniger in der Eindämmung von Risikoverhalten als in der Kontrolle chronischer Leiden und der Bekämpfung von akuten, lebensgefährlichen Erkrankungen. Auch hinsichtlich der Patienten unterscheidet sich Studie 2 von Studie 1. Versuchsteilnehmer waren nicht Erwachsene, sondern Kinder beiderlei Geschlechts. Die Forschungsfrage war, inwieweit positive Phantasien auch bei chronisch und lebensgefährlich erkrankten Kindern eine ähnlich verlustbringende Rolle spielen wie für die erwachsenen Patientinnen von Studie 1, die versuchten, ihr Übergewicht zu reduzieren.

An der Studie nahmen 35 Kinder teil, die an chronischem Asthma und chronischen Darmkrankheiten litten oder an Krebs erkrankt waren. Die Kinder wurden ambulant vom *Children's Hospital of Philadelphia* versorgt. Bevor die Stichprobe im einzelnen beschrieben wird, soll kurz ein Überblick über die Krankheiten, an denen die an der Studie teilnehmenden Kinder litten, gegeben werden.

Asthma, chronisch verlaufende Darmkrankheiten und Krebs

Zunächst sollen die beiden chronischen Krankheiten, Asthma und chronische Darmentzündung, erläutert werden. *Asthma* ist die häufigste chronische Krankheit in der Kindheit (Gortmaker & Sappenfeld, 1984). Circa 5-10% der Kinder sind davon betroffen (Blaut, 1984). Das Leiden äußert sich durch mehr oder weniger heftige Anfälle von Atemnot. Ein Asthmaanfall entsteht durch Körperreaktionen, die auch bei gesunden Menschen, wenngleich wesentlich schwächer, als Abwehrreaktion auftreten (Nolte, 1991). Durch diese Körperreaktionen werden schädliche Fremdsubstanzen am Eindringen in die Lunge gehindert. Dies geschieht durch ein Verkrampfen der Bronchialmuskeln, wodurch die Atemwege verengt werden. Durch den Reizzustand schwellen die Schleimhäute in den Bronchien an und geben verstärkt Schleim ab. Der Schleim sammelt sich dann in den Bronchien und verstopft die winzigen Atemwege noch weiter, wodurch der Durchstrom von Luft behindert wird. Beim Asthmatiker ist der Bronchialkrampf weitaus stärker als beim Gesunden und kann durch alle möglichen, für gesunde Personen harmlos wirkende Faktoren ausgelöst werden. Es gibt unterschiedliche Formen des Asthmas, die sich weniger in ihren Symptomen unterscheiden als vielmehr durch die Verschiedenheit der Auslöser (z.B. allergisches Asthma ausgelöst durch Pollen, Milben und Tierhaare oder Anstrengungsasthma). Neben diesen zahlreichen unspezifischen Reizen können auch psychische Belastungen zu bronchialen Reaktionen führen (Niessen, 1987). Asthma ist nicht heilbar, aber man kann mit Medikamenten die Symptome lindern (Nolte, 1991).

Morbus Crohn und *Colitis Ulcerosa* gehören zu den chronisch verlaufenden Darmentzündungen, den *Inflammatory Bowel Disease* (*IBD*). PatientInnen mit diesen Krankheiten leiden an Durchfall, Bauchweh und Afterblutung. Andere Leitsymptome sind Fieber, Appetitlosigkeit und Wachstumsverzögerung. Der Entzündungsprozeß kann auch die Gelenke, die Augen, den Mund oder die Leber befallen. Die Krankheiten treten meist schubweise auf, wobei akute Schübe, d.h. Phasen erhöhter Entzündungsaktivität, (*Rezidivphase*) mit stärkeren Beschwerden verbunden sind (Niessen, 1987). *Morbus Crohn* und *Colitis Ulcerosa* unterscheiden sich in dem Ausmaß und in der Lokalisation der Entzündungen. Während die *Colitis Ulcerosa* eine Entzündung des Dickdarms darstellt, versteht man unter *Morbus Crohn* eine unspezifische Erkrankung des gesamten Gastrointestinaltrakts. Die Entzündung ist nicht auf die Darmschleimhaut begrenzt, sondern kann alle Schichten der Darmwand erfassen (Tecker, 1989). Auch wenn die beiden Krankheiten immer wieder als psychosomatisch eingestuft worden sind (siehe Weiner, 1977), ist die Ursache der Krankheiten bis heute unbekannt, und es gibt immer noch kein Mittel zur Heilung (Kirsner & Shorter, 1982).

Leukämie ist eine Krebsform, die das Knochenmark befällt, das verantwortlich ist für die Herstellung von weißen Blutkörperchen. Dabei wird eine Unzahl von weißen Blutkörperchen produziert. Anämie und andere schwere Komplikationen können als Folgen auftreten. Noch vor 30 Jahren war die Diagnose von Leukämie praktisch das Todesurteil für das betroffene Kind. In den Vereinigten Staaten überleben heute, durch die Entwicklung von Chemo- und Strahlentherapien sowie Knochenmarktransplantationen, jedoch bis zu 70% der erkrankten Kinder (*National Cancer Institute*, 1989; zitiert nach Taylor, 1991). Die Therapien sind meist äußerst schmerzhaft und haben eine Vielzahl unangenehmer Nebenwirkungen. Bösartige *Erkrankungen des lymphatischen Systems* (*Lymphoma*) lassen sich in die maligne *Non-Hodgkin* und die maligne *Hodgkin* Krankheit aufteilen. Die maligne *Non-Hodgkin* Krankheit geht mit einer lokalisierten malignen Wucherung lymphatischer Zellen einher. Die Abgrenzung zur Leukämie erfolgt durch den Nichtbefall des Knochenmarks, wobei auf immunologischer Ebene jedoch keine Unterscheidung zwischen den Krankheiten möglich ist (Niessen, 1987). Die *Hodgkin* Krankheit ist ein bösartiger Lymphknotenkrebs mit einer progressiven Vergrößerung der Lymphknoten und anderer Lymphgewebe (im späteren Stadium auch der Lunge, des Skeletts oder des Knochenmarks, Niessen, 1987). Infolgedessen sind die Lymphknoten weitgehend ineffektiv für die Produktion von Antikörpern. Auch hier wird versucht, mit Chemo- und Strahlentherapie die Krankheit zu heilen. Unbehandelt führt die *Hodgkin* Krankheit zum Tod.

Methode

VersuchsteilnehmerInnen und Versuchsablauf. Die teilnehmenden 35 Kinder waren in den Jahren 1988/1989 ambulante PatientInnen dreier ÄrztInnen (Dr. Cravis, Prof. Meadows und Prof. Watkins), die jeweils in der Abteilung für Allergologie/Immunologie, Abteilung für Gastroenterologie/Ernährung bzw. der Abteilung für Onkologie des *Children's Hospital of Philadelphia* arbeiteten. Neben den betreuenden ÄrztInnen unterstützten die in den jeweiligen Abteilungen arbeitenden Psychologinnen Dr. Nathanson, Dr. Wood und Dr. Kazak die vorliegende Studie.

Zwölf der Kinder waren Mädchen, 23 davon Jungen, wobei sich ein Geschlechterverhältnis von circa 1:2 für die Populationen aller drei Krankheiten ergab. Das durchschnittliche Alter der Kinder war 9.9 Jahre (SD = 1.76). Das jüngste Kind war 7, das älteste

Kind 14 Jahre alt. Neunundzwanzig der 35 Kinder waren kaukasisch. Die Mehrheit der Kinder stammte aus intakten Familien mit sowohl Vater als auch Mutter. Die Väter von über zwei Dritteln der Kinder arbeiteten in Mittelschichtsberufen. Über die Hälfte der Mütter waren Hausfrauen, die anderen Mütter arbeiteten ebenfalls vorwiegend in Mittelschichtsberufen.

Kriterium zur Teilnahme an der Studie war für die chronisch kranken Kinder, daß seit dem Zeitpunkt der Krankheitsdiagnose mindestens 2 Jahre vergangen waren, so daß alle TeilnehmerInnen die erste Zeit der Anpassung an die durch die Krankheit veränderte Lebensweise bereits hinter sich gelassen hatten. Die Kinder mit Krebs dagegen, die nicht mit chronischen Symptomen, sondern mit der akuten Erkrankung zu kämpfen hatten, wurden 1/2 Jahr nach der Diagnose getestet. Damit war die erste Anpassung vorüber, die Akutheit aber noch gegeben. Insgesamt war folglich eine Vergleichbarkeit im Krankheitsstadium über die drei Krankheitsgruppen (Asthma, chronische Darmentzündung und Krebs) geschaffen. Schließlich sollten die teilnehmenden Kinder mindestens 7 Jahre alt sein, um die verwendeten Fragebögen erfolgreich ausfüllen zu können.

Diese Kriterien erfüllten 47 Kinder, die zur Teilnahme an der Studie gebeten wurden. Die betreuenden ÄrztInnen stellten die jeweiligen Krankheitsaktivitätswerte zur Verfügung. Bei 8 Kindern mit Asthma und 3 Kindern mit chronischen Darmentzündungen waren diese Daten jedoch unvollständig. Eines der Kinder mit Krebs war zu schwach, um die Fragebögen auszufüllen. Daher stand uns ein vollständiger Datensatz (d.h. Phantasiewerte, Erwartungswerte und zweimalige Erhebung der Krankheitsaktivität) bei 35 Kindern zur Verfügung. Von diesen 35 Kindern hatten neun chronisches Asthma, 13 Kinder litten unter chronischen Darmentzündungen (5 Kinder an *Colitis Ulcerosa* und 8 Kinder an *Morbus Crohn*), und 13 Kinder waren an Krebs erkrankt (8 Kinder an Leukämie, 2 Kinder am *Non-Hodgkin* Lymphom und 3 Kinder an der *Hodgkinschen* Krankheit).

Die Eltern der Kinder erhielten zunächst ein Schreiben, in dem sie ausführlich über den Verlauf der Studie und die möglichen Risiken aufgeklärt und gebeten wurden, ihre Einwilligung zur Teilnahme an der Studie zu geben. Dieses Schreiben war vorher mit den Psychologinnen, die in den jeweiligen Abteilungen arbeiteten, abgesprochen worden und vom Ethikkomitee des *Children's Hospital of Philadelphia* genehmigt worden.

Die teilnehmenden Kinder beantworteten die Items zur Messung von Erwartungen und Phantasien in der Klinik vor dem Arztbesuch. Wir nutzten lediglich Routinearzttermine und keine Arzttermine, die aufgrund spezieller Krankheitsprobleme anberaumt worden waren. Die Kinder und ihre Eltern wurden gebeten, rechtzeitig in die Klinik zu kommen, damit genug Zeit blieb, um die Fragebögen auszufüllen. Die Fragebögen waren vorher bereits in Schulklassen gleicher Altersstufen erfolgreich erprobt worden (Oettingen, 1988). Nach ihrer Ankunft wurden die Kinder in einen abgelegenen, ruhigen Raum begleitet, in dem sie die Fragebögen zur Erfassung von Erwartung und Phantasie ausfüllten. Die Fragebögen wurden ihnen von einer geübten Interviewerin erklärt, und es wurde großer Wert darauf gelegt, daß die Kinder verstanden, daß ihre Antworten anonym blieben, also von keiner ihnen bekannten Person eingesehen werden konnten. Die Interviewerin stand auch zur Verfügung, um eventuell bei der Beantwortung der Bögen aufkommende Fragen zu beantworten.

Die Messung von alltagsbezogenen Erwartungen und Phantasien. In der vorliegenden Studie wurden *Erwartungen* über den Attributions- oder Erklärungsstil der Kinder operationalisiert. Wie in Kapitel 1 dargestellt, postuliert die reformulierte Theorie der gelernten Hilflosigkeit (Abramson, Seligman & Teasdale, 1978; siehe auch Peterson & Seligman, 1984), daß ein optimistischer Erklärungsstil, der durch ein Mehr an stabilen und globalen Erklärungen für positive als für negative Ereignisse gekennzeichnet ist, Erwartungen hervorruft, daß positive Ereignisse länger anhalten und mehr Lebensbereiche beeinflussen als negative Ereignisse. Werden positive Ereignisse dann auch noch internaler als negative erklärt, wird zudem das Selbstwertgefühl gestärkt. Der Attributionsstil ist in verschiedenen Studien als ein indirektes Maß für optimistische Erwartungen herangezogen worden (Hull & Mendolia, 1991) und war auch erfolgreich in der Vorhersage von gesundheitlichen Problemen (siehe Peterson, Seligman & Vaillant, 1988 und Kapitel 1).

Die Messung von Erwartungen über das Konzept des Attributionsstils erschien aus zwei Gründen vorteilhaft: Erstens ist der Attributionsstil ein gutes Maß genereller Zukunftserwartungen (siehe auch Kap. 1). Zweitens ist der Einsatz eines Fragebogens, der die Zukunftserwartung der PatientInnen indirekt erfaßt, bei der vorliegenden Stichprobe aus ethischen Gründen vorzuziehen.

Chronische Krankheiten unterscheiden sich von potentiell heilbaren Gesundheitsproblemen dadurch, daß sie nicht nur aus der Perspektive der betreuenden Ärzteschaft, sondern auch aus dem Blickwinkel der PatientInnen als chronisch erlebt werden. Dies steht im Gegensatz zu der in Studie 1 behandelten Gesundheitsstörung der Übergewichtigkeit, bei der die allgemeine Auffassung ist, man könne das Problem und dessen negative Konsequenzen, selbst wenn es bereits chronifiziert ist, durch willentliche Bemühungen und Selbstkontrolle beseitigen (Brownell, 1993). Daher sollten für die Vorhersage von erfolgreicher Krankheitskontrolle bei chronischer Krankheit die Erwartungen hinsichtlich der Heilung der Krankheit eine vergleichsweise geringe Rolle spielen und Erwartungen hinsichtlich der Bewältigung des Leidens im zukünftigen Leben einen größeren Stellenwert erhalten. Die in Studie 2 erhobene Gesamterwartung (und später auch die respektiven Phantasien) sollten sich somit weniger auf die Abschaffung des Problems an sich beziehen, wie dies bei der Gewichtsverluststudie der Fall war, sondern auf die Bewältigung der Krankheit im zukünftigen Leben, also auf die positive und negative Zukunft insgesamt. Diese Überlegung gilt insbesondere für die chronischen Krankheiten wie Asthma und chronische Darmkrankheiten. Weniger trifft sie für die akut lebensbedrohende Krankheit Krebs zu. Hier mögen sich die Erwartungen und Phantasien der Kinder insbesondere auf das akute Problem der Krankheit beziehen, und das Thema des Überlebens mag in die Überzeugungen und bildlichen Vorstellungen eindringen, zumindest bei Kindern in der mittleren Kindheit, die bereits ein Konzept von der Endgültigkeit des Todes haben (Taylor, 1991).

Der Attributionsstil eignet sich als Operationalisierung der Erwartung zur Vorhersage der Bewältigung chronischer Krankheit deshalb sehr gut, weil hier Erwartungen über verschiedene Lebensbereiche thematisiert werden und nicht nur Erwartungen bezogen auf einen engen Bereich wie beispielsweise Diät-, Medikamenten- oder Therapieerfolg. Auch das Konzept der Gesamterwartung von Scheier und Carver hätte sich als Erwartungsmaß gut geeignet, denn hier werden ebenfalls generelle Erwartungen konzeptualisiert (siehe Kap. 1). Ethische Gründe sprechen jedoch gegen die Anwendung eines Instruments wie der *Life Orientation Scale* (*LOT*; siehe Scheier & Carver, 1985). Öffentlich formulierte Erwartungen hinsichtlich der eigenen persönlichen Zukunft legen eine Person auf die Qualität ihrer Zukunft fest und beeinflussen Verhalten und Gesundheit. Da der *LOT* direkt nach den Zukunftserwartungen fragt (hohe *Face validity*), befürchteten wir, daß durch diese direkte Befragung noch eine zusätzliche Festlegung der kranken Kinder auf ihre potentiell schwere Zukunft erfolgen könnte. Für PatientInnen mit negativen Zukunftserwartungen schien dies eine unnötige zusätzliche Belastung angesichts der Tatsache, daß einige der Kinder mit akuten und potentiell tödlich verlaufenden Krankheiten kämpften. Es schien also vorteilhafter, die Zukunftserwartungen der Kinder indirekt zu messen. Dies kann das im Rahmen der reformulierten Theorie der gelernten Hilflosigkeit entwickelte Instrument des *Attributional Style Questionnaire* gut leisten. Hier können die bereits existierenden Erwartungen der Kinder über die Beantwortung hypothetischer Szenarios indirekt erschlossen werden. Eine positive Korrelation zwischen dem Optimismus im Erklärungsstil und dem Erfolg in der Krankheitsbewältigung würde zudem eine Bestätigung der reformulierten Theorie der gelernten Hilflosigkeit auf dem Gebiet der Bekämpfung chronischer Krankheiten bei Kindern bedeuten.

Zur Messung des Attributionsstils der PatientInnen zogen wir folglich den *Children's Attributional Style Questionnaire* (*CASQ*, Seligman et al., 1984) heran, einen Fragebogen mit 48 *forced-choice* -Items, der zur Messung von Attributionsstil bei Kindern entwickelt wurde. Jedes der Items gibt ein hypothetisches Ereignis vor, gemeinsam mit jeweils zwei möglichen Ursachenzuschreibungen. Die ProbandInnen werden gebeten, sich vorzustellen, daß das Ereignis tatsächlich eingetreten wäre. Dann sollen sie angeben, welche der beiden zur Auswahl stehenden Erklärungen besser beschreibt, warum das vorgegebene Ereignis auftrat. Die Hälfte der Ereignisse ist positiv, die andere Hälfte der Ereignisse dagegen negativ. Ein Item mit einem positiven Ereignis lautet beispielsweise wie folgt:

Your friend tells you that you look nice.
A. My friend liked the way I looked that day.
B. My friend liked the way I look.

Die beiden Erklärungen halten jeweils zwei der drei Erklärungsdimensionen (Stabilität, Globalität, Internalität) konstant, während die dritte Dimension variiert wird. In dem oben angeführten Item ist die Globalitäts- und die Internalitätsdimension festgelegt, während die Stabiltitäts-Instabilitätsdimension variiert wird (siehe auch Kapitel 1). Der Wert für den Erklärungsstil hinsichtlich positiver Ereignisse wird durch die Addition der Werte auf den drei Subskalen für positive Ereignisse erzielt, während der Wert für den Erklärungsstil hinsichtlich negativer Ereignisse durch das Aufaddieren der Subskalen für negative Ereignisse gewonnen wird. Ein zusammenfassender Wert zur Erfassung des Attributions- oder Erklärungsstils wird durch die Subtraktion der Werte für den Erklärungsstil hinsichtlich negativer Ereignisse von den Werten für den Erklärungsstil hinsichtlich positiver Ereignisse berechnet. Je höher dieser Gesamtwert ist, desto mehr schreibt ein Kind positiven Ereignissen stabile, globale und internale Ursachen zu als negativen Ereignissen. Die internen Konsistenzen für die Skalen bezüglich positiver Ereignisse, negativer Ereignisse bzw. der Gesamtskala liegen bei einem Cronbachs *alpha* von .71, .66 und .73 (Seligman et al., 1984).

Die respektiven, spontan generierten *Phantasien* der Kinder beziehen sich auf Ereignisse aus verschiedenen Lebensbereichen und nicht nur auf die Beseitigung eines spezifischen Krankheitssymptoms. Die tagtäglichen Ereignisse aus ganz verschiedenen Lebensbereichen, die mit einer mehr oder weniger erfolgreichen Eindämmung der die jeweilige Krankheit begleitenden Symptome einhergehen, sollten den Kindern lebendig vor Augen stehen. Daher schrieben wir Szenarios, die Phantasien über das zukünftige Alltagsleben der Kinder stimulieren. Die PatientInnen sollten Visionen über die Bereiche ihres Alltags kreieren, die durch das Erleiden der Krankheit betroffen waren. Wir unterschieden die Alltagsbereiche in menschliche Beziehungen, schulische und sportliche Leistung sowie in die sich aufgrund der Krankheit ergebenden Kontakte zu Ärzten und medizinischen Einrichtungen. Die Szenarios stimulierten Phantasien über Gemeinsamkeiten oder Zwistigkeiten mit Freunden und Bekannten, über Erfolge oder Mißerfolge in Schule und Sport sowie über erfreuliche oder frustrierende Ereignisse, die die Betreuung und Behandlung von Krankheiten betrafen.

Um solche spontanen Phantasien von Kindern hinsichtlich ihres zukünftigen Lebens zu erfassen, wurde ein neuer Fragebogen entwickelt, der *Children's Fantasy Production Questionnaire* (*CFPQ*, Oettingen, 1988). Der *CFPQ* enthält 12 Szenarios, in die die Kinder sich leicht hineinversetzen können. Die Szenarios werden nicht zu Ende geführt, sondern unterbrochen (ähnlich wie bei der Erhebung der Positivität von Phantasien in der

Gewichtsverluststudie). Die ProbandInnen werden gebeten, die Geschichte zu Ende zu führen und ihre dabei generierten Phantasien niederzuschreiben. Es wird darauf hingewiesen, daß alles, was einem einfällt, hingeschrieben werden soll und es keine richtigen oder falschen Antworten gibt. Auch brauche man sich nicht um Formfragen (wie z.B. schöne Handschrift) zu kümmern. Im folgenden ist ein Beispiel eines gesundheitsbezogenen Szenarios dargestellt:

> *Imagine you have been invited to sleep over at a friend's house. But since you have been sick for the past couple of days, your mother calls the doctor to see if you are well enough to go. She hangs up the phone and...*

Nach jeder Geschichte sollen die Kinder auf einer "5-Gesichter"-Antwortskala, die von einem sehr traurigen bis zu einem sehr glücklichen Gesicht reicht, angeben, wie die Geschichte sie gestimmt hat ("*How did the story make you feel?*"). Den Wert für die Positivität der Phantasien erhält man durch die Addition der Werte der 12 Szenarios: je höher dieser Wert, desto positiver die Phantasien. Die Werte für die Positivität der Phantasien in den einzelnen Lebensbereichen ergeben sich durch die Addition der Werte aus den vier Szenarios, die jeweils auf die drei verschiedenen Lebensbereiche zugeschnitten waren.

Die interne Konsistenz des *Children's Fantasy Production Questionnaire* ist in einer Studie mit 129 Schulkindern vorgetestet worden (Oettingen, 1988). Die Kinder besuchten die Klassenstufen 4 und 5 zweier Grundschulen in Philadelphia (das jüngste Kind war acht Jahre, das älteste elf Jahre alt). Sie wurden unter anderem gebeten, den *Children's Attributional Style Questionniare* (*CASQ*) und den *Children's Fantasy Production Questionniare* (*CFPQ*) auszufüllen. Die Berechnung der internen Konsistenz des *CFPQ* ergab ein Cronbachs *alpha* von .69. Die Korrelation zwischen Optimismus im Erklärungsstil und der Positivität der Phantasien belief sich auf $r = .30$. Die Kinder wurden nach 6 Monaten ein zweites Mal gebeten, den *CFPQ* auszufüllen. Die Test-Retest-Reliabilität über 6 Monate ergab einen Korrelationskoeffizienten von $r = .58$. Dies deutet darauf hin, daß die Positivität der Phantasien der Kinder bereits im Alter von 8 bis 11 Jahren erstaunlich stabil über die Zeit ist.

Abhängige Variable: Krankheitsverlauf. Als Maß für den Krankheitsverlauf verwendeten wir für die an Asthma erkrankten Kinder den Wert des *Peakflow*, für die Kinder mit chronischen Darmkrankheiten die Menge des von den Ärzten verschriebenen Medikaments Azulfidine (jeweils nach 6 Monaten) und für die Kinder mit Krebs die von der betreuenden Ärztin eingeschätzte Überlebenswahrscheinlichkeit (nach 4.5 Jahren), korrigiert für die jeweiligen Maße zum Zeitpunkt des Interviews. Alle Werte des *Peakflow* und der verschriebenen Dosis Azulfidine bei den Kindern mit Asthma bzw. chronischen

Darmkrankheiten wurden nur nach den Arztterminen erfaßt, zu denen die PatientInnen routinemäßig bestellt worden waren. Wenn die PatientInnen aufgrund akuter Beschwerden kurzfristig in die Klinik gekommen waren, wurde keine Krankheitsaktivität festgehalten und es wurden keine Fragebögen ausgegeben.

Der Wert des *Peakflow* erfaßt das Atemvolumen des Asthmapatienten, wobei ein Meßgerät die Menge an Luft angibt, die in einem Atemstoß ausgeatmet werden kann. (Der *Peakflow*-Wert wird in Litern pro Minute angegeben.) Das Atemvolumen ist abhängig von Gewicht und Größe des Kindes. Daher wird der vom Gerät angezeigte Wert gewichtet nach dem aufgrund der jeweiligen Größe und des jeweiligen Gewichts der Kinder erwarteten Wert. Die in der vorliegenden Studie verwendeten Werte des *Peakflow* wurden als Prozent berechnet: Der wirkliche Wert mal 100/erwarteten Wert, wobei ein höherer Wert vergleichsweise weniger Krankheitsaktivität bedeutet. Werte über 100 reichen in den Normalbereich.

Wir haben den *Peakflow* der PatientInnen zweimal erfaßt. Einmal zum Zeitpunkt des Interviews und zum anderen 6 Monate später, d.h. zum Arzttermin, der am dichtesten an diesem Zeitpunkt lag (M = 5.5 Monate). Zum Zeitpunkt unserer Studie wurde für die *Peakflow*-Messung in der Abteilung eine modernere Methode erprobt, nämlich die *Forced Vital Capacity*-Messung. Dies hatte für uns den Nachteil, daß die mit diesem Gerät gemessenen Werte nicht vergleichbar waren. Auch wurde der *Peakflow* nicht bei jedem Arztbesuch gemessen, so daß wir, wie oben beschrieben, bei 8 unserer ursprünglich 17 Kinder entweder keine Vergleichswerte nach 6 Monaten oder keinen Wert zum Zeitpunkt des Interviews erfassen konnten. Der Krankheitsverlauf der restlichen 9 Kinder war wie folgt: Bei jeweils 3 der 9 Kinder verbesserte er sich, bei 3 blieb er konstant, und bei 3 verschlechterte er sich.

Für die Kinder mit *Colitis Ulcerosa* und *Morbus Crohn* wurde die verschriebene Dosis des Medikamentes Azulfidine als Maß für die Krankheitsaktivität genommen. Azulfidine enthält eine entzündungshemmende Salizylsäureverbindung zusammen mit einem bakterienhemmenden Sulfonamid. Es ist in seinen Wirkungen und Nebenwirkungen ein bestens bekanntes Medikament und so ein Standardmittel zur Krankheitskontrolle der Symptome sowohl bei *Colitis Ulcerosa* als auch bei *Morbus Crohn* (Tecker, 1989). Es wird in mg pro Tag verordnet. Auch die Dosis Azulfidine haben wir zweimal festgehalten, einmal zum Zeitpunkt des Interviews und circa 6 Monate später (M = 6.4 Monate), als das Kind zu einem weiteren Routinetermin in die Klinik kam. Drei der ursprünglich 16 Kinder hatten keinen Vergleichswert in ihren medizinischen Unterlagen. Acht der verbliebenen 13 Kinder benötigten die gleiche und 5 der Kinder eine geringere Dosis Azulfidine.

Die Krankheitsaktivität für Krebs wurde durch das Urteil der betreuenden Ärztin über die Überlebenswahrscheinlichkeit der PatientInnen erhoben. Die Ärztin kannte die Hypothesen der Studie nicht. Die Einschätzungen der Überlebenswahrscheinlichkeiten beruhten auf der Art der Krankheit (es gibt verschiedene Typen von Leukämien und Lymphomen) sowie der Schwere und Lokalisation des Leidens. Es wird im allgemeinen auf einen Zeitraum von 5 Jahren prognostiziert. Wir baten die Ärztin, die Überlebenswahrscheinlichkeit für zwei unterschiedliche Zeitpunkte einzuschätzen, für den Zeitpunkt der Erhebung und circa 4 Jahre ($M = 4.6$ Jahre) danach. Insgesamt war die betreuende Ärztin sehr erfolgreich in der Behandlung der Kinder: Von den ursprünglich 14 PatientInnen war nur einer gestorben. Er hatte schon zum Zeitpunkt der Erhebung die Fragebögen nicht mehr ausfüllen können. Durch die Behandlung verbesserte sich die Überlebenschance der Kinder im Mittel um 22.15 %, wobei die geringste Verbesserung bei 10% liegt und die größte bei 40%.

Ergebnisse

Auch bei den kranken Kindern fanden wir eine negative Relation zwischen der Phantasie und dem Erfolg, die Krankheitssymptome zu kontrollieren. Insbesondere für die chronisch kranken Kinder gingen positive Phantasien einem vergleichsweise schlechteren Krankheitsverlauf voraus (weniger Atemvolumen bei Asthma bzw. höhere Verschreibungsdosis des Medikamentes Azulfidine bei Darmentzündung). Tendenziell zeigte sich diese negative Relation auch bei den Kindern mit Krebs. Bei diesen lebensgefährlich erkrankten Kindern wurde aber die negative Relation zwischen Phantasie und Krankheitskontrolle insbesondere von den krankheitsbezogenen Phantasien getragen. Der Erklärungsstil zeigte eine hypothesenkonforme positive Korrelation für die chronisch kranken, aber nicht für die krebskranken Kinder. Im folgenden werden die statistischen Analysen (Partialkorrelationen, Regressionsanalysen) dieser Ergebnisse, wie in Studie 1, nach einer kurzen Beschreibung der Prädiktorvariablen dargestellt.

Deskriptive Analysen. Bei den 35 teilnehmenden PatientInnen zeigte sich eine Nullkorrelation zwischen Erklärungsstil und Phantasie, $r = .02$, *ns*; Erklärungsstil: $M = .20$ ($SD = .14$); Phantasie: $M = 3.62$ ($SD = .57$). Auch für die PatientInnen getrennt nach einzelnen Krankheiten ergab sich eine relativ niedrige Korrelation zwischen den beiden Prädiktorvariablen (Asthma, $r = -.14$; Darmentzündung $r = -.15$; Krebs, $r = -.02$). Die Höhe der Erwartungs- und Phantasiewerte unterschied sich nicht zwischen den Kindern mit verschiedenen Krankheiten, auch nicht zwischen Kindern verschiedenen Alters und zwischen Buben und Mädchen (alle $ps > .19$).

Partialkorrelationen. Da die Kinder mit verschiedenen Krankheiten unterschiedliche Kriteriumsvariablen hatten, wurden die *Partialkorrelationen* für die Kinder mit Asthma, chronischer Darmentzündung und Krebs getrennt gerechnet. Erwartung (Erklärungsstil, *ASQ*) bzw. Phantasie (*CFPQ*) fungierten als Prädiktorvariable. Für die jeweils andere Prädiktorvariable wurde korrigiert. Das Maß für den Krankheitsverlauf war der aus den Krankheitsaktivitäten gebildete Residualwert. Die Residualwerte ergaben sich aus den Regressionsanalysen, in die die jeweilige prospektive Krankheitsaktivität als abhängige Variable und die Krankheitsaktivität zum Zeitpunkt der Fragebogenerhebung als unabhängige Variable eingegangen waren.

Wie in Tabelle 2.1 dargestellt, sind die Ergebnisse für die Kinder mit den chronischen Krankheiten Asthma und Darmentzündung hypothesenkonform und entsprechen den Befunden aus Studie 1. (Die in Tabelle 2.1 dargestellten Korrelationen sind in ihrer Richtung auf Erfolg in der Krankheitskontrolle normiert.) Positive Phantasien gehen mit weniger Erfolg in der Krankheitskontrolle einher als negative Phantasien, ein positiver oder optimistischer Erklärungsstil dagegen mit mehr Krankheitskontrolle. Auch wenn die Relationen zwischen Erklärungsstil und Krankheitskontrolle nur eine marginale statistische Signifikanz aufweisen, gehen die Korrelationskoeffizienten wenigstens in die vorhergesagte Richtung ($r >= .30$).

Für die Kinder mit der lebensbedrohenden Krankheit Krebs ergibt sich dagegen ein anderes Datenmuster als für die Kinder mit chronischem Asthma oder Darmleiden. Während bei den chronischen Krankheiten Phantasie signifikant negativ mit dem Erfolg in der Krankheitskontrolle korreliert, ist die Relation bei den Kindern mit Krebs kaum erwähnenswert. Für die Kinder mit dieser lebensbedrohenden Krankheit scheint auch der Erklärungsstil für die Überlebenswahrscheinlichkeit nicht von Bedeutung zu sein.

Tabelle 2.1

Studie 2: Krankheitskontrolle in Abhängigkeit von Erklärungsstil und Phantasie (Partialkorrelationskoeffizienten kontrolliert für die jeweils andere Prädiktorvariable)

Prädiktorvariable	Asthma	Chronische Darmentzündung	Krebs
Erklärungsstil	.30	$.48^{a}$	-.10
Phantasie	$-.72^{*}$	$-.51^{*}$	-.09

Anm. ^{a} $p \leq .10$. * $p \leq .05$.

Nach den im vorigen angestellten Überlegungen müßten bei den krebskranken Kindern insbesondere die direkt krankheitsbezogenen Phantasien eine negative Relation zur Krankheitskontrolle aufweisen. Betrachtet man die Partialkorrelationskoeffizienten für die Phantasien aus den unterschiedlichen Lebensbereichen (siehe Tab. 2.2), sind es tatsächlich die direkt krankheitsbezogenen Phantasien, die bei den Kindern mit Krebs eine hypothesenkonforme Korrelation mit der Krankheitsbewältigung aufweisen. Die Korrelation von $r = -.39$ ist tendenziell signifikant ($p <= .10$). Bei den Kindern mit Asthma und chronischen Darmentzündungen dagegen sind es insbesondere die positiven Phantasien über zukünftige Erfolge in der schulischen und sportlichen Leistung, die mit einem vergleichsweise ungünstigeren Krankheitsverlauf einhergehen.

Wir prüften auch, ob die enttäuschende Vorhersagekraft des Erklärungsstils bei den krebskranken Kindern daraus resultiert, daß wir die Gesamtskala aus positiven und negativen Ereignissen einsetzten und nicht wie Peterson et al. (1988) oder Kamen-Siegel, Rodin, Seligman und Dwyer (1991) nur die Erklärungen für negative Ereignisse berücksichtigten. Bezieht man lediglich die Items des *CASQ* ein, die sich auf negative Ereignisse beziehen, verändern sich die Resultate nicht substantiell; wenn überhaupt, werden die Korrelationen zwischen Erklärungsstil und Krankheitskontrolle noch schwächer. Dies gilt für alle der berichteten Krankheitsvariablen.

Tabelle 2.2

Studie 2: Krankheitskontrolle in Abhängigkeit von Phantasien unterschiedlicher Inhalte (Partialkorrelationskoeffizienten kontrolliert für den Erklärungsstil)

Prädiktorvariable	Asthma	Chronische Darmentzündung	Krebs
Phantasien über			
die Krankheit selbst	-.20	-.42[a]	-.39[a]
zwischenmenschliche Beziehungen	-.46	-.19	.26
sportliche und schulische Leistungen	$-.86^{**}$	$-.66^{**}$	.12

Anm. [a] $p \leq .10$. ** $p \leq .01$.

Regressionsanalysen. Wir prüften die Vorhersagekraft der Prädiktorvariablen auf Krankheitskontrolle auch mit Hilfe von *Regressionsanalysen*. Der Erklärungsstil und die Phantasie gingen im ersten Schritt in die Regressionsgleichung ein, die Interaktion zwischen Erklärungsstil und Phantasie im zweiten Schritt. Abhängige Variablen waren wiederum die oben beschriebenen Residualwerte: Krankheitsaktivität zum Zeitpunkt 2 korrigiert für Krankheitsaktivität zum Zeitpunkt 1. Die Regressionsanalysen wurden für die Kinder mit Asthma, chronischen Darmerkrankungen und Krebs getrennt durchgeführt. Es ergaben sich die gleichen Ergebnismuster wie bei den Partialkorrelationen (siehe Tabelle 2.3). Ein optimistischer Erklärungsstil geht mit vergleichsweise erfolgreicher Krankheitsbewältigung einher, positive Phantasien dagegen ziehen weniger Erfolg nach sich. Für die Kinder mit Krebs sind es insbesondere die direkt krankheitsbezogenen Phantasien, die mit der Krankheitsbewältigung zusammenhängen (siehe Tabelle 2.4). Die Interaktionseffekte sind nicht signifikant. Daher sind in den Tabellen 2.3 und 2.4 lediglich die Haupteffekte aufgeführt.

Schließlich wurde in hierarchischen Regressionsanalysen geprüft, wieviel Varianz eine Prädiktorvariable über die jeweils andere Prädiktorvariable hinaus erklärt. Zunächst zu den Kindern mit Asthma: Der Erklärungsstil erklärt über die Phantasie hinaus 5%, während die Phantasie 52% über den Erklärungsstil hinausreichende erklärte Varianz verbuchen kann ($p = .04$). Wie man schon an den relativ geringen Korrelationen zwischen Erwartung und Phantasie erkennen kann, sind hier auch kaum nennenswerte Suppressoreffekte im Spiel. Daher verändern sich die Ergebnisse kaum, wenn man die Prädiktorvariablen im ersten oder zweiten Schritt der Regressionsgleichungen berücksichtigt.

Tabelle 2.3

Studie 2: Krankheitskontrolle in Abhängigkeit von Erklärungsstil und Phantasie (Regressionskoeffizienten)

	Asthma		Chronische Darmentzündung		Krebs	
Prädiktorvariable	β	F	β	F	β	F
Erklärungsstil	.22	.61	.41	2.92	-.10	.09
Phantasie	-.73	6.62^{*}	-.45	3.53^{a}	-.09	.09

Anm. $^{a}\,p \leq .10$. $^{*}\,p \leq .05$.

Bei den PatientInnen mit chronischen Darmkrankheiten erklären Erwartung und Phantasie über die jeweils andere Prädiktorvariable hinweg 17% bzw. 20% ($ps < .09$). Gehen die beiden Prädiktorvariablen im ersten Schritt in die Gleichung ein, erklären sie etwas mehr Varianz (23%, $p = .10$ bzw. 26%, $p = .07$). Dies deutet daraufhin, daß für jede der beiden Prädiktorvariablen ungefähr 6% der erklärten Varianz über die jeweils andere Variable vermittelt sind.

Aus Tabelle 2.3 wissen wir, daß bei Krebs weder für den Erklärungsstil noch für die

Phantasie ein signifikanter Anteil an Varianz erklärt wird, wenn man die Gesamtskala der Phantasie betrachtet. Für die direkt krankheitsbezogenen Items jedoch erklärt die Phantasie über den Erklärungsstil hinaus 15% der Varianz. Der Erklärungsstil dagegen bleibt unter 1% unabhängig davon, ob für die Phantasie kontrolliert wird oder nicht. Suppressor- oder Mediatoreffekte sind hier also nicht zu beobachten.

Tabelle 2.4

Studie 2: Krankheitskontrolle in Abhängigkeit von Phantasien unterschiedlicher Inhalte (Regressionskoeffizienten)

	Asthma		Chronische Darmentzündung		Krebs	
Prädiktorvariable	*ß*	*F*	*ß*	*F*	*ß*	*F*
Phantasien über						
die Krankheit selbst	-.21	.26	-.47	2.09	-.40	1.80
zwischenmenschliche Beziehungen	-.46	1.58	-.17	.39	.28	.75
sportliche und schulische Leistungen	-.89	16.36^{**}	-.62	7.60^{*}	.12	.16

Anm. $^{*}p \leq .05$. $^{**}p \leq .01$.

Diskussion

Insgesamt gleicht das Datenmuster der vorliegenden Studie den Befunden der ersten Studie. Optimistischer Erklärungsstil zeigte tendenziell mehr Erfolg an als pessimistischer Erklärungsstil, während positive Phantasien weniger Erfolg in der Krankheitskontrolle vorhersagten als negative Phantasien.

Phantasie. Insbesondere bei den Kindern mit chronischen Leiden (Asthma und Darmentzündungen) korrelierten die über den *CFPQ* erhobenen Werte für die Positivität der Phantasien deutlich negativ mit dem Erfolg, das gesundheitliche Problem in Schach zu halten. Die Tendenz, spontan positive Phantasien hinsichtlich zukünftiger Ereignisse in verschiedenen Lebensbereichen zu generieren, steht einer erfolgreichen Kontrolle der Krankheit entgegen. Interessanterweise war bei den chronischen Krankheiten die positive Phantasie aus dem Bereich der Leistung besonders vorhersagekräftig. Positive Phantasien, in schulischen und sportlichen Leistungen mühelos mithalten zu können, scheinen für die Kinder mit Asthma und chronischer Darmentzündung im Hinblick auf den Krankheitsverlauf besonders belastend zu sein. Das für die positive Phantasie vorhergesagte Datenmuster zeigte sich, wenn auch etwas weniger deutlich, für die lebensbedrohende Erkrankung des Blut- und Lymphgewebekrebses, wobei hier die Relation zwischen Phantasie und erfolgreicher Krankheitskontrolle insbesondere von den direkt krankheitsbezogenen spontanen Gedankent abhing. Demnach haben krebskranke Kinder, die in positiven Phantasien über ihre Genesung schwelgen, besondere Schwierigkeiten, ihre Krankheit unter Kontrolle zu bringen. Ein Patient beispielsweise phantasierte das Szenario, bei der die Mutter den Arzt konsultiert, um zu fragen, ob ihr Sohn bei einem Freund übernachten darf, wie folgt zu Ende:

> *The doctor said I can go over so I picked my stuff and my mom drove me to my friends house that night we played all kinds of games and ate food the next day we ate breakfast and played until my mom picked me up.*

Solche, vom Patienten mit dem fröhlichsten Gesicht bewerteten Phantasien gingen mit weniger Erfolg im Kampf gegen die Leiden einher als negativere Vorstellungen über den Ausgang des Telephongespräches. Ein anderer Patient phantasierte für dieses Szenario folgenden negativen Ausgang: "*She says Sorry, the Doctor says you are too sick to go after that you call up your friend and tell him the news.*" Das traurigste der fünf Gesicher wurde zur Bewertung dieser Geschichte angekreuzt. Diese weniger positiven und düsteren Phantasien über den Ausgang der vorgegebenen Szenarios waren für eine erfolgreiche Krankheitskontrolle hilfreicher. Sie schienen die Motivation stärker anzuregen, die Schwierigkeiten auf dem Weg zur erfolgreichen Krankheitskontrolle zu bewältigen. Bei chronischen Krankheiten und lebensbedrohenden Leiden erfordert eine erfolgreiche Krankheitskontrolle aktive Teilnahme an aufwendigen Therapieprogrammen, die gerade bei Blut- und Lymphgewebekrebs schmerzhafte und mühevolle Herausforderungen stellen. Wir vermuten deshalb, daß die aktive Partizipation der Kinder durch Phantasien, die zukünftige Genesung als ein müheloses Unterfangen darstellen, beeinträchtigt wurde.

Man mag einwenden, daß die Operationalisierung von Krankheitskontrolle bei der Stichprobe der Kinder mit Krebs das Ergebnis beeinflußt haben könnte. Das subjektive Urteil der betreuenden Ärztin über die Überlebenswahrscheinlichkeit der PatientInnen mag auch von psychischen Faktoren der Kinder beeinflußt worden sein. Der Erklärungsstil oder die Phantasien der Schützlinge sind daher womöglich mit in das Urteil der Ärztin eingeflossen. Doch ist dem entgegenzuhalten, daß positive Phantasien der Kinder die Ärztin eher dahingehend beeinflußt haben dürften, diese Kinder als erfolgreich in der Krankheitskontrolle einzuschätzen. Die Hypothese oder implizite Theorie, wonach positives Denken auch positive Wirkung auf Motivation und Handeln einer Person hat, ist nach wie vor sehr populär. Folgte die Ärztin dieser These, dürfte die negative Relation zwischen Phantasie und Krankheitskontrolle in unserer Untersuchung unterschätzt und nicht überschätzt worden sein.

Erklärungsstil. Für die Kinder mit chronischem Leiden zeigte die Relation zwischen optimistischem Erklärungsstil und Krankheitsbewältigung in die vorhergesagte Richtung, wenn auch die Korrelation nicht signifikant von 0 verschieden war. Bei den krebskranken Kinder dagegen spielte der Erklärungsstil keinerlei erleichternde Rolle für die Eindämmung ihrer Erkrankung. Die postulierte Beziehung zwischen optimistischem Erklärungsstil und verminderter Krankheitsaktivität ist auch in der Literatur bislang noch nicht schlüssig nachgewiesen. Dies mag daran liegen, daß die Fragebögen zur Messung des Erklärungsstils keine krankheitsbezogenen Items enthalten. Auch mit der *CAVE*-Technik wird man nur dann Krankheitsattributionen und damit entsprechende Erwartungen erfassen können, wenn die Vpn spontan ausführlich über ihr Leiden erzählen. Ob eine Person über ihren Krankheitszustand erzählt oder nicht, sollte aber wiederum den Krankheitsverlauf beeinflussen, wie Befunde bei KrebspatientInnen nahelegen (Epping-Jordan, Compas & Howell, 1994). Über 1 Jahr gemessen war der Verlauf von Krebs ungünstiger für die PatienInnen, die das Thema der eigenen Krankheit zu vermeiden suchten, Gedanken über die Krankheit abwehrten, nicht an sie erinnert werden wollten und angaben, diese auch in Gesprächen zu vermeiden. Wenn es stimmt, daß nach einer Krebsdiagnose, wie sie bei den hier untersuchten Kindern gestellt worden war, die Zukunft im Rahmen der Krankheitsbekämpfung und der Wiedergewinnung der Gesundheit in den Mittelpunkt rückt, hätten krankheitsbezogene Items, die bei allen Vpn entsprechende Attributionen abfragen, vielleicht das vorhergesagte Ergebnis erbracht. Für diese Überlegung spricht, daß die krankheitsbezogenen Phantasien im Gegensatz zu den Phantasien in den anderen Inhaltsbereichen (Leistung und interpersonelle Beziehungen; siehe Tab. 2.2) den erwarteten Zusammenhang zur Krankheitskontrolle zeigten.

Unterstützende Befunde aus der Literatur. Die vorliegende Studie wurde entworfen, um den vermuteten negativen Zusammenhang zwischen Phantasie und erfolgreicher Krankheitskontrolle zu testen. Die Interpretation unserer Daten ist jedoch vorerst mit Vorsicht zu betrachten, denn sie basiert nur auf einer geringen Anzahl von PatientInnen. Ermutigend ist jedoch, daß sich bezüglich des Zusammenhangs von Phantasie und Krankheitskontrolle für die verschiedenen Stichproben immer wieder relativ hohe Korrelationen in der vorhergesagten Richtung ergaben. Auch wenn aufgrund der kleinen Fallzahlen die negative Beziehung zwischen Phantasie und Krankheitskontrolle bei den krebskranken Kindern nur in der Tendenz signifikant wurde, ist die negative Relation zwischen Phantasie und Erfolg in allen drei Populationen evident und deckt sich mit dem Datenmuster aus Studie 1. Es schält sich also ein hypothesenkonformes Datenmuster heraus. Verschiedene rezente methodologie-kritische Veröffentlichungen werten immer wiederkehrende Datenmuster unter verschiedenen Bedingungen als besonders aussagekräftig (siehe bspw. den Artikel von Loftus, 1993, mit dem bezeichnenden Titel: "*A picture is worth a thousand p values: On the irrelevance of hypothesis testing in the microcomputer age*"; siehe dazu auch Cohen, 1994).

Es liegen obendrein in verschiedenen Forschungsbereichen Befunde vor, die, wenn auch indirekt, die hier vorgetragenen Hypothesen stützen. Diese Studien sollen im folgenden besprochen werden. Zunächst ist eine prospektiv angelegte Untersuchung zu nennen, in der die Krankengeschichte von über 50 Frauen mit Brustkrebs über die Zeit hinweg analysiert wurde (Jensen, 1987). Zum Zeitpunkt der Erhebung waren die Frauen mindestens 3 Jahre krankheitsfrei gewesen. Positiv-beruhigende und erleichternde Tagträume sagten über einen Zeitraum von mehr als 1 Jahr (im mittel 624 Tage) fortschreitende Geschwulstbildung vorher. Wie in der hier vorgestellten Studie blieb die negative Beziehung auch bestehen, nachdem für die Krankheitsaktivität zum Zeitpunkt der Erhebung kontrolliert worden war. Die Tagträume der Patientinnen in der Studie von Jensen wurden mittels der *Positive-Constructive-Daydreaming-Subscale* des in Kapitel 4 bereits vorgestellten Fragebogens *Short Form of the Imaginal Processes Inventory* (*SIPI*, Huba et al., 1981, 1982) gemessen. Der *SIPI* erhebt retrospektiv die Häufigkeit von Phantasien unterschiedlichen Inhalts und unterschiedlicher Qualität. Personen, die hohe Werte auf der *Positive-Constructive-Daydreaming-Subscale* erreichen, berichten, daß sie lebendige, kreative und stimulierende Tagträume pflegen und auch erwärmende und angenehme Phantasien genießen. Gleichzeitig geben sie an, in ihren Phantasien Probleme zu lösen und häufig über die Zukunft zu phantasieren. Schließlich besitzen diese Personen gegenüber ihren Tagträumen eine tolerante und akzeptierende Haltung. Nun mag es durchaus sein, daß die Patientinnen, die hohe Werte auf der *Positive-Constructive-Daydreaming-Subscale* hatten, auch in ihren krankheitsbezogenen Tagträumen sich erleichternden Zukunftsbildern hingegeben haben, in denen sie relativ mühelos die Krankheit bewältigten. In diesem Sinne wären die von Jensen beobachteten Datenmuster im Rahmen unserer Theoriebildung gut interpretierbar.

Jensen dagegen war erstaunt über die unerwartete Relation zwischen positivem, kontruktivem Tagtraumverhalten und verminderter Krankheitsbewältigung. Er interpretierte die für ihn überraschenden Befunde im Rahmen des *Disregulation*-Modells von Gary E. Schwartz (1977). Nach dieser Theorie bleibt insbesondere dann, wenn den körperlichen Krankheitssignalen Aufmerksamkeit geschenkt wird, die Homeostase in physiologischen Prozessen erhalten (Homeostase ist dabei das biologische Rückmeldesystem, das die physiologischen Variablen in Schach hält, damit der Organismus überleben kann). Daraus folgt, daß Personen, die dazu tendieren, diese Signale nicht zu beachten, ein erhöhtes Krankheitsrisiko tragen. Das Nicht-Beachten beinhaltet aber potentiell zwei Wirkmechanismen: Einmal mag eine Person die negativen Signale insgesamt nicht beachten oder sie mag die durchaus beachteten negativen Signale subjektiv nicht negativ erleben. Personen, die zu letzterem neigen, werden in der Literatur als *Repressor* eingestuft (siehe Weinberger, Schwartz & Davidson, 1979; Bonanno & Singer, 1993). In der Studie von Jensen korrelieren die *Repressor*-Werte nicht mit dem Maß der *Positive-Constructive-Daydreaming-Subscale*, beide sagen aber erhöhte Krankheitsaktivität voraus. Dies läßt vermuten, daß wir es hier mit zwei unterschiedlichen Konzepten zu tun haben. Interessanterweise scheinen aber die positiven Phantasien nur dann die Krankheitsaktivität zu beeinflussen, wenn die Phantasieinhalte auch subjektiv erlebt werden: Jensen findet für die *Non-Repressor*-Patientinnen einen mehr als fünfmal so hohen Wert der Krankheitsaktivität in der positiven Phantasiegruppe wie in der Gruppe mit negativen Phantasien, dagegen keine Unterschiede für die *Repressor*-Vpn. Diese Beobachtung unterstützt die Vermutung, daß das Phantasie-*Erleben* und weniger die bloßen Phantasieinhalte den Erfolg beim Meistern der Krankheit mitsteuert (siehe Kapitel 5).

Positive Phantasien stellen offensichtlich eine weitere Möglichkeit dar, das Bedenken der bitteren Realität zu vermeiden. Für Personen, denen es nicht gelingt, Gedanken an eine negative Realität affektiv zu entschärfen, stellen positive Phantasien einen leicht gangbaren Weg dar, sich von der negativen Realität innerlich abzuwenden. Für Personen, die keine *Repressors* sind, ist das Schwelgen in positiven Phantasien eine effektive Methode, mit der erkannten Realität nicht umgehen zu müssen. Sie flüchten sich ins positive Phantasieerleben. In der bei der Diskussion der Erklärungsstilergebnisse bereits erwähnten rezenten Studie mit KrebspatientInnen ging die Häufigkeit gedanklicher Vermeidungsstrategien (z.B.: "Ich versuche, nicht über die Krankheit nachzudenken.") mit einer Verschlimmerung der Krankheit einher (Epping-Jordan et al., 1994). In diesem Zusammenhang ist auch eine Studie mit an Hautkrebs erkrankten PatientInnen relevant: Das Ausmaß der Anpassung, das aus der Sicht der PatientInnen zur Bewältigung ihrer Krankheit notwendig war, war ein effektiver Prädiktor eines günstigen Krankeitsverlaufs gemessen über 1 Jahr (Rogentine et al., 1979). Es scheint also, daß die Vpn, die sich der krankheitsbedingten Einschränkungen sowie der Mühen und Schwierigkeiten der Krankheitskontrolle bewußt sind, letztlich auch erfolgreicher sind im Kampf gegen ihre Leiden. Nimmt man an, daß positive Phantasien, indem sie ein müheloses Überwinden des eigenen Leidens vortäuschen, die negative und mühevolle Realität überstrahlen können, kann man das Schwelgen in positiven Phantasien auch als eine, von den *Repressors* unterschiedliche, aber nicht minder effektvolle Strategie verstehen, mit der die Sorgen über die belastende Krankheit weggewischt werden können.

Auch rezente Forschung im Bereich der *Coping*-Literatur spricht zumindest indirekt den Zusammenhang von Phantasien und Krankheitsbewältigung an. Im Rahmen dieser Forschung wird auf die Anpassung an die jeweilige Krankheit mit ihren Schmerzen und

Einschränkungen fokussiert und nicht, wie in der vorliegenden Studie, der Krankheitsverlauf selbst als Kriteriumsvariable betrachtet. Auch hinsichtlich der Anpassung an Krankheit und Schmerz scheinen positive Phantasien keine guten Dienste zu leisten. Beispielsweise führten bei Vpn mit verschiedenen chronischen Krankheiten Wunschphantasien über eine schnelle Linderung der Krankheitssymptome oder gar ein plötzliches Verschwinden der Krankheit zu vergleichsweise größeren psychischen Problemen im Umgang mit der Krankheit (Felton & Revenson, 1984). Eine Meta-Analyse von Suls und Fletcher (1985) spricht ebenfalls dafür, daß Vermeidungsstrategien für die langfristige Bewältigung von Belastungen durch Krankheit und andere negative Lebensereignisse nachteilig sind.

Forschung, die sich mit der *Bewältigung von medizinischen Eingriffen* beschäftigt, ist für die vorliegende Diskussion zur Bedeutung positiver Zukunftsphantasien besonders relevant. Generell waren akkurate und daher oft negative Informationen vorteilhaft für die Anpassung an und die Genesung von Eingriffen. Patienten mit Prostatakrebs beispielsweise, denen vor einer Strahlentherapie, der sie sich unterziehen mußten, genaue Schilderungen des bevorstehenden Ablaufs und der unangenehmen Erlebnisse gegeben wurden, konnten nachher besser mit ihrem täglichen Leben fortfahren als ihre Mitpatienten, die eine solche Information nicht erhalten hatten (Johnson, Lauver & Nail, 1989). In einer Metaanalyse wurde direkt der Frage nachgegangen, inwieweit akkurate und damit auch negative Informationen über bevorstehende schmerzhafte medizinische Behandlungsverfahren hilfreich oder nachteilig für die PatientInnen sind. Auch wenn diese Informationen unangenehme Vorstellungen hervorrufen, sind akkurate Informationen hilfreich, wobei eine Kombination von akkuraten Informationen über die vorgesehenen Verfahren (*Procedural information*) zusammen mit detaillierten Beschreibungen der einzelnen Sinneseindrücke, die während der medizinischen Prozedur erlebt werden (*Sensory information*), am wirkungsvollsten war. Dieses kombinierte Informationspaket verminderte am stärksten den negativen Affekt, linderte den Schmerz und reduzierte das von anderen beurteilte Leiden der Patienten (Suls & Wan, 1989). Peterson (1989), die die Literatur über die Bewältigung von medizinischen Eingriffen bei Kindern zusammenfaßt, berichtet ähnliche Ergebnisse für PatientInnen, die aktiv nach Informationen über die bevorstehenden Operationen oder Diagnoseprozeduren suchen, im Vergleich zu denen, die diese Informationen scheuen. Es scheint, daß die PatientInnen, die auf die Vorstellungen fokussieren, die sich aufgrund der ausführlichen Beschreibung der anstehenden medizinischen Eingriffe ergeben, besser gerüstet sind, mit den diese begleitenden Schmerzen und Schwierigkeiten fertig zu werden.

Insgesamt betrachtet gibt es also auch in der bereits existierenden Literatur zur Gesundheitspsychologie vielfältige Hinweise darauf, daß positive Phantasien eher abträglich und realitätsbezogene, somit negative Phantasien hilfreich für die Bewältigung von krankheitsbezogener Mühsal sind.

Vermittelnde Prozesse. Schließlich stellt sich die Frage, über welche vermittelnden Prozesse positive Phantasien auf die Krankheitskontrolle wirken. Es gibt potentiell, wie in Kapitel 1 beschrieben, wenigstens zwei Möglichkeiten. Der eine Weg führt über das Verhalten der Vpn, der andere über physiologische Prozesse. PatientInnen mit positiven Phantasien, die sich ausmalen, ohne Mühe und Schmerz über die Krankheit hinwegzukommen, sollten sich weniger engagiert um Krankheitskontrolle bemühen (sich bspw. weniger den einschränkenden Vorschriften der Ärzte beugen, weniger regelmäßig Medizin einnehmen). Wenn sie die für die Krankheitskontrolle erforderlichen Anstrengungen verweigern, sollten sie letztlich die Krankheit weniger erfolgreich meistern können.

Andererseits könnten positive Phantasien möglicherweise auch direkt über physiologische Prozesse auf den Krankheitsverlauf wirken. Der Leser mag hier in erster Linie an die Immunabwehr denken. Es gibt aber neben der Immunabwehr noch eine ganze Reihe weiterer, mit psychologischen Faktoren zusammenhängender physiologische Prozesse, die ebenfalls den Krankheitsverlauf beeinflussen können (z.B. hormonale Prozesse oder Temperaturregulationsprozesse). Daß Vorstellungen und mentale Bilder physiologische Prozesse beeinflussen können (wie Blutdruckrate, Schweißabsonderung) ist in der Literatur hinreichend dokumentiert (siehe bspw. Lang, Kozak, Miller, Levin & McLean, 1980; Vrana, Curthbert & Lang, 1989). Können positive Phantasien aber auch die Immunabwehr beeinflussen? Erste Forschungsergebnisse zur positiven Relation von Erwartung und Erklärungsstil mit Variablen der Immunabwehr liegen bereits vor (siehe Bandura, Taylor, Williams, Mefford & Barchas, 1985; Bandura, Cioffi, Taylor & Brouillard, 1988; bzw. Kamen-Siegel et al., 1991). Vergleichbare Studien für positive/negative Phantasien müßten noch durchgeführt werden. Positive Phantasien über einen überraschenden Rückzug des Leidens sollten die körperlichen Abwehrreaktionen inklusive der immunologischen Schutzprozesse erlahmen lassen. Bevor jedoch über die Spezifika einer mögliche Relation von positiver Phantasie und Immunabwehr genauer nachgedacht wird, soll zunächst die Frage beantwortet werden, ob es überhaupt gerechtfertigt ist, einen Effekt von Phantasie auf Immunabwehr zu postulieren.

Ader und Cohen (1975) demonstrierten bereits vor 20 Jahren, daß psychologische Prozesse (klassische Konditionierung) die Immunaktivität beeinflussen können. Durch Assoziationslernen (Geschmack wurde mit einer die Immunabwehr unterdrückenden Droge gepaart) konnte in einem Tierversuch die Antibody-Reaktion auf ein Antigen unterdrückt werden. Spätere Arbeiten zeigten darüberhinaus, daß die Immunabwehr auch beim Menschen konditionierbar ist und daß das Immunsystem durch Assoziationslernen nicht nur unterdrückt, sondern auch stimuliert werden kann. Auch bestimmte Formen des subjektiven Stresserlebens können die Immunabwehr unterdrücken (für eine Zusammenfassung dieser mittlerweile umfangreichen Literatur siehe Ader & Cohen, 1993).

In der rezenten Literatur mehren sich Befunde, nach denen nicht nur neuronale Prozesse auf das Immunsystem wirken, sondern auch wechselseitige Beziehungen zwischen der Immunabwehr, neuronalen Prozessen und Verhalten bestehen (zusammenfassend siehe Ader, Felten & Cohen, 1991). Das zentrale Nervensystem kommuniziert sozusagen mit dem Immunsystem (über die Katecholamine). Wenn psychologische Prozesse potentiell auf die Immunabwehr wirken können, besteht prinzipiell auch für positive Phantasien die Möglichkeit, auf die Immunabwehr Einfluß zu nehmen. Da aber die Effekte psychologischer Prozesse über neuronale und hormonale Mechanismen vermittelt sind, ist die Untersuchung der Wirksamkeit psychologischer Variablen und somit auch von positiver Phantasie auf das Immunsystem äußerst kompliziert. Forschungsberichte über den Einfluß verschiedener Stressoren auf die Immunabwehr lassen ahnen, wie komplex die Untersuchung solcher Forschungsfragen ist. Verschiedene Stressoren produzieren unterschiedliche Zusammensetzungen von neuronalen und hormonalen Reaktionen, die in verschiedener Reihenfolge ablaufen können (für eine Zusammenfassung siehe Maier, Watkins & Fleshner, 1994).

Die Immunabwehr ist also keine Reaktion, die man durch einfache, konstant bleibende Parameter messen kann, sondern sie involviert verschiedene ineinandergreifende Reaktionen, die stufenweise ablaufen und sich über Tage hinziehen können. Dazu kommt, daß Stressoren in einem bestimmten Zeitverlauf in Relation zur Aussetzung der Antigene auftreten müssen, um überhaupt wirksam werden zu können. Schließlich ist eine einfache Veränderung eines Immunsystemparameters in einer Zwischenstufe nach einer Manipulation einer psychologischen Variable (bspw. bildhaftes Denken oder Entspannung) noch lange kein Beleg dafür, daß die Immunabwehr tatsächlich am Ende mehr Antibodies zur Bekämpfung der Antigene produziert (Maier et al., 1994). Die Frage nach der Wirkung krankheitsbezogener positiver Phantasien auf die Immunabwehr wird noch zusätzlich durch die Tatsache verkompliziert, daß die vorliegende Krankheit selbst das Stresserleben ist. Die Belastung durch die Krankheit, für die die positive Phantasie als vermeindlicher Puffer funktionieren soll, ist also gleichzeitig das Objekt der Immunabwehr.

Nach diesen Ausführungen, die zur Vorsicht in der Interpretation von Forschungsergebnissen zum Thema mentale Vorstellungen und Immunabwehr mahnen, sollen einige Studien zu dieser Frage skizziert werden, die obendrein die widersprüchliche Befundlage dokumentieren. In einer Studie mit 13 Brustkrebs-Patientinnen beispielsweise löste eine Kombination aus Entspannung, Phantasien (über das Immunsystem und gesundheitsfördernde körperliche Prozesse) und Biofeedback-Training langfristig (circa 6 Monate) deutlichere Veränderungen in verschiedenen Immunparametern aus als das Ausbleiben von Instruktionen in der (*delayed treatment*) Kontrollgruppe, wobei die Effekte insgesamt in

Richtung einer Stärkung des Immunsystems gingen (z.B. war die Anzahl der *Natural killer cells* erhöht; Gruber et al., 1993). Bei 10 gesunden Vpn verursachte ein Zusammenwirken von Entspannung und Phantasien darüber, wie die Immunzellen einen eindringenden Virus erfolgreich ausmerzen, einen leichten Anstieg in der Aktivität der *Natural killer cells* (Zachariae et al., 1990). In zwei anderen Studien mit ebenfalls gesunden Vpn (Rider et al., 1990; Jasnoski & Kugler, 1987, *N*s = 45 bzw. 30) mußten sich die Vpn der experimentellen Gruppe entspannen und ein erfolgreiches Immunsystem vorstellen. Es gab auch eine reine Entspannungsgruppe und eine neutrale Kontrollgruppe (*No treatment* bzw. *Vigilance task*). Die Vorstellungs-Vpn produzierten eine stärkere Erhöhung des Immunglobulin A als die neutralen Kontrollgruppen. Während Rider et al. (1990) auch eine stärkere Zunahme in der Vorstellungsgruppe als in der Entspannungsgruppe berichten, ergaben sich bei Jasnoski und Kugler (1987) diese Unterschiede jedoch nicht. Insgesamt ist also nicht klar, ob (und vor allem wie) die mentalen Bilder des erfolgreichen Kampfes des Immunsystems über eine reine Entspannungsmanipulation hinaus Variationen in der Immunabwehr bewirken. Insbesondere ist es verfrüht, positive Effekte derartiger Vorstellungstechniken für die Behandlung von Krankheiten zu reklamieren (Zachariae et al., 1994). Die kühne Behauptung von Simonton, Matthews-Simonton und Creighton (1978), daß Vorstellungen des erfolgreichen Kampfes des Körpers gegen die Krankheitserreger ein vielversprechender Weg zur Heilung von Krebs seien, hat zu einer massiven Kritik an dem Einsatz von Vorstellungstechniken zur Krankheitskontrolle beigetragen (siehe bspw. Angell, 1985).

Gibt es immunologische Veränderungen nach allgemeinen (nicht auf die Stärkung des Immunsystems bezogenen) positiven versus negativen Phantasien? Eine Studie (*within design*), an der 5 Schauspieler als Versuchspersonen teilnahmen (Futterman, Kemeny, Shapiro, Polonsky & Fahey, 1992), spricht zu diesem Thema: Sowohl positive (*happy*) als auch negative (*anxious, depressed*) Stimmung, die durch das Lesen von respektiven Szenarios experimentell induziert worden war, löste im Vergleich zu einer neutralen Stimmung mehr unspezifische Veränderungen in verschiedenen immunologischen Parametern aus. Diese Ergebnisse geben also keine Antwort auf die Frage nach der Wirkung von positivem versus negativem Zukunftsdenken auf Parameter des Immunsystems. Die Befunde sprechen aber wenigstens dafür, daß mentale Vorstellungen (positive wie negative) die die Immunabwehr betreffenden Prozesse beeinflussen können.

Schließlich sollte im Rahmen der Diskussion über die mediativen Prozesse der Effekte von positiven Phantasien auf Krankheit nicht vergessen werden, daß bei Krankheiten, die über einen gewissen Schweregrad hinausgehen, psychische Faktoren und damit auch optimistische Erwartungen und negative Phantasien keine entscheidende Hilfe mehr leisten können (siehe auch Seligman, 1991; Taylor, 1989). Vor diesem Hintergrund ist auch die Studie von Cassileth, Lusk, Miller, Brown und Miller (1985) zu betrachten, die keinen Zusammenhang zwischen psychologischen Faktoren und dem Krankheitsausgang bei Krebskranken zeigte. In der Studie von Cassileth et al. wurden Patienten in weit fortgeschrittenem Stadium von Krebs getestet. Trotzdem wird sie als Beleg für die Unwirksamkeit psychologischer Faktoren zitiert (siehe z.B. Angell, 1985).

Zwischenbilanz. Zusammengenommen sprechen die Befunde der Studien 1 und 2 für eine nachteilige Wirkung positiver Phantasien im Bereich der Bekämpfung physischer Gesundheitsprobleme. Positive Phantasien gingen einem schlechteren Ergebnis bei der Gewichtsabnahme übergewichtiger Frauen und einer weniger erfolgreichen Kontrolle chronischer Krankheiten voraus als negative Phantasien. Die Erwartungen dagegen behaupteten ihre in der Literatur mittlerweile fest verankerte, erfolgsfördernde Rolle bei übergewichtigen Patientinnen. Weniger eindeutig war das Ergebnis in der Vorhersage erfolgreicher Krankheitskontrolle bei Kindern.

Auch wenn sich das für die Phantasien vorhergesagte Datenmuster in vier voneinander unabhängigen Stichproben (übergewichtige Erwachsene, Kinder mit Asthma, chronischen Darmentzündungen und Krebs) bestätigen ließ, so bleibt doch ein Vorbehalt: die in der gesundheitspsychologischen Forschung oft nicht vermeidbare geringe Anzahl untersuchter PatientInnen. Trotzdem warnen unsere Ergebnisse davor, leichtfertig davon auszugehen, daß positives Denken vielfältige positive Folgen hat. Unsere Ergebnisse sprechen vielmehr dafür, daß positive Zukunftsphantasien Krankheiten nicht nur nicht heilen, sondern diese sogar vergleichsweise verschlimmern. Zur eindeutigen Klärung der kausalen Beziehung zwischen positiver Phantasie und Krankheitsverlauf wären allerdings Interventionsstudien notwendig, in denen die Phantasien von PatientInnen verändert werden (in positive oder negative) und danach Krankheitsaktivität über die Zeit hinweg gemessen wird. Zeigten solche Studien ähnliche Ergebnismuster, wäre die nachteilige Wirkung positiver Phantasien auf Krankheitsaktivität endgültig belegt. Allerdings sind mit einem derartigen experimentellen Versuchsdesign ethische Probleme verknüpft, die auch dann nicht voll befriedigend gelöst sind, wenn man den Versuchsteilnehmern der positiven Phantasiebedingung nachträglich Zugang zur negativen Phantasiebedingung erlaubt. Aus ethischer Perspektive muß man daher den vorgetragenen prospektiven Analysen den Vorzug geben.

Die beiden berichteten Studien 1 und 2 stammen aus dem Bereich der physischen Gesundheit. Die in Kapitel 5 vorgetragenen Hypothesen gelten aber keineswegs nur für die erfolgreiche Bewältigung gesundheitlicher Probleme. Vielmehr sollten die Vermutungen über die motivierende Funktion positiver Erwartungen und die demotivierende Funktion positiver Phantasien für ganz verschiedene Bereiche menschlichen Handelns zutreffen. Damit ergibt sich der nächste empirische Schritt: Lassen sich in anderen Lebensbereichen mit größeren Stichproben ähnliche Datenmuster beobachten?

Positive Erwartungen versus positive Phantasien und Erfolg in der Liebe (Studie 3)

An Studie 1 hatten Erwachsene mittleren Lebensalters teilgenommen. Die TeilnehmerInnen der Studie 2 waren Kinder. An den Studien 3 und 4 dagegen nahmen junge Erwachsene teil, die gerade dabei waren, die Weichen für ihr zukünftiges Leben zu stellen. Der Erfolg wird dabei in zwei für die Lebensplanung zentralen Bereichen angesprochen: In Studie 3 geht es um den Erfolg in der Liebe, in Studie 4 geht es um den Erfolg in der Arbeit. Welche Rolle spielen positive Erwartungen versus positive Phantasien bei der Bewältigung dieser für junge Menschen kritischen Lebensaufgaben?

Auch hier sollten positive Phantasien eine nachteilige Wirkung haben. Verliert sich der junge Mensch in positiven Träumereien über mögliche Erfolge in seinem privaten und beruflichen Lebensweg, sollte er sich kaum genötigt sehen, diese in der Realität zu erreichen. Suggerieren positive Phantasien das mühelose Vorwärtskommen und lassen sie die Früchte des Gelingens in Gedanken schon auskosten, sollten junge Erwachsene weniger bedacht darauf sein, den schwierigen Weg des Verzichts zu gehen, detailliert zu planen und sich intensiv anzustrengen.

Für die Prüfung dieser Hypothesen suchten wir nach Zukunftsereignissen im Leben von jungen Menschen, die folgende Bedingungen erfüllten: Die Zukunftsereignisse sollten von zentraler Bedeutung sein. Es sollte aber relativ unsicher sein, wie diese letztendlich enden werden. Wenn das Ereignis einen relativ hohen Stellenwert oder Anreiz für die zukünftige Lebensgestaltung hat, kann man davon ausgehen, daß eine Bereitschaft zum Phantasieren vorhanden ist. Den jungen Menschen sollte der Erfolg oder Mißerfolg im Erreichen des attraktiven zukünftigen Ereignisses jedoch noch als unbekannte Größe vor Augen stehen, da zukünftig erhoffte oder befürchtete Ereignisse der Phantasie freieren Lauf lassen als bereits eingetretene Ereignisse. Ein für junge Erwachsene wichtiges Ereignis mit offenem Ausgang im Bereich der Liebe und im Bereich der Arbeit schien also ein gutes Thema zu sein für die Untersuchung der Frage, ob positive Erwartungen vergleichsweise mehr Erfolg, positive Phantasien dagegen weniger Erfolg vorhersagen.

In Studie 3 geht es um den Erfolg in der Liebe, genauer gesagt, um den Erfolg in der leidenschaftlichen Liebe (*Passionate love*). Dieses Thema erfüllt die erwähnten Bedingungen zur Untersuchung von positiver versus negativer Phantasie und von positiver versus negativer Erwartung als Prädiktor von Erfolg. Erstens ist ein Zusammenkommen mit dem "Objekt" der Verliebtheit von zentraler Wichtigkeit für die betroffene Person. Zudem kann die Wahrscheinlichkeit des Zusammenkommens mit der geliebten Person eingeschätzt werden. Schließlich können sich die Phantasien auf ein zukünftiges Mit- oder Ohne-Einander beziehen. Diese Liebes-Zukunft ist gekennzeichnet durch eine chronische Unsicherheit hinsichtlich der Frage, ob es zu einem "happy end" kommen wird oder nicht.

Verliebtheit

"*To have a crush on X*" wird der Zustand der Verliebtheit an den amerikanischen Universitäten und Colleges genannt, so auch an der *University of Pennsylvania*, an der diese Studie durchgeführt worden ist. In Deutschland spricht man eher von "verknallt sein" oder "verschossen sein", "für jemanden schwärmen" oder "in jemanden vernarrt sein". Gemeint ist, was in der Literatur als *Passionate love* und leidenschaftliche Liebe beschrieben wird.

Was ist Verliebtheit? Fast alle Theorien der Liebe unterscheiden verschiedene Formen und Mischformen ihres Untersuchungsgegenstandes (z.B. Sternberg, 1986; Lee, 1988; für eine Zusammenfassung siehe Bierhoff, 1991; Sternberg & Barnes, 1988). In dieser Literatur wird durchgängig zwischen leidenschaftlicher Liebe (*Passionate love*) und kameradschaftlicher Liebe unterschieden (*Companionate love*; Hatfield, 1988; Peele, 1988; für eine Skala zur Erhebung des Ausmaßes an *Passionate love* siehe Hatfield & Rapson, 1987). Während die kameradschaftliche Liebe eine sichere und auf gegenseitigem Vertrauen beruhende Bindung darstellt, die eher mit dem Begriff "jemanden mögen", "sich gegenseitig unterstützen" oder "sich auf jemanden verlassen können" beschrieben werden kann (siehe Rubin, 1973), fehlt beim Verliebtsein gerade die sichere Bindung. Die leidenschaftliche Liebe ist "*A state of intense absorption in another.*" (Hatfield & Walster, 1978, S. 9), der begleitet ist von andauernder, oft sogar aufdringlicher Phantasietätigkeit und immer wiederkehrendem Zweifel (Brehm, 1988; Tennov, 1979). Im Zustand der Verliebtheit macht sich Phantasieerleben breit, das gekennzeichnet sein kann von dem unbeschreiblichen Glück, auf Gegenliebe zu stoßen, bis hin zu der totalen Verzweiflung, die die Zurückweisung durch den Geliebten impliziert. Von der erhofften Gegenliebe hängt das ganze Glück im Leben ab, und alle Lebensbereiche sind durchdrungen von der antizipierten Freude und Trauer, die mit dem Erfolg bzw. dem Mißerfolg bei der angehimmelten Person verknüpft sind. Die passionierte Liebe geht mit starker Erregung einher, wobei Erregung aus fremdthematischen (z.B. Gefahr im Straßenverkehr) oder gleichthematischen Quellen (z.B. eine heimliche Liebschaft) die romantische Zuneigung deutlich erhöhen kann (Hatfield & Walster, 1978; Zillmann, 1978 bzw. Wegner, Lane & Dimitri, 1994).

Gegen das extensive Phantasieerleben ist oft kein Erwehren. Zudem kann es sich zur fixen Idee auswachsen (Tennov, 1979), wobei die angeschwärmte Person eine kräftige Idealisierung erfährt. Insbesondere, wenn es kaum konkrete Informationen über die Eigenschaften der angehimmelten Person gibt, besteht für deren "Verschönerung" ein unendlicher Spielraum. Findet man dann doch störende Eigenschaften beim anderen, werden diese aktiv ignoriert oder verklärt. Angewohnheiten, die man ansonsten verabscheut (z.B. am Bleistift zu kauen), werden bei der angebeteten Person liebend akzeptiert (Tennov, 1979). Sharon S. Brehm (1988) faßt den zentralen Aspekt des Verliebtseins wie folgt zusammen: "*...the core of passionate love lies in the capacity to construct in one's imagination an elaborated vision of a future state of perfect happiness.*" (Brehm, 1988, S. 253). Brehm bezieht sich in ihren Überlegungen insbesondere auf Texte von de Stendhal, einem französischen Romanschriftsteller des frühen 19. Jahrhunderts (mit dem tatsächlichen Namen Marie Henri Beyle, 1783-1842), der sich mit großem psychologischen Einfühlungsvermögen der Beschreibung der leidenschaftlichen Liebe annahm. Aber auch die Schriften von Teresa von Avila (1515-1582), in denen die Heilige über ihre passionierte Liebe zu Gott erzählt, beeinflußten Brehms psychologische Theoriebildung. De Stendhals Ideen haben auch Dorothy Tennovs Arbeiten geleitet. Tennov (1979) untermauert de Stendhals Portrait passionierter Liebe (siehe "De l'amour", 1822 und "Über die Liebe", 1822) mit Auszügen aus über 500 Interviews, die sie mit Personen verschiedenen Alters und unterschiedlicher Herkunft durchführte. Aber auch andere neuzeitliche Forscher (siehe z.B. Person, 1988) auf dem Gebiet der leidenschaftlichen Liebe sehen den zentralen Unterschied zwischen leidenschaftlicher Liebe und freundschaftlicher Liebe insbesondere in der Phantasietätigkeit. Die in der Phantasie fabrizierten Ereignisse und weniger die tatsächliche Realität der anderen Person bilden beim Verliebtsein den Kern des Liebeserlebens. Die Phantasietätigkeit spielt bei den Überlegungen zur passionierten Liebe eine zentrale Rolle.

Am Anfang des letzten Jahrhunderts schreibt de Stendhal zu diesem Thema:

> Warum genießen wir mit Wonne jede neue Schönheit, die wir an der Geliebten entdecken? Weil uns jede neue Schönheit die volle Befriedigung eines Wunsches gewährt. Wünschen wir sie zärtlich, so ist sie es. Wünschen wir sie dann stolz wie Corneilles Emilie, so scheint sie, obwohl sich diese Eigenschaften wahrscheinlich ausschließen, die Seele einer Römerin zu besitzen. Das ist der innere Grund dafür, daß die Liebe die stärkste der Leidenschaften ist. Bei den anderen müssen sich die Wünsche der kalten Wirklichkeit anpassen; hier beeilt sich die Wirklichkeit, sich nach unseren Wünschen zu richten. Sie ist also die Leidenschaft, bei der das heftigste Verlangen den größten Genuß mit sich bringt. (De Stendhal, 1822, S. 40/41).

Das liebestolle Phantasieerleben sollte insbesondere dann erblühen, wenn die ersehnte Wirklichkeit noch in der Zukunft liegt und so beliebig den eigenen Wünschen angepaßt werden kann. Nach William James (1890) wird die Phantasie aus der Unsicherheit genährt. Folgt man James, sollte die Gewißheit des Liebeserfolgs oder -mißerfolgs die Phantasie und damit die Verliebtheit zum Verblühen bringen. Verschiedene Interviews, dargestellt in Tennovs (1979) Buch *"Love and Limerence"*, beschreiben diesen Prozeß: Die Verliebtheit kennt keine Grenzen, wenn es noch Ungewißheit gibt. Auch Brehm (1992) unterstreicht, daß Leidenschaft aus der Unsicherheit genährt wird:

> *If hope is completely lost, passion dies; if love is secure and taken for granted, passion fades. But if the beloved's commitment remains uncertain, arousal is constantly recharged and idealization can flourish. Under these conditions, passionate love can last a lifetime.* (Brehm, 1992, S. 104).

Gewißheit über Erfolg oder Mißerfolg sollte Verliebtheit reduzieren. Was aber bedeutet Erfolg, wenn es um die leidenschaftliche Liebe geht? Der Erfolg in der passionierten Liebe wird als *Union with the other* (Hatfield, 1988, S. 193) beschrieben oder als *Oneness* (Tennov, 1979, S. 120). Diese *Oneness* kann eine sexuelle Vereinigung mit der angehimmelten Person bedeuten, muß aber nicht sexuelle Vereinigung meinen (Brehm, 1988; Tennov, 1979). Im jungen Erwachsenenalter, in dem die Suche nach einem Lebenspartner ansteht, fokussiert leidenschaftliche Liebe jedoch meist auf einen potentiellen oder existierenden sexuellen Partner, und die sexuelle Beziehung zur angehimmelten Person ist wichtiger Bestandteil des romantischen Erfolgs. In einem kulturellen Kontext, der romantische Sexualität (d.h. Sex als Konsum von Verliebtheit) begünstigt, sollten sich die Phantasien der Verliebtheit auf den sexuellen Kontakt mit dem Partner konzentrieren. In den Vereinigten Staaten, wo auch die vorliegende Studie mit StudentInnen durchgeführt wurde, wird die Bedeutung der passionierten Liebe für die Partnerbeziehung besonders hoch eingeschätzt, wie eine Umfrage von Simpson, Campbell und Berscheid (1986) zeigt. Über 80% beider Geschlechter würden jemanden, den sie nicht liebten (*be in love*), nicht heiraten. Der Ausdruck *be in love* weist darauf hin, daß es die leidenschaftliche Liebe ist, die die jungen Erwachsenen für ihren zukünftigen Partner empfinden wollen, und weniger die kameradschaftliche Zuneigung (Brehm, 1988). Die Heirat aus Liebe ist in den Vereinigten Staaten und anderen westlichen Ländern nach wie vor sehr populär (Allgeier & Wiederman, 1991; Sprecher et al., 1994).

Forschungsgeschichte des Verliebtseins. Die passionierte Liebe wurde in der psychologischen Forschung dieses Jahrhunderts ähnlich stiefmütterlich behandelt wie die Phantasie. Noch in den 70er Jahren wurde argumentiert, daß leidenschaftliche Liebe restlos durch Bekräftigungsprinzipien erklärt werden könne (Kenrick & Cialdini, 1977). Liebe und Zuneigung entstünden durch Belohnung, während Haß und Abneigung durch Bestrafung verursacht würden (Byrne, 1971; für eine Zusammenfassung siehe Berscheid & Hatfield, 1978). Auch in der Freudschen Tradition kam das Thema der leidenschaftlichen Liebe zu kurz, was im Lichte der umfangreichen Behandlung des Themas Sexualität besonders auffällig ist (Person, 1988). Freud, der Liebe in der Sexualität wurzeln sah

(Hatfield & Walster, 1978), berichtet von Erfahrungen aus der psychoanalytischen Praxis über das leidenschaftliche Liebesleben des Neurotikers, wobei er "... ähnliches Verhalten auch bei durchschnittlich Gesunden oder selbst bei hervorragenden Menschen beobachtet oder erfahren hat" (Freud, 1909, S. 67). Solche Liebe fokussiert meist auf bereits gebundene oder sexuell anrüchige Frauen. Der Liebende verzehrt sich dabei auf Kosten aller anderen Interessen und leidet unter dem Zwang, die Geliebte retten zu müssen. Nach Freud stammt diese Art der "... Objektwahl und das so sonderbare Liebesverhalten..." (Freud 1909, S. 70) aus einer über die Pubertät hinaus bei der Mutter verweilenden Libido, die dazu führt, daß die Liebesobjekte zu Muttersurrogaten werden (Freud 1909, S. 71). Diese von Freud als die Liebe des Neurotikers beschriebene passionierte Liebe wurde als ein ganz und gar nicht erstrebenswerter Zustand beschrieben.

Die passionierte Liebe war auch in der humanistischen Tradition - ähnlich wie die positiven Phantasien und Tagträume - ein verabscheuungswürdiges Unterfangen (z.B. Fromm, 1956; Maslow, 1954). Fromm und Maslow, die humanistischen Experten im Forschungsgebiet der Liebe, betrachteten die passionierte Liebe (bei Maslow die "D-Liebe") als unreif. Sie sei hinderlich für die menschliche Entwicklung und Gesundheit und als ein Ausdruck von persönlichen Unzulänglichkeiten und Psychopathologie zu verstehen. Außerdem führe passionierte Liebe zu destruktivem Verhalten gegenüber der eigenen und anderen Personen (für Zusammenfassungen der humanistischen Perspektive über die passionierte Liebe siehe Tennov, 1979; Brehm, 1988). Die rezenten Überlegungen, die kognitive Faktoren und hier insbesondere Phantasien und Imaginationen bedenken, sind der leidenschaftlichen Liebe gegenüber weit weniger kritisch. Doch auch sie räumen ein, daß durch die Ausschließlichkeit des Blickwinkels und die übermäßige Opferbereitschaft für den Geliebten die Gefahr besteht, daß wertvolle Gelegenheiten in anderen Lebensbereichen verpaßt und Freundschaften vernachlässigt werden (Brehm, 1988; Tennov, 1979).

Hypothesen zum Erfolg beim Verliebtsein. Nach unseren theoretischen Überlegungen sollten Personen mit positiven Phantasien über den Erfolg bei der angehimmelten Person (oder dem *Crushee*) weniger erfolgreich in der Liebe sein. Wir vermuten also, daß StudentInnen, die sich in der imaginativen Vollendung des Liebeserlebens verlieren, im Nachteil sind, wenn es darum geht, mit der geliebten Person sexuell zusammen zu kommen. Die positiven Phantasien, in denen die herrliche Zukunft leuchtend ausgemalt wird, sollten vergleichsweise weniger Motivation entstehen lassen, den potentiell schmerzlichen und blamablen Weg der realen Auseinandersetzung mit der erhofften Person zu gehen. Negative Vorstellungen, in denen der Erfolg noch nicht erreicht und auch nicht konsumiert wird, sollten dagegen dazu motivieren, sich den Schwierigkeiten auf dem Weg zum Erfolg zu stellen.

Folglich sollten die StudentInnen mit positiven Phantasien das Zusammenkommen in der Realität weniger aktiv betreiben als diejenigen mit negativen Phantasien. Positive Phantasien führen zu einer andauernden Schwärmerei für die idealisierte Phantasiefigur. Deshalb sollten Personen mit positiven Phantasien ihrer leidenschaftlichen Liebe länger verbunden bleiben als Vpn mit vergleichsweise negativen Phantasien. Der *Crush* auf eine bestimmte Person sollte sich bei den Vpn mit positiven Phantasien weniger leicht auflösen lassen als bei Vpn mit negativen Phantasien.

Methode

VersuchsteilnehmerInnen und Versuchsablauf. In einem November, zwei Monate nach Semesterbeginn, als sich das Leben an der *University of Pennsylvania* gerade normalisiert hatte, fahndeten wir nach StudentInnen, die einen *Crush* auf eine Person des anderen Geschlechts hatten. Diejenigen, die angaben, einen solchen *Crush* zu haben, wurden eingeladen, an einer Studie über Verliebtsein teilzunehmen. Insgesamt füllten 103 "verknallte" StudentInnen den Fragebogen zur Erfassung ihrer schwarmbezogenen Erwartungen und Phantasien aus. Im April, kurz vor Ende des Semesters konnten wir 83 Vpn (80% der ursprünglich getesteten Vpn) noch einmal ansprechen, um sie auf ihren Erfolg mit ihrem *Crushee* zu befragen. Die 83 StudentInnen (40 Studenten und 43 Studentinnen) waren im Durchschnitt 19.6 Jahre alt (SD = 1.5), die jüngste Vp war gerade 17, die älteste war 28 Jahre alt. Die meisten (70%) StudentInnen waren *Freshmen* oder *Sophomores*, d.h. StudentInnen im ersten bzw. zweiten College-Jahr, 22% der Vpn waren *Juniors* (3. Jahr), und nur 7% waren *Seniors* (4. Jahr). Fast drei Viertel der StudentInnen waren also relative Neulinge am Campus.

In wen waren sie vernarrt? Drei Viertel der StudentInnen waren entweder in einen Bekannten oder in einen Freund vernarrt, 17% in einen guten Freund und lediglich 8% in einen Fremden. Für drei Viertel der StudentInnen war der *Crush* noch sehr jung (bis zu 3 Monate alt). Ein Viertel der StudentInnen war schon länger als 3 Monate liebeskrank, wobei der *Crush* bei 5 der Vpn bereits über 2 Jahre andauerte.

Für die Teilnahme an der Studie erhielt jede Vp den Betrag von $5. Jeweils 5 Studenten oder Studentinnen nahmen an einer Sitzung teil. Der Versuchsleiter (Vl) begrüßte die TeilnehmerInnen und führte jede Vp einzeln zu ihrem Platz. Die einzelnen Plätze waren in einem großem Raum weit voneinander entfernt gelegen, so daß die Vpn den Fragebogen in Ruhe ausfüllen konnten. Die Privatsphäre der Vpn war zudem noch durch hohe und breite Sichtblenden geschützt. Der Vl erklärte, daß die Teilnahme an der Studie freiwillig und daß volle Anonymität gewährleistet sei. Die Vpn wurden gebeten, anstatt ihrer Namen einen nur ihnen bekannten persönlichen Code anzugeben. Schließlich wurden die Vpn der Studie darauf hingewiesen, daß es bei den vorliegenden Fragen um die Person gehe, in die die Vp verknallt sei, und daß im Fragebogen diese Person jeweils als *HIM* bzw. *HER* bezeichnet werde. Zudem wurde eine Nachuntersuchung angekündigt.

Die Messung verliebtheitsbezogener Erwartungen und Phantasien. Die *Erwartungen* wurden in Anlehnung an die Gewichtsverluststudie operationalisiert. Dort hatten sich die Erwartungen direkt auf das *Happy ending* bezogen, also auf den gewünschten Gewichtsverlust. In der vorliegenden Studie lag der Erfolg im Zusammenkommen mit dem oder der Angebeteten. Es wurde also wiederum die Gesamterfolgserwartung als Prädiktorvariable herangezogen. Die Einschätzung der Wahrscheinlichkeit des Erfolgs enthielt sowohl das Selbstwirksamkeitsurteil als auch die Ergebniserwartung und berücksichtigte zudem noch relevante verhaltensunabhängige Faktoren (bspw. die Wohnsituation der Vp und ihres Schwarms). Wir haben die Gesamterwartungen der Vpn, wie in Studie 1, direkt abgefragt. Die Frage zur Messung der Erwartung lautete für Studenten wie folgt: "*How likely do you think it is that you will get involved with HER? Please circle the appropriate percentage*". Für Studentinnen wurde lediglich das Wort *HER* durch *HIM* ersetzt. Die Prozentskala reichte von 0 bis 100.

Die *Phantasien* wurden ebenfalls in Anlehnung an Studie 1 operationalisiert. Wie die Erwartungen sollten sich die Phantasien ebenfalls auf zukünftigen Erfolg oder Mißerfolg in der Gegenliebe des *Crushees* beziehen. Die Vpn wurden gebeten, sich in jeweils 8 Szenarios hineinzuversetzen. Die Geschichten wurden in der Mitte unterbrochen, und die StudentInnen mußten diese zu Ende phantasieren und ihre Schilderungen niederschreiben. Jedes einzelne Szenario stellte eine Situation dar, in der die passionierte Liebe der Vp entweder auf Gegenliebe stoßen konnte oder nicht. Es gab eine Version für Studenten, in der die Geliebte als *SHE* und eine identische Version für Studentinnen, in der der *Crushee* als *HE* bezeichnet wurde. Folgendes Item-Beispiel ist für Studenten formuliert: "*You arrive early in class and sit down. SHE also arrives early and looks for a seat. As SHE approaches your aisle, you imagine...*" Ein zweites Item-Beispiel liest sich wie folgt: "*You are at a party. While you are talking to HIM you see a girl whom you believe HE might like come into the room. As she approaches the two of you, you imagine...*"

Nach jeder der 8 Geschichten kreuzten die Vpn auf einer 7-Punkte-Antwortskala an, wie positiv oder negativ ihre Gedanken und mentalen Bilder waren. Die Skala reichte von 1 (*very negative*) bis 7 (*very positive*). Die interne Konsistenz der Antworten auf die 8 Szenarios ergab ein Cronbachs *alpha* von .77. Der Mittelwert über alle 8 Szenarios diente als Maß für die Positivität/Negativität der Phantasie. Nach dem Ausfüllen des Fragebogens wurde den StudentInnen mitgeteilt, daß wir sie in einigen Monaten noch einmal kontaktieren würden. Danach erhielten die Vpn ihr Entgeld und durften gehen.

Abhängige Variablen: Sexuelle Beziehung, Liebesgeständnis und Dauer der Verliebtheit. Im April, kurz vor Ende des Semesters und circa 4 Monate nach der Erfassung der Positivität der Erwartungen und Phantasien (M = 4.5 Monate, SD= .28) nahmen wir noch einmal Kontakt mit den StudentInnen auf. Wir sandten ihnen einen kurzen Brief, in dem wir die Vpn daran erinnerten, daß sie vor einigen Monaten an der Studie über Verliebtsein teilgenommen hatten. Wir baten sie, folgende drei Fragenkomplexe im Hinblick auf ihren damaligen *Crushee* auszufüllen. Sie sollten zunächst angeben, inwieweit es ihnen gelungen war, mit dem *Crushee* sexuell zusammenzukommen. Die Items lauteten wie folgt: "*Have you been sexually involved with HER?*" bzw. "*Have you been sexually involved with HIM?*" Die Frage wurde mit "ja" oder "nein" beantwortet. Danach wollten wir wissen, inwieweit die Vpn aktiv zu einer Offenlegung ihrer Liebe beigetragen hatten, also inwieweit sie ein Liebesgeständnis initiiert hatten. Das entsprechende Item hatte zwei Teile. Zunächst fragten wir die Vpn: "*Did the two of you ever discuss your having a crush on HER?*" bzw. "*Did the two of you ever discuss your having a crush on HIM*?" Die Frage konnte mit "ja" oder "nein" beantwortet werden. Wenn sie mit "ja" beantwortet worden war, wurde die Vp gefragt: "*Who was the initiator of this discussion?*" Hier reichte die 7-Punkte-Skala von *completely me* bis *completely HER* bzw. *completely HIM*. Für diejenigen Vpn, die keine Aussprache mit dem *Crushee* hatten, wurde hier der Wert für die größte Passivität eingesetzt, also *completely HER* bzw. *completely HIM*. Schließlich baten wir die Versuchspersonen anzugeben, ob sie noch in den *Crushee* vernarrt seien oder nicht. Siebenundsiebzig der Versuchspersonen füllten das erste Item und jeweils 83 Versuchspersonen die beiden verbleibenden Items aus. Nach einem Zeitraum von 4.5 Monaten war es fast 20% der Vpn (18.2%) gelungen, mit ihrem *Crushee* zusammenzukommen. Sechzehn Prozent der Vpn berichteten, daß sie zu einer offenen Aussprache mit ihrem *Crushee* beigetragen hätten. Wieviele waren noch verliebt in dieselbe Person? Fast ein Viertel der Vpn hing noch treu an ihrem *Crushee*, während bei drei Vierteln der Vpn der *Crush* bereits der Vergangenheit angehörte.

Ergebnisse

Wie schon in den Studien 1 (Übergewicht) und 2 (chronische und lebensbedrohende Krankheiten) beobachteten wir eine negative Relation zwischen Phantasie und Erfolg. In der vorliegenden Studie zählte als Erfolg, mit der angehimmelten Person eine sexuelle Beziehung begonnen zu haben. Vpn, die im Herbst in positiven Phantasien über sich und ihren *Crushee* schwelgten, brachten es bis zum Frühjahr weniger häufig zu einer intimen Beziehung als Vpn mit vergleichsweise negativen Phantasien. Eine positive Relation zum

Erfolg zeigte sich dagegen für die Erfolgserwartungen. Vpn, die glaubten, mit ihrer angeschwärmten Person zusammenzukommen, kamen auch eher in intimen Kontakt mit ihrem *Crushee*.

Positive Phantasien waren zudem mit weniger Aktivität dahingehend verbunden, dem Schwarm die Liebe tatsächlich zu gestehen. Gleichzeitig sagten sie ein Überdauern der Verliebtheit vorher. Vpn mit positiven Phantasien halten also treu, aber tatenlos an ihrem *Crushee* fest. Nach einer kurzen Beschreibung der Prädiktorvariablen werden die Ergebnisse wiederum mittels Partialkorrelationen und Regressionen dargestellt.

Deskriptive Analysen. Die 83 Vpn zeigten eine moderat positive Korrelation zwischen den *Prädiktorvariablen* Erwartung und Phantasie, $r = .21$, $p = .06$; Erwartung: $M = 44.5$ ($SD = 23.4$); Phantasie: $M = 4.26$ ($SD = 1.04$). Die Erwartungs- und Phantasiewerte unterschieden sich nicht zwischen den StudentInnen verschiedenen Alters und nicht zwischen Studenten und Studentinnen (alle $ps > .22$, lediglich die Erwartungen waren in der Tendenz höher für die Männer als für die Frauen, $p > .08$). Auch unterschieden sich die Phantasie- und Erwartungswerte der 20 Vpn, die im Frühjahr nicht mehr kontaktiert werden konnten, nicht von den übrigen Vpn (alle $ps > .61$), noch unterschieden sich die beiden Gruppen in Alter, Geschlecht und Studienjahr ($ps > .18$).

Die *abhängigen* Variablen sexuelle Beziehung: $M = .82$ ($SD = .38$) und Aktivität bei der Offenlegung der Verliebtheit (Liebesgeständnis): $M = 6.39$ ($SD = 1.49$) korrelierten positiv ($r = .38$, $p < .01$). Sexuelle Beziehung und Dauer der Verliebtheit: $M = 1.31$ ($SD = 1.49$) standen dagegen in einem negativen Zusammenhang ($r = -.36$, $p < .01$). Auch der Zusammenhang zwischen Liebesgeständnis und Dauer der Verliebtheit war (leicht) negativ ($r = -.06$, *ns*).

Partialkorrelationen. Erwartung und Phantasie wurden als Prädiktorvariablen benutzt, wobei für die jeweils andere Prädiktorvariable korrigiert wurde. Die Kriteriumsvariable war zunächst sexuelle Beziehung zum *Crushee* 4.5 Monate nach Erhebung der Erwartungs- und Phantasiewerte. In Tabelle 3.1 links erkennt man das schon aus Studie 1 und 2 bekannte Muster: eine positive Korrelation mit Erfolg für die Erwartung, eine negative Korrelation mit Erfolg für die Phantasie. StudentInnen mit positiven Phantasien hatten also vergleichsweise mehr Mißerfolg bei ihrem *Crushee*.

Auch waren die StudentInnen mit positiven Phantasien weniger aktiv bei der Offenlegung ihrer Verliebtheit. Wie die mittlere Darstellung in Tabelle 3.1 (Liebesgeständnis) zeigt, scheuten die StudentInnen mit positiven Phantasien eine offene Aussprache, in der ihre Verliebtheit zur Sprache kam, mehr als die Vpn mit negativen Phantasien. Dafür hingen die Vpn mit positiven Phantasien länger ihrer Verliebtheit nach (rechte Darstellung von Tabelle 3.1). Die Phantasie korrelierte positiv mit der Länge des Verliebtseins und bleibt auch dann ein signifikanter Prädiktor, wenn man die ursprüngliche Dauer des Verliebtseins zusammen mit der Erwartung auspartialisiert ($r = .27$, $p = .007$).

Erfolgserwartungen dagegen sind kein signifikanter Prädiktor für das Bekennen der eigenen Verliebtheit. Die Erwartungen sind auch unbedeutend für die Dauer des Verliebtseins (siehe Tabelle 3.1 mittlere bzw. rechte Spalte).

Tabelle 3.1

Studie 3: Partnersuche in Abhängigkeit von Erwartung und Phantasie (Partialkorrelationskoeffizienten kontrolliert für die jeweils andere Prädiktorvariable)

Prädiktorvariable	Sexuelle Beziehung	Liebesgeständnis	Dauer der Verliebtheit
Erwartung	$.55^{***}$	.11	.07
Phantasie	$-.18^{*}$	$-.21^{*}$	$.22^{*}$

Anm. * $p \leq .05$. *** $p \leq .001$.

Regressionsanalysen. Der Erfolg des Verliebtseins (sexuelle Beziehung zum *Crushee*) wurde auch mit Hilfe von Regressionsanalysen geprüft. Erwartung und Phantasie gingen im ersten Schritt in die Gleichung ein und die Interaktion zwischen Erwartung und Phantasie im zweiten Schritt. Abhängige Variablen waren wiederum die oben beschriebenen Maße (sexueller Erfolg, die aktive Offenlegung der Verliebtheit und Überdauern der Verliebtheit). Es ergaben sich die gleichen Ergebnismuster wie bei den Partialkorrelationen. Positive Phantasien gingen geringerem sexuellen Erfolg und weniger aktivem Verfolgen des Angehimmelten voraus. Gleichzeitig sind positive Phantasien ein erfolgreicher Prädiktor von überdauernder Verliebtheit (siehe Tabelle 3.2).

Auch das Ergebnismuster für die Erwartung gleicht dem der Partialkorrelationen (siehe Tabelle 3.2). Bei der abhängigen Variable sexueller Erfolg wird die Interaktion zwischen Phantasie und Erwartung signifikant ($p = .05$). Wir veranschaulichten uns das Datenmuster der Interaktion mit einem dreifachen Split auf den beiden Prädiktorvariablen. Die Vpn mit hohen Erfolgserwartungen und negativen Phantasien konnten besonders viel Erfolg verbuchen; d.h., Vpn mit hohen Erwartungen zeigten einen deutlicheren Erfolgsunterschied für positive versus negative Phantasien als Vpn mit niedrigen Erwartungen. Es ist jedoch Vorsicht bei der Interpretation geboten, denn offensichtlich haben wir es mit einem Bodeneffekt zu tun. Die Vpn mit negativen Erwartungen und positiven Phantasien erreichten den niedrigst möglichen Wert hinsichtlich sexueller Involviertheit. Es gab keinerlei Spielraum nach unten, um noch geringere Werte zu zeigen. In der Gewichtsverluststudie (Studie 1) zeigte die Interaktion das umgekehrte Bild. Für die Vpn mit pessimistischen Erwartungen war der Effekt stärker als für die mit optimistischen

Erwartungen. Aber auch dort hatte das Datenmuster mit einem Skaleneffekt (Deckeneffekt) zu tun. Daß in der vorliegenden Studie und in Studie 1 unterschiedliche Interaktionsmuster gefunden wurden, die auf Boden- bzw. Deckeneffekte zurückgeführt werden können, spricht dafür, daß keine systematischen Interaktionen zwischen Phantasie und Erwartung bestehen.

Tabelle 3.2

Studie 3: Partnersuche in Abhängigkeit von Erwartung und Phantasie (Regressionskoeffizienten)

	Sexuelle Beziehung		Liebesgeständnis		Dauer der Verliebtheit	
Prädiktorvariable	*ß*	*F*	*ß*	*F*	*ß*	*F*
Erwartung	.42	15.71^{***}	.10	.96	.06	.33
Phantasie	-.19	3.10^{a}	-.22	3.81^{*}	.22	3.90^{*}

Anm. $^{a}\ p \leq .10.$ $^{*}\ p \leq .05.$ $^{***}\ p \leq .001.$

Wieviel Varianz erklären die Prädiktorvariablen über die jeweils andere Prädiktorvariable hinaus? Um diese Frage zu beantworten, haben wir die beiden Prädiktorvariablen nacheinander in hierarchische Regressionsanalysen eingeführt. Hinsichtlich des sexuellen Erfolgs erklärt die Erwartung 15% und 17% der Varianz (*p*s < .001), wenn sie als erster bzw. zweiter Prädiktor in die Gleichung eingeht. Siebzehn Prozent der Varianz erklärt die Erwartung also über die Phantasie hinaus. Wie in Studie 1 ist hier wieder ein Suppressoreffekt im Spiel, wenn dieser auch vergleichsweise gering ausfällt: Die Phantasie hatte circa 2% der durch die Erwartung erklärten Varianz verdeckt, die durch die statistische Kontolle der Phantasie freigesetzt wurde.

Einen Suppressoreffekt gibt es auch für die Prädiktorvariable Phantasie. Rechnet man die hierarchischen Regressionsanalysen, erklärt die Phantasie einen erwähnenswerten Anteil der Varianz nur, wenn man sie im zweiten Schritt in die Gleichung einführt (d.h., wenn für den Effekt der Erwartung kontrolliert wird 3%, $p < .08$), nicht aber, wenn sie als erste Variable in die Gleichung eingeht (1%, $p = .33$). Hier zeigt sich also ein Suppressoreffekt von Erwartung auf Phantasie von ebenfalls circa 2% der erklärten Varianz.

Für die abhängige Variable Aktivität bei der Offenlegung der Verliebtheit (Liebesgeständnis) dagegen war es die Phantasie, die durchgängig einen signifikanten Anteil der

Varianz erklärte (mindestens 4%, *ps* < .05), während die Erwartung kaum eine Rolle spielte (maximal 1%, *ps* > .30). Das gleiche Datenmuster ergab sich für die abhängige Variable Dauer der Verliebtheit. Die Phantasie erklärte einen signifikanten Anteil der Varianz (mindestens 5%, *ps* <.05), nicht aber die Erwartung (weniger als 1%, *ps* > .33). Erwähnenswerte Suppressoreffekte gab es für die beiden letztgenannten Kriteriumsvariablen nicht.

Mediatoranalysen. Nachfolgende Mediatoranalysen (zu den Details dieser Analysen siehe Studie 1) bestätigten den geringen Suppressoreffekt von Phantasie auf Erwartung für die Variable sexueller Erfolg. Der indirekte Zusammenhang war ß = .03; die direkte Relation zwischen Erwartung und Erfolg war ß = .42 (siehe Tabelle 3.2). Die Relation zwischen Phantasie und Erfolg war dagegen von der Erwartung zu über einem Drittel verdeckt worden und kam nach statistischer Kontrolle der Erwartung erst voll zum Tragen: Der indirekte Zusammenhang ergab ein ß von .07; die direkte Relation zwischen Phantasie und Erfolg war ß = -.19 (siehe Tabelle 3.2).

Für die abhängige Variable der Aktivität zur Offenlegung der Verliebtheit waren die Suppressoreffekte von Erwartung und Phantasie auf die jeweils andere Prädiktorvariable gering (ßs < = .04). Auch für die abhängige Variable Dauer der Verliebtheit waren die indirekten Relationen zur Kriteriumsvariable vernachläßigbar gering (ßs < .04).

Zusätzliche Analysen. Wir wiederholten die Regressionsanalysen mit Geschlecht als dritter Variable im ersten Schritt der Gleichung und den Interaktionen zwischen Geschlecht und Phantasie sowie Geschlecht und Erwartung im zweiten Schritt. Die Variable Geschlecht ließ für alle drei abhängigen Variablen die Datenmuster unverändert. Zudem qualifizierte Geschlecht weder als ein signifikanter Prädiktor (*ps* > .24), noch wurden die Interaktionseffekte von Geschlecht und Phantasie bzw. Geschlecht und Erwartung signifikant (*ps* > .47). Das Geschlecht der Vpn spielte also keine Rolle, weder als Prädiktor noch als Moderator. Demnach gilt das beobachtete Datenmuster für die teilnehmenden Studenten und Studentinnen.

Analoge Analysen führten wir auch für die Variable Anreiz durch. Der Anreiz war mit folgendem Item gemessen worden: "*How important is it to you that you get involved with HIM?*" bzw. "*How important is it to you that you get involved with HER?*". Die Skala reichte von 1 (*not at all important*) bis 7 (*very important*). Mit der Variable Anreiz als dritter Prädiktorvariable blieben die Datenmuster unverändert. Auch die Interaktionseffekte mit der Phantasie bzw. Erwartung waren nicht signifikant. Die Datenmuster gelten also für *Crushees* mit mehr oder weniger hohem Anreiz (alle *ps* > .46). Es ergab sich allerdings ein Haupteffekt für die Variable Anreiz: Bei der Variable sexueller Erfolg sagte Anreiz, über die Phantasie und über die Erwartung hinaus, den Erfolg vorher, wobei ein höherer Anreiz mit mehr Erfolg einherging (*p* = .04). Je attraktiver also der *Crushee* für die Vp war, desto eher kam die Vp mit ihm oder ihr in sexuellen Kontakt.

Diskussion

Phantasie. Positive Phantasien gingen mit vergleichsweise weniger, positive Erwartungen dagegen mit mehr Erfolg in der sexuellen Gegenliebe der angeschwärmten Person einher. Das Datenmuster, das wir bereits aus den Studien im Inhaltsbereich Gesundheit kennen, zeigte sich also auch im interpersonellen Bereich der leidenschaftlichen Liebe.

Die Vpn mit positiven Phantasien kümmerten sich weniger aktiv um die Umsetzung ihrer Phantasien in die Wirklichkeit und vergaßen über die positiven Phantasien und Tagträume das aktive Handeln. Wir fragten die Vpn, inwieweit sie zwischen November und April aktiv zu einer Offenlegung ihrer Liebe gegenüber dem *Crushee* beigetragen hätten. Eine offene Aussprache über das eigene Verliebtsein sollte das Erleben der Phantasie in die Realität zerren und den Erfolg auf die Probe stellen. Die StudentInnen mit vergleichsweise positiven Phantasien hatten tatsächlich solch aktives Handeln gescheut. Sie verhielten sich vergleichsweise passiv und schreckten offensichtlich vor einer offenen Aussprache zurück.

Verliebte mit negativen Phantasien stellten sich also der Realität, indem sie das Verliebtsein mit dem jeweils Betroffenen offen ansprachen. Verliebte mit positiven Phantasien dagegen scheuten sich eher vor einer Aussprache. Dies impliziert, daß Vpn mit positiven Phantasien von der Realität unbeeindruckt vergleichsweise länger ihre Verliebtheit aufrecht erhalten können. Positive Phantasien sagten tatsächlich erfolgreich das Überdauern der Verliebtheit vorher, und dies sogar unabhängig von der Dauer der bereits existierenden Schwärmerei. Angesichts positiver Phantasien bleibt man der alten Schwärmerei verhaftet.

Die vorliegenden Befunde sprechen dafür, daß positiv gefärbte Tagträume eine starke Triebfeder für die passionierte Liebe sind. Dies spricht für die von Brehm (1988) und Tennov (1979) geäußerten Überlegungen, wonach das Verliebtsein insbesondere durch Vorstellungen und Phantasien gespeist wird. Nun ist es ein klassischer Befund, daß sexuelle Phantasien, in denen gedanklich sexuelle Stimuli produziert werden, sexuelle Erregung stimulieren können (Kinsey, Pomeroy & Martin, 1948). Rezentere Arbeiten zeigen darüberhinaus, daß die Häufigkeit sexueller Phantasien positiv mit einem befriedigenden Sexualleben korreliert. Beispielsweise geht die Häufigkeit sexueller Phantasien mit vermehrten Orgasmen während des Geschlechtsverkehrs, höherer sexueller Erregbarkeit, weniger sexuellen Problemen und einer insgesamt höheren sexuellen Zufriedenheit einher (für eine ausführliche Zusammenfassung relevanter Literatur siehe Leitenberg & Henning, 1995). Sexuelle Phantasien entspringen also nicht einem Mangel sexueller Tätigkeiten, sondern deuten auf ein reges Sexualleben hin. Sexuelle Phantasien lassen einen möglichen Partner auch begehrenswerter erscheinen. Wurden männliche Studenten danach gefragt, als wie sexuell begehrenswert sie Frauen einschätzen, von denen sie Porträtphotos gesehen hatten, so war dieses Urteil davon abhängig, ob sie zuvor Nacktmodelle im "Playboy" oder neutrale Zeitschriften als Lektüre bekommen hatten (Stephan, Berscheid & Walster, 1971). Positive Phantasien im sexuellen Bereich lassen also den möglichen Partner als sexuell begehrenswerter erscheinen.

Sexuelle Phantasien spielten auch in den von uns erhobenen spontanen Gedanken über den *Crushee* eine wesentliche Rolle. Daneben beobachteten wir allerdings auch andere positive Gedanken, die sich auf das "Mit-dem-anderen-eins-Werden" bezogen. Die positiven Phantasien der Vpn enthielten also sowohl sexuelle Elemente als auch Beschreibungen nicht-sexueller Momente höchsten Glücks, z.B. den Augenblick, in dem die angehimmelte Person der Vp ihre Liebe gesteht. Zu dem oben beschriebenen Party-Szenario, in dem sich ein Konkurrent bzw. eine Konkurrentin der Vp nähert, die sich gerade mit dem *Crushee* unterhält, stellt sich eine Teilnehmerin wie folgt vor: "*The two of us leaving the party, everyone watches, especially the other girl, we go outside, sit on a bench, no one around, he puts his arm around me...*" Das gleiche Szenario stimulierte jedoch vergleichsweise negative Phantasien bei einer anderen Teilnehmerin:

> *He and she* [die Konkurrentin] *begin to converse at length about things which I know nothing about. They seem to be much more comfortable with each other than he and I are, and they don't care very much to involve me in the conversation.*

Trotz des in der Literatur berichteten Zusammenhangs von positiven sexuellen Phantasien und sexueller Aktivität behinderten in der vorliegenden Studie positive Phantasien den tatsächlichen, sexuellen Erfolg beim Verliebtsein. Die in der Literatur berichteten Befunde über den positiven Zusammenhang zwischen sexuellen Phantasien einerseits und sexueller Erregung und Zufriedenheit andererseits widersprechen auf den ersten Blick unseren Beobachtungen. Wir haben herausgefunden, daß positive Phantasien in negativer Beziehung zum sexuellen Erfolg stehen. Da die erhobenen spontanen Phantasien zum Teil auch sexuelle Inhalte abdeckten, stellt sich die Frage, warum wir die in der Literatur beschriebene aphrodisische Wirkung nicht beobachten konnten. Der Unterschied zwischen unserer Studie und den berichteten Studien in der Literatur liegt in einem kleinen, aber entscheidenden Punkt. Unsere Vpn mußten für das Ausleben sexuellen Erfolges zunächst diesen herbeiführen. Die Verliebten unserer Studie hatten noch keine sexuelle Beziehung zu ihrem *Crushee* etabliert. Es mußten also zunächst phantasierealisierende Handlungen ausgeführt werden (z.B. ein Liebesgeständnis herbeiführen), damit das Liebesobjekt in realiter "konsumiert" werden konnte. Für die letztgenannten konsumtiven Handlungen (*Sexual pleasures*) gilt eine positive Beziehung zwischen Phantasie und Handlung (Leitenberg & Henning, 1995). Muß das Objekt der Begierde jedoch erst erobert werden, findet sich die negative Beziehung zwischen Phantasie und Handeln, wie wir sie bereits aus den ersten beiden Studien kennen.

Die in der Literatur berichtete positive Relation zwischen sexuellen Phantasien und sexueller Konsumtion steht im Einklang mit der von uns beobachteten positiven Relation zwischen Phantasie und der Dauer der Verliebtheit. Da die Verliebtheit in positiven Phantasien beliebig konsumiert werden kann (in Gedanken ist das Objekt der Begierde beliebig zugänglich; es muß nicht erst in realiter erobert werden), verlängern und verstärken positive sexuelle Phantasien die Verliebtheit.

Positive Erwartungen. Die Erwartungen der Vpn stellten einen bedeutsamen Prädiktor für den Erfolg, mit dem *Crushee* in sexuellen Kontakt zu kommen, dar. Sie waren dagegen kein signifikanter Prädiktor für die Aktivität bei der Offenlegung des eigenen Verliebtseins. Warum sagten die Erwartungen den Erfolg im sexuellen Kontakt vorher, nicht aber den aktiven Beitrag beim Liebesgeständnis? Bei der Beantwortung dieser Frage hilft die Überlegung, daß die Erwartungen der Vpn ihre subjektive Realität reflektierten (siehe Kapitel 1 und 3). Sie fußten also auf den vergangenen Erlebnissen mit dem *Crushee* und Verliebtheiten allgemein. Erfahrener Erfolg in einer Liebesbeziehung begünstigt das Entstehen optimistischer Erwartungen in diesem Bereich (Carnelley & Janoff-Bulman, 1992). Positive Erwartungen sollten u.a. implizieren, daß man bei dem Betroffenen der eigenen Verliebtheit bislang offene Türen eingerannt hat oder gar auf aktive Gegenliebe gestoßen ist. So wird verständlich, warum die Erwartungen kein Prädiktor aktiver Bemühung zur Offenlegung der eigenen Liebe waren. Vpn mit hohen Erwartungen hatten es gar nicht nötig, sich aktiv um das Liebesgeständnis zu bemühen; sie konnten darauf vertrauen, daß es von selbst kommt, nämlich vom Gegenüber, von der Seite des *Crushees*.

Die Erwartungen waren auch kein bedeutsamer Prädiktor des Andauerns der Verliebtheit. Die Einschätzung der Realität beeinflußte also weder das aktive Umsetzen der träumerischen Schwärmereien in die Tat noch die Ausdauer, mit der die StudentInnen ihrem oder ihrer Angehimmelten nachhingen. Offensichtlich spielte die Einschätzung der zukünftigen Realität keine Rolle für die Dauer des Verliebtseins. Dieser Befund unterstützt Brehms, aber auch Tennovs Vermutungen, wonach das Gefühl des Verliebtseins vergleichsweise wenig mit der Realität und den tatsächlichen Eigenschaften der anderen Person zu tun hat. Der Motor des Verliebtseins ist eher in den positiven Tagträumen und Phantasien der liebenden Person selbst zu suchen.

Man mag daher spekulieren, daß positive Phantasien eine Verliebtheit auslösen können und somit zentral für die Aktualgenese des Verliebtseins sind. Tagträume, in denen die Eigenschaften eines anderen verklärt werden und auf minimale, oft wohl auch mißverstandene positive Zeichen der Gegenliebe fokussiert wird (Tennov, 1979; Brehm, 1988), mögen der Beginn eines *Crushes* sein. Tatsächlich werden wünschenswerte Eigenschaften und Zeichen der Gegenliebe von studentischen und nicht-studentischen Vpn als die Faktoren angegeben, die dem *Falling in love* unmittelbar vorausgehen (Aron, Dutton, Aron & Iverson, 1989). Diese Überlegungen implizieren auch, daß man für ein Stoppen des *Crushes* und dessen negativer Konsequenzen (wie Abgelenktsein von der Arbeit oder Rücksichtslosigkeit gegenüber Freunden) insbesondere bei der Veränderung der Phantasien ansetzen und den Fokus von den Phantasiebildern weg auf die negative Realität richten sollte. Weniger vielversprechend scheint dagegen eine Veränderung der wahrgenommenen Erwartungen zu sein, denn diese spielten für die Dauer der Verliebtheit keine Rolle.

Konsequenzen für die Lebensspanne. Ob eine Person positiv oder negativ über ihren *Crushee* phantasiert, bleibt unseren Ergebnissen zufolge nicht ohne langfristige Konsequenzen. Real erzielter Erfolg im Bereich der Liebe kann der Anfang einer Bindung auf Lebenszeit sein. Viele StudentInnen finden in ihrer Collegezeit den Lebenspartner. Auch wenn nicht gleich die Bindung für das Leben entsteht, so stärkt real erzielter Erfolg im Bereich der Liebe zumindest die respektive Selbstwirksamkeit (siehe Carnelley & Janoff-Bulman, 1992), was für die zukünftige Partnersuche hilfreich sein sollte. Positive Phantasien dürften dagegen die interpersonellen Möglichkeiten des Collegelebens beschneiden. Das amerikanische Universitätsleben bietet eine Fülle von Möglichkeiten, Gleichaltrigen in einer ähnlichen Lebenssituation zu begegnen. Im Gegensatz zu vielen deutschen Universitäten, in denen die StudentInnen ihr eigenes Leben und Wohnen privat organisieren und in ihrer Arbeit in weit voneinander entfernten Instituten von den KommilitonInnen anderer Fächer isoliert sind, leben und arbeiten die amerikanischen StudentInnen auf dem "Campus". Die Liebe und das Spiel gehören zu diesem Campusleben genauso wie die Arbeit (für eine Beschreibung der "Campus-Kultur" aus der Sicht eines teilnehmenden Anthropologen siehe Moffatt, 1989). Von den Universitäten werden die Begegnungen der StudentInnen auf zahlreichen Festen und Feiern nicht nur geduldet, sondern sogar aktiv gefördert. Daher offeriert die Collegezeit den StudentInnen neben der Gelegenheit, eine für sie passende berufliche Karriere zu finden, im zwischenmenschlichen Bereich Explorationsmöglichkeiten, die eine glückliche Partnerwahl erleichtern. Diese Erkundungsmöglichkeiten werden potentiell durch positive, schwärmerische Phantasien eingeschränkt. Wie unsere Befunde nahelegen, verleiten die auf einen bestimmten *Crushee* gerichteten positiven Phantasien StudentInnen dazu, dem *Crushee* verliebt nachzuhängen, ohne ihre Zukunftsphantasien handelnd auf die Probe zu stellen. Dadurch entsteht die Gefahr, daß die Collegezeit mit der einmaligen Gelegenheit des spielerischen Ausprobierens ungenutzt verstreicht.

Die Befunde der vorliegenden Studie über die Bedeutung von Phantasien im Bereich des Verliebtseins lassen vermuten, daß auch in anderen zwischenmenschlichen Bereichen die Phantasien eine bedeutsame Rolle spielen, etwa bei der Beendigung von romantischen

Beziehungen, beim Entstehen und Vergehen von sozialen Kontakten im Arbeitsbereich oder auch für die Beziehung zu Minoritäten und Autoritäten. Wir möchten uns jedoch einem anderen Bereich zuwenden, der wie der zuvor behandelte Bereich der Liebe von zentraler Bedeutung für den Lebensweg junger Erwachsener ist, nämlich dem Bereich der Arbeit. Der Erfolg am Anfang der Karriereleiter (Übergang vom Studium zum Beruf) erscheint dabei von zentraler Bedeutung, weil er den Grundstein für das spätere Fortkommen bildet. Folglich untersuchten wir in der nächsten Studie, inwieweit positive versus negative Phantasien den Erfolg beim Einstieg in das Berufsleben begünstigen.

Positive Erwartungen versus positive Phantasien und Erfolg in der Arbeit (Studie 4)

Während Studie 3 sich auf den zwischenmenschlichen Bereich des studentischen Lebens konzentrierte, beschäftigten wir uns in Studie 4 mit dem Erfolg von Studenten am Anfang ihrer Karriere. Karriere kann als die Reihenfolge von beruflichen Positionen definiert werden, die eine Person im Laufe ihres Lebens inne hat (Super & Hall, 1978). Im allgemeinen bauen dabei die späteren Positionen auf den früheren Stellungen auf, wobei Status und Verdienst mit der Zeit ansteigen. Setzt man eine solche fortlaufende Folge von Positionen voraus, sollte die erste Position nach dem Studium den im späteren Leben erreichten Status und im Laufe der Karriere erreichten Verdienst entscheidend beeinflussen.

Stellensuche

Erwartungen spielen bei der Stellensuche eine bedeutende Rolle. Dafür spricht u.a. die rezente Forschung zur Problematik der Wiedereinstellung von Arbeitslosen. Personen ganz verschiedenen Alters und Ausbildungsgrades, die gerade ihre Arbeit verloren hatten, trotzdem aber in ihre Fähigkeit, in Kürze eine neue, geeignete Arbeit zu erlangen, vertrauten, fanden vergleichsweise schneller wieder in eine bezahlte Arbeit zurück (Holmes & Werbel, 1992). Auch Personen, die ihre Arbeit schon vor längerer Zeit verloren hatten (über 1 Jahr), schienen von positiven Erwartungen in ihrer Stellensuche zu profitieren. Diejenigen Langzeitarbeitslosen, die hohe Erwartungen hatten, wieder eine Arbeit zu finden, fanden über den Zeitraum von 1 Jahr eher eine Anstellung als die KollegInnen mit vergleichsweise negativen Erwartungen (Schaufeli & VanYperen, 1993).

Die Erwartungen hinsichtlich des Erfolgs in der Stellensuche wurden auch bei Nicht-Arbeitslosen untersucht. Bei AbsolventInnen der Schulen für "*Higher Professional Education*", die in den Niederlanden neben den Universitäten auf die professionellen Berufe vorbereiten, sagten positive Erwartungen über den Zeitraum von 6 Monaten hinweg den Erfolg bei der ersten Stellensuche vorher (Schaufeli & VanYperen, 1993). Amerikanische HochschulabsolventInnen mit positiven Erwartungen waren ebenfalls erfolgreicher in der Stellensuche und erhielten mehr Stellenangebote als ihre KommilitonInnen mit negativen Erwartungen (Steffy, Shaw & Noe, 1989).

Daß positive Erwartungen eine kausale Rolle beim Erfolg in der Stellensuche spielen können, zeigt eine rezente Interventionsstudie, die in Israel durchgeführt wurde (Eden & Aviram, 1993). Personen, die bereits seit 1.5 Jahren arbeitslos waren und eine schwach ausgeprägte anfängliche Selbstwirksamkeit aufwiesen, waren nach Teilnahme an einem Programm zur Stärkung der Selbstwirksamkeit erfolgreicher in ihrer Stellensuche als Personen in der Kontrollgruppe, die nicht an dem Programm teilgenommen hatten. Für Vpn mit stark ausgeprägter anfänglicher Selbstwirksamkeit war der Effekt nicht zu beobachten. Insgesamt zeigt die rezente Forschung über Erfolg bei der Stellensuche, daß positiven Erwartungen hier eine gewichtige Rolle zukommt.

Spielt die Positivität von *Phantasien* über den Erfolg beim Übergang ins Berufsleben ebenfalls eine Rolle für den Erfolg beim ersten Schritt auf der Karriereleiter, und ergibt sich hier auch die negative Relation, wie wir sie im Gesundheitsbereich und im Bereich der Liebe beobachtet haben (siehe Studien 1, 2 und 3)? Da in positiven Phantasien über das Thema Übergang ins Berufsleben das erfolgreiche Angebot einer passenden Stelle und das zukünftige berufliche Fortkommen mühelos erreicht und genußreich ausgekostet werden kann, sollte die Notwendigkeit der Veränderung des Status quo wenig deutlich werden. Demzufolge sollte durch die positiven Phantasien die Motivation zum Pläne-Schmieden und zur Problembewältigung gedrosselt werden. Eine Person mit positiven Phantasien, gebremst in ihrer Motivation, sollte daher auch weniger tatsächlichen Erfolg beim Übergang in das Berufsleben erfahren als Vpn mit negativen Phantasien.

Zudem sollten positive Tagträume über den leichten Erfolg vergleichsweise weniger Aktivitäten zur Erreichung des tatsächlichen Erfolges bei der Stellensuche stimulieren. Wie in Studie 3 im Bereich der Liebe sollten auch im Bereich der Arbeit die positiven Tagträumer weniger Bemühungen und Aktivitäten zeigen, ihre Phantasien in die Wirklichkeit umzusetzen. Wenn positive Phantasien vergleichsweise weniger in die tatsächliche Suche nach einer Stelle involvieren, wohin richten sich dann die Bemühungen der Stellensucher mit positiven Phantasien? Da in den positiven Phantasien der Erfolg schon vorweggenommen wird, sollten sich Entscheidungen und Handlungen auf diesen bereits erreichten Erfolg beziehen. Den Erfolg vorausahnend, sollten Personen mit positiven Phantasien sich auf die Konsequenzen der positiven Veränderung vorbereiten. Sie sollten bereits für die Zeit nach dem Eintreffen des Erfolges entscheiden und planen.

Methode

Versuchsteilnehmer und Versuchsablauf. An der ersten Erhebung nahmen 83 männliche Studenten der Universität München teil. Die Studenten wollten ihr Studium spätestens innerhalb des kommenden Jahres abschließen, hatten aber noch keine Stelle. Zwei Jahre später konnten wir 40 Vpn (48% der ursprünglich getesteten 83 Vpn) noch einmal kontaktieren, um sie nach ihrem Erfolg bei der Stellensuche zu befragen. Die Studenten waren im Durchschnitt 26 Jahre alt (SD = 1.86), der jüngste Teilnehmer war 24, der älteste 32 Jahre alt. Zweiunddreißig der Teilnehmer hatten Naturwissenschaften studiert, 26 Geistes- und Sozialwissenschaften und 25 Ingenieurswissenschaften. Studenten aus Studiengängen, die in eine praktische Ausbildung münden, wie Lehramt, Medizin oder Jura, nahmen nicht an der Untersuchung teil.

Die Studenten wurden eingeladen, an einer Studie über den Übergang ins Berufsleben teilzunehmen. Sie wurden ausführlich über die Anonymität, Freiwilligkeit der Teilnahme und über den Ablauf der Studie informiert. Wir baten um die Adresse ihrer Eltern und teilten ihnen mit, daß wir sie zu einem späteren Zeitpunkt noch einmal bitten würden, einen kurzen Nachfolgefragebogen auszufüllen. Um Anonymität zu gewährleisten, sollten die Vpn einen von ihnen selbstgewählten Code auf dem Fragebogen angeben und bei der kostenlosen Rücksendung des Fragebogens auf die Angabe ihres Namens oder Absenders verzichten. Die Studenten füllten den Fragebogen zu Hause aus. So war ihre Privatsphäre geschützt und die für die Phantasieproduktion ruhige und entspannte Umgebung gewährleistet. Für die Teilnahme an der Studie erhielt jede Vp DM 10.-.

Die Messung berufsbezogener Erwartungen und Phantasien. Die *Erwartungen* wurden in Anlehnung an Studie 1 und 3 operationalisiert. Dort hatten sich die Erwartungen auf den gewünschten Gewichtsverlust bzw. das Zusammenkommen mit dem *Crushee* bezogen. In der vorliegenden Studie bezog sich der Erfolg darauf, eine adäquate Stelle angeboten zu bekommen. Diese Erfolgseinschätzung schließt das Selbstwirksamkeitsurteil, die Ergebniserwartung und die Einschätzung zukünftiger personenunabhängiger Ereignisse ein (z.B. wirtschaftliche Lage). Wie in Studie 1 und 3 wurde also die Gesamterfolgserwartung als Prädiktorvariable herangezogen. Die Frage zur Messung der Erwartung lautete: "Wie groß glauben Sie ist die Wahrscheinlichkeit, daß Sie eine adäquate Stelle in Ihrem Fach finden werden?" Die Vpn beantworteten die Frage auf einer 10-Punkte-Antwortskala, die von *gleich null* bis *sehr groß* reichte.

Auch in dieser Studie baten wir die Vpn, spontane *Phantasien* zu produzieren. Allerdings benutzten wir hier eine im Vergleich zur Phantasiemessung in den anderen Studien leicht unterschiedliche Prozedur. Wir baten die Vpn anzugeben, ob sie bereits positive und/oder negative Phantasien zum Thema "Übergang ins Berufsleben, Abschluß des Studiums, Stellensuche, Finden einer Stelle" gehabt hätten. Falls ja, sollten sie all ihre positiven und/oder negativen Vorstellungen zum Thema "Übergang ins Berufsleben" im einzelnen schildern. Nachdem die Vpn ihre positiven bzw. negativen Phantasien niedergeschrieben hatten, wurden sie auf einer 10-Punkte-Skala gefragt, wie oft sie solche Phantasien erlebt hätten. Die Antwortskala reichte von 0 (*sehr selten*) bis 9 (*sehr oft*). Für die Vpn, die angaben, keine positiven bzw. negativen Phantasien zu haben, setzten wir jeweils den Wert 0 ein. Sieben der 40 Vpn gaben an, daß sie keine positiven und 11 Vpn berichteten, daß sie keine negativen Phantasien gehabt hätten. Drei dieser Vpn berichteten, weder positive noch negative Phantasien über das Thema "Übergang in das Berufsleben" gehabt zu haben. Wir bildeten dann eine Gesamtskala (von -9 bis +9), indem wir die Häufigkeitseinschätzungen der negativen Phantasien von denen der positiven Phantasien abzogen.

Abhängige Variablen: Erfolg in der Stellensuche, instrumentelle Aktivitäten und Erfolgsvorwegnahme. Zwei Jahre nach dieser ersten Erhebung schrieben wir die Vpn noch einmal an und fragten nach Ihrem Erfolg bei der Stellensuche. Wir sandten an die Adresse ihrer Eltern einen kurzen Brief, in dem wir die Vpn daran erinnerten, daß sie vor 2 Jahren an der Studie zum "Übergang ins Berufsleben" teilgenommen hatten. Wir baten sie, einige Fragen in Hinblick auf die Zeit zwischen dem Ausfüllen des Originalfragebogens und dem heutigen Tage zu beantworten. Sie sollten angeben, wie oft sie die Möglichkeit gehabt hatten, eine Stelle innerhalb ihres Faches anzunehmen (0 bis 6mal oder mehr). Dann fragten wir sie, wieviel sie in ihrer jetzigen Stelle verdienten (für diejenigen, die nach 2 Jahren noch keine Stelle hatten, verrechneten wir für den Verdienst 0). Da wir auch Informationen darüber haben wollten, *wie* sich die Vpn bei der Stellensuche verhalten hatten, baten wir sie anzugeben, wie oft sie sich insgesamt beworben hatten. Um zu erfahren, inwieweit die Vpn sich in ihrer Lebensplanung bereits auf das Eintreten eines Erfolgsereignisses eingestellt hatten, fügten wir noch folgende Items hinzu: "Inwieweit haben Sie sich innerlich darauf vorbereitet, daß Ihnen durch eine feste Stelle möglicherweise eine Veränderung in der Beziehung zu Partner/Freunden/Bekannten bevorstehen könnte?" und: "Inwieweit haben Sie sich den Rücken frei gehalten (z.B. von längerfristigen Verpflichtungen), um im Falle einer Zusage für den Stellenantritt bereit zu sein?" Die 10-Punkte-Antwortskalen reichten von *gar nicht* bis *sehr stark*.

Nach einem Zeitraum von 2 Jahren hatten 24 Vpn (60% der 40 Vpn) eine Stelle gefunden, 16 Vpn waren dagegen immer noch ohne eine Position. Den meisten dieser 16 Vpn ohne Position (13 oder 82%) war keine Stelle angeboten worden. Dagegen hatten 3

Vpn ein Stellenangebot erhalten, aber abgelehnt. Von den insgesamt 40 Vpn hatten also 13 (33%) kein Stellenangebot, 12 (oder 30%) ein einziges Angebot und die restlichen 15 Vpn (oder 37%) hatten mehr als ein Stellenangebot erhalten. Wie lukrativ waren diese Positionen? Der Verdienst derer, die eine Stelle bekommen hatten, reichte von DM 900 bis zu DM 5000, wobei der mittlere Verdienst bei DM 3087 (SD = DM 1369) lag. Im Durchschnitt hatten die Vpn 8 Bewerbungen verschickt, wobei das Minimum bei 0 und das Maximum bei 30 Bewerbungen lag.

Ergebnisse

Für beide Prädiktorvariablen erhielten wir das bereits bekannte Ergebnismuster bezüglich des Erfolges: Hochschulabsolventen mit positiven Erwartungen waren erfolgreicher beim Übergang in das Berufsleben als solche mit negativen Erwartungen, Hochschulabsolventen mit positiven Phantasien dagegen waren weniger erfolgreich in ihrer Stellensuche als ihre Kommilitonen mit vergleichsweise negativen Phantasien. Über einen Zeitraum von 2 Jahren hatten die jungen Männer mit positiven Erwartungen mehr Stellenangebote erhalten und verdienten mehr als die mit negativen Erwartungen, während die mit positiven Phantasien weniger Stellenangebote erhalten hatten und auch ein vergleichsweise geringeres Gehalt bekamen als die mit negativen Phantasien.

Führten die positiven Phantasien zu geringerem Bemühen um eine Stelle als negative Phantasien? Vpn mit positiven Phantasien hatten tatsächlich weniger Bewerbungen losgeschickt. Ihre privaten Beziehungen hatten sie dagegen schon auf den Erfolg hin ausgelegt und in ihren Entscheidungen eine Stellenfindung vorweggenommen. Sie gaben an, sich in ihren privaten Beziehungen bereits auf eine berufliche Veränderung eingestellt und andere Verpflichtungen vermieden zu haben, um die Verwirklichung eines potentiellen Erfolges in der Stellensuche nicht zu gefährden.

Die Erwartungen der Vpn waren kein signifikanter Prädiktor der Anzahl der Bewerbungen. Es zeigte sich ebenfalls keine Relation zu den beiden Maßen der Vorwegnahme von Erfolg. Im folgenden werden diese Ergebnisse, nach einer kurzen Beschreibung der Prädiktorvariablen, wiederum mit Hilfe von Partialkorrelationen und Regressionen dargestellt.

Deskriptive Analysen. Es zeigte sich eine signifikante positive Korrelation zwischen den beiden Prädiktorvariablen Erwartung und Phantasie, $r = .31$, $p < .05$; Erwartung: $M = 5.17$ (SD = 2.44); Phantasie: $M = 2.55$ ($SD = 6.82$). Die Erwartungswerte unterschieden sich nicht zwischen Studenten verschiedenen Alters oder verschiedener Fächer; dies gilt auch für die Phantasiewerte (alle $ps > .14$). Auch unterschieden sich das Alter, das Fach sowie die Phantasie- und Erwartungswerte der Vpn, die nach 2 Jahren nicht mehr kontaktiert werden konnten, nicht von den Vpn, die nach 2 Jahren den Nachfolgefragebogen beantworteten (alle *ps* > .11).

Die abhängigen Variablen zur Messung des Erfolgs, Anzahl der Stellenangebote und Höhe des Gehaltes, korrelierten positiv miteinander, $r = .67$, $p < .001$ und positiv mit der Variable Anzahl der Bewerbungen, $r = .33$ bzw. .31, *ps* < .05. Ihr Zusammenhang mit Vorbereitungen für das Auskosten des Erfolges war leicht negativ, $r = -.19$ bzw. -.18, *ps* > .24, mit Vermeidung alternativer Verpflichtungen nahe bei 0, $r = .13$ bzw. .01, *ps* > .41. Die Variable Anzahl der Bewerbungen korrelierte leicht positiv mit den Variablen der Erfolgsvorwegnahme: Vorbereitungen zum Auskosten des Erfolgs, $r = .18$, $p = .27$ und Vermeidung alternativer Verpflichtungen, $r = .19$, $p = .22$. Letztere Variablen korrelierten untereinander mit $r = .44$, $p = .004$. Die Mittelwerte der Variablen Anzahl der Bewerbungen, Vorbereitung für das Auskosten des Erfolges und Vermeidung alternativer Verpflichtungen waren wie folgt: $M = 8.00$ ($SD = 9.52$), $M = 5.00$ ($SD = 3.13$) bzw. $M = 5.52$ ($SD = 2.17$).

Partialkorrelationen. Prädiktorvariablen waren die Erwartung und die Phantasie, wobei für die jeweils andere Prädiktorvariable korrigiert wurde. Als Kriteriumsvariablen für Erfolg bei der Stellensuche wurden die Anzahl der Stellenangebote 2 Jahre nach Erhebung der Erwartungs- und Phantasiewerte sowie die Höhe des Gehaltes herangezogen. Für die Erwartung beobachteten wir eine positive, für die Phantasie dagegen eine negative Korrelation bei beiden Kriterien des Erfolgs (siehe Tabelle 4.1, linker Spaltenblock). Studenten mit positiven Erwartungen hatten nach 2 Jahren also weniger Stellenangebote erhalten und verdienten weniger Geld als Vpn mit negativen Erwartungen, während sich für positive Phantasien das umgekehrte Bild zeigte.

Tabelle 4.1

Studie 4: Stellensuche in Abhängigkeit von Erwartung und Phantasie (Partialkorrelationskoeffizienten kontrolliert für die jeweils andere Prädiktorvariable)

	Erfolg		Instrumentelle Aktivitäten	Erfolgsvorwegnahme	
Prädiktorvariable	Anzahl der Angebote	Höhe des Gehaltes	Anzahl der Bewerbungen	Vorbereitet-sein	Rücken freihalten
Erwartung	$.41^{***}$	$.33^{*}$	-.04	-.12	-.17
Phantasie	$-.39^{**}$	$-.29^{*}$	$-.40^{**}$	$.33^{*}$	$.36^{*}$

Anm. $^{*} p \leq .05$. $^{**} p \leq .01$. $^{***} p \leq .001$.

Die Vpn mit positiven Phantasien hatten sich weniger um die Stellenfindung bemüht als die Vpn mit negativen Phantasien: Sie berichteten von weniger Stellenbewerbungen (Tabelle 4.1, mittlere Spalte). Man könnte einwenden, daß es sich bei der Angabe der Anzahl der Bewerbungen um eine selbstwertschützende Attribution handelt (d.h. niedrige Anstrengungsattribution bei Mißerfolg). Die Antworten auf die Frage nach der Vorwegnahme des Erfolgs sprechen jedoch gegen eine derartige Interpretation. Die Vpn mit positiven Phantasien gaben nämlich ohne Umschweife zu, den Erfolg schon vorweggenommen zu haben. Sie hatten sich vergleichsweise mehr darauf eingestellt, daß durch den potentiellen Erfolg eine Veränderung in der Beziehung zu Partner, Freunden und Bekannten anstünde. Auch gaben Vpn mit positiven Phantasien an, den Erfolg in der Stellensuche in ihren Lebensentscheidungen schon mitbedacht und alternative Verpflichtungen gescheut zu haben. Die Erwartungen dagegen waren weder ein signifikanter Prädiktor für die Anzahl der verschickten Bewerbungen noch für die beiden Variablen der Erfolgsvorwegnahme (siehe Tabelle 4.1, rechter Spaltenblock).

Regressionsanalysen. Der Erfolg bei der Stellensuche wurde auch mit Hilfe von Regressionsanalysen statistisch geprüft. Erwartung und Phantasie gingen im ersten Schritt in die Gleichung ein und die Interaktion zwischen Erwartung und Phantasie im zweiten Schritt. Abhängige Variablen waren die oben beschriebenen Maße für Erfolg bei der Stellensuche (siehe Tabelle 4.2, linker Spaltenblock), Anzahl der Bewerbungen und Vorwegnahme des Erfolges (siehe Tabelle 4.2, mittlere Spalte und rechter Spaltenblock). Es ergaben sich die gleichen Ergebnismuster wie bei den Partialkorrelationen. Der Interaktionseffekt von Erwartung und Phantasie ist für keine der abhängigen Variablen signifikant (alle *ps* > .23). Die negative Relation zwischen Phantasie und den abhängigen Variablen zur Beschreibung des Erfolges (Anzahl der Stellenangebote und Höhe des Gehaltes) und der Bemühung um Erfolg (Anzahl der Bewerbungen) gelten also sowohl für Vpn mit niedrigen als auch mit hohen Erwartungen. Auch die positive Relation zwischen Phantasie und den beiden Maßen der Vorwegnahme von Erfolg ist unabhängig von der Höhe der Erwartungen.

Wieviel Varianz erklärten die beiden Prädiktorvariablen über die jeweils andere hinaus? Zur Beantwortung dieser Frage haben wir wiederum die beiden Prädiktorvariablen nacheinander in die Regressionsgleichungen eingeführt. Wenn für die Effekte der anderen Prädiktorvariable korrigiert wurde, d.h., wenn Erwartung bzw. Phantasie jeweils in den zweiten Schritt der Gleichung aufgenommen wurde, erklärte die Erwartung 16% und die Phantasie 14% der Varianz bei der Variable Anzahl der Stellenangebote. Bei der Variable Höhe des Gehaltes waren es 11% bzw. 8% der Varianz (alle *ps* < .08).

Wurde die Erwartung bzw. die Phantasie jeweils im ersten Schritt der Gleichung eingeführt, erklärten sie dagegen vergleichsweise weniger Varianz: 9% bzw. 7% für die Variable Anzahl der Stellenangebote und 6% bzw. 3% für die Variable Höhe des Gehaltes. Es sind also wiederum gegenseitige Suppressoreffekte der beiden Prädiktorvariablen zu beobachten, in der Höhe von jeweils 7% der Varianz für die Variable Anzahl der Stellenangebote und jeweils 5% der Varianz für die Variable Höhe des Gehaltes.

Tabelle 4.2

Studie 4: Stellensuche in Abhängigkeit von Erwartung und Phantasie (Regressionskoeffizienten)

	Erfolg				Instrumentelle Aktivitäten		Erfolgsvorwegnahme			
	Anzahl der Angebote		Höhe des Gehaltes		Anzahl der Bewerbungen		Vorbereitet-sein		Rücken freihalten	
Prädiktorvariable	*ß*	*F*	*ß*	*F*	*ß*	*F*	*ß*	*F*	*ß*	*F*
Erwartung	.42	7.67**	.34	4.66*	-.04	.08	-.13	.59	-.17	1.05
Phantasie	-.39	6.69**	-.29	3.34ª	-.42	7.20**	.34	4.40*	.38	5.44*

Anm. ª $p \leq .08$. * $p \leq .05$. ** $p \leq .01$.

Für die Variable Anzahl der Bewerbungen dagegen ergab sich kein Suppressoreffekt. Vielmehr waren circa 3% der von der Phantasie erklärten Varianz über die Erwartung vermittelt. Ging die Phantasie als erste in die Regression ein, erklärte sie 19% der Varianz, ging sie als zweite in die Gleichung ein, erklärte sie nur 16% der Varianz (alle *p*s < .01). Die Erwartung erklärte keinen signifikanten Anteil der Varianz, weder im ersten noch im zweiten Schritt.

Für die beiden Variablen zu Erfolgsvorwegnahme spielte die Erwartung ebenfalls keine nennenswerte Rolle, während die Phantasie sowohl im ersten als auch im zweiten Schritt einen signifikanten Anteil der Varianz erklärte. Bei der Variablen Vorbereitung für das Auskosten des Erfolges sind es 9% bzw. 10%, für die Variable Vermeidung von alternativen Verpflichtungen 10% bzw. 13% der Varianz (alle *p*s < .06). Hier sind also weniger drastische Suppressoreffekte der Erwartung zu beobachten (1% bzw. 3% der durch die Phantasie erklärten Varianz wurde von der Erwartung verdeckt) als bei den beiden Erfolgsvariablen.

Mediatoranalysen. Anschließende Mediatoranalysen (für die Prozedur siehe Studie 1 und 3) reflektieren ebenfalls die dargestellten Suppressoreffekte. Der Supressoreffekt von Erwartung auf Phantasie ergibt für die Variable Anzahl der Stellenangebote einen ß-Wert von .13 und für die Variable Höhe des Gehaltes einen ß-Wert von .10. Der Suppressoreffekt von Phantasie auf Erwartung ergibt einen ß-Wert von .12 bzw. .9. Weder einen Suppressor- noch einen Mediatoreffekt hat Erwartung auf die Phantasie für die Variable Anzahl der Bewerbungen.

Eine hypotheseninkonsistente, negative (*zero-order*) Korrelation von $r = -.17$ zwischen Erwartung und Anzahl der Bewerbungen läßt sich jedoch über die Phantasie aufklären: Diese Korrelation kommt durch eine indirekte, über die Phantasie laufende Relation von ß = -.13 zustande, so daß die direkte Relation von Erwartung und abhängiger Variable nur noch ein ß von -.04 ergibt (siehe Tabelle 4.2, mittlere Spalte). Schließlich zeigen sich für die beiden Variablen der Erfolgsvorwegnahme gegenseitige Suppressoreffekte (von Erwartung auf Phantasie: ß = .05 bzw. .04, von Phantasie auf Erwartung: ß = .11 bzw. .12).

Insgesamt treten Suppressoreffekte sowohl für die Phantasie als auch für die Erwartung auf (ausgenommen die abhängige Variable Anzahl der Bewerbungen, bei der die negative *Zero-order*-Korrelation zur Erwartung über die Phantasie vermittelt ist). Die Suppressoreffekte weisen wiederum darauf hin, daß die Vorhersagekraft positiven Denkens für den Erfolg erst dann voll zu Tage tritt, wenn zwischen positiven Erwartungen und positiven Phantasien differenziert wird und für die gemeinsame Varianz der beiden Formen des Zukunftsdenkens kontrolliert wird.

Zusätzliche Analysen. Schließlich versuchten wir auch die Rolle des Anreizes, eine adäquate Stelle im eigenen Fach zu finden, zu klären. Wir wiederholten die Regressionsanalysen mit Anreiz als drittem Prädiktor im ersten Schritt der Gleichung und den Interaktionen zwischen Anreiz und Phantasie sowie Anreiz und Erwartung im zweiten Schritt. Der Anreiz war mit folgendem Item gemessen worden: "Wie wichtig ist es für Sie, eine adäquate Stelle in Ihrem Fach zu finden?" Die 10-Punkte-Antwortskala reichte von *nicht wichtig* bis *sehr wichtig*. Die Variable Anreiz ließ das Datenmuster unverändert. Sie qualifizierte weder als ein signifikanter Prädiktor (alle $ps > .13$), noch wurden die Interaktionseffekte von Anreiz und Phantasie bzw. Anreiz und Erwartung signifikant ($ps > .41$). Eine Ausnahme ist hier jedoch die Variable Anzahl der Stellenangebote. Für sie ergaben sich signifikante Interaktionseffekte ($ps < .03$). Der berichtete negative Zusammenhang fiel für Vpn mit hohem Anreiz deutlicher aus als für Vpn mit niedrigem Anreiz.

Diskussion

Auch im Bereich des beruflichen Fortkommens ist positives Zukunftsdenken in Form von positiven Phantasien offensichtlich keine Hilfe. Hochschulabsolventen, die häufig positive Phantasien über den Übergang ins Berufsleben, die Stellensuche und das Finden einer Stelle hatten, waren über einen Zeitraum von 2 Jahren hinweg weniger erfolgreich: Ihnen wurden weniger Stellenangebote gemacht, und sie verdienten weniger als ihre Kommilitonen, die sich in ihren Zukunftsphantasien auch die Schwierigkeiten und Probleme beim Übergang ins Berufsleben vor Augen geführt hatten. Daß die positiv phantasierenden Stellensucher weniger Bewerbungen abgeschickt hatten, kann als ein Zeichen dafür gedeutet werden, daß sie sich weniger intensiv um die Stellensuche bemüht hatten. Offensichtlich nahmen die positiven Phantasierer über ihre Erfolgsträumereien die bei der Stellensuche notwendigen Schritte, nämlich das Verschicken von Bewerbungen, weniger ernst. Statt dessen hatten die Vpn mit positiven Phantasien sich in ihren privaten Beziehungen schon darauf eingestellt, daß der Erfolg kommen würde. Auch richteten sie sich in ihren Entscheidungen schon nach dem zukünftigen Erfolg. Sie versuchten, sich konkurrierende Verpflichtungen vom Hals zu halten. Sich den Erfolg anmaßend, bezogen die positiv phantasierenden Vpn die erhofften zukünftigen Veränderungen bereits in ihre Lebensplanung mit ein. Diese konsumtive Orientierung macht verständlich, warum erfolgsrealisierende Schritte (das Verschicken von Bewerbungen) keine Bedeutung hatten. Positive Phantasien scheinen somit nicht nur im Bereich der Gesundheit und der Liebe, sondern auch im Bereich der Arbeit dazu zu verleiten, den im Phantasieerleben vorweggenommenen Erfolg auszukosten. Ganz selbstverständlich fließt der vermeintliche Erfolg in die Lebensplanung ein, und die Notwendigkeit von Anstrengungen in die Richtung tatsächlicher Erfolgsrealisierung wird ignoriert.

Die vorliegende Studie bestätigt die Befunde zur hilfreichen Wirkung *positiver Erwartungen* auf das Finden von Arbeit (z.B. Schaufeli & VanYperen, 1993). Vpn mit positiven Erwartungen haben über einen Zeitraum von 2 Jahren hinaus vergleichsweise mehr Stellenangebote erhalten, und sie verdienten auch besser. Positive Erwartungen gingen aber nicht mit vergleichsweise mehr abgesandten Bewerbungen einher. Dies mag daran liegen, daß Vpn mit hohen Erwartungen weniger Bewerbungen abschicken müssen, um Erfolg zu haben. Denn hohe Erwartungen als Spiegel einer erfolgreichen Vergangenheit mögen u.a. auch anzeigen, daß sich gute Stellenangebote auftun werden. In diesem Sinne erinnert der vorliegende Befund auch an die Personen mit hohen Erwartungen in der Verliebtheitsstudie (Studie 3), die es weniger für nötig befunden hatten, ihre Verliebtheit dem *Crushee* zu gestehen.

Die Erwartungen spielten auch in der Vorhersage der erfolgsvorwegnehmenden Lebensplanung keine Rolle (d.h., inwieweit sich die Vpn in anderen Lebensbereichen bereits auf den erhofften Erfolg vorbereitet hatten und inwieweit sie sich von konkurrierenden Verpflichtungen ferngehalten hatten). Anscheinend hat diese Art erfolgsvorwegnehmender Lebensplanung wenig mit der Realitätseinschätzung zu tun. Sie scheint ein Produkt der positiven Phantasie zu sein, die, anstatt auf die Notwendigkeit der Erfolgrealisierung hinzuweisen, den gedanklichen Konsum des Erfolges vollzieht und diesen sogar entscheidungs- und handlungsrelevant werden läßt. Welche Inhalte beschrieben die positiven und negativen Phantasien der angehenden Hochschulabsolventen? Im folgenden wird jeweils ein relevantes Beispiel dargestellt. Ein an der Studie teilnehmender Biologiestudent generierte positive Zukunftsphantasien über eine Position in einem Labor der limnologischen Station: "Nach Beendigung der Diplomarbeit wird ein Mitarbeiter versetzt, die frei werdende Stelle wird ausgeschrieben, und mir gelingt es auf Grund der vorangegangenen Leistungen und der guten Einfügung in das Team, die Planstelle zu übernehmen." Die negativen Zukunftsphantasien des Studenten lauteten wie folgt: "Die Diplomarbeit ist fertig, aber keine Stelle in Sicht. Auch die Kommilitonen aus meiner Arbeitsgruppe sind auf der Suche. Wie soll ich nur eine Stelle bekommen? War das ganze Studium umsonst?"

Die vorliegende Studie kann auch bezüglich ihrer Bedeutung für die Forschung zum Thema Arbeitslosigkeit diskutiert werden. Die Forschung zu den psychologischen Ursachen von Arbeitslosigkeit ist noch jung, da bis Ende der 80er Jahre die Frage nach den negativen Konsequenzen von Arbeitslosigkeit auf psychologische Variablen die dominante Rolle spielte. Die psychologischen Bedingungen, die zum Eintreten und Andauern von Arbeitslosigkeit führen, wurden weniger untersucht (siehe bspw. Feather & O'Brien, 1986).

Das beobachtete Befundmuster spricht in zweierlei Hinsicht zu der Frage nach den psychologischen Variablen, die die Arbeitsbeschaffungsforschung begünstigen oder behindern. Einmal bestätigt es Ergebnisse zur positiven Relation von Erfolgserwartung und Erfolg (siehe Eden & Aviram, 1993; Schaufeli & VanYperen, 1993; Steffy et al., 1989). Zum anderen addiert es einen bisher nicht untersuchten Aspekt zu dieser Literatur, nämlich die negative Beziehung der Positivität spontaner Zukunftsphantasien und dem erfolgreichen Eintritt ins Berufsleben. Zukunftsdenken, das sich auf das Finden der ersten Stelle nach dem Studium bezieht, muß nicht ausschließlich aus den auf der Leistungsgeschichte basierenden Erwartungen bestehen. Es gibt auch ein Zukunftsdenken, das frei von den Fesseln der Vergangenheit wirkt. Diese Phantasien beeinflussen ebenfalls den Erfolg in der Stellensuche, wenn auch in genau entgegengesetzter Richtung zu den Erwartungen: Positives Denken ist hier von Nachteil.

Konsequenzen für die Lebensspanne. Eine lange Übergangszeit von Studium zum Beruf hat vielfältige negative Konsequenzen. Erfolglosigkeit von Hochschulabsolventen auf dem Arbeitsmarkt dürfte u.a. die Beziehung zu Eltern und Freunden, das finanzielle Auskommen, die Wohnsituation und den Zeitpunkt der Familiengründung stark belasten. Auch das psychische Wohlbefinden, das Selbstwertgefühl und die subjektive Selbstwirksamkeit hinsichtlich des beruflichen Erfolges dürften von anhaltender Erfolglosigkeit, die erste Karrierrestufe zu erklimmen, in Mitleidenschaft gezogen werden (Reissert & Welzer, 1987).

Aber nicht nur die anhaltende Erfolglosigkeit ist eine schwere Bürde für die Betroffenen. Die mit positiven Phantasien einhergehende Erfolgsvorwegnahme dürfte die erfolgreiche Gestaltung der eigenen Zukunft zusätzlich behindern. Ähnlich wie positive Liebesphantasien die StudentInnen auf nur eine Person fixierten, verleiteten positive Phantasien über den Erfolg bei der Stellensuche die angehenden Hochschulabsolventen dazu, sich auf die angemaßte, vermeintliche Stelle bereits einzustellen, persönliche Beziehungen danach auszurichten und andere Verpflichtungen und damit auch alternative berufliche Gelegenheiten zu übersehen. Durch die fixe Idee des kommenden Erfolges bleiben daher, ähnlich wie im Bereich der Liebe, auch im Bereich der Arbeit alternative Handlungsmöglichkeiten ungenutzt. Dadurch wird das berufliche Entwicklungspotential unnötig eingeschränkt. Gerade am Anfang des beruflichen Werdegangs, wo es solche Gelegenheiten noch gibt und das schnelle Zupacken langfristige Vorteile bringen kann, erscheint dies als besonders schmerzlich. Wie sehr positive Phantasien auch zu einem späteren beruflichen Zeitpunkt von Nachteil sind und etwa auch die Arbeitssuche nach erfahrener Arbeitslosigkeit belasten, müßte in weiteren Studien geprüft werden. Insgesamt implizieren die vorliegenden Daten, daß zumindest bei der Stellensuche von angehenden Hochschulabsolventen Erfolg nicht nur von äußeren Faktoren abhängt. Die internalen Faktoren der Erwartung und der Phantasie spielen ebenfalls eine gewichtige Rolle.

Zusammenfassung

Es wurde eine Reihe von Studien vorgestellt, die die Relation zwischen Erfolg und Erwartung versus Phantasie überprüfen. Positive Erwartung begünstigte Erfolg mehr als negative Erwartung, für positive Phantasie gilt das Umgekehrte. Dieses Datenmuster zeigte sich in allen vier Studien, obwohl diese in gänzlich unterschiedlichen Lebensbereichen angesiedelt waren, nämlich im Bereich der Gesundheit, der Liebe und der Arbeit. Die Vorhersagekraft von Erwartung und Phantasie reichte über einen Zeitraum von bis zu 4 Jahren. Für die Verläßlichkeit der Befunde spricht auch, daß die beobachtete positive Relation zwischen Erwartung und Erfolg die in der Literatur beschriebene Beziehung repliziert.

7

Positive Erwartungen versus positive Phantasien: Bewertung der Befunde und Ausblick

Die Ergebnisse zur Relation zwischen Zukunftsphantasien und Erfolg erweitern die bestehende Literatur zum Thema Zukunftsdenken. Sie bereichern diese Literatur um die Erkenntnis, daß positives Zukunftsdenken durchaus nicht immer positive Konsequenzen haben muß. Hätte man lediglich eine Nullkorrelation zwischen positiver Phantasie und Erfolg erhalten, wäre dies angesichts der überwältigenden Befundlage (siehe Kapitel 1) zur positiven Relation zwischen Erwartung und Erfolg schon ein bemerkenswerter Befund gewesen. Die Ergebnisse sind jedoch noch interessanter ausgefallen: Positive Zukunftsphantasien, die ja nicht auf der Einschätzung vergangener Erfahrungen aufbauen, sondern von diesen abgelöst wünschenswerte zukünftige Ereignisse salient machen, zeigten eine deutlich negative Relation zu Erfolg und Motivation.

Methodologische Aspekte

Weitere Beobachtungen zur Konstruktvalidität

Im Gegensatz zu den Erwartungen, bei denen es sich um auf Erfahrungen der Vergangenheit basierende Einschätzungen zukünftiger Ereignisse handelt, sind Phantasien frei von den Fesseln der erfahrenen Realität. Man könnte folglich Zukunftsphantasien als das "reine" Zukunftsdenken betiteln, während die Erwartungen durch die Einbeziehung der Informationen aus der Vergangenheit immer auch die persönliche Vergangenheit einer Person mitreflektieren (siehe dazu Bandura, 1977a,b, 1986; Mischel, 1973; für eine Zusammenfassung siehe Kapitel 1). Anhand von Zusatzanalysen zur Gewichtsverluststudie (Studie 1) läßt sich besonders eindringlich veranschaulichen, daß Erfolgserwartungen tatsächlich den Erfolg in der Vergangenheit widerspiegeln, während die Positivität der

Phantasien frei von gemachten Erfahrungen ist. Um diese These zu prüfen, daß positive Erwartungen eine entsprechende positive Realität reflektieren, positive Phantasien dagegen "aus der Luft gegriffen" sind, baten wir die übergewichtigen Frauen, 3 Monate nach Beginn der Therapie noch einmal die Fragen zur Erfassung von Erwartung und Phantasie auszufüllen (die interne Konsistenz war erneut hoch, Cronbachs *alpha* für die positiv bzw. negativ gepolten Phantasie-Items lag jeweils über .75, die der Erwartungs-Items über .88). Wir vermuteten, daß die Erfolgserwartungen nach 3 Monaten Therapie den in dieser Zeit erreichten Gewichtsverlust widerspiegeln würden, während die Positivität der Phantasien keine nennenswerte Korrelation zum Erfolg haben sollte. Tatsächlich zeigte der nach 3 Monaten erreichte Gewichtsverlust eine hohe positive Korrelation mit der Erwartung, nicht aber mit der Phantasie ($r = .56$ versus $r = -.02$, $p < .02$). Auch die zeitliche Stabilität der Erwartung war geringer als die der Phantasie ($r = .20$ versus $r = .59$, $p < .06$). Offensichtlich reflektieren die Erwartungen den erfahrenen Erfolg oder Mißerfolg, während die Phantasien unbeeinflußt vom tatsächlichen Erfolg ein Eigenleben führten. Zukunftsphantasien sind von dem erlebten Erfolg oder Mißerfolg befreit und vernachlässigen somit die persönliche Leistungsgeschichte.

Die vorliegenden Studien machen die Notwendigkeit deutlich, zwischen den beiden Formen von Zukunftsdenken zu unterscheiden (d.h. Zukunftserwartungen versus Zukunftsphantasien), wenn man die Wirkung von Zukunftsdenken auf Motivation und Leistung untersuchen will. Die Unterscheidung zwischen Erwartung und Phantasie ist jedoch nicht nur für den vorliegenden Forschungsansatz, der explizit die Frage nach der motivationalen und leistungsfördernden Wirkung von Zukunfts*phantasien* stellt, wichtig. Die in den vorliegenden Studien beobachteten reziproken Suppressoreffekte der Phantasie auf die Beziehung zwischen Erwartung und Erfolg legen nahe, daß für die Untersuchung der Relation zwischen Erwartung und Erfolg (jedweder Konzeptualisierung) eine gleichzeitige Erhebung der respektiven Phantasien ratsam ist. Erst, wenn für die gemeinsame Varianz von Zukunftsphantasie und Erwartung kontrolliert wird, kann sich der volle Erwartungseffekt entfalten. Für die Untersuchung der Relation zwischen der Positivität von Phantasie und Erfolg gilt das analoge Argument. Ohne eine Messung der zugehörigen Erwartung ist die Wirkung von Phantasie kaum einzuschätzen, da die Erwartung auf die Beziehung zwischen Phantasie und Erfolg einen substantiellen Suppressoreffekt ausüben kann.

Potentiell notwendige Qualifikationen

Lineare versus quadratische Trends. Unsere Regressionsanalysen bezüglich der Beziehung von Phantasie und Erfolg zeigten keinen quadratischen, sondern einen linearen

Verlauf. Für alle abhängigen Variablen in allen Studien prüften wir, inwieweit die Beziehung zur Phantasie einen quadratischen Verlauf nimmt (für Studie 2 auch getrennt für die verschiedenen Inhalte der Phantasien). Die insgesamt 23 Regressionsgleichungen wurden also noch einmal wiederholt mit den beiden Prädiktorvariablen im ersten Schritt der Gleichung und dem quadrierten Wert der Phantasie im zweiten (siehe Cohen & Cohen, 1983, S. 224 ff.). Lediglich einmal war die quadratische Funktion der Phantasie signifikant, zweimal ergaben sich Tendenzen: bei der Dauer der Schwärmerei (Studie 3, $p = .07$) und bei der Anzahl der Stellenangebote (Studie 4, $p = .08$). Signifikant wurde die quadratische Funktion in Studie 1 für Gewichtsverlust nach 3 Monaten ($p = .02$). Hier wurde dann auch die lineare Beziehung zwischen Phantasie und Gewichtsverlust signifikant ($p = .01$). Nach Kontrolle der quadratischen Funktion wurde also die vorhergesagte lineare Relation zwischen positiver Phantasie und Erfolg freigelegt.

Offensichtlich besteht schon nach 3 Monaten eine negative Beziehung zwischen Phantasie und Gewichtsverlust und nicht erst nach 1 und 2 Jahren, wie unsere ursprünglichen Regressionsanalysen hatten vermuten lassen. Insgesamt können wir davon ausgehen, daß die Relation zwischen positiver Phantasie und Erfolg besser durch eine lineare als durch eine quadratische Funktion beschrieben wird. Extrem negative Phantasien wirkten sich also nicht ähnlich demotivierend aus wie extrem positive Phantasien. Allerdings hatten wir es in den vorliegenden Studien mit Populationen zu tun, bei denen die Phantasien insgesamt nicht sehr negativ ausfielen. Die Medianwerte lagen durchweg in der oberen Hälfte der Skalen. Ob massiv negative Phantasien, wie sie beispielsweise von Personen mit chronisch negativen Tagträumen oder bei depressiven Patienten generiert werden dürften, den Erfolg nicht doch behindern, bliebe noch zu prüfen.

Potentielle Moderatoren: Anreiz und Geschlecht. Die negative Relation von Phantasie und Erfolg zeigte sich unabhängig von dem *Anreiz des jeweiligen Zukunftsereignisses* (Studie 3 und 4). In den vorliegenden Studien wurden allerdings die Zukunftsereignisse, die im Fokus der Erwartungen und der Phantasien standen, so ausgewählt, daß sie einen relativ hohen Mindestanreiz hatten, damit die Vpn über diese Ereignisse potentiell phantasieren konnten. Die Mediane der Anreizskalen bestätigen, daß unsere Vpn in den ausgewählten Zukunftsereignissen einen relativ hohen Anreiz sahen. Die Medianwerte lagen über den jeweiligen arithmetischen Mitteln der Anreizskalen. Wir können also für Phantasiethemen mit positivem Anreiz annehmen, daß Anreiz keinen moderierenden Effekt auf die Relation zwischen Phantasie und Erfolg ausübt. In keiner der Studien zeigten sich systematische Interaktionseffekte zwischen Anreiz und Phantasie. Dies gilt auch für die Interaktion von Anreiz und Erwartung. Darüberhinaus war Anreiz als zusätzlicher Prädiktor über die Prädiktorvariablen Phantasie und Erwartung hinaus unbedeutend. Eine Ausnahme bildete die abhängige Variable Erfolg in der Liebe (Studie 3). Bei attraktiven Angehimmelten waren die Vpn erfolgreicher dabei, mit ihnen sexuell in

Kontakt zu treten; attraktive Personen sind, vertraut man der sozialpsychologischen Forschung (Feingold, 1992), sozial geschickter und sexuell erfahrener.

Auch das *Geschlecht* der VersuchsteilnehmerInnen war kein moderierender Faktor für die beschriebene Relation von Phantasie und Erfolg. In der Verliebtheitsstudie (Studie 3), an der sowohl Frauen als auch Männer teilnahmen, spielte das Geschlecht keine Rolle. Zudem erhielten wir die gleichen Datenmuster mit Frauen in der Übergewichtsstudie (Studie 1) wie mit Männern auf der Schwelle zum Berufsleben (Studie 4). Wir können also davon ausgehen, daß sowohl Frauen als auch Männer spontan positive versus negative Zukunftsphantasien generieren, die dann relevant für ihr Handeln und ihre Lebensplanung sind.

Die ökologische Validität der Erfassung von Zukunftsphantasien

Die benutzten Verfahren zur Messung der Positivität von Phantasie waren insofern erfolgreich, als die gemessene Positivität von Phantasie den Erfolg in verschiedenen Lebensdomänen vorhersagen konnte. Repräsentiert aber die in unserem Papier-und-Bleistift-Verfahren gemessene Positivität von Phantasie auch die Positivität der im täglichen Leben produzierten spontanen Phantasien? Um diese Frage beantworten zu können, haben wir ein Gedankenstichproben-Verfahren (sog. Beeper-Methode) eingesetzt.

Vierundsiebzig StudentInnen des *Swarthmore College* wurde der *Fantasy Production Questionnaire* (oder *FPQ*, Oettingen, 1988) vorgelegt, zusammen mit *Beeper*-Armbanduhren und einem kurzen Fragebogen, den die StudentInnen nach jedem *Beep* ausfüllen sollten. Der *FPQ*, der nach dem gleichen Prinzip entworfen wurde wie der in Studie 2 beschriebene *CFPQ* für Kinder, mißt die habituelle Neigung spontaner positiver Phantasien bei Erwachsenen. Die Vpn wurden gebeten, sich als Hauptpersonen in 12 Szenarios zu versetzen, die an einer kritischen Stelle abgebrochen wurden und von den Vpn zu Ende phantasiert werden sollten. Nach jedem dieser Szenarios, die aus den Bereichen interpersonelle Beziehungen, Leistung und Gesundheit stammten, schätzten die Vpn die Positivität/Negativität und die Intensität ihres Phantasieerlebens ein. Die interne Konsistenz der Beantwortung der Positivitätsskalen und der Intensitätsskalen lag bei Cronbachs *alpha* von .66 bzw .88. (Diese Werte entsprechen verschiedenen Vergleichsstichproben von insgesamt mehr als 300 StudentInnen der *University of Pennsylvania*, bei denen die Cronbachs *alpha*-Werte stets über .70 lagen.) Als Gesamtscore für die Positivität bzw. Intensität der Phantasie wurde folglich das jeweilige Mittel der Werte der 12 Items herangezogen. Da der Wert für positive Phantasie wiederum nicht mit der Intensität korrelierte (siehe auch Studie 1), wurden die Intensitätswerte nicht weiter berücksichtigt. Bei den StudentInnen der *University of Pennsylvania* hatten wir für den Gesamtscore der Positivität auch eine hohe zeitliche Stabilität beobachtet. Die Test-Retest-Reliabilität gemessen über einen Zeitraum von 2 Monaten ergab Korrelationskoeffizienten von $r = .68$ für die Positivitätsskala und $r = .72$ für die Intensitätskala. Die hohe zeitliche Stabilität der Positivität der Phantasie, die sich schon beim *CFPQ* und beim Fragebogen zur Messung der Phantasien über Gewichtsabnahme gezeigt hatte, spricht wiederum dafür, daß die Positivität der Phantasie von den Gegebenheiten der Realität vergleichsweise geringfügig beeinflußt wird. Positive Phantasien können sich also durchaus über negative Realitäten hinwegsetzen.

Die Positivität der Alltagsphantasien wurde schließlich wie folgt erfaßt: Wir gaben jeder Vp eine Armbanduhr, die so programmiert war, daß sie zwischen 10.00 Uhr morgens und 10.00 Uhr abends achtmal klingelte. Die Klingelzeiten waren nach dem Zufallsprinzip für jede Vp individuell bestimmt worden (vergleiche dazu andere *Beeper*-Studien von Csikszentmihalyi & Larsen, 1984; Csikszentmihalyi & Rathunde, 1993; Diener & Larsen, 1984; Emmons, 1986; für eine Zusammenfassung siehe Hormuth, 1986). Nach jedem *Beep* füllte die Vp einige Fragen zu ihrem Tagtraumverhalten aus. Sie wurde gebeten, die dem *Beep* vorhergehenden Gedanken hinsichtlich ihrer Positivität, Intensität und Zeitorientierung einzuschätzen. Die Positivitäts- und Intensitäts-Items (sowie die zugehörigen Antwortskalen) entsprachen dabei denen des *FPQ*. Das Item zur Messung der Zeitorientierung lautete: "*How was your thought oriented in time?*". Die Vpn beantworteten die Frage auf einer 7-Punkte-Antwortskala, die von *mostly in the past* über *mostly in the present* bis *mostly in the future* reichte. Die Vpn trugen die Armbanduhr 4 Tage lang. Dies ergab 32 Datenpunkte.

Die Positivität der auf die Zukunft gerichteten Alltagsphantasien korrelierte signifikant mit den Positivitätswerten des *FPQ*s ($r = .29$, $p < .05$). Bedenkt man, daß im *FPQ* und bei dem vorliegenden Gedankenstichproben-Verfahren unspezifische, aus verschiedenen Lebensbereichen stammende Zukunftsgedanken generiert wurden, so ist die Höhe dieser Korrelation beachtenswert. Eine Relation in dieser Höhe ist für Validierungsstudien mit Hilfe von Gedankenstichproben recht ansehnlich (siehe Hormuth, 1986). Hätten sich die im Rahmen des Fragebogens und des Gedankenstichproben-Verfahrens generierten Phantasien auf ein spezifisches Ereignis bezogen (z.B. aus ein und demselben Lebensbereich), wären die Korrelationskoeffizienten möglicherweise noch höher ausgefallen.

Die Daten der Gedankenstichproben-Studie sprechen dafür, daß die von uns in den Studien 1 bis 3 eingesetzten Szenario-Fragebögen zur Messung der Positivität/Negativität spontaner Zukunftsphantasien die Positivität/Negativität von spontanen Zukunftsphantasien im Alltag abbilden. Man darf davon ausgehen, daß Vpn, die anhand unserer Fragebögen positive Zukunftsphantasien entwickelten, in Alltagssituationen ebenfalls dazu neigen, spontan positive Zukunftsphantasien zu generieren. Es ist also die generelle Neigung, spontane Zukunftsphantasien zu entwickeln, die mit den beobachteten Konsequenzen für Motivation und Handeln in Beziehung steht, und nicht nur die Fähigkeit der Vpn, unvollständige Szenarios positiv zu Ende zu phantasieren. Dafür spricht auch die von uns gewählte Art der Phantasiemessung in Studie 4. Dort wurde die subjektiv wahrgenommene Häufigkeit von positiven versus negativen Alltagsphantasien erhoben. Die Vpn mußten sich folglich an die im Alltag erlebten Zukunftsphantasien erinnern und die empfundene Positivität/Negativität berichten. Auch die mit diesem Verfahren gemessene Positivität von Phantasien erbrachte das vertraute Datenmuster.

Unterstützende Befunde aus der experimentellen Forschung: Positive Zukunftsvorstellungen und Leistung

Rezente Korrelationsstudien anderer Autoren, die für eine negative Beziehung zwischen positiver Phantasie und Erfolg sprechen, gibt es insbesondere im Bereich der Gesundheit. Sie wurden daher bereits im Rahmen der Diskussionen von Studie 1 und 2 besprochen. Es gibt aber auch einige experimentelle Studien, die die Wirkung positiver Gedanken auf Erfolg analysieren. Diese Studien, die im Bereich erfolgreicher Aufgabenbearbeitung (z.B. von Anagrammen) angesiedelt sind, sollen hier kurz besprochen werden.

Goodhart (1986) beispielsweise berichtet von den ungünstigen Effekten positiver Vorstellungen auf Erfolg bei der Lösung von Anagrammaufgaben. Sie hat studentischen Vpn vorbereitete positive versus negative Aussagen zur eigenen Leistungsfähigkeit präsentiert und die Vpn gebeten, sich ein persönliches Erlebnis vorzustellen, bei dem sie solche und ähnliche Gedanken hatten oder haben würden. Vpn, die positive Vorstellungen generieren sollten, schnitten schlechter bei dem nachfolgenden Anagrammtest ab als Vpn, die negative Phantasien produzieren mußten. Dieser Befund galt jedoch nur für diejenigen Vpn, die *nicht* gebeten worden waren, ihre eigene Leistungsfähigkeit vor Ausführung des Anagrammtestes einzuschätzen, für diejenigen Vpn also, deren spontane Vorstellungen nicht von ihrem Erwartungsurteil überdeckt worden waren.

Ähnliche Befunde erhielten Sherman, Skov, Hervitz und Stock (1981). Vor der Ausführung eines Anagrammtests mußten die Vpn sich zunächst vorstellen, bei den Lösungsversuchen der Aufgaben entweder Erfolg zu erzielen oder Mißerfolg zu erleiden. Danach wurden sie gebeten, den hypothetischen Erfolg bzw. Mißerfolg zu erklären. Schließlich wurde ein Teil der Vpn aufgefordert, explizite Erwartungen über ihre Leistung bei der bevorstehenden Anagrammaufgabe zu äußern. Die Vpn in der hypothetischen Mißerfolgsbedingung tendierten zu besseren Leistungen als die Vpn in der hypothetischen Erfolgsbedingung. Dies war, wie bei Goodhart, jedoch nur dann der Fall, wenn die Vpn *keine* Erfolgs-/Mißerfolgserwartungen angeben mußten. Formulierten die Vpn dagegen ihre Leistungserwartungen für die bevorstehenden Anagrammaufgaben, schnitten die Vpn in der Erfolgsbedingung besser ab als in der Mißerfolgsbedingung. Sherman und seine MitarbeiterInnen beschreiben ihre Befunde wie folgt: Im Vergleich zur Beschäftigung mit möglichem Erfolg führt das mentale Erleben eines möglichen Mißerfolgs zu vermehrter Anstrengung bei der Aufgabenbearbeitung. Wenn jedoch explizite Erwartungen festgelegt werden, bestätigt die Leistung der Vpn die Selbsturteile, die sich aus den Erfolgs- oder Mißerfolgserklärungen ergeben.

Die Festlegung in Form einer Erwartung eines bestimmten zukünftigen Ereignisses wirkt als *Self-fullfilling prophecy*. Die bloße gedankliche Beschäftigung mit dem zukünftigen Ereignis ohne eine Festlegung auf dessen Eintreffenswahrscheinlichkeit legt dagegen das entsprechende Handeln und den nachfolgenden Erfolg oder Mißerfolg nicht in die gedachte Richtung fest. Dafür sprechen die Ergebnisse von Goodhart, von Sherman und seinen MitarbeiterInnen, aber auch die Befunde unserer Studien 1 - 4. Die Implikationen dieser Erkenntnis für die angewandte Forschung, beispielsweise die pädagogische Psychologie, sind bedenkenswert. Konsequenzen für die Förderung von Motivation im Schulleistungsbereich sind besonders augenfällig. Hier wird davon ausgegangen, daß negative Rückmeldung in Form von negativen Kompetenzurteilen (Selbst- oder Fremdurteilen) zu Motivationseinbußen führt (siehe bspw. Oettingen, Little, Lindenberger & Baltes, 1994; für Zusammenfassungen siehe Ames, 1992; Mac Iver, 1993; Stipek, 1984). Nach unseren Überlegungen könnten negative Rückmeldung und Kritik jedoch höhere Motivation auslösen, wenn die Kritik an der Schülerleistung nicht in Form verbindlicher Einschätzungen geäußert wird. Formuliert der Lehrer seine Kritik (oder der Schüler seine Selbstkritik) nicht als unumstößliches Urteil (z.B. in Form standardisierter Noten oder öffentlicher Leistungsrückmeldungen an der Tafel), sondern verweist nur auf die Möglichkeit des Mißerfolges, sollte dies nicht zur Festlegung auf zukünftige Leistungseinbrüche in Form von Mißerfolgserwartungen, sondern lediglich zum Bedenken von Leistungseinbrüchen führen. Diese negativen Vorstellungen wiederum sollten positive Phantasien und Schwärmereien über den zukünftigen wundersamen Erfolg bremsen und folglich die Motivation zur Schulleistung erhöhen.

Relevant für unsere Diskussion des Zusammenhangs von Phantasie und Erfolg sind auch die rezenten Befunde zum "Defensiven Pessimismus". Defensive Pessimisten sind vergleichsweise erfolgreiche Personen, die vor dem Eintreten in eine Leistungssituation (z.B. Prüfungen oder soziale Konflikte) strategisch ihre Erfolgserwartungen reduzieren (Norem & Cantor, 1986a,b). Bei diesen Personen führen experimentell induzierte positive Vorstellungen über eine bevorstehende soziale Interaktion mit einem unbekannten Kommilitonen zu ungeschickterem Interaktionsverhalten und zu weniger Bemühen beim Kennenlernen der unbekannten Person als das Ausmalen negativer Aspekte der bevorstehenden Begegnung (Showers, 1992, Studie 1). In Studie 2 beobachtete Showers, daß Vpn, die sich negative Aspekte der bevorstehenden Kennenlern-Situation mit einem Fremden ausmalen mußten, mehr Zuversicht einflößende Strategien anwendeten als Vpn, die gebeten wurden, positive Vorstellungen zu generieren. Diese Selbstvertrauen bildenden Strategien halfen den Vpn, die Situation mit Erfolg zu meistern (Showers, 1992). Obwohl Showers´ Befunde nur auf bestimmte Studentinnen zutreffen (d.h. Personen, die eine erfolgreiche Leistungsgeschichte haben und gleichzeitig eine bestimmte Leistungsstrategie benutzen), zeigen sie doch, daß negative Zukunftsvorstellungen positive Effekte auf Leistung haben können. Insgesamt demonstrieren die drei berichteten experimentellen Arbeiten, daß positive Zukunftsvorstellungen tatsächlich zu verminderter und negative Vorstellungen zu erhöhter Leistung führen können. Sie ergänzen somit eindrucksvoll die Ergebnisse unserer vier Korrelationsstudien.

Schließlich gibt es auch Befunde im Rahmen der Forschung zum *Counterfactual thinking* (d.h. vorgestellte Alternativen zu bereits geschehenen Ereignissen und Handlungen; Miller, Turnbull & McFarland, 1990), die unsere Ergebnisse stützen. In einem Experiment (Roese, 1994) führten *Downward counterfactual thoughts* über einen erlebten Mißerfolg (die Vpn mußten sich nach einer Prüfung Handlungen vorstellen, die zu einer Verschlechterung der Note geführt hätten) zu positiverem Affekt als *Upward counterfactual thoughts* (die Vpn mußten sich Handlungen vorstellen, die zu einer Verbesserung der Note geführt hätten). Interessanterweise waren es aber gerade nicht die einen positiven Gefühlszustand hervorrufenden *Downward counterfactual thoughts*, die relevante Verhaltensintention induzierten (vor zukünftigen Prüfungen erfolgsversprechende Lernstrategien anzuwenden), sondern die *Upward counterfactual thoughts*. Auch hier regten also nicht die angenehmen, sondern die negativ getönten zukunftsrelevanten Vorstellungen die erfolgbringende Handlungsbereitschaft an.

Konsumtives Handeln versus realisierendes Handeln

Die in dieser Arbeit vorgestellten Korrelationsstudien 1 bis 4 sprechen dafür, daß positive Zukunftsphantasien die Motivation zu entsprechendem Handeln hemmen. Nun darf man aber nicht vergessen, daß es sich hier um einen Zusammenhang im Mittel handelt, es also genug Fälle geben dürfte, in denen positive Phantasien die Motivation anregen. Diese Überlegung wird auch durch die Beobachtung motivationaler Ausnahmeerscheinungen gespeist. Gemeint sind Personen wie Mahatma Gandhi, Nelson Mandela oder profaner Christo und Jeanne-Claude. Eine Vision, die von der Realität in absolut phantastischer Weise ins Positive abhebt, kann im politischen bzw. künstlerischen Bereich über Jahrzehnte hinweg Handeln motivieren, und dies gegen massive Widerstände durch andere Personen und gegen festverankerte gesellschaftliche Normen und Werte. Beispiele wie die genannten machen deutlich, daß positive Phantasien auch motivationsfördernde Wirkung haben können; sie müssen nicht prinzipiell motivationshemmend sein. Was aber muß mit positiven Phantasien geschehen, damit sie phantasie-realisierendes Handeln motivieren können? Wie kommt die motivationsfördernde Wirkung positiver Zukunftsphantasien zustande? Welche Bedingungen müssen erfüllt sein und auf welchen Prozessen basieren handlungsfördernde Effekte positiver Zukunftsphantasien? Im vorliegenden Kapitel wird diesen Fragen theoretisch und experimentell nachgegangen. Die Grundidee lautet, daß positive Zukunftsphantasien mit der vorliegenden widersprechenden Realität kontrastiert werden müssen. Wenn diese Bedingung erfüllt ist und obendrein positive Ergebniserwartungen vorherrschen, darf mit phantasie-realisierendem Handeln gerechnet werden.

Positive Phantasien und konsumtives Handeln

In den vorgestellten Korrelationsstudien fand sich eine Reihe von Hinweisen darauf, daß positive Phantasien, wenn schon nicht das Handeln, so doch wenigstens die gedankliche Beschäftigung mit dem Gegenstand der Phantasie beflügeln. In der *Verliebtheitsstudie* (Studie 3) sagten positive Phantasien über das Zustandekommen der Liebschaft zumindest ein andauerndes Schwärmen für den *Crushee* vorher. Je positiver die Phantasien waren, desto länger hingen die Vpn an ihrem angehimmelten Schwarm, ohne allerdings entsprechend aktiv zu werden. Sie kümmerten sich nicht um die tatsächliche Realisierung der Liebschaft. Trotzdem ließen sie vergleichsweise weniger von ihrem *Crushee* ab als die negativen Phantasierer. Positive Phantasien waren somit durchaus motivierend für den problemlosen gedanklichen Zugriff auf das Liebesobjekt (oder Anreizobjekt). Dieses Schwärmen für das Anreizobjekt (Tennov, 1979, spricht von "*Limerence-object*") begünstigte ein gefühlsmäßiges Verbleiben bei der angeschwärmten Person. Bei der Eroberung der geliebten Person in der rauhen Wirklichkeit waren die positiven Phantasien jedoch der Motivation abträglich. Die Verliebten mit positiven Phantasien scheuten vor einer offenen Aussprache mit dem *Crushee* zurück. Es schien so, als ob die positiv phantasierenden StudentInnen ihre Träumereien nicht mit der harten Wirklichkeit konfrontieren wollten.

Die Beobachtungen im Rahmen der *Stellensuchestudie* sprechen dafür, daß positive Phantasien nicht nur die um das Anreizobjekt kreisenden konsumtiven Gedanken motivieren, sondern auch das Verhalten, das sich auf einen vorweggenommenen Konsum des noch nicht realisierten Anreizobjektes bezieht. Stellensucher, die in ihren positiven Phantasien das erfolgreiche Stellenangebot mental auskosteten, gaben an, ihr Leben bereits auf den Erfolg auszurichten. Da sie zu innerlichen Stellenfindern geworden waren, konsumierten sie den Erfolg nicht nur mental, sondern ließen sich sogar in ihrem Verhalten vom Phantasieerfolg leiten. Sie richteten bereits ihre privaten Beziehungen auf den beruflichen Erfolg hin aus und ließen den - vorgestellten, aber nicht erreichten - Erfolg in ihre Lebensentscheidungen mit einfließen.

Anstrengungen in Richtung Erfolgsverwirklichung wurden dagegen nicht unternommen. Die Stellensucher mit positiven Phantasien bemühten sich weniger um den tatsächlichen Erfolg als ihre Kommilitonen mit negativen Phantasien. Sie schickten weniger Bewerbungen ab und waren letztlich auch weniger erfolgreich im Finden einer Stelle. Positive Phantasien sind offensichtlich motivierend für den mentalen Konsum und assoziiertes konsumtives Handeln, nicht aber für das Überwinden der Schwierigkeiten, die das tatsächliche Erreichen eines Anreizobjektes notwendig machen würde. Die positiven Phantasien scheinen die Notwendigkeit zum Handeln zu verschleiern, als ob die Verankerung in der Realität abhanden gekommen wäre.

Daß positive Phantasien primär konsumtives Handeln motivieren und problemlösendes Handeln *de*motivieren, zeigen auch Befunde aus der Forschung zum Phänomen des Belohnungsaufschubs (*Delay of gratification*; für eine Zusammenfassung siehe Mischel, Shoda & Rodriguez, 1989). In einem experimentellen Paradigma, in dem Kinder vor die Wahl gestellt wurden, eine vergleichsweise weniger attraktive Belohnung (z.B. zwei Brezeln) sofort zu bekommen oder eine attraktivere später (z.B. fünf Brezeln), griffen die Kinder insbesondere dann gleich zu, wenn sie sich die Belohnungen gedanklich konsumtiv ausschmücken mußten. Die Kinder, die über positive konsumtive Aspekte der Anreize phantasieren sollten (z.B. darüber, wie knusprig und schön salzig die Brezeln sind), faßten gieriger zu (und gaben damit die verzögerten, aber attraktiveren Belohnungen auf) als die Kinder, die abstrakt über die Belohnungen nachdachten (z.B. sich die Brezel als ein braunes Holzscheit vorstellten) oder sich mit Gedanken an andere Dinge oder andere Belohnungen ablenken sollten. Die Kinder warteten also vergleichsweise länger auf die attraktivere Belohnung, wenn ihnen Strategien an die Hand gegeben wurden, mit denen sie positive Phantasien vermeiden konnten.

Die Studie zur Stellensuche (Studie 4) und die Forschung zum Belohnungsaufschub sprechen dafür, daß positive Phantasien durchaus phantasiebezogenes Handeln motivieren können. Allerdings handelt es sich dabei um konsumtives Handeln, das darauf ausgerichtet ist, das gedanklich oder real als gegeben vorliegende Anreizobjekt genießend auszukosten. Wie aber steht es um die motivationale Funktion positiver Zukunftsphantasien für Handlungen, die das in der Phantasie spezifizierte Anreizobjekt tatsächlich herbeischaffen oder realisieren müssen? Unsere korrelativen Studien sprechen dafür, daß positive Phantasien die Ausführung derartiger Handlungen (Realisierungshandlungen) behindern (Studie 1 bis 4). Aber vielleicht bedarf es nur bestimmter Bedingungen, damit positive Phantasien die Motivation für realisierende Handlungen stimulieren? Welche Bedingungen kommen hier in Frage? Als wichtig erscheint es, daß positive Phantasien ihrer konsumtiven Funktion beraubt werden. Wie aber läßt sich das erreichen?

Positive Phantasien und Realisierungshandeln

In den berichteten Korrelationsstudien stellte sich heraus, daß Personen mit positiven Phantasien, in Gedanken den Erfolg schon vorwegnehmend, es unterließen, sich mit der rauhen Wirklichkeit handelnd auseinanderzusetzen. Jeder Versuch, die Wirklichkeit in Richtung der Phantasien verändern zu wollen, setzt jedoch zunächst voraus, daß die Realität als veränderungsbedürftig erkannt wird. Daraus folgt, daß positive Phantasien nur dann phantasie-realisierendes Handeln fördern, wenn diese Phantasien mit Reflexionen über das, was der Phantasierealisierung im Wege steht, konfrontiert werden. Wenn die positiven Phantasien und die Reflexionen über die widersprechende negative Realität vor dem geistigen Auge miteinander kontrastiert werden, dürften die positiven Phantasien ihren Charakter der bloßen Schwärmerei verlieren. Sie werden Leitbild für die notwendige Veränderung der Realität, indem sie anzeigen, in welche Richtung gehandelt werden muß.

Das mentale Kontrastieren der positiven Phantasien mit der negativen Realität, dem Status quo, führt jedoch nicht nur dazu, daß die positiven Phantasien als zu realisierend gesehen werden und damit das passive schwärmerische Auskosten der Phantasien vereitelt wird. Es hat obendrein die Konsequenz, daß die vorliegende Realität als zu verändernd erlebt wird und damit nach Ansatzpunkten dafür, wie dies geschehen soll, Ausschau gehalten wird. Die kontrastierende Sichtweise dürfte somit auch dazu führen, daß Möglichkeiten der Realitätsveränderung erkannt werden, die bislang unbeachtet geblieben sind. Nach diesen Überlegungen sollte ein gemeinsames Sich-vor-Augen-Halten von Aspekten einer positiven Zukunft *und* Aspekten der widersprechenden, negativen Gegenwart die Motivation erhöhen, die gedachte positive Zukunft handelnd zu verwirklichen.

Wenn die Kontrastierung von positiven Phantasien mit der negativen Realität die positiven Phantasien als etwas zu Verwirklichendes erscheinen läßt, dann sollte dies jedoch noch eine weitere Konsequenz haben. Ob man zur Verwirklichung ins Auge gefaßte Phantasien tatsächlich in Angriff nehmen will, hat immer auch mit der wahrgenommenen Verwirklichungschance (Erwartung) zu tun. Nur für Erreichbares ist ein motivationales Engagement zu erwarten. Deshalb sollte die Kontrastierung von Phantasien und widersprechender Realität zunächst dazu führen, daß die Verwirklichungschance kritisch bedacht wird. Das Urteil darüber, wie wahrscheinlich es ist, daß es zu einer Realisierung der Phantasien kommen kann, bestimmt schließlich die Motivation, die Phantasien handelnd zu realisieren.

Ein Beispiel soll diese Überlegung verdeutlichen: Ein junger Mann ergeht sich in positiven Phantasien über ein Zusammenkommen mit einer jungen Frau. Erst, wenn er seine positiven Phantasien mit der entsprechenden negativen Realität (Aspekte, die sein Leben ohne sie charakterisieren und die einer Beziehung mit der jungen Frau entgegenstehen) vor dem geistigen Auge miteinander kontrastiert, sollte er seine positiven Phantasien als Leitbild erleben, das auf Umsetzung drängt, und die negative Realität als veränderungsbedürftig. Ob es letztendlich zu einem motivationalen Engagement für eine Umsetzung kommt, ist aber eine Frage der subjektiv erlebten Chancen, die Phantasierealisierung auch durchführen zu können. Werden diese hoch eingeschätzt, darf man ein intensives Engagement in Richtung Phantasierealisierung erwarten.

Wir haben es also mit drei Variablen zu tun: Positive Phantasie, Reflexion über die negative Realität und wahrgenommene Erfolgschance oder Erwartung der Phantasierealisierung. Genauso wie bei der Unterscheidung zwischen Zukunftsphantasie und Erwartung drängt sich sofort die Frage auf, ob es sinnvoll ist, zwischen Reflexion über die Gegenwart einerseits und Erwartung andererseits zu unterscheiden. Dies läßt sich jedoch ebenso gut begründen wie die Unterscheidung zwischen Zukunftsphantasie und Erwartung. Im Prinzip handelt es sich nämlich um den gleichen Unterschied in der Art des Denkens. Beim Reflektieren über die Gegenwart wird über bestimmte Inhalte (z.B. vorliegende Begebenheiten, Ereignisse, situative Kontexte) nachgesonnen und gegrübelt, während Erwartungen Einschätzungen (Wahrscheinlichkeitsurteile) des Fortdauerns dieser Inhalte darstellen. Es handelt sich dabei um den wesentlichen Unterschied zwischen Bedenken und Beurteilen. Angewandt auf unsere Fragestellung bedeutet dies, daß es sowohl ein bloßes Bedenken von und Nachsinnen über Aspekte der Gegenwart gibt als auch ein Erwartungsurteil über das Fortdauern oder die Vergänglichkeit dieser Dinge.

Wenn wir hier von der Kontrastierung von Phantasie und Realität sprechen, dann meinen wir eine Gegenüberstellung des Schwelgens in den Inhalten einer vorgestellten positiven Zukunft (Phantasie) einerseits und des Nachsinnens oder Grübelns über Aspekte der dem widersprechenden negativen Gegenwart andererseits. Die Aussage, daß angesichts einer Kontrastierung von positiven Phantasien und negativer Realität die Erwartungen einer Person verhaltenswirksam werden, bezieht sich auf ein Wahrscheinlichkeitsurteil, nämlich die von der Person geschätzte Erfolgswahrscheinlichkeit, daß die in den Gegenwartsreflexionen bedachten widersprüchlichen negativen Aspekte in Richtung der positiven Phantasien verändert werden können. Die positiven Phantasien und die Reflexionen über die negative Realität sind dagegen keine Wahrscheinlichkeitsurteile. In beiden Fällen haben wir es mit spontanen Gedanken (im Sinne des Nachsinnens) zu tun und nicht mit Überzeugungen (*Beliefs*) im Sinne von Einschätzungen der Wahrscheinlichkeit des Auftretens von Ereignissen.

Wie unterscheiden sich aber positive Phantasien von Reflexionen über die Realität? Was wir mit der Kontrastierung von Zukunftsphantasien mit Gegenwartsreflexionen meinen, läßt sich anhand des vorhergehenden Beispiels wie folgt beschreiben: Der verliebte junge Mann muß erst erkennen, daß Gedanken an ein Zusammensein mit der jungen Frau eine Vorstellung beschreiben, die nicht der Realität entspricht. Sein augenblicklicher realer Zustand ist durch die Abwesenheit dieser Person gekennzeichnet und steht somit mit der Phantasie im Widerspruch. In positiven Phantasien malt sich unser Akteur aus, wie schön es *werden* könnte. In den Reflexionen über die negative Realität wird dagegen darüber nachgedacht, wie schlecht die Dinge tatsächlich stehen. Bei den positiven Phantasien ist also der positive, der imaginäre, der erwünschte Zustand der Ausgangspunkt der Gedanken, während bei den Reflexionen über die negative Realität der vergleichsweise unerwünschtere Status quo mit all seinen behindernden und limitierenden Aspekten der Ausgangspunkt der Gedanken ist.

Unsere Hypothese ist nun, daß motivationale Effekte von (Erfolgs-)Erwartungen erst dann auftreten, wenn durch eine Kontrastierung der positiven Phantasien mit der negativen Realität die positiven Phantasien als zu realisierend bzw. die negative Realität als zu verändernd empfunden werden. Erst jetzt werden die Chancen der Phantasierealisierung in der Wirklichkeit handlungsrelevant. Ein bloßes Schwelgen in positiven Phantasien sollte dagegen kein Engagement in Richtung Phantasierealisierung entstehen lassen, weil hier nicht die Notwendigkeit des Handelns erkannt wird. Auch zeigt ein Sich-Ergehen in positiven Phantasien nicht an, wie zu handeln wäre. Positive Phantasien dürften demnach, da sie nicht als zu realisierend erlebt werden, reine Phantasien bleiben. Wenn nun die bloßen positiven Phantasien unter Vernachlässigung des Bedenkens der negativen Realität kein Verlangen nach einer Phantasierealisierung stiften können, sollten Erwartungen darüber, inwieweit die Phantasien als realisierbar wahrgenommen werden, auch keine Rolle für Motivation und Handeln in Richtung Phantasierealisierung spielen. Sie werden nicht handlungsrelevant.

Ein analoges Argument gilt für die bloße Reflexion der negativen Realität. Ein alleiniges Grübeln über den negativen Status quo gibt nicht die Richtung an, in der die Realität verändert werden soll. Die Wirklichkeit wird erst gar nicht als etwas zu Veränderndes erlebt. Damit kommt keine Suche nach Ansatzpunkten dafür in Gang, wie die Realität in Richtung Phantasien zu verändern wäre. Negative Grübeleien sollten demnach düsteres Nachsinnen bleiben. Wenn nun die bloße Grübelei über die negative Realität unter Vernachlässigung des Bedenkens der positiven Phantasien weder Verlangen noch Ansatzpunkte zur Wirklichkeitsveränderung liefert, sollten Erwartungen darüber, inwieweit die

Wirklichkeit in Richtung der Phantasien umgestaltet werden kann, keinen Effekt auf das Engagement, die Phantasie zu realisieren, haben. Mit anderen Worten: Die Erfolgserwartungen der grübelnden Person werden nicht verhaltenswirksam.

Diese Überlegungen implizieren, daß Personen mit hohen Erfolgserwartungen vergleichsweise engagierter sind, wenn sie sich positive Phantasien und die negative Realität kontrastierend vor Augen führen, als wenn lediglich in positiven Phantasien geschwelgt oder in negativen Grübeleien verharrt wird. Wenn ausschließlich in positiven Phantasien verweilt oder nur über die negative Realität gegrübelt wird, sollten günstige Chancen, die durch die hohen Erfolgserwartungen nahegelegt werden, erst gar nicht salient werden. Genußvoll träumende oder bedrückt grübelnde Personen dürften deshalb selbst dann nur ein verhaltenes phantasie-realisierendes Engagement zeigen, wenn die Erfolgserwartungen günstig sind.

Interessante Implikationen ergeben sich aus diesen Überlegungen auch für Personen mit niedrigen Erwartungen. Das Engagement in Richtung Phantasierealisierung sollte insbesondere dann ausbleiben, wenn die Phantasie-Realitäts-Kontrastierung niedrige Erwartungen verhaltenswirksam macht. Diese Kontrastierung macht den Blick frei für die Chancen der Phantasierealisierung. Niedrige Erfolgschancen signalisieren, daß auf Phantasierealisierung ausgerichtete Handlungen frustriert werden dürften. Ein Engagement in Richtung Phantasierealisierung sollte sich somit verbieten. Da das bloße Schwelgen in positiven Phantasien und das bloße Grübeln über die negative Realität den Blick auf die Realisierungschancen der Phantasien verstellen, können niedrige Erwartungen die Person weniger effektiv vom Engagement in Richtung Phantasierealisierung abhalten. Trotz schlechter Realisierungschancen sollte sich deshalb noch ein phantasie-realisierendes Engagement beobachten lassen, das durch die niedrigen Erwartungen nicht gerechtfertigt ist.

Unsere Überlegungen lassen sich wie folgt zusammenfassen: Die Ergebnisse der berichteten Korrelationsstudien sprechen dafür, daß positive Zukunftsphantasien, wenn schon kein phantasie-realisierendes Handeln, so doch wenigstens ein gedankliches Vorwegnehmen der Zielrealisierung zu motivieren vermögen. Die Befunde zum Phänomen des Belohnungsaufschubs (*Delay of gratification*) zeigen darüberhinaus, daß positive Phantasien auch Handeln motivieren können, wenn sich dieses Handeln auf den Konsum des Gegenstandes der Phantasien bezieht (z.B. Brezeln; zusammenfassend siehe Mischel et al., 1989). Positive Phantasien stimulieren offensichtlich das mentale Konsumieren und begünstigen konsumtive Handlungen. Wie aber lassen sich positive Phantasien in eine motivierende Kraft für den Fall verwandeln, in dem das Phantasieobjekt nicht unmittelbar konsumiert werden kann, sondern erst realisiert werden muß? Wir postulieren, daß man dazu den positiven Phantasien die Reflexionen über das, was in der Realität der Phantasieverwirklichung entgegensteht, gegenüberstellen muß. Dann sollten die positiven Phantasien nicht mehr reine Schwärmerei bleiben, sondern sich als etwas darstellen, das erreicht werden muß oder soll. Die positiven Phantasien zeigen dabei die Richtung des Handelns auf und die Reflexionen über die negative Realität die Notwendigkeit zum Handeln und Ansatzpunkte dafür, wie gehandelt werden muß. Da nun die Wirklichkeit in Richtung der Phantasien zu verändern ist, sollten die Einschätzungen der Realisierungschancen handlungsleitend werden. Demnach sollte die handlungsleitende Funktion der Erwartungen besonders stark zu Tage treten, wenn einer Person der Widerspruch zwischen ihren positiven Phantasien und der negativen Realität vor Augen steht.

Ein vergleichsweise erwartungsunabhängiges Handlungsengagement, also weder ein vermehrtes Engagement bei hohen, noch ein vermindertes Engagement bei niedrigen Erwartungen, sollte bei Personen zu beobachten sein, die sich in positiven Phantasien oder Grübeleien über die negative Wirklichkeit verlieren. Hier spielen die Erfolgserwartungen als Spiegel der Vergangenheit und als Ratgeber für die Zukunft keine Rolle für das Engagement in Richtung Phantasierealisierung. Ein bloßes Phantasieren läßt die Phantasien nicht als etwas zu Realisierendes erscheinen, und die bloße Grübelei begreift die Wirklichkeit nicht als etwas, das verändert werden muß. Hier sollte folglich die Einschätzung der Erreichbarkeit der Phantasien bzw. der Veränderbarkeit der Wirklichkeit keine Rolle spielen. Setzt man sich angesichts positiver Phantasien nicht mit der negativen Realität auseinander, so besitzen die aus der in der Vergangenheit gemachten Erfahrung gespeisten Erwartungsurteile keine Handlungsrelevanz.

Somit sollte das intensivste Engagement bei Personen zu beobachten sein, die sich einer Kontrastierung von Phantasie und Realität aussetzen und gleichzeitig hohe Erfolgserwartungen besitzen. Das schwächste Engagement sollten dagegen Personen zeigen, die sich Phantasien und die negative Realität kontrastierend vor Augen führen, deren subjektive Erfolgserwartungen jedoch gering sind. Personen, die lediglich schwelgen oder nur grübeln, sollten dagegen weder angesichts positiver Erwartungen ein übermäßiges Engagement noch angesichts negativer Erwartungen eine besonders ausgeprägte Passivität zeigen. Ihr Engagement bezieht die aus der vergangenen Erfahrung abgeleiteten Erfolgserwartungen nicht mit ein. Sie sehen keinen Grund dafür, sich bei positiven Erwartungen besonders zu engagieren oder sich bei negativen Erwartungen besonders passiv zu verhalten.

Zusammenfassung

Im vorliegenden Kapitel diskutierten wir zunächst methodologische Aspekte der in Kapitel 6 berichteten Korrelationsstudien. Dabei ging es um die Frage, ob wir tatsächlich spontane Zukunftsphantasien versus Erwartungsurteile erfaßt haben und ob der beobachtete gegenläufige Zusammenhang zwischen Phantasie und Erfolg (negativ) versus Erwartung und Erfolg (positiv) sich jeweils als linear abfallend bzw. ansteigend darstellt. Variablen wie beispielsweise der eingeschätzte Anreiz des in der Zukunft liegenden Ereignisses sowie das Geschlecht der Versuchspersonen scheinen keinen moderierenden Einfluß auf die beobachteten gegenläufigen Zusammenhänge zu nehmen. Die in den Korrelationsstudien zum Einsatz gekommenen Verfahren zur Bestimmung der Positivität spontaner Zukunftsphantasien dürften obendrein die Positivität der im Alltag erlebten spontanen Zukunftsphantasien verläßlich abbilden. Zumindest legt dies eine Feldstudie nahe, in der Versuchspersonen im Alltag zu verschiedenen Zeitpunkten aufgefordert wurden (*Beeper*-Methode), ihre gerade erlebten Zukunftsgedanken zu berichten und auf ihre Positivität hin einzuschätzen. Dabei stellte sich heraus, daß die auf diese Art und Weise erzielten Werte mit der Beantwortung der in unseren Korrelationsstudien verwendeten Verfahren in positiver Beziehung standen. Schließlich wurden aus der experimentellen Literatur im Rahmen der sozialen Kognitionsforschung Studien besprochen (z.B. zum defensiven Pessimismus), die ebenfalls eine negative Beziehung zwischen positiven Zukunftsvorstellungen und Erfolg berichten.

Im zweiten Teil unserer Diskussion wurde die Frage aufgeworfen, ob positive Zukunftsphantasien nicht vielleicht doch unter bestimmten Bedingungen phantasie-realisierendes Handeln fördern. Es wurde zunächst festgestellt, daß das Schwelgen in positiven Zukunftsphantasien, anstatt phantasie-realisierendes Handeln zu fördern, das konsumtive Handeln anregt. An diese Überlegung anknüpfend wurde postuliert, daß unter Bedingungen, die positiven Phantasien ihre konsumtive Natur rauben, phantasie-realisierendes Handeln eine Chance haben sollte. Als eine derartige Bedingung wurde schließlich die Kontrastierung von positiven Zukunftsphantasien mit negativen Realitätsreflexionen identifiziert. Von solchen Kontrastierungen wird erwartet, daß sie die positive Zukunftsphantasie als etwas zu Realisierendes erscheinen lassen und die widersprechende negative Realität als veränderungsbedürftig. Dieses Gefühl der Handlungsnotwendigkeit sollte den Blick der Person auf die Erfolgswahrscheinlichkeiten der Phantasieverwirklichung richten: Bei hohen Erfolgserwartungen sollte somit die Ausführung phantasie-realisierender Handlungen begünstigt und bei niedrigen Erfolgserwartungen unterdrückt werden. Das bloße Schwelgen in Phantasien über eine positive Zukunft und das reine Grübeln über die negativen Aspekte der Realität sollten dagegen den Blick auf die Erfolgserwartungen verstellen, was zu einem erwartungsunabhängigen Engagement in Richtung Phantasierealisierung führen sollte.

8

Die Kontrastierung von positiven Phantasien und negativer Realität: Wirkung auf Motivation und Handeln

Die im letzten Abschnitt vorgestellten Überlegungen wurden in drei experimentellen Studien geprüft. Wie in den korrelativen Studien (Kapitel 6) wurden auch in den experimentellen Studien Angelegenheiten und Ereignisse aus Inhaltsbereichen gewählt, die die Phantasien der Versuchsteilnehmer anzuregen vermochten. Im ersten und zweiten Experiment ging es, wie bei der Verliebtheitsstudie (Studie 3), um interpersonelle Angelegenheiten, im dritten Experiment, wie in der Stellensuchestudie (Studie 4), um Lebensplanung. Im ersten Experiment bezogen sich die Phantasien der Studentinnen auf subjektiv wichtige interpersonelle Beziehungen und in der zweiten Untersuchung auf das Kennenlernen einer attraktiven jungen Person. Im dritten Experiment schließlich betrafen die Zukunftsträume von Doktorandinnen deren zukünftige Lebenssituation (Familie und Beruf).

Konkretisiert man die oben angeführten Überlegungen in Hypothesenform, so lassen sich drei Hypothesen unterscheiden: (1) Vpn, die sich positive Phantasien über ein zukünftiges Ereignis mit Reflexionen über die entsprechende negative Realität kontrastierend vor Augen führen, werden in ihrer Motivation und in ihrem Handeln stärker von subjektiven Erfolgserwartungen geleitet als die Vpn, die entweder nur in positiven Phantasien schwelgen oder nur über die negative Realität grübeln. (2) Vpn der Phantasie-Realitäts-Kontrastierungsbedingung mit hohen Erwartungen engagieren sich stärker in Richtung Phantasierealisierung als die respektiven Vpn der bloßen Phantasie- und der reinen Realitätsbedingung. (3) Vpn der Kontrastierungsbedingung mit niedrigen Erwartungen engagieren sich weniger als die entsprechenden Vpn in den anderen beiden Bedingungen.

Um unsere Hypothesen prüfen zu können, müssen sie auf eine operationale Ebene übersetzt werden. Es stellt sich somit die Frage, wie man das Schwelgen in positiven Phantasien beziehungsweise das Grübeln über die negative Realität experimentell induzieren und wie man eine Kontrastierung des Schwelgens und Grübelns erzielen kann.

Wie dies im einzelnen erreicht wurde, wird im Methodenteil der einzelnen Studien im Detail beschrieben. Hier soll nur darauf hingewiesen werden, daß es uns darum ging, mehr als nur einen Gedanken an das positive Zukunftsereignis oder einen Aspekt der Realität zu induzieren. Nicht das bloße Erkennen potentiell positiver Zukunftsereignisse ist zu erreichen, sondern das gedankliche Ausgestalten (Phantasieren) dieser möglichen positiven Ereignisse. Nicht nur das Wissen um negative Aspekte der Gegenwart sollte aktiviert werden, sondern das Grübeln und Reflektieren dieser Aspekte. Schließlich verlangt die Kontrastierung des Phantasierens über positive Zukunftsereignisse mit dem Grübeln über negative Aspekte der vorliegenden Realität, daß das Phantasieren zugunsten des Grübelns unterbrochen wird. Für die einzelnen Studien haben wir verschiedene experimentelle Techniken (siehe unten) entwickelt, die das Phantasieren, das Grübeln sowie deren Kontrastierung bei den Vpn auslösten.

In den im folgenden dargestellten Experimenten war jedoch noch ein zweites Problem zu lösen: Wie mißt man das Engagement in Richtung Phantasierealisierung? Da es sich durchgängig um Angelegenheiten handelte, die in der Zukunft angesiedelt waren, konnte eine Realisierung der Phantasien nicht an Ort und Stelle (also vor Ort im Labor) beobachtet werden. Wir waren deshalb auf Nachbefragungen angewiesen. Oft leiden Nachbefragungen (die Vpn mußten zuhause Fragebögen ausfüllen und an uns zurückschicken) darunter, daß die Rücklaufquote sehr niedrig ist und somit sehr unvollständige (und möglicherweise systematisch verzerrte) Daten erhoben werden. Dies war in den drei zu berichtenden Experimenten jedoch nicht der Fall. Stets lag die Beantwortungsrate für die Fragebögen, die die Vpn zuhause beantworten mußten, bei über 90%. Wir erfaßten jedoch nicht nur die tatsächlich ausgeführten *phantasie-realisierenden Handlungen*, sondern weitere Variablen, die mit den tatsächlichen Realisierungsbemühungen der Vpn in mehr oder weniger enger Beziehung standen. So wurde beispielsweise in Experiment 3 danach gefragt, ob sich die Vpn Gedanken über das Wie der Realisierung ihrer Phantasien gemacht hätten. Derartige planende Gedanken und *mentale Simulationen* fungieren als fördernde Vorläufer tatsächlicher Handlungen (Heckhausen, 1989; Gollwitzer, 1993; Taylor & Pham, 1996) und sollten deshalb das gleiche Datenmuster aufweisen, wie es für tatsächliche Realisierungshandlungen zu erwarten ist.

Eine weitere Gruppe von abhängigen Variablen, die in unseren Studien zum Einsatz kam, erfaßte die *Motivation zum phantasie-realisierenden Handeln*. Der Vorteil der Erfassung dieser Variablen liegt darin, daß man sie unmittelbar nach der experimentellen Manipulation erheben kann. Sie ist aber auch immer dann von besonderer Bedeutung, wenn die Phantasieprojekte nur langfristig in Erfüllung gehen können. In diesem Fall ist die Erfassung relevanter Handlungen unserem Zugriff entzogen, und es bleibt für die Messung des Engagements zur Phantasierealisierung nur die Bestimmung der Handlungsmotivation.

Die Handlungsmotivation läßt sich zum einen relativ direkt als Handlungsbereitschaft abfragen, wie z.B. durch die Frage: "Wie gerne würden Sie die phantasie-realisierende Handlung x ausführen?" oder als Anstrengungsbereitschaft, z.B. durch die Frage: "Wieviel haben Sie vor, in dieser Angelegenheit zu tun?". Die Anstrengungsbereitschaft kann jedoch auch auf eine indirekte Art erhoben werden. So baten wir beispielsweise die Vpn in Experiment 1 direkt nach der experimentellen Manipulation, eine Reihe von Items, die sich auf ihren Gefühlszustand bezogen, anzukreuzen und mischten die relevanten Items "voller Energie" und "tatkräftig" dazwischen.

Schließlich versuchten wir, die Handlungsmotivation auch über die Messung des Gefühls der Handlungsverpflichtung (*Commitment*) zu erfassen. Dies geschieht unserer Meinung nach am einfachsten dadurch, daß man die Vpn danach fragt, wie bedauerlich oder schmerzhaft für sie eine fehlgeschlagene oder nicht erfolgte Phantasierealisierung wäre. Die zugrundeliegende Überlegung lautet hier, daß man nur diejenigen Ereignisse und Dinge schmerzhaft vermissen kann, denen man sich eng verbunden fühlt. In verschiedenen Bereichen der Motivationspsychologie konnte nachgewiesen werden, daß Verbundenheitsgefühle dieser Art (*Commitment*) einen engen Zusammenhang mit der Ausführung relevanter Handlungen aufweisen, so z.B. in der Theorie von Locke und Latham (1990) zur Arbeitsmotivation und in der Selbstergänzungstheorie von Wicklund und Gollwitzer (1982) zum Streben nach spezifischen Identitäten (etwa Berufsidentitäten).

Wir haben in den nachfolgenden Studien nicht nur verschiedene Maße zur Bestimmung des Engagements in Richtung Phantasierealisierung erhoben und damit versucht, die Konstruktvalidität der Messung unserer abhängigen Variable Engagement in Richtung Phantasierealisierung zu erhöhen. Wir haben diese Maße auch zu mehreren Zeitpunkten erfaßt, um die Zuverlässigkeit unserer Effekte auf diese Variablen zu prüfen. Die Vorhersagen unserer Hypothesen beziehen sich somit nicht nur auf die verschiedenen Maße, sondern auch auf die verschiedenen Meßzeitpunkte.

Die Kontrastierung von positiven Phantasien und negativer Realität: Zwischenmenschliche Beziehungen (Experiment 1)

Welche Thematik eignet sich am besten zum Testen unserer Hypothesen? In welchem Inhaltsbereich sollten die zukünftigen Ereignisse angesiedelt sein, damit die Vpn in positiven Phantasien darüber schwelgen und gleichzeitig über einen negativen Status quo grübeln können? Was ist Unversitätsstudentinnen (den Vpn unseres ersten Experiments) so wichtig, daß es die Phantasie anregt, aber gleichzeitig so problematisch, daß es auch das Grübeln begünstigt? Eine rezente Studie von Hammersla und Fraese-McMahan (1990) gibt auf den ersten Teil dieser Frage eine eindeutige Antwort. Wenn man UniversitätsstudentInnen vor die Wahl stellt, entweder eine positive Beziehung zu einer anderen Person oder den Erfolg im Beruf aufgeben zu müssen, so hat der Erfolg im Beruf bei über 70% der Urteile das Nachsehen. Dies gilt auch für Vergleiche mit Erfolgen in anderen Bereichen, wie z.B. finanzielle Sicherheit, gute Ausbildung und Gesundheit. Positive Beziehungen stehen also in der Attraktivitätshierarchie ganz oben. Dies ist verwunderlich angesichts der diesbezüglichen negativen Realität. Glückliche Beziehungen werden nämlich, vertraut man den Scheidungsstatistiken, in den westlichen Ländern immer seltener (Phillips, 1988). Die Implikationen dieser Entwicklung für die westliche Gesellschaft mögen hier dahingestellt bleiben. Für die vorliegende Fragestellung besagt dieser Trend jedoch, daß wir mit dem Thema "Beziehungen" einen Inhaltsbereich gefunden haben, über den sich sowohl trefflich phantasieren als auch grübeln läßt.

Im Experiment 1 sollten die Vpn deshalb zunächst eine interpersonelle Angelegenheit benennen, die ihnen am Herzen läge und für die sie sich eine Verbesserung wünschten. Die Vpn wurden dann gebeten, die persönliche Wichtigkeit sowie die subjektive Wahrscheinlichkeit der Erfüllung dieses Wunsches einzuschätzen. Schließlich mußten noch spontane Gedanken über die positiven Aspekte der Wunscherfüllung sowie die negativen Aspekte des Status quo niedergeschrieben werden. Erst danach wurden die Vpn zufällig drei Versuchsbedingungen zugeteilt: In der *positiven Phantasiebedingung* wurden die Vpn instruiert, sich die positiven Aspekte der Wunscherfüllung auszumalen, während in der *negativen Realitätsbedingung* ein intensives Bedenken der negativen Aspekte des Status Quo verlangt wurde. In der *Kontrastierungsbedingung* wurden die Vpn schließlich instruiert, abwechselnd das eine (in positiven Phantasien schwelgen) und das andere (die negativen Aspekte der Realität reflektieren) zu tun. Es handelt sich somit um einen Versuchsplan mit drei Gruppen, wobei sich die einzelnen Gruppen darin unterschieden, welche Inhalte (positive Aspekte der Wunscherfüllung, negative Aspekte des Status Quo oder beides) sie zu bedenken hatten. Auf eine Kontrollgruppe, in der weder die positiven Aspekte der Wunscherfüllung noch die negativen Aspekte der Realität zu bedenken waren, wurde in Experiment 1 verzichtet.

Die abhängige Variable des Engagements in Richtung Phantasierealisierung wurde auf zweierlei Weise gemessen: zunächst als Anstrengungsbereitschaft direkt nach der Manipulation und dann als Unverzüglichkeit relevanter Handlungen (d.h., wann die Vpn begannen, phantasie-realisierende Handlungen auszuführen).

Methode

Versuchspersonen und Versuchsmaterial. 127 Studentinnen der Freien Universität in Berlin, die im Durchschnitt 23.7 Jahre alt waren (*SD* = 6.9) nahmen in Gruppen von jeweils 6 bis 8 Vpn an dem Experiment teil. In jeder Gruppensitzung wurden die Vpn zufällig auf die drei Versuchsbedingungen aufgeteilt. Jeder Sitzplatz war von hohen Sitzblenden, die verhinderten, daß die Vpn sich gegenseitig sehen konnten, umgeben. Für die Teilnahme an der Studie bekam jede der Vpn den Betrag von DM 20.-.

Versuchsablauf. Zunächst wurden die teilnehmenden Studentinnen von der Versuchsleiterin (Vl), die auf die Vertraulichkeit der Antworten hinwies und die Freiwilligkeit der Teilnahme betonte, begrüßt. Den Vpn wurde auch mitgeteilt, daß sie nach 2 Wochen einen kurzen Nachfolgefragebogen geschickt bekämen. Schließlich wurde ihnen eine ausführliche Aufklärung über Sinn und Ziel der Studie in Aussicht gestellt.

Die Vpn wurden dann zu ihrem Platz geführt. Dort lag ein vorbereiteter Fragebogen, den sie bearbeiten sollten. Um strikte Anonymität zu gewährleisten, sollten die Vpn den Fragebogen nicht mit ihrem Namen versehen, sondern einen persönlichen Code aus zwei Buchstaben und zwei Zahlen aufschreiben. Damit sie diesen nicht vergäßen, baten wir die Vpn, ihren persönlichen Code auf von uns verteilten Visitenkarten des Max-Planck-Instituts zu notieren und diese bis zum Erhalt der Nachfolgefragebögen aufzubewahren.

Bevor die Vl die Vpn zum Anfangen aufforderte, erklärte sie noch, daß es in der vorliegenden Studie um die menschliche Entwicklung während der gesamten Lebensspanne gehe. Wesentlich bei der Untersuchung dieses Forschungsthemas sei auch die Erforschung von alltäglichen Gedanken, bewegenden Tagträumen und Phantasien. Der nun auszufüllende Fragebogen behandle dieses Thema.

Der Fragebogen bestand aus drei Teilen. Im *ersten Teil* wurden alle Vpn gebeten, das interpersonelle Anliegen zu benennen, das sie zur Zeit am meisten beschäftigte. Zur Illustration nannten wir folgende Beispiele: "jemanden, der mich sehr interessiert, näher kennenlernen" oder: "eine unglückliche Beziehung auflösen". Nachdem die Vpn dies getan hatten, mußten sie auf einer von 0% bis 100% reichenden Antwortskala folgende Frage beantworten: "Wie hoch schätzen Sie die Wahrscheinlichkeit ein, daß es zu dem erwünschten Ergebnis kommt?". Weiterhin beantworteten sie die Frage: "Wie wichtig ist die Erfüllung dieses Anliegens für Sie?". Hier reichte die Antwortskala von 1 (*nicht wichtig*) bis 7 (*sehr wichtig*).

Im *zweiten Teil* des Fragebogens wurden alle Vpn gebeten, sechs positive Aspekte anzugeben, die sie mit der Erfüllung ihres Anliegens verbänden. Danach sollten sie sechs negative Aspekte auflisten, die dagegen sprächen, daß das Anliegen sich erfüllen würde.

Die Vpn wurden angehalten, die positiven und negativen Aspekte stichpunktartig aufzuschreiben - ohne lange zu überlegen .

Im *dritten Teil* des Fragebogens wurden die Vpn schließlich gebeten, spontane Gedanken bezüglich der in Teil 2 des Fragebogens genannten Aspekte zu generieren. Die Instruktionen unterschieden sich zwischen den Bedingungen insofern, als die Vpn der verschiedenen Bedingungen dies für verschiedene Aspekte tun sollten. In der *Kontrastierungsbedingung* mußten die Vpn zwei positive Aspekte der Anliegenerfüllung und zwei negative Aspekte der momentanen Realität in alternierender Reihenfolge (beginnend mit einem positiven Aspekt) bearbeiten. Dazu mußte jeweils ein positiver Aspekt an den oberen Rand und ein negativer Aspekt in die Mitte eines leeren Blatt Papiers (zwei Blätter waren vorbereitet) geschrieben werden. Diese Blätter waren jeweils am oberen Rand und in der Mitte mit der folgenden Instruktion beschriftet:

> Übertragen Sie nun das Stichwort auf diese Seite und malen Sie sich in Ihren Gedanken die Ereignisse oder Erlebnisse so intensiv wie möglich aus! Lassen Sie die Bilder einfach kommen und scheuen Sie sich nicht, Ihrer Kreativität freien Lauf zu lassen. Nehmen Sie sich soviel Zeit und Raum, wie Sie benötigen, um die Szene zu schildern. Wenn Sie mehr Platz brauchen, schreiben Sie bitte auf der Rückseite weiter.

Vpn in der *positiven Phantasiebedingung* durften sich ausschließlich positive Aspekte der Anliegenerfüllung aussuchen. Sie notierten vier positive Aspekte auf die vorbereiteten zwei Blätter und schrieben ihre spontanen Gedanken dazu nieder. Vpn in der *negativen Realitätsbedingung* mußten dagegen vier negative Aspekte des Status quo, die der Anliegenerfüllung entgegenstanden, auswählen und in die vorbereiteten Blätter eintragen. Danach sollten sie zu jedem einzelnen Aspekt Gedanken produzieren und diese im einzelnen niederschreiben.

Direkt im Anschluß an die Manipulation der gedanklichen Beschäftigung, die in jeder Versuchsbedingung verschieden ausfiel, wurde die erste abhängige Variable erhoben. Alle Vpn kreuzten an, wie "tatkräftig" sie sich jetzt, also in diesem Augenblick fühlten, und inwieweit sie sich "voller Energie" fühlten. Die Antwortskalen reichten von 1 (*überhaupt nicht*) bis 7 (*sehr*). Diese beiden Items waren in eine Reihe weiterer Items (insgesamt 21), die klassischen Stimmungsfragebögen entnommen waren (z.B. leer, enttäuscht, glücklich, zufrieden), eingestreut. Die Antworten bezüglich "tatkräftig" und "voller Energie" korrelierten hoch (r = .79), so daß wir sie zur Variable "Anstrengungsbereitschaft" zusammenfaßten. Bevor das Experiment abgeschlossen wurde, schätzten alle Vpn erneut die Wichtigkeit sowie die Wahrscheinlichkeit der Erfüllung des Anliegens ein. Abschließend wurde den Vpn das vereinbarte Entgelt ausgezahlt, und sie wurden nach einem Hinweis, daß sie nach 2 Wochen einen Nachfolgefragebogen erhalten würden, verabschiedet.

Zwei Wochen nach der Teilnahme am Experiment erhielten die Vpn per Post einen kurzen Nachfolgefragebogen, den sie innerhalb von 3 Tagen zurückschicken sollten. In einer Reihe von Fragen wurde erkundet, wann die Vpn Handlungen in Richtung Phantasieverwirklichung ausgeführt hatten. Um feststellen zu können, wie unverzüglich die Vpn sich bemühten, die Anliegenrealisierung voranzutreiben, wurden die Vpn zunächst gebeten, an die Zeit zu denken, die seit der Teilnahme an unserer Studie verstrichen war. Dann sollten die Vpn alle Schritte auflisten, die sie in der Zwischenzeit in Richtung Phantasieverwirklichung unternommen hatten. Schließlich mußten sie die zwei Schritte ankreuzen, die am schwierigsten waren, und obendrein angeben, wann sie diese Schritte ausgeführt hatten (oder damit begonnen hatten, diese zu implementieren, falls sie nicht an einem Tag abgeschlossen werden konnten). Wir fokussierten auf die von den Vpn als schwierig empfundenen Schritte, weil insbesondere die Inangriffnahme von als schwierig empfundenen Handlungen als ernsthafter Versuch, die Phantasierealisierung voranzutreiben, gewertet werden kann. Die Unverzüglichkeit dieser Realisierungshandlungen wurde definiert als die Differenz (in Tagen) zwischen dem angegebenen Datum der Handlung und dem Tag der Teilnahme am Experiment. Für die Vpn, die angegeben hatten, noch keinen Schritt in Richtung Phantasieverwirklichung unternommen zu haben, setzten wir eine Konstante ein. Der Wert dieser Konstante entsprach dem im vorgegebenen kritischen Zeitraum maximal möglichen Aufschub des Handlungsbeginns.

Weit über die Hälfte der Vpn (69 Vpn oder 60.5%) hatten zwei oder mehr Schritte in Richtung Phantasieverwirklichung unternommen. Weitere 10 Vpn (8.8%) hatten wenigstens einen Schritt in Richtung Phantasierealisierung und der Rest (35 Vpn oder 30.7%) hatte keinerlei Handlungsschritte in Richtung Phantasierealisierung ausgeführt. Die Unverzüglichkeit der Ausführung des ersten Schritts korrelierte hoch mit der Unverzüglichkeit der Ausführung des zweiten Schritts ($r = .74$), und deshalb faßten wir für unsere statistischen Analysen (siehe unten) die Werte für beide Schritte zu einem Gesamtindex der Unverzüglichkeit des Handelns zusammen.

Etwa 2 Wochen nach Eingang der Nachfolgefragebögen im Institut schickten wir allen Vpn ein ausführliches Schreiben über Sinn und Zweck der Studie. Wir präsentierten ihnen die Hypothesen der Untersuchung und teilten den Vpn den genauen Versuchsplan mit, so daß jede Vp herausfinden konnte, welcher Versuchsbedingung sie zugeteilt worden war. Auch ermutigten wir die Studentinnen, uns jederzeit zu kontaktieren (die entsprechende Telefonnummer wurde mitgeteilt), falls sie weitere Fragen hätten.

Ergebnisse

Deskriptive Analysen. Die von den Vpn genannten interpersonellen Angelegenheiten bezogen sich in 43.3% der Fälle auf intime Beziehungen, zu 25.2% auf Freundschaften und Bekanntschaften, zu 4.7% auf Familienbeziehungen und zu 26.8% auf das Kennenlernen neuer Personen. Diese Prozentzahlen unterschieden sich nicht signifikant zwischen den Bedingungen ($p > .72$).

Die Erfolgserwartungen der Vpn lagen im Mittel bei 6.11 ($SD = 2.43$), und die Wichtigkeit der Erfüllung des Anliegens hatte einen Mittelwert von $M = 6.23$ ($SD = 1.02$). Weder die Erwartung noch die Wichtigkeit standen in einem systematischen Zusammenhang zum Alter der Vpn ($p > .28$). Für die abhängigen Variablen finden sich folgende Mittelwerte und Standardabweichungen: Anstrengungsbereitschaft, $M = 4.15$ ($SD = 1.65$) und Unverzüglichkeit des Handelns, $M = 9.46$ ($SD = 6.91$). Die Korrelation zwischen den abhängigen Variablen lag nahe bei 0 ($r = -.03$).

Von der Gesamtpopulation ($N = 127$) schickten 116 Vpn (91.3%) den ersten Nachfolgefragebogen zurück. Die säumigen 11 Vpn teilten sich wie folgt auf die 3 Bedingungen auf: 5 Vpn in der Kontrastierungsbedingung, 4 in der positiven Phantasiebedingung und 2 in der negativen Realitätsbedingung. Zu den durch säumige Vpn verursachten 11 fehlenden Werten in der abhängigen Variable Unverzüglichkeit des Handelns kamen noch zwei weitere, die durch unvollständiges Ausfüllen des Nachfolgefragebogens entstanden waren. Insgesamt ergab dies 13 fehlende Werte (dies entspricht 1.71 der Datenpunkte), die mit Hilfe von Regressionsschätzungen (Tabachnick & Fidell, 1989; geschätzt für jede der drei Gruppen) ersetzt wurden. Die statistischen Analysen bezogen sich somit auf ein *N* von 127, wobei sich die *n*s auf die einzelnen Bedingungen wie folgt verteilten: Kontrastierungsbedingung ($n = 43$), positive Phantasiebedingung ($n = 42$) und negative Realitätsbedingung ($n = 42$).

Hypothesenprüfende statistische Analysen: Allgemeine Überlegungen. Um unsere Hypothesen 1 bis 3 prüfen zu können, müssen Unterschiede zwischen den Versuchsgruppen bezüglich des Zusammenhangs von Erwartung und Engagement in Richtung Phantasierealisierung (Hypothese 1) beziehungsweise Unterschiede in den Mittelwerten des Engagements für Vpn mit hohen (Hypothese 2) und niedrigen Erwartungen (Hypothese 3) auf statistische Signifikanz getestet werden. Da wir in den hier vorgestellten Studien die Erwartungen der Vpn nicht experimentell manipulierten, sondern diese als kontinuierliche Variable maßen, ist die traditionelle Methode der varianzanalytischen Auswertung der experimentellen Daten zum Testen der Unterschiede zwischen den Gruppen problematisch. Durch die notwendige Mediansplitbildung auf der Erwartungsvariablen wäre nur wertvolle Information verloren gegangen. Daher entschlossen wir uns, unsere Hypothesen mit Hilfe von Regressionsverfahren zu prüfen. Hier sei angemerkt, daß die varianzanalytische Auswertung der Experimente (mit Mediansplit auf der Erwartungsvariablen), die wir der Vollständigkeit halber ebenfalls durchführten, zu den gleichen Schlußfolgerungen führt wie die im folgenden dargestellten regressionsanalytischen Verfahren.

Zur Prüfung unserer Hypothesen berechneten wir für jede der drei Versuchsgruppen Regressionsanalysen mit der Erfolgserwartung als Prädiktorvariable und den einzelnen Maßen des Engagements in Richtung Phantasierealisierung als Kriteriumsvariable. Auf diese Weise wurden zwei Vergleichsgrößen gewonnen. Der erste Parameter war die Steigung der Regressionslinie (*B*-Wert), die die Stärke des Zusammenhangs zwischen der Erfolgserwartung und den jeweiligen abhängigen Variablen (Kriteriumsvariable) reflektiert. Der zweite Parameter war der Schnittpunkt der Regressionslinie mit der y-Achse. Letztere bestimmt im Zusammenwirken mit der Steigung die Ausprägung der abhängigen Variablen in Abhängigkeit von der Höhe der Erfolgserwartung.

Zur Überprüfung von Gruppenunterschieden bezüglich der Regressionsparameter y-Achsenschnittpunkt und Steigung wurden alle Beobachtungen in einem einzigen Datensatz zusammengefaßt (siehe Cohen & Cohen, 1983; Widaman, Geary, Cormier & Little, 1989). Dazu wurden Pseudovariablen spezifiziert, die in die Regressionsgleichung mit eingingen. Um Unterschiede im Engagement zwischen den drei experimentellen Gruppen zu bestimmen, wurden drei Pseudovariablen (Int1, Int2 und Int3) definiert, denen im Sinne einer Dummy-Kodierung (Cohen & Cohen, 1983) die Werte 0 bzw. 1 zugeordnet wurden. Das heißt, Int1 wurde für alle Vpn der Bedingung 1 (positive Phantasie) der Wert 1 zugeordnet, Int2 und Int3 dagegen der Wert 0; Int2 wurde für alle Vpn der Bedingung 2 (Kontrastierung) der Wert 1 zugeordnet, Int1 und Int3 erhielten dagegen den Wert 0; Int3 wurde für alle Vpn der Bedingung 3 (negative Realität) der Wert 1 zugeordnet, Int1 und Int2 der Wert 0. Um Unterschiede der Gruppen bezüglich des Zusammenhangs zwischen Erwartung und Engagement prüfen zu können, wurden drei weitere Variablen (E1, E2, E3) definiert. Diese setzten sich zusammen aus dem Wert der vorangegangenen Pseudovariablen und dem Wert der Erwartung der jeweiligen Gruppe. Das heißt, E1 = 1 x Erwartung in Bedingung 1, E2 und E3 = 0 x Erwartung in Bedingung 2 und 3. E2 = 1 x Erwartung in Bedingung 2, E1 und E3 = 0 x Erwartung in Bedingung 1 und 3 etc. Die resultierende Schätzgleichung der abhängigen Variablen (Engagement) repräsentiert also jede experimentelle Bedingung (Bedingung 1-3) durch je zwei Parameter, die die y-Achsenschnittpunkte und die Steigungen der drei Gruppen darstellen. Es werden somit insgesamt sechs Parameter ermittelt.

Das beschriebene Regressionsmodell, das wir in unseren Analysen das originale oder *Basismodell* nennen (*Baseline model*; siehe Rindskopf, 1984; Widaman et al., 1989), enthält also sechs frei variierende Parameter. Das Basismodell kommt damit einer maximalen Passung der Daten gleich. Für die Analysen zur Prüfung der Hypothese 1 spezifizierten wir als nächstes ein Modell mit fünf Parametern, das wir *Experimentalmodell* (*Experimental model*) nannten. Hier machten wir eine Gleichheitsannahme für die Steigungen der positiven Phantasie- und der negativen Realitätsbedingung, während wir die Steigung der Kontrastierungsgruppe sowie alle y-Achsenschnittpunkte frei variieren ließen. Schließlich formulierten wir noch ein drittes Modell mit vier Parametern, das wir *Gleichheitsmodell* (*Allequal model*) nannten und in dem die Steigungen aller Gruppen unter eine Gleichheitsannahme gestellt wurden, während die Achsenschnittpunkte frei variierten. Für die Analysen zur Prüfung der Hypothesen 2 und 3 definierten wir das Experimentalmodell und das Gleichheitsmodell mit den entsprechenden Gleichheitsannahmen für die y-Achsenschnittpunkte, während die Steigungen frei variierten (siehe unten die Ausführungen zur Vorgehensweise bei der Prüfung der Hypothesen 2 und 3).

Hypothese 1, wonach der Zusammenhang zwischen Erwartung und abhängiger Variable enger in der Kontrastierungsgruppe ist als in den anderen beiden Gruppen, wurde über zwei Vorgehensweisen geprüft. Erstens verglichen wir die Passung des Basismodells mit der Passung des Experimentalmodells. Wenn dieser Vergleich von einem weniger sparsamen zu einem sparsameren Modell (von einem 6-Parameter-Modell zu einem 5-Parameter-Modell) zu *keiner Abnahme* in der Passung führt, ist unsere Hypothese, daß die positive Phantasie- und die negative Realitätsgruppe sich nicht unterscheiden (Widaman et al., 1989), unterstützt. Zweitens verglichen wir die Passung des Gleichheitsmodells mit der des Experimentalmodells. Wenn dieser Vergleich von einem 4-Parameter-Modell zu einem 5-Parameter-Modell zu einer *Zunahme* in der Passung führt, spricht dies für unsere Hypothese, daß die Kontrastierungsgruppe sich von der positiven Phantasie- und der negativen Realitätsgruppe unterscheidet. Die Signifikanz der Unterschiede in erklärter Varianz zwischen den jeweiligen Modellen wurde mit Hilfe von *F*-Tests berechnet.

Die gleiche Argumentationslinie gilt für die Vorgehensweise bei der Prüfung der *Hypothesen 2* und *3*. Hypothese 2 besagt, daß Vpn mit hohen Erfolgserwartungen in der Kontrastierungsgruppe höhere Werte auf der abhängigen Variable zeigen als Vpn in den beiden anderen Gruppen. Bei Vpn mit niedrigen Erfolgserwartungen in der Kontrastierungsgruppe sollten sich dagegen niedrigere Werte ergeben als bei den entsprechenden Vpn in den anderen beiden Gruppen (Hypothese 3). Für das Testen der Hypothese 2 (hohe Erwartungen) mußten Int1, Int2 und Int3 jedoch anhand von neuen Regressionsgleichungen, in denen die Prädiktorvariable Erwartung in transformierter Form (als Erwartung minus 10) einging, geschätzt werden. Da die von den Vpn angekreuzte Erwartungsskala von 0 bis 10 reichte (die Antwortskala von 0% bis 100% wurde für die Datenanalyse als Antwortskala von 0 bis 10 rekodiert), führte diese Transformation dazu, daß die für eine Erwartung von 10 durch die ursprünglichen Regressionsgleichungen ausgewiesenen Werte auf den abhängigen Variablen jetzt auf die y-Achse projiziert wurden (und somit als y-Achsenschnittpunkte fungieren konnten).

Zur Prüfung der Hypothesen 2 und 3 nutzten wir wiederum jeweils drei Modelle: das unrestringierte Basismodell, das Experimentalmodell und das Gleichheitsmodell. Das Experimentalmodell definierten wir, indem wir die y-Achsenschnittpunkte der positiven Phantasie- und der negativen Realitätsgruppe einer Gleichheitsannahme unterwarfen, während der y-Achsenschnittpunkt der Kontrastierungsgruppe und die Steigungen aller drei Gruppen frei variierten. Das Gleichheitsmodell spezifizierten wir, indem wir die y-Achsenschnittpunkte aller drei Gruppen einer Gleichheitsannahme unterwarfen, während die Steigungen der drei Gruppen frei variierten. Ähnlich den Modellvergleichen zur Prüfung der Hypothese 1 verglichen wir zuerst das Basismodell und dann das Gleichheitsmodell mit dem Experimentalmodell. Keine Abnahme in der Passung für den ersten Vergleich verbunden mit einer Zunahme der Passung für den zweiten Vergleich darf als Bestätigung unserer Hypothesen interpretiert werden.

Anstrengungsbereitschaft. Es wurde erwartet, daß der Zusammenhang zwischen Erwartung und dem Ausmaß an Anstrengungsbereitschaft in der Kontrastierungsgruppe stärker wäre als in den anderen Gruppen (Hypothese 1). Weiterhin sollten Vpn mit hohen Erfolgserwartungen sich in der Kontrastierungsgruppe anstrengungsbereiter fühlen als in der positiven Phantasie- und der negativen Realitätsgruppe (Hypothese 2). Das umgekehrte Ergebnis wurde für Vpn mit niedrigen Erfolgserwartungen postuliert (Hypothese 3).

Tabelle 5 (linker Spaltenblock) faßt die Werte der Steigungen und y-Achsenschnittpunkte für die drei Modelle zusammen und enthält die dazugehörigen Statistiken für die beiden Modellvergleiche. Im ersten, dritten und fünften Zeilenblock werden die Werte der Steigungen und der y-Achsenschnittpunkte für das Basismodell, das Experimentalmodell und das Gleichheitsmodell beschrieben. Der zweite und dritte Zeilenblock zeigen die Prüfstatistik für die Vergleiche von Basismodell und Experimentalmodell sowie von Gleichheitsmodell und Experimentalmodell.

Wie die Prüfstatistiken erkennen lassen, unterstützen die Modellvergleiche alle drei Hypothesen. Vergleicht man die Passung der Modelle hinsichtlich des Zusammenhangs zwischen Erwartung und Anstrengungsbereitschaft (Hypothese 1), ergibt sich keine signifikante Verringerung erklärter Varianz vom Basismodell zum Experimentalmodell, während vom Gleichheitsmodell zum Experimentalmodell eine signifikante Zunahme beobachtet wird. Hinsichtlich der Hypothesen 2 und 3 ergeben sich die gleichen Ergebnismuster. Sowohl für Vpn mit hohen Erfolgserwartungen als auch für Vpn mit niedrigen Erfolgserwartungen ergibt der Vergleich des Basismodells mit dem Experimentalmodell keine Verringerung in erklärter Varianz, während ein Vergleich des Gleichheitsmodells mit dem Experimentalmodell eine Zunahme als Ergebnis hat.

Tabelle 5

Experiment 1: Regressionsmodelle und ihre Vergleiche: Anstrengungsbereitschaft und Unverzüglichkeit des Handelns.

		Anstrengungsbereitschaft			Unverzüglichkeit des Handelns		
Modell		B	a^h	a^n	B	a^h	a^n
Basismodell	Kontrastierungsgruppe	.33***	5.52	2.20	-1.27***	3.09	15.81
	Positive Phantasiegruppe	-.06	3.94	4.57	.22	11.50	9.25
	Negative Realitätsgruppe	.14	4.65	3.24	-.35	8.30	11.78
	$\Delta R2$	.0142	.0087	.0135	.0071	.0113	.0031
	$F(1,121)$	1.91	1.17	1.82	.96	1.53	.42
	$p \leq$	.17	.29	.18	.33	.22	.53
Experimental-modell	Kontrastierungsgruppe	.33***	5.52	2.20	-1.27**	3.09	15.81
	restliche Gruppen	.04	4.33	3.94	-.07	9.73	10.45
	$\Delta R2$	.0415	.0311	.0356	.0450	.0617	.0214
	$F(1,122)$	5.54	4.18	4.76	6.08	8.30	2.90
	$p \leq$	.03	.05	.04	.02	.006	.10
Gleichheitsmodell	alle Versuchsgruppen	.14*	4.70	3.27	-.50*	7.64	12.51

Anmerkung. $N = 127$. Die verschiedenen Modelle (Basismodell, Experimentalmodell und Gleichheitsmodell) sind im Text definiert. *B* (*Raw regression coefficient*) beschreibt die Steigungen der Regressionslinien, a^h die y-Achsenschnittpunkte für hohe Erfolgserwartungen und a^n die y-Achsenschnittpunkte für niedrige Erfolgserwartungen. Die Prüfstatistiken für den Vergleich vom Basismodell zum Experimentalmodell finden sich im zweiten Zeilenblock; die Prüfstatistiken für den Vergleich des Gleichheitsmodells zum Experimentalmodell im vierten Zeilenblock. * $p < .05$. ** $p < .01$. *** $p < .001$.

Abbildung 2 (links) stellt den Zusammenhang von Erwartung und Anstrengungsbereitschaft graphisch dar. Die Kontrastierungsbedingung weicht sowohl in der Steigung als auch im y-Achsenschnittpunkt (bei hoher und bei niedriger Erwartung) von den anderen beiden Gruppen ab, wobei die Steigung der Regressionslinie sowie die y-Achsenschnittpunkte für die negative Realitätsbedingung zwischen der Kontrastierungsbedingung und der positiven Phantasiebedingung liegen.

Abbildung 2

Experiment 1:
Anstrengungsbereitschaft und Unverzüglichkeit des Handelns in Abhängigkeit der Erfolgserwartung für die einzelnen Versuchsgruppen.

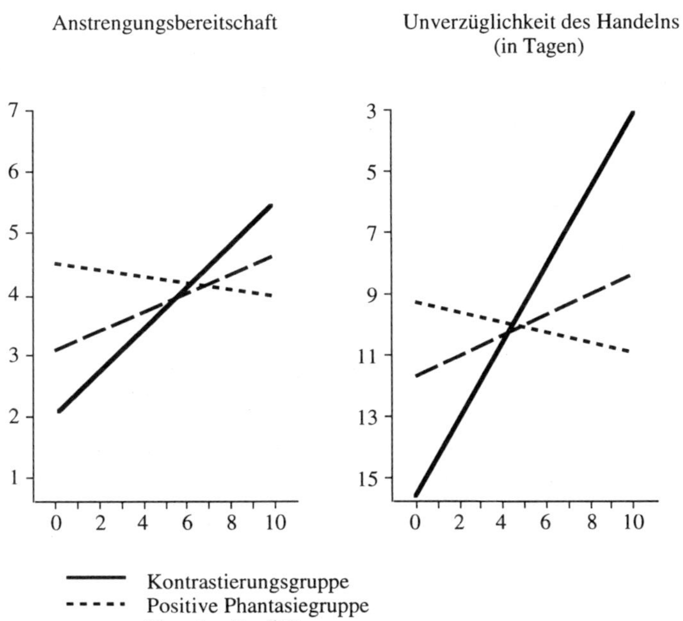

Unverzüglichkeit des Handelns. Wir hatten einen stärkeren positiven Zusammenhang zwischen Erwartung und Unverzüglichkeit phantasie-realisierender Handlungen in der Kontrastierungsgruppe als in den anderen Gruppen postuliert (Hypothese 1). Obendrein hatten wir vorhergesagt, daß Vpn mit hohen Erfolgserwartungen in der Kontrastierungsgruppe unverzüglicher handeln würden als in den anderen beiden Gruppen (Hypothese 2), während die Vpn mit niedrigen Erwartungen Handlungsschritte in Richtung Phantasieverwirklichung auf die lange Bank schieben sollten (Hypothese 3). Die Modellvergleiche unterstützen Hypothese 1 und 2 sowie tendenziell Hypothese 3. Hinsichtlich des Zusammenhangs von Erwartung und Unverzüglichkeit phantasie-realisierenden Handelns ergibt sich keine signifikante Abnahme erklärter Varianz vom Basismodell zum Experimentalmodell, jedoch eine signifikante Zunahme vom Gleichheitsmodell zum Experimentalmodell (siehe Tabelle 5, rechter Spaltenblock, zweiter und vierter Zeilenblock). Hinsichtlich der y-Achsenschnittpunkte führt ein Vergleich des Basismodells mit dem Experimentalmodell sowohl für Vpn mit hohen als auch für Vpn mit niedrigen Erwartungen ebenfalls zu keinem Verlust an erklärter Varianz. Der Vergleich des Gleichheitsmodells mit dem Experimentalmodell führt dagegen nur für die Vpn mit hohen Erwartungen zu einem Gewinn an erklärter Varianz, bei den Vpn mit niedrigen Erwartungen beobachten wir dagegen nur einen tendenziellen Gewinn.

Abbildung 2 (rechts) veranschaulicht dieses Datenmuster. In der Kontrastierungsgruppe steht die Erwartung in einem deutlich engeren positiven Zusammenhang mit der Unverzüglichkeit phantasie-realisierender Handlungen als in den beiden anderen Gruppen. In der Kontrastierungsgruppe handelten die Vpn, die sich gute Erfolgschancen ausrechneten, circa 12 Tage früher als die Vpn mit schlechten Erfolgsaussichten. In den beiden anderen Versuchsgruppen finden sich keine deutlichen Zusammenhänge zwischen Erfolgserwartung und Unverzüglichkeit phantasie-realisierender Handlungen. In der negativen Realitätsbedingung handelten Vpn mit hohen im Vergleich zu niedrigen Erwartungen nur um 2.5 Tage früher; in der positiven Phantasiegruppe führten hohe im Vergleich zu niedrigen Erwartungen zu einem Aufschub von 2 Tagen. Vpn mit hohen Erfolgserwartungen in der Kontrastierungsgruppe handelten auch früher als die entsprechenden Vpn in der positiven Phantasie- und der negativen Realitätsgruppe (ca. 8 bzw. 5 Tage), während die Vpn mit niedrigen Erwartungen in der Kontrastierungsgruppe dazu tendierten, später zu handeln als die respektiven Studentinnen in den anderen beiden Versuchsgruppen (ca. 6 bzw. 4 Tage später).

Erfolgserwartungs- und Anreizveränderungen als mögliche Mediatoren. Man mag spekulieren, daß die beobachteten Effekte unserer experimentellen Manipulation dadurch zustandekamen, daß diese die Erfolgserwartungen und/oder die wahrgenommene Wichtigkeit der Anliegenerfüllung affizierten. Um diese Möglichkeiten zu prüfen, maßen wir die Erwartungs- und Wichtigkeitsurteile der Vpn nach der experimentellen

Manipulation ein zweites Mal. Die Erwartungsmaße vor und nach der experimentellen Manipulation korrelierten sehr hoch miteinander ($r = .91$); dies gilt auch für die beiden Anreizmaße ($r = .74$). Diese hohen Korrelationen sprechen bereits gegen die vorgetragenen Überlegungen, weil ein systematischer Effekt unserer experimentellen Manipulationen auf diese Variablen die Korrelationen über die Zeit hätte deutlicher schwächen müssen.

Ein kritischerer Test der Mediationsthese besteht jedoch darin zu prüfen, ob die beiden als potentielle Mediatoren ins Auge gefaßten Variablen nach der experimentellen Manipulation das gleiche Datenmuster aufweisen wie unsere abhängigen Variablen. Potentielle Mediatorvariablen können nämlich die Effekte experimenteller Manipulationen auf abhängige Variablen nur dann vermitteln, wenn sie von den Manipulationen in gleicher Weise affiziert wurden wie die abhängigen Variablen. Wir führten deshalb die gleichen Modellvergleiche für die beiden potentiellen Mediatorvariablen Erwartung und Anreiz durch, wie wir dies bei der Analyse unserer abhängigen Variablen getan hatten.

Angewandt auf die potentielle *Mediatorvariable Erwartung* zeigten die entsprechenden Modellvergleiche für die *Steigung* andere Ergebnismuster als die abhängigen Variablen: eine signifikante Abnahme der erklärten Varianz (und damit der Passung) vom Basismodell zum Experimentalmodell, $R^2\Delta = .0051$, $F(1,121) = 3.96$, $p < .05$ und keine signifikante Zunahme in der Passung vom Gleichheitsmodell zum Experimentalmodell, $R^2\Delta = .0028$, $F(1,122) = 2.09$, $p > .15$. Diese Ergebnisse unterscheiden sich deutlich von denen, die wir für die Analysen der hypothesenkonformen Effekte unserer experimentellen Manipulationen auf die untersuchten abhängigen Variablen erhielten. Dort führte, wie vorhergesagt, der erste Vergleich zu keiner Abnahme und der zweite Vergleich zu einer signifikanten Zunahme erklärter Varianz. Wir dürfen also davon ausgehen, daß diese Effekte nicht über Veränderungen in der Erfolgserwartung vermittelt sein können, weil das Ergebnismuster der potentiellen Mediatorvariablen nicht dem zu erklärenden Muster der abhängigen Variablen entspricht.

Auch die Modellvergleiche hinsichtlich der *y-Achsenschnittpunkte* ergaben andere Ergebnisse, als wir sie für die entsprechenden Modellvergleiche bezüglich der abhängigen Variablen gefunden hatten. Für hohe Erwartungen waren beide Modellvergleiche nicht signifikant: Das Basismodell erklärte nicht mehr Varianz (keine Abnahme der Passung) und das Gleichheitsmodell nicht weniger Varianz als das Experimentalmodell (keine Zunahme der Passung), $R^2\Delta s < .0010$, $Fs < .78$, $ps > .37$. Für niedrige Erwartungen fand sich, anders als bei den entsprechenden Modellvergleichen für die abhängigen Variablen, eine signifikante Reduktion der Passung vom Basismodell zum Experimentalmodell, $R^2\Delta = .0081$, $F(1,121) = 6.30$, $p < .02$; die Zunahme der erklärten Varianz vom Gleichheits- zum Experimentalmodell war dagegen fast signifikant, $R^2\Delta = .0037$,

$F(1,122) = 2.80$, $p > .09$. Damit entsprachen die Effekte der experimentellen Manipulation auf die Erwartungsvariable bezüglich der y-Achsenschnittpunkte für hohe und niedrige Erwartungen nicht dem Muster, das wir für die abhängigen Variablen gefunden hatten (dort führte der erste Modellvergleich zu keiner Abnahme der Passung, der zweite Modellvergleich jedoch zu einer Zunahme). Wir dürfen folglich davon ausgehen, daß auch die Effekte unserer experimentellen Manipulationen auf die y-Achsenschnittpunkte der abhängigen Variablen nicht über Erfolgserwartungen vermittelt sind, weil für die potentielle Mediatorvariable Erwartung ein anderes Ergebnismuster vorliegt als für die zu erklärenden abhängigen Variablen.

Angewandt auf die potentielle Mediatorvariable *Wichtigkeit der Anliegenerfüllung* ergaben sich ebenfalls andere Ergebnismuster als bei den zu erklärenden abhängigen Variablen Anstrengungsbereitschaft und Unverzüglichkeit des Handelns. Für die *Steigung* zeigten die Modellvergleiche eine tendenziell signifikante Abnahme der Passung vom Basismodell zum Experimentalmodell, $R^2\Delta = .0222$, $F(1,121) = 2.96$, $p > .08$ und keine signifikante Zunahme vom Gleichheitsmodell zum Experimentalmodell, $R^2\Delta = .0138$, $F(1,122) = 1.82$, $p > .18$. Da diese Ergebnisse denen widersprechen, die wir für die Analyse des Zusammenhangs der Erwartung mit den abhängigen Variablen erhielten, dürfen wir davon ausgehen, daß auch der Variablen Wichtigkeit der Anliegenrealisierung keine Bedeutung bei der Vermittlung der beobachteten Steigungseffekte zukommt.

Auch die Ergebnisse der Modellvergleiche hinsichtlich der y-Achsenabschnitte wichen für die potentielle Mediatorvariable Wichtigkeit von den zu erklärenden abhängigen Variablen ab. Bei den Vpn mit hohen Erwartungen unterschied sich weder das Basismodell noch das Gleichheitsmodell von dem Experimentalmodell in der Menge erklärter Varianz, $R^2\Delta$s $< .0154$, Fs < 1.40, ps $>.23$. Für Vpn mit niedrigen Erwartungen fand sich eine tendenziell signifikante Abnahme der Passung vom Basismodell zum Experimentalmodell, $R^2\Delta = .0239$, $F(1,121) = 3.18$, $p > .07$ und keine signifikante Zunahme der Passung vom Gleichheits- zum Experimentalmodell, $R^2\Delta = .0165$, $F(1,122) = 2.15$, $p > .14$. Da für unsere abhängigen Variablen Anstrengungsbereitschaft und Unverzüglichkeit des Handelns bezüglich der y-Achsenschnittpunkte bei niedrigen und hohen Erwartungen jeweils der erste Modellvergleich zu keiner Zunahme der Passung, der zweite jedoch zu einer Abnahme führte, dürfen wir annehmen, daß die entsprechenden Effekte unserer experimentellen Manipulationen nicht über die Wichtigkeit der Anliegenerfüllung vermittelt sind.

Insgesamt können wir also davon ausgehen, daß die beobachteten Effekte der experimentellen Manipulationen auf die beiden abhängigen Variablen zur Messung von Engagement in Richtung Phantasierealisierung nicht über die potentiellen Mediatorvariablen Erwartung und wahrgenommene Wichtigkeit der Anliegenerfüllung vermittelt sind.

Diskussion

Das Engagement in Richtung Phantasierealisierung war in der Kontrastierungsgruppe in stärkerem Ausmaß von der subjektiven Einschätzung der Realisierungschancen geleitet als in den anderen beiden Versuchsgruppen, der positiven Phantasiegruppe und der negativen Realitätsgruppe. Dieses Datenmuster gilt für die abhängige Variable Anstrengungsbereitschaft (direkt nach der Manipulation) und für die Unverzüglichkeit phantasierealisierender Handlungen. Vpn mit hohen Erfolgserwartungen in der Kontrastierungsgruppe fühlten sich aktiver als die entsprechenden Vpn in den anderen Gruppen und handelten früher. Das umgekehrte Datenmuster gilt für für Vpn mit niedrigen Erwartungen.

Wann werden positive Phantasien verhaltenswirksam? Im vorliegenden Experiment scheint uns ein erster Nachweis dafür gelungen zu sein, daß positive Phantasien unter bestimmten Bedingungen Handlungen in Richtung Phantasierealisierung fördern können. Damit es dazu kommt, müssen (a) dem Schwelgen in positiven Phantasien Reflexionen über die entsprechende negative Realität kontrastierend gegenübergestellt werden und (b) die Realisierungschancen subjektiv als günstig erlebt werden. Das alleinige Ausmalen positiver Zukunftsphantasien führt dagegen (wie die Ergebnisse der positiven Phantasiegruppe zeigen) selbst (und gerade) bei subjektiv als günstig eingeschätzten Realisierungschancen zu einem deutlich schwächeren Engagement.

Man darf bei der Interpretation dieses Befundes jedoch nicht vergessen, wie intensiv die Vpn in der Kontrastierungsbedingung die positiven Phantasien und die negative Realität vor ihrem geistigen Auge einander gegenüberstellen mußten. Unsere Instruktionen verlangten ein zweimaliges Hin und Her zwischen dem Ausmalen eines positiven Aspektes der Anliegenerfüllung und dem Reflektieren eines negativen Aspektes der vorliegenden Realität. Es ging nicht nur um das bloße Auflisten oder Abrufen von positiven Aspekten der Anliegenerfüllung bzw. negativen Aspekten des negativen Status quo. Die Vpn aller Bedingungen mußten zu Beginn des Experiments jeweils sechs positive Aspekte der Wunscherfüllung und sechs negative Aspekte des Status quo auflisten. Um die positiven Phantasien für die Ausführungen von Realitätshandlungen nutzbar zu machen, bedarf es also mehr als das bloße Sich-Bewußtmachen von positiven Aspekten der Wunscherfüllung und von negativen Aspekten der Realität. Beide müssen jeweils "ausgestaltet" werden, was man bei positiven Phantasien am besten als Schwelgen, Frönen und Sich-Ergehen beschreibt, bei den Reflexionen über die negative Realität als Grübeln, Nachsinnen und über etwas Brüten. Wird diese intensive Beschäftigung mit positiven Phantasien und der negativen Realität kontrastierend ausgeführt, kommt es, wenn die respektiven Erfolgserwartungen hoch sind, zu dem beobachteten Engagement.

Man mag einwenden, daß nicht die erfolgte Kontrastierung von positiven Phantasien und Reflexionen über die negative Realität das beobachtete Engagement in Richtung Phantasierealisierung auslöste, sondern das mit der Kontrastierung verknüpfte intensive Bedenken der negativen Realität. Diese These widerspricht der hier favorisierten Theorie, wonach durch die Kontrastierung die positiven Phantasien als zu realisierend erlebt werden und die negative Realität als etwas zu Veränderndes. Die Ergebnisse der Vpn der negativen Realitätsgruppe, von denen nur das intensive Bedenken negativer Aspekte der vorliegenden Realität verlangt wurde, schwächen jedoch diese These und stützen unsere Theorie. Bloßes intensives Nachsinnen über die negative Realität hat bei Personen mit hohen Erfolgserwartungen nicht die motivierenden Effekte erzielt, die wir in der Kontrastierungsbedingung beobachtet haben.

Wann werden Erwartungen verhaltenswirksam? Die vorliegenden Befunde lassen sich jedoch aus einer weiteren Perspektive interpretieren, die auf die Frage fokussiert, wann (unter welchen Bedingungen) Erfolgserwartungen in Handlungen umgesetzt werden. Offensichtlich unterdrückt das bloße Schwelgen in positiven Phantasien und das bloße Grübeln über negative Aspekte des Status quo den positiven Zusammenhang zwischen Erfolgserwartungen und dem Engagement, erfolgsrealisierende Handlungen auszuführen. Für die Vpn in der *positiven Phantasiegruppe* waren die aus der vergangenen Erfahrung abgeleiteten Zukunftsprognosen (Erfolgserwartungen) für das Engagement in Richtung Phantasierealisierung irrelevant. Wir konnten keine positive Relation zwischen Erfolgserwartung und den abhängigen Variablen beobachten; die Steigung der Regressionslinie verlief leicht negativ (siehe Tabelle 5.1 sowie Abbildung 2). Für die Vpn in der positiven Phantasiebedingung verstellt das Schwelgen in den Phantasien demnach den Blick für die Machbarkeit (Realisierbarkeit) der Anliegenerfüllung.

Ähnliches läßt sich in der *negativen Realitätsgruppe* beobachten. Auch hier findet sich keine starke positive Beziehung zwischen den Erfolgserwartungen der Vpn und dem gezeigten Engagement in Richtung Phantasierealisierung. Die zugehörigen Regressionslinien verlaufen nur leicht positiv (siehe Tabelle 5.1 sowie Abbildung 2). Wie schon die Vpn, die in positiven Phantasien schwelgten, richteten sich offensichtlich auch die grübelnden Vpn in ihrem Handeln nicht nach ihren Erfolgserwartungen. Anscheinend verstellt das bloße Grübeln über die negative Realität den Blick für die Machbarkeit der Anliegenerfüllung ebenso effektiv wie das Schwelgen in positiven Phantasien.

Ganz anders stellt sich die Relation von Erwartung und aktivem Engagement in der *Kontrastierungsgruppe* dar. Hier beobachteten wir einen sehr engen positiven Zusammenhang zwischen Erwartung und den abhängigen Variablen zum Engagement in Richtung Phantasierealisierung; die respektiven Steigungen (siehe Tabelle 5.1 und Abbildung 2) waren für alle abhängigen Variablen steil positiv. Dieser Befund impliziert einerseits (wie oben bereits ausgeführt), daß die Kontrastierung von positiven Phantasien mit Reflexionen über die negative Realität bei hohen Erfolgserwartungen ein intensives Engagement in Richtung Phantasierealisierung auslöst. Andererseits bedeutet dieser enge Zusammenhang jedoch auch, daß die Kontrastierung eine Entkopplung vom Engagement zur Phantasierealisierung einleitet, wenn negative Erwartungen vorliegen. Das bloße positive Phantasieren und das reine Nachsinnen über den negativen Status quo wirken dem Ablösen von der Phantasierealisierung im Gegensatz dazu entgegen: Bei schlechten Realisierungschancen zeigen Vpn, die sich lediglich in ihren Phantasien ergehen oder nur den negativen Aspekten der Realität nachsinnen, mehr Engagement als die Vpn aus der Kontrastierungsgruppe.

Anders als Vpn, die in positiven Phantasien schwelgen oder über den negativen Status quo grübeln, richten Vpn der Kontrastierungsgruppe somit ihr Handeln an den wahrgenommenen Realisierungschancen aus. Erst, nachdem das Auskosten der positiven Phantasie mit dem Brüten und Nachsinnen über die Realität aneinandergerät, spielt die Realitätseinschätzung eine handlungsleitende Rolle, die ihr beim bloßen positiven Phantasieren und dem bloßen Grübeln noch nicht zukommt. Erst nach einer Kontrastierung von Phantasie und Realität bestimmt das Urteil über die in der Vergangenheit erzielten Leistungen und gemachten Erfahrungen, reflektiert in der subjektiven Erfolgserwartung, die Stärke des Engagements in Richtung Phantasierealisierung.

Wie darf man sich dieses Wirksamwerden der Erfolgserwartung prozeßhaft vorstellen? Wie kommt die besondere Verhaltenswirksamkeit von Erwartungen als Folge der Kontrastierung von positiven Phantasien und Reflexionen über die negative Realität zustande? Zwei verschiedene Antworten bieten sich an. Die erste geht davon aus, daß die Kontrastierung sofort eine hohe Bereitschaft (Motivation) zu phantasie-realisierendem Handeln auslöst. Dieses Handeln stößt jedoch bei Personen mit niedrigen Erfolgserwartungen auf mehr Hindernisse (ungünstigere Realisierungsbedingungen) als bei Personen mit hohen Erwartungen. Deshalb kommt phantasie-realisierendes Handeln bei Personen mit niedrigen Erfolgserwartungen mit höherer Wahrscheinlichkeit nicht zustande oder, falls es zustande kommt, wird frühzeitiger frustriert und eingestellt als bei Personen mit hohen Erfolgserwartungen.

Die zweite Antwort geht davon aus, daß bereits bei der durch die Kontrastierung angeregten Motivierung die Erfolgserwartung mitbedacht und -verrechnet wird und somit das Bedenken der Erfolgserwartung Bestandteil des Motivierungsprozesses ist. Diese Überlegung impliziert, daß durch die Kontrastierung die Phantasien als zu realisierend und die Realität als zu verändernd erlebt wird, dies jedoch zunächst nur ein Bedenken der Erfolgserwartung motiviert und keine sofortige Motivierung der Ausführung phantasie-realisierender Handlungen bedingt. Erst das Bedenken der Erfolgserwartung bestimmt schließlich, in welche Richtung ein motivationaler Schub entsteht - hin zur Realisierung der positiven Phantasien oder weg von der Realisierung zur Ablösung und zum Aufgeben der Phantasien.

Welche dieser beiden Möglichkeiten ist vorzuziehen? Hier zahlt es sich aus, daß wir verschiedene Maße zur Bestimmung des Engagements in Richtung Phantasierealisierung erhoben. Die Ergebnisse der Variablen Anstrengungsbereitschaft, die direkt nach den experimentellen Manipulationen noch im Labor erhoben wurde, sprechen eindeutig für die zweite Überlegung. Vpn mit niedrigen Erfolgserwartungen berichteten in der Kontrastierungsbedingung weniger erlebte Tatkraft als die entsprechenden Vpn in den anderen Versuchsgruppen. Zu diesem Zeitpunkt hatten die Vpn noch keine Hindernisse auf dem Weg zur Phantasierealisierung erleben können; die reduzierte Anstrengungsbereitschaft (*Reduced energization*) kann deshalb nur eine Folge des sofortigen Mitbedenkens der geringen Erfolgswahrscheinlichkeiten gewesen sein.

Der Leser mag sich durch das vorliegende Experiment an Studien über die Bedeutung des Vorstellens von Ereignissen auf die Wahrscheinlichkeitsurteile bezüglich des tatsächlichen Auftretens dieser Ereignisse erinnert fühlen (siehe bspw. Anderson, 1983; Sherman, Zehner, Johnson & Hirt, 1983; für eine Zusammenfassung siehe Johnson & Sherman, 1990). Wenn Vpn sich vorstellen mußten, daß ein bestimmtes Ereignis eintreten würde, schätzten sie im Vergleich zu einer Kontrollgruppe die Auftretenswahrscheinlichkeit vergleichsweise höher ein. Offensichtlich führt das Vorstellen eines Ereignisses zu einem Urteilsbias in dem Sinne, daß die subjektiv geschätzte Auftretenswahrscheinlichkeit des Ereignisses ansteigt.

Der Einfluß des Phantasierens über eine positive Zukunft und des Nachsinnens über eine negative Realität auf die Wahrscheinlichkeitsurteile darüber, daß die positiven Phantasien Realität werden oder die negative Realität andauern wird, war nicht die Forschungsfrage in der vorliegenden Studie. Wir waren hier vielmehr daran interessiert, inwieweit positive Phantasien, Reflexionen über die negative Realität sowie die Kontrastierung von positiven Phantasie- mit negativen Realitätsvorstellungen die *Umsetzung* von Erfolgserwartungen in Handeln beeinflussen. Die abhängige Variable in unserer Studie war das Engagement der Vpn, ihre Phantasien zu realisieren. Natürlich prüften wir trotzdem, ob die beobachteten das Engagement fördernden Effekte über durch die Vorstellungsmanipulationen veränderte Erwartungsurteile vermittelt worden waren. Die Analyse der Erfolgserwartungen der Vpn spricht jedoch gegen diese Möglichkeit.

Besonderheiten des vorliegenden Experiments. Die abhängigen Variablen, die zur Bestimmung des Engagements der Vpn, ihre Phantasien in die Realität umzusetzen, erfaßt wurden, waren in ihrer Art deutlich voneinander verschieden. Trotzdem beobachteten wir für beide Variablen die gleichen Ergebnismuster. Die direkt nach der experimentellen Manipulation erfaßte Anstrengungsbereitschaft bezog sich darauf, ob sich die Vpn im Moment tatkräftig und voller Energie fühlten. Die auf diese Art erhobene Anstrengungsbereitschaft erfaßte somit die spontan mobilisierte Energie (*Energization*, Wright, 1996; Brehm & Self, 1989). Von ganz anderer Art war die Unverzüglichkeit phantasie-realisierenden Handelns. Mit dieser zweiten abhängigen Variable wurde erfaßt, ob die Vpn die Phantasierealisierung auf die lange Bank schoben oder schwierige Schritte der Phantasierealisierung unverzüglich in Angriff nahmen. Somit wird das tatsächliche phantasie-realisierende Handeln mit all seinen Schwierigkeiten im Alltag erhoben. Das Ausführen schwieriger Schritte war jedoch nicht nur deshalb eine besonders interessante abhängige Variable. Die meisten interpersonellen Anliegen dürften trotz intensiver Bemühungen selten in 1 oder 2 Wochen in Erfüllung gehen. Da jedoch einmal ernsthaft in Angriff genommene Aufgaben und Projekte mit hoher Wahrscheinlichkeit wieder aufgenommen werden (siehe die Arbeiten der Lewin-Schülerinnen Ovsiankina, 1928; Mahler, 1933; Lissner, 1933), sahen wir in der unverzüglichen Inangriffnahme der Phantasierealisierung eine gute "Stellvertretervariable" für den Erfolg bei der Phantasierealisierung.

Die Verschiedenheit der abhängigen Variablen (spontane Anstrengungsbereitschaft im Labor versus unverzügliches phantasie-realisierendes Handeln außerhalb des Labors) mag erklären, warum wir trotz der gleichen Ergebnismuster für diese beiden Variablen keine positiven Korrelationen beobachten konnten. Darüber hinaus mag die Tatsache, daß die Vpn ihre eigenen persönlichen Anliegen benennen mußten, dazu geführt haben, daß inhaltlich sehr verschiedene interpersonelle Probleme vorlagen und deshalb die Fehlervarianz unnötig erhöht wurde. Bei manchen dieser Probleme mag sich ein hohes Engagement besonders gut in einer spontanen Mobilisierung der Anstrengungsbereitschaft ausgedrückt haben (z.B. wenn es darum geht, dem Partner gegenüber assertiv die eigene Meinung zu vertreten), bei anderen dagegen weniger. Ähnliches gilt für die Variable unverzügliches Handeln. Manche interpersonellen Probleme lösen sich besser durch geduldiges Warten als durch unverzügliches Handeln. Für die im folgenden zu berichtenden Experimente 2 und 3 erschien es uns deshalb ratsam, das zu bearbeitende "Phantasieprojekt" für alle Vpn inhaltlich konstant zu halten (siehe dazu die Experimente 2 und 3).

In den Experimenten 2 und 3 wollten wir auch eine weiterführende Frage beantworten, die das im vorliegenden Experiment gewählte Versuchsdesign nicht schlüssig zu analysieren erlaubte. Es ging darum herauszufinden, ob die Instruktion, über die positiven Aspekte der Wunscherfüllung zu phantasieren, bzw. die Instruktion, den negativen Aspekten des Status quo nachzusinnen, wenn schon keine erwartungsabhängige Motivierung, so doch wengistens einen allgemeinen motivationalen *Pull-* (Zug der positiven Phantasien) bzw. *Push*-Effekt (Schub durch die negative Realität) induzieren kann. Dies läßt sich jedoch nur dann prüfen, wenn im Versuchsplan eine weitere Gruppe etabliert wird, in der sich die Vpn weder positiven Phantasien hingeben noch über negative Aspekte der Realität brüten dürfen. Weist eine derartige Kontrollgruppe (die man mit irrelevanten Gedanken absorbiert) gegenüber der positiven Phantasie- und der negativen Realitätsgruppe niedrigere Werte in der abhängigen Variable Engagement in Richtung Phantasierealisierung auf, würde dies bedeuten, daß diese beiden Gruppen ebenfalls motivationale Effekte haben, auch wenn diese (wie wir aus Experiment 1 wissen) für Vpn mit hohen Erwartungen deutlich schwächer ausfallen als der motivationale Effekt der Kontrastierungsgruppe.

Die Kontrastierung von positiven Phantasien und negativer Realität: Das Kennenlernen einer attraktiven Person (Experiment 2)

Im Gegensatz zum ersten Experiment, bei dem die Studentinnen ihre eigene, zur Zeit akute interpersonelle Angelegenheit einbrachten, standardisierten wir in der vorliegenden Studie das Thema. Alle Vpn mußten eine von uns vorgegebene Angelegenheit bearbeiten. Wir wählten wiederum eine zwischenmenschliche Thematik, diesmal das Kennenlernen einer attraktiven Person. Diese Thematik schien uns besonders gut geeignet, weil es relativ einfach sein sollte, studentische Vpn zu schwärmerischen Zukunftsphantasien in dieser Angelegenheit zu verleiten.

Die sozialpsychologische Forschung zum Thema interpersonelle Anziehung (*Interpersonal attraction*) fand heraus, daß Personen aus einer Reihe von Gründen gerne mit attraktiven Menschen zusammen sein wollen. Attraktive Menschen sind reizvoll anzusehen (Langlois & Roggman, 1990), und sie werden als sozial und intellektuell besonders kompetent eingeschätzt (Eagly, Ashmore, Makhijani & Longo, 1991). Dieses Schönheitsstereotyp (*What-is-beautiful-is-good stereotype*) trifft zumindest bezüglich der sozialen Kompetenz die Realität. Physisch attraktive Menschen sind vergleichsweise sozial geschickter (Feingold, 1992), und Interaktionen mit ihnen sind deshalb auch vergleichsweise unkomplizierter und angenehmer. Weiterhin färbt beim Zusammensein mit attraktiven Personen ihr Glanz auf weniger attraktive Personen ab (Geiselman, Haight & Kimata, 1984); letztere werden in Gesellschaft attraktiver Menschen von Beobachtern als attraktiver wahrgenommen. All dies zusammengenommen macht das Kennenlernen einer attraktiven Person zu einer Angelegenheit mit hohem Anreiz und damit zu einem Stoff, aus dem sich Träume machen lassen.

Das Thema "Kennenlernen einer attraktiven Person" war uns auch deshalb willkommen, weil wir uns bereits in einer Korrelationsstudie (Studie 3, Kapitel 6) mit Phantasien und Verliebtheit beschäftigt hatten. Ging es dort um die handlungsbehindernden Effekte bloßer positiver Phantasien, so konnten wir jetzt untersuchen, ob ad hoc gestiftete positive Phantasien im Labor ebenfalls handlungshemmend sind und ob positive Phantasien unter bestimmten Bedingungen (Kontrastierungsbedingung plus hohe Erfolgserwartungen) diesen Effekt verlieren oder sich sogar handlungsfördernd auswirken. Da der Anreiz des Kennenlernens einer attraktiven, gegengeschlechtlichen Person für beide Geschlechter sehr hoch ist (Frauen unterschätzen allenfalls in ihren Selbstberichten den hohen Anreiz, den eine attraktive Person für ihr Verhalten hat; Feingold, 1990), führten wir Experiment 2 (wie bereits Experiment 1) ebenfalls mit Universitätsstudentinnen durch und hielten somit das Geschlecht der Vpn von Experiment 1 zur Experiment 2 konstant. Bei der attraktiven Person, die die Vpn vermeintlich kennenlernen durften, handelte es sich somit um einen attraktiven jungen Mann, dessen Abbild wir den Vpn vorlegten.

Der Versuchsplan entsprach dem, der für Experiment 1 zum Einsatz kam (Kontrastierungsgruppe, positive Phantasiegruppe, negative Realitätsgruppe). Auch die Vorhersagen bezüglich des Engagements der Vpn, die Phantasien (die attraktive Person kennenzulernen) in die Tat umzusetzen, entsprachen den Vorhersagen von Experiment 1 (siehe die Hypothesen 1-3). Da die interpersonelle Angelegenheit für die Vpn absolut neu war, konnten wir diesmal jedoch davon ausgehen, daß vor dem Experiment keine relevante Phantasietätigkeit stattgefunden hatte. Somit konnten wir die Wirkung unserer drei verschiedenen Manipulationen auf das Engagement in Richtung Anliegenerfüllung auch im Vergleich zu *keinerlei* Vorstellungstätigkeit prüfen. Zu diesem Zweck ergänzten wir den Versuchsplan um eine vierte Bedingung (Kontrollgruppe), in der die Vpn weder die positiven Aspekte der Anliegenerfüllung ausmalen noch über die negativen Aspekte der Realität nachsinnen mußten. Die Vpn der Kontrollbedingung wurden gebeten, Rechenaufgaben zu lösen, die hohe Konzentration erforderten. Die Ergebnisse dieser Kontrollgruppe sollten Aufschluß darüber geben, ob das bloße Phantasieren über positive Aspekte der Anliegenerfüllung oder das bloße Grübeln über negative Aspekte der Realität einen erwartungsunabhängigen motivationalen Schub in Richtung Phantasierealisierung auslöst (im Sinne eines *Pulls* bzw. *Pushs*). Wir gingen davon aus, daß dies dann der Fall wäre, wenn das Engagement zur Phantasierealisierung in der Kontrollgruppe signifikant niedriger ausfallen würde als in der positiven Phantasie- und der negativen Realitätsbedingung.

Wie sahen die Vorstellungsinstruktionen für die experimentellen Bedingungen in Experiment 2 aus? Wir folgten soweit wie möglich der Vorgehensweise, die sich im ersten Experiment bewährt hatte. Das von uns gestiftete Anliegen in Experiment 2 war das Kennenlernen einer vorgegebenen attraktiven Person. So mußten sich die Phantasien in der positiven Phantasiegruppe auf die positiven Aspekte des Kennenlernens dieser Person richten. Die Reflexionen über die negative Realität (in der negativen Realitätsgruppe) bezogen sich auf Dinge, die im Falle einer passenden Gelegenheit dem Kennenlernen dieser Person im Wege stehen würden (z.B. die eigene Schüchternheit). Die Vpn in der Kontrastierungsgruppe wurden schließlich dazu angehalten, abwechselnd positive Phantasien über das Kennenlernen des jungen Mannes und Vorstellungen über Aspekte der Realität, die einem Kennenlernen entgegenstünden, zu generieren.

Die abhängigen Variablen des zweiten Experiments unterschieden sich von Experiment 1 insofern, als wir hier auf die Erfassung des tatsächlichen Handelns verzichten mußten. Aus einer Reihe von ethischen und praktischen Gründen läßt es sich nicht realisieren, daß über 140 Vpn Gelegenheit gegeben wird, eine bestimmte Person auch tatsächlich zu kontaktieren und kennenzulernen. Wir konnten deshalb nur die Handlungsmotivation der Vpn, die vermeintlich existierende, aber in Wahrheit fiktive Person näher kennenzulernen, erfassen. Dabei ließen wir uns von folgenden Überlegungen leiten. Zunächst gingen wir davon aus, daß Vpn, die hoch motiviert sind, die Erfüllung ihrer Phantasien (das erfolgreiche Kennenlernen einer attraktiven Person) in die Tat umzusetzen, von sich behaupten sollten, daß sie diese Person sehr gerne kennenlernen würden. Mit anderen Worten, sie sollten eine große Bereitschaft zur Ausführung phantasie-realisierender Handlungen berichten. Durch eine Reihe von sehr direkten Fragen erhoben wir diese Bereitschaft (z.B.: "Wie gerne würden Sie diese Person kennenlernen?").

Wir suchten jedoch noch nach einem zweiten Motivationsmaß und erhoben deshalb über eine Reihe von weiteren Fragen, wie bedauerlich es die Vpn finden würden, wenn es nicht zur Phantasieerfüllung kommen sollte. Diese Fragen sollten prüfen, ob die ins Auge gefaßte Phantasierealisierung mit hoher Verbindlichkeit oder Verpflichtung erlebt wurde. Diese Variable der Handlungsverpflichtung (in der amerikanischen Motivationspsychologie oft *Commitment* genannt; z.B. Locke & Latham, 1990; Wicklund & Gollwitzer, 1982) steht in engerem Zusammenhang zum tatsächlichen Handeln als die bloße Handlungsbereitschaft und erschien uns hier deshalb besonders nützlich.

Da von starken motivationalen Tendenzen häufig behauptet wird, daß sie über die Zeit hinweg anhalten, wenn sie nicht handelnd erledigt (entspannt) werden können (z.B. Lewin, 1926; Atkinson, 1964), hielten wir es im vorliegenden Experiment für angebracht, sowohl die Handlungsbereitschaft als auch die Handlungsverpflichtung 1 Woche nach dem Experiment erneut zu messen. Da die Vpn (weil es sich um eine fiktive Person handelte) nicht hatten aktiv werden können, sollten wir auch nach 1 Woche für beide Maße der Handlungsmotivation unsere Hypothesen bestätigt sehen.

Methode

Versuchspersonen und Versuchsablauf. 143 Studentinnen der Freien Universität Berlin nahmen am Experiment 2 teil. Sie waren im Durchschnitt 21.1 Jahre alt (*SD* = 3.0). Wir rekrutierten ausschließlich Studentinnen aus dem ersten Semester, da wir annahmen, daß diese dem Kennenlernen eines jungen Mannes besonders offen gegenüber stünden. Es wurde soweit möglich darauf geachtet, daß sich die Versuchsteilnehmerinnen gegenseitig nicht kannten. Wir wollten nämlich vermeiden, daß die Vpn untereinander Informationen über das Experiment austauschten.

Jeweils 6 bis 8 Vpn nahmen an einer Sitzung teil. Die Studentinnen jeder Sitzung wurden den vier Versuchsbedingungen zufällig zugeteilt. Sie erhielten für die Teilnahme an der Studie DM 20,-. Wie im ersten Experiment wurden die Vpn zunächst von der Versuchleiterin (Vl) begrüßt, die auch auf die Vertraulichkeit der Antworten und die Freiwilligkeit der Teilnahme hinwies. Den Vpn wurde weiterhin mitgeteilt, daß sie nach 1 Woche einen kurzen Nachfolgefragebogen geschickt bekämen, dem wiederum eine ausführliche Erklärung über das Ziel der Untersuchung nachfolgen würde.

Die Vpn wurden dann zu ihrem Platz gebeten, der wie in Studie 1 von hohen Sichtblenden umgeben war, um ein Gefühl der Privatheit zu schaffen und zu vermeiden, daß die Vpn die Materialien der anderen Studienteilnehmerinnen einsehen konnten. Vor jeder Vp lag ein Fragebogen, den zu bearbeiten sie gebeten wurden. Der Fragebogen enthielt die Instruktionen zu jeweils einer der vier Versuchsbedingungen. Zur Wahrung strikter Anonymität sollten die Vpn auch in dieser Studie lediglich einen persönlichen Code verwenden und keinesfalls ihren Namen auf dem Fragebogen vermerken.

Um die Vpn zur Bearbeitung des Fragebogens zu motivieren, wurde allen Vpn mitgeteilt (*Coverstory*), daß es in unserer Forschung um die menschliche Entwicklung während der gesamten Lebensspanne gehe. Wichtig für die Untersuchung dieses Forschungsthemas sei auch die Erforschung von Tagträumen. Die Vl erklärte den Vpn, was unter Tagträumen zu verstehen sei, nämlich freie Gedanken und mentale Bilder, die man ohne große Anstrengung vor dem inneren Auge ablaufen lassen könne. Es wurde kurz beschrieben, daß sich diese Tagträume auf verschiedene Inhalte beziehen können, daß sie bei Kindern und Erwachsenen auftreten und daß sie um die Vergangenheit oder die Zukunft einer Person kreisen können. Dann ging die Vl näher auf die Inhalte von Tagträumen ein und berichtete, daß die intensivsten Tagträume im zwischenmenschlichen Bereich erlebt würden. Bei diesen Tagträumen oder Phantasien im zwischenmenschlichen Bereich sei wiederum die Kontaktaufnahme eine ganz besonders stimulierende Angelegenheit. Deshalb, so erklärte die Vl, sei die Kontaktaufnahme zu einer anderen

Person als Thema der vorliegenden Studie gewählt worden. Dann wurden die Vpn wie folgt instruiert:

> Es geht nun zunächst um Phantasien, die Sie haben, wenn Sie eine Person neu kennenlernen. Wir zeigen Ihnen dazu ein Bild von einer Person, die Sie nicht kennen. Freundlicherweise haben sich einige Mitarbeiter dieses Institutes in unserem hauseigenen Fotolabor ablichten lassen. Jede Teilnehmerin bekommt also ein Bild von einem dieser Mitarbeiter. Es befindet sich in dem auf Ihrem Arbeitstisch vorbereiteten Materialumschlag. Bitte schauen Sie sich die Person auf dem Bild nun genau an. Lassen Sie sich ruhig Zeit dafür! Danach blättern Sie bitte um.

Das Bild zeigte einen attraktiven und sympathischen jungen Mann, den die Vpn nicht kennen konnten. Um das Bild des jungen Mannes auszuwählen, waren wir wie folgt vorgegangen: 26 Studentinnen wählten die Bilder der subjektiv attraktivsten 10 jungen Männer aus einem Katalog einer Berliner Photomodellagentur. Zehn weitere Studentinnen stuften dann die Männer auf diesen 10 Bildern (in randomisierter Reihenfolge) danach ein, wie interessant, sympathisch und attraktiv (7-Punkte-Antwortskalen) sie diese fanden. Für Experiment 2 verwendeten wir schließlich das Bild des jungen Mannes, der den höchsten Gesamtmittelwert auf diesen Beurteilungsskalen erhalten hatte.

Das Photo des attraktiven jungen Mannes wurde mit einem Begleittext versehen, der Informationen über seinen angeblichen Namen (Michael S.), sein Alter (27 Jahre) und seinen Status am Institut enthielt. Die Vpn erfuhren, daß er Doktorand am Max-Planck-Institut für Bildungsforschung sei und zum Thema Gruppenpsychologie arbeite. Obwohl alle Vpn das gleiche Bild mit der gleichen biographischen Information über die abgebildete Person erhielten, sagten wir den Vpn, daß verschiedene Doktoranden des Max-Planck-Institutes für Bildungsforschung ihre Bilder für dic Studie zur Verfügung gestellt hätten. Um den Vpn plausibel zu machen, daß sie Michael S. tatsächlich kennenlernen könnten, erklärten wir den Vpn, daß er zur Zeit für sein Dissertationsexperiment Versuchspersonen suche.

Nachdem die Vpn das Bild des jungen Mannes wieder in den Umschlag gesteckt hatten, wurden sie gebeten, einen Fragebogen auszufüllen, der in drei Teile gegliedert war. Zunächst wurden die Vpn gebeten, die Wahrscheinlichkeit einzuschätzen, mit der sie die Person auf dem Bild näher kennenlernen würden, sollten sie ihr tatsächlich begegnen. Wir erhoben diese subjektive Erwartung mit Hilfe der folgenden beiden Items: "Wenn Sie dieser Person begegnen würden, glauben Sie, daß Sie sie kennenlernen würden?" und: "Wenn Sie diese Person treffen würden, wie wahrscheinlich würde es zu einem näheren Kontakt kommen?". Die beiden Items, die von 7-Punkte-Antwortskalen begleitet wurden, korrelierten sehr hoch (r = .75) und wurden deshalb zu einem Erwartungsindex zusammengefaßt.

Mittels der drei Fragen, die zur Vorauswahl des Bildes des jungen Mannes geführt hatten, erhoben wir schließlich die subjektiv wahrgenommene Attraktivität dieser Person. Die Vpn mußten auf 7-Punkte-Antwortskalen drei Fragen beantworten: "Finden Sie, daß diese Person interessant aussieht?", "Macht diese Person einen sympathischen Eindruck auf Sie?" und: "Finden Sie diese Person attraktiv?". Die interne Konsistenz bei der Beantwortung dieser Fragen war sehr hoch (Cronbachs *alpha* = .79).

Im zweiten Teil des Fragebogens baten wir die Vpn, sich vorzustellen, daß sie die abgebildete Person tatsächlich treffen würden (z.B. auf einer Party, an der Uni, bei der Arbeit usw.) und dabei Gelegenheit hätten, sie sich "unauffällig" genauer anzusehen. Wir fragten die Vpn, welche positiven Aussichten und Perspektiven Ihnen in den Sinn kämen, wenn sie sich vorstellten, diese Person kennenzulernen. Danach sollten die Vpn 6 Stichpunkte aufschreiben, die die jeweiligen Aussichten oder Perspektiven zusammenfassend charakterisierten. Schließlich baten wir die Vpn, an die Dinge zu denken (Schwierigkeiten, Hindernisse etc.), die verhindern könnten, daß sie diese Person näher kennenlernen würden. Auch hier sollten die Vpn 6 Stichpunkte notieren.

Wie im ersten Experiment mußten die Vpn dann spontane Phantasien, Bilder und Tagträume zu diesen (durch Stichpunkte gekennzeichneten) Aspekten generieren. Dabei wurden die Instruktionen je nach Bedingung so variiert, daß die Vpn der verschiedenen Bedingungen sich andere Aspekte gedanklich ausmalen mußten. In der *positiven Phantasiegruppe* wurden die Vpn angehalten, sich vier positive Aspekte des erfolgreichen Kennenlernens des jungen Mannes auszumalen. Die Vpn in der *negativen Realitätsgruppe* wurden instruiert, über vier negative Aspekte der Realität, die dem Kennenlernen des jungen Mannes im Wege stehen würden, nachzusinnen. In der *Kontrastierungsgruppe* mußten die Vpn zwei Aspekte des erfolgreichen Kennenlernens und zwei Aspekte der negativen Realität bearbeiten, in abwechselnder Reihenfolge und mit einem positiven Aspekt beginnend. Damit sich die Vpn diese Aspekte in Gedanken so intensiv wie möglich ausmalten, wurden sie gebeten (siehe die Instruktionen in Experiment 1), jeden dieser Aspekte auf ein leeres Blatt Papier zu notieren und die zugehörigen Gedanken und Vorstellungen im Detail niederzuschreiben.

Die Vpn in der vierten Gruppe (Kontrollgruppe) sollten weder positive Phantasien noch Reflexionen über die negative Realität generieren. Wir baten sie deshalb, einfache, aber aufmerksamkeitsbindende arithmetische Probleme zu lösen. Dadurch sollte verhindert werden, daß die Vpn spontane Phantasien oder Grübeleien generierten. Die Aufgaben bestanden aus der Berechnung der jeweiligen Summenwerte von zwei untereinander stehenden Zahlenreihen (z.B. 3-2+7), wobei die beiden Summenwerte im Gedächtnis behalten werden mußten. War der Summenwert der oberen Zahlenreihe größer als der der darunter angeordneten, war die Subtraktion des zweiten vom ersten Wert die richtige Lösung der Aufgabe. Im umgekehrten Fall war die Addition die richtige Lösung. Die Lösungen mußten pro Aufgabe in ein vorgegebenes Kästchen eingetragen werden. Es wurden Stapel von Blättern vorgegeben, die von oben bis unten mit derarigen Aufgaben gefüllt waren. Diese Rechentätigkeit erfordert trotz geringer Schwierigkeit eine hohe Konzentration (Düker, 1965). Die Zeitdauer, für die eine Vp der Kontrollgruppe sich mit diesen Aufgaben beschäftigen mußte, wurde der Zeitdauer angepaßt, die eine aus den experimentellen Sitzungen ausgewählte Vp brauchte, um ihre mentalen Vorstellungen niederzuschreiben. Dieses Verfahren (*Yoking procedure*) kreiert in der Kontrollgruppe experimentelle Paarlinge. Wir achteten darauf, daß sich die Vpn der Kontrollgruppe so aufteilten, daß es für jede der drei experimentellen Gruppen etwa gleich viele experimentelle Paarlinge in der Kontrollgruppe gab.

Die *Handlungsbereitschaft* der Vpn, die abgebildete Person kennenzulernen, wurde anhand drei verschiedener, aber ähnlicher Items erhoben. Sie lauteten wie folgt: "Würden Sie diese Person gerne einmal 'in natura' kennenlernen?", "Wie sehr würden Sie sich freuen, wenn Sie diese Person tatsächlich einmal näher kennenlernen würden?" und: "Wie gerne würden Sie der Person einmal begegnen?". Die Vpn beantworteten die Items jeweils auf einer 7-Punkte-Antwortskala, die von *gar nicht* bis *sehr* reichte. Die drei Items wurden einmal vor Beendigung der experimentellen Sitzung erhoben (Cronbachs *alpha* = .88) und ein zweites Mal 1 Woche nach der Teilnahme am Experiment (Cronbachs *alpha* = .92).

Drei weitere Items erhoben die *Handlungsverpflichtung*, die abgebildete Person näher kennenzulernen: "Finden Sie es schade, daß alles nur ein 'Tagtraum' war?", "Finden Sie es schade, daß Sie diese Person nur in Gedanken kennengelernt haben?" und "Wie schade finden Sie es, daß die Begegnung mit der Person nur eine Vorstellung war?". Diese Items mußten ebenfalls auf 7-Punkte-Antwortskalen mit den Endpunkten 1 (*gar nicht*) und 7 (*sehr*) beantwortet werden. Die Handlungsverpflichtung wurde ebenfalls sowohl vor Abschluß der experimentellen Sitzung (Cronbachs *alpha* = .92) als auch 1 Woche später (Cronbachs *alpha* = .95) erhoben.

Für die Nachbefragung bekamen die Teilnehmerinnen 1 Woche nach dem Experiment ein kurzes Schreiben mit den oben genannten Fragen zur Erhebung der Handlungsbereitschaft und -verpflichtung zugeschickt. Die Vpn wurden gebeten, den Fragebogen auszufüllen und an das Institut zurückzuschicken. Etwa 2 Wochen danach schickten wir allen Vpn einen Brief, in dem wir sie ausführlich über Vorgehensweise und Hypothesen der Studie aufklärten. Den Vpn wurde auch ausführlich der Versuchsplan erklärt, so daß sie leicht erkennen konnten, welcher experimentellen Bedingung sie zugeteilt worden waren. Schließlich gaben wir auch eine Telefonnummer für eventuelle Rückfragen an.

Ergebnisse

Deskriptive Analysen. Die Erwartungen der Vpn, die abgebildete Person näher kennenzulernen, lagen im Mittel bei 3.84 (SD = 1.22) und die Attraktivität von Michael S. bei 5.54 (SD = .95). Die Werte reichten jeweils von 1 bis 7. Beide Variablen standen in keinem systematischen Zusammenhang mit dem Alter der Vpn (ps > .29). Die Mittelwerte der abhängigen Variablen waren wie folgt: Handlungsbereitschaft unmittelbar nach dem Experiment, M = 5.06 (SD = 1.26), und nach 1 Woche, M = 4.01 (SD = 1.41); Handlungsverpflichtung unmittelbar nach dem Experiment, M = 3.51 (SD = 1.67), und nach 1 Woche, M = 2.64 (SD = 1.46). Die Werte aller abhängigen Variablen erstreckten sich ebenfalls über den Bereich von 1 bis 7. Die beiden abhängigen Variablen korrelierten signifikant miteinander; unmittelbar nach dem Experiment mit r = .49 und 1 Woche danach mit r = .62. Die Eigen-Korrelationen über die Zeit waren für die einzelnen abhängigen Variablen ebenfalls signifikant (Handlungsbereitschaft: r = .69; Handlungsverpflichtung: r = .61).

Von der Gesamtpopulation (N = 143) schickten 134 Vpn (also 93.7%) den Nachfolgefragebogen zurück. Die Vpn, die den Fragebogen nicht zurücksandten, verteilten sich wie folgt über die Bedingungen: 3 Vpn aus Bedingung 1, 1 Vp aus Bedingung 2 und 5 Vpn aus Bedingung 3. Die Erwartungs- und Anreizeinschätzungen unterschieden sich nicht zwischen Vpn mit und ohne Nachfolgefragebogen (ps > .50). Über die sich aus dieser Rücksendequote von knapp 94% Prozent ergebenden 18 fehlenden Werten hinaus fanden sich noch weitere 2 in den beantworteten Nachfolgefragebögen. Insgesamt ergaben sich damit 20 fehlende Werte (dies entspricht 2.33% der Datenpunkte), die wir mit Hilfe von für jede der drei Gruppen getrennt berechneten Regressionsgleichungen schätzten (Tabachnick & Fidell, 1989). Insgesamt bezogen wir uns in unseren Analysen also auf ein N von 143 (das sich wie folgt auf die vier Bedingungen verteilte: Kontrastierungsbedingung n = 37, positive Phantasiebedingung n = 34, negative Realitätsbedingung n = 32, Kontrollbedingung n = 40).

Hypothesenprüfende Analysen: Allgemeine Überlegungen. Wir verwendeten in diesem zweiten Experiment die gleichen Analysen und Modellspezifikationen wie in Experiment 1. Da wir aber im vorliegenden Experiment 4 Versuchsgruppen hatten, enthielt das Basismodell nicht 6 Parameter (wie in Experiment 1, in dem wir 3 Versuchsgruppen hatten), sondern 8 Parameter (nämlich jeweils die Steigungen und die y-Achsenschnittpunkte der 4 Versuchsgruppen). Demnach enthielt das Experimentalmodell zur Prüfung von Hypothese 1 im vorliegenden Experiment nicht 5 Parameter wie in Experiment 1, sondern 6 Parameter: einmal die Steigung der Kontrastierungsgruppe, dann die unter Gleichheitsannahme gestellten Steigungen der restlichen 3 Gruppen sowie

4 Parameter, die sich aus den frei variierenden y-Achsenschnittpunkten ergeben. Das Gleichheitsmodell schließlich enthielt nicht 4 Parameter (wie in Experiment 1), sondern 5 Parameter: die unter Gleichheitsannahme gestellten Steigungen der 4 Gruppen sowie jeweils deren frei variierende y-Achsenschnittpunkte.

Für die Analysen der Hypothesen 2 und 3 machten wir, wie schon in Experiment 1, im Experimentalmodell und im Gleichheitsmodell Gleichheitsannahmen für die entsprechenden y-Achsenschnittpunkte, während die Steigungen der einzelnen Gruppen frei variieren durften. Zur Prüfung unserer drei Hypothesen verglichen wir dann (1) das 8-Parameter-Basis- mit dem 6-Parameter-Experimentalmodell und (2) das 5-Parameter-Gleichheitsmodell mit dem 6-Parameter-Experimentalmodell. Beobachteten wir keine Abnahme an erklärter Varianz beim ersten Vergleich und eine Zunahme beim zweiten Vergleich, interpretierten wir dies als Bestätigung unserer Hypothesen.

Handlungsbereitschaft unmittelbar nach dem Experiment. Die Beziehung zwischen der Erwartung, die abgebildete Person kennenzulernen, und der Bereitschaft, entsprechende Handlungen auszuführen, sollte in der Kontrastierungsgruppe enger sein als in den anderen drei Gruppen (Hypothese 1). Weiterhin sollten die Vpn mit hohen Erfolgserwartungen in der Kontrastierungsgruppe mehr Handlungsbereitschaft zeigen als die respektiven Vpn in den anderen Gruppen (Hypothese 2). Das umgekehrte Muster erwarteten wir bei den Vpn mit niedrigen Erfolgserwartungen (Hypothese 3).

Die Modellvergleiche, die wir wie oben beschrieben analog zu Experiment 1 berechneten, unterstützen unsere Hypothesen nur tendenziell. Hinsichtlich des Zusammenhangs zwischen der Erwartung und der Bereitschaft, Michael S. kennenzulernen, führte der Vergleich des Basismodells mit dem Experimentalmodell - hypothesenkonform - zu keiner Reduktion in erklärter Varianz, während aus dem Vergleich des Gleichheitsmodells mit dem Experimentalmodell nur eine tendenzielle Erhöhung der erklärten Varianz resultierte (wir hatten jedoch eine signifikante Erhöhung vorhergesagt). Sehr ähnliche Resultate ergab ein Vergleich der Modelle in Hinblick auf die y-Achsenschnittpunkte sowohl bei hohen als auch bei niedrigen Erwartungen. Tabelle 6.1 (linker Spaltenblock) faßt die entsprechenden Statistiken der beiden Modellvergleiche (zweiter und vierter Zeilenblock) und die Werte der Steigungen und y-Achsenschnittpunkte für die drei Modelle zusammen.

Abbildung 3 (links oben) stellt das Ausmaß der Handlungsbereitschaft in Abhängigkeit von der Ausprägung der Erfolgserwartung und der Gruppenzugehörigkeit graphisch dar. Die Kontrastierungsgruppe weicht sowohl in der Steigung als auch im y-Achsenschnittpunkt (bei hoher und bei niedriger Erwartung) nur tendenziell von den beiden anderen Gruppen ab, während die drei anderen Gruppen vergleichsweise parallel verlaufen und sich auch in ihren y-Achsenschnittpunkten wenig voneinander unterscheiden.

Für die neu hinzugekommene Kontrollgruppe verläuft die Steigung ähnlich flach wie in der positiven Phantasiegruppe und der negativen Realitätsgruppe. Weiterhin liegen die y-Achsenschnittpunkte für niedrige und hohe Erfolgserwartungen in der Nähe dieser beiden Gruppen. Entgegen unseren Vorhersagen berichten Vpn in der Kontrollgruppe nicht weniger Handlungsbereitschaft als die Vpn der positiven Phantasiegruppe und der negativen Realitätsgruppe.

Handlungsverpflichtung unmittelbar nach dem Experiment. Die Modellvergleiche zu dieser abhängigen Variable stützen der Tendenz nach Hypothese 1 und 2; Hypothese 3 konnte dagegen nicht bestätigt werden. Für den Zusammenhang zwischen Erwartung und Handlungsverpflichtung ergab sich keine Reduzierung der erklärten Varianz für den Vergleich des Basismodells mit dem Experimentalmodell und eine tendenzielle Verbesserung der erklärten Varianz bei einem Vergleich des Gleichheitsmodells mit dem Experimentalmodell. Ein ähnliches Ergebnismuster fand sich für die Modellvergleiche hinsichtlich der y-Achsenschnittpunkte bei hohen Erwartungen (siehe Tabelle 6.1, rechter Spaltenblock). Für die y-Achsenschnittpunkte bei niedrigen Erwartungen erhöhte sich tendenziell der Anteil erklärter Varianz beim Vergleich des Basismodells mit dem Experimentalmodell, während der Vergleich des Gleichheitsmodells mit dem Experimentalmodell zu keinem Zuwachs an erklärter Varianz führte. Dies spricht gegen Hypothese 3, nach der die Werte der Handlungsverpflichtung für die Kontrastierungsgruppe niedriger als in den anderen Gruppen ausfallen sollten, die wiederum relativ nahe beieinander liegen sollten.

Abbildung 3 (rechts oben) veranschaulicht die Ergebnisse dieser Modellvergleiche. Für die Kontrastierungsgruppe läßt sich eine relativ steile Regressionslinie erkennen. Die anderen drei Gruppen sind vergleichsweise flacher, wobei die positive Phantasiegruppe und die Kontrollgruppe negative Steigungen aufweisen, die negative Realitätsgruppe eine positive Steigung. Erwähnenswert ist, daß die Regressionslinie für die positive Phantasiegruppe relativ steil ins Negative gerichtet ist, was sie von der Kontrollgruppe und insbesondere von der negativen Realitätsgruppe recht deutlich abweichen läßt. Dies mag der Grund dafür sein, daß unsere Modellvergleiche, trotz der relativ starken positiven Steigung für die Kontrastierungsgruppe und den vergleichsweise flachen Steigungen der anderen Gruppen, die Hypothese 1 nur tendenziell bestätigen.

Für die y-Achsenschnittpunkte bei hohen Erfolgserwartungen ist der Wert für die Kontrastierungsgruppe am höchsten. Abbildung 3 (rechts oben) zeigt jedoch, daß der Schnittpunkt für die negative Realitätsgruppe von der Kontrollgruppe und insbesondere von der positiven Phantasiegruppe in Richtung Kontrastierungsgruppe abweicht. Somit wird verständlich, warum unsere Modellvergleiche Hypothese 2 nur tendenziell bestätigten. Für die y-Achsenschnittpunkte bei niedrigen Erwartungen liegt die Handlungsverpflichtung für die negative Realitätsgruppe fast so niedrig wie bei der Kontrastierungsgruppe, während die Kontrollgruppe deutlich höher und die positive Phantasiegruppe

Tabelle 6.1

Experiment 2: Regressionsmodelle und ihre Vergleiche: Handlungsbereitschaft und Handlungsverpflichtung unmittelbar nach dem Experiment.

		Handlungsbereitschaft			Handlungsverpflichtung		
Modell		B	a^h	a^n	B	a^h	a^n
Basismodell	Kontrastierungsgruppe	.66***	7.13	3.18	.51*	5.20	2.13
	Positive Phantasiegruppe	.20	5.72	4.53	-.30	2.70	4.49
	Negative Realitätsgruppe	.41	6.45	4.01	.32	4.25	2.34
	Kontrollgruppe	.21	5.54	4.30	-.06	3.23	3.61
	$\Delta R2$	.0073	.0103	.0035	.0288	.0160	.0348
	$F(2,135)$	.58	.82	.28	2.08	1.15	2.51
	$p \leq$	.57	.45	.76	.13	.32	.09
Experimental-modell	Kontrastierungsgruppe	.66***	7.13	3.18	.51*	5.20	2.13
	restliche Gruppen	.27	5.93	4.28	-.004	3.44	3.49
	$\Delta R2$	.0214	.0196	.0181	.0223	.0245	.0158
	$F(1,137)$	3.44	3.14	2.91	3.17	3.53	2.23
	$p \leq$	.07	.08	.10	.08	.07	.14
Gleichheitsmodell	alle Versuchsgruppen	.35	6.19	4.08	.10	3.82	3.24

Anmerkung. $N = 143$. Die verschiedenen Modelle (Basismodell, Experimentalmodell und Gleichheitsmodell) sind im Text definiert. *B* (*Raw regression coefficient*) beschreibt die Steigungen der Regressionslinien, a^h die y-Achsenschnittpunkte für hohe Erfolgserwartungen und a^n die y-Achsenschnittpunkte für niedrige Erfolgserwartungen. Die Prüfstatistiken für den Vergleich vom Basismodell zum Experimentalmodell finden sich im zweiten Zeilenblock; die Prüfstatistiken für den Vergleich des Gleichheitsmodells zum Experimentalmodell im vierten Zeilenblock. * $p < .05$. ** $p < .01$. *** $p < .001$.

Abbildung 3

Experiment 2:
Handlungsbereitschaft und Handlungsverpflichtung unmittelbar nach dem Experiment (oben) und eine Woche später (unten) in Abhängigkeit der Erfolgserwartung für die einzelnen Versuchsgruppen.

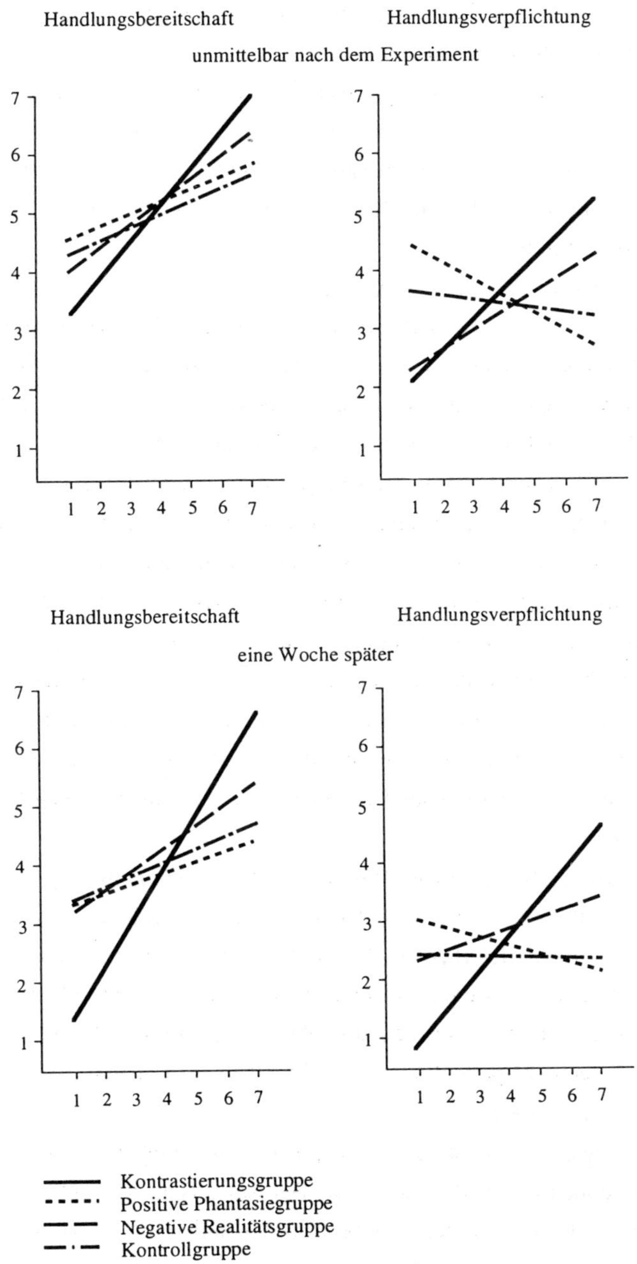

noch höher liegt. Die Modellvergleiche liefern deshalb auch keine hypothesenkonformen Ergebnisse: Die tendenziell signifikante Reduktion der erklärten Varianz vom Basismodell zum Experimentalmodell signalisiert, daß die positive Phantasie-, die negative Realitäts- und die Kontrollgruppe unterschiedliche y-Achsenschnittpunkte haben. Daß es vom Gleichheitsmodell zum Experimentalmodell keinen signifikanten Anstieg in erklärter Varianz gab, entspricht der Beobachtung, daß sich die negative Realitätsgruppe nicht von der Kontrastierungsgruppe unterscheidet.

Betrachtet man die Ergebnisse für die direkt im Anschluß an das Experiment gemessene Handlungsbereitschaft und -verpflichtung im Vergleich zueinander, findet sich nur eine tendenzielle Bestätigung unserer Hypothesen 1 und 2 für beide Maße. Hypothese 3 wird für die Handlungsbereitschaft tendenziell bestätigt; für die Handlungsverpflichtung findet sich keine Bestätigung.

Handlungsbereitschaft eine Woche später. Analysiert man die Handlungsbereitschaft, die von den Vpn 1 Woche nach dem Experiment berichtet wurde, entsprechen die Ergebnisse voll den Vorhersagen. Diesmal unterstützen beide Modellvergleiche die Hypothesen 1, 2 und 3. Vom Basismodell zum Experimentalmodell gibt es keine Reduktion in der Passung, während sich vom Gleichheits- zum Experimentalmodell eine Zunahme in erklärter Varianz zeigt. Dieses Befundmuster gilt sowohl im Hinblick auf die Steigung (Hypothese 1) als auch die y-Achsenschnittpunkte bei hohen (Hypothese 2) und niedrigen (Hypothese 3) Erwartungen (siehe Tabelle 6.2, linker Spaltenblock).

Abbildung 3 (links unten) illustriert die Ergebnisse. Nach 1 Woche läßt sich eine enge positive Beziehung zwischen der Erwartung und der Handlungsbereitschaft in der Kontrastierungsgruppe beobachten, während die anderen 3 Gruppen nicht unterschiedlich sind und deutlich flachere Steigungen aufweisen. Auch die in der Kontrastierungsgruppe beobachteten y-Achsenschnittpunkte für hohe Erfolgserwartungen liegen deutlich über den Werten der anderen Gruppen, die nahe beieinander liegen. Das umgekehrte Bild gilt für niedrige Erwartungen.

Handlungsverpflichtung eine Woche später. Auch hier gestalten sich die Ergebnismuster hypothesenkonform. Die Modellvergleiche bestätigen wiederum alle drei Hypothesen. Der Vergleich des Basismodells mit dem Experimentalmodell führt für alle drei Hypothesen zu keiner Verringerung der erklärten Varianz, während der Vergleich des Gleichheitsmodells mit dem Experimentalmodell eine Erhöhung der Passung mit sich bringt (Tabelle 6.2, rechter Spaltenblock). Abbildung 3 (rechts unten) veranschaulicht die Ergebnisse der Modellvergleiche.

Die Kontrastierungsgruppe zeigt eine steile positive Steigung, während die Steigungen in allen anderen Gruppen relativ flach ausfallen. Bei den y-Achsenschnittpunkten für hohe Erwartungen liegt die Kontrastierungsgruppe über den anderen Gruppen (die relativ nahe beieinander liegen), für niedrige Erwartungen dagegen darunter (auch hier liegen die

Tabelle 6.2

Experiment 2: Regressionsmodelle und ihre Vergleiche: Handlungsbereitschaft und Handlungsverpflichtung eine Woche nach dem Experiment.

		Handlungsbereitschaft			Handlungsverpflichtung		
Modell		B	a^h	a^n	B	a^h	a^n
Basismodell	Kontrastierungsgruppe	.85***	6.55	1.43	.62*	4.59	.85
	Positive Phantasiegruppe	.18	4.42	3.34	-.15	2.10	3.01
	Negative Realitätsgruppe	.35*	5.33	3.22	.20	3.46	2.28
	Kontrollgruppe	.20	4.62	3.42	-.01	2.38	2.44
	$\Delta R2$	.0039	.0087	.0005	.0126	.0182	.0062
	$F(2,135)$	.32	.70	.04	.93	1.34	.45
	$p \leq$	.74	.50	.97	.40	.27	.64
Experimental-modell	Kontrastierungsgruppe	.85***	6.55	1.43	.62**	4.59	.85
	restliche Gruppen	.25*	4.82	3.33	.02	2.69	2.58
	$\Delta R2$	.0451	.0348	.0451	.0424	.0396	.0348
	$F(1,137)$	7.38	5.65	7.40	6.24	5.78	5.16
	$p \leq$	.01	.02	.01	.02	.02	.03
Gleichheitsmodell	alle Versuchsgruppen	.37***	5.20	2.97	.13	3.10	2.26

Anmerkung. $N = 143$. Die verschiedenen Modelle (Basismodell, Experimentalmodell und Gleichheitsmodell) sind im Text definiert. *B* (*Raw regression coefficient*) beschreibt die Steigungen der Regressionslinien, a^h die y-Achsenschnittpunkte für hohe Erfolgserwartungen und a^n die y-Achsenschnittpunkte für niedrige Erfolgserwartungen. Die Prüfstatistiken für den Vergleich vom Basismodell zum Experimentalmodell finden sich im zweiten Zeilenblock; die Prüfstatistiken für den Vergleich des Gleichheitsmodells zum Experimentalmodell im vierten Zeilenblock. * $p < .05$. ** $p < .01$. *** $p < .001$.

Werte der anderen Gruppen nahe beieinander). Die Abbildung verdeutlicht aber auch, daß die Steigung der negativen Realitätsgruppe der der Kontrastierungsgruppe am ähnlichsten ist und daß der y-Achsenschnittpunkt für hohe Erfolgserwartungen in dieser Gruppe zwischen den Werten der Kontrastierungsgruppe und denen der anderen Gruppen liegt.

Sowohl die berichtete Handlungsbereitschaft als auch die empfundene Handlungsverpflichtung verhielten sich hypothesenkonformer, wenn sie erst 1 Woche nach dem Experiment und nicht unmittelbar zum Abschluß des Experiments gemessen wurden. Nach 1 Woche lagen in der negativen Realitätsgruppe die Werte beider Variablen bei niedrigen Erwartungen nicht mehr direkt oder nahe bei der Kontrastierungsgruppe, wie noch zum Ende des Experiments, sondern näherten sich den Werten der positiven Phantasiegruppe und der Kontrollgruppe. Die Werte für niedrige Erwartungen in der Kontrastierungsgruppe wurden über die Zeit noch niedriger und entfernten sich somit weiter von den restlichen Gruppen. Sie erreichten für die Handlungsbereitschaft und die Handlungsverpflichtung die niedrigst mögliche Ausprägung. Offensichtlich lösten die Vpn der Kontrastierungsgruppe, die ihre Chancen schlecht einschätzten, sich in der Woche nach dem Experiment gänzlich von der Idee, Michael S. kennenzulernen. Diese Effekte der Zeit auf die abhängigen Variablen erschienen uns so interessant, daß wir sie auf Signifikanz prüften.

Analysen der Effekte über die Zeit. Um zu testen, ob sich die Steigungen der Kontrastierungsgruppe und der restlichen Gruppen über die Zeit hinweg unterschiedlich veränderten, spezifizierten wir zunächst ein Modell, das alle beide Zeitpunkte enthielt. Dieses Modell hatte für jeden Zeitpunkt jeweils einen Steigungsparameter für die Kontrastierungsgruppe und jeweils einen für die zusammengenommenen restlichen Gruppen; die zugehörigen y-Achsenschnittpunkte variierten frei. Um die Veränderung der Steigung in der Kontrastierungsgruppe über die Zeit festzustellen, verglichen wir dieses Modell mit einem restringierteren Modell, das sich insofern vom erstgenannten Modell unterschied, als die beiden Steigungen in der Kontrastierungsgruppe zum Zeitpunkt 1 und zum Zeitpunkt 2 einer Gleichheitsannahme unterstellt wurden.

Um den Effekt der Zeit auf den Zusammenhang zwischen Erwartung und den abhängigen Variablen der Handlungsbereitschaft und -verpflichtung bei den anderen Gruppen zu prüfen, verglichen wir das oben genannte unrestringierte Modell mit einem restringierteren Modell, in dem wir die Steigungen in den drei anderen Gruppen zum Zeitpunkt 1 und zum Zeitpunkt 2 (insgesamt also 6 Steigungen) einer Gleichheitsannahme unterwarfen. In analogen Verfahren testeten wir den Effekt der Zeit auf die y-Achsenschnittpunkte für hohe und niedrige Erwartungen. Hier bezogen sich die Restriktionen (Gleichheitsannahmen) auf die jeweiligen y-Achsenschnittpunkte, während die Steigungen frei variierten.

Die Modellvergleiche bezüglich der Steigung der Kontrastierungsgruppe ergaben weder für die Handlungsbereitschaft noch für die Handlungsverpflichtung eine signifikante Reduktion in der erklärten Varianz, $R^2\Delta s < .0014$, $Fs(1,274) < .6$. Auch bei Modellvergleichen hinsichtlich der Steigungen der restlichen Gruppen beobachteten wir keine signifikante Reduktion in erklärter Varianz, $R^2\Delta s < .0002$, $Fs(1,274) < .04$. Offensichtlich hat sich weder für die Kontrastierungsgruppe noch für die zusammengenommenen restlichen Gruppen die Relation zwischen Erwartung und den beiden abhängigen Variablen über die Zeit hinweg verändert (siehe dazu auch die Abbildung 3, oben und unten im Vergleich).

Bei den y-Achsenschnittpunkten finden sich dagegen interessante Zeiteffekte. In Abbildung 3, oben und unten im Vergleich, ist zu erkennen, daß bei *niedrigen Erwartungen* die Werte in der Kontrastierungsgruppe über die Zeit hinweg deutlich abfallen. Für die Variable Handlungsbereitschaft drückt sich dieses Muster in einer signifikanten Reduktion der erklärten Varianz vom unrestringierten zum restringierten Modell aus ($R^2\Delta = .0109$, $F(1,274) = 4.14$, $p < .05$). Der analoge Modellvergleich für die Variable Handlungsverpflichtung wird nicht signifikant, $R^2\Delta = .0045$, $F(1,274) = 1.41$, $p = .23$. Hier mag allerdings ein Bodeneffekt im Spiel sein, denn die Werte für niedrige Erwartungen lagen bereits zum Abschluß des Experiments am unteren Ende der Skala und konnten somit kaum noch tiefer fallen. Betrachtet man die y-Achsenschnittpunkte für niedrige Erwartungen bei den restlichen Gruppen, ergeben sich signifikante oder fast signifikante Werte für den genannten Modellvergleich bezüglich der abhängigen Variable Handlungsbereitschaft bzw. der Variable Handlungsverpflichtung, $R^2\Delta = .0143$, $F(1,274) = 5.41$, $p = .02$ bzw. $R^2\Delta = .0102$, $F(1,274) = 3.17$, $p < .08$. Über die Zeit waren die Vpn dieser Gruppen offensichtlich ebenfalls weniger bereit, Handlungen auszuführen, um die abgebildete Person kennenzulernen, und sie fühlten sich auch weniger verpflichtet, derartige Handlungen auszuführen.

Vergleicht man die y-Achsenschnittpunkte für *hohe Erwartungen* über die Zeit, sehen die Befunde anders aus. Zwar ergibt sich auch hier in den Restgruppen eine signifikante Reduktion im Betrag der erklärten Varianz für die Variable Annäherungsbereitschaft, $R^2\Delta = .0155$, $F(1,274) = 5.81$, $p < .02$, die Variable Handlungsverpflichtung ist vergleichsweise zeitstabiler, $R^2\Delta = .0055$, $F(1,274) = 1.73$, $p = .19$. Für die Kontrastierungsgruppe findet man dagegen *für beide abhängigen Variablen eine sehr hohe Stabilität über die Zeit*, $R^2\Delta s < .002$, $Fs(1,274) < .44$, $ps > .57$. Da die Handlungsbereitschaft für hohe Erwartungen in der Kontrastierungsgruppe zum Abschluß des Experiments den höchstmöglichen Wert erzielte, bedeutet dies, daß die Vpn mit hohen Erwartungen auch noch nach einer Woche eine maximale Bereitschaft zum Kennenlernen der abgebildeten Person berichteten.

Der Zusammenhang zwischen der Erfolgserwartung und den abhängigen Variablen

Handlungsbereitschaft und -verpflichtung veränderte sich also nicht über die Zeit, weder für die Kontrastierungsgruppe noch für die restlichen Gruppen. Stabil über die Zeit blieben auch die Werte (auf beiden abhängigen Variablen) der Vpn mit hohen Erwartungen in der Kontrastierungsgruppe. Die Vpn mit niedrigen Erwartungen in der Kontrastierungsgruppe zeigten dagegen eine deutliche Reduktion der Handlungsbereitschaft. Die Reduktion der Handlungsverpflichtung war dagegen weniger ausgeprägt.

Für die anderen Gruppen gilt für Vpn mit hohen und niedrigen Erwartungen, daß sie nach 1 Woche weniger Handlungsbereitschaft berichteten. In der Tendenz gilt das auch für die Handlungsverpflichtung (siehe Abbildung 3, oben und unten im Vergleich). Insgesamt also scheinen die Vpn mit hohen Erwartungen in der Kontrastierungsgruppe die einzigen zu sein, die die zum Abschluß des Experiments gezeigte Handlungsbereitschaft und -verpflichtung auch noch nach 7 Tagen in der gleichen Stärke erlebten. Die restlichen Vpn, inklusive der Vpn mit niedrigen Erwartungen in der Kontrastierungsgruppe, scheinen über die Zeit hinweg die Bereitschaft und das Verpflichtungsgefühl verloren zu haben, sich für ein Kennenlernen von Michael S. einzusetzen.

Diskussion

Das Engagement der Vpn, eine vorgegebene attraktive Person kennenzulernen, wurde als relevante Handlungsbereitschaft und -verpflichtung sowohl zum Abschluß des Experiments als auch eine Woche nach dem Experiment gemessen. Betrachtet man die nach einer Woche erhobenen Daten, stellt sich wie vorhergesagt heraus, daß diese Variablen mit relevanten Erfolgserwartungen in der Kontrastierungsgruppe in einem engeren positiven Zusammenhang stehen als in den anderen Versuchsgruppen (der positiven Phantasie-, der negativen Realitäts- und der Kontrollgruppe). Zudem waren Vpn mit hohen Erwartungen in der Kontrastierungsgruppe eher bereit, die auf einem Bild dargestellte attraktive Person kennenzulernen, als die Vpn mit hohen Erwartungen in den anderen Gruppen; dieser Unterschied gilt auch für die empfundene Handlungsverpflichtung. Betrachtet man die Ergebnisse für die Vpn mit niedrigen Erwartungen, so zeigt sich das umgekehrte Muster.

Dieses hypothesenkonforme Datenmuster war zum Abschluß des Experiments weniger deutlich ausgeprägt als eine Woche später. Das stärkere Hervortreten des hypothesenkonformen Datenmusters über die Zeit resultierte aus dem Absinken der Handlungsbereitschaft und -verpflichtung bei allen Vpn, außer denjenigen mit hohen Erwartungen in der Kontrastierungsgruppe. Letztere waren nach wie vor bereit und fühlten sich verpflichtet, die anhand eines Bildes vorgegebene attraktive Person näher kennenzulernen. Offensichtlich wurde in der Kontrastierungsbedingung eine sehr starke Motivation gestiftet, die attraktive Person näher kennenzulernen. Unser Befund, daß in der Kontrastierungsbedingung bei Vpn mit hohen Erwartungen die Motivation in ihrer Stärke über die Zeit hinweg erhalten bleibt, stützt somit auch ein klassisches Postulat der Motivationspsychologie, wonach starke Motivationstendenzen, die nicht erledigt werden können, über die Zeit anhalten (Heckhausen, 1989; Lewin, 1926; Wicklund & Gollwitzer, 1982).

Vergleich der Experimente 1 und 2. Das Befundmuster steht im Einklang mit den in Experiment 1 erzielten Ergebnissen. Kontrastiert man positive Phantasien mit Reflexionen über die negative Realität, erwerben die Erwartungen handlungsleitende Funktion. Erst, wenn die Phantasien dem Handeln die Richtung weisen und gleichzeitig die Realität die Notwendigkeit des Handelns verdeutlicht, entsteht ein enger positiver Zusammenhang zwischen Erwartung und Engagement zum Handeln (Hypothese 1). Für die anderen Gruppen dagegen war der Zusammenhang zwischen Erwartung und der Anstrengungs- und Realisierungsbereitschaft vergleichsweise weniger positiv, teilweise sogar negativ. Auch die Resultate für die Vpn mit hohen (Hypothese 2) und niedrigen (Hypothese 3) Erwartungen entsprachen denen aus Experiment 1. Bei hohen Erwartungen beobachteten wir mehr, bei niedrigen Erwartungen dagegen weniger Handlungsbereitschaft als in den anderen Gruppen; dies galt auch für die abhängige Variable Handlungsverpflichtung.

Nun hatten wir in Experiment 1 andere abhängige Variablen zur Messung des Engagements in Richtung Phantasierealisierung erhoben als in Experiment 2. In Experiment 1 bestimmten wir das tatsächliche Handeln außerhalb des Labors (Unverzüglichkeit wichtiger Handlungsschritte) und die Handlungsmotivation als Anstrengungsmobilisierung unmittelbar nach den Vorstellungsinstruktionen. In Experiment 2 erhoben wir nur die Handlungsmotivation, einmal als Handlungsbereitschaft und zum anderen als Handlungsverpflichtung, weil es sich bei der kennenzulernenden Person nicht um eine tatsächliche, sondern um eine fiktive handelte. Es sieht somit ganz danach aus, daß unsere Hypothesen sowohl für tatsächliches Handeln in Richtung Phantasierealisierung als auch für die zugehörige Handlungsmotivation gelten. Auch kann Handlungsmotivation offensichtlich auf ganz verschiedene Art und Weise gemessen werden. Die Datenmuster scheinen davon nicht betroffen zu sein.

Ein weiterer Unterschied zwischen Experiment 1 und 2 ist darin zu sehen, daß die Vpn in Experiment 1 eine interpersonelle Angelegenheit, deren Erfüllung sie sich wünschten, in die Studie einbrachten. In Experiment 2 handelt es sich zwar ebenfalls um eine interpersonelle Angelegenheit, allerdings wurde diese von außen (von der Versuchsleiterin) an die Vpn herangetragen. Da es um das Kennenlernen einer attraktiven Person ging, darf man wohl davon ausgehen, daß sich die Vpn gerne eine Erfüllung dieses Anliegens vorstellten. Damit sprechen die Befunde von Experiment 1 und 2 dafür, daß man Personen sowohl in Richtung von bereits bestehenden als auch von neuen, von außen herangetragenen, attraktiven Angelegenheiten engagieren kann, indem man sie anhält, ihre positiven Phantasien mit Reflexionen über die negative Realität zu kontrastieren - immer vorausgesetzt natürlich, daß die Erfolgserwartungen hoch sind. Bei niedrigen Erfolgserwartungen führt die Induktion einer Kontrastierung genau zum Gegenteil, nämlich zur völligen Auflösung des Engagements in Richtung Anliegenerfüllung.

Pull- und Push-Effekte der positiven Phantasie- bzw. negativen Realitätsgruppe. Wie aber steht es mit der Stimulierung des Engagements zur Phantasierealisierung in der positiven Phantasie- und der negativen Realitätsgruppe? Läßt sich hier von einem erwartungsunabhängigen *Pull-* bzw. *Push-*Effekt sprechen? Die Kontrollgruppe war in ihrem Ablauf der Phantasie- und Realitätsgruppe im Detail nachgebildet worden. Nur das Phantasieren über positive Aspekte der Anliegenerfüllung bzw. das Grübeln über negative Aspekte, die dieser entgegenstünden, wurde von den Kontroll-Vpn nicht verlangt. Da sich die beobachtete Handlungsmotivation (gemessen als Handlungsbereitschaft und -verpflichtung) in Richtung Phantasieerfüllung in den drei Gruppen nicht unterschied, muß man davon ausgehen, daß das positive Phantasieren und das negative Grübeln im Vergleich zur Kontrollgruppe keine zusätzliche Handlungsmotivation addierte.

Kann man aufgrund dieser Beobachtung davon ausgehen, daß das bloße Phantasieren und das negative Grübeln *keine* motivationalen *Pull-* bzw. *Push-*Effekte produzierten? Im Prinzip kann man das, es sei denn, die Handlungsmotivation hätte in der vorliegenden Kontrollgruppe untypisch hohe Werte erzielt. Es gibt einen guten Grund dafür anzunehmen, daß dies bei der vorliegenden Kontrollgruppe der Fall war. Dieser Grund hat mit der Art der Präsentation der attraktiven Person zu tun. Wir haben den Vpn ein ausgesuchtes Photo (Modellagentur) einer als besonders attraktiv empfundenen Person vorgelegt (siehe das oben dargestellte komplexe Auswahlverfahren). Möglicherweise haben wir dadurch einen Stimulus geschaffen, dem "man nicht widerstehen kann". Das Abbild der attraktiven Person mag die Vpn zum Handeln motiviert haben, wie ein attraktiver Gegenstand den Betrachter unwillkürlich zum Anfassen reizt. Diese Überlegungen geben Anlaß zur Vermutung, daß die vorliegende Kontrollgruppe Motivationswerte erzielte, wie sie bei weniger aufdringlichen Stimuli erst in der positiven Phantasie- und der negativen Realitätsgruppe zustande kommen würden. Damit wäre nicht ausgeschlossen, daß die positiven Phantasien und das negative Grübeln möglicherweise doch einen motivationalen *Pull* bzw. *Push* produzieren können.

Für diese Möglichkeit spricht auch, daß die Handlungsmotivationswerte in der positiven Phantasie- und der negativen Realitätsgruppe über die Zeit abfielen. Dies impliziert, daß zumindest kurzfristig durch das Phantasieren und das Grübeln ein motivationaler *Pull* bzw. *Push* entstanden sein mußte. Weiterhin nimmt auch in der Kontrollgruppe die Motivation, die attraktive Person kennenzulernen, über die Zeit hinweg ab. Dies stützt die These, daß durch das Bild stimulus-kontrollierte Motivation ausgelöst wurde, weil der Stimulus (Abbild) nur im Experiment direkt vorlag und nicht zuhause.

Zusammenfassend läßt sich sagen, daß die Frage nach den erwartungsunabhängigen, kurzlebigen *Pull*- und *Push*-Effekten der positiven Phantasie- bzw. negativen Realitätsgruppe in Experiment 2 nicht abschließend geklärt werden konnte. Hierzu hätte die Phantasiethematik weniger aufreizend präsentiert werden müssen, damit so die situativ angeregte Motivation geringer ausfiele und die Kontrollgruppe als motivationale *Baseline* dienen könnte. Um diese Problematik von Grund auf auszuschalten, wählten wir im dritten Experiment ein anderes Verfahren zur Herstellung der Kontrollgruppe, das völlig auf die Präsentation der Phantasiethematik durch den Vl verzichtete.

Realitätsgruppe versus Kontrastierungsgruppe: Unerwartete Ähnlichkeit der Befunde. Warum liegen die Ergebnisse der negativen Realitätsgruppe zwischen der positiven Phantasiegruppe und der Kontrastierungsgruppe? Dies gilt sowohl für die Steigungen als auch für die y-Achsenschnittpunkte. Wir erwarteten eine größere Ähnlichkeit zur positiven Phantasiegruppe und einen größeren Unterschied zur Kontrastierungsgruppe. Da dieses Befundmuster sich bereits in Experiment 1 abzeichnete, mußte die Ursache in der Art des Versuchsparadigmas, das zur Induktion ausschließlich grüblerischer Gedanken über die negative Realität zum Einsatz kam, gesucht werden. Möglicherweise war die Instruktion, negative Aspekte der vorliegenden Realität aufzuzählen und diese dann im einzelnen kritisch zu reflektieren, nicht stark genug, um zu verhindern, daß sich den Vpn zwischendurch Gedanken an die positiven Aspekte der Phantasieerfüllung aufdrängten. Dies geschah vielleicht auch deswegen, weil alle Vpn zum Beginn des Experiments nicht nur negative Aspekte der vorliegenden Realität notieren mußten, sondern auch positive Aspekte der Anliegenerfüllung. Da wir es in beiden Experimenten mit interpersonellen Angelegenheiten zu tun hatten, also mit Angelegenheiten hohen Anreizes, dürften sich in das grüblerische Bedenken der Realität immer wieder positive Phantasien gemischt haben. Falls dies geschehen sein sollte, entspricht die gedankliche Beschäftigung der Vpn in der negativen Realitätsgruppe nicht mehr einem bloßen Bedenken der negativen Realität, sondern nähert sich dem an, was wir von den Vpn in der Kontrastierungsgruppe verlangten.

Es könnte also durchaus sein, daß eine reine Salienzmanipulation (d.h. Instruktionen an die Vpn, bestimmte Inhalte zu bedenken) für das Instigieren bloßer positiver Phantasien ausreicht, nicht jedoch für das ausschließliche Grübeln über negative Aspekte der Gegenwart. Man darf nicht vergessen, daß es sich bei den Inhalten positiver Zukunftsphantasien um weit angenehmere Dinge handelt als bei den Inhalten der Reflexionen zur gegenwärtigen Realität. Diese Überlegung impliziert, daß man für die Induktion des ausschließlichen Bedenkens negativer Aspekte der Gegenwart andere Verfahren entwickeln muß, die es verhindern, daß den Vpn die negative Realität zugunsten der positiven Phantasien entgleitet und dadurch eine Kontrastierung entsteht. Wir suchten im folgenden Experiment eine Lösung dieses Problems, die sich auf die Überlegung stützt, daß man die Vpn in der negativen Realitätsgruppe möglicherweise von positiven Phantasien abhalten könnte, indem man ihnen diese Phantasien verleidet.

Die Kontrastierung von positiven Phantasien und negativer Realität: Die Vereinbarung von Beruf und Familie (Experiment 3)

Auf der Suche nach einem Thema, über das sich gut phantasieren und grübeln läßt, waren wir bislang so vorgegangen, daß wir Anliegen mit hohem Anreiz suchten, bei denen die Anliegenerfüllung jedoch Widerstände zu überwinden hätte. Zwischenmenschliche Beziehungen sind insofern ideal, als sie einen hohen Anreiz besitzen, glückliche Beziehungen jedoch schwer zu realisieren sind. Eine andere Angelegenheit, die sich gut zum Träumen eignet (vertraut man der zuvor berichteten korrelativen Studie 4), ist die eigene berufliche Entwicklung. Auch hier können junge Menschen ins Träumen geraten, und auch hier gilt, daß der Erfüllung der Träume viele Hindernisse im Wege stehen.

Letzteres dürfte insbesondere auf Frauen zutreffen. Die relevanten Statistiken zeichnen ein düsteres Bild, und dies auch im Berufsfeld Wissenschaften. In seinem Bericht zur Lage der Psychologie ging der Präsident der Deutschen Gesellschaft für Psychologie (Baumann, 1995) auch auf die Möglichkeiten und die Bereitschaft zur wissenschaftlichen Karriere bei Frauen ein und stellte dabei fest, daß diese vielfach nur eingeschränkt vorhanden seien. Der Frauenanteil an den Universitäten sinkt im Fach Psychologie mit zunehmendem Status der ins Auge gefaßten Qualifikation oder Position. 1991 stellten sich die Zahlenverhältnisse in der Psychologie in Deutschland wie folgt dar: Promotionen 1 zu 2.2 (45%), Habilitationen 1 zu 5.5 (18%) und C4-Professuren 1 zu 14 (7%). Das Fachgebiet Psychologie ist leider keine Ausnahme. Ein ähnlich geringer Frauenanteil findet sich für Universitätsprofessuren generell (Mayer, 1995). In den letzten 15 Jahren stieg der Frauenanteil bei C3- und C4-Professuren lediglich von 5.3% auf 5.7%. Auch in der Max-Planck-Gesellschaft, in der ebenfalls eine Vielzahl wissenschaftlicher Inhaltsbereiche vertreten ist, hielt sich der Frauenanteil in den Jahren 1991 bis 1995 auf einem sehr niedrigen Niveau. Bei den C3-Stellen schwankte er zwischen 3.4% und 5.2%, bei den C4-Stellen (Direktoren) zwischen 0.9% und 2.1% (MPG-Spiegel, 1995).

Zweifellos entsteht für Frauen insofern eine besondere berufliche Herausforderung, als den Frauen eine größere Bürde bei Schwangerschaft, Geburt und Stillzeit zufällt und sie zudem in unserer Kultur die Hauptlast der familialen Aufgaben zu tragen haben. Man mag sich deshalb fragen, ob es sich für Frauen überhaupt lohnt, eine berufliche Karriere anzustreben, wenn gleichzeitig ein Wunsch nach Kind und Familie besteht. Kuckartz (1992) analysierte diese Frage anhand eines Interviews mit "Mittelbauerinnen" im Fach Erziehungswissenschaften. In dieser Umfrage sind die Angehörigen des akademischen Mittelbaus im Fach Erziehungswissenschaften an allen Hochschulen Westdeutschlands und West-Berlins befragt worden (die Rücklaufquote lag bei ca. 50%). Von den 57 wissenschaftlichen Mitarbeiterinnen waren lediglich 8 (14%) verheiratet und hatten ein Kind, während es bei den 94 Männern immerhin schon 24 (25%) waren. Bei einer Befragung von über 138 ausgeschiedenen akademischen MitarbeiterInnen hatten lediglich 26.7% der wissenschaftlichen Mitarbeiterinnen bei Auslauf des Vertrages ihre Promotion geschafft, während es bei den Männern immerhin 55.9% waren (Kuckartz, 1992). Wieviele der Doktorandinnen und Doktoranden, die ihre Arbeit beendet oder nicht beendet hatten, in der Zwischenzeit ein Kind bekommen hatten, wird leider nicht erwähnt.

Die Vereinbarung von Beruf und Familie ist für Frauen im heutigen Deutschland eine besonders problematische Angelegenheit, und dies nicht nur im Wissenschaftsbereich. Die arbeitende Mutter ist eine vergleichsweise rare Erscheinung. Zur Zeit der Wende arbeitete weniger als die Hälfte der Mütter mit Kindern unter 18 Jahren; in Schweden beispielsweise sind es über 80% (Hofer, 1992). Nach der Wende ist diese Zahl in Deutschland auf 58% angestiegen, wobei erwerbstätige Mütter mit Kindern unter 3 Jahren immer noch unter der 50%-Marke liegen (Statistisches Bundesamt, 1992). Nur 11% der arbeitenden Mütter in Deutschland geben an, selten Probleme mit der Vereinbarung von Erwerbstätigkeit und Kinderbetreuung zu haben (Hegner & Lakemann, 1989). Kinderkrippen stehen für 1.4% aller Kleinkinder zur Verfügung; die Jagd auf Kindergartenplätze (meist nur bis mittags geöffnet) ist ein notorisches Thema (Hofer, 1992). In anderen europäischen Ländern wie z.B. England, Belgien, Norwegen und Frankreich ist es weitaus selbstverständlicher, daß Frauen berufstätig sind. Die Geburtenrate ist jedoch nicht niedriger, sondern höher als in Deutschland (Hofer, 1992).

Insbesondere der letzte Befund spricht dafür, daß es auch in Deutschland viele Frauen geben dürfte, für die die Vereinbarung von Beruf und Familie einen hohen Anreizwert hat, auch wenn die zahlreichen Schwierigkeiten und Hindernisse, die einer potentiellen Erfüllung dieses Anliegens entgegenstehen, die Realisierung dieses Wunsches behindern. Manche Frauen mögen angesichts dieser Schwierigkeiten nie die Vereinbarung von Beruf und Familie für die eigene Person erwägen, andere mögen solche Zukunftsvorstellungen zwar einmal gehabt, ob der reflektierten Schwierigkeiten aber wieder abgelegt haben. Dies dürfte für Wissenschaftlerinnen angesichts der unvorteilhaften Statistiken für Frauen in diesem Berufsfeld relativ häufig der Fall sein.

In unserem dritten Experiment wählten wir Doktorandinnen verschiedener Wissenschaftsgebiete als Vpn und als Phantasiethema die Vereinbarung von Beruf und Familie. Das Thema Beruf und Familie ist eine Angelegenheit der Lebensplanung, die nicht, wie die Anliegen in Experiment 1 und 2, unmittelbar akut ist, da die Realisierung erst in der etwas ferneren Zukunft ansteht (bei Doktorandinnen etwa in 5 bis 10 Jahren). Für eine bestimmte Gruppe von Doktorandinnen sollte eine Verwirklichung von Beruf und Familie ein bedeutsamer Anreiz sein, über den sich spontan positiv phantasieren läßt, während dies für andere Doktorandinnen aus den oben genannten Gründen nicht gelten dürfte. Wenn diese Doktorandinnen aufgefordert werden, positive Phantasien über ihre berufliche und private Zukunft zu generieren, sollten sie keine Phantasien enthalten, die sich auf Kind und Familie beziehen.

Damit erlaubt das Experiment 3, eine neue Art von Kontrollgruppe in den Versuchsplan aufzunehmen. Die Idee, die hinter dieser neuen Kontrollgruppe steht, läßt sich am Beispiel des Versuchsplans von Experiment 2 leicht erklären. Im Experiment 2 wurden die Kontroll-Vpn mit einer Aufgabe beschäftigt (Konzentrations-Leistungs-Test), von der wir annahmen, daß sie positives Phantasieren und negatives Grübeln aufgrund der hohen kognitiven Belastung verhindern würde. Eine alternative Kontrollgruppe wäre eine Gruppe von homosexuellen Frauen gewesen, für die die Möglichkeit des Kennenlernens des attraktiven jungen Mannes kein oder zumindest weniger Anlaß zum Phantasieren und Grübeln gewesen wäre. Der Vorteil einer derartigen Kontrollgruppe hätte darin bestanden, daß man die Kontroll-Vpn den verschiedenen Vorstellungsinstruktionen zuteilen hätte können (indem man für jede Experimentalgruppe eine zugehörige Kontrollgruppe schafft). Für die Kontrollgruppe zur Kontrastierungsgruppe würde man dann keine erwartungsabhängige Motivierung vorhersagen, weil hier die positiven Phantasien nicht als etwas, das realisiert werden muß, und die negative Realität nicht als etwas, das verändert werden muß, erlebt werden. Für die Kontrollgruppe zur Phantasiegruppe müßte der erwartungsunabhängige *Pull*-Effekt ausbleiben, für die Kontrollgruppe zur Realitätsgruppe der entsprechende *Push*-Effekt - immer vorausgesetzt natürlich, daß es diese Effekte gibt. Wir folgten im dritten Experiment diesen Überlegungen. Der klassische Versuchsplan mit den experimentellen Gruppen der positiven Phantasien, der negativen Realität und der Kontrastierung wurde ergänzt durch jeweils zugehörige Kontrollgruppen, indem wir Doktorandinnen, für die die Integration von Beruf und Familie kein phantasieträchtiges Zukunftsthema darstellte, als Kontroll-Vpn einsetzten.

Dazu mußte allerdings das in den Experimenten 1 und 2 benutzte Salienzparadigma aufgegeben und durch ein neues Versuchsparadigma ersetzt werden. Zunächst mußten alle Vpn über ihr berufliches und privates Leben in 10 Jahren positive Zukunftsphantasien generieren und die Erwartung angeben, mit der sich Beruf und Familie in ihrer persönlichen Zukunft vereinbaren ließen. Danach wurden alle Vpn mit den Schwierigkeiten des

Vereinbarens von Beruf und Familie anhand von lebhaften Fallberichten überlasteter, berufstätiger Mütter konfrontiert. In der *Kontrastierungsgruppe* mußten sich die Vpn intensiv mit den Fallberichten auseinandersetzen und diese noch weiter elaborieren; diese Instruktionen wurden sowohl den Vpn gegeben, die in ihren Zukunftsphantasien Beruf und Familie angesprochen (experimentelle Vpn) als auch denen, die in ihren Zukunftsphantasien keine Familie erwähnt hatten (Kontroll-Vpn). In der *positiven Phantasiegruppe* wurde den Vpn gesagt, daß die von den Müttern berichteten Komplikationen zum Selbstschutz vorgeschoben worden wären, um andere persönliche oder berufliche Schwierigkeiten zu bemänteln. Diese defensiven Vorwände galt es für die Vpn herauszufinden und zu elaborieren. Dadurch sollte Mißtrauen bezüglich der Validität der Fallberichte gestiftet werden und die negative Realität entwertet werden. In der *negativen Realitätsgruppe* schließlich wurden die Vpn in die Fallberichte persönlich involviert, indem sie diese auf die eigene Person beziehen mußten. Sie wurden aufgefordert zu beschreiben, wie die dargestellten oder ähnliche Komplikationen sie bislang davor bewahrt hätten, eine Familie zu gründen. Wie schon bei der Kontrastierungsgruppe wurden die Instruktionen der positiven Phantasiegruppe und der negativen Realitätsgruppe den experimentellen und den Kontroll-Vpn vorgelegt, die in ihren Zukunftsphantasien eine Familie erwähnt bzw. dies unterlassen hatten.

Der Versuchsplan des dritten Experiments enthielt somit drei experimentelle Bedingungen und drei Kontrollbedingungen, wobei die Vpn durch den Inhalt ihrer Zukunftsphantasien bestimmten, ob sie den experimentellen oder den Kontrollbedingungen zugeteilt wurden. Da wir im vorliegenden Experiment den Vpn erlaubten, die Inhalte ihrer Zukunftsphantasien spontan selbst zu generieren, war es möglich, die Vpn danach zu trennen, ob sie relevante Zukunftsphantasien (experimentelle Vpn) versus irrelevante (Kontroll-Vpn) produzierten. Dieses Vorgehen konnte darauf verzichten, anhand von attraktiven Stimuli das Phantasiethema an die Vpn heranzutragen, wie dies im Experiment 2 der Fall war. Trotzdem wurde in Experiment 3 das Phantasiethema für alle Vpn gleichgehalten, so daß nicht jede Vp ein anderes Phantasiethema behandelte, wie dies in Experiment 1 geschah. Die Vpn, für die das vorgegebene Thema nicht relevant war, fungierten in Experiment 3 als Kontroll-Vpn.

Eine weitere Besonderheit des vorliegenden Experiments war die Art und Weise der Gestaltung der positiven Phantasie- und der negativen Realitätsgruppe. Während in Experiment 1 und 2 die Vpn aufgefordert wurden, sich entweder Aspekte der Anliegenerfüllung auszumalen oder Aspekte, die dieser entgegenstünden, wurde in Experiment 3 von den Vpn verlangt, sich auf jeweils verschiedene Weise mit einer standardisiert vorgegebenen negativen Realität zu beschäftigen (die Aussagen der belasteten berufstätigen Mütter). Die Instruktionen in der positiven Phantasiegruppe untergruben diese Realität, die Instruktionen der negativen Realitätsgruppe dagegen werteten sie auf. Damit dürfte es Vpn der positiven Phantasiegruppe leichter gefallen sein, sich der negativen Realität zu entziehen, und Vpn der negativen Realitätsgruppe dürften weniger leicht in die positive Phantasie ausgewichen sein können. Im Vergleich zu Experiment 1 und 2 sollte dieses Vorgehen eine klarere operationale Trennung der positiven Phantasie- und der negativen Realitätsgruppe von der Kontrastierungsgruppe ermöglichen. Die in Experiment 1 und 2 beobachtete Annäherung der Ergebnisse der Realitätsgruppe an die Kontrastierungsgruppe müßte deshalb in Experiment 3 ausbleiben.

Die Umsetzung der Phantasie über die berufliche und private Zukunft in 10 Jahren ist per definitionem eine langfristige Angelegenheit der Lebensplanung. Es macht folglich wenig Sinn zu versuchen, direkt im Anschluß an das Experiment das Engagement zur Phantasierealisierung in Form konkreter Handlungen messen zu wollen. Wir erfaßten im vorliegenden Experiment deshalb die bereits aus Experiment 2 bekannten Aspekte der Handlungsmotivation: die Handlungsbereitschaft und die Handlungsverpflichtung. Die *Handlungsbereitschaft* erhoben wir diesmal durch eine sehr direkte Frage nach der Anstrengungsbereitschaft (Wieviel haben Sie vor zu tun...?). Die *Handlungsverpflichtung* fokussierte auf die Frustration, die die Doktorandinnen erleben würden, wenn es nicht gelänge, Beruf und Familie zu vereinbaren. Schließlich erprobten wir eine neue abhängige Variable, die auf folgenden Überlegungen basierte. Gerade bei der Verwirklichung von komplexen Projekten kann man nicht erwarten, daß Handlungen ohne Umschweife zum Erfolg führen. Für die Verwirklichung derartiger Projekte sollte es jedoch förderlich sein, wenn im Vorfeld für die Widrigkeiten, die der Realisierung im Wege stehen, verschiedene alternative Handlungsmöglichkeiten mental erprobt werden, man sich also Gedanken darüber macht, wie man mit diesen Problemen verfahren möchte. Neuere Befunde sprechen dafür, daß *mentale Simulationen* (z.B. in Form des gedanklichen Durchspielens möglicher Handlungen, Taylor & Pham, 1996; Taylor & Schneider, 1989; oder des Festlegens auf Handlungspläne, Gollwitzer, 1993) für die respektive Handlungsausführung förderlich sind. Wir erhoben sie deshalb in der vorliegenden Studie als Ersatz für die Beobachtung tatsächlicher Handlungen.

Die abhängigen Variablen wurden im vorliegenden Experiment nur zu einem einzigen Zeitpunkt erfaßt, nämlich 2 Wochen nach Abschluß des Experiments. In Experiment 2 traten die vorhergesagten Effekte nach 2 Wochen klarer zu Tage als zum Ende des Experiments. Diese Beobachtung läßt sich gut mit dem motivationspsychologischen Postulat vereinbaren, dem zufolge starke motivationale Tendenzen über die Zeit andauern. Deshalb erhoben wir im vorliegenden Experiment die abhängigen Variablen ebenfalls zu einem späteren Zeitpunkt (nach 2 Wochen). Auf die Messung zum Ende des Experiments wurde hier verzichtet, um prüfen zu können, ob die in Experiment 2 mit der Zeit zunehmende Hypothesenkonformität der Daten möglicherweise nur ein Produkt der dort vorgenommenen zweimaligen Messung sei (Reaktivität).

Die Hypothesen für das vorliegende Experiment entsprachen bezüglich der experimentellen Vpn den Vorhersagen der Experimente 1 und 2. Es gab also wiederum drei Hypothesen, wobei sich die erste auf den engeren Zusammenhang zwischen Erfolgserwartung und Engagement zur Phantasierealisierung in der Kontrastierungsgruppe im Vergleich zu den anderen beiden Gruppen bezog. Die Hypothesen 2 und 3 betrafen die y-Achsenschnit tpunkte für hohe bzw. niedrige Erwartungen; die Engagementwerte sollten bei hohen Erwartungen in der Kontrastierungsgruppe über den anderen Gruppen liegen, während sie bei niedrigen Erwartungen darunter liegen sollten.

Für die Vpn aller drei Kontrollbedingungen erwarteten wir im Vergleich zu den entsprechenden experimentellen Bedingungen ein deutlich niedrigeres Engagement in Richtung Vereinbarung von Familie und Beruf. Damit postulierten wir einen *Pull-* und *Push-*Effekt für die positive Phantasie- bzw. die negative Realitätsgruppe. Weiterhin erwarteten wir für alle Kontrollgruppen keinen engen Zusammenhang zwischen Erfolgserwartung und Engagement für die Vereinbarung von Beruf und Familie.

Methode

Versuchspersonen. Als Vpn nahmen 149 Doktorandinnen der Freien Universität und der Technischen Universität Berlin am Experiment 3 teil. Die Vpn waren im Durchschnitt 30.4 Jahre alt (SD = 2.9) und hatten keine Kinder. Die jüngste Vp war 23, die älteste war 39 Jahre alt. Die Vpn nahmen in Gruppen von jeweils 6 bis 8 Vpn am Experiment teil; pro Sitzung wurden die Vpn zufällig auf die drei Versuchsbedingungen aufgeteilt. Für die Teilnahme an der Studie bekamen die Vpn DM 20.-.

Versuchsablauf. Wie schon in Experiment 1 und 2 wurden die Vpn am Anfang des Experiments von der Versuchleiterin (Vl) auf die Vertraulichkeit der Antworten und die Freiwilligkeit der Teilnahme hingewiesen. Den Vpn wurde auch mitgeteilt, daß sie nach 2 Wochen einen kurzen Nachfolgefragebogen und, im Anschluß daran, eine Aufklärung über Vorgehen und Hypothesen der Studie erhalten würden.

Die Vpn wurden dann zu ihrem Platz geführt, der von hohen Sichtblenden umgeben war. Das dort vorgefundene Arbeitsmaterial informierte die Vpn zunächst darüber, daß die Studie Teil eines größeren Projektes sei, das sich mit dem Lebensentwurf und der Lebensplanung von Personen unterschiedlichen Alters und unterschiedlicher professioneller Karrieren befasse. In der vorliegenden Untersuchung sei das Thema die Lebensplanung von Doktorandinnen. Danach wurden die Vpn gebeten, zur Wahrung der Anonymität auf den auszufüllenden Arbeitsbögen lediglich einen persönlichen Code anzugeben und keinesfalls ihren Namen zu vermerken.

Das Material war in zwei Teile gegliedert. Der erste Teil befaßte sich mit der Lebenssituation der Vpn in 10 Jahren. Die Vpn erfuhren, daß viele Menschen sich ihre Zukunft in positiven Bildern ausmalten. In der vorliegenden Studie ginge es darum, wie sich Doktorandinnen ihr Leben - beruflich und privat - vorstellten, wenn sie 10 Jahre in die Zukunft blickten. Dann wurden die Vpn befragt, welche positiven Vorstellungen, Phantasien und Träume sie bezüglich ihrer beruflichen und privaten Lebenssituation in 10 Jahren hätten. Die Vpn sollten diese positiven Bilder vor ihrem geistigen Auge vorüberziehen lassen und dann alle erlebten Gedanken und Vorstellungen ausführlich und im Detail niederschreiben.

Nachdem die Vpn diese positiven Zukunftsphantasien über ihr berufliches und privates Leben in 10 Jahren niedergeschrieben hatten, fragten wir sie nach ihren Erwartungen. Wir baten sie anzugeben, wie hoffnungsvoll sie wären, daß sie in der Zukunft Kind und Beruf für sich miteinander vereinbaren könnten. Die Antwortskala reichte von 1 (*überhaupt nicht*) bis 7 (*sehr*). Die von den Vpn niedergeschriebenen Zukunftsphantasien wurden von zwei unabhängigen Beurteilern (Honorarkräfte des Max-Planck-Instituts für Bildungsforschung) daraufhin geprüft, ob die Vpn neben dem Beruf auch Kind und Familie erwähnt hatten. Diese Beurteiler waren nicht in die Hypothesen der Studie eingeweiht.

Der zweite Teil des Arbeitsmaterials enthielt die Darstellung der bitteren Realität berufstätiger Mütter. Im einzelnen fanden sich 12 Blätter mit jeweils einer Aussage einer vermeintlich anderen Mutter. Die Vpn wurden wie folgt instruiert: "Im folgenden finden Sie Auszüge aus Interviews mit verschiedenen Frauen, die versuchen, Beruf und Familie zu vereinbaren. Diese Aussagen beschreiben typische Alltagssituationen dieser Frauen". Unter anderen fanden sich die folgenden beiden Aussagen: "Die Nina stand gestern schon wieder ganz alleine vor dem verlassenen Kindergarten, weil ich in letzter Minute noch was Dringendes im Büro erledigen mußte." und: "Im Büro bin ich den ganzen Tag so müde und unkonzentriert, weil mein Sohn nachts alle zwei Stunden schreit."

In der *Kontrastierungsgruppe* wurden die Vpn dann wie folgt instruiert: "Welche Vorstellungen kommen beim Lesen dieser Aussagen in Ihnen auf? Lassen Sie Ihren Assoziationen und Vorstellungen freien Lauf und beschreiben Sie bitte diese Vorstellungen! Bitte gehen Sie von einer Seite zur nächsten und bearbeiten Sie jede der Aussagen." Die Vpn durften ihre Gedanken so ausführlich niederschreiben, wie sie wollten. In der positiven Phantasie- und der negativen Realitätsgruppe erhielten die Vpn ebenfalls diese Instruktionen. Es wurden jedoch zusätzliche Instruktionen gegeben, um die Vpn dazu zu bringen, die Aussagen der Mütter zu trivialisieren bzw. besonders ernst zu nehmen.

Die Zusatzinstruktionen in der *positiven Phantasiegruppe* wurden den Instruktionen der Kontrastierungsgruppe vorangestellt. Sie waren wie folgt formuliert: "In jeder dieser Aussagen ist ein Vorwand, ein falscher Grund enthalten. Können Sie sich vorstellen, was hinter dem vorgeschobenen Grund steckt?....". Die Zusatzinstruktionen in der *negativen Realitätsgruppe* wurden den Instruktionen der Kontrastierungsgruppe hinten angehängt: "....beschreiben Sie bitte diejenigen Vorstellungen, die dazu beigetragen haben, daß Sie bisher kein Kind haben!" Nachdem die Vpn das Ausfüllen der Fragebögen beendet hatten, bekamen sie ihr Honorar und wurden nach einem Hinweis auf die Nachfolgeuntersuchung entlassen.

Zwei Wochen nach dem Experiment bekamen alle Vpn ein Schreiben, das Fragen zur Erfassung der abhängigen Variablen enthielt. Mit der Frage: "Wieviel haben Sie vor zu tun, um eine Vereinbarung von Kind und Beruf für Sie selbst zu ermöglichen?" wurde die relevante *Anstrengungsbereitschaft* der Vpn gemessen. Die 7-Punkte-Antwortskala reichte von *überhaupt nichts* bis *sehr viel.*

Zwei weitere Items erhoben die *Handlungsverpflichtung*, Kind und Beruf miteinander für sich zu vereinbaren: "Wie schlimm wäre es für Sie, nur Beruf (und kein Kind) zu haben?" und: "Wie schlimm wäre es für Sie, nie ein Kind zu haben?". Die 7-Punkte- Antwortskalen reichten von *überhaupt nicht* bis *so schlimm wie ernsthaft krank zu werden.* Die beiden Items korrelierten mit $r = .90$ und wurden deshalb zu einem Handlungsverpflichtungsindex zusammengefaßt.

Danach wurden die Vpn gebeten, sich den Zeitabschnitt zwischen dem Tag, an dem sie an dem Experiment teilgenommen hatten, und dem heutigen Tage zu vergegenwärtigen. Zwei Items erhoben die *mentale Simulation* des Vereinbarens von Beruf und Familie. "Wie oft haben Sie in dieser Zeit an die Möglichkeit gedacht, Kind und Beruf zu vereinbaren?" und: "Wie oft haben Sie in dieser Zeit daran gedacht, wie es wäre, ein Kind zu bekommen?". Die Antwortskalen reichten von 1 (*nie*) bis 7 (*sehr oft*). Die Korrelation zwischen den beiden Items war hoch ($r = .75$), und deshalb wurden sie zu einem Index der mentalen Simulation zusammengefaßt.

Die Studie wurde schließlich mit einem zweiten Brief, in dem die Vpn ausführlich über Versuchsplan und Hypothesen sowie den generellen Sinn und Zweck aufgeklärt wurden, abgeschlossen. Eine Telefonnummer für Rückfragen wurde beigelegt.

Ergebnisse

Manipulationscheck. Da die Instruktionen in der vorliegenden Studie von den Vpn ein gewisses Ausmaß an Initiative und gedanklicher Flexibilität erforderten, prüften wir, ob die Vpn diesen Anforderungen nachgekommen waren. Zu diesem Zweck analysierten wir die Inhalte der gedanklichen Assoziationen, die die Vpn zu den Aussagen der arbeitenden Mütter niedergeschrieben hatten. In der positiven Phantasiegruppe kontrollierten wir, ob die Vpn tatsächlich vorgeschobene Gründe in den Aussagen der berufstätigen Mütter erkennen konnten. Die Vpn in der positiven Phantasiegruppe (n = 51) waren sehr erfolgreich im Entlarven der Aussagen als Schutzbehauptungen. Mehr als Dreivierteln der Vpn (78.5%) gelang dies für mindestens 10 der 12 Aussagen.

Auch in der negativen Realitätsgruppe (n = 50) folgten die Vpn erfolgreich den Anweisungen. Für alle Vpn in dieser Gruppe galt, daß sie sich von mindestens 7 der 12 Aussagen zu Überlegungen anregen ließen, die Gründe dafür enthielten, warum sie bislang noch kein Kind und keine Familie hätten. Für mehr als 80% der Vpn traf dies für mindestens 10 der 12 Aussagen zu. Insgesamt läßt sich festhalten, daß es den Vpn in der positiven Phantasie- und der negativen Realitätsgruppe sehr gut gelang, den jeweiligen Instruktionen zu folgen, obwohl diese sehr anspruchsvoll waren.

Deskriptive Analysen. Von den 149 Doktorandinnen waren 59 (39.9%) Geisteswissenschaftlerinnen, 68 (46%) Natur- oder Ingenieurswissenschaftlerinnen, und 21 (14.2%) promovierten in Recht oder Wirtschaft. Die Hoffnung der Vpn, Kind und Beruf für sich vereinen zu können, lag im Mittel bei 3.42 (SD = 1.85; die Werte reichten von 1 bis 7 und korrelierten nicht systematisch mit dem Alter der Vpn (p > .35).

Die Mittelwerte der abhängigen Variablen waren wie folgt: Anstrengungsbereitschaft, M = 4.44 (SD = 2.22); Handlungsverpflichtung, M = 3.51 (SD = 1.84) und mentale Simulation, M = 3.36 (SD = 1.81). Die einzelnen Werte reichten durchwegs von 1 bis 7. Die Anstrengungsbereitschaft korrelierte positiv mit der Handlungsverpflichtung (r = .70) und der mentalen Simulation (r = .57). Die Korrelation zwischen Handlungsverpflichtung und der mentalen Simulation war ebenfalls positiv (r = .62).

Von der Gesamtpopulation (N = 149) schickten 143 Vpn (96%) den Nachfolgefragebogen zurück. Zwei der säumigen Vpn gehörten zu Bedingung 1 und 4 zu Bedingung 3. Diese 6 Vpn unterschieden sich nicht in der Erwartung von den anderen Vpn. Über die sich aus diesen 6 nicht zurückgesandten Fragebögen ergebenden 18 fehlenden Werte hinaus fanden sich noch 3 in den beantworteten Nachfolgefragebögen. Insgesamt ergaben sich also 21 fehlende Werte (dies entspricht 3.5% der Datenpunkte), die für jede der 6 Versuchsgruppen separat mit Hilfe von Regressionsschätzungen ersetzt wurden (Tabachnick & Fidell, 1989).

Die 149 Vpn teilten sich auf in 105 Vpn, die spontan positive Phantasien über Beruf und Familie produzierten (experimentelle Vpn), und 44 Vpn, deren Zukunftsphantasien keine familienbezogenen Thematiken enthielten. Die experimentellen Vpn und Kontroll-Vpn teilten sich relativ gleichmäßig auf die verschiedenen Bedingungen auf: Kontrastierungsgruppe (n = 32 bzw. 16), positive Phantasiegruppe (n = 35 bzw. 16) und negative Realitätsgruppe (n = 38 bzw. 12).

Unterschiede innerhalb der experimentellen Gruppen. Zunächst betrachteten wir nur die drei experimentellen Bedingungen und prüften unsere drei Hypothesen anhand der gleichen Modellspezifikationen und -vergleiche wie in Experiment 1.

Prüft man die Unterschiede in den Steigungen zwischen den Gruppen (Hypothese 1) für die abhängige Variable *Anstrengungsbereitschaft*, ergibt sich vom Basismodell zum Experimentalmodell keine Reduktion in erklärter Varianz, vom Gleichheitsmodell zum Experimentalmodell jedoch eine signifikante Erhöhung erklärter Varianz und damit eine Zunahme der Passung. Dies bedeutet, daß die Erwartungen der Vpn, Beruf und Familie vereinbaren zu können, mit der Bereitschaft, sich dafür anzustrengen, in der Kontrastierungsgruppe enger korrelieren als in den anderen experimentellen Gruppen. Die analogen Modellvergleiche hinsichtlich der y-Achsenschnittpunkte für hohe und niedrige Erwartungen erbrachten ebenfalls hypothesenbestätigende Ergebnisse (siehe Tabelle 7, linker Spaltenblock). Bei hohen Erwartungen liegt der y-Achsenschnittpunkt der Kontrastierungsgruppe deutlich über den Werten für die anderen beiden Gruppen, die nahe beieinander liegen (Hypothese 2; siehe Abbildung 4); bei niedrigen Erwartungen dagegen liegt der y-Achsenschnittpunkt der Kontrastierungsgruppe deutlich unter den Werten der anderen beiden Gruppen, die ebenfalls nahe beieinander liegen (Hypothese 3; siehe Abbildung 4, links).

Auch bei der abhängigen Variablen *Handlungsverpflichtung* wurden unsere Vorhersagen über die Unterschiede zwischen den experimentellen Gruppen hinsichtlich des Zusammenhangs mit Erwartung (Hypothese 1) und hinsichtlich der y-Achsenschnittpunkte bei hohen Erwartungen voll bestätigt (Hypothese 2).

Die respektiven Modellvergleiche vom Basismodell zum Experimentalmodell wurden nicht signifikant, während die jeweiligen Vergleiche vom Gleichheitsmodell zum Experimentalmodell zu einem signifikanten Anstieg in erklärter Varianz führten (siehe Tabelle 7, mittlerer Spaltenblock). Für die y-Achsenschnittpunkte bei niedrigen Erwartungen (Hypothese 3) fielen die Ergebnisse weniger überzeugend aus. Obwohl wir vom Gleichheitsmodell zum Experimentalmodell einen signifikanten Anstieg in erklärter Varianz beobachteten, fand sich ein unerwarteter, tendenziell signifikanter Anstieg erklärter Varianz vom Basismodell zum Experimentalmodell. Die fast signifikante Reduktion der erklärten Varianz vom Basismodell zum Experimentalmodell spricht dafür, daß sich die positive Phantasie- und die negative Realitätsgruppe tendenziell voneinander unterscheiden. Die signifikante Reduktion der erklärten Varianz vom Gleichheits- zum Experimentalmodell besagt hingegen, daß die Kontrastierungsgruppe ebenfalls von den beiden anderen Gruppen differiert. Abbildung 4 (Mitte) veranschaulicht diesen Befund; obendrein wird ersichtlich, warum die Hypothesen 1 und 2 besonders deutlich bestätigt werden.

Schließlich lassen sich auch bezüglich der abhängigen Variable *mentale Simulation* die Hypothesen 1 und 2 voll bestätigen (siehe Tabelle 7, rechter Spaltenblock). Die Varianzreduktion vom Basismodell zum Experimentalmodell ist nicht signifikant, während sie

Tabelle 7

Experiment 3: Regressionsmodelle und ihre Vergleiche: Anstrengungsbereitschaft, Handlungsverpflichtung und mentale Simulation.

		Anstrengungsbereitschaft			Handlungsverpflichtung			Mentale Simulation		
Modell		B	a^h	a^n	B	a^h	a^n	B	a^h	a^n
Basismodell	Kontrastierungsgruppe	.43**	6.95	4.35	.55***	6.40	3.12	.56***	6.27	2.92
	Positive Phantasiegruppe	-.12	4.82	5.53	-.07	3.54	3.96	-.03	3.46	3.65
	Negative Realitätsgruppe	-.11	4.99	5.66	-.24	3.74	5.16	.04	3.93	3.68
	ΔR^2	.0000	.0004	.0003	.0057	.0006	.0288	.0009	.0027	.0000
	F (1,99)	.001	.04	.03	.70	.08	3.52	.10	.31	.00
	$p \leq$	.98	.85	.87	.41	.79	.07	.75	.58	.97
Experimental-modell	Kontrastierungsgruppe	.43**	6.95	4.35	.55***	6.40	3.12	.56***	6.27	2.92
	restliche Gruppen	-.12	4.93	5.59	-.16	3.67	4.48	.01	3.76	3.66
	ΔR^2	.0703	.0658	.0367	.1384	.1415	.0529	.0682	.0975	.0129
	F (1,100)	7.62	7.13	3.97	17.00	17.49	6.31	7.90	11.27	1.49
	$p \leq$	.007	.009	.05	.0001	.0001	.02	.006	.002	.23
Gleichheitsmodell	alle Versuchsgruppen	.07	5.51	5.15	.07	4.46	4.00	.19*	4.49	3.40

Anmerkung. $N = 105$. Die verschiedenen Modelle (Basismodell, Experimentalmodell und Gleichheitsmodell) sind im Text definiert. B (*Raw regression coefficient*) beschreibt die Steigungen der Regressionslinien, a^h die y-Achsenschnittpunkte für hohe Erfolgserwartungen und a^n die y-Achsenschnittpunkte für niedrige Erfolgserwartungen. Die Prüfstatistiken für den Vergleich vom Basismodell zum Experimentalmodell finden sich im zweiten Zeilenblock; die Prüfstatistiken für den Vergleich des Gleichheitsmodells zum Experimentalmodell im vierten Zeilenblock. * $p < .05$. ** $p < .01$. *** $p < .001$.

vom Gleichheitsmodell zum Experimentalmodell hoch signifikant ist. Die Hypothese 3 läßt sich jedoch nur partiell bestätigen. Obwohl wie erwartet die zusätzlich erklärte Varianz vom Basismodell zum Experimentalmodell minimal ist (sogar gleich 0; siehe Tabelle 7, rechter Spaltenblock, zweiter Zeilenblock, rechts), erreicht der Anstieg in der Varianzaufklärung vom Gleichheitsmodell zum Experimentalmodell keine Signifikanz. Das Ergebnis des ersten Modellvergleichs signalisiert, daß die positive Phantasie- und die negative Realitätsgruppe nicht unterschiedlich sind; der zweite Modellvergleich bedeutet aber, daß die Kontrastierungsgruppe auch nicht von diesen beiden Gruppen abweicht, sich also nicht wie erwartet von diesen unterscheidet.

Die Ergebnisse der Modellvergleiche, wonach Hypothese 1 und 2 voll, Hypothese 3 dagegen nur partiell bestätigt werden, lassen sich leicht nachvollziehen, wenn man Abbildung 4 (rechts) betrachtet. Die Steigungen in der positiven Phantasie- und der negativen Realitätsgruppe sind gänzlich flach, während die Steigung für die Kontrastierungsgruppe stark ins Positive zeigt. Der y-Achsenschnittpunkt für hohe Erwartungen ist für die Kontrastierungsgruppe deutlich höher als für die anderen beiden Gruppen, die recht nahe beieinander liegen. Für die y-Achsenschnittpunkte bei niedrigen Erwartungen gilt jedoch, daß, obwohl die positive Phantasie- und die negative Realitätsgruppe direkt aufeinander liegen, der y-Achsenschnittpunkt für die Kontrastierungsgruppe nicht deutlich niedriger ausfällt.

Unterschiede zwischen den experimentellen Vpn und den Kontroll-Vpn. Die 44 Doktorandinnen (29.5%), die in ihren positiven Zukunftsphantasien von sich aus keine Familie erwähnt hatten (Kontroll-Vpn), unterschieden sich weder in ihrem Alter ($p > .47$) noch in ihrer Berufswahl ($p > .58$) von den restlichen 105 Vpn (experimentelle Vpn). Sie differierten jedoch darin, wie hoffnungsvoll sie waren, Kind und Beruf in ihrem zukünftigen Leben zu vereinen. Experimentelle Vpn hatten hier höhere Werte als die Kontroll-Vpn, $M = 3.69$ versus 2.77, $t(148) = 2.83$, $p < .01$.

Wir prüften durch jeweils drei Modellvergleiche folgende Hypothesen. Die ersten drei Modellvergleiche testeten die *erste Vorhersage*, daß die Steigung der Kontroll-Kontrastierungsgruppe flacher sein sollte als die der experimentellen Kontrastierungsgruppe, während die anderen beiden Kontrollgruppen sich von ihren jeweiligen experimentellen Gruppen nicht unterscheiden sollten (d.h. ähnlich flach ausfallen sollten).

Die nächsten drei Modellvergleiche prüften die *zweite Vorhersage*, daß der y-Achsenschnittpunkt bei hohen Erwartungen in der Kontroll-Kontrastierungsgruppe niedriger liegen sollte als in der experimentellen Kontrastierungsgruppe und daß derartige Unterschiede auch zwischen den anderen Kontrollgruppen und ihren jeweiligen experimentellen Gruppen auftreten sollten.

Die letzten drei Modellvergleiche bezogen sich auf die y-Achsenschnittpunkte bei niedrigen Erwartungen. Hier erwarteten wir (*Vorhersage 3*), daß die Werte in der Kontroll-

Kontrastierungsgruppe von denen der experimentellen Kontrastierungsgruppe nicht abweichen, während die Werte der anderen Kontrollgruppen niedriger liegen sollten als die der zugehörigen experimentellen Gruppen.

Um diese Vorhersagen testen zu können, spezifizierten wir zunächst ein unrestringiertes Basismodell, das die Steigungen und y-Achsenschnittpunkte aller sechs Gruppen enthielt (demnach ergab sich ein 12-Parameter-Basismodell). Für die drei Vorhersagen wurden dann jeweils andere, restringiertere Vergleichsmodelle formuliert.

Für unsere *erste Vorhersage* definierten wir drei Vergleichsmodelle, die jeweils die Steigungen der Kontrollgruppen und der entsprechenden experimentellen Gruppen einer Gleichheitsannahme unterwarfen: Einmal wurden die Steigungen der beiden Kontrastierungsgruppen gleich gesetzt, zum anderen die Steigungen der positiven Phantasiegruppen und schließlich die Steigungen der negativen Realitätsgruppen.

Gegenüber dem 12-Parameter-Basismodell sollte nur das Vergleichsmodell, in dem die Steigungen der beiden Kontrastierungsgruppen gleichgesetzt wurden, zu einer Reduktion an aufgeklärter Varianz führen, nicht jedoch die Vergleichsmodelle, in denen die Steigungen der positiven Phantasiegruppen bzw. der negativen Realitätsgruppen gleichgesetzt wurden. Unsere Vorhersage wurde für alle drei abhängigen Variablen bestätigt. Die *F*-Tests für die Modellvergleiche bezüglich der Kontrastierungsgruppen waren durchgehend signifikant: Anstrengungsbereitschaft, $R^2\Delta = .0237$, $F(1,137) = 6.21$, $p < .02$; Handlungsverpflichtung, $R^2\Delta = .0332$, $F(1,137) = 9.08$, $p < .004$; mentale Simulation, $R^2\Delta = .0219$, $F(1,137) = 4.43$, $p < .04$. Die Modellvergleiche bezüglich der positiven Phantasie- und der negativen Realitätsgruppen führten wie erwartet zu keiner signifikanten Reduktion in der erklärten Varianz, $R^2\Delta s < .0061$, $Fs(1,137) < 1.23$, $ps > .28$.

Abbildung 4 verdeutlicht diese Ergebnisse für die einzelnen abhängigen Variablen: Die Steigungen in den Kontrollgruppen sind alle relativ flach. Damit ähneln sie in der Steigung den experimentellen Gruppen der positiven Phantasie und der negativen Realität, weichen jedoch deutlich von der experimentellen Kontrastierungsgruppe ab, die eine sehr hohe positive Steigung aufweist.

Zur Prüfung unserer *zweiten Vorhersage* definierten wir drei Vergleichsmodelle, die jeweils die y-Achsenschnittpunkte für hohe Erwartungen einer Gleichheitsannahme unterwarfen. Einmal wurden die Kontrastierungsgruppen, dann die positiven Phantasie- und schließlich die negativen Realitätsgruppen gleichgesetzt. Gegenüber dem 12-Parameter-Basismodell sollten alle drei Vergleichsmodelle zu einer Reduktion erklärter Varianz führen. Dies ließ sich auch für alle drei abhängigen Variablen bestätigen: Anstrengungsbereitschaft, $R^2\Delta s \geq .0930$, $Fs(1,137) \geq 24.39$, $ps < .0001$; Handlungsverpflichtung, $R^2\Delta s \geq .0949$, $Fs\ (1,137) \geq 25.94$, $ps < .0001$; mentale Simulation, $R^2\Delta s \geq .0764$, $Fs(1,137) \geq 15.44$, $ps < .0002$.

Abbildung 4 veranschaulicht, daß die Kontroll-Vpn aller Bedingungen bei hohen Erwartungen auf allen abhängigen Variablen sehr niedrige Werte haben, die alle deutlich unter den entsprechenden Werten der experimentellen Vpn liegen.

Zur Prüfung unserer *dritten Vorhersage* definierten wir drei Vergleichsmodelle, die jeweils die y-Achsenschnittpunkte bei niedrigen Erwartungen der Kontrollgruppen und ihrer zugehörigen experimentellen Gruppen einer Gleichheitsannahme unterwarfen. Gegenüber dem 12-Parameter-Basismodell sollte sowohl das Vergleichsmodell, in dem die y-Achsenschnittpunkte für die beiden positiven Phantasiegruppen gleichgesetzt wurden, als auch das Vergleichsmodell, in dem die y-Achsensschnittpunkte für die beiden negativen Realitätsgruppen gleichgesetzt wurden, zu einer signifikanten Reduktion erklärter Varianz führen. Keine signifikante Reduktion erklärter Varianz sollte jedoch für das Vergleichsmodell auftreten, in dem die y-Achsenschnittpunkte für die beiden Kontrastierungsgruppen gleichgesetzt wurden.

Abbildung 4

Experiment 3:
Anstrengungsbereitschaft, Handlungsverpflichtung und mentale Simulation in Abhängigkeit der Erfolgserwartung für die einzelnen Versuchsgruppen.

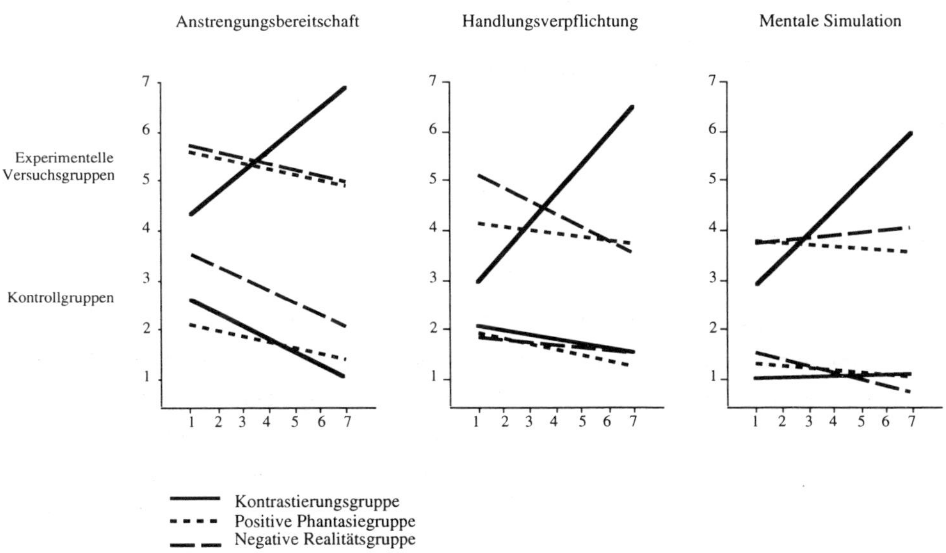

Die Modellvergleiche für die positiven Phantasie- und die negativen Realitätsgruppen erzielten für zwei der drei abhängigen Variablen die erwarteten Ergebnisse. Die *F*-Tests waren signifikant für die abhängigen Variable Anstrengungsbereitschaft, $R^2\Delta s > .0275$, $Fs(1,137) > 7.21$, $ps < .01$, und die abhängige Variable Handlungsverpflichtung, $R^2\Delta s > .0373$, $Fs(1,137) > 5.23$, $ps < .002$. Für die abhängige Variable mentale Simulation fällt die Varianzreduktion dagegen weniger drastisch aus. Hier nähert sich der *F*-Wert für das Vergleichsmodell, in dem die positiven Phantasiegruppen gleichgesetzt wurden, der Signifikanz, $R^2\Delta = .0166$, $F(1,137) = 3.35$, $p < .07$, während für das respektive Vergleichsmodell für die negativen Realitätsgruppen keine signifikante Reduktion erklärter Varianz zu beobachten ist, $R^2\Delta = .0079$, $F(1,137) = 1.59$, $p = .21$.

Für die beiden Kontrastierungsgruppen fallen die Modellvergleiche nicht wie erwartet aus. Wir hatten für den Vergleich des restringierten Modells mit dem Basismodell keine signifikante Reduktion erklärter Varianz vorhergesagt. Die *F*-Werte für die drei abhängigen Variablen nähern sich jedoch dem Signifikanzniveau oder erreichen es. Im einzelnen sind die Ergebnisse wie folgt: Anstrengungsbereitschaft, $R^2\Delta = .0239$, $F(1,137) = 6.26$, $p = .02$; Handlungsverpflichtung, $R^2\Delta = .0095$, $F(1,137) = 2.59$, $p = .12$; mentale Simulation, $R^2\Delta = .0147$, $F(1,137) = 2.97$, $p = .09$.

Abbildung 4 läßt erkennen, daß die Werte der Kontroll-Vpn bei niedrigen Erwartungen für alle abhängigen Variablen niedriger liegen als die der respektiven experimentellen Vpn. Dies gilt nicht nur, wie erwartet, für die positive Phantasie- und (in eingeschränktem Maße) für die negative Realitätsbedingung, sondern auch, und dies hatten wir nicht erwartet, für die Kontrastierungsbedingung.

Diskussion

Die Ergebnisse des vorliegenden Experiments machen deutlich, daß zwei Dinge zusammenkommen müssen, damit positive Phantasien motivational wirksam werden: Personen müssen (a) ihre positiven Phantasien mit Aspekten der negativen Realität kontrastieren, und sie müssen (b) ihre Erfolgschancen als hoch einschätzen. Die in Experiment 3 erzielten Ergebnisse entsprechen in dieser Beziehung voll und ganz den Befunden der Experimente 1 und 2. Der Zusammenhang zwischen Erfolgserwartung und den abhängigen Variablen war in der Kontrastierungsgruppe stets stark positiv und somit enger als in der positiven Phantasie- und der negativen Realitätsgruppe. Weiterhin berichteten die Vpn mit hohen Erwartungen in der Kontrastierungsgruppe ein höheres Engagement, sich für eine Zukunft mit Beruf und Kind einzusetzen, als die Vpn der positiven Phantasie- und der negativen Realitätsgruppe. Das umgekehrte Datenmuster galt für Vpn mit niedrigen Erwartungen.

Schließlich zeigte sich, daß die Kontrastierungsinstruktionen bei Kontroll-Vpn, die in ihren positiven Zukunftsphantasien keine Familie erwähnten, ihre Wirksamkeit verloren. Offensichtlich muß die gedankliche Auseinandersetzung mit der negativen Realität auf die zugehörige positive Zukunftsvision treffen, damit ein Kontrastierungseffekt mit den typischen motivationalen Konsequenzen entstehen kann. Weiterhin hatten die Kontroll-Vpn in der positiven Phantasie- und der negativen Realitätsbedingung vergleichsweise niedrigere Engagementwerte als die respektiven experimentellen Vpn. Dies spricht dafür, daß das bloße Schwelgen in den positiven Zukunftsträumen und das bloße Grübeln über die negative Gegenwart motivational nicht ohne Konsequenzen bleiben, sondern eine Zug- bzw. Schubkraft entwickeln (*Pull*- bzw. *Push*-Effekt). Diese Effekte sind jedoch von der Höhe der Erfolgserwartungen der Vpn unabhängig (siehe die flachen Steigungen in der positiven Phantasie- und der negativen Realitätsgruppe).

Unterschiede zu den Experimenten 1 und 2. Im vorliegenden Experiment wurden keine anstehenden zwischenmenschlichen Angelegenheiten zum Gegenstand des Phantasierens erklärt (wie in Experiment 1 und 2), sondern eine Frage der Gestaltung der persönlichen beruflichen und privaten Zukunft. Weiterhin wurden die experimentellen Bedingungen durch völlig andere Instruktionen induziert. In den Experimenten 1 und 2 kamen Salienzmethoden zum Einsatz, indem die Vpn gebeten wurden, über den einen oder anderen Inhalt nachzudenken (positive Aspekte der Anliegenerfüllung, negative Aspekte des Status quo oder beides im Kontrast). In Experiment 3 wurden den Vpn dagegen verschiedene Interpretationen für ein und denselben vorgegebenen Inhalt (Aspekte der negativen Realität) abverlangt. Trotz dieser verschiedenen Phantasiethematiken und ganz unterschiedlicher experimenteller Herangehensweisen bei der Induktion der Kontrastierungs-, positiven Phantasie- und negativen Realitätsbedingungen konnten wir in Experiment 3 das gleiche vorhergesagte Datenmuster beobachten wie in den Experimenten 1 und 2. Wir interpretieren dies als eine gelungene konzeptuelle Replikation der Experimente 1 und 2.

In Experiment 3 verliefen die Steigungen (Zusammenhang von Erwartung und den abhängigen Variablen) in der negativen Realitätsgruppe schwach positiv oder negativ (siehe Abbildung 4). Derartig flache Steigungen für die negative Realitätsgruppe hatten wir für die Experimente 1 und 2 nicht beobachten können. Dort hatten sich diese den stark positiven Steigungen in der Kontrastierungsgruppe angenähert. Wir vermuteten, daß diese Ergebnisse in den Experimenten 1 und 2 dadurch zustande kamen, daß sich die Vpn der negativen Realitätsgruppe ihrer positiven Phantasien nicht erwehren konnten, sich diese ihnen sozusagen aufdrängten und Kontrastierungserlebnisse stifteten. Für Experiment 3 entwickelten wir deshalb neue Instruktionen, um die Vpn in der negativen

Realitätsgruppe effektiver in das Nachsinnen über negative Aspekte der Realität zu involvieren und damit das Aufflackern von positiven Phantasien zu unterbinden. Die Vpn mußten von uns vorgegebene Aspekte der negativen Realität (Aussagen von überforderten berufstätigen Müttern) auf ihre Person übertragen, indem wir sie baten zu begründen, warum die vorgetragenen und ähnliche Probleme sie bislang von phantasie-realisierenden Aktivitäten abgehalten hätten. Offensichtlich führten diese Instruktionen dazu, daß keine positiven Phantasien aufkamen und folglich keine Kontrastierungen mit den entsprechenden motivationalen Effekten entstehen konnten.

Schließlich wurden in Experiment 3 im Gegensatz zum Experiment 2 die abhängigen Variablen nur einmal erhoben. Wir wählten einen relativ späten Zeitpunkt (2 Wochen nach dem Experiment) und verzichteten auf eine Messung direkt zum Ende des Experiments. Wie schon in der um 1 Woche verzögerten Messung in Experiment 2 traten die vorhergesagten Ergebnismuster in Experiment 3 ebenfalls sehr klar zu Tage. Dies spricht dagegen, den in Experiment 2 beobachteten Zeiteffekt als Reaktivitätseffekt zu interpretieren (d.h., die Effekte sind nur deswegen klarer, weil die Vpn bereits 1 Woche zuvor die gleichen Fragen beantwortet hatten).

Bemerkenswert an Experiment 3 ist weiterhin, daß das Engagement zur Phantasierealisierung der Vpn mit hohen Erwartungen in der Kontrastierungsbedingung für alle drei abhängigen Variablen ganz nahe am Höchstwert der jeweiligen Skala lag. Dies bedeutet, daß die Motivationswerte für diese Vpn nicht viel gefallen sein können und eine erstaunliche Stabilität über die Zeit aufwiesen.

Abschließend soll noch darauf eingegangen werden, daß wir in Experiment 3 eine neue Variable erprobten, die mentale Simulation der Phantasierealisierung. Die Ergebnisse für diese Variable entsprachen weitgehend den beiden anderen abhängigen Variablen, der Anstrengungsbereitschaft und der Handlungsverpflichtung. Offensichtlich geht mit einer gesteigerten Handlungsmotivation (gemessen als Anstrengungsbereitschaft und Handlungsverpflichtung) eine erhöhte Bereitschaft zur mentalen Simulation der Phantasierealisierung einher. Die mentale Simulation ist insofern eine interessante zusätzlich Variable, als von mentalen Simulationen bekannt ist, daß sie die tatsächliche Realisierung der in den Simulationen spezifizierten Handlungen und Handlungsergebnisse begünstigen (Taylor & Pham, 1996).

Die neuen Kontrollgruppen. Die verschiedenen Instruktionen zur Induktion der drei experimentellen Bedingungen hatten gänzlich verschiedene Effekte auf das Engagement, berufliche Karriere und Mutterschaft zu vereinbaren, wenn die Vpn in ihren positiven Zukunftsphantasien über ihr Leben in 10 Jahren eine Familie ausgespart hatten. Für diese Kontroll-Vpn blieben die Kontrastierungsinstruktionen folgenlos; das Niveau des Engagements war gering, und dies in gleicher Weise für Vpn mit niedrigen und hohen Erfolgserwartungen. Die Kontroll-Vpn mit niedrigen Erfolgserwartungen hatten sogar niedrigere Engagementwerte als die experimentellen Vpn. Wir hatten ursprünglich erwartet, daß die Werte der experimentellen Vpn mit niedrigen Erwartungen in der Kontrastierungsgruppe auf das Niveau der entsprechenden Kontroll-Vpn abfallen würden. Dies war jedoch nicht der Fall. Möglicherweise waren die durch die Kontrastierung bei den experimentellen Vpn mit niedrigen Erwartungen induzierten Ablöseprozesse nach 2 Wochen noch nicht voll zum Abschluß gekommen. Hätten wir unsere abhängigen Variablen später erhoben (nach 1 Monat oder noch später), wären wahrscheinlich keine Unterschiede mehr zu den Kontroll-Vpn zu beobachten gewesen.

In der positiven Phantasie- und der negativen Realitätsbedingung berichteten die Kontroll-Vpn ein deutlich niedrigeres Engagement als die experimentellen Vpn. Dieser Befund spricht für Zug- und Schubeffekte der positiven Phantasie- bzw. der negativen Realitätsgruppe. Betrachtet man die absoluten Werte auf den jeweiligen abhängigen Variablen, liegen die experimentellen Gruppen in etwa am unteren Ende des oberen Drittels der Skala und die Kontroll-Vpn am oberen Ende des unteren Drittels. Weiterhin gilt, daß diese Zug- und Schubeffekte erwartungsunabhängig sind und somit für Vpn mit niedrigen Erwartungen und hohen Erwartungen in gleicher Weise gelten. Dies impliziert, daß Vpn mit niedrigen Erwartungen unrealistisch stark motiviert sind, während Vpn mit hohen Erwartungen sich motivational unrealistisch stark zurückhalten. Sie folgen in ihrem Engagement nicht ihren wahrgenommenen Erfolgschancen.

Leider erlaubte es der vorliegende Versuchsplan nicht festzustellen, wie zeitstabil die Zug- und Schubeffekte der positiven Phantasie- bzw. negativen Realitätsgruppe tatsächlich waren. Die Ergebnisse des zweiten Experiments, in dem wir zwei zeitlich verschobene Messungen vornahmen, sprechen allerdings dafür, daß diese Effekte mit der Zeit abflauen. Dies dürfte auch für die vorliegenden Zug- und Schubeffekte gelten. Um dies zweifelsfrei belegen zu können, müßte man in zukünftigen Studien mit dem Versuchsplan des dritten Experiments ebenfalls wiederholte Messungen vornehmen, relativ unmittelbare und zeitlich aufgeschobene. Dann könnte man auch prüfen, ob sich die gemessene Handlungsmotivation in tatsächliches Handeln und Erfolg hinsichtlich der Phantasierealisierung übersetzt.

Der Leser mag versucht sein, das niedrigere Engagement der Kontrollgruppen gegenüber den experimentellen Gruppen darauf zurückzuführen, daß die Kontroll-Vpn vergleichsweise geringere Erwartungen hatten, Familie und Beruf miteinander vereinbaren zu können, als die experimentellen Vpn. Dieses Argument läßt sich jedoch nicht aufrechterhalten. Wie unsere Analysen zeigen, ist der Zusammenhang zwischen Erwartung und Engagement einzig und allein für die experimentelle Kontrastierungsgruppe stark positiv, während für alle anderen Gruppen entweder kein Zusammenhang oder insbesondere leicht negative Zusammenhänge vorherrschen. Das vorliegende Argument verlangt jedoch für experimentelle Vpn und Kontroll-Vpn in gleicher Weise nach einem starken positiven

Zusammenhang, weil nur dann niedrige Erwartungen zu niedrigen Engagementwerten führen können.

Zusammenfassung

Die Befunde der vorliegenden drei Experimente verweisen zunächst darauf, daß positive Zukunftsphantasien eine notwendige Voraussetzung für ein starkes Engagement in Richtung Phantasierealisierung sind. Positive Zukunftsphantasien sind allerdings nicht hinreichend. Sie müssen mit Reflexionen über die widersprechende negative Realität kontrastiert werden, damit angesichts positiver Erfolgserwartungen eine entsprechend starke Motivation zur Phantasierealisierung entstehen kann. Die Ergebnisse der drei berichteten Experimente sprechen übereinstimmend für diese These, obwohl jeweils andere Phantasiethematiken untersucht wurden, verschiedene Verfahren zur Kontrastierung von positiven Phantasien und Reflexionen über die negative Realität zum Einsatz kamen und unterschiedliche abhängige Variablen zur Bestimmung des Engagements in Richtung Phantasierealisierung erhoben wurden.

Die Ergebnisse unserer Experimente erlauben jedoch eine weitere bedeutsame Einsicht. Positive Zukunftsphantasien, die mit Reflexionen über die widersprechende negative Realität vor dem geistigen Auge kontrastiert werden, setzen die handlungsleitende Wirkung von Erwartung frei. Das bloße positive Phantasieren und das ausschließliche Reflektieren der negativen Realität führen dagegen nicht zu einer positiven Beziehung zwischen Erfolgserwartung und phantasie-realisierendem Engagement. Vpn mit positiven Erwartungen, die zu einer Phantasie-Realität Kontrastierung instruiert wurden, drängten stärker auf die Verwirklichung ihrer positiven Phantasien als die entsprechenden optimistischen Vpn, die lediglich phantasieren oder grübeln mußten. Vpn mit negativen Erfolgserwartungen in der Kontrastierungsgruppe waren weniger bemüht als die entsprechenden pessimistischen Vpn in der positiven Phantasie- und der negativen Realitätsgruppe.

Dieses Datenmuster hatte nicht nur über alle drei Experimente Bestand, es war auch sehr zeitstabil. Es ließ sich sowohl direkt nach den Experimenten als auch 1 bis 2 Wochen später beobachten, wobei es mit der Zeit sogar noch klarer zu erkennen war. Die in den Experimenten induzierte Kontrastierung der positiven Zukunftsphantasien mit Reflexionen über die negative Realität bewirkte somit über 1 bis 2 Wochen hinweg, daß die subjektiven Erfolgswahrscheinlichkeiten ein phantasie-realisierendes Engagement entweder entfachten oder bremsten. Die optimistischen Vpn zeigten ein sehr hohes Engagement, die pessimistischen dagegen ein extrem niedriges.

Vpn, die in den Experimenten lediglich positive Phantasien generierten oder ausschließlich über die negative Realität nachsannen, engagierten sich dagegen, unabhängig von ihren Erwartungen, auf einem mittleren Niveau, wobei sich das mittlere Engagemen mit der Zeit abschwächte. Das bloße Schwelgen in positiven Zukunftsphantasien führt somit selbst angesichts positiver Erfolgserwartungen zu keinem vollen Engagement und angesichts niedriger Erwartungen zu keinem ausgeprägten Disengagement. Vpn, die ausschließlich in positiven Phantasien schwelgen, befinden sich somit in einem Zustand mittlerer Motiviertheit und können sich für eine Phantasierealisierung weder voll einsetzen noch sich gänzlich von ihr lossagen. Angesichts hoher Erfolgserwartungen handeln sie folglich, von außen betrachtet, irrational und unangepaßt, ebenso angesichts niedriger Erfolgserwartungen. Sie nutzen die vorhandenen Möglichkeiten zur Phantasierealisierung nicht voll bzw. respektieren beschränkte Handlungsmöglichkeiten nicht genug. Interessanterweise gilt dieses Phänomen auch für die Vpn, die sich ausschließlich dem Bedenken negativer Aspekte der vorliegenden Realität hingeben.

9

Die Kontrastierung von positiven Phantasien und negativer Realität: Bewertung der Befunde und Ausblick

Die in Kapitel 6 dargestellten Korrelationsstudien demonstrieren eine gegensätzliche prädiktive Rolle von Erwartungsurteilen und Zukunftsphantasien für Motivation und Handlungserfolg. Positive Erwartungen sagten vergleichsweise mehr Erfolg, positive Phantasien mehr Mißerfolg vorher. Sind positive Zukunftsphantasien somit grundsätzlich der Motivation und dem Handeln abträglich? Die in Kapitel 8 berichteten Ergebnisse der experimentellen Studien geben eine differenzierende Antwort auf diese Frage. Eine förderliche Wirkung positiver Zukunftsphantasien entsteht, wenn letztere mit Reflexionen über die negative Realität kontrastiert werden; unter diesen Bedingungen entfalten subjektiv hohe Erfolgschancen ihre handlungsleitende Funktion und führen zu maximaler Motivation und höchstem Engagement. Das bloße Schwelgen in positiven Zukunftsphantasien raubt dagegen hohen Erfolgserwartungen ihre gewinnbringende Bedeutung. Optimistische Erwartungsurteile sind in diesem Fall genauso wenig handlungsleitend wie bei bloßen Grübeleien über die negative Realität.

Für das Verständnis der motivationalen Bedeutung von Zukunftsphantasien implizieren die Befunde der vorliegenden Arbeit zweierlei: Die Valenz der Phantasie ist eine bedeutsame Prädiktorvariable für Motivation und Erfolg (Studien 1-4), und ein Zusammenwirken von positiven Zukunftsphantasien mit Reflexionen über die negative Gegenwart ist die Wurzel erwartungsgeleiteten und somit rationalen Handelns (Experimente 1-3). Das alleinige Träumen von der positiven Zukunft und die bloße Grübelei über die negative Gegenwart führen dagegen zu irrationalem und halbherzigem Engagement. Für die Psychologie der Erwartung ergeben sich ebenfalls zwei Implikationen: Neben dem Erwartungsurteil gibt es mit der Zukunftsphantasie eine weitere Form des Zukunftsdenkens, die relevant ist für Motivation und Handeln (Studien 1-4); obendrein wird deutlich, daß Erwartungen einen weniger weitreichenden Einfluß auf Motivation und Handeln haben als bisher in der traditionellen Lern- und Motivationspsychologie angenommen (Experimente 1-3). Wenn Phantasien über eine positive Zukunft mit Reflexionen über eine negative Gegenwart gedanklich kontrastiert werden, erhalten Erwartungsurteile handlungsleitende Funktion.

Rationales und irrationales Handeln

Wie führt die Kontrastierung zum rationalen Handeln?

Erwartungsumsetzung versus Erwartungserhöhung. Das von den Versuchspersonen in der Kontrastierungsbedingung gezeigte Engagement stand in enger Beziehung zu ihren Erwartungen (Experiment 1). Dieser Befund entspricht unseren Überlegungen, nach denen die Phantasie-Realitätskontrastierung im Vergleich zur bloßen Schwärmerei und Grübelei die *Umsetzung* der Erwartung in Motivation und Handeln fördert. Somit ist dieser Befund nicht in die Tradition von Forschungsarbeiten einzuordnen, die durch gedankliche Manipulationen Erwartungserhöhungen zu erzielen versuchen und darüber vermittelt eine Motivationsförderung betreiben wollen.

In Experiment 1, in dem Erwartungen vor und nach den gedanklichen Manipulationen (der positiven Phantasie-, negativen Realitäts- und Kontrastierungsgruppe) gemessen wurden, korrelierten Vorher- und Nachhermessung extrem hoch miteinander (r über .90). Zudem wirkten sich die drei Manipulationen nicht unterschiedlich auf die Erwartungsveränderungen aus (es fanden sich keine signifikanten Unterschiede zwischen den Gruppen in der zweiten Messung nach Kontrolle der ersten). Diese Beobachtungen sprechen dafür, daß in Experiment 1 die Bedingungseffekte nicht aufgrund von Erwartungsveränderungen zustande gekommen sind. Die Ergebnisse der Experimente 2 und 3 lassen ebenfalls vermuten, daß die beobachteten Motivationseffekte nicht über Erwartungserhöhungen entstanden sind. Schließlich wurden in diesen beiden Experimenten, wie schon in Experiment 1, keine Mittelwertsunterschiede im phantasie-realisierenden Engagement beobachtet, sondern nur ein stärker oder schwächer ausgeprägter enger Zusammenhang zur vorher gemessenen subjektiven Erwartung.

In der sozialen Kognitionsforschung, einem sehr forschungsintensiven Teilbereich der Sozialpsychologie, fokussiert man dagegen bei der Analyse der Verhaltenseffekte von Vorstellungen auf Erwartungsveränderungen. Die motivierende Wirkung von Vorstellungen wird dort auf erhöhte Erwartungen zurückgeführt: Positive Vorstellungen fördern relevante Handlungen, indem sie die respektiven Erwartungen stärken. Um zu demonstrieren, wie verschieden der sozial-kognitive Ansatz von der hier eingenommenen

Perspektive ist, sollen im folgenden einige ausgewählte Arbeiten der sozial-kognitiven Forschung vorgestellt werden.

Zentral für die soziale Kognitionsforschung zum Thema "Vorstellung und Handeln" war Tverskys und Kahnemanns Begriff der "*Availability heuristic*" (1973). Unter dieser Heuristik versteht man die einfache kognitive Faustregel, daß zukünftige Ereignisse je nachdem, ob man sie sich leicht oder nur schwer vorstellen kann, mit hoher bzw. geringer subjektiver Wahrscheinlichkeit eintreffen. Das Eintreten eines Ereignisses wird dann für wahrscheinlich gehalten, wenn das Szenario, in dem sich das Ereignis abspielt, leicht in Gedanken abrufbar ist. Ein Szenario wird u.a. auch dann leichter abrufbar, wenn man es sich gerade eben vorgestellt hat. Daher erhöht die Vorstellung des Eintretens eines bestimmten Ereignisses die subjektive Wahrscheinlichkeit dafür, daß es sich auch wirklich ereignen wird. Auch wenn diese *Availability heuristic* oft zu falschen Urteilen führt (Nisbett & Ross, 1980), zeigen Studien aus verschiedenen Lebensbereichen, daß sie sehr häufig unsere Wahrscheinlichkeitsurteile bestimmt (Gregory, Cialdini & Carpenter, 1982; Sherman, Zehner, Johnson & Hirt, 1983; siehe auch Sherman, Skov, Hervitz & Stock, 1981 und für eine Zusammenfassung Johnson & Sherman, 1990).

Versuchspersonen, die sich vor den Präsidentschaftswahlen den Kandidaten Jimmy Carter als Gewinner vorstellen mußten, glaubten, daß dieser mit größerer Wahrscheinlichkeit die Wahl gewinnen würde, als Versuchspersonen, die sich den Konkurrenten Gerald Ford vorgestellt hatten (Carroll, 1978, Experiment 1). Auch Vorstellungen über die eigene Zukunft beeinflussen die respektiven Wahrscheinlichkeitseinschätzungen. Gregory und seine Mitarbeiter (1982, Studie 1-3) baten Versuchspersonen, sich so verschiedene Ereignisse vorzustellen wie einen Wettbewerb zu gewinnen oder für das Begehen eines Verbrechens verhaftet zu werden. Nachdem die Versuchspersonen sich diese Szenarios vorgestellt hatten, glaubten sie, daß ihnen das respektive Ereignis mit größerer Wahrscheinlichkeit zustoßen würde. Die Wahrscheinlichkeitsurteile variierten auch mit der Leichtigkeit der Vorstellungsproduktion (Sherman, Cialdini, Schwartzman & Reynolds, 1985). Versuchspersonen, die Krankheiten mit leicht vorstellbaren Symptomen (z.B. Kopf- oder Muskelschmerzen) imaginieren mußten, glaubten, diese eher zu bekommen, als Versuchspersonen der Vergleichsgruppe, die an Krankheiten mit schwer vorstellbaren Symptomen denken mußten (z.B. Probleme mit dem Nervensystem oder der Leber).

Vorstellungen bezüglich der Ausführung von Handlungen beeinflussen auch die Wahrscheinlichkeitsurteile darüber, ob man die Handlung tatsächlich ausführt. Hausbesitzer, die sich vorstellten, Kabelfernsehen zu genießen, schätzten die Wahrscheinlichkeit, "sich verkabeln zu lassen", vergleichsweise höher ein (Gregory et al., 1982). Dabei mußten sie sich allerdings selbst als Akteur in den Szenarios sehen. Versuchspersonen, die sich selbst (aber nicht andere Personen) in Gedanken in verschiedenen Verhaltensszenarios erfolgreich agieren sahen (z.B. Blut spenden, in den Winterferien verreisen oder sich einer politischen Gruppe anschließen), beurteilten danach die Wahrscheinlichkeit, diese Projekte auch in die Wirklichkeit umzusetzen, vergleichsweise höher (Anderson, 1983). Auch diese Wahrscheinlichkeitsurteile variieren damit, wie leicht es den Versuchspersonen fällt, sich einen erfolgreichen Ablauf der Szenarios vorzustellen (Anderson & Godfrey, 1987).

In der hier diskutierten sozialen Kognitionsforschung geht es also darum herauszufinden, ob und wie die Art und Weise, wie man sich Ereignisse und Verhaltensweisen vorstellt (z.B. wie leicht es einem fällt, sich ein bestimmtes Szenario auszumalen), die Urteile über die respektiven Eintretenswahrscheinlichkeiten beeinflußt. In unseren Experimenten dagegen wollten wir nicht herausfinden, ob das eine oder andere gedankliche Bearbeiten von Zukunftsvorstellungen die entsprechenden Erwartungen einer Person beeinflußt. Wir hatten keine Hypothesen über systematische Zusammenhänge unserer Bedingungsmanipulationen (Phantasie-, Realitäts- und Kontrastierungsmanipulation) mit dem Ausmaß der respektiven Erwartungsurteile, und wir konnten derartige Effekte auch nicht beobachten. Uns lag vielmehr daran zu zeigen, daß die von uns induzierten gedanklichen Bearbeitungen von Zukunftsphantasien (Bedingungsmanipulationen) einen jeweils anderen Effekt auf die handlungsleitende Funktion von Erwartungen haben und damit die Motivation und das Handeln einer Person beeinflussen. Erwartungsurteile interessierten uns somit nur insofern, als wir in der Kontrastierungsbedingung (aber nicht in der positiven Phantasie- und der negativen Realitätsgruppe) einen motivationsfördernden Effekt für Personen mit hohen Erfolgserwartungen und einen motivationsmindernden Effekt für Personen mit niedrigen Erfolgserwartungen postulierten und beobachteten.

Die Phantasie-Realitätskontrastierung bei positiven Erwartungen. Unsere Daten sprechen dafür, daß, wenn Phantasien über eine positive Zukunft die Richtung des Handelns weisen und die Reflexionen über die negative Gegenwart die Notwendigkeit des Handelns bedeuten und Anhaltspunkte dafür geben, wie gehandelt werden kann, hohe Erfolgserwartungen Motivation und Handeln fördern. Hohe Erfolgserwartungen führten zu einer vermehrten Anstrengungsbereitschaft und begünstigten unverzügliches Handeln (Experiment 1 und 3); sie förderten die Handlungsbereitschaft und -verpflichtung (Experiment 2 und 3) und instrumentelle mentale Simulationen (Experiment 3). All diese Konsequenzen hoher Erfolgserwartungen sollten der tatsächlichen erfolgreichen Umsetzung der positiven Phantasie in der Wirklichkeit nützen. Denn subjektive Gefühle der Stärke, promptes Handeln, Anstrengungsbereitschaft und die gedankliche Beschäftigung mit dem "Wie" der Realisierung sind wirkungsvolle Determinanten erfolgreicher Leistung.

Gerade hinsichtlich der Bedeutung der gedanklichen Beschäftigung mit dem Weg zum Erfolg für den wirklich erzielten Erfolg finden sich in letzter Zeit bestätigende Befunde. Unabhängig davon, ob diese Gedanken in Form der mentalen Prozessimulation (Taylor

& Schneider, 1989; Taylor & Pham, 1996), in Form von Plänen (Mischel & Patterson, 1976), Verhaltensintentionen (Ajzen & Fishbein, 1980; Fishbein & Ajzen, 1975) oder Vorsätzen (Gollwitzer, 1993) operationalisiert werden, wird davon ausgegangen, daß mentale Simulationen, Pläne, Intentionen bzw. Vorsätze hilfreich für effizientes Erfolgsstreben sind. Weiterhin häufen sich die Befunde, daß Verbindlichkeitsgefühle (*Commitment*) handlungsfördernd sind (siehe zusammenfassend Bandura, 1991; Gollwitzer, 1993; Locke & Latham, 1990). Obendrein dürfte gelten, daß Gedanken über das "Wie" der Realisierung einer Handlung die Verbindlichkeitsgefühle erhöhen (Gollwitzer, Heckhausen & Ratajczak, 1990).

Obwohl in den vorliegenden Experimenten die tatsächliche Erfolgsrealisierung nicht erhoben wurde, darf angenommen werden, daß in der Kontrastierungsbedingung bei hohen Erfolgserwartungen der größte Handlungserfolg auftritt. Wir beschränkten uns in den vorliegenden Experimenten nur deswegen auf die Erhebung von "Vorläufervariablen", weil die Messung des tatsächlichen Handlungserfolges ungleich mehr Aufwand bedeutet hätte. All unsere Experimente bezogen sich auf Thematiken, die nicht an Ort und Stelle erledigt werden konnten, sondern bei denen sich erst langfristig ein Erfolg oder Mißerfolg abzeichnete. In zukünftigen Experimenten soll jedoch nicht auf die Erhebung des tatsächlichen Handlungserfolges verzichtet werden.

Die Phantasie-Realitätskontrastierung bei negativen Erwartungen. So sehr sich in der Kontrastierungsgruppe die Versuchspersonen mit hohen Erfolgserwartungen um eine Phantasierealisierung bemühten, so passiv waren die respektiven Versuchspersonen mit niedrigen Erfolgserwartungen. Waren die subjektiven Realisierungschancen niedrig, war es um die Phantasierealisierung schlecht bestellt. Die Versuchspersonen in der Kontrastierungsbedingung akzeptierten bereitwillig ihre negativen Zukunftprognosen und bezogen sie mit in ihre Handlungsbereitschaft ein. Die Kontrastierung der Phantasien über eine positive Zukunft mit Reflexionen über die negative Realität führte also dazu, daß die Versuchspersonen ihren negativen Zukunftsprognosen nicht auswichen, sondern diese in ihr Denken und Handeln miteinbezogen. Sie richteten sich nach den niedrigen subjektiven Realisierungschancen und nahmen von einer Phantasierealisierung Abstand.

Interessanterweise ist die handlungsleitende Einbeziehung niedriger Erfolgserwartungen erst dann vorhanden und ein entsprechendes Zurückweichen vor einem Engagement erst dann zu beobachten, wenn die positiv erlebten Phantasien lebendig vor Augen stehen (allerdings kontrastiert mit Reflexionen über die negative Realität). Es ist also nicht so, wie man auf den ersten Blick meinen könnte, daß ein Mehr an negativen Vorstellungen zur Ablösung führt. Offensichtlich bedarf die Ablösung des Kontrastierungserlebens (dort die erwünschte Zukunftsphantasie, hier die negative Realität).

In zukünftigen Studien soll untersucht werden, wie in der Kontrastierungsbedingung die Entwicklung der handlungsleitenden Funktion von Erwartungen prozeßhaft abläuft. Eine mögliche Hypothese stellt sich wie folgt dar: Durch die Kontrastierung werden die positiven Zukunftsphantasien als zu realisierend und die negative Realität als in Richtung der Zukunftsphantasie zu verändernd erlebt. Die Person erlebt somit eine Handlungsnotwendigkeit, die das Bedenken der Realisierungschancen anregt. Die Berücksichtigung der relevanten Erfolgserwartungen bedingt schließlich, ob sich die Person der Phantasierealisierung mit großem Engagement zuwendet (hohe Erwartungen) oder sich von der Phantasierealisierung ablöst (niedrige Erwartungen).

Wie führt das Schwelgen und Grübeln zu irrationalem Handeln?

Die Versuchspersonen, die lediglich schwärmten oder nur grübelten, berücksichtigten in ihrer Motivation zum Handeln nicht die eigene Zukunftsprognose. Sowohl bei hohen als auch bei niedrigen Erfolgserwartungen beobachteten wir ein Engagement auf einem mittleren Niveau. Die Korrelationen zwischen Erfolgserwartungen und Handlungsengagement waren in beiden Gruppen im Vergleich zur Kontrastierungsgruppe niedrig und lagen nahe bei Null. Bei den schwärmenden und grübelnden Versuchspersonen führten hohe Erfolgserwartungen zu weniger Engagement und niedrige Erfolgserwartungen zu weniger Disengagement als bei den jeweils vergleichbaren Versuchspersonen in der Kontrastierungsgruppe.

Wie motiviert das Schwelgen in der positiven Zukunft und das Grübeln in der negativen Gegenwart das Handeln einer Person? Da beim Schwelgen die in den Zukunftsphantasien erlebten Ereignisse per definitionem positiv sind, dürften diese eine gewisse Anziehungskraft besitzen. Die bloßen positiven Zukunftsphantasien (ohne eine Kontrastierung mit Reflexionen über die negative Realität) sollten jedoch nicht zu einem Gefühl führen, in Richtung Phantasierealisierung handeln zu müssen. Es entsteht somit keine Bereitschaft, sich um die Erfolgschancen zu kümmern und diese im Ausmaß des Handlungsengagements zu berücksichtigen (bei hohen Erwartungen volles Engagement, bei niedrigen Erwartungen Disengagement). Folglich speist sich bei den Schwelgern das Engagement ausschließlich aus der Anziehungskraft der in den positiven Phantasien erlebten Zukunftsereignisse.

Analoges dürfte für das Grübeln über die negative Realität gelten. Beim Grübeln malt sich eine Person ausschließlich negative Dinge des Status quo aus, die mit einer gewissen negativen Anziehungskraft (Abstoßung) verknüpft sein dürften. Da keine positiven Zukunftsphantasien die Richtung für veränderndes Handeln weisen, führt das Fokussieren auf den lästigen Status quo zu keinem Gefühl, daß in Richtung Phantasierealisierung gehandelt werden muß. Wie schon beim Schwelgen in positiven Zukunftsphantasien richtet sich das Engagement in Richtung Phantasierealisierung deshalb nicht nach der Höhe der subjektiven Erfolgserwartungen. Es wird beim Grübeln lediglich von der negativen Anziehungskraft der in den Realitätsreflexionen erlebten negativen Ereignisse getragen.

Unsere Befunde (Experiment 2) sprechen dafür, daß für *optimistische* Versuchspersonen die unmittelbaren motivationalen Effekte des Phantasierens und Grübelns stärker ausfallen als die langfristigen (1 Woche später), während dies für die entsprechenden Versuchspersonen in der Kontrastierungsgruppe nicht gilt. Die zuvor angestellten Überlegungen darüber, warum in der positiven Phantasie- und der negativen Realitätsgruppe trotz hoher Erwartungen kein ausgeprägtes Engagement entstehen kann, weisen auf eine mögliche Erklärung dieser Beobachtung hin. Das bei den optimistischen Versuchspersonen der Kontrastierungsgruppe entstehende subjektive Gefühl der Notwendigkeit zum Handeln bleibt bestehen, bis das ins Auge gefaßte Zukunftsereignis erreicht ist (vgl. den von Lewin, 1926, beschriebenen Spannungszustand). Somit erklärt sich, warum bei den optimistischen Versuchspersonen der Kontrastierungsgruppe das Engagement über die Zeit konstant bleibt. Das bei den entsprechenden Versuchspersonen der positiven Phantasie- und negativen Realitätsgruppe entstehende Engagement basiert dagegen lediglich auf der Anziehung bzw. Abstoßung der erlebten Vorstellungsinhalte. Da letztere jedoch nicht mit Gefühlen der Handlungsnotwendigkeit einhergehen, schwächen sie sich über die Zeit ab (siehe dazu die Überlegungen von Atkinson & Birch, 1970, über den zeitlichen Verfall von Handlungstendenzen, die lediglich auf Anreizen basieren).

Das Engagement der *pessimistischen* Versuchspersonen in der Kontrastierungsgruppe ist im Gegensatz zu dem der optimistischen zeitabhängig (Experiment 2). Die aufgrund der Kontrastierung erlebte Notwendigkeit zum Handeln führt zur Berücksichtigung der Realisierungschancen und somit bei geringen Realisierungschancen zu Ablösungshandlungen. Dieses Disengagement verstärkt sich offensichtlich über die Zeit. Möglicherweise liegt dies daran, daß Ablösungsprozesse einer besonderen psychologischen Anstrengung bedürfen, die mit einer *Fighting back*-Phase beginnen und erst langfristig in effiziente Ablösungsbemühungen münden (siehe Klingers, 1977, *Disengagement cycle*). Demnach hätten wir es in der Kontrastierungsgruppe bei den pessimistischen Versuchspersonen mit einem aktiven Ablöseprozeß zu tun, während die pessimistischen Schwelger und Grübler einem Verfall der Motivation im Sinne von Atkinson und Birch (1970) unterliegen.

Die Versuchspersonen, die lediglich schwärmten oder nur grübelten, verharrten in ihrem mittleren Engagement völlig unabhängig von ihren Erfolgserwartungen. Sie waren weder voll engagiert, noch konnten sie sich gänzlich von einem Engagement ablösen. Die Versuchspersonen mit niedrigen Erfolgserwartungen engagierten sich also mehr, die mit hohen Erfolgserwartungen dagegen weniger als rational (von den Erfolgserwartungen her) gerechtfertigt war. In beiden Bedingungen (Schwelgen und Grübeln) handelten die Versuchspersonen insofern irrational, als sie sich bei unerreichbaren Projekten zu viel engagierten und bei erreichbaren zu wenig. Offensichtlich gelingt eine rationale Berücksichtigung der Erfolgserwartungen erst dann, wenn das Phantasieren und das Grübeln kontrastierend gegeneinander gesetzt werden. Steht das Phantasieren und das Grübeln alleine, bleibt man trotz niedriger Erfolgserwartungen engagiert und unterläßt es, die anstehende Ablösung einzuleiten bzw. engagiert sich wenig, obwohl dies angesichts hoher Erfolgserwartungen ratsam wäre.

Personen, die sich das bloße Hoffen oder die reine Grübelei zur Gewohnheit machen, sollten, vertraut man unseren Ergebnissen, eine Vielzahl von unerledigten Projekten unterhalten. Da sie sich weder voll für diese Projekte engagieren noch sich von diesen disengagieren können, werden viele Projekte weder endgültig erledigt noch abgelegt. Zu prüfen wäre daher, ob sowohl chronisch Hoffende als auch chronisch Grübelnde im Vergleich zu Personen, die die erwünschte Zukunft mit der erlittenen Gegenwart bereitwillig kontrastieren, im erfolgreichen Handeln und letztlich auch im generellen subjektiven Wohlbefinden unterlegen sind. Diese Frage soll in zukünftigen Forschungsarbeiten untersucht werden, und dabei soll auch bedacht werden, ob das bloße Phantasieren und das bloße Grübeln stets gleichermaßen negative Effekte haben oder ob zumindest bezüglich der emotionalen Befindlichkeit das Phantasieren dem Grübeln überlegen ist.

Man kann die Frage der Rationalität oder Irrationalität des erwartungsbezogenen bzw. -fernen Handelns jedoch auch noch von einer Meta-Ebene aus diskutieren. Für Situationen, die weder durch intensives Engagement noch durch intensives Disengagement einer Lösung zugeführt werden können (z.B. eine HIV-Infektion, terminaler Krebs), mag es durchaus funktional sein, in positiven Zukunftsphantasien zu schwelgen, ohne diese mit Reflexionen über die negative Realität zu kontrastieren, weil nur so ein Disengagement von der Phantasie (z.B. mit dem HIV-Virus zu überleben) und damit ein Disengagement vom Leben verhindert werden kann. In solchen aussichtslosen Situationen erlaubt das positive Schwelgen ohne die Kontrastierung ein erwartungsunabhängiges Über-Engagement, was hier jedoch nicht notwendigerweise als disfunktional bezeichnet werden muß. Analoges müßte für das bloße Grübeln gelten, weil auch hier schließlich ein Disengagement verhindert wird. Allerdings dürfte das bloße Grübeln mit einer negativeren emotionalen Gestimmtheit einhergehen als das bloße Phantasieren; auch wenn das bloße Grübeln immer noch angenehmer (und funktionaler) sein sollte als durch die Kontrastierung auf die aussichtslose Situation hingewiesen zu werden.

Das durch das Schwelgen und Grübeln gestiftete erwartungsunabhängige und damit irrationale Handeln sollte auch dann funktional sein, wenn die subjektiven Erwartungen eine hohe Erfolgswahrscheinlichkeit nahelegen, die objektiven Gegebenheiten jedoch für eine Unkontrollierbarkeit der Situation sprechen. In diesem Fall verführt die Kontrastierung zu einem erhöhten Engagement, das angesichts der vorliegenden Situation unangebracht ist (z.B. wenn Mitglieder einer Institution hohe subjektive Veränderungserwartungen hegen, dabei aber das Veränderungspotential der schwerfälligen Institution überschätzen). Eine Person, die sich in einem solchen Fall auf die positive Phantasie oder die negative Grübelei zurückzieht, handelt weniger aktiv, als ihre Erwartungen suggerieren, und sollte daher auch weniger Frustration und Kontrollverlust erleben. Sie verschleißt weniger Kräfte angesichts der unkontrollierbaren Situation. Da in einem Kontext, in dem es keine Kontrolle gibt, Kontrollbemühungen zu Frustration und Hilflosigkeit führen (z.B. Seligman, 1975; Wortman & Brehm, 1975; siehe auch Kapitel 1), scheint ein alleiniger Fokus auf die positive Phantasie oder die negative Realität hier aus verschiedenen Gründen (keine unnötigen Anstrengungen und Frustrationen sowie keine Hilflosigkeitssymptome) vorteilhaft zu sein.

Um einer zu positiven Bewertung des Schwelgens und des Grübelns vorzubeugen, soll an dieser Stelle noch einmal an die Vorteile des erwartungsgebundenen Handelns erinnert werden. Da Erwartungsurteile auf den in der Vergangenheit gemachten Erfahrungen einer Person beruhen, repräsentieren sie die Leistungschancen und die wahrscheinlichen Konsequenzen des eigenen Handelns. Ein Einbeziehen von Erwartungen beim Handeln führt somit dazu, daß eine Person sich zunächst nach ihrer Leistungsfähigkeit richtet (sich also weder über- noch unterfordert). Zudem sollte sie nicht auf erwünschte Zukunftsereignisse hin gerichtet handeln, die dann nicht eintreten, oder Handlungen ausführen, die mit großer Wahrscheinlichkeit mit unerwünschten negativen Konsequenzen verknüpft sind (man denke bspw. an ideologische Gruppen bzw. jugendliche Extremsportler).

Bedingungsvariablen starker Kontrastierungseffekte

In der vorliegenden Arbeit wurde die Kontrastierung von positiven Zukunftsphantasien und Reflexionen über die negative Realität durch zwei verschiedene Prozeduren hergestellt. In den Experimenten 1 und 2 wurden die Versuchspersonen gebeten, zunächst sowohl positive Aspekte einer Wunscherfüllung als auch negative Aspekte der Realität, die der Wunscherfüllung entgegenstehen, aufzulisten. Danach sollten sie sich diese Aspekte in alternierender Reihenfolge, beginnend mit einem positiven Aspekt, ausmalen. In Experiment 3 kreierten die Versuchspersonen positive Zukunftsphantasien über eine erwünschte Zukunft; anschließend wurde ihnen vom Versuchsleiter die negative relevante Realität in Form von vorgegebenen relevanten Aussagen einer fiktiven Person aufgedrängt. Beide Verfahren der Kontrastierung von Phantasie und Realität führten zu den vorhergesagten Effekten. Im folgenden wird diskutiert, welche Bedingungsvariablen diese Kontrastierungseffekte stärken oder schwächen sollten.

Parallelisierung der Kontrastierungsinhalte mit den Erwartungstypen

In den vorliegenden Experimenten fokussierten wir auf das Engagement in Richtung Gesamterfolg (die Erfüllung einer interpersonellen Angelegenheit, das Kennenlernen einer attraktiven Person bzw. die Vereinbarung von Beruf und Familie). Wir erhoben deshalb die *Gesamterwartung* und setzten diese mit den abhängigen Variablen (verschiedene Aspekte des Engagements in Richtung Gesamterfolg) in Beziehung. Auch die Phantasie-Realitätskontrastierung versuchten wir so zu arrangieren, daß die Zukunftsphantasien sich dabei auf den Gesamterfolg bezogen. Insgesamt also betrafen die Phantasien, die Erwartungen und das gemessene Engagement ein und dasselbe erwünschte Gesamtergebnis. Die Realitätsgedanken beinhalteten schließlich das, was dem Erreichen dieses Gesamtergebnisses entgegensteht.

Da sich mindestens zwei weitere Erwartungstypen unterscheiden lassen (Selbstwirksamkeitserwartungen versus Ergebniserwartungen, aber bspw. auch die Ergebnis-Konsequenzerwartungen), stellt sich die Frage, ob in den Kontrastierungen die positiven Zukunftsphantasien dem jeweils gemessenen Erwartungstyp angepaßt werden müssen, damit erhöhte Korrelationen zwischen Erwartungen einerseits und Motivation und Handeln andererseits beobachtet werden können. Möglicherweise macht eine Phantasie-Realitätskontrastierung, in der sich die positiven Zukunftsphantasien auf die erfolgreiche Ausführung einer bestimmten Handlung beziehen, nur Selbstwirksamkeitserwartungen handlungsleitend (und nicht die Ergebniserwartungen). Vielleicht erhöht desweiteren eine Phantasie-Realitätskontrastierung, in der sich die positiven Zukunftsphantasien auf erwünschte Handlungsergebnisse beziehen, nur die handlungsleitende Funktion von Ergebniserwartungen (und nicht die von Selbstwirksamkeitserwartungen). Zukünftige Studien sollen versuchen herauszufinden, ob die Phantasie-Realitätskontrastierungen derart spezifisch wirken oder genereller Natur sind (d.h., ganz verschiedene Erwartungstypen affizieren, unabhängig davon, welche Inhalte in der Phantasie-Realitätskontrastierung zum Tragen kommen). Derartige Experimente könnten dann auch die Frage beantworten, inwieweit die reine Schwärmerei oder Grübelei die Einbeziehung jedweder Erwartung in das Handeln verhindern oder ob davon bestimmte Erwartungstypen besonders stark betroffen sind.

Die Kontrastierung von Phantasien über eine negative Zukunft mit Reflexionen über eine positive Gegenwart

Die vorliegende Arbeit beschränkt sich auf die Effekte der Kontrastierung von Phantasien über eine positive Zukunft mit Reflexionen über den negativen Status quo. Eine Person kann sich die Zukunft aber auch negativ ausmalen, so daß der Status quo sich im Vergleich dazu positiv verhält. Bewirken Phantasien über negative zukünftige Ereignisse, kontrastiert mit Reflexionen über die entsprechende positiv erlebte Gegenwart (z.B. wenn jemand von Phantasien der Fettleibigkeit geplagt wird und gleichzeitig über seine gegenwärtig schlanke Figur reflektiert), daß die subjektiven Chancen, den unerwünschten Zustand zu *vermeiden*, mit in das *Vermeidungshandeln* (z.B. Diäteinhalten, Turnen) einfließen? Wir vermuten, daß rationales Handeln hinsichtlich des Vermeidens eines negativen zukünftigen Ereignisses gefördert wird, wenn eine Person auf beides, die sich potentiell verschlechternde Zukunft und den positiven Status quo, blickt. Die Kontrastierung läßt ein Gefühl der Handlungsnotwendigkeit entstehen, wobei die negativen Zukunftsphantasien darauf hinweisen, welche Zukunft vermieden werden und die Reflexion des positiven Status quo, was beibehalten werden soll. Der Blick auf die Erfolgserwartungen (die unerwünschte Zukunft vermeiden zu können) bestimmt schließlich das Ausmaß des Engagements, das Wahrwerden der negativen Zukunftsphantasien zu verhindern.

Bei gesundheitsschädigenden Verlockungen (z.B. dem Konsum von Nikotin oder Alkohol) mag eine warnende Zukunftsphantasie erst in Kombination mit Reflexionen über die noch heile Realität den den Körper schädigenden Konsum bremsen. Stellt sich eine Person beispielsweise vor, in Zukunft an einem durch das Rauchen begünstigten Leiden zu erkranken, ohne auf den noch gesunden Körper zu blicken, sollte sie sich nicht nach der subjektiven Erwartung richten, die Krankheit vermeiden zu können. Auch eine Person, die sich lediglich ihren gesunden Körper vorstellt, sollte kein Ohr für diese Wahrscheinlichkeit haben. Phantasiert aber jemand darüber, an einem durch das Rauchen bedingten Leiden zu erkranken, und kontrastiert diese negativen Zukunftsphantasien mit dem augenblicklich gesunden Selbst, dann sollte er in seinem Handeln die Wahrscheinlichkeiten, daß er die Krankheit vermeiden kann, berücksichtigen.

Auch im Bereich der Arbeit kann die potentielle Bedeutung einer Kontrastierung negativer Zukunftsphantasien mit der positiven Realität illustriert werden. Eine Person, die nur negative Zukunftsphantasien generiert (z.B. den Arbeitsplatz zu verlieren), mag ihr Handeln zur Vermeidung des unerwünschten Arbeitsplatzverlustes ebenso wenig nach ihren Erwartungen richten wie eine Person, die lediglich auf den jetzigen (positiven) Status quo fokussiert (auf das derzeit bestehende Arbeitsverhältnis). Dagegen sollte sich eine Person nach den relevanten Erwartungen richten, wenn sie die negative Zukunft mit dem positiven Status quo gedanklich kontrastiert. Personen mit hohen Erwartungen, Arbeitslosigkeit vermeiden zu können, sollten folglich davon profitieren, wenn sie ihre negativen Zukunftsvorstellungen mit der positiven Gegenwart gedanklich kontrastieren.

Zukünftige Studien, die die Bedeutung von negativen Zukunftsphantasien analysieren, sollten auch erkunden, ob es bei dieser Kontrastierung (im Gegensatz zur Kontrastierung positiver Zukunftsphantasien mit negativen Realitätsreflexionen) effektiver ist, zunächst die Realität und dann die Zukunft zu bedenken. Bei unserer Analyse der positiven Zukunftsphantasien erwies sich bei der Kontrastierung die Reihenfolge Zukunftsphantasie-Realitätsreflexion als effektiv. Möglicherweise muß diese Reihenfolge bei der Kontrastierung negativer Zukunftsphantasien umgedreht werden, weil die Motivation zu einer intensiven Kontrastierung ein Beginnen mit positiven Gedanken verlangt. Andererseits mag die Motivation zur Kontrastierung immer dann entfacht und die Kontrastierung wirksam werden, wenn man sich zunächst die Zukunft vor Augen stellt, weil Gedanken an zukünftige Ereignisse, die noch nicht eingetreten sind, besonders intensiv einen Handlungsbedarf signalisieren.

Die Kontrastierung von negativen Zukunftsphantasien mit positiven Realitätsreflexionen ist für zukünftige Forschungsarbeiten auch deshalb von großer Bedeutung, weil in der Motivationspsychologie Annäherungsziele bislang bevorzugt untersucht und Vermeidungsziele stiefmütterlich behandelt wurden (Carver & White, 1994; Higgins, Roney, Crowe & Hymes, 1994). Die Kontrastierung von positiven Zukunftsphantasien mit negativen Realitätsreflexionen, wie sie in unseren Experimenten (Kapitel 8) untersucht wurde, ist ausschließlich relevant für die Entstehung von Annäherungszielen (siehe unten und Kapitel 10), während die Analyse der Kontrastierung von negativen Zukunftsphantasien mit positiven Realitätsreflexionen Aussagen über die Entstehung von Vermeidungszielen erlauben würde.

Weitere relevante Variablen

Die Stärke der Kontrastierungseffekte hängt sicherlich damit zusammen, wie gut es den Versuchspersonen gelingt, eine intensive Kontrastierung von Zukunftsphantasien zu vollziehen. Dies wiederum dürfte von einer Reihe von Variablen abhängig sein, die man in personseitige (z.B. Denkstile), thematische (d.h., welche Phantasieinhalte kontrastiert werden) und prozeßbezogene Variablen (z.B. in welcher Reihenfolge kontrastiert wird) gruppieren kann.

Bezüglich der *Person-Variablen* sollte die zukünftige Forschung zunächst darauf bedacht sein, die vorgetragenen Kontrastierungseffekte auch bei Männern zu überprüfen. Wir haben unsere Experimente bislang ausschließlich mit Frauen durchgeführt. Dieser Entscheidung lag nicht die Überlegung zugrunde, daß Kontrastierungseffekte bei Frauen leichter zu beobachten seien als bei Männern. Wir fokussierten bei der Gestaltung der Experimente primär darauf, den Versuchspersonen Inhalte zum Phantasieren anzubieten, an denen sie ein starkes Interesse haben (z.B. die Vereinbarung von Beruf und Familie in Experiment 3 und interpersonelle Probleme in Experiment 1). Die Wahl des Themas bestimmte somit die Wahl der Versuchspersonengruppe (z.B. Doktorandinnen bzw. Studentinnen). Die Thematik des zweiten Experimentes (Kennenlernen einer attraktiven Person) dürfte freilich Studenten genauso interessieren wie Studentinnen. Diese Thematik eignet sich deshalb vorzüglich für zukünftige Studien, die prüfen sollen, ob es systematische Geschlechtseffekte gibt. Wir beschränkten uns auch bei Experiment 2 auf weibliche Versuchspersonen, weil es uns primär um den Vergleich der Kontrastierungsgruppe mit den entsprechenden anderen Gruppen (Schwelgen, Grübeln, das Lösen arithmetischer Probleme) ging und weniger um die Generalisierbarkeit der vorhergesagten Kontrastierungseffekte. Daher standen bei uns Praktikabilitätsgesichtspunkte im Vordergrund (Kosten der Erstellung des Bildmaterials, Gruppenversuche etc.). Da nun die Kontrastierungseffekte in drei Studien demonstriert wurden, sollen jetzt Fragen nach der generellen Gültigkeit gestellt werden.

Eine weitere Person-Variable, die in zukünftigen Studien untersucht werden sollte, bezieht sich auf die Modalität des Phantasierens. Wie in Kapitel 4 zur rezenten Tagtraumforschung ausgeführt, lassen sich spontane Phantasien danach unterscheiden, inwieweit sie imaginal oder verbal ablaufen. Personen bevorzugen gewohnheitsmäßig entweder die eine oder andere Art des Phantasierens (z.B. Horowitz, 1978). Es könnte nun durchaus zutreffen, daß "*Visualizers*" ihre positiven Phantasien der Kontrastierung mit negativen Aspekten der Realität effizienter entziehen können als "*Verbalizers*", deswegen, weil die verbale Konstruktion der eigenen Gegenwart und Zukunft assoziativ flexibler ist und deshalb schneller von momentan gedachten zu konträren Inhalten gewechselt werden kann (siehe z.B. Schönbach, 1981). Obendrein dürfte es den *Verbalizers* leichter als den *Visualizers* fallen, analytisch zu denken (Paivio, 1986). Andererseits könnte gelten, daß, wenn den *Visualizers* die Gegenüberstellung markanter Bilder gelingt, sie die Kontrastierung intensiver erleben als die *Verbalizers*. All diese Fragen sollen in zukünftigen Studien, die auch die Prozesse des Kontrastierens detaillierter analysieren, exploriert werden. Dabei wäre auch zu beachten, ob der Vorstellungsstil des *Visualizing* versus *Verbalizing* nicht mit den jeweils prävalenten Inhalten der Zukunftsphantasien und der negativen Realitätsreflexionen interagiert. Beispielsweise könnten berufliche Aufgaben von einem verbalen Vorstellungsstil mehr profitieren als von einem visuellen, während dies nicht notwendigerweise für Angelegenheiten gelten muß, die sich auf den Lebensstil einer Person beziehen (z.B. die Freizeitgestaltung).

Während es sich beim *Visualizing* versus *Verbalizing* um ein Merkmal des kognitiven Stils handelt, gibt es noch eine dynamische Person-Variable, die ebenfalls die Intensität der Kontrastierung beeinflussen sollte. Es handelt sich hierbei um das Personmerkmal "*Repressor*" (für einen ausführlichen Überblick siehe Singer, 1990). *Repressors* sind dafür bekannt, daß sie negative Ereignisse nicht negativ erleben. Wenn man *Repressors* negative Ereignisse auf ihre Lebensqualität einschätzen läßt, berichten sie vergleichsweise wenig negative Gefühle, obwohl physiologische Maße eine gegenteilige Geschichte erzählen. Überträgt man diese Beoabachtung auf die Frage nach der Intensität der Kontrastierung von positiven Phantasien mit der negativen Realität, so scheint es durchaus möglich, daß *Repressors* das Bedenken der negativen Realität weniger emotional vollziehen als *Non-repressors*. Die Folge davon wären ein weniger emotionales Kontrastierungserleben und damit möglicherweise schwächere Effekte.

Andererseits mögen *Repressors*, gerade weil sie negative Realitätsreflexionen weniger emotional erleben als *Non-repressors*, eher geneigt sein, den positiven Zukunftsphantasien die negativen Realitätsreflexionen entgegenzustellen. Dadurch dürften sie zwar Kontrastierungen weniger emotional erleben, trotzdem aber häufiger kontrastieren und somit insgesamt gesehen "rationaler" handeln. Zukünftige Forschung, soweit sie sich der Frage nach dem Kontrastierungserleben von *Repressors* annimmt, sollte zugleich versuchen herauszufinden, ob und wie die Stärke der Kontrastierungseffekte mit der Art und Intensität der bei der Kontrastierung erlebten Emotionen zusammenhängt.

Auf der Seite der *Inhaltsvariablen* gilt es zunächst die Frage zu beantworten, ob auch positive Zukunftsphantasien, die aus unbefriedigenden physiologischen Bedürfniszuständen resultieren, durch Kontrastierungen zu erwartungsgeleitetem Handeln führen. Bislang untersuchten wir insbesondere Zukunftsphantasien, die sich auf die erfolgreiche Befriedigung von sogenannten höheren Bedürfnissen bezogen (z.B. harmonische interpersonelle Beziehungen, Erfüllung in Beruf und Familie). Wie aber sieht es mit grundlegenderen (z. B. physiologischen) Bedürfnissen aus? Da man sich von physiologischen Bedürfnissen nicht endgültig loslösen kann (z.B. dem Hunger), dürften Personen in Situationen, in denen eine niedrige subjektive Wahrscheinlichkeit der Bedürfnisbefriedigung (Phantasierealisierung) vorliegt, eine Kontrastierung verweigern. Dazu muß man entweder die positiven Zukunftsphantasien der Bedürfnisbefriedigung oder die Reflexionen des negativen Status quo aufgeben. Da der negative Status quo in Gestalt der drückenden Mangelsituation (Hungergefühle) nicht der Sinnfälligkeit (Salienz) entzogen werden kann, bleibt nur noch die Verweigerung der positiven Zukunftsphantasien. Die Befunde von Atkinson und McClelland (1948), nach denen Matrosen mit zunehmender Länge des auferlegten Fastens auf *TAT*-Bilder mit vermehrten Mangelphantasien reagierten (aber keine höhere Anzahl von Nahrungsaufnahmephantasien produzierten), sprechen für diese Überlegungen. In Situationen, in denen die Versuchspersonen dagegen hohe Erfolgserwartungen besitzen, die Bedürfnisbefriedigung zu erreichen, sollte bei positiven Zukunftsphantasien, die sich auf physiologische Bedürfnisse beziehen, eine äußerst hohe Bereitschaft zur Kontrastierung und ein intensives Kontrastierungserleben zu beobachten sein.

Eine weitere relevante Inhaltsvariable ist die subjektive Zukunftsorientierung einer Person (Gjesme, 1975; De Volder & Lens, 1982). Phantasien, die in eine weite Zukunft reichen, sollten sich weniger leicht mit der negativen Realität kontrastieren lassen als unmittelbar anstehende Zukunftsereignisse. Der vorliegende negative Status quo wird zu einem weit in der Zukunft liegenden erwünschten Ereignis als kaum widersprüchlich erlebt, weil (in der Wirklichkeit) noch viel passieren kann, was den Widerspruch zwischen erträumter Zukunft und Status quo auflöst. Eine Ausnahme bilden die von Raynor (in Raynor & Entin, 1982) besprochenen sogenannten kontingenten Pfade, die wie folgt definiert werden: "... *a series of steps to a goal in which success in a more immediate step is necessary to earn the opportunity to move on to the next step of the path* ..." (Raynor & Entin, 1982, S. 19-20). Beschreibt die negative Realität einen bereits erlebten Mißerfolg auf einer Stufe eines kontingenten Pfades, dann steht diese negative Realität in direktem Widerspruch zu positiven Ereignissen auch einer sehr fernen Zukunft, und nicht nur für positive Ereignisse, die einen relativ nahen nächsten Schritt betreffen (z.B. stehen Reflexionen über das zum zweiten mal nicht bestandene Staatsexamen im Widerspruch zu Zukunftsphantasien, Chefarzt zu sein).

Schließlich ist noch eine weitere Qualität positiver Zukunftsphantasien zu bedenken, die sich auf die Stabilität dieser Phantasien bezieht. In bestimmten Angelegenheiten (z.B. beim beruflichen Fortkommen) mag einer Person eine spezifische ideale Zukunft deutlich vor Augen stehen (z.B. eine bestimmte berufliche Position), und dies über die Jahre der beruflichen Ausbildung und Entwicklung hinweg. In anderen Bereichen mag dieselbe Person weniger stabile Zukunftsphantasien unterhalten (z.B. Familie und Beruf); je nachdem, in welcher Situation sich diese Person befindet (z.B. ob ihr derzeitiger Partner eine Familie wünscht oder nicht), stellt sich die Zukunftsvision anders dar. Zukünftige Forschung sollte prüfen, ob Zukunftsphantasien mit hoher Stabilität ein intensiveres Kontrastierungserleben ermöglichen; möglicherweise führt die Kontrastierung bei Zukunftsphantasien niedriger Stabilität dazu, daß diese bereitwillig aufgegeben werden. Dies würde implizieren, daß sich bei der Kontrastierung instabiler Zukunftsphantasien nicht nur Personen mit niedrigen Erwartungen passiv verhalten, sondern auch Personen mit hohen Erfolgserwartungen.

Bei den *Prozeßvariablen* ist folgendes zu bedenken. In unserer bisherigen Forschung wurde in Experiment 1 und 2 von den Versuchspersonen verlangt, zwischen den positiven Zukunftsphantasien und den negativen Realitätsreflexionen hin und her zu wechseln. In Experiment 3 wurde dieses Verfahren zugunsten eines einfacheren aufgegeben. Es wurden spontan produzierte positive Zukunftsphantasien mit Aussagen einer anderen Person konfrontiert, die sich auf die widersprechende negative Realität bezogen. Es sieht demnach danach aus, daß ein wiederholtes Hin- und Her-Wechseln für eine effektive Kontrastierung nicht notwendig ist. Möglicherweise genügt die einmalige Gegenüberstellung von positiven Zukunftsphantasien und negativen Realitätsreflexionen, solange sowohl das positive Phantasieren als auch das negative Reflektieren intensiv genug betrieben werden. Offen bleibt auch die Frage, welche Reihenfolge zu einer effektiveren Kontrastierung führt. Bislang baten wir die Versuchspersonen, mit positiven Zukunftsphantasien zu beginnen und diesen dann die negativen Realitätsreflexionen entgegenzusetzen. Zu prüfen wäre jetzt, ob die umgekehrte Reihenfolge ebenfalls wirksam ist (was zuvor bereits im Zusammenhang mit der Frage des Kontrastierens von negativen Zukuftsphantasien mit positiven Reflexionen über die Realität angesprochen wurde).

Die skizzierten Fragen nach den Bedingungsvariablen von Kontrastierungseffekten beziehen sich im Prinzip alle auf das gleiche Thema: Es geht darum herauszufinden, wie spezifisch oder generell diese Effekte sind; ob bestimmte Personengruppen, Zukunftsphantasien oder Arten der Kontrastierung den Effekt stärker zeigen als andere. Eine darüber hinausgehende Frage bezieht sich auf die Reichweite der Effekte. In unserer bisherigen Forschung beschränkten wir uns darauf, die Hypothese, daß die Phantasie-Realitätskontrastierung erwartungsgeleitetes Handeln stärkt, im *gleichen Inhaltsbereich* zu prüfen (z.B. ob die Kontrastierung von Zukunftsphantasien und Realitätsreflexionen bezüglich der Vereinbarung von Beruf und Familie das respektive Handeln im Sinne der Verwirklichung der Phantasien erwartungsgeleiteter macht). Neuerdings häufen sich allerdings in der sozialen Kognitionsforschung im Rahmen der sogenannten Zwei-Prozeß-Theorien des Denkens (Fiske & Taylor, 1991) Befunde, nach denen eine einmal eingeschlagene Art zu denken (z.B. *Category-based* versus *Piece-meal*) sich vom Inhaltsbereich, in dem sie angestoßen wurde, auf andere Inhaltsbereiche übertragen kann. Demzufolge wäre es wichtig herauszufinden, ob die von uns instigierten Kontrastierungen (sowie bloßen Schwärmereien und Grübeleien) nicht nur im Inhaltsbereich, in dem die verschiedenen Arten des Vorstellens expliziert wurden, ein erwartungsgeleitetes (bzw. ein erwartungsunabhängiges) Handeln begünstigen. Möglicherweise haben unsere Manipulationen zumindest kurzfristig parallele Effekte in anderen Inhaltsbereichen (z.B. könnte das Kontrastieren hinsichtlich einer bestimmten interpersonellen Problematik auf andere interpersonelle Angelegenheiten abfärben oder gar berufliche Angelegenheiten betreffen). Zukünftige Forschung sollte diese Möglichkeit prüfen und dabei auch versuchen herauszufinden, ob ein in einem bestimmten Inhaltsbereich induziertes Kontrastieren (z. B. im Berufsleben) die Bereitschaft erhöht, in anderen Inhaltsbereichen (z.B. im interpersonellen Bereich) positive Zukunftsphantasien mit negativen Aspekten der Realität in Beziehung zu setzen.

Die Quellen des Kontrastierens, Schwärmens und Grübelns

In unseren Experimenten induzierten wir die Phantasie-Realitätskontrastierung durch explizite Instruktionen an die Versuchspersonen. Wie aber entstehen Kontrastierungserlebnisse im Alltag? Diese Frage betrifft das spontane Entstehen von Kontrastierungen und ihre auslösenden Bedingungen. Wir wollen uns im folgenden der Beantwortung dieser Frage zuwenden.

Zunächst ist festzuhalten, daß die Kontrastierung von Phantasien über eine positive Zukunft mit Reflexionen über die negative Gegenwart keine spontane Reaktion auf das Auflisten von positiven Aspekten der Zukunft oder negativen Aspekten der vorliegenden Realität ist. Andernfalls hätten die Versuchspersonen in der bloßen Phantasie- bzw. in der bloßen Realitätsbedingung eine ähnlich enge Beziehung zwischen Erwartungen und dem Handlungsengagement zeigen müssen wie die Versuchspersonen in der Kontrastierungsbedingung (Experiment 1 und 2); denn in beiden Experimenten wurde von allen Versuchspersonen zunächst eine Auflistung positiver Aspekte der Zukunft und negativer Aspekte der Gegenwart verlangt. Auch scheint das Schwelgen in einer positiven Zukunftsphantasie nicht von sich aus zu einer Kontrastierung zu führen. Sonst hätten die Versuchspersonen in Experiment 3 aufgrund der relativ nicht-direktiven Instruktionen die negative Realität nicht ausgeblendet (positive Phantasiegruppe: Fokus auf mögliche Ausreden der klagenden Mütter) bzw. die positive Phantasie nicht ignoriert (negative Realitätsgruppe: Fokus auf persönliche Gründe des Abstandnehmens von der Phantasie). Unsere experimentellen Ergebnisse sprechen dafür, daß erst, wenn eine Person direkt dazu angehalten wird, positive Zukunftsphantasien und Reflexionen über die widersprechende negative Realität nebeneinander zu generieren, eine wirkungsvolle Kontrastierung erfolgt.

Nicht einmal hohe Erfolgserwartungen führen zu einer größeren Bereitschaft, positive Zukunftsphantasien mit Realitätsreflexionen spontan zu kontrastieren. Wäre dies der Fall, hätten wir bei den Versuchspersonen mit hohen Erwartungen in der positiven Phantasie- und der negativen Realitätsgruppe ein ähnlich hohes Engagement in Richtung Phantasierealisierung finden müssen wie für die respektiven Versuchspersonen in der Kontrastierungsgruppe.

Eine direkte Konfrontation der positiven Phantasien mit Reflexionen über die negative Realität scheint also die Ausnahme und nicht die Regel zu sein. Im folgenden soll ausgeführt werden, warum die Kontrastierung nicht häufiger auftritt. Dabei wird zunächst spekuliert, warum dem Schwelgen in der Phantasie durch das Einblenden einer negativen Realität nicht häufiger Einhalt geboten wird. Anschließend wird diskutiert, warum dem Grübeln so selten positive Phantasien entgegengestellt werden.

Positive Zukunftsphantasien und das Ausblenden der negativen Realität

Geht man davon aus, daß das Schwelgen in positiven Zukunftsträumereien als angenehm erlebt wird, impliziert das Bedenken einer widersprechenden negativen Realität zunächst den Abbruch einer angenehmen Tätigkeit und die Hinwendung zu Gedanken, die mit vergleichsweise negativen Gefühlen assoziiert sind. Dies sollte bereits Grund genug dafür sein, die Einbeziehung der negativen Realität soweit möglich zu vermeiden. Es gibt jedoch noch einen zweiten Grund, der damit zusammenhängt, daß die Kontrastierung erwartungsgeleitetes Handeln fördert.

Die Kontrastierung zwingt uns, in unserem Verhalten bezüglich der positiven Zukunftsphantasien Stellung zu nehmen. Entweder müssen diese handelnd verfolgt (im Falle hoher Erfolgserwartungen) oder als leere Träumereien entlarvt werden (im Falle niedriger Erfolgserwartungen). In beiden Fällen kommt das gefühlsmäßig Angenehme des Schwelgens zum Ende. Bei hohen Erfolgserwartungen stehen vermehrte (und oft mühselige) Anstrengungen an, das Anreizobjekt in realiter zu erreichen; bei niedrigen Erfolgserwartungen wird eine oft schmerzhafte und langwierige Ablösung notwendig (man denke an Klingers mehrstufigen *Disengagement cycle* und die Beobachtung, daß in unseren Experimenten das *Disengagement* bei negativen Erwartungen erst über die Zeit voll zum Tragen kam).

Damit ist zunächst festzuhalten, daß Personen wenig motiviert sein sollten, dem Zustand des Schwärmens durch eine Kontrastierung mit negativen Realitätsreflexionen ein Ende zu bereiten. Die Frage, die sich daran anschließt, bezieht sich auf die Möglichkeiten einer Person, dieser Motivation gerecht zu werden. Wie gelingt es jemandem, negative Realitäten auszublenden? Gibt es dafür effektive kognitive Strategien?

Die traditionelle Forschung im Schnittpunkt von Motivation und Kognition hat sich dieser Frage unter verschiedenen Etiketten angenommen, beispielsweise als Rationalisierungsstrategien (Erdelyi, 1990), motiviertes Denken (Kunda, 1990) oder Selbsttäuschung (Gur & Sackeim, 1979). Im einzelnen wurde eine Vielzahl von Strategien, wie der Mensch verweigern kann, eine negative Realität zu akzeptieren, identifiziert. Diese lassen sich im wesentlichen in zwei Gruppen klassifizieren (siehe Baumeister, 1996). Die eine Gruppe betrifft Aufmerksamkeitsstrategien wie beispielsweise das flüchtige Hinsehen auf negative Ereignisse, das Fokussieren auf positive Aspekte dieser negativen Ereignisse und die gedankliche Beschäftigung mit ablenkenden Ereignissen. Die andere Gruppe umfaßt Reinterpretationen der negativen Ereignisse wie kausales Umschreiben der erlebten Ereignisse, Hinzuaddieren von positiven Aspekten und Herunterspielen der Konsequenzen der negativen Realität.

In der Literatur finden sich ganze Forschungsprogramme zur Untersuchung einzelner Strategien. Beispiele sind die "*Downward comparisons*" (Taylor & Lobel, 1989), egotistische Kausalattributionen nach Mißerfolg (Bradley, 1978), symbolische Selbstergänzung (Wicklund & Gollwitzer, 1982), Alkoholkonsum und die Vermeidung von Selbstaufmerksamkeit (Hull & Young, 1983), "*Self-handicapping*"-Strategien (man verhält sich so, daß negative Handlungsergebnisse einfach externalisiert werden können, Jones & Berglas, 1978), die aktive Ablenkung durch Beschäftigung mit anderen Projekten (Nolen-Hoeksema, 1993), die Dehumanisierung von Personen mit negativen Nachrichten (Bandura, Underwood & Fromson, 1975; Keen, 1986), die Verwässerung oder Verweigerung der Verantwortung (Diener, 1977) und billige Entschuldigungen (Snyder & Higgins, 1988).

Im allgemeinen wird angenommen, daß derartige Prozeduren von der Person strategisch und damit bewußt eingesetzt werden. Oft wird auch das übergeordnete Bedürfnis, eine positive Selbstwertung zu bewahren, als Motor dieser Strategien betrachtet. Allerdings dürften derartige Strategien automatisieren, wenn sie wiederholt und konsistent für das Ausblenden negativer Realitäten zum Einsatz kommen. Wahrscheinlich bilden sich sogar Gewohnheiten aus, für bestimmte negative Realitäten (z.B. Leistungseinbrüche) jeweils spezifische Strategien zu nutzen. Der Mensch scheint also für das Ausblenden negativer Realitäten gut ausgestattet zu sein.

Betrachtet man einerseits die zuvor beschriebene Motivation, das Schwelgen in positiven Zukunftsphantasien aufrecht zu erhalten, und die Möglichkeiten und Fertigkeiten von Personen, Reflexionen über negative Aspekte der Realität auszublenden, andererseits, so wird verständlich, warum im Alltag Kontrastierungserlebnisse relativ selten sein dürften.

Reflexionen über die negative Realität und das Ausblenden positiver Zukunftsphantasien

Vielleicht fällt es leichter, von den Grübeleien über eine negative Realität in eine Kontrastierung einzusteigen? Personen, die über negative Realitäten grübeln, müßten eigentlich motiviert sein, diesen Zustand, der mit negativen Gefühlen einhergehen dürfte, zu beenden. Schließlich stellen positive Zukunftsphantasien etwas Erfreuliches dar, das man gerne erfahren will.

Es gibt jedoch eine Reihe von guten Gründen, dies zu unterlassen. Das positive Zukunftsphantasieren darf nicht isoliert gesehen werden; schließlich sind Personen stets in eine Vielzahl von Zielprojekten involviert. Einige von den bereits gesetzten Zielen mögen mit der Phantasierealisierung nicht vereinbar sein, so daß ein Streben nach Phantasierealisierung die Person in Konflikte bringen würde. Beispiele liegen sowohl im privaten als auch im beruflichen Bereich auf der Hand. So mag jemand, der sich der Treue zu seinem Ehepartner verpflichtet fühlt, Phantasien über das Zusammenkommen mit einer anderen Person vermeiden, und dies insbesondere dann, wenn in der Ehe Probleme auftreten und die Schwierigkeiten mit dem Ehepartner den Alltag grübelnd ausfüllen. Entsprechend wird jemand, der sich einem bestimmten Ausbildungsziel verpflichtet fühlt (Promotion und nachfolgende wissenschaftliche Karriere), es tunlichst vermeiden, positive Phantasien über eine andere berufliche Zukunft zu generieren (eine angewandte Karriere), und dies insbesondere dann, wenn die augenblickliche Ausbildungssituation zum Reflektieren über negative Aspekte Anlaß gibt.

Diesem motivationalen Grund (potentielle Zielkonflikte) für das Ausblenden positiver Zukunftsphantasien mag sich wiederum ein zweiter Grund hinzugesellen, der damit zu tun hat, daß man keine spontanen Zukunftsphantasien generieren kann, selbst wenn man dies wollte. Als Beispiel seien hier die an unserem dritten Experiment teilnehmenden Doktorandinnen genannt, denen es nicht gelang, positive Zukunftsphantasien hinsichtlich einer Vereinbarung von Beruf und Familie für sich selbst zu generieren. Ob diese Doktorandinnen noch nie oder nur nicht mehr spontane Zukunftsphantasien über eine Vereinbarung von Beruf und Familie generierten, läßt sich anhand unserer Daten nicht entscheiden. Die Doktorandinnen (insbesondere diejenigen mit hohen Erfolgserwartungen) mögen noch zu keinem Zeitpunkt in ihrem Leben über eine solche Doppelherausforderung positiv phantasiert haben. Diejenigen mit niedrigen Erfolgserwartungen hatten vielleicht zu einem früheren Zeitpunkt positive Phantasien generiert, kamen aber durch Kontrastierungserfahrungen angesichts niedriger subjektiver Realisierungschancen von ihren positiven Zukunftsphantasien ab. Eine Kontrastierung sollte angesichts negativer Erwartungen nicht nur zu einem Verlust an Motivation führen, die positiven Phantasien in realiter zu implementieren, sondern langfristig auch zu einem Verschwinden der positiven Zukunftsphantasien über das kritische Thema.

In zukünftigen Experimenten soll die letztgenannte Frage systematisch analysiert werden. Es erscheint durchaus möglich, daß Kontrastierungserlebnisse angesichts negativer Erfolgserwartungen jemanden der Fähigkeit berauben, spontan relevante positive Zukunftsphantasien zu generieren. In diesen Forschungsarbeiten kann auch damit begonnen werden, der komplexen Frage nachzugehen, welche person- und situationsseitigen Bedingungen gegeben sein müssen, damit in einem bestimmten Inhaltsbereich spontane positive Zukunftsphantasien zustande kommen. Als personseitige Variablen kommen Motive und Werte, aber auch relevantes Wissen und gemachte Erfahrungen in Betracht. Man muß bestimmte Dinge erlebt und in bestimmte Kontexte eingebettet gewesen sein (z.B. spezifische Lebensformen, Beziehungen, Landschaften, Nahrungsmittel, Theorien, Werte etc.) oder zumindest von ihnen gehört haben, um diese im Rahmen positiver Zukunftsphantasien zu erfahren. Auch die momentane emotionale Gestimmtheit einer Person (z.B. dysphorische oder euphorische Gefühlszustände) und die für die Generierung von Tagträumen relevanten Person-Variablen (z.B. Akzeptanz für das Tagträumen; siehe Kapitel 4) sind zu bedenken. Weiterhin wäre zu prüfen, inwieweit die Inhalte situativer Gegebenheiten für das positive Zukunftsphantasieren genutzt werden (z.B. ob der in einer Situation beobachtete Erfolg einer anderen Person zu entsprechenden selbstbezogenen Erfolgsphantasien verleitet) und ob es beim Kreieren positiver Zukunftsphantasien einer ruhigen ungestörten Atmosphäre bedarf (man denke an das sprichwörtliche "Das ist mir unter der Dusche eingefallen.") sowie ob eine absorbierende Tätigkeit positive Zukunftsphantasien generell ausschließt (siehe die in Kapitel 4 beschriebenen Signal-Entdeckungs-Experimente von Antrobus und Singer).

Kontrastieren, Schwelgen und Grübeln als Strategien mentaler Kontrolle

Es ist nicht auszuschließen, daß die von uns beschriebenen Arten des Denkens über die Zukunft und die Gegenwart zeitlich überdauernde Gewohnheiten darstellen, die über verschiedene Inhaltsbereiche generalisieren, wobei jedoch verschiedene Personen der einen oder anderen Gewohnheit unterschiedlich stark anhängen. Die im Rahmen der Korrelationsstudien durchgeführte *Beeper*-Untersuchung (Kapitel 7), wonach positives Phantasieren im Alltag über Inhaltsbereiche generalisiert und über die Zeit vergleichsweise stabil ist, spricht für diese Vermutung. Die systematische Erforschung dieser Frage müßte jedoch zunächst Hypothesen darüber generieren, welche Sozialisationsbedingungen und Lebenserfahrungen die Ausbildung der einen oder anderen Denkgewohnheit favorisieren (z.B. müßten Hypothesen darüber entwickelt werden, welche pädagogischen Kontexte die Bereitschaft zum Kontrastieren, Schwelgen und Grübeln begünstigen). Weiterhin könnte man Extremgruppen, von denen man annehmen darf, daß sie die eine (Kontrastieren) oder andere Art des Denkens (Schwelgen und Grübeln) favorisieren, miteinander vergleichen (z.B. Manager mit Künstlern).

Andererseits besteht die Möglichkeit, daß Personen diese verschiedenen Arten des

Denkens über die Zukunft und die Gegenwart von sich aus strategisch einsetzen. Dies ist insofern bedeutungsvoll, als sich eine Person, die ihre Aufmerksamkeit nicht nur auf Phantasien über das Eintreffen des positiven Anreizes lenkt, sondern diese mit Überlegungen zum Status quo kontrastiert, in Selbstregulation ihre subjektiven Erwartungen verhaltensrelevant machen kann. Man kann sich durch eine derartige Selbstmanipulation sozusagen zu rationalem Handeln zwingen. Dies würde implizieren, daß Personen in Situationen, in denen rationales Handeln funktional ist, einer Kontrastierung der positiven Zukunftsphantasien mit Reflexionen über die negative Gegenwart nichts in den Weg stellen, sondern diese sogar intentional und strategisch suchen. Ebenso dürfte gelten, daß man in wenig aussichtsreichen Situationen, in denen eine Ablösung unmöglich oder kostenreicher als ein Engagement ist, den Blick gezielt entweder nur auf positive Zukunftsereignisse oder nur auf die negative Realität ausrichtet, um ja keine Ablösung einzuleiten. Die Fragestellung zukünftiger Studien lautet demnach: Inwieweit setzen Personen die beschriebenen Arten des Denkens über die Zukunft und die Gegenwart in bestimmten Situationen selbstregulativ als mentale Kontrollstrategien ein?

Positive versus negative Phantasien: Ein Rückblick auf die korrelativen Studien

Wie bereits ausgeführt, stützen unsere experimentellen Befunde (Kapitel 8) auch die Annahme, daß eine Kontrastierung positiver Zukunftsphantasien mit negativen Realitätsreflexionen eher die Ausnahme als die Regel ist. Wenn eine Person nur in positiven Zukunftsphantasien schwelgt, dürfte sie motiviert sein, den als angenehm empfundenen Zustand des Schwelgens beizubehalten, und es stehen ihr auch eine Vielfalt von kognitiven Strategien zur Verfügung, durch die die widersprechende Realität effektiv ausgeblendet werden kann. In unseren Experimenten induzierten wir das Schwelgen, Grübeln und Kontrastieren durch explizite Instruktionen; in den Korrelationsstudien dagegen fragten wir spontane Zukunftsphantasien ab und baten die Versuchspersonen, diese hinsichtlich ihrer Positivität/Negativität einzuschätzen. Im folgenden wird diskutiert, welche der drei von uns unterschiedenen Denkformen sich hinter den positiven versus negativen Phantasien der Versuchspersonen in den Korrelationsstudien verbergen.

Die Versuchspersonen der Korrelationsstudien, die ihre spontanen Zukunftsphantasien positiv erlebten (z.B. in der Gewichtsverluststudie oder in der Studie über Erfolg in der Liebe), dürften die zuvor beschriebenen Strategien zur Ausblendung der negativen Realität effektiv angewendet und dadurch eine Kontrastierung ihrer positiven Schwelgephantasien mit negativen Realitätsreflexionen erfolgreich vermieden haben. Denn durch das Ausblenden der negativen Aspekte des Status quo läßt sich eine vergleichsweise ungetrübte Positivität der Zukunftsphantasien erreichen. Geht man davon aus, daß die Versuchspersonen mit negativen Phantasien deswegen eine vergleichsweise hohe Negativität berichteten, weil sie ihre positiven Zukunftsphantasien mit negativen Realitätsreflexionen kontrastierten, und bedenkt man obendrein, daß der Median der Erwartung in den Studien 1- 4 (Kapitel 6) entweder auf der Mitte der Skala oder darüber lag, so wird verständlich, daß in den Korrelationsstudien die negativen Phantasierer erfolgreicher waren als die positiven.

Für die Vermutung, daß die Versuchspersonen unserer Korrelationsstudien mit negativen Phantasien Kontrastierungsvorstellungen erlebten, sprechen auch die in den Korrelationsstudien beobachteten reziproken Suppressoreffekte. Diese können dahingehend interpretiert werden, daß Versuchspersonen mit hohen Erfolgserwartungen und zugleich negativen Phantasien besonders erfolgreich waren. Dies steht in Einklang mit den experimentellen Befunden: Auch hier zeigten gerade die Versuchspersonen mit hohen Erfolgserwartungen in der Kontrastierungsbedingung das größte Engagement in Richtung Phantasierealisierung. Personen mit hohen Erfolgserwartungen, die eine Kontrastierung vornehmen, scheinen also nicht nur über die Zeit hinweg vergleichsweise hohes Engagement zu zeigen (wie in unseren Experimenten gemessen), sondern letztendlich auch mehr Erfolg zu haben. Denn in unseren Korrelationsstudien maßen wir nicht wie in den Experimenten nur Vorläufervariablen, sondern den nach Monaten und Jahren tatsächlich erzielten Erfolg (z.B. den Gewichtsverlust nach 1 und 2 Jahren und den Erfolg bei der Stellensuche nach 2 Jahren).

Die Versuchspersonen unserer Korrelationsstudien mit vergleichsweise negativen Phantasien hatten möglicherweise neben den handlungsmotivierenden Kontrastierungsphantasien bereits Vorstellungen der Phantasierealisierung entwickelt, die den Erfolg zusätzlich begünstigten: Vorstellungen, in denen sie sich ausmalten, wie sie den schwierigen Kampf und die Mühsal auf dem Weg zur Phantasierealisierung durchlitten. Diese mentalen Simulationen dürften als vergleichsweise unangenehm erlebt worden sein und deshalb ebenfalls dazu geführt haben, daß den Zukunftsphantasien eine geringe Positivität zugeschrieben wurde. Tatsächlich gaben die übergewichtigen Patientinnen (Studie 1) mit negativen Phantasien an, daß sie sich in ihren spontanen Zukunftsvorstellungen mit Schwierigkeiten und Problemen beim Widerstehen von Versuchungen beschäftigt hätten. Daß mentale Vorstellungen, in denen gegen Schwierigkeiten gekämpft wird, den Erfolg fördern, wurde bereits besprochen (siehe Marlatt & Gordon, 1985; und Kapitel 6 dieser Arbeit).

Man mag an an dieser Stelle kritisch einwenden, daß die negativen Phantasierer unserer Korrelationsstudien keine Kontrastierungsphantasien unterhielten, sondern lediglich über die negative Realität grübelten, denn auch dies hätte zu einer negativen Bewertung erlebter Vorstellungen geführt. Drei Argumente sprechen gegen diese Vermutung. Erstens waren die phantasie-stimulierenden Szenarios (Studien 1-3) und Fragen (Studie 4) so formuliert, daß die zu generierenden Phantasien sich auf ein in der Zukunft liegendes Ereignis bezogen. Da der momentane Status quo nicht thematisiert wurde, darf man davon ausgehen, daß die Versuchspersonen sich in ihren Phantasien primär auf die Zukunft bezogen. Zum zweiten hatten wir die Inhalte der Phantasien (z.B. Ausgang der Therapieprogramme für Therapieteilnehmerinnen, Erwiderung des Verliebtseins bei ungebundenen College-StudentInnen und Ergebnisse der Stellensuche bei Hochschulabsolventen) so gewählt, daß diese mit anderen Zielen der Versuchspersonen nicht in Konflikt standen. Für die Versuchspersonen entstammten die Themen anstehenden Lebensaufgaben; sie sollten nicht allein deshalb verweigert haben, über eine respektive Zukunft positiv zu phantasieren, weil ein potentiell daraus resultierendes Engagement konkurrierenden Zielverpflichtungen im Wege stand. Drittens sprechen die in den Korrelationsstudien beobachteten motivationalen Unterschiede zwischen den Versuchspersonen mit positiven und negativen Phantasien deutlich dagegen, daß die negativen Phantasien lediglich aus Grübeleien über widrige Aspekte des Status quo bestanden. Dann hätten in den Korrelationsstudien keine Unterschiede zwischen Versuchspersonen mit positiven und denen mit negativen Phantasien auftreten dürfen (denn in den Experimenten fanden sich keine Unterschiede zwischen den Versuchspersonen, die positiv phantasierten, und denen, die negativ grübelten).

Vielleicht aber haben die Versuchspersonen der Korrelationsstudien mit negativen Phantasien gar nicht kontrastiert, sondern malten sich lediglich eine zunehmend schlechter werdende Zukunft aus? In anderen Worten, haben sie vielleicht nur negative Zukunftsphantasien produziert? Auch dies erscheint unwahrscheinlich, denn das in der Zukunft liegende Ereignis, über das wir die Versuchspersonen gebeten hatten zu phantasieren, bedeutete eine potentielle Verbesserung der derzeitigen Situation und keine Verschlechterung. Die übergewichtigen Frauen und die kranken Kinder phantasierten über den Ausgang der Therapie zur Verbesserung ihres Zustandes, die verliebten StudentInnen über eine potentielle Erwiderung ihrer bisher unbeantworteten Liebe und die Hochschulabsolventen über das Angebot einer noch nicht erreichten Position. Die positiven Phantasierer der Korrelationsstudien sollten demnach insbesondere das in der Zukunft liegende *Happy end* ausgekostet haben, während die negativen Phantasierer sich auf die mühsame Realisierung oder das Ausbleiben des *Happy ends* konzentrierten. Trotzdem bleibt nicht auszuschließen, daß die Versuchspersonen der Korrelationsstudien mit negativen Phantasien sich unter anderem auch eine Verschlechterung des derzeitigen Zustandes vorstellten. Wenn dies in Form von Kontrastierungsphantasien (negative Zukunfts- mit positiven Gegenwartsphantasien) geschah, sollte dies zu erwartungsgeleitetem Vermeidungshandeln (z.B. bezüglich des Vermeidens einer weiteren Gewichtszunahme) geführt haben.

Insgesamt dürfen wir somit vermuten, daß die positiven Phantasierer der Korrelationsstudien in imaginierten Ereignissen einer besseren Zukunft schwelgten, während die negativen Phantasierer diesen positiven Zukunftsphantasien Reflexionen über Aspekte der momentanen negativen Realität entgegensetzten. Bedenkt man die relativ hohen subjektiven Erfolgschancen der Versuchspersonen unserer Korrelationsstudien, sollte die Kontrastierung mentale Simulationen darüber angeregt haben, wie man den mühsamen Weg der Phantasierealisierung beschreitet. Somit wird auch aus der Perspektive der Erkenntnisse unserer Experimente verständlich, daß in unseren Korrelationsstudien die negativen Phantasierer erfolgreicher waren als die positiven.

Von der positiven Phantasie zur Zielvorstellung

Die Kontrastierung von positiven Zukunftsphantasien und negativen Realitätsreflexionen führte dazu, daß die Versuchspersonen ihre Zukunftsphantasien ihren Erfolgserwartungen gemäß zu realisieren versuchten: Bei hohen Erfolgserwartungen beobachteten wir ein intensives, bei niedrigen Erfolgserwartungen ein geringes Engagement. Wir erklärten diesen Effekt damit, daß die Kontrastierung von positiven Zukunftsphantasien mit negativen Realitätsreflexionen ein Gefühl der Handlungsnotwendigkeit entstehen läßt. Dieses Gefühl der Handlungsnotwendigkeit sollte dazu führen, daß eine Person die Realisierungschancen erwägt und in ihrem Handlungsengagement entsprechend berücksichtigt. Gibt es in der Literatur Hinweise darauf, daß Kontrastierungserfahrungen zwischen Zukunftsphantasien und Realitätsvorstellungen ein Gefühl der Handlungsnotwendigkeit entstehen lassen?

In der Psychologie des Zielstrebens gibt es zwei Theorien, die die Gegenüberstellung von Zielen (zukünftiger Soll-Zustand) und Leistungsrückmeldungen (momentaner Ist-Zustand) als Ausgangspunkt eines erwartungsgebundenen Zielstrebens betrachten. Bandura (1991) betont in seinen zieltheoretischen Arbeiten die Bedeutung dieser Diskrepanz, deren Reduktion er als selbstregulatorisches Unterfangen konzipiert. Dabei spezifiziert die Zielsetzung einer Person einen Standard (z.B.: ein Lehrbuch in einem bestimmten Zeitraum durchzuarbeiten), während Leistungsrückmeldungen den Ist-Zustand bestimmen (z.B.: Nach der Hälfte des Zeitraums ist nur ein Viertel des Buches geschafft.). Die dabei erlebte Diskrepanz ist insofern motivierend, als das antizipierte Schließen der Diskrepanz mit einer positiven Selbstbewertung verknüpft ist, die vorliegende Diskrepanz dagegen mit einer negativen. Motivation ist dabei nicht geknüpft an das Erreichen und Konsumieren (bzw. an das Nicht-Erreichen und Nicht-Konsumieren-Können) des gesetzten Standards, sondern an die positive und negative Selbstbewertung, die mit dem

Schließen der Diskrepanz bzw. dem Offenstehen einhergeht.

Interessant für die vorliegende Fragestellung, ob durch eine Kontrastierung von positiven Zukunftsphantasien und negativen Realitätsreflexionen eine subjektive Handlungsnotwendigkeit entsteht, ist die Beobachtung Banduras, daß die Intensität des die Diskrepanz schließenden Handelns von der subjektiven Selbstwirksamkeit der Person abhängt (Bandura & Cervone, 1983). Je höher die Selbstwirksamkeitserwartungen sind, desto mehr strengt man sich an, die erlebte Diskrepanz zu reduzieren. Ähnliches berichten Carver und Scheier (1981), obwohl sie einer anderen, der "kontrolltheoretischen" Version der Diskrepanzreduktion anhängen (siehe auch Scheier & Carver, 1988). Ausgehend von kybernetischen Modellen, wie sie im Bereich der Ingenieurswissenschaften zum Bau von Thermostaten und Automaten entwickelt wurden (siehe Powers, 1973), basiert Carvers und Scheiers Theorie auf negativen Rückmeldeschleifen. In solchen Schleifen meldet ein Vergleicher (*Comparator*) einen Fehler, wenn das gesetzte Referenzkriterium (Standard oder Soll-Zustand) dem wahrgenommenen Ereignis (Status quo oder Ist-Zustand) nicht mehr entspricht. Diese Meldung läßt das System Handlungen ausführen, die den Ist- dem Soll-Zustand anzupassen versuchen. Carver und Scheier (1981) folgen Powers´ Konzeption, daß eine Reihe von Rückmeldeschleifen hierarchisch aufgebaut sind, wobei am oberen Ende der Hierarchie die Standards selbstbezogene Ziele beinhalten (z.B. im Beruf Großes zu leisten), während sich in der Mitte abstrakte Handlungsziele befinden (z.B. einen wichtigen Vertrag abzuschließen) und ganz unten Verhaltensabläufe (z.B. den Vertrag an der richtigen Stelle zu unterschreiben).

Auch Carver und Scheier beobachteten, daß die Intensität der Bemühungen, die für das Schließen von Diskrepanzen angestellt werden, von den subjektiven Erwartungen der Person abhängt (Carver, Blaney & Scheier, 1979b; Carver & Scheier, 1982). Anders als Bandura erfaßten Carver und Scheier jedoch nicht die Selbstwirksamkeitserwartungen, sondern die Gesamterwartungen. Eine weitere Eigenheit der Kontrolltheorie von Carver und Scheier ist, daß Diskrepanzen nicht nur durch explizite Rückmeldung abweichender Ist-Zustände salient werden, sondern schon allein durch eine Erhöhung der Selbstaufmerksamkeit (die übergeordnete Standards salient macht; siehe Duval & Wicklund, 1972).

In den Experimenten der vorliegenden Arbeit (Kapitel 8) wurden keine Ziele, sondern nur *positive Phantasien* untersucht, die bestenfalls als Wünsche einer Person gelten können. Es ging uns um die Frage nach den Effekten einer Kontrastierung von positiven Zukunftsphantasien mit negativen Realitätsreflexionen auf Motivation und Handeln und nicht um die Effekte von Diskrepanzen zwischen explizit gesetzten Zielen oder Standards (z.B. "Ich will 20 Anagrammaufgaben lösen!") und faktischen Leistungsrückmeldungen (z.B. "Sie haben nur 15 Aufgaben richtig gelöst!"). Trotzdem erzielten wir insofern einen ähnlichen Befund, als auch die Kontrastierung von Zukunftsphantasien und Realitätsreflexionen zu erwartungsgebundenem Handeln (in Richtung Phantasierealisierung) führte. Diese Parallelität der Befunde bestätigt unsere Annahme, daß beim Kontrastieren der in der Phantasie erscheinende zukünftige Zustand als Soll-Zustand erlebt wird. Dies ist insofern frappierend, als Zielsetzungen in den Experimenten von Bandura sowie von Carver und Scheier explizit als Soll-Zustände induziert werden (die Versuchsperson wird aufgefordert, sich ein eigenes Ziel zu setzen, oder es wird ihr eine vorgegebene Zielsetzung angetragen). In unseren Experimenten wurden die Versuchspersonen dagegen nur gebeten, sich spontan eine positive Zukunft in einem bestimmten Inhaltsbereich gedanklich auszumalen. Dieser freie Gedankenfluß unterscheidet sich deutlich von Zielsetzungen, weil hier die positiven Zukunftsereignisse nur in vagen und unverbindlichen Vorstellungen auftreten. Sie haben, um mit William James zu sprechen, eine Existenz "*... in no man's land, in the limbo 'where footless fancies dwell'*." (James, 1890, S. 291). Sie erscheinen nicht in der für Ziele charakteristischen Form: Ich will das Zukunftsereignis X realisieren!

Auch die Reflexionen über die momentane Realität wurden in unseren Experimenten auf eine Art und Weise induziert, die den freien Fluß der Gedanken stimulierte. Negative Aspekte der Gegenwart, die der Phantasierealisierung entgegenstanden, sollten vor dem geistigen Auge assoziativ ausgemalt werden. In den Experimenten von Bandura sowie Carver und Scheier sind die Ist-Zustände dagegen eindeutig formuliert (z.B. man hat nur 15 von 20 Anagrammen gelöst), so daß die Abweichung vom Soll-Zustand klar verrechnet werden kann. Da die Zielsetzung bereits eine Verbindlichkeit impliziert, führt die Rückmeldung des Ist-Zustandes zum Erleben einer Diskrepanz, die es zu schließen gilt.

In unseren Experimenten mag die Kontrastierung trotz der beschriebenen Nebulösität der Gedanken über die Zukunft und die Gegenwart ein ähnliches Erleben ausgelöst haben, das wir oben als Handlungsnotwendigkeit bezeichneten. Verschieden von den Ansätzen von Bandura sowie Carver und Scheier ist, daß die positiven Zukunftsphantasien zunächst erst einmal in etwas zu Realisierendes und die negative Realität in etwas in Richtung der Phantasien zu Veränderndes verwandelt werden. Offensichtlich leistet die Kontrastierung diese Verwandlung der bloßen positiven Zukunftsphantasien, in denen sich vortrefflich schwelgen läßt, in Zukunftsvisionen, die realisiert werden wollen; analog wird die negative Realität, über die sich ausführlich grübeln läßt, in eine zu verändernde Gegenwart verwandelt. Bei den Zielsetzungen, die von Bandura sowie Carver und Scheier untersucht wurden, sind die spezifizierten zukünftigen Ereignisse immer bereits zu realisierende Soll-Zustände und die Rückmeldungen über die momentane Realität bereits zu verändernde Ist-Zustände.

Es sieht somit ganz danach aus, daß wir mit unserer Kontrastierungsmethode ein Verfahren dafür entdeckt haben, wie sich aus unverbindlichen schwelgerischen Zukunftsphantasien verbindliche Zielsetzungen entwickeln lassen. Dies ist für die Motivationspsychologie von besonderer Bedeutung, weil dort nach wie vor die Frage ungelöst ist, wie Zielsetzungen entstehen: "*Just how this happens - how images are formed in the brain, how they are made into goals - we do not know.*" (Mook, 1987, S. 307).

Wenn auch diese Frage ungelöst ist, so führte die Beschäftigung mit ihr in der Motivationspsychologie zu zwei populären Positionen. Die eine nimmt an, daß der Übergang vom bloßen Wunsch zur Zielsetzung einen Entscheidungsakt darstellt. Diese Aussage wird insbesondere von Klinger (1977) vertreten, der den Akt der Entscheidung für ein Ziel als "*Commitment*" bezeichnet und die Nachwirkung dieser Entscheidung als "*Current concern*" (siehe auch Kapitel 4). Die andere Position bezieht sich darauf, daß der Umwandlung von Wünschen in Ziele ein Bedenken des Wünschenswerten (Einschätzung des Anreizes erwarteter Folgen) und Machbaren (Erwartungsurteile) sowie von Praktikabilitätsgesichtspunkten (z.B. ob es günstige Gelegenheiten für das Handeln gibt, genügend Zeit und passende Mittel vorhanden sind; ob Dringlichkeit und eine hohe Selbstrelevanz besteht) vorausgeht. Heckhausen und Kuhl (1985) beschreiben verschiedene Wunschkarrieren (Verläufe der Umsetzung von Wünschen in Intentionen) je nachdem, wann und wie ausführlich welche Arten von Anreizen (z.B. Tätigkeits-, Konsequenzenanreize), Erwartungen (z.B. Ergebnis-, Konsequenzenerwartungen) und Praktikabiltätsaspekten bedacht werden. Die Bedingungsvariablen für ein mehr oder weniger ausführliches Bedenken sowie für den Zeitpunkt des Bedenkens dieser Größen werden von Heckhausen und Kuhl jedoch nicht spezifiziert; vielmehr geht es ihnen um die Nachwirkungen einer mehr oder weniger vollständigen Deliberation (z.B. defekte oder degenerierte Intentionen). Die Autoren vertreten generell die Ansicht, daß Wünsche von der Ebene der Phantasie und Irrealität durch ein mehr oder minder ausführliches Bedenken dieser Größen auf die Ebene der Realität und damit in Intentionen transformiert werden; eine Ansicht, die auch Lewin (1935) im Rahmen seiner dynamischen Theorie der Persönlichkeit vertrat.

Heckhausen und Gollwitzer (1987; Gollwitzer, 1990) vereinfachen in ihrem Rubikonmodell der Handlungsphasen die Ideen zur Karriere von Wünschen (Heckhausen & Kuhl, 1985) dahingehend, daß sie den Übergang vom Wunsch zur Intention wie schon Klinger als eine einmalige Entscheidung oder einen Willensakt konstruieren (Überschreiten des Rubikon). Wünsche, die bezüglich ihrer Attraktivität und Machbarkeit im Vergleich zu anderen Wünschen positiv abschneiden, werden nach der Rubikontheorie mit höherer Wahrscheinlichkeit in (Ziel-) Intentionen umgesetzt. Trotzdem bedürfen auch Wünsche mit hoher Attraktivität und Machbarkeit eines Willensaktes (Entscheidung), um den Status einer Intention zu erlangen. Der Übergang vom Wünschen zum Wollen benötigt somit das zwischengeschaltete Wählen plus den assoziierten Willensakt der Entscheidung.

Was in den Überlegungen Heckhausens und Gollwitzers zu kurz kommt, betrifft die

Frage nach den Auslösern des Bedenkens des Wünschenswerten und Machbaren einer Zukunftsvision. Unsere Experimente liefern, zumindest was die Auslöser des Bedenkens des Machbaren betrifft, eine erste Antwort. Offensichtlich führt die Kontrastierung von positiven Zukunftsphantasien mit Reflexionen über Aspekte der negativen Realität zu einer Bereitschaft, die Machbarkeiten (Erwartungen) der Phantasierealisierung in das Handeln miteinzubeziehen. Sonst hätten sich die Versuchspersonen in der Kontrastierungsbedingung nicht erwartungsgebunden um die Phantasierealisierung bemüht. Wir vermuten, daß durch die Kontrastierung die positiven Zukunftsphantasien als etwas zu Realisierendes erlebt werden und die negativen Aspekte der Realität als etwas zu Veränderndes und daß deswegen eine Berücksichtigung von Machbarkeiten (Erwartungen) erfolgt, die sich dann im Handeln einer Person ausdrückt. Inwieweit hier noch eine bewußte Entscheidung zwischengeschaltet ist, mit der die Personen mit hohen Erfolgserwartungen sich für die Phantasierealisierung im Sinne einer bewußten Zielsetzung festlegen, während Personen mit niedrigen Erfolgserwartungen sich bewußt gegen eine solche Realisierung entscheiden, ist eine offene Forschungsfrage. Es könnte nämlich genauso gut sein, daß durch die Kontrastierung die positiven Zukunftsphantasien ihre Qualität schlagartig verändern und, um mit Lewin zu sprechen, von der Ebene der Irrealität in die Ebene der Realität transformiert werden. Die Phantasie kann nicht mehr als solche bedacht werden, sondern immer nur im Widerspruch zur vorliegenden Realität; sie wird deshalb direkt als zu realisierend erlebt und die Realität als veränderungsbedürftig. Es bedarf somit keiner Abwägeprozesse und keiner bewußten Entscheidung, die Phantasie realisieren zu wollen. Vielmehr führt die Zukunftsphantasie, die eine Kontrastierung erfahren hat, direkt zu einer subjektiven Handlungsnotwendigkeit, die dann, je nachdem wie hoch die Erfolgserwartungen ausgeprägt sind, zur Ausführung oder Unterlassung phantasie-realisierender Handlungen führt. Inwieweit die Initiierung phantasie-realisierender Handlungen dann spontan oder abwägend geschieht, wäre ebenfalls in zukünftigen Forschungsarbeiten zu klären.

Zusammenfassung

Unsere experimentellen Befunde sprechen dafür, daß positive Zukunftsphantasien unter bestimmten Bedingungen eine zentrale Rolle für Motivation und Handeln spielen: Sie müssen mit Reflexionen über die widersprechende Realität kontrastiert werden. Durch diese Kontrastierung entsteht eine Handlungsnotwendigkeit, wobei die positiven Zukunftsphantasien dem Handeln die Richtung weisen und die Reflexionen über den negativen Status quo Ansatzpunkte zum Handeln aufzeigen. Die erlebte Handlungsnotwendigkeit führt zur Berücksichtigung von subjektiven Erfolgschancen, so daß Personen mit hohen Erfolgschancen sich intensiv für die Phantasierealisierung einsetzen, während Personen mit niedrigen Erfolgserwartungen von einer Phantasierealisierung Abstand nehmen. Positive Zukunftsphantasien führen nach einer Kontrastierung mit Reflexionen über die negative Realität somit zu erwartungskongruentem und damit rationalem Engagement. Dies gilt nicht für das bloße Schwelgen in der positiven Zukunft und ebensowenig für das bloße Grübeln über negative Aspekte der vorliegenden Realität. Dort findet sich ein erwartungsunabhängiges mittleres Engagement, das sich über die Zeit hinweg abschwächt, wie dies bei auf den bloßen Anreiz bezogenen Annäherungs- bzw. Vermeidungstendenzen üblich ist.

Die vorliegenden Experimente fokussierten somit auf die Bedingungen der Umsetzung von Erwartungen in Handlungsengagement und nicht, wie in der sozialen Kognitionsforschung üblich, auf Erwartungsveränderungen aufgrund verschiedener mentaler Vorstellungsübungen. Obwohl erwartungsgebundenes Handeln im allgemeinen als funktional (und erwartungsunabhängiges als disfunktional) betrachtet werden muß, gingen wir in der Diskussion unserer experimentellen Befunde der Frage nach, für welche situativen Kontexte ein erwartungsunabhängiges Engagement als Folge des Schwelgens und Grübelns funktional sein könnte. Primär interessierten uns jedoch Fragen nach den Bedingungsvariablen starker Kontrastierungseffekte. Dabei wurden personseitige (z.B. *Visualizers* versus *Verbalizers*), inhaltsbezogene (z.B. Phantasien über physiologische Bedürfnisbefriedigung) und prozeßbezogene Variablen (z.B. Reihenfolge des Kontrastierens) ins Auge gefaßt. Es wurde auch darauf hingewiesen, daß in den vorliegenden Experimenten eine Kontrastierung von positiven Zukunftsphantasien mit negativen Realitätsreflexionen induziert und damit ausschließlich ein Engagement in Richtung der Realisierung einer positiven Zukunft thematisiert wurde. Die Kontrastierung von Phantasien über eine negative Zukunft mit Reflexionen über eine positive Gegenwart würde es dagegen erlauben, das Engagement einer Person für Vermeidungshandeln zu analysieren.

Wir haben auch die Frage aufgeworfen, ob es im Alltag spontan zu Kontrastierungsversuchen kommt oder ob Personen motiviert sind, ihr Schwärmen bzw. Grübeln einer Kontrastierung zu entziehen. Dabei wurde auf verschiedene motivationale Quellen hingewiesen, die einer Kontrastierung entgegenstehen. Weiterhin identifizierten wir verschiedene kognitive Strategien, die es einer Person ermöglichen, die positiven Zukunftsphantasien von negativen Reflexionen über die Gegenwart freizuhalten. Auch wurde darauf hingewiesen, daß es oft nicht möglich ist, positive Zukunftsphantasien zu generieren. Inwieweit jemand gewohnheitsmäßig das Kontrastieren, Schwelgen oder Grübeln bevorzugt und ob diese Arten des gedanklichen Umgangs mit der Zukunft und der Gegenwart je nach Situation strategisch flexibel eingesetzt werden können, wurde als offene Forschungsfrage diskutiert. Auch wurden die Erkenntnisse der Experimente auf die Frage angewandt, welche Art von Gedanken die jeweiligen Versuchspersonen der Korrelationsstudien generierten, die ihre Zukunftsphantasien als positiv versus negativ bewerteten.

Abschließend wandten wir uns weiterführenden Überlegungen zu. Die Kontrastierungsinduktion in unseren Experimenten machte phantasie-realisierendes Handeln erwartungsgebunden. Dieser Befund erinnert an zwei verschiedene Forschungsansätze der Zielpsychologie, die bei der "Kontrastierung" von Zielen und Rückmeldungen (Soll- und Ist-Zuständen) ein erwartungsgebundenes Streben nach Diskrepanzreduktion postulieren. Diese Analogie führte zu Spekulationen, daß die durch die Kontrastierung von positiven Zukunftsphantasien mit negativen Realitätsreflexionen entstehende subjektive Handlungsnotwendigkeit einen bislang unbeachteten Prozeß der Entstehung von Zielsetzungen beschreibt. Damit liefert die vorliegende experimentelle Forschung einen neuen theoretischen Beitrag zur bislang in der Motivationspsychologie stiefmütterlich behandelten Frage nach der Entstehung von Zielsetzungen.

III

Fazit

10

Die Bedeutung von Phantasien für die Psychologie des Zukunftsdenkens

Wir haben im ersten Teil der vorliegenden Arbeit skizziert, wie in verschiedenen Forschungsrichtungen (in der lerntheoretischen und humanistischen Tradition sowie in den Bedürfnistheorien und der Tagtraumforschung) Zukunftsdenken konzeptualisiert und gegebenenfalls analysiert wurde. Im folgenden soll daher zunächst die Bedeutung der in Teil II berichteten Befunde im Rahmen dieser Forschungstraditionen erläutert werden. Dabei finden sowohl die Ergebnisse der Korrelationsstudien als auch die der Experimente Berücksichtigung. Schließlich werden verschiedene rezente Ziel- und Wunschtheorien dargestellt, wobei Bezüge zur hier vorgetragenen Forschung hergestellt werden.

Phantasien und die traditionelle Forschung zum Zukunftsdenken

Die lerntheoretische Tradition

Positives Zukunftsdenken wird in der lerntheoretischen Forschungstradition im Sinne von Erwartungen operationalisiert. Dabei wird zwar zwischen verschiedenen Arten von Erwartungen unterschieden (siehe Kapitel 1), darüber hinaus aber keine andere Form des Zukunftsdenkens berücksichtigt. Die vorliegende Forschung transzendiert diese unnötige Selbstbeschränkung und weist obendrein darauf hin, daß positives Zukunftsdenken nicht grundsätzlich als wünschenswert betrachtet werden muß. Sie ruft somit zur Vorsicht auf und spricht sich dagegen aus, positives Denken vorbehaltlos in ein positives Licht zu rücken. Die Neigung, positives Denken als ein Allheilmittel zu sehen, wurde sowohl in der wissenschaftlichen als auch in der populärwissenschaftlichen Literatur gerade in den

80er Jahren immer ausgeprägter, und es ist an der Zeit, dieser undifferenzierten Haltung differenzierend entgegenzutreten.

Die Befunde der Korrelationsstudien stimmen zwar, was die Erwartungen einer Person anbelangt, mit den aus den Lerntheorien abgeleiteten Hypothesen (siehe Kapitel 1) zur Wirkung positiven Denkens überein: Hohe Erfolgserwartungen gingen einem erfolgreicheren Kampf gegen physische Leiden sowie mehr Erfolg in der Liebe und Arbeit voraus als niedrige Erfolgserwartungen. Die in den Korrelationsstudien beobachtete negative Relation zwischen der Positivität von Phantasien und Erfolg spricht jedoch dafür, daß die in der modernen angewandten Psychologie berichteten vorteilhaften Konsequenzen positiver Erwartungen nicht als generelles Gesetz, das sich auf alle Formen positiven Denkens bezieht, mißverstanden werden dürfen. Positives Zukunftsdenken in Form von Erwartungen ist motivationsfördernd, in Form spontaner positiver Zukunftsphantasien dagegen motivationshemmend.

In der heutigen Psychologie sollte deshalb nicht nur der Frage nachgegangen werden, welche Erwartungstypen zu unterscheiden sind und wie diese miteinander verrechnet werden müssen (z.B. das Abziehen von Situations-Ergebnis-Erwartungen von Handlungs-Ergebnis-Erwartungen, Heckhausen, 1977; siehe auch Schwarzer, 1993). Vielmehr geht es darum, neben den Erwartungen auch die phantasiebezogene Form des Zukunftsdenkens in seiner Wirkung auf Motivation und Handeln zu bedenken. Zukunftsdenken, über positive Zukunftsphantasien operationalisiert, weist nicht nur eine gegensätzliche Relation zu zukünftigem Erfolg auf. Es steht auch in keinem systematischen Zusammenhang zum in der Vergangenheit erfahrenen Erfolg, während Erwartungen diesen abbilden.

Weiterhin weisen die Befunde der Korrelationsstudien darauf hin, daß die Positivität von Zukunftsphantasien bestimmte Verhaltensweisen beeinflußt, die von den Erwartungen vergleichsweise unberührt bleiben. Dabei handelt es sich nicht um Realisierungshandlungen, sondern um Handlungen, die den Konsum des erträumten, aber noch nicht realisierten Erfolges vorbereiten (z.B. sucht man nach einer Wohnung in einer Stadt, in der man sich um eine attraktive Stelle beworben hat, obwohl man noch keine Zusage erhalten hat). Es ist nicht verwunderlich, daß Erwartungen keinen Vorhersagewert für derartige Handlungen besitzen. Erwartungen reflektieren den subjektiven Realitätsbezug zukünftiger Ereignissse und haben folglich für Verhalten, das auf die Vorbereitung des Konsums von phantasierten Luftschlössern ausgerichtet ist, keine Bedeutung; ihre Bedeutung liegt bei der Vorhersage von Realisierungshandlungen (z.B. für die Intensität der Vorbereitung auf einen Interview-Termin).

Worin liegen die Konsequenzen der gedanklichen (und handelnden) Beschäftigung mit solchen Luftschlössern? Die Befunde der korrelativen Studien sprechen dafür, daß das Schwelgen in positiven Zukunftsphantasien den Blickwinkel auf den kommenden Erfolg einengt. Es macht blind gegenüber alternativen Zukunftsentwicklungen und reduziert somit den Entscheidungs- und Handlungsspielraum. Es verhindert ein flexibles Reagieren auf Handlungsmöglichkeiten, die situative Kontexte von sich aus anbieten. Positive Zukunftsphantasien involvieren eine Person gedanklich in den kommenden Erfolg, der vor- und ausgekostet wird. Somit verliert die in positiven Zukunftsträumen schwelgende Person den Bezug zur Realität und gründet ihre Handlungs- und Lebensentscheidungen auf der Maxime eines zukünftigen Paradieses.

In den experimentellen Studien (Kapitel 8) spürten wir den Bedingungen nach, die positiven Zukunftsphantasien ihre konsumtive Qualität nehmen und sie in eine motivierende Kraft verwandeln. Werden Phantasien über eine positive Zukunft mit Reflexionen über die entsprechende negative Gegenwart kontrastiert, so entsteht ein motivationales Potential hinsichtlich der Phantasierealisierung, das die Stärke der subjektiven Erfolgschancen abbildet. Das reine Schwelgen in positiven Zukunftsphantasien und das bloße Grübeln über die negative Gegenwart setzt die (in den Lerntheorien als gegeben angenommene) Verhaltenswirksamkeit von Erwartungen dagegen außer Kraft. Damit hat das Kontrastieren von positiven Zukunftsphantasien und negativen Gegenwartsreflexionen Implikationen für die in der lerntheoretischen Forschungstradition favorisierte Analyse der Wirkung von Erwartungen auf Verhalten.

Es ist sicherlich von Nachteil, wenn positive Erfolgserwartungen außer Kraft gesetzt werden, weil dann eine attraktive Zukunft, die leicht erreichbar wäre, nicht angestrebt wird. Dies gilt auch für negative Erfolgserwartungen, weil ein Außer-Kraft-Setzen der handlungsleitenden Funktion von Erwartungen hier das notwendige Entkoppeln und Aufgeben verhindert. Andererseits dürfte beim Phänomen der erlernten Hilflosigkeit dem Schwelgen und Grübeln und dem damit verbundenen Außer-Kraft-Setzen der Verhaltenswirksamkeit von Erwartungen folgende positive Funktion zukommen: Wenn Hilflosigkeitserwartungen (Erwartungen, bestimmte Situationen in Zukunft *nicht* kontrollieren zu können) unwirksam werden, dann sollten auch die mit diesen üblicherweise verbundenen Hilflosigkeitssymptome (z.B. Passivität) ausbleiben.

In der lerntheoretischen Forschungstradition wurden weder Zukunftsphantasien thematisiert noch Reflexionen über die Gegenwart oder die Kontrastierung beider untersucht. Aber gerade die in der Lerntheorie unbeachtet gebliebenen freien Gedanken über die Zukunft und die Gegenwart und insbesondere ihre Kontrastierung haben, vertraut man unseren Befunden, eine bedeutsame Moderatorfunktion für die von den Lerntheoretikern implizit angenommene generelle Gültigkeit der Verhaltenswirksamkeit von Erwartungen.

Der psychoanalytische Ansatz und die humanistische Psychologie

Klinger faßt die psychoanalytische Perspektive des Tagtraums mit folgenden Worten zusammen: "*... daydreaming about something you want was so satisfying that it could serve as a partial substitute for the real thing.*" (Klinger, 1990, S. 252/253). Sowohl die psychoanalytische Tradition als auch die humanistische Psychologie stehen dem positiven und damit potentiell illusionären Zukunftsdenken entsprechend kritisch gegenüber (siehe Kapitel 2). In der humanistischen Tradition wird positiv illusionäres Zukunftsdenken wegen dieser vermuteten Ersatzfunktion für eine tatsächliche Auseinandersetzung mit der Realität als hemmend für das personale Wachstum betrachtet. Hat die Lehre der humanistischen Psychologie angesichts unserer Befunde nun doch recht behalten mit ihrer mit großem Engagement betriebenen Ablehnung des Ausmalens einer illusionär positiven Zukunft?

Die humanistische Psychologie verfolgte durch die kritische Betrachtung des positiven Denkens offensichtlich keinen gänzlich haltlosen Ansatz. Die Ergebnisse unserer korrelativen Studien weisen darauf hin, daß positive Zukunftsphantasien Motivation und Erfolg hemmen und zugleich eine Fokussierung auf den imaginierten Erfolg bedeuten. Diese Befunde geben den Forschern recht, die aus der Perspektive der humanistischen Psychologie vor positivem Zukunftsdenken warnen. Unsere korrelativen Daten pflichten der humanistischen Psychologie aber *nur dann* bei, wenn es um Zukunftsdenken in Form von Phantasien geht, nicht aber bei Zukunftserwartungen. Ein Mehr an positivem Zukunftsdenken in Form der Erwartung hat sich nämlich in unseren Studien (wie in vielen vergleichbaren Studien auch, siehe Kapitel 1) als vorteilhaft für Gesundheit und Erfolg erwiesen, was den humanistisch orientierten Psychologen ein Dorn im Auge sein sollte.

Die experimentellen Befunde verdeutlichen außerdem, daß die humanistische Position, die zumindest bezüglich positiver Zukunftsphantasien in den korrelativen Studien Bestätigung fand, differenziert werden muß: Unter bestimmten Bedingungen maximieren positive Zukunftsphantasien Motivation und Handeln; von einer generellen Hemmung durch positive Zukunftsphantasien kann also keine Rede sein. Wenn positive Zukunftsphantasien mit Reflexionen über die negative Realität kontrastiert werden und die subjektiven Erfolgserwartungen hoch sind, stimulieren positive Zukunftsphantasien Motivation und Handeln.

Allport machte deutlich, daß Gedanken über die Zukunft und Gegenwart des Selbst bedeutungsvoll für die Entwicklung einer Person sind (siehe auch die Überlegungen von Frankl, Kapitel 2). Im Rahmen der Beschreibung des Selbstbildes unterschied er zwischen zwei Arten: "*The image has two aspects: the way the patient regards his present abilities, status, and roles; and what he would like to become, his* ***aspirations*** *for himself.*" (Allport, 1955, S. 47). Allport ging davon aus, daß das ideale Selbstbild dem Handeln die Richtung weist, "*...whether accurate or distorted, attainable or unattainable, it plots a course by which much propriate movement is guided and therapeutic progress achieved.*" Das Ziel der Therapie wäre "*... leading the patient to examine, correct, or expand this self-image*" (S. 47), wobei die Korrektur sowohl des Zukunfts- als auch des momentanen Selbstbildes in Richtung einer akkuraten Selbst- und Weltsicht zentral ist (die Wahrnehmung der Realität sollte sich nicht den Wünschen des Klienten anpassen, siehe Kapitel 2). Diese *Need-free perception* könnte man am ehesten in den Erwartungen verwirklicht sehen, da letztere den subjektiven Realitätsgehalt eines vorgestellten Ereignisses *prüfen*, während die positiven Zukunftsphantasien und Realitätsreflexionen einer solchen Realitätsprüfung nicht standhalten müssen (siehe Kapitel 5).

Unsere experimentellen Befunde zeigen aber, daß es gerade die positiven Zukunftsphantasien sind, die, *ungeprüft* auf ihren Realitätsgehalt, im Zusammenspiel mit ebenfalls ungeprüften Reflexionen über die entsprechende Mangelrealität den Blick auf die *realitätsgeprüften* Erwartungen freigeben und diese handlungsleitend werden lassen. Erst ein Zusammenwirken der in der humanistischen Psychologie so kritisch angesehenen irrealen positiven Vorstellungen über die Zukunft mit den Reflexionen über die Gegenwart löst das Handeln hinsichtlich einer auf ihren Realitätsgehalt geprüften Zukunft (Erwartungen) aus.

Damit rationales Handeln möglich wird, muß den spontanen positiven Zukunftsphantasien eine Auseinandersetzung mit der momentanen negativen Realität folgen. Die Experimente zeigen somit auch, daß spontane Zukunftsphantasien durchaus neben einer ausgiebigen Reflexion der "Mangelrealität" bestehen können und nicht deren Ausdruck sein müssen, wie in der psychoanalytischen Tradition angenommen. Erst das Zusammenwirken der Wunschphantasien mit den Mangelphantasien läßt Realitätseinschätzungen (Erwartungen) handlungsleitend werden.

Die Optimismus-Realismus-Debatte

Welche Bedeutung haben unsere Befunde für die rezente Optimismus-Realismus-Diskussion? Bislang beschränkte sich diese Diskussion insbesondere auf die aus der humanistischen Perspektive geäußerte methodologische Kritik, wobei Taylors und Browns (1988) Zusammenfassung der Optimismus-Literatur das Hauptziel der Angriffe war. Taylor und Brown (1988; siehe auch Taylor 1989) argumentieren, daß moderat illusionäre Erwartungen Gesundheit und Erfolg fördern (siehe Kapitel 1 und 2). In ihrer Kritik übernehmen Colvin und Block (1994) vorbehaltlos den Vorschlag von Taylor und Brown (1988) und anderen der lerntheoretischen Perspektive anhängenden Forschern (z.B. Scheier & Carver, 1992), unrealistisches Denken über den Grad der Objektivität von Erwartungen zu operationalisieren. Colvin und Block kritisieren schließlich heftig die Aussagen von Taylor und Brown, daß im Vergleich zur objektiven Realität positiv verzerrte Erwartungen eine positive Relation zu Gesundheit und Erfolg haben. Diese Kritik steht angesichts der überwältigenden Befundlage allerdings auf tönernen Füßen.

Die humanistischen Psychologen könnten eine ungemein bessere Befundlage zur Bestätigung ihres Argwohns gegen positives Denken heranziehen, wenn sie anstatt auf das Ausmaß von Erfolgserwartungen auf die Positivität von Zukunfts*phantasien* fokussieren würden. Allerdings versäumten es die humanistischen Psychologen ebenfalls, verschiedene Formen des Zukunftsdenkens zu differenzieren (siehe Kapitel 2). Die heutigen Anhänger dieser Tradition (siehe Colvin & Block, 1994; Shedler et al., 1993) versuchen erst gar nicht, in ihrer Kritik mehr als das Ausmaß der in der angewandten Forschung thematisierten Zukunftserwartungen und die Methodik dieser Untersuchungen ins Auge zu fassen. Zukunftsphantasien, die an sich schon illusionär und irreal positiv sind und sich so von den in der modernen angewandten Forschung thematisierten Zukunftserwartungen per definitionem unterscheiden, werden ausgespart. So bleibt unbeachtet, daß ein Schwelgen in realitätsungebundenen und damit illusionären Zukunftsphantasien eine negative Beziehung zu Gesundheit und Erfolg hat, was den in der humanistischen Psychologie aufgestellten Thesen durchaus entspricht. Will man eine bremsende und verlustbringende Wirkung positiven Zukunftsdenkens auf Gesundheit und Erfolg nachweisen, so ist es offensichtlich ergiebiger, Zukunftsdenken in Form von positiven Phantasien ins Auge zu fassen, als auf etwas mehr oder weniger objektive positive Erwartungen zu fokussieren, wie dies von Colvin und Block (1994) getan wird.

Andererseits täte die Optimismusforschung gut daran zu bedenken, daß Erwartungen nicht unter allen Bedingungen handlungswirksam sein müssen. In der aus der lerntheoretischen Tradition stammenden Optimismusforschung wird Erwartungen eine generelle Wirksamkeit zugeschrieben. Unsere experimentellen Befunde sprechen aber gegen eine solche Annahme: Erwartungen lassen die Motivation und das Handeln weitgehend unberührt, sobald man Personen entweder nur in positiven Zukunftsphantasien oder nur in Reflexionen über die entsprechende negative Realität involviert. Unter Bedingungen, in denen Erwartungen das Handeln unbeeinflußt lassen, ist ihr Ausmaß an illusionärer Überschätzung jedoch irrelevant. Illusionäres Denken in Form von überoptimistischen Erwartungen sollte also nur dann die von den humanistischen Kritikern vermutete fatale Wirkung entfalten, wenn sich eine Person sowohl positive Zukunftsphantasien als auch Gedanken über die negative Gegenwart kontrastierend vor Augen geführt hat. Die Ergebnisse unserer Experimente dürften somit die Sorgen derer mindern, die vor den Gefahren überoptimistischer Erwartungen warnen.

Die Optimismus-Realismus-Debatte kennt seitens der Position, nach der positive Illusionen Motivation und Handeln fördern, neuerdings eine Reihe einschränkender Differenzierungen (siehe Kapitel 2). So wird argumentiert, daß das Ausmaß positiver Illusionen sich in Grenzen halten müsse (Baumeister) und daß illusionär positive Erfolgserwartungen nur in bestimmten Situationen (Bandura) und für bestimmte Aufgaben (Gollwitzer & Kinney; Taylor & Gollwitzer) funktional seien. Schließlich wird darauf hingewiesen, daß ein positiver Zusammenhang nur für bestimmte Arten von Erwartungen Gültigkeit besitze (Skinner, Chapman & Baltes; Heckhausen; Schwarzer).

Die Ergebnisse der vorliegenden Arbeit führen in diesem Zusammenhang zwei neue Aspekte an. Erstens weisen die korrelativen Befunde darauf hin, daß man von illusionär positivem Denken nur dann erwarten kann, daß es Motivation und Handeln fördert, wenn es sich dabei um positive Erfolgserwartungen handelt, nicht dagegen bei positiven Zukunftsphantasien. Es erscheint deshalb notwendig, den radikaleren Schritt zu gehen und das aus der lerntheoretischen Tradition übernommene Erwartungskonzept zu ergänzen. Auch wenn das Konstrukt der Erwartung bei der Vorhersage zukünftigen Verhaltens äußerst erfolgreich war, ist es doch an der Zeit, ihm andere Konzepte des Zukunftsdenkens an die Seite zu stellen.

Zweitens verdeutlichen die experimentellen Befunde, daß positives Zukunftsdenken im Sinne von Erwartungen die Motivation und das Handeln einer Person nicht generell begünstigt; sowohl ein bloßes Schwelgen über die positive Zukunft als auch ein reines Grübeln über die negative Realität setzen den Zusammenhang von Erfolgserwartungen und Engagement außer Kraft. Somit thematisiert die vorliegende Forschung nicht den Realitätsgrad von Erwartungen, sondern inwieweit die Erwartungen einer Person verhaltenswirksam werden. Dies ist nicht zu verwechseln mit der rezenten Forschungsfrage von Taylor und Gollwitzer (1995), die darauf abzielt herauszufinden, ob es ein *Window of realism* gibt und inwieweit Personen freien Zugang dazu haben. Mit anderen Worten: Unter welchen Bedingungen Personen ihre generelle Neigung zu illusionär optimistischen Erfolgserwartungen ablegen und ob diese Bedingungen in Selbstkontrolle aufgesucht werden, wenn realistische Einschätzungen funktional sind. Taylor und Gollwitzer beantworten diese Frage positiv und berichten Befunde, wonach Personen sich vor einer Handlungsentscheidung in abwägende Gedanken vertiefen, die eine realistische Selbsteinschätzung zur Folge haben. Die Forschungsfrage der vorliegenden Studien ist dagegen eine ganz andere. Es geht uns hier darum herauszufinden, wann subjektive Erfolgserwartungen (ganz gleich, ob diese nun mehr oder weniger illusionär versus realistisch ausfallen) das Handeln einer Person bestimmen.

Schließlich beleuchten die vorliegenden experimentellen Befunde auch die in Kapitel 2 dargestellten widersprüchlichen Ergebnisse von einerseits Vaillant (1977; Vaillant & Vaillant, 1990) aus der psychoanalytischen Tradition und andererseits Peterson, Seligman und Vaillant (1988) aus der lerntheoretischen Tradition. Nimmt man an, daß realitätsferne Bewältigungsstrategien (z.B. passive Aggression, Dissoziation und ausagierendes Verhalten) eine gedankliche Auseinandersetzung mit der momentanen Realität stärker hemmen als realitätsnahe Bewältigungsstrategien (z.B. Humor, Altruismus und bewußte Unterdrückung), sollten Personen, die realitätsferne Strategien anwenden, weniger dazu neigen, ihre positiven Zukunftsphantasien mit Reflexionen über die negative Realität zu kontrastieren und damit weniger erwartungsgebunden (oder rational) handeln. Nimmt man weiterhin an, daß rationales Handeln vom jungen Erwachsenenalter an über die Lebensspanne hinweg den Erfolg fördert, so wird leicht verständlich, warum in den Studien von Vaillant die Probanden mit reifen, realitätsnahen Bewältigungsstrategien langfristig psychisch gesünder waren und größeren beruflichen und interpersonellen Erfolg hatten (gemessen z.B. über das Gefühl, glücklich zu sein, die Höhe des Einkommens und den Erfolg in der Ehe, siehe Kapitel 2) als Probanden mit realitätsfernen Bewältigungsstrategien. Probanden mit realitätsnahen Bewältigungsstrategien dürften ihren positiven Zukunftsphantasien Reflexionen über die negative Realität entgegengesetzt haben, die dann ihre bereits bestehenden Erwartungen wirksam werden ließen, so daß Versuchspersonen mit hohen Erfolgserwartungen mehr Erfolg hatten als solche mit niedrigen Erfolgserwartungen. Die Ergebnisse der in der psychoanalytischen Tradition angesiedelten Studie von Vaillant (1977) stehen somit nicht im Widerspruch zu denen der in der lerntheoretischen Tradition durchgeführten Studie von Peterson et al. (1988). Der Widerspruch zwischen den beiden Ergebnismustern läßt sich vor dem Hintergrund unserer experimentellen Befunde leicht aufklären: Realitätsnahe Bewältigungsstrategien sind einer Kontrastierung zuträglich, die dann die bestehenden Erwartungen verhaltenswirksam werden läßt. Da die Erwartungen bei den realitätsfernen Bewältigungsstrategien keine Rolle gespielt haben dürften, ergibt sich insgesamt die von Peterson et al. beobachtete positive Korrelation zwischen Erwartungen (gemessen über den Erklärungsstil) und dem Lebenserfolg.

Die Bedürfnis- und Motivpsychologie

Die Konzeptualisierung von Zukunftsdenken in Form von positiven Phantasien hat auch Implikationen für die traditionelle Motivationspsychologie (siehe Kapitel 3). Zum einen wird damit den in dieser Forschungstradition dominanten Konzepten der Erwartung und des Anreizes des in der Zukunft liegenden Ereignisses eine weitere Konzeptualisierung des Zukunftsdenkens an die Seite gestellt. Unseren Befunden folgend, beeinflußt die Positivität von Phantasien zusätzlich zu diesen beiden traditionellen Variablen Motivation und Handeln. Zudem erweitern unsere Befunde die in der traditionellen Motivationspsychologie prävalente Annahme, daß die Dynamik des realen Verhaltens sich in der Phantasie widerspiegele (siehe McClelland et al., 1953 und Kapitel 3). Eric Klinger (1981) bringt diese Position wie folgt auf den Punkt: "*...imagery responds to the same motivational principles that govern overt behavior, only without the constraints imposed by external reality*" (Klinger, 1981, S. 10). Die Annahme, daß reales und phantasiertes Verhalten den gleichen motivationalen Prinzipien gehorcht, mag die traditionelle Motivationspsychologie dazu verleitet haben, die motivationale Bedeutung spontaner Zukunftsphantasien auf nachfolgendes Verhalten zu ignorieren. Dem gezeigten Verhalten kann der Mensch phantasiertes Verhalten in bestimmter Art und Weise vorausgehen lassen, und somit kann phantasiertes Verhalten als ein zusätzlicher motivationaler Einflußfaktor für gezeigtes Verhalten gesehen werden und umgekehrt. Unsere korrelativen Befunde sprechen dafür, daß vorgestellter Erfolg dem tatsächlich gezeigten erfolgsrealisierenden Verhalten entgegensteht. Negative Phantasien dagegen, die auch Schwierigkeiten bei der Erfolgsverwirklichung thematisieren, sind für das tatsächlich gezeigte Streben und den tatsächlich realisierten Erfolg förderlich. Die letztgenannte Beobachtung verdeutlicht auch, daß der Einfluß der externen Realität, von dem Klinger spricht, nicht direkt auf das real gezeigte Verhalten gerichtet sein muß; die externe Realität kann in den Gedankenstrom aufgenommen, dort verändert und neu zusammengesetzt werden und darüber vermittelt das Verhalten bestimmen.

Wie eine Person mit ihren Zukunftsphantasien und Gegenwartsreflexionen umgeht (kontrastierend versus isolierend), gibt den Ausschlag, ob sie erwartungsgebunden handelt. Damit widersprechen unsere experimentellen Befunde der klassischen Motivationspsychologie, die in lerntheoretischer Tradition davon ausgeht, daß Erwartungen generell ihre Wirksamkeit entfalten. Schon in seinen frühen tierpsychologischen Arbeiten hatte Tolman den physiologischen Trieb (z.B. Hunger versus kein Hunger), den Anreiz (z.B. Brot und Milch versus Sonnenblumenkerne) und die Erwartung (für die Unterscheidung zwischen den einzelnen Typen von Erwartungen siehe Kapitel 3) als die drei die Handlungstendenz bestimmenden Determinanten beschrieben, wobei das von ihm untersuchte Versuchstier (mus norvegicus albinus) die Erwartung wie einen schweigenden Partner ("... *a silent partner* ...") mit sich trug (Tolman, 1932, S. 94). Erst das Bedürfnis und der Anreiz machen die Erwartungen verhaltenswirksam, setzen diese sozusagen in Gang.

Auch die vorliegenden Experimente thematisieren die von Tolman spezifizierten Variablen. Es wurde ein bestimmtes Anreizobjekt in Aussicht gestellt, für das ein "Mangelzustand" vorhanden war (negative Realität). Weiterhin wurden die Erfolgserwartungen bestimmt. Die experimentellen Befunde sprechen dafür, daß beim Menschen eine hohe Ausprägung dieser drei Variablen (Anreiz, Bedürfnis und Erwartung) nicht hinreichend ist, um entsprechendes Handeln auszulösen. Es bedarf der *kognitiven Elaboration* des in der Zukunft liegenden Eintreffens des Anreizobjekts und der in der Gegenwart vorliegenden unbefriedigenden Realität, um die Erwartungen verhaltenswirksam werden zu lassen. Über die Tolmansche Gleichung hinaus spielt es offensichtlich eine Rolle, wie eine Person über das Anreizobjekt und den Mangelzustand nachdenkt. Erst, wenn Phantasien über das Anreizobjekt mit Reflexionen über den Mangelzustand kontrastiert werden, führen hohe Erfolgserwartungen zu aktivem Handeln.

Die von Tolman beeinflußten Leistungsmotivationspsychologen (Atkinson und andere) verzichteten ebenfalls darauf, die Art des Bedenkens von Mangelzuständen und Anreizen zu berücksichtigen. Die Leistungsmotivationspsychologie konzeptualisierte Phantasien als Ausdruck von Bedürfnissen und damit als Ausdruck einer unbefriedigenden Realität. Somit ist Freuds Bedürfnispsychologie über Murray und McClelland, die den *TAT* als Maß bedürfnis- bzw. motivbezogener Phantasien populär machten, in der Leistungsmotivationspsychologie wirksam geblieben. Bleibt man dem Freudschen Grundsatz treu, daß Phantasien Ausdruck von Bedürfnissen sind, dann ist die Differenzierung von anreizbezogenen Zukunftsphantasien einerseits *und* bedürfnisbezogenen Gegenwartsreflexionen andererseits hinfällig, und ihre Kontrastierung kann nicht als Grundlage erwartungsbezogenen und damit rationalen Handelns thematisiert werden.

In der vorliegenden Arbeit wurden dagegen Phantasien über das Eintreffen des Anreizobjektes und die Gedanken über ein Anhalten des existierenden Mangelzustands getrennt konzeptualisiert. Wir untersuchten, wie der erwartete Anreiz und der vorliegende Mangelzustand kognitiv bearbeitet werden müssen, damit relevante Handlungstendenzen entstehen. Der Fokus unserer Studien lag also nicht auf der Höhe des erwarteten Anreizes und auf dem Ausmaß des Mangelzustandes, sondern auf der Art, wie über den zukünftigen Anreiz und den momentanen Mangel nachgedacht wurde. Wir nutzten das Wissen der Motivationspsychologie über die Wirkung von Anreiz, Bedürfnis und Erwartung, variierten aber die Art und Weise, wie der Anreiz und das Bedürfnis mental elaboriert wurde. Unsere Experimente beginnen also dort, wo die klassische Motivationspsychologie aufhört.

Unsere Befunde sprechen zudem dafür, daß der Mensch nicht immer so rational handelt, wie in der Leistungsmotivationspsychologie angenommen wurde. Wenn eine Person ausschließlich in positiven Phantasien über das zukünftige Anreizobjekt schwelgt oder nur über den derzeitigen Mangelzustand reflektiert, so führt dies zu irrationalem Handeln (d.h. zu ungerechtfertigt wenig Engagement bei hohen und ungerechtfertigt viel Engagement bei niedrigen Erwartungen). Erst, wenn positive Phantasien über das in der Zukunft liegende Anreizobjekt mit Reflexionen über den momentanen Mangelzustand kontrastiert werden, verhalten sich Personen so, wie von der Leistungsmotivationspsychologie vorhergesagt wird (siehe Heckhausen, 1989). Diese Beobachtungen implizieren auch, daß sich Personen nur unter bestimmten Bedingungen von Anreizobjekten ablösen. Das Schwelgen in positiven Anreizen und das Grübeln über den momentanen Mangelzustand sind kontraproduktiv, das Kontrastieren dagegen förderlich. Dieses Ergebnis unserer Experimente macht eine frühe Aussage Klingers (1977) verständlich, der in seinem Buch *"Meaning and Void"* darauf hinweist, daß es dem Menschen sehr schwer fällt, sich von seinen Bindungen an Anreizobjekte zu lösen. Klinger geht soweit zu behaupten, daß dies möglicherweise nie endgültig der Fall sein kann. Unsere Ergebnisse sprechen dafür, daß es nur ganz spezieller Bedingungen bedarf (Kontrastierung angesichts negativer Erwartungen), um eine intensive Ablösung einzuleiten.

Insgesamt sprechen unsere Befunde also dafür, daß die klassischen Variablen der traditionellen Leistungsmotivationspsychologie nicht ausreichen, um Motivation und Handeln vorherzusagen: Die Handlungstendenz und das Ausmaß rationalen Handelns beim Menschen hängt nicht nur von der Stärke des Bedürfnisses sowie der Höhe des Anreizes und der Erwartung ab, sondern insbesondere davon, wie eine Person über den Anreiz und über den Mangelzustand (Bedürfnis) nachdenkt. Erst, wenn sich Anreiz und Bedürfnis kontrastierend vor das geistige Auge stellen, werden die in der Motivationspsychologie so bedeutungsvollen Erwartungen verhaltenswirksam und führen je nach Ausprägung entweder zu Realisierungshandlungen oder leiten eine Ablösung ein.

Die rezente Tagtraumforschung

Die in unseren korrelativen Studien beobachtete Bedeutung positiver Zukunftsphantasien spricht dafür, daß in der rezenten Tagtraumforschung Zukunftsdenken differenzierter betrachtet werden muß, als es zur Zeit der Fall ist. Singer und Pope (1978) nahmen noch an, daß Selbstwirksamkeit als Erwartungsurteil austauschbar ist mit der in spontanen Phantasien erlebten Selbstwirksamkeit (siehe Kapitel 4). Wenn dem so wäre, hätten in unseren Studien positive Erwartungen und positive Phantasien keine unterschiedliche Wirkung auf Verhalten und Erfolg haben dürfen. Unsere Befunde gehen über die rezente Tagtraumforschung auch insofern hinaus, als sie die Relation zwischen Phantasie einerseits und Motivation und Verhalten andererseits analysieren; weiterhin liefern sie Einsichten in die Beziehung zwischen Phantasien und Krankheitskontrolle. Die moderne Tagtraumforschung hat sich dagegen insbesondere mit der Prävalenz von Tagträumen verschiedener Thematiken befaßt und die situativen Auslöser von bestimmten Tagträumen erforscht. Die Wirkung von Phantasie auf Motivation und Handeln wurde weitgehend außer acht gelassen (siehe Kapitel 4).

Die in dieser Arbeit vorgestellten Befunde weisen darauf hin, daß es durchaus sinnvoll ist, die Frage nach der handlungsstiftenden Funktion von Phantasien und Tagträumen zu stellen. Die empirische Forschung zum Thema Phantasie gewinnt damit auch Bedeutung für die Handlungs- und Zielpsychologie. Wie die Erforschung von Zukunftsphantasien einen derzeit sehr forschungsaktiven Bereich der Psychologie, die sogenannte Zielpsychologie, befruchten könnte und welche Bedeutung dieser Bereich für die vorliegende Arbeit hat, wird im folgenden diskutiert.

Phantasien und die heutigen Zieltheorien

In der vorliegenden Arbeit fokussierten wir darauf, inwieweit spezifische Erwartungen, Zukunftsphantasien und Realitätsreflexionen das respektive Verhalten beeinflussen. Wir spekulierten auch darüber, ob das Zusammenwirken dieser Faktoren für die Zielbildung verantwortlich sein könnte (siehe Kapitel 9). In der heutigen Psychologie erfährt das Zielkonzept große Aufmerksamkeit, einmal im Rahmen der Handlungspsychologie (zusammenfassend siehe Frese & Sabini, 1985; Gollwitzer & Bargh, 1996; Gollwitzer & Moskowitz, in Druck; Karniol & Ross, in Druck; Karoly, 1993; Pervin, 1989), zum anderen als Organisationskonzept zum Ordnen von Theorien und Befunden in bestimmten Inhaltsbereichen (siehe beispielhaft für die Psychologie der Lebensspanne Marsiske, Lang, Baltes & Baltes, 1995).

Nach Gollwitzer und Moskowitz (1996) lassen sich in der Zielpsychologie im wesentlichen zwei Typen der Theoriebildung, die Inhaltstheorien und die Prozeßtheorien, unterscheiden. Inhaltstheorien versuchen, Vorhersagen über den Erfolg der Zielverwirklichung aus dem Inhalt oder aus der Struktur der Zielsetzung abzuleiten. Es geht dabei darum, die Wirksamkeit von Zielen zu vergleichen, die sich in einem Inhalts- oder Strukturmerkmal unterscheiden (z.B. Affiliation versus Leistung; Lern- versus Erfolgsziel bzw. Konkretheit versus Abstraktheit; distal versus proximal). Bei den Prozeßmodellen wird dagegen der Inhalt und die Struktur von Zielen zugunsten einer Fokussierung auf den Ablauf der Zielverwirklichung vernachläßigt. Derartige Theorien versuchen zu erklären, wie die zielstrebende Person mit Problemen im Verlauf der Zielrealisierung umgeht. Solche selbstregulatorischen Prozesse umfassen das Ausblenden von Ablenkungen, das Überwinden von Schwierigkeiten bei der Initiierung zielrealisierender Handlungen oder die Kompensation von unerwünschten Rückschlägen. Prozeßtheorien unterscheiden sich darin, welche selbstregulatorischen Aspekte sie ins Auge fassen und als besonders wirksam begreifen (z.B. Aufmerksamkeitskontrolle, Emotionskontrolle, Planen und Vorsatzbildung, Kompensation nach Mißerfolgen). Im folgenden soll besprochen werden, welche Bedeutung den spontanen Zukunftsphantasien in diesen modernen Zieltheorien zukommen könnte.

Phantasien und Zielinhaltstheorien

Personal strivings. Emmons offeriert eine Reihe von zielinhaltstheoretischen Überlegungen im Bereich von *Personal strivings*, die er als Ziele im Alltagsleben versteht (Emmons, 1989, 1996; Emmons & King, 1988; für einen ähnlichen Ansatz siehe Little, 1989). Im einzelnen beziehen sich diese auf "*... an objective that you are typically trying to accomplish or attain.*" (Emmons & King, 1988, S. 1042). Beispiele sind "zu versuchen, physisch attraktiv zu sein" oder "zu versuchen, über andere nicht schlecht zu reden". Diese langfristigen Ziele sind zeitlich überdauernd und können in verschiedenen situativen Kontexten relevant werden; man kann sie nicht mit einem Mal erreichen.

Emmons geht nun davon aus, daß *Personal strivings* bestimmten Inhalts das Wohlbefinden einer Person fördern, während andere Inhalte diesem abträglich sind. Wenn sich die *Personal strivings* einer Person insbesondere auf den Bereich der Intimität beziehen, fühlt sie sich vergleichsweise psychisch wohler als eine Person, deren *Personal strivings* im Leistungs- und Machtbereich angesiedelt sind (Emmons, 1991). Auch spielt das Abstraktionsniveau des ins Auge gefaßten Zieles eine Rolle: Je konkreter die *Personal strivings* spezifiziert sind, desto psychisch wohler fühlten sich die Versuchspersonen, wobei allerdings geringere Werte in der physischen Gesundheit in Kauf genommen werden müssen (Emmons, 1992). Schließlich fand Emmons, daß ein hoher Anteil an Vermeidungszielen (z.B. versuchen, nicht negativ aufzufallen) mit weniger positiven Gefühlszuständen, mit mehr Angst und mit einer vergleichsweise schlechteren physischen Gesundheit einhergehen als *Personal strivings*, die ein Annäherungsziel spezifizieren (z.B. versuchen, positiv aufzufallen).

Emmons gelingt es, im Bereich von Alltagszielen nachzuweisen, daß verschiedene Inhalte (Intimität versus Macht) und verschiedene Strukturmerkmale (Abstraktheit versus Konkretheit) Konsequenzen für das allgemeine Wohlbefinden einer Person haben. Wie *Personal strivings* in bestimmten Inhaltsbereichen und in verschiedenen Strukturen entstehen und wie es dazu kommt, daß man diese wieder aufgibt, thematisiert Emmons nicht. Auch wurden die Prozesse, wie aus den *Personal strivings* Wohlbefinden entsteht und inwieweit dies mit erfolgreichem Handeln in Beziehung steht, nicht untersucht.

Welche Implikationen haben die Überlegungen und Befunde von Emmons für die vorliegende Arbeit? Zunächst werfen Emmons´ Befunde die Frage auf, ob man die positiven Zukunftsphantasien ebenfalls bezüglich ihrer Inhaltsbereiche analysieren sollte. In unseren Experimenten untersuchten wir die Wirkung von Zukunftsphantasien und Gegenwartsreflexionen und deren Kontrastierung auf das Engagement für phantasie-realisierend es Handeln insbesondere im zwischenmenschlichen Bereich. Dabei hatten wir es mit relativ konkreten Anreizen zu tun. Die Frage ist nun, ob die beobachteten Datenmuster auch für andere Lebensbereiche Gültigkeit haben, wie beispielsweise für den Leistungsbereich. Die Befunde des dritten Experiments über die Vereinbarung von Beruf und Familie lassen vermuten, daß wir auch im Leistungsbereich die vernunftleitende Wirkung der Kontrastierung von Zukunftsphantasien und Gegenwartsreflexionen beobachten würden. Wir vermuten sogar, daß sich die in den Experimenten beobachteten Effekte in ganz verschiedenen Lebensbereichen und für Zukunftsphantasien unterschiedlicher Abstraktionsniveaus einstellen sollten. Unabhängig davon, in welchem Inhaltsbereich die Zukunftsvision auftaucht und ob sie sich auf ein abstraktes oder konkretes Anliegen bezieht, dürfte gelten, daß positive Zukunftsphantasien, die mit Gedanken über die respektive Realität kontrastiert werden, angesichts hoher subjektiver Erfolgserwartungen phantasie-realisierendes Engagement begünstigen.

Interessant an Emmons' Arbeiten ist, daß er Nebeneffekte des Zielstrebens untersucht und nicht, ob die eine oder andere Art von Zielen erfolgreicher erreicht wird. Es geht ihm darum herauszufinden, welche psychischen und physischen Nebeneffekte das erfolgreiche Streben im einen oder anderen Inhaltsbereich mit sich bringt. Überträgt man diese Forschungsstrategie auf positive Zukunftsphantasien, müßte man Nebeneffekte von Zukunftsphantasien ins Auge fassen (z.B.: Führen positive Zukunftsphantasien zu größerem psychischen Wohlbefinden als negative Zukunftsphantasien?).

Obwohl Emmons sich nicht die Frage stellt, wie es dazu kommt, daß eine Person eher *Personal strivings* in einem bestimmten Bereich und weniger in einem anderen entwickelt, wirft seine Forschung dennoch diese Frage auf. Man könnte nun argumentieren, daß diese Präferenzen in den spontanen Zukunftsphantasien einer Person begründet sind. Diese Argumentation stellt allerdings nur eine Problemverlagerung dar, da die neue Frage dann lauten würde, woher Inhaltsunterschiede im Phantasieren resultieren. Gibt man sich nicht mit der klassischen Motivpsychologie zufrieden, die annimmt, daß alles Sehnen, Hoffen, Fürchten und Phantasieren aus der Bedürfniskonstellation und dem Grad der Bedürfnisbefriedigung einer Person resultiert (McClelland, 1985a), dann ergibt sich hier eine sehr anspruchsvolle Forschungsfrage für die kommenden Jahre (siehe auch Kapitel 9).

Auf einer spezifischeren Ebene implizieren die Arbeiten Emmons´ auch eine direkt zu testende Hypothese. Wir haben bislang in unserer Forschung nicht danach gefragt, welche Zukunftsphantasien sich leichter oder schwerer mit der Realität kontrastieren lassen (siehe auch Kapitel 9). Es könnte nun durchaus sein, daß abstrakte Phantasien (vor allem, wenn sie distal erlebt werden; siehe Bandura & Schunk, 1981) besonders "widerspenstig" sind, wenn es darum geht, sie mit den Reflexionen über den Status quo zu kontrastieren. Dafür können mindestens zwei Gründe angeführt werden. Denkt man weiterhin abstrakt, während der Status quo ins Auge gefaßt wird, dann fällt es leichter, Rationalisierungen zur Ausblendung der Reflexionen über die momentane Situation zu erfinden. Zum zweiten kreiert eine Vertiefung in das abstrakte Denken möglicherweise einen kognitiven *Set*, der weiteres abstraktes Denken begünstigt und konkretes Denken unterdrückt (Gibson, 1941; Zajonc, 1960). Somit versperren abstrakte distale Phantasien möglicherweise den Weg zu konkreten Gedanken, die eine effektive Analyse des Status quo und damit eine Kontrastierung erleichtern würden (siehe dazu auch die Diskussion zur Bedeutung der Person-Variable *Verbalizer* versus *Visualizer* für starke Kontrastierungseffekte in Kapitel 9).

Lern- versus Leistungsziele. Weitere Zielinhaltstheorien wurden von Dweck (1991; Elliott & Dweck, 1988) spezifiziert, aber auch von Deci und Ryan (1991; Deci, 1992). Beide Theorien unterscheiden nicht nur zwischen Zielen unterschiedlicher Inhalte und vergleichen die Wirksamkeit dieser Zieltypen, sondern sie spezifizieren auch die Quellen der verschiedenen Zieltypen.

Dweck unterscheidet zwischen Lern- und Leistungszielen (*Learning goals* versus *Performance goals*), wobei Personen mit Lernzielen herauszufinden versuchen, wie sie besser werden, während Personen mit Leistungszielen wissen wollen, wo ihre Leistung einzuordnen ist, d.h., wie fähig sie sind. Ähnliche Unterscheidungen werden von Ames und Archer (1988; *Mastery* versus *Performance goals*) und von Nicholls (1979; *Task involvement* versus *Ego involvement*) getroffen.

Dweck postuliert, daß die implizite Theorie über das Zustandekommen von Fähigkeiten, der eine Person anhängt, determiniert, ob in einer bestimmten Leistungssituation ein Lern- oder ein Leistungsziel gesetzt wird. Wird das Ausmaß an Fähigkeit als eine instabile Größe betrachtet, die durch Lernen verbessert werden kann, führt dies zu Lernzielen. Gilt Begabung als fixe und stabile Entität, werden Leistungsziele verfolgt. Die unterschiedliche Zielsetzung hat massive Konsequenzen. Während Personen mit Lernzielen Rückschläge als Herausforderung betrachten und folglich versuchen, diese mit vermehrter Anstrengung und kreativen Strategien zu bewältigen, werden Personen mit Leistungszielen durch Rückschläge leicht entmutigt und zeigen sich hilflos.

Dwecks Theorie und Befunde stimulieren eine Reihe von Überlegungen bezüglich des Entstehens und der Wirkungsweise von Zukunftsphantasien. Zunächst dürften auch implizite Theorien als Quellen von Zukunftsphantasien fungieren, also nicht nur Bedürfnisse, wie die Motivationspsychologie nach McClelland annimmt. Die von Dweck ausgewählten impliziten Theorien sind möglicherweise besonders relevant. So kann man sich vorstellen, daß "Entitätstheoretiker", die Personeneigenschaften wie Intelligenz oder auch Moral als feste Größe begreifen, Schwierigkeiten haben, sich hinsichtlich der jeweiligen Eigenschaft spontan eine von der Gegenwart abweichende Zukunft vorzustellen. Beispielsweise sollte eine Person, die ihre Intelligenz als vorgegeben gering sieht, nicht spontan darüber phantasieren können, daß sie sich in der Zukunft als intelligent beweisen wird. Weiterhin sollten "Entitätstheoretiker" für die oben beschriebene Kontrastierung von Zukunft und Gegenwart vergleichsweise weniger offen sein. Eine Person, die ihre Intelligenz als gegeben hoch versteht und dementsprechende positive Zukunftsphantasien hat, sollte sich schwer tun, über vorliegende Schwächen zu reflektieren.

Noch weiterführender sind folgende Spekulationen: Positive Zukunftsphantasien könnten vielleicht auch erfolgreich zum Entwickeln von Lernzielen bei Personen eingesetzt werden, die gewohnheitsmäßig Leistungsziele bilden. Involviert man diese Personen in intensive positive Zukunftsphantasien über die Verbesserung ihrer Fähigkeiten und kontrastiert diese positiven Zukunftsvorstellungen mit Reflexionen über den entsprechenden negativen Status quo (momentaner Stand der Fähigkeit), könnten bei günstigen subjektiven Erfolgschancen Lernziele gebildet werden. Personen mit Leistungszielen könnten jedoch noch auf eine zweite Weise von induzierten positiven Zukunftsphantasien profitieren. Dabei geht es nicht um einen Wechsel von Leistungs- zu Lernzielen, sondern um die Abschwächung des Hilflosigkeitserlebens bei Rückschlägen angesichts von Leistungszielen. Induziert man intensives positives Schwelgen im Zukunftserfolg, lassen sich temporär die hilflosigkeits-induzierenden Effekte der Hilflosigkeitserwartungen aussetzen, weil Erwartungen im Zustand des bloßen Phantasierens nicht mehr verhaltenswirksam sind.

Self-determination theory. Nach der *Self-determination*-Theorie (Deci & Ryan, 1991; Deci, 1992) entspringen Ziele, der klassischen Motivationspsychologie folgend, den Bedürfnissen einer Person. In Anlehnung an dic humanistische Psychologie unterscheiden Deci und Ryan die Ziele, die auf Selbstverwirklichung gerichtet sind und somit dem Bedürfnis nach Autonomie, Kompetenz und sozialer Integration entsprechen, von den Zielen, die von außen determiniert sind und auf Verpflichtungsgefühlen beruhen. Die erstgenannten Ziele führen zu vergleichsweise mehr Erfolg bei der Zielverwirklichung, zu effektiveren Bewältigungsstrategien bei Mißerfolgen sowie zu ausgeprägterem allgemeinen Wohlbefinden und zu einer höheren Zufriedenheit mit dem Leben.

Auch Deci und Ryan sprechen nicht die Bedeutung von Zukunftsphantasien für ihre Zieltheorie an. Es wäre jedoch interessant zu wissen, ob und wie sich auf Autonomie und Selbstverwirklichung bezogene Phantasien von solchen Phantasien unterscheiden, die sich auf eine potentielle Zukunft beziehen, die von anderen (also von außen durch Autoritätspersonen oder gesellschaftliche Normen) als zu erreichende vorgegeben wird.

Möglicherweise lassen sich von anderen übernommene Zukunftsszenarios grundsätzlich weniger positiv ausmalen als selbstentwickelte.

Annäherungs- versus Vermeidungsziele. Neuerdings wird die Unterscheidung zwischen Annäherungs- und Vermeidungszielen (Higgins, Roney, Crowe & Hymes, 1994; Carver, 1996) auch hinsichtlich der Frage untersucht, inwieweit Annäherungs-Zielsetzungen das Streben einer Person im Vergleich zu Vermeidungs-Zielsetzungen erleichtern. Diese Frage erinnert an die in Kapitel 9 diskutierte Problematik, ob eine Kontrastierung von positiven Zukunftsphantasien mit Aspekten der negativen Realität eine andere Art des Engagements induziert als eine Kontrastierung von negativen Zukunftsphantasien mit Aspekten der positiven Realität. Während die erste Art der Kontrastierung ein Annäherungsengagement begünstigt, sollte die zweite Art der Kontrastierung ein Vermeidungsengagement fördern. Wie sich das jeweils ausgelöste Annäherungs- und Vermeidungsengagement im einzelnen unterscheiden, wäre in zukünftiger Forschung zu prüfen.

Phantasien und selbstregulatorische Zieltheorien

Während Zielinhaltstheorien vergleichend vorgehen und Ziele verschiedenen Inhalts und verschiedener Struktur in Hinblick auf ihre gleich- und fremdthematischen Effekte untersuchen, gehen selbstregulatorische Zieltheorien von der einfachen Alltagserfahrung aus, daß zwischen Zielsetzung und Zielverwirklichung eine lange Wegstrecke liegt. Diese Lücke zu füllen ist das Anliegen selbstregulatorischer Zieltheorien (Gollwitzer & Moskowitz, 1996). Sie beschäftigen sich mit dem effektiven Lösen von Problemen, die sich auf dem Weg zur Zielverwirklichung ergeben. Die Überlegungen im Rahmen der zielregulatorischen Theorien reichen vom schnellen Nutzen günstiger Gelegenheiten, dem Entkommen vor zielfremden Versuchungen und Ablenkungen, der flexiblen Anstrengungsanpassung angesichts von Schwierigkeiten, dem Umgehen von unüberwindlichen Barrieren, dem Kompensieren von erlittenen Fehlschlägen bis hin zum geschickten Lösen von Konflikten zwischen sich widersprechenden Zielen. Ein generelles Merkmal dieser Theorien ist, daß die Prozesse des Lösens derartiger Zielverwirklichungsprobleme ohne Rücksicht auf die Inhalte eines Ziels beschrieben werden.

Auf den ersten Blick haben diese Zieltheorien wenig mit der hier vorliegenden Analyse von Zukunftsphantasien zu tun. Wiederholt haben wir darauf hingewiesen, daß wir Zukunftsphantasien als Vorläufer von Zielsetzungen verstehen. So lassen sich unsere Experimente auch als Versuch interpretieren, die Bedingungen herauszuarbeiten, die der Umwandlung von Zukunftsphantasien in Zielsetzungen zuträglich sind (nämlich die

Kontrastierung von Zukunftsphantasien mit Realitätsreflexionen). Trotzdem machen einige selbstregulatorische Zieltheorien Aussagen über Zukunftsdenken. Diese Überlegungen sollen dargestellt und aus unserer Perspektive kommentiert werden. Weiterhin sollen die in diesen Zieltheorien formulierten Aussagen über Zukunftsdenken daraufhin überprüft werden, inwieweit sie die zukünftige Forschung zu Zukunftsphantasien bereichern könnten. Im folgenden sollen einige prominente selbstregulatorische Zieltheorien besprochen werden.

Modell der Handlungsphasen. Im Modell der Handlungsphasen von Heckhausen und Gollwitzer (1987; Gollwitzer, 1990) wird die Realisierung von Zielen aus der wohl breitest möglichen Zeitperspektive beschrieben. Sie beginnt mit dem Entstehen von Wünschen und endet mit der Bewertung abgeschlossener Zielrealisierungsversuche. Klassischen motivations-psychologischen Ansätzen folgend wird angenommen, daß die Wünsche einer Person ihren Motiven entspringen (McClelland, 1985a). Darüber hinaus wird davon augegangen, daß immer mehr Wünsche produziert werden als sich auf Grund zeitlicher, situativer und personaler Beschränkungen verwirklichen lassen. Daraus ergibt sich die Qual der Wahl, die in der ersten Handlungsphase anhand der Kriterien "Wünschbarkeit" und "Realisierbarkeit" vollzogen wird. Diese Überlegung, die traditionellen Erwartung-mal-Wert-Theorien entspringt, wird wiederum ergänzt durch die weiterführende Annahme, daß das Abwägen einem Abschluß zustrebt.

Dieser Abschluß, auch "Überschreiten des Rubikon" genannt, impliziert einen Willensakt, durch den ein unverbindlicher Wunsch in ein zu realisierendes Ziel umgewandelt wird. Mit diesem Schritt wird die zweite Handlungsphase betreten, in der die Initiierung zielrealisierender Handlungen vorbereitet wird. Dies geschieht durch das Erwägen von Handlungsmöglichkeiten und führt idealerweise zu Festlegungen im Sinne konkreter Handlungspläne. Die dritte Handlungsphase beginnt mit dem tatsächlichen Handeln. Das Handlungsphasenmodell findet schließlich seinen Abschluß mit der vierten Handlungsphase, in der bewertet wird, ob das ursprünglich Gewünschte nun auch tatsächlich erreicht wurde. Damit kehrt man zum Ausgangspunkt des skizzierten Handlungsparcours zurück, nämlich zu den Wünschen der Person. Diese können dann letztendlich den ganzen Ablauf erneut in Gang setzen.

Wo spielen in diesem Modell Zukunftsphantasien eine Rolle? Zunächst und vor allem bei der Wunschproduktion. Hier dürfte den positiven Zukunftsphantasien eine bedeutende Rolle zukommen, weil sie erlauben vorzufühlen, ob ein ins Auge gefaßter Wunsch attraktiv sein könnte. Die von uns beschriebene Kontrastierung von positiven Zukunftsphantasien mit Reflexionen über die negative Realität wird im Handlungsphasenmodell nicht angesprochen. Dagegen wird davon ausgegangen, daß das Überschreiten des Rubikon eine abwägende Phase verlangt. Dieses Abwägen bezieht sich in der Theorie auf die eingeschätzte Wünschbarkeit und Realisierbarkeit des ins Auge gefaßten Wunsches im Vergleich zu anderen konkurrierenden Wünschen. Den Sieg trägt derjenige Wunsch davon, der im Sinne des Produkts Erwartung-mal-Wert den konkurrierenden Wünschen überlegen ist. Trotzdem bedarf es noch eines Willensaktes, um diesen Wunsch in ein verbindliches Ziel zu verwandeln.

Gollwitzer, Heckhausen und Ratajczak (1990) postulieren, daß die Bereitschaft zu diesem Willensakt gesteigert wird, wenn Personen beginnen, tentativ Pläne dafür entwerfen, wie sie einen in ein Ziel verwandelten Wunsch schließlich verwirklichen würden. Tatsächlich ließ sich nachweisen, daß Zukunftsdenken in der Form von verbindlichen Handlungsinitiierungsplänen (die Autoren sprechen von Vorsätzen oder *Implementation intentions*) die Bereitschaft zur Zielbildung unmittelbar und langfristig erhöht. In einer Kontrollbedingung machten die Autoren jedoch eine für sie unerwartete Entdeckung. Die Zielbildungsbereitschaft wurde auch dann erhöht, wenn man die Versuchspersonen im intensiven Abwägen festhielt; dies allerdings nicht unmittelbar, sondern erst nach 3 Wochen.

Eine genauere Analyse dieser Abwägemanipulation (sog. vollständiges Abwägen) zeigt, daß dieses Anhalten zum intensiven Abwägen einer Kontrastierungsmanipulation in dem von uns verstandenen Sinne ähnelt. Die Versuchspersonen wurden zunächst aufgefordert, die positiven und negativen, kurz- und langfristigen Konsequenzen der Wunschverwirklichung und danach die positiven und negativen, kurz- und langfristigen Konsequenzen des Status quo zu bedenken. Der zielstiftende Effekt dieser Manipulation erinnert an die Befunde unserer Kontrastierungsmanipulation, nicht zuletzt deswegen, weil er über die Zeit stärker wird. Außerdem fanden Gollwitzer et al., daß die bloße Vorstellung einer positiven Zukunft (bloßes Ausmalen der positiven Konsequenzen der Wunschverwirklichung) keinen zielstiftenden Effekt hat. Die Autoren versuchten, ihren Befund post-hoc so zu erklären, daß zu einer Bereitschaft zur Zielbindung das Gefühl notwendig sei, die anstehende Entscheidung *vollständig* elaboriert zu haben, so wie ein Buchhalter sich nur dann entscheidet zu investieren, wenn er *alle* Implikationen der Investitionsentscheidung bedacht hat. Eine einfachere Erklärung birgt die von uns nahegelegte Kontrasticrungstheorie der Zielstiftung (siehe Kapitel 9). Durch die vollständige Elaborationsinstruktion von Gollwitzer et al. wurden die Versuchspersonen nämlich auch dazu aufgefordert, positive Zukunftsvorstellungen mit dem Status quo zu kontrastieren.

Für diese Interpretation sprechen weitere Befunde zum Handlungsphasenmodell, die unter dem Etikett "Gegenredephänomen" bekannt geworden sind (Gollwitzer, 1991). Bittet man Versuchspersonen, darüber Klarheit zu gewinnen, ob sie einen ins Auge gefaßten attraktiven Wunsch tatsächlich verwirklichen wollen (also bereit sind, diesen Wunsch in ein verbindliches Ziel zu verwandeln), so denken diese zuerst an die positiven Konsequenzen einer in der Zukunft liegenden Verwirklichung und dann an die negativen

Konsequenzen (was all den Dingen, die einer Wunschverwirklichung entgegenstehen, nahekommt).

Da die in Kapitel 9 vorgetragene Interpretation der Kontrastierungsmanipulation als Zielstiftungsmaßnahme Bedingungen und Prozesse spezifiziert, wie positive Zukunftsphantasien (Wünsche) in Ziele verwandelt werden, liefert die vorliegende Arbeit eine neue Antwort auf die im Handlungsphasenmodell weitgehend offen gelassene Frage, wie das Überschreiten des Rubikon (Willensakt) angeregt werden kann. Offensichtlich reicht eine hohe Wünschbarkeit (hoher Anreiz) sowie eine hohe Realisierbarkeit (hohe Erwartungen) nicht aus. Hinter dem in der Rubikontheorie postulierten Willensakt des Überschreitens des Rubikon verbirgt sich möglicherweise nichts anderes als der Vollzug einer Kontrastierung von Wünschen mit Reflexionen über die widersprechende Realität (siehe Kapitel 9).

Planen und mentale Simulation. Gollwitzer (1993) unterscheidet zwischen Zielintentionen (*Goal intentions*) und Durchführungsintentionen (Vorsätze oder *Implementation intentions*). Während erstere das zielorientierte Verhalten einer Person über Diskrepanzreduktionsprozesse regulieren (siehe auch Bandura; Carver & Scheier; Kapitel 9), wird von letzteren angenommen, daß sie einfache Handlungspläne darstellen, die Handlungskontrolle an Umweltstimuli (antizipierte Gelegenheiten) delegieren. Diese Gelegenheiten stimulieren dann, wenn man ihnen begegnet, die Handlungsinitiierung direkt (quasi automatisch). Die bei der Vorsatzbildung zum Tragen kommenden Zukunftsvorstellungen unterscheiden sich von der hier vorgetragenen Konzeptualisierung spontaner positiver Zukunftsphantasien. Letztere bestehen im Ausmalen der Wünsche einer Person, während Zukunftsvorstellungen, die zur Vorsatzbildung führen, sich auf konkrete situative Kontexte beziehen, von denen die Person annimmt, daß sie ein Problem bei der Zielverwirklichung darstellen könnten. Derartige Gedanken sollten sich beispielsweise auf solche situative Kontexte beziehen, bei denen die Person fürchtet, daß sie von konkurrierenden Zielen oder Handlungsgewohnheiten in Anspruch genommen oder gleich ganz übersehen werden (Gollwitzer, 1993). Im Vorsatz werden diese antizipierten Gelegenheiten mit zielrealisierenden Handlungen mental verknüpft (Ich will x tun, wenn y auftritt).

Zukunftsgedanken im Rahmen der Vorsatzbildung sollten spontanen Zukunftsphantasien im Sinne des Auskostens von Wünschen zeitlich nachgeordnet sein. Die Vorsatzbildung setzt eine mentale Kontrastierung der positiven Zukunftsphantasien mit Reflexionen über die entsprechende negative Realität voraus. Die dadurch entstehende subjektive Handlungsnotwendigkeit stimuliert Gedanken über die Bewältigung von potentiellen Schwierigkeiten bei der Phantasierealisierung, was auch die Vorsatzbildung anregen kann. Die Vorsatzbildung ist somit eine Art des Zukunftsdenkens, die sich in ihrer Konkretheit und Funktion ganz deutlich von spontanen Zukunftsphantasien unterscheidet.

Vorsätze dienen ihrer Funktion (der Erleichterung der Handlungsinitiierung) um so mehr, je verbindlicher die vorgestellten Situationen und Handlungen miteinander verknüpft werden. Spontane Zukunftsphantasien beziehen sich dagegen auf das bloße Auskosten der potentiellen Wunschverwirklichung, und sie tun dies umso wirksamer, je unverbindlicher sie sind; sie dürfen nicht mit der Realität kontrastiert werden. Werden spontane positive Zukunftsvorstellungen mit den Reflexionen über die negative Realität kontrastiert, so gewinnen sie Handlungsrelevanz (durch das Erleben einer Handlungsnotwendigkeit) und bilden die Grundlage für weitere Prozesse der Kontrolle phantasie-realisierende n Handelns und somit auch der Vorsatzbildung.

Die Vorsatzbildung kann auch als eine spezielle (besonders einfache) Form der mentalen Simulation verstanden werden. Der Terminus "*Mental simulation*" wurde ursprünglich zur Bezeichnung einer der vielen von Kahnemann und Tversky (1982) untersuchten Urteilsheuristiken benützt. Die Urteilsheuristik der mentalen Simulation beschreibt, wie Personen Wahrscheinlichkeitsurteile bezüglich des Auftretens bestimmter Ereignisse fällen, indem sie sich alternative Ereignisse, aber auch alternative Wege zum gleichen Ereignis, vorstellen. Die psychologische Forschung zu Urteilsheuristiken hat in den letzten Jahren die Analyse von Vorstellungen auf alternative Vergangenheiten ausgeweitet. Insbesondere in den Arbeiten zum *Counterfactual thinking* sind Vorstellungen von alternativen, in der Vergangenheit geschehenen Ereignissen sowie alternativen Handlungs- und Ereignisabläufen in Hinblick auf ihre Wirkung bezüglich Kausalitätseinschätzungen (Wells & Gavanski, 1989), affektiver Reaktionen (siehe bspw. Kahnemann & Miller, 1986), Selbstwerteinschätzungen sowie in jüngster Zeit auch auf Verhaltensintentionen (Roese, 1994; Studie 2) untersucht worden (siehe auch Kapitel 6).

Shelley E. Taylor untersucht neuerdings mentale Simulationen, die sich nicht auf vorgestellte Alternativen in der Vergangenheit beziehen, sondern auf Ereignisse in der Zukunft gerichtet sind. Eine mentale Simulation wird dabei definiert als die gedankliche Wiederholung von möglichen zukünftigen Ereignissen (Taylor & Pham, 1996; siehe auch Taylor & Schneider, 1989). Die von Taylor und Mitarbeitern diskutierte Qualität mentaler Simulationen bezieht sich auf eine inhaltliche Dimension. Einerseits gibt es Ergebnissimulationen, die sich ausschließlich auf das anvisierte Ziel beziehen und somit das Erleben der Zielerreichung abbilden. Andererseits werden diesen Ergebnissimulationen Prozeßsimulationen entgegengestellt, die sich auf die einzelnen Schritte beziehen, die durchlaufen werden müssen, um das Ziel zu erreichen. Nach Taylor stimulieren Ergebnissimulationen zielgerichtete Aktivitäten, indem sie die subjektiven Erfolgswahrscheinlichkeiten erhöhen, die subjektive Selbstwirksamkeit stärken und das Ziel, zumindest für eine kurze Zeit, attraktiver erscheinen lassen. Prozeßsimulationen sollen dagegen dem Zielstreben dadurch dienlich sein, daß sie das Schmieden von Plänen anregen (Taylor & Pham, 1996).

In einem ersten Experiment zum Thema mentale Simulation und Zielstreben haben Taylor und Pham (1996) untersucht, wie die beiden unterschiedlichen Typen der mentalen Simulation die effektive Vorbereitung und den Erfolg bei einem Semesterexamen (*Midterm exam*) beeinflussen. Über 70 Studenten wurden eine knappe Woche vor ihrer Prüfung zufällig einer von vier Gruppen zugeteilt. Die erste Gruppe von Versuchspersonen mußte das Ergebnis, die zweite den Prozeß und die dritte sowohl das Ergebnis als auch den Prozeß simulieren. Die vierte Gruppe diente der Kontrolle. In der Ergebnissimulationsgruppe mußten die Versuchspersonen sich vorstellen, daß sie an der Anschlagtafel, an der die Noten bekannt gegeben werden, neben ihrem Namen die bestmögliche Note (eine Eins oder ein A) vorfinden würden. Die Versuchspersonen der Prozeßsimulationsgruppe sollten sich dagegen Vorstellungen darüber machen, wie sie auf die Prüfung lernen. Sie wurden angehalten, sich auszumalen, daß sie das Radio leiser stellen, sich an den Schreibtisch setzen, das Licht anmachen und ihre Unterlagen bearbeiten. Die Gruppe mit beiden Arten der Simulation führte zuerst die Prozeß- und dann die Ergebnissimulation durch. In der Kontrollgruppe mußten die Versuchspersonen keine Simulationen durchführen. Alle Versuchspersonen erhielten dann eine Liste des Prüfungsstoffs und ein Kalenderblatt, das die Tage bis zur Prüfung enthielt. Darauf mußten pro Tag die Stunden angegeben werden, die auf die Prüfung gelernt wurden. Die Versuchspersonen der Simulationsbedingungen sollten zudem noch jeden Tag bis zur Prüfung die jeweils instruierte Übung für 5 Minuten durchführen.

Noch im Labor, direkt nach der ersten Durchführung der Simulation, wurden die Versuchspersonen unter anderem danach gefragt, wie motiviert sie sich fühlten. Die Ergebnissimulierer zeigten im Vergleich zu allen anderen Gruppen die höchsten Werte. Keine Unterschiede zwischen den Gruppen fanden sich in den erwarteten und angestrebten Noten sowie in den prüfungsbezogenen Ängsten und Sorgen. Am Abend vor der Prüfung waren die Ergebnissimulierer immer noch subjektiv motivierter als die Versuchspersonen der anderen Gruppen; sie waren jedoch etwas ängstlicher als die Prozeßsimulierer. Am ängstlichsten zeigten sich allerdings die kombinierte Simulationsgruppe und die Kontrollgruppe. Am Tag nach der Prüfung wurden ihre Aufzeichnungen telefonisch abgefragt: Prozeßsimulierer hatten ca. 1.5 Tage früher mit dem Lernen begonnen und 3 Stunden länger gearbeitet als Ergebnissimulierer und die Kontrollversuchspersonen. Schließlich erzielten die Ergebnissimulierer im Test 2 Punkte, die Prozeßsimulierer 8 Punkte und die kombinierten Simulierer 10 Punkte mehr als die Kontrollversuchspersonen.

Taylor und Pham interpretieren ihre Befunde dahingehend, daß für die Untersuchung von Simulationseffekten auf das Zielstreben die Unterscheidung zwischen Ergebnis- und Prozeßsimulationen bedeutsam ist. Interessanterweise führten im Vergleich zur Kontrollgruppe insbesondere Prozeßsimulationen zu besseren Examensleistungen, während Ergebnissimulationen trotz eines Gefühls des erhöhten Motiviertseins eine bescheidenere Leistungssteigerung nach sich zogen. Taylor und Pham spekulieren über die vermittelnden Prozesse und vermuten, daß Ergebnissimulationen ihre leistungsfördernden Effekte durch eine Erhöhung der Selbstwirksamkeit und der empfundenen Motiviertheit erzielen, während die günstigen Effekte der Prozeßsimulationen auf vermehrtes Planen zurückzuführen sind.

Die Prozeßsimulationen, die Taylor und Pham ihren Versuchspersonen abverlangten, erinnern an das von Gollwitzer (1993) propagierte Planen in Form der Durchführungsintentionen. Der Unterschied liegt wohl darin, daß die Prozeßsimulationen von Taylor und Pham verbindliche Pläne durch ein mentales Wiederholen erzielen, während bei Gollwitzer diese aufgrund einer einmaligen Vorsatzbildung zustande kommen. Von unserer Perspektive aus betrachtet handelt es sich in beiden Fällen um mentale Vorstellungen, die sich von den Phantasien des Auskostens der Wunscherfüllung qualitativ unterscheiden. Prozeßsimulationen sollten erst dann zu beobachten sein, wenn positive Zukunftsphantasien durch die Kontrastierung mit negativen Realitätsreflexionen Handlungsrelevanz erworben haben.

Wie aber steht es mit den Ergebnissimulationen? Handelt es sich hier nicht auch um das Auskosten einer positiven Zukunftsphantasie? Im Prinzip hätten die Versuchspersonen von Taylor und Pham (1996) die Ergebnissimulationen zu diesem Zweck einsetzen können. Wahrscheinlicher aber ist es, daß die Studenten, die sich auf eine Prüfung vorbereiteten, in der sie eine möglichst gute Note erzielen wollten, durch das Simulieren des Erreichens der Bestnote nur ihren Zielstandard erhöhten. Nach Lockes und Lathams (1990) Zielsetzungstheorie führt das Erhöhen des Zielstandards zu einer erhöhten Leistung, insbesondere dann, wenn das anspruchsvollere Ziel konkret spezifiziert wird (wie z.B. durch eine konkrete Note). Die Ergebnissimulation, die Taylor und Pham ihren Versuchspersonen abverlangten, hatte auch den nach Locke und Latham erwarteten Effekt. Locke und Latham berichten Befunde, daß anspruchsvolle Zielsetzungen eine deutliche Diskrepanz zwischen Ist und Soll erleben lassen, die zur Schließung der Diskrepanz motiviert. Als Vermittlungsprozesse für aufgetragene hohe Standards (im vorliegenden Experiment von Taylor und Pham die Aufforderung, den Erhalt der Bestnote zu simulieren) nehmen Locke und Latham eine gesteigerte Selbstwirksamkeit an. Die Versuchspersonen sahen hohe fremdgesetzte Standards offensichtlich als Hinweis dafür, daß man ihnen exzellente Leistungen zutraut. Dies steigerte die Selbstwirksamkeit und darüber vermittelt die Leistung.

Es scheint also angebracht zu sein, die von Taylor und Pham beschriebene Ergebnissimulation als eine effektive Art, bestehende Zielsetzungen zu erhöhen, zu betrachten. Es handelt sich keineswegs um das Auskosten positiver Zukunftsphantasien. Unsere Interpretation der Befunde von Taylor und Pham wird dadurch gestützt, daß die von Locke und Latham angenommenen Wirkmechanismen der Leistungssteigerung auch von Taylor und Pham postuliert wurden. Etwas unseren Vermutungen abträglich ist die von Taylor und Pham beobachtete relativ schwache Leistungssteigerung der Ergebnissimulation, die den in der Forschung zur Zielsetzungstheorie beobachteten massiven Effekten widerspricht. In einer Replikationsstudie mit anderen Versuchspersonen, die ein *Take home*-Examen bearbeiten mußten, stellten Taylor und Pham fest, daß der leistungssteigernde Effekt der Ergebnissimulation auch stärker ausfallen kann. Die Ergebnissimulation war in ihrem leistungssteigernden Effekt der Prozeßsimulation nicht mehr unterlegen. Darüberhinaus konnte nachgewiesen werden, daß die Leistungssteigerung der Ergebnissimulation, wie bereits von Locke und Latham beobachtet, durch eine Erhöhung der Selbstwirksamkeit vermittelt war.

Handlungskontrolltheorie: die Differenzierung zwischen Handlungs- und Lageorientierung. In der Handlungskontrolltheorie Kuhls (1983; Kuhl & Beckmann, 1994) wird davon ausgegangen, daß die Verwirklichung einer Absicht (Ziel) der Kontrolle durch das “Volitionssystem” bedarf. Dieses System verrichtet die Aufgabe der Koordination verschiedener Strategien der Selbststeuerung. Da nach Kuhl das Handeln im Dienste einer Absicht stets der Gefahr ausgesetzt ist, durch allerlei Ablenkungen zum Erliegen zu kommen, werden diese Strategien der Selbststeuerung als der Absichtsrealisierung förderlich definiert. Im einzelnen handelt es sich um Prozesse der Aufmerksamkeitskontrolle (die Aufmerksamkeit wird auf zielrelevante Informationen gelenkt und dort festgehalten), der Motivationskontrolle (Fokussierung auf den Tätigkeitsanreiz), der Emotionskontrolle (Selbstinduktion handlungsfördernder Stimmungen) und der Mißerfolgs- und Aktivierungskontrolle (Handlungsfehler werden zur handlungsorientierten Fehlerkorrektur ausgewertet und als Anlaß zur Anstrengungssteigerung interpretiert).

Zentral in Kuhls Theoriebildung ist das Postulat, daß der Zustand der Lageorientierung den effizienten Einsatz dieser Strategien der Selbststeuerung behindert, während die Handlungsorientierung diesen begünstigt. Was aber bedeutet Lageorientierung? Dies ist primär ein Zustand, in dem die Person perseverierend grübelnd über “Lagen” nachdenkt. Als solche Lagen identifiziert Kuhl insbesondere Mißerfolgserlebnisse, aber auch ins Auge gefaßte zukünftige Erfolge (siehe Kuhl, 1983, S. 254ff). Diese Lageorientierung wird jedoch auch als Persönlichkeitsmerkmal analysiert, wobei Personen mit einer hohen Ausprägung dieses Merkmals in belastenden Handlungssituationen eine erhöhte Bereitschaft zugeschrieben wird, in einen lageorientierten Zustand zu geraten. Bei diesen Personen (die anhand von Selbstberichtskalen identifiziert werden) wurde im Laufe der Jahre jedoch nicht nur eine reduzierte Effizienz des Einsatzes von Handlungskontrollstrategien beobachtet. Es ergab sich auch, daß sie an unerledigten Absichten und unerreichbaren Zielen vergleichsweise stärker festhalten, aufgetragene unattraktive Handlungen vergleichsweise länger durchführen und fremde von eigenen Zielen weniger gut unterscheiden können (Kuhl & Kazen, 1994). All dies führt nach Kuhl dazu, daß das Handeln im Dienste der hier und jetzt anstehenden eigenen oder eigentlichen Absicht zusätzlich behindert wird.

Kuhl unterscheidet den lageorientierten Kontrollmodus der Selbstregulation von dem handlungsorientierten Kontrollmodus. Bei letzterem werden die genannten Selbstregulationsstrategien mit großer Effizienz eingesetzt, und bei handlungsorientierten Personen lassen sich auch nicht die genannten Phänomene (z.B. Vermischung von selbstgenerierten versus fremdgenerierten Absichten) beobachten, die lageorientierte Personen auszeichnen. Kuhl spricht selten über die Auslösebedingungen eines handlungsorientierten Zustandes, und wenn er es tut, sieht er diesen in den Bedingungen begründet (Kuhl, 1983, S. 253), die Carver und Scheier (1981) oder auch Bandura (1989, 1991) als die zentralen Aspekte eines effektiven Zielstrebens identifizieren: ein ins Auge gefaßter Soll-Zustand, ein davon abweichender Ist-Zustand, ein Diskrepanzerleben und das Bedenken von Handlungen, mit der die Diskrepanz reduziert werden soll.

In welcher Beziehung zu unserem bloßen Schwelgen in der positiven Zukunft steht das auf zukünftige Erfolge bezogene perseverierende Grübeln, das als eine mögliche Ursache von Lageorientierung postuliert wird? Und wie verhält sich das auf vergangene Mißerfolge bezogene perseverierende Grübeln zum bloßen Reflektieren des negativen Status Quo? Beiden gemeinsam ist, daß sowohl bei Kuhl als auch in unserer Theoriebildung diesen Zuständen eine relativ hohe Handlungspassivität (Kuhl spricht von Handlungslähmung) zugeordnet wird. Die Unterschiede liegen jedoch darin, welche Art von Handlungspassivität ins Auge gefaßt wird. Bei Kuhl geht es um plötzliche Beeinträchtigungen der Handlungsfähigkeit. Kuhl fokussiert auf die "*on-line*"-Steuerung eines Verhaltens im Hier und Jetzt und darauf, wie ablenkende Gedanken, die sich auf Lagen beziehen, diese stören können. Seine Befunde (z.B. Kuhl, 1981) sprechen dafür, daß die Handlungspassivität der Lageorientierung durch "disfunktionale" Gedanken bedingt ist, die sich auf die jeweils ins Auge gefaßten Lagen (Mißerfolge oder Erfolge) beziehen. Die disfunktionalen Gedanken verhindern den effektiven Einsatz der oben genannten Handlungskontrollstrategien, so daß insbesondere in belastenden Situationen, in denen die *on-line*-Kontrolle des Verhaltens schwer fällt, eine Handlungslähmung erwartet wird. Dies gilt jedoch nicht für handlungsorientierte Personen, da von diesen angenommen wird, daß sie selbst unter Belastungsbedingungen diese Kontrollstrategien effektiv einsetzen, nach Kuhl deswegen, weil sie weniger leicht in Lagezustände geraten. Im Regelfall analysiert Kuhl die Effekte der bezüglich einer Handlung A eingetretenen Lageorientierung auf die *on-line*-Kontrolle einer Handlung B. Die Lagegedanken lenken die Person vom effizienten Handeln im Hier und Jetzt ab. Eine in der konkreten Situation zur

Realisierung anstehende (oft auch von anderen aufgetragene) Absicht wird in ihrer Ausführung behindert.

In unserem Ansatz geht es um das Entstehen von Handlungsengagement in Richtung Phantasierealisierung und nicht um die Mechanismen effizienter Handlungskontrolle im Hier und Jetzt. Wir versuchten, die Frage zu beantworten, welche Art des Bedenkens von Zukunft und Gegenwart ein Handlungsengagement auszulösen vermag. Dabei stellte sich heraus, daß die Kontrastierung von positiven Zukunfts- und negativen Gegenwartsgedanken eine günstige Bedingung für das Erleben von Handlungsnotwendigkeit darstellt. Personen mit hohen Erfolgserwartungen engagierten sich unter dieser Bedingung für die Realisierung der ins Auge gefaßten positiven Zukunft. Wurde dagegen lediglich die positive Zukunft oder ausschließlich die negative Gegenwart bedacht, zeigten selbst Personen mit hohen Erfolgserwartungen weniger Engagement.

Interessant für unsere Forschung ist die Frage, ob Lageorientierte möglicherweise eine geringere Bereitschaft zur Kontrastierung von Zukunfts- mit Gegenwartsgedanken aufweisen und verstärkt dazu neigen, sich ausschließlich Gedanken über eine positive Zukunft zu machen bzw. sich nur Reflexionen über eine negative Gegenwart hinzugeben, und ob dies bei Handlungsorientierten genau umgekehrt ist. Wäre dies der Fall, sollten Lageorientierte nicht nur bei der Realisierung von bereits erfolgten Zielsetzungen (Absichten) Schwächen aufweisen; sie sollten auch das Erleben von Handlungsnotwendigkeiten vermeiden, indem sie nur in positiven Zukunftsphantasien schwelgen oder ausschließlich über die negative Realität grübeln und dadurch Kontrastierungen ausweichen. Somit würden sie ein volles Handlungsengagement oder eine vollständige Ablösung (je nach Höhe der Erwartung) bereits im Vorfeld verhindern.

Strategien beim Verfolgen von Life-tasks. Kuhls Überlegungen beziehen sich auf das Abschirmen der anstehenden Verwirklichung einer vorliegenden Absicht von möglichen Ablenkungen und Störungen. Es geht also darum, die Umsetzung der Absicht in entsprechendes Handeln zu schützen. Eine ähnliche Thematik wird von Cantor und Mitarbeitern aufgegriffen, die sich mit erfolgreichen Strategien der Erledigung von *Life-tasks* beschäftigen. Derartige *Life-tasks* sind übergeordnete Lebensziele, in deren Dienst untergeordnete Handlungsziele gebildet und erledigt werden müssen.

Cantor und Mitarbeiter vergleichen die Kosten und den Nutzen verschiedener Strategien der Verwirklichung von *Life-tasks* (z.B. das College mit einem guten Abschlußzeugnis zu verlassen). In unserem Kontext ist die Strategie des defensiven Pessimismus´ besonders interessant, die Norem und Cantor (1986a,b; siehe auch Kapitel 7) der Strategie des ungebrochenen Optimismus´ gegenüberstellen. Stehen beispielsweise schwierige Prüfungen an, impliziert die Strategie des defensiven Pessimismus´ das Hochspielen von Mißerfolgserwartungen, während die Strategie des Optimismus´ darin besteht, keine Mißerfolgserwartungen aufkommen zu lassen. Der Nutzen der Strategie des defensiven Pessimismus´ besteht darin, daß man sich durch *Worst case scenarios* motiviert und sich auf die anstehende Prüfung akribisch vorbereitet; man hat dann auch häufiger Erfolg und darf auf das Geleistete stolz sein. Die Kosten bestehen in der intensiven Besorgnis vor der Prüfung, die mit dem Durchspielen von *Worst case szenarios* einhergeht (man stellt sich bspw. vor, während der Prüfung die Fassung zu verlieren und zu versagen). Die begleitenden Ängste werden meist sozial realisiert und produzieren deshalb auch interpersonelle Kosten. Norem und Cantor (1986b; siehe auch Showers, 1992) gehen davon aus, daß derartige Strategien leicht chronifizieren, und sprechen deshalb auch von defensiven Pessimisten. Bei der optimistischen Strategie sieht das Kosten-Nutzen-Verhältnis dagegen anders aus. Hier wird der Prüfung nicht entgegengezittert (Nutzen); also bereiten sich Optimisten nicht auf bedrohliche Unwägbarkeiten vor und erleiden, falls diese doch auftreten, entsprechende Leistungseinbrüche (Kosten).

Die Strategie des defensiven Pessimismus´ erinnert an die negativen Phantasierer in unseren Korrelationsstudien. Wir behandelten diesen Punkt bereits in der Diskussion zu den Ergebnissen der Korrelationsstudien (siehe Kapitel 7). Unsere experimentellen Befunde stimulieren jedoch noch weitergehende Spekulationen. Wenn die defensiven Pessimisten eher zum Ausmalen von *Worst case szenarios* in der Zukunft neigen, sind sie womöglich prädisponiert für die Kontrastierung negativer Zukunftsphantasien ("Im entscheidenden Moment wird mir nichts mehr einfallen") mit positiven Status-quo-Reflexionen ("Jetzt weiß ich noch alles"). Sie sollten daher, wie oben ausgeführt, bevorzugt Vermeidungsengagements ausbilden.

Phantasien und Wünsche versus Zielstreben

Die vorangegangene Diskussion rezenter Zieltheorien hat verdeutlicht, daß spontane positive Zukunftsphantasien von der in dieser Arbeit beschriebenen Art keine explizite Beachtung erfahren. Man schreibt ihnen weder eine Bedeutung bei der Zielsetzung zu noch bei der Realisierung gesetzter Ziele. Die Zukunftsvorstellungen, denen bei der Realisierung von Zielen eine Bedeutung zugestanden wird, sind von ganz anderer Natur. Sie betreffen insbesondere die gedankliche Festlegung auf spezifische Zielhandlungen oder die Festschreibung des Ziels im Sinne eines zu erreichenden Standards (bspw. Gollwitzers Vorsätze oder Taylors Prozeß- bzw. Ergebnissimulationen).

Nun gibt es wenigstens zwei Ansätze, die explizit auf die Rolle von positiven Zukunftsvorstellungen eingehen, die Zieltheorie Lewins und die Konzeptualisierung der *Possible selves* von Markus. In der empirischen Erforschung der Zieltheorie Lewins (Ziele als Quasi-Bedürfnisse, die mit einem Spannungssystem verknüpft sind) wurde geprüft, ob

Zielspannungen nur durch zielrealisierende Handlungen reduziert werden können oder ob man sich auch "zum Ziel phantasieren" und damit eine alternative "Entspannung" erreichen kann. Markus' Konzeptualisierung der *Possible selves* beinhaltet spontane Hoffnungen und Befürchtungen darüber, wie die eigene Person in Zukunft werden könnte, ohne daß dabei zwischen Zukunftsphantasien einerseits und Zielsetzungen andererseits differenziert wird. Markus untersucht neuerdings auch die Wirkung von *Possible selves* auf das Handeln einer Person. Sie hat damit ein ähnliches Anliegen wie die vorliegende Arbeit, in der es um die Bedeutung von positiven Zukunftsphantasien für Motivation und Handeln geht.

Lewins Zauberdenken

In Lewins Zieltheorie der gespannten Systeme (1926) wird davon ausgegangen, daß jede Zielsetzung ähnlich einem Bedürfnis eine Spannung induziert, die durch Handlungen, die das Ziel verwirklichen, reduziert (befriedigt) werden kann. Die Höhe der Spannung ist abhängig von der persönlichen Wichtigkeit der übergeordneten Ziele und Bedürfnisse, in die die Zielsetzung eingebunden ist, und weiterhin von dem Stand der Zielerreichung (Grad der Bedürfnisbefriedigung). Diese auf das Zielstreben angewandte biologische Bedürfnisbefriedigungsmetapher hat in den 30er Jahren eine Vielzahl von Experimenten angeregt. Dabei wurden insbesondere die "Wiederaufnahmestudien" von Ovsiankina (1928), Lissner (1933), Sliosberg (1934) und Mahler (1933) bekannt.

Diese Wiederaufnahmeexperimente prüften eine einfache, aber zentrale Ableitung des Modells. Beschreibt man Ziele als Bedürfnis, so dürften verschiedene zielführende Handlungen (genauso wie verschiedene Bedürfnisbefriedigungshandlungen) alternativ die Zielspannung (Bedürfnisspannung) reduzieren. Unterbricht man folglich eine zielführende Handlung, so sollte diese grundsätzlich wieder aufgenommen werden, wenn dazu Gelegenheit gegeben wird (siehe dazu die Arbeiten Ovsiankinas), es sei denn, das Ziel wird in der Zwischenzeit durch eine andere zielführende Handlung sozusagen ersatzweise erledigt (siehe dazu die Arbeiten von Mahler, Lissner und Sliosberg).

Besonders interessant für unsere Diskussion sind die Arbeiten Wera Mahlers. In ihrer Dissertation überprüfte sie eine Vielzahl von verschiedenen Ersatzhandlungen daraufhin, ob diese für eine unterbrochene ursprüngliche zielführende Handlung als Ersatz fungieren können. Dies ist immer dann der Fall, wenn nach vollzogener Ersatzhandlung keine spontane Wiederaufnahme der ursprünglichen Handlung zu beobachten ist, obwohl der Versuchsperson dazu Gelegenheit gegeben wird. Mahler arbeitete mit aufgetragenen Aufgabenzielen. Sie verlangte von ihren Versuchspersonen das Lösen einfacher Aufgaben, wie z.B. das Bauen eines Hauses mit vorgegebenen Holzklötzen oder das Legen eines Musters mit Holzstäbchen. Wurden die Versuchspersonen beispielsweise beim Hausbauen unterbrochen und angeleitet, die Ersatzaufgabe durchzuführen, das Haus auf einem Blatt Papier zu Ende zu zeichnen, so zeigt sich eine deutlich geringere Wiederaufnahmebereitschaft als bei Versuchspersonen ohne eine derartige Ersatzhandlung.

Dieser Befund regte Mahler dazu an, die Versuchspersonen anzustiften, eine für die Versuchspersonen vermeintlich lösbare Aufgabe (das Herbeiholen eines farbigen, drei Meter entfernten Lampions mit Hilfe von im Versuchsraum vorhandenen Geräten, vom Sitz der Versuchsperson aus) mittels Zauberdenkens zu bewerkstelligen. Die Versuchspersonen wurden also aufgefordert, nach der Unterbrechung der Aufgabe sich den Lampion herbeizuzaubern. Sie wurden explizit zu phantastischen Gedanken ermuntert; sie sollten ganz spontan ihren Gedanken freien Lauf und dabei die Gesetze der Realität unbeachtet lassen. Wichtig war nur, daß sich die Versuchsperson den Lampion in die Hand zauberte und die Versuchsleiterin "unterlag diesem Zauber" und plazierte den Lampion auch bereitwillig dorthin.

Trotzdem konnte kein Ersatzwert dieses phantastischen Denkens beobachtet werden. Sobald die Versuchspersonen Gelegenheit hatten, über die reale Lösung des Problems nachzudenken, taten sie dies (zu mehr als 80%). Mahler (1933) interpretierte diese Beobachtung einer hohen Wiederaufnahmerate durch die Schlußfolgerung, daß man sich in der realen Welt nicht ins Ziel phantasieren kann. Das Phantasieren sollte ihrer Meinung nach lediglich dann Ersatzwert haben, wenn die ursprüngliche Aufgabe bereits im Reich der Phantasie angesiedelt ist. Ergebnisse von Experimenten mit Kindern und Erwachsenen, denen die ursprüngliche Aufgabe im Kontext eines Märchens gestellt wurde, bestätigten ihre Vermutung.

Mit den Arbeiten Mahlers wurde in der Zielpsychologie sehr früh die Hoffnung aufgegeben, daß man sich die Zielverwirklichung "erphantasieren" kann. Mahler demonstrierte in ihren Experimenten überzeugend, daß für Personen, die sich ein Ziel gesetzt haben (oder das Ziel eines anderen verbindlich übernommen haben), nur noch die tatsächliche Realisierung des Ziels eine Zielentspannung produzieren kann. Diese Demonstration der Unwirksamkeit von positiven Zauberphantasien bei der Zielverwirklichung darf jedoch nicht dazu verleiten, den Phantasien bei der Entstehung von Zielen keine Bedeutung beizumessen. Wie unsere Experimente zeigen, kommt positiven Zukunftsphantasien bei der Zielsetzung eine große Bedeutung zu, wenn sie mit der Realität kontrastiert werden.

Weiterhin ist eine Beobachtung Mahlers zu bedenken. Mahler entdeckte, daß einige ihrer Aufgaben (sog. Problemaufgaben: das Bearbeiten einer Rechenaufgabe oder Denkaufgabe mit Papier und Bleistift) von den Versuchspersonen als Test ihrer Intelligenz interpretiert wurden. Das innere Ziel der Versuchsperson war dann häufig nicht mehr die konkrete Lösung der gestellten Aufgabe (das von der Versuchsleiterin angetragene äußere Aufgabenziel), sondern die Demonstration, eine intelligente Person zu sein. Hatten sich die Versuchspersonen innerlich ein derartiges selbst-definitorisches Ziel gesetzt, konnte Mahler beobachten, daß auch Ersatzhandlungen durch stilles Denken Erfolg hatten; dazu mußte allerdings das Ergebnis des Denkens sozial realisiert werden (der Versuchsleiterin mitgeteilt werden).

An diese Beobachtung knüpften Wicklund und Gollwitzer (1982) an. Sie postulierten, daß die soziale Kenntnisnahme des Besitzes von Symbolen einer angestrebten Identität (z.B. ein religiöses Amulett für die Selbstdefinition "religiöse Person") ein Gefühl der selbst-definitorischen Vollkommenheit vermittelt. Eine Vielzahl von Studien konnte dies auch nachweisen, wobei in einigen Studien die soziale Kenntnisnahme nur in Aussicht gestellt wurde und trotzdem wirksam war (Gollwitzer, 1986). Dies verleitet im gegenwärtigen Kontext zur Hypothese, daß man sich durch das Phantasieren der Kenntnisnahme von erworbenen Symbolen ein Gefühl der selbst-definitorischen Vollkommenheit verschaffen kann. Demzufolge sollte es möglich sein, daß beispielsweise ein alternder Wissenschaftler Gefühle der Unvollkommenheit durch das bloße Phantasieren der sozialen Beachtung seiner zeitlich bereits zurückliegenden Publikationen sowie Ehrungen und Preise kompensieren kann. Somit gilt das Prinzip, daß man sich die Erledigung von Zielen nicht erphantasieren kann, möglicherweise nur für Ziele, die sich eine Person nicht als Identitätsziel (selbst-definitorisches Ziel) gesetzt hat.

Possible selves als summarisches Konstrukt für auf das Selbst bezogene Zukunftsgedanken

Im Jahre 1986 stellten Markus und Nurius im *American Psychologist* ein neues Konzept in der Psychologie des Selbst vor: die *Possible selves*. Das Konzept war als Bereicherung der in der Psychologie des Selbst üblichen Definition des Selbstkonzepts gedacht. Das Selbstkonzept wird traditionell verstanden als die Gesamtheit der selbstgefundenen Antworten einer Person auf die Frage: Wer bin ich? (Gollwitzer & Kirchhof, in Druck). *Possible selves* sind nach Markus und Nurius dagegen die selbstgegebenen Antworten auf die Frage: Wer könnte ich *werden*? Diese Antworten, und damit die *Possible selves*, können sich auf die Inhalte der Ziele einer Person beziehen, aber auch auf die Inhalte von Hoffnungen und Befürchtungen.

Ein zentrales Anliegen von Markus und Nurius war es, die Definition des Selbstkonzepts, die sich traditionell auf die Wer-bin-ich?-Frage beschränkte, um dynamische Aspekte zu ergänzen. Indem man postuliert, daß das Selbstkonzept einer Person neben dem Wissen um die momentane Beschaffenheit des Selbst auch die Überzeugungen hinsichtlich der Beschaffenheit des Selbst in der Zukunft enthält, vereint das Selbstkonzept zumindest theoretisch die Vielfalt (*Multiple selves*), Plastizität (*Malleability*) und Dynamik (*Self and behavior relationship*), die sich im Alltag beobachten lassen und die für die klassische Selbstkonzeptforschung schwer zu beschreiben sind. Markus und Nurius argumentieren, daß die *Possible selves* einer Person die Interpretation des Wissens um das Selbst massiv beeinflussen sollten und daß die *Possible selves*, indem sie positive und negative Anreize, die die Zukunft für die Person potentiell bereithält, in Form von Hoffnungen bzw. Befürchtungen ausformulieren, eine Brücke zwischen Selbst und Verhalten bauen. Aber wie dürfen wir uns diese Brücke vorstellen?

Zwei empirische Arbeiten geben darüber Aufschluß. In einem rezenten Experiment von Ruvolo und Markus (1992) wird untersucht, ob die Aktivierung von positiven leistungsbezogenen *Possible selves* die Konzentration und Persistenz bei der Bearbeitung nachfolgender Papier- und Bleistiftaufgaben beeinflußt (Dükeraufgaben bzw. Abschreiben von vorgegebenen Buchstaben mit der linken Hand). Die Aktivierung von positiven und negativen *Possible selves* im Leistungsbereich geschah durch Instruktionen, sich Erfolg oder Mißererfolg in der Zukunft vorzustellen. Die Erfolgsinstruktion las sich wie folgt: "*Imagine yourself in the future: Everything has gone as well as it possibly could have. You have worked hard and succeeded in achieving your goals.*" Die Mißerfolgsinstruktion wurde analog formuliert; die Person hätte hart gearbeitet, aber leider Mißerfolg erlitten.

Tatsächlich führten diese Vorstellungsinstruktionen dazu, daß die Versuchspersonen in der Erfolgsbedingung schneller (geringere Latenzzeiten) positive leistungsbezogene Selbstbeschreibungen als "*possible for me*" beurteilten als Versuchspersonen der Mißerfolgsbedingung, während der umgekehrte Befund für negative leistungsbezogene Selbstbeschreibungen beobachtet wurde. Ruvolo und Markus interpretieren diese Beobachtung als Hinweis dafür, daß die beschriebenen Vorstellungsinstruktionen positive bzw. negative leistungsbezogene *Possible selves* aktiviert hatten. Da die Versuchspersonen der Erfolgsbedingung sich in den Papier-und-Bleistiftaufgaben auch besser konzentrierten (mehr anstrengten) und persistenter arbeiteten als die Versuchspersonen der Mißerfolgsbedingung, folgerten Ruvolo und Markus, daß die motiviertere Bearbeitungsweise der vorgegebenen Aufgaben in der Erfolgsbedingung im Vergleich zur Mißerfolgsbedingung durch die Aktivierung von jeweils anderen leistungsbezogenen *Possible selves* vermittelt wurde. Ruvolo und Markus konzidieren, daß andere Variablen (z.B. eine spontane Erhöhung der Erfolgserwartung, des Anspruchsniveaus, des generellen Optimismus´, allgemeiner Kontroll- oder Selbstwirksamkeitserwartungen oder auch allgemeiner Kompetenzgefühle) hier die Hand im Spiel gehabt haben könnten. Trotzdem wird daran festgehalten, daß zuerst und zuvorderst die Aktivierung positiver versus negativer leistungsbezogener *Possible selves* mediierend wirksam und die genannten anderen Variablen nachgeordnet waren.

In einer weiteren Studie über den Zusammenhang von *Possible selves* und Verhalten erkunden Oyserman und Markus (1990), ob sich vier ausgewählte Gruppen von Jugendlichen, die sich in dem Ausmaß ihrer bisherigen Straffälligkeit deutlich unterschieden, auch verschiedene *Possible selves* berichteten. Die Jugendlichen wurden extensiv hinsichtlich dreier Aspekte des *Possible self* befragt: a. erhofftes Selbst ("*three possible selves that you most hope to describe you in the next year*"), b. erwartetes Selbst ("*three possible selves that are most likely to be true of you in the next year*") und c. befürchtetes Selbst ("*three possible selves that you most fear or worry about being in the next year*").

Für Oyserman und Markus überraschend fanden sich die geringsten Unterschiede im erhofften Selbst. Offensichtlich hatten die schwerer kriminellen Jugendlichen genauso wenig Hemmungen wie die weniger kriminellen Jugendlichen, wenn es darum ging, sich die Zukunft positiv auszumalen; das Phantasieren und Wünschen ist nun einmal von der Natur her wenig realitätsabhängig und deshalb auch Personen zugänglich, die eigentlich wenig Grund zum Träumen haben. Beim erwarteten Selbst waren die schwerer kriminellen Jugendlichen dann jedoch realistischer. Sie waren pessimistischer in ihren Erwartungen und beschrieben häufiger eine negative Zukunft (Schulverweis, neue Straffälligkeit, Drogenabhängigkeit). Was schließlich die Befürchtungen angeht, so waren hier die schwerer kriminellen Jugendlichen auch die pessimistischeren; sie befürchteten mehr als weniger kriminell belastete Jugendliche, neue Straftaten zu begehen.

Besonders interessant sind Befunde, die Oyserman und Markus unter dem Etikett "*Balance between possible selves*" berichten. Als signifikanter Prädiktor für neue Straffälligkeit stellte sich nämlich weder das erwartete noch das erhoffte oder befürchtete Selbst heraus, sondern eine bestimmte Konstellation zwischen den *Possible selves*. Ein befürchtetes Selbst als zukünftiger Krimineller mußte gleichzeitig mit einem hohen erwarteten Selbst verknüpft sein, nicht mehr straffällig zu werden, um neue Straftaten unterdrücken zu können. Oyserman und Markus erklären sich diese Beobachtung mit der Überlegung, daß man nur dann versuchen wird, das Eintreten einer Befürchtung zu vermeiden, wenn man im gleichen Handlungsbereich eine hohe Erfolgserwartung hat. Der dieser Überlegung entsprechende analoge Befund, daß ein Match zwischen erhofftem Selbst (z.B. nicht straffällig zu werden) mit einem zugehörigen erwarteten Selbst (der Erwartung, daß dies auch eintreten wird) zu weniger Straffälligkeit führt, konnte jedoch nicht beobachtet werden.

Die Ergebnisse der Studien von Oyserman und Markus weisen dem erhofften und befürchteten Selbst somit bei weitem nicht die Bedeutung zu, die den beiden Konzepten in der Theorie von Markus und Nurius zugeschrieben wird. Für sich betrachtet wurden beide nicht verhaltenswirksam und kombiniert mit Erfolgserwartung (dem *Expected self*;

ein Konzept, das in der Theorie von Markus und Nurius noch keine Erwähnung fand) war nur das befürchtete Selbst relevant für Handeln.

Welche Einsichten erlauben nun die Theoriebildung und die Befunde zum *Possible self* für die vorliegende Arbeit, und welche Einsichten ergeben sich durch die Brille unserer Forschung hinsichtlich der Forschung zum *Possible self*?

Zunächst zu den Experimenten von Ruvolo und Markus. Hier führt die Imagination "zukünftiger Erfolgsmensch oder Mißerfolgsmensch" über die Aktivierung von leistungsbezogenen positiven bzw. negativen *Possible selves* zu Leistungsverbesserungen bzw. -einbrüchen bei einfachen Konzentrations- und Fleißaufgaben. Vernachlässigt man, daß die von Ruvolo und Markus postulierte Vermittlung der Leistungseffekte noch nicht schlüssig nachgewiesen ist (die Autoren rechneten keine Mediationsanalyse), und betrachtet man nur die Erklärung der Befunde und den Aufbau des Experimentes, so erinnert diese Arbeit an klassische *Set*-Studien (siehe Gibson, 1941). Die Versuchspersonen werden von Ruvolo und Markus in einen mentalen *Set* versetzt, der auch noch bei der Bearbeitung der nachfolgenden Aufgaben nachwirkt. Ruvolo und Markus sprechen auch davon, daß die aktivierten *Possible selves* die Bearbeitung der Aufgaben beeinflussen, weil sie als *Working self-concept* nach wie vor virulent sind.

Ruvolos und Markus´ Studie macht deutlich, daß wir in unseren Überlegungen irgendwelche *Set*-Effekte theoretisch und empirisch völlig ausgespart haben. Uns ging es nicht darum zu zeigen, daß Versuchspersonen, die gerade spontane positive Phantasien (z.B. bei den Fettleibigen, Studie 1) produziert haben, direkt danach an eine relevante Abmagerungsaufgabe mit größerer Anstrengung und Konzentration herangehen als Personen mit spontanen negativen Phantasien. Vielmehr versucht die vorliegende Theorie zu bestimmen, ob spontane positive oder negative Phantasien in einem bestimmten Inhaltsbereich (z.B. Krankheitsbewältigung) langfristig (bis zu 4 Jahren) handlungsfördernd sind und welche Bedingungen gegeben sein müssen, damit positive Phantasien dazu führen, daß Menschen eine Handlungsnotwendigkeit erleben, die sie dann ihren Erwartungen entsprechend in ein Handlungsengagement umsetzen. Unsere Phantasietheorie ist bewußt keine *Set*theorie, die sich mit unmittelbaren Effekten des Phantasierens auf anstehendes Handeln beschäftigt.

Bezüglich der Studie von Oyserman und Markus erlaubt unsere Phantasietheorie Einsichten, insbesondere zu den beobachteten Balance-Befunden. Dazu ist zunächst zu beachten, daß die Jugendlichen hinsichtlich ihrer *Hoped for selves* realitätsabgehoben, in ihren *Expected* und in ihren *Feared possible selves* dagegen realistisch waren. Wie zuvor beschrieben haben Oyserman und Markus in den *Hoped for selves* keinen Unterschied zwischen den Jugendlichen mit kriminellem versus nicht kriminellem Hintergrund gefunden, während kriminelle Jugendliche in ihren *Expected* und in ihren *Feared selves* pessimistischer waren als ihre nicht kriminellen Altersgenossen. Bei den *Hoped for selves* handelte es sich also eher um realitätsferne, unverbindliche positive Zukunftsphantasien, während die *Expected* und *Feared possible selves* vergleichsweise realitätsbezogenere Zukunftseinschätzungen darstellten. Diese Überlegung macht verständlich, warum die Kombination aus dem *Hoped for* und dem *Expected possible self* wenig fruchtbar für die Vorhersage von Verhalten sein konnten. Wie unsere Experimente zeigten, schalten positive Zukunftsträumereien die Bedeutung von Erwartungen für die Vorhersage von Verhalten aus. Aber warum war die Kombination aus den *Feared* und den *Expected selves* verhaltenswirksam? Da alle Jugendlichen offensichtlich positive *Hoped for selves* unterhielten, waren diejenigen mit ausgeprägten *Feared selves* möglicherweise die einzigen, die den positiven Phantasien des *Hoped for self* negative Gedanken über die Realität entgegenstellten. Die dadurch ausgelöste Kontrastierung in dem von uns beschriebenen Sinne mag dann die Erwartungen der Jugendlichen (*Expected selves*) verhaltenswirksam gemacht haben.

Abschließend zur Diskussion der *Possible selves* soll noch darauf hingewiesen werden, daß es für die Vorhersage des Handelns einer Person theoretisch wenig sinnvoll erscheint, alle zukunftsbezogenen Gedanken bezüglich des Selbst zu einem summarischen Konzept zusammenzufassen. Markus und Nurius sprechen beispielsweise von Motiven, Wünschen, Zielen, Erwartungen, Hoffnungen und Befürchtungen als Bestandteile des *Possible self*. Natürlich kann man all diesen Konzepten Zukunftsgedanken zuordnen, die sich auf das Selbst beziehen. Die Klammer "selbstbezogene Zukunftsgedanken" hält diese Konzepte jedoch nur oberflächlich, sozusagen als semantischer Umbrella, zusammen. Die Wirkungsweise von Motiven, Wünschen, Zielen, Erwartungen, Hoffnungen und Befürchtungen bezüglich der Steuerung von Verhalten ist jedoch gänzlich unterschiedlich. Auch lassen sich aus der Art des Zusammenspiels dieser Konzepte die Entstehung anderer erklären.

So versuchten wir in unserer Arbeit zu demonstrieren, daß positive Zukunftsphantasien (freie Gedanken über eine positive Zukunft) eine andere Bedeutung für das Handeln einer Person haben als positive Zukunftserwartungen (Urteile über die Wahrscheinlichkeit des Auftretens positiver Ereignisse). Zudem haben wir analysiert, ob durch das Zusammenwirken (Kontrastieren) der positiven Zukunftsphantasien mit negativen Realitätsreflexionen eine Handlungsnotwendigkeit entsteht, die dann durch die Berücksichtigung von Erwartungen zu einem Handlungsengagement oder -disengagement führt. Die Handlungsregulation scheint somit durch die einzelnen im Konzept des *Possible self* zusammengefaßten Variablen jeweils anders beeinflußt (z.B. gegenläufig von der Phantasie und der Erwartung) zu werden. Auch lassen diese Variablen je nach Art des Zusammenwirkens Neues entstehen (z.B. führt die Kontrastierung von positiven Zukunftsphantasien mit negativen Gegenwartsreflexionen angesichts hoher Erwartungen zu Zielsetzungen). Ein Zusammenfassen all dieser Größen in ein summarisches Konstrukt empfiehlt sich deshalb nur, wenn man an den verschiedenen Inhalten der Antworten auf die Frage: "Wer könnte ich werden?" interessiert ist. Wenn es dagegen um den Zusammenhang der im *Possible self* enthaltenen Größen mit Handeln geht, ist es notwendig, diese Größen im einzelnen zu analysieren sowie deren Zusammenwirken in Betracht zu ziehen.

Zusammenfassung

In Kapitel 10 kehrten wir zunächst zu den theoretischen Ausgangspunkten des ersten Teils dieser Arbeit zurück. Dabei versuchten wir, die Implikationen der Ergebnisse unserer Korrelationsstudien und Experimente für die dort dargestellten Forschungstraditionen (Lerntheorien, humanistische Psychologie, Bedürfnistheorien und Tagtraumforschung) herauszuarbeiten. Für die lerntheoretische Perspektive verdeutlichen die Ergebnisse der Korrelationsstudien, daß die Analyse der motivationalen Bedeutung positiven Zukunftsdenkens sich nicht auf Erwartungen beschränken darf. Spontane positive Zukunftsphantasien haben ebenfalls eine motivationale Bedeutung, auch wenn diese zu den Erwartungen gegenläufig ist. Die Befunde unserer Experimente implizieren darüber hinaus, daß die Annahme, der zufolge Erwartungen generell eine motivationale Wirksamkeit entfalten, revidiert werden muß. Bereits ein bloßes Schwelgen in positiven Zukunftsphantasien oder ein reines Grübeln über die negativen Aspekte der Gegenwart vermag die Wirkung von Erwartungen außer kraft zu setzen.

Für die Perspektive der humanistischen Psychologie bedeuten unsere Befunde, daß die Kritik an der Glorifizierung des positiven Denkens nicht ganz unbegründet ist. Allerdings ist diese differenzierter anzusetzen, nämlich nur bei dem Schwelgen in positiven Zukunftsphantasien. Sie gilt sicherlich nicht bezüglich der Erwartungsurteile einer Person und auch nicht bezüglich positiver Zukunftsphantasien, die mit Gegenwartsreflexionen mental kontrastiert werden. Gerade die Kontrastierung von positiven Zukunftsphantasien mit negativen Gegenwartsreflexionen produziert realistisches Handeln, was in der humanistischen Psychologie als konstitutiv für eine gesunde Persönlichkeitsentwicklung betrachtet wird.

Für die rezente Optimismus-Realismus-Debatte in der angewandten Psychologie, die zu einem Schlagabtausch zwischen humanistischer und lerntheoretischer Perspektive führte, haben unsere Befunde folgende Bedeutung: Die Vertreter der humanistischen Perspektive wären gut beraten, sich in ihren Argumenten weniger auf die Erwartungsurteile von Personen zu beziehen und stattdessen verstärkt auf das Schwelgen in positiven Zukunftsträumereien zu fokussieren. Die Vertreter der lerntheoretischen Perspektive andererseits sollten damit beginnen, auch andere Arten des Zukunftsdenkens (also nicht nur Erwartungsurteile) in ihre Forschung mit einzubeziehen, und sie sollten versuchen, die Bedingungen zu isolieren, die die Handlungswirksamkeit von Erwartungen außer kraft setzen.

In bezug auf die klassische Bedürfnis- und Motivpsychologie machen unsere Befunde deutlich, daß Phantasien nicht nur Ausdruck bestehender Mangelbedürfnisse sein müssen (wie dies in der Tradition Freuds, dann bei Murray und auch in der späteren Motivpsychologie McClellands angenommen wurde). Phantasien können sich auch auf in der Zukunft liegende Anreize beziehen, und solche Anreizphantasien können neben Vorstellungen über die momentane unbefriedigende Mangelrealität bestehen. Erst ein Kontrastieren dieser beiden Vorstellungsarten bewirkt, daß Personen sich ihren Erwartungen entsprechend verhalten und somit so rational handeln, wie dies in der traditionellen Leistungsmotivationspsychologie (im Sinne Atkinsons) generell angenommen wird.

Relevant für die rezente Tagtraumforschung ist, daß unsere Befunde darauf hinweisen, daß dort die motivationale Bedeutung von spontanen Zukunftsphantasien noch nicht erkannt wurde. Es geht um Auslösebedingungen von Phantasien und deren Inhalte; die motivationale Frage nach der Funktion von Tagträumen für das Handeln einer Person muß erst noch in Angriff genommen werden.

Im zweiten Abschnitt von Kapitel 10 stellten wir die heutige Psychologie des Zielstrebens dar. Da Ziele sich per definitionem auf zukünftige Ereignisse beziehen, war es uns wichtig herauszufinden, wie dort Zukunftsdenken konzeptualisiert wird und welche Bezüge sich zwischen unserer Arbeit und der Psychologie des Zielstrebens herstellen lassen. Wir erläuterten zuerst die Zieltheorien von Emmons, Dweck und Deci, die auf inhaltliche und strukturelle Unterschiede zwischen Zielen fokussieren, und stellten dabei Überlegungen darüber an, inwieweit es sinnvoll ist, in zukünftiger Forschung auf inhaltliche Dimensionen positiver Zukunftsphantasien einzugehen. Unsere primäre Fragestellung war die motivationale Bedeutung von Zukunftsphantasien und damit deren Funktion für das Handeln einer Person. Da sich den Zieltheorien von Emmons, Dweck und Deci zufolge das Zielstreben je nach Inhalt und Struktur der gesetzten Ziele anders gestaltet, scheint es durchaus möglich zu sein, daß auch die Inhalte und strukturellen Merkmale von Zukunftsphantasien deren motivationale Bedeutung differenzierend beeinflussen.

Wir wandten uns dann handlungsregulatorischen Zieltheorien zu und diskutierten in diesem Zusammenhang das Handlungsphasenmodell (Heckhausen & Gollwitzer), das Planen und die mentale Simulation (Gollwitzer; Taylor), die Lage- versus Handlungsorientierung (Kuhl) und die strategischen Realisierung von *Life-tasks* (Cantor). Für diese Theorien sind unsere Konzepte (z.B. Schwelgen in positive Zukunftsphantasien, Kontrastieren von positiven Zukunftsphantasien mit Reflexionen über die negative Realität) insofern von Interesse, als sie die eine oder andere Alternativerklärung für beobachtete Phänomene anbieten können oder zumindest weiterführende Hypothesen aufwerfen.

Im letzten Abschnitt des Kapitels wurden zwei theoretische Ansätze besprochen, die auf die motivationale Bedeutung von Zukunftsvorstellungen eingehen. Im Rahmen von Lewins Zieltheorie der gespannten Systeme wurde experimentell der Frage nachgegangen (Mahler), ob man eine "Entspannung" der Zielsetzung durch "Zauberdenken" herbeiführen kann. Mahler beantwortet diese Frage negativ. Dies mag dazu geführt haben, daß die motivationale Bedeutung von spontanen positiven Zukunftsphantasien in der Folgezeit unterschätzt wurde. Unsere korrelativen Befunde sprechen für eine nachhaltig demotivierende Funktion von positiven Zukunftsphantasien, und unsere experimentellen Befunde belegen die große Bedeutung von positiven Zukunftsphantasien für das Stiften von Zielen.

Schließlich setzten wir die Forschung zum Zusammenhang von *Possible selves* (Markus & Nurius) mit dem Handeln einer Person in Beziehung zu unseren theoretischen Überlegungen und Befunden. Es wurde deutlich, daß die motivierende Funktion von zukunftsbezogenen Gedanken und Urteilen nur dann präzise analysiert werden kann, wenn man die Inhalte, die das zukünftige Selbst einer Person ausmachen (Erwartungen, positive und negative Zukunftsphantasien, Ziele und Motive), getrennt berücksichtigt und ihr Zusammenwirken ins Auge faßt.

11

Die Bedeutung von Phantasien für die Psychologie der Lebensspanne

Die vorliegende Theorie zur Wirkungsweise positiver Zukunftsphantasien in Hinsicht auf Motivation und Handeln (über die Kontrastierung mit negativen Gegenwartsreflexionen wird eine Handlungsnotwendigkeit erlebt, die Erfolgserwartungen verhaltenswirksam werden läßt) ist vom Typ her eine Prozeßtheorie. Derartige Theorien sollten zunächst auf ihre interne Gültigkeit geprüft werden, was wir mit Hilfe der Durchführung von drei Experimenten getan haben (Kapitel 8). Eine andere Frage ist die nach der Nützlichkeit der erstellten Theorie für die Analyse relevanter Phänomene. Die Nützlichkeit unserer Theorie läßt sich erproben, indem man sie auf solche Phänomenbereiche der Psychologie anwendet, in denen Zukunftsvisionen einen wichtigen Aspekt darstellen. Dies gilt sicherlich für die Psychologie des Alterns und der Lebensspanne, weil hier davon ausgegangen werden kann, daß Personen über ihre zukünftige Entwicklung subjektive Vorstellungen haben (siehe z.B. Heckhausen, Dixon & Baltes, 1989). Wir wollen deshalb im vorliegenden Kapitel die Frage stellen, inwieweit unsere Prozeßtheorie zur motivationalen Bedeutung von Zukunftsvorstellungen im Bereich der Psychologie der Lebensspanne einen erhellenden Beitrag leisten kann. Zur Beantwortung dieser Frage werden wir einige prominente Theorien der Psychologie der Lebensspanne zu Wort kommen lassen und die theoretischen Überlegungen der vorliegenden Arbeit dazu in Beziehung setzen.

Selektive Optimierung mit Kompensation: Das Metamodell

Das Modell der selektiven Optimierung mit Kompensation beschreibt Rahmenbedingungen zur Erforschung einer erfolgreichen Entwicklung von der Kindheit bis ins hohe Alter (P. Baltes & M. Baltes, 1989, 1990). Was bedeutet erfolgreiche Entwicklung über die Lebensspanne? Erfolg wird in rezenten Arbeiten zu diesem Thema als Zielerreichung konzeptualisiert (Marsiske, Lang, P. Baltes & M. Baltes, 1995), also als die erfolgreiche Realisierung erwünschter und die Vermeidung unerwünschter Ereignisse. Anders als in den zuvor behandelten Zieltheorien müssen sich diese erwünschten und unerwünschten Ereignisse aber nicht auf die subjektive Perspektive einer Person beziehen. Die Ziele selbst und der Fortschritt bei der Zielerreichung können auch von verschiedenen gesellschaftlichen, institutionellen und individuellen Instanzen definiert werden: von kulturellen Normen (z.B. Einordnung, reibungsloses Funktionieren), durch statistische Vergleiche (z.B. besser als der Durchschnitt) oder von Autoritätsfiguren und deren Werten (z.B. Familie, Lehrer). Aus dem Blickwinkel solcher Instanzen kann bestimmt werden, inwieweit der erwünschte Zustand erreicht und der unerwünschte vermieden wurde und somit ein Erfolg vorliegt (siehe auch M.Baltes & Carstensen, in Druck). Schließlich kann auch der beobachtende Wissenschaftler festlegen, was aufgrund von psychologischen Entwicklungstheorien erreicht werden soll und welche Kriterien für die jeweils angeschnittene Thematik zur Bewertung der Zielerreichung qualifizieren.

Das Modell der selektiven Optimierung mit Kompensation postuliert, daß es drei *Prozesse* gibt, die Erfolg in der Entwicklung über die Lebensspanne hinweg fördern: Selektion, Optimierung und Kompensation. Sie wirken in der Erfüllung der primären Entwicklungsziele der Lebensspanne im Sinne von Wachstum und Erhalt des Erreichten zusammen. *Selektion* bedeutet, daß Entwicklungsprozesse lediglich in spezifischen, ausgewählten Bereichen stattfinden. Aufgrund der endlichen Reserven jedes Organismus´ kann Wachstum nicht in allen Lebensbereichen entstehen: Es muß eine Auswahl der Lebensbereiche getroffen werden, in die man investieren will. *Optimierung* bedeutet, daß passende Mittel gewählt und verfeinert (z.B. durch persistentes Üben) werden, um Wachstum und den Erhalt von Fähigkeiten im selektierten Bereich zu gewährleisten. Wenn sich trotzdem Schwierigkeiten auftun, wird die Funktionalität der bisher eingesetzten Mittel neu überdacht, und *Kompensations*möglichkeiten werden ins Auge gefaßt. Die existierenden Herangehensweisen werden durch adäquatere Strategien ergänzt oder durch alternative Wege ersetzt, so daß erfahrene Einbußen ausgeglichen werden können (z.B. durch das Heranziehen eines Rollstuhls nach einem Unfall und bei zunehmender Gebrechlichkeit).

Das Modell der selektiven Optimierung mit Kompensation muß vor dem Hintergrund der theoretischen Leitsätze zur Entwicklungspsychologie der Lebensspanne (P. Baltes, 1987, 1990) gesehen werden. Diese Leitsätze betonen u.a., daß Entwicklung ein lebenslanger Prozeß ist. Das Modell der selektiven Optimierung mit Kompensation gilt also für Personen jeden Alters. Da Entwicklung in verschiedenen Bereichen simultan geschieht und die Richtung der Entwicklung durchaus variieren kann, geht das Modell der selektiven Optimierung mit Kompensation davon aus, daß Mittel aus einem Lebensbereich "abgezogen" werden können, um in einem anderen Lebensbereich eine erfolgreiche Entwicklung zu garantieren. Die Leitsätze der Psychologie der Lebensspanne besagen zudem, daß Gewinne und Verluste miteinander Hand in Hand gehen. Eine erfolgreiche Entwicklung würde somit bedeuten, daß Gewinne maximiert und Verluste minimiert werden. Da die Plastizität von Personen bis ins hohe Alter anhält, fokussiert das Modell der selektiven Optimierung mit Kompensation auf die Maximierung der stillen Reserven und die erfolgreiche Bewältigung und Anpassung an Entwicklungsveränderungen über die Lebensspanne. Letztgenannte müssen nicht notwendigerweise immer altersbedingt sein, sondern können sich auch aus dem historischen Kontext und der individuellen Geschichte einer Person (als nicht-normative Entwicklungsfaktoren) ergeben.

Selektive Optimierung mit Kompensation und Zukunftsphantasien. Das Modell der selektiven Optimierung mit Kompensation ist vom Anspruch her ein *Metamodell*, das den Rahmen für andere Theorien bilden soll. Es versteht sich als offenes Modell, das anderen Theorien erlaubt, relevante Hypothesen zu formulieren (Marsiske et al., 1995). Kann sich unsere Theorie der positiven Zukunftsphantasien bewähren, indem sie zur Entwicklung relevanter Hypothesen für Selektions-, Optimierungs- und Kompensationsprozesse beim erfolgreichen Altern beiträgt?

Zur Beantwortung dieser Frage ist zunächst anzumerken, daß unsere Theorie ausschließlich Hypothesen formulieren kann, die sich auf Verhaltenskonsequenzen subjektiv erlebter Zukunftsgedanken beziehen. Alle biologischen Selektions-, Optimierungs- und Kompensationsprozesse bleiben damit außen vor (z.B. die Selektion durch genetische Prozesse, die Optimierung durch physische Reifung und die Kompensation durch biologische Reparaturmechanismen). Die in dieser Arbeit diskutierten Konzepte der Erwartungsurteile, Zukunftsphantasien und Gegenwartsreflexionen beziehen sich ausschließlich auf das subjektive Erleben jeder einzelnen Person. Obendrein werden die Vorstellungen und Urteile von Personen nicht nach von außen gesetzten Kriterien bewertet, sondern aus der subjektiven Perspektive der Person selbst (z.B. wurden die Erwartungsurteile abgefragt und die Zukunftsphantasien von den Versuchspersonen selbst auf ihre Positivität hin eingeschätzt). Während Marsiske et al. (1995) das Vorhandensein von Selektion, Optimierung und Kompensation auch aus objektiven Kriterien erschließen, müssen wir uns aufgrund der Art unserer Theorie darauf beschränken, die Bewertung von Selektion, Optimierung und Kompensation in Relation zu den subjektiven Erwartungsurteilen, Zukunftsphantasien und Gegenwartsreflexionen zu vollziehen.

Beginnen wir mit Prozessen der *Selektion*. Zukunftsphantasien kontrastiert mit Gegenwartsreflexionen sollten hier eine bedeutsame Rolle spielen. Die Ergebnisse unserer Experimente sprechen dafür, daß nach einer solchen Kontrastierung eine Selektion insofern stattfindet, als in subjektiv lohnende Projekte investiert wird, während bei weniger ergiebig erscheinenden Unternehmungen das Engagement gedrosselt wird. Ganz anders verhält sich eine Person, wenn sie in positiven Zukunftsphantasien schwelgt oder lediglich über die negative Gegenwart grübelt. Dann sollte die Einschätzung der für die Selektion relevanten Erfolgserwartungen nicht in das Engagement mit einbezogen werden. Dies sollte langfristig dazu führen, daß eine Person bei einer Vielzahl von Unternehmungen mit einem lauen Engagement bei der Sache bleibt, anstatt sich den vielversprechenden Unternehmungen intensiv zuzuwenden und weniger vielversprechende aufzugeben. P. Baltes und M. Baltes (1989, 1990) weisen darauf hin, daß die Ressourcen einer Person begrenzt sind. Ein "Überall-im-Feld" bleiben zu wollen dürfte jedoch nicht durchzuhalten sein, ohne daß massive Kosten entstehen.

Aber auch das Engagement in einem eingegrenzten Inhaltsbereich (z.B. das Kennenlernen eines Lebenspartners) mag durch das Verweigern von Kontrastierungen und darüber vermittelt durch das Ausbleiben von Selektionsprozessen entscheidend behindert werden. Wie bereits im Rahmen der Studie über Erfolg in der Liebe angedeutet (Studie 3) riskieren Personen mit ausschließlich positiven Zukunftsträumereien, daß sie die Wahlmöglichkeiten in einem bestimmten Inhaltsbereich nicht nutzen. Man denke an die verliebten Studenten, die nur auf ihre angehimmelte Person fixiert waren. Wer Wahlmöglichkeiten ignoriert, kann keine überlegten Selektionsentscheidungen treffen. Wer jedoch nicht selbst entscheidet, für den entscheidet das Leben (z.B. verläßt man das *College*, ohne die vorhandenen Möglichkeiten, einen passenden Partner zu suchen, genutzt zu haben). Letztlich setzen die positiven Träumer somit die eigene Entscheidungsfreiheit aufs Spiel und gefährden dadurch langfristig die Freisetzung ihres latenten Potentials.

Auch für *Optimierungs*prozesse sollte eine Kontrastierung positiver Zukunftsphantasien mit negativen Gegenwartsreflexionen bedeutsam sein. Wenn die subjektiven Erfolgswahrscheinlichkeiten hoch sind, dann sollte eine Kontrastierung eine Person dazu motivieren, ihre Ressourcen freizusetzen, auch wenn dies große Anstrengungen erfordert, die die Geduld auf die Probe stellen und Verzicht in anderen Bereichen mit sich bringen. Positive Schwelger dagegen dürften auch angesichts hoher Erfolgswahrscheinlichkeiten vergleichsweise weniger Optimierungsengagement zeigen, weil sie sich bereits erfolgreich wähnen. So bemühten sich die Hochschulabsolventen (Studie 4) mit positiven Zukunftsphantasien vergleichsweise weniger um die Perfektionierung ihres Bewerberverhaltens und waren deshalb auch weniger erfolgreich bei der Bewältigung des Einstiegs in das Berufsleben.

Schließlich sollten auch *Kompensations*prozesse von einer Kontrastierung positiver Zukunftsphantasien mit der negativen Realität profitieren. Bei der Kompensation geht es um den Ausgleich von Mangelzuständen. Deshalb sind hier im Rahmen der Kontrastierung insbesondere die Reflexionen über den Status quo relevant. Je ausführlicher eine

Person die zur positiven Zukunftsphantasie widersprüchlichen negativen Aspekte der Realität reflektiert, desto mehr Ansatzpunkte sollten für eine erfolgreiche Kompensation sichtbar werden. Über das Erleben einer Handlungsnotwendigkeit hinaus erkennt die Person, wo sie kompensierend aktiv werden kann. Nicht nur naheliegende Kompensationsstrategien sollten somit erwogen werden, sondern auch nicht unmittelbar ersichtliche und kreativere Maßnahmen. Da die Kontrastierung obendrein die Erfolgswahrscheinlichkeit ins Blickfeld rückt, profitiert die kontrastierende, auf Kompensation ausgerichtete Person auch noch insofern, als es ihr leichter fallen sollte einzuschätzen, wann für sie persönlich Kompensationsbemühungen sinnlos sind und das Feld besser zu räumen ist.

Insgesamt betrachtet scheint eine Kontrastierung von positiven Zukunftsphantasien mit Reflexionen über die negative Realität für alle drei Prozesse des erfolgreichen Alterns (Selektion, Optimierung und Kompensation) förderlich zu sein. Erst nach einer Kontrastierung finden Erwartungen im Handlungsengagement Berücksichtigung, was die Hinwendung zu vielversprechenden Projekten und die Abwendung von unglücklichen Unternehmungen erleichtert (erfolgreiche Selektion). Bei hohen Erfolgserwartungen begünstigt die Kontrastierung das Optimierungsengagement; die Kontrastierung sollte weiterhin das Entdecken kreativer Kompensationsmaßnahmen erlauben und je nach Höhe der Erfolgserwartungen derartigen Bemühungen Persistenz verleihen oder das effektive Aufgeben des Projektes einleiten.

Die Inhalte positiver Zukunftsphantasien im Bereich des Alterns. Das Modell der selektiven Optimierung mit Kompensation geht, dem Leitsatz des Kontextualismus´ folgend (siehe P. Baltes, 1987, 1990), auf eine Vielzahl von externen Faktoren ein, die determinieren, inwieweit Selektion, Optimierung und Kompensation stattfinden. Es wird auf altersabhängige (z.B. Pubertät, Wechseljahre), geschichts- oder geographieabhängige (z.B. aufgewachsen zwischen den Weltkriegen, sozialisiert in den USA) und nicht-normative Einflußfaktoren (z.B. Kind einer viel gereisten Diplomatenfamilie, Einzelkind) hingewiesen. Diese kontextuellen Einflußfaktoren sollten auch die Phantasieinhalte und die Erfolgserwartungen einer Person beeinflussen.

Die Inhalte von Zukunftsphantasien dürften vom Alter und der Reife einer Person abhängen (z.B. Zukunftsphantasien über den Erhalt von Spielautos im Kindesalter versus Phantasien über das Erklimmen einer einflußreichen Position und die damit verbundenen finanziellen Vorteile im Erwachsenenalter), von den historischen und kulturellen Kontexten, in die eine Person eingebettet ist (z.B. Zukunftsphantasien über Leistungen im Dienste der *In-group* in kollektivistischen Kulturen versus Phantasien über Leistungen, die die eigene Person erhöhen, in individualistischen Gesellschaften) sowie von nicht-normativen Einflußfaktoren (z.B. Zukunftsphantasien über das Meistern eines Musikinstruments in der Familie eines Musikers versus das Meistern des Skifahrens bei den Kindern eines Bergführers). Obwohl all diese Faktoren einen deutlichen Einfluß auf die Inhalte von Zukunftsphantasien haben, darf jedoch nicht vergessen werden, daß gerade Zukunftsdenken in Form der Phantasie sich über diese (altersabhängigen, kulturabhängigen und nicht-normativen) Einflüsse hinwegsetzen können dürfte. Zukunftsphantasien fußen, wie wir in der vorliegenden Arbeit immer wieder betont haben, nur sehr lose auf der unmittelbar erlebten Wirklichkeit. So kann sich ein Kind in seinen Vorstellungen als Pilot erleben, eine im westlichen Kulturkreis aufgewachsene Person sieht sich in Gedanken als Buddhistin und eine langjährige Hausfrau träumt von der Erfüllung im Beruf.

Erfolgserwartungen dagegen drücken als Urteile über die Wahrscheinlichkeit des Auftretens zukünftiger Ereignisse das in der Vergangenheit Erlebte und somit die gemachten Erfahrungen aus (siehe Kapitel 5). Die drei in der Entwicklungspsychologie der Lebensspanne (siehe Baltes, 1987) thematisierten Systeme von Entwicklungseinflüssen (alters- und geschichtsbedingten sowie nicht-normativen) sollten deshalb besonders deutlich in den subjektiven Erwartungen einer Person zum Ausdruck kommen. Denn in den subjektiven Erwartungen wird, mehr als in den spontanen Zukunftsvorstellungen, die erfahrene, tatsächlich verwirklichte, persönliche Lebensgeschichte abgebildet; die Erwartungen reflektieren unmittelbar die alters- und kulturabhängige sowie nicht-normative Lebenssituation einer Person.

Anhand unseres Experiments zum Thema "Lebensplanung von Doktorandinnen" (Experiment 3: Vereinbarung von Beruf und Familie) soll dies kurz exemplifiziert werden. In die Erfolgserwartungen der Doktorandinnen, Kind und Beruf für sich zu vereinbaren, dürften die genannten kontextuellen Einflußfaktoren beispielsweise wie folgt eingegangen sein: in Form der noch verbleibenden Zeit bis zu den Wechseljahren (altersbedingter Einfluß), der staatlichen Kinderfürsorge in Deutschland Ende des zwanzigsten Jahrhunderts (geschichtlicher und kultureller Einfluß) sowie der wahrgenommenen Bereitschaft der eigenen Eltern, bei der Erziehung des in den Phantasien vorgestellten eigenen Kindes mitzuhelfen (nicht-normativer Einfluß). Wie im Rahmen von Tolmans Arbeiten beschrieben sollten die Versuchspersonen diese aus den kontextuellen Einflußfaktoren entspringenden Erwartungen "wie einen schweigenden Partner" mit sich getragen haben. Die über die Erwartungen abgebildeten Einflußfaktoren auf die weitere persönliche Entwicklung sollten jedoch erst dann für Selektions-, Optimierungs- und Kompensationsprozesse zum Tragen kommen, wenn diese Erwartungen "geweckt" und handlungsrelevant werden.

Eine mögliche Weckprozedur ist, wie unsere Experimente gezeigt haben, die Kontrastierung der positiven Zukunftsphantasien mit den Reflexionen über die widersprechende negative Realität. Solche positiven Zukunftsphantasien müssen aber zunächst einmal erst vorhanden sein, um eine Kontrastierung zu ermöglichen. Auch für das Entstehen dieser positiven Zukunftsphantasien dürften die kontextuellen Einflüsse eine Rolle gespielt haben; hier gibt es jedoch für die einzelne Person mehr Freiheiten, sich von diesen Einflüssen zu emanzipieren, als bei den Erwartungen. Man kann sich ein Kind wünschen, ohne auf die tatsächlichen Realisierungschancen zu blicken. Die Bedeutung von positiven Zukunftsphantasien scheint somit auch darin zu liegen, daß der Mensch sich von seiner kontextuellen Einbettung visionär befreien kann.

Diese visionäre Befreiung wird allerdings nur dann in die Tat umgesetzt, wenn sich eine positiv phantasierende Person der Kontrastierung mit dem negativen Status quo stellt und die subjektiven Realisierungswahrscheinlichkeiten ein Handlungsengagement sinnvoll erscheinen lassen (z.B. weil sich eine Doktorandin auf die Hilfe der Eltern in Notsituationen erfahrungsgemäß verlassen kann). Schwelgt jemand jedoch nur in positiven Zukunftsphantasien (z.B. über das Glück bei der Heimkehr aus dem Krankenhaus) oder grübelt lediglich über widersprüchliche Aspekte der Realität (z.B. steckt der Lebenspartner in einer schwierigen beruflichen Phase), so wird das Engagement in Richtung Visionsrealisierung nicht den Erfolgserwartungen entsprechend ausgebaut (oder bei niedrigen Erwartungen eingestellt). Das Thema Familiengründung, um unser Beispiel weiterzuführen, bleibt somit virulent, ohne daß eine Entscheidung (Selektion) in die eine oder andere Richtung getroffen wird. Eine Kontrastierung, die zum Engagement oder Disengagement zwingt, führt in ihren Konsequenzen dagegen weg von einer Entwicklungsstagnation und hin zu einer Veränderung des Lebenskontextes und damit einer neuen Entwicklungssituation, die dann wiederum neue Zukunftsphantasien und Erwartungen anzuregen vermag.

Die Bedeutung der Kontrastierung von positiven Zukunftsphantasien und negativen Gegenwartsreflexionen scheint für ein erfolgreiches Altern deshalb so wichtig zu sein, weil eine mit dem bloßen Schwelgen in positiven Zukunftsphantasien und dem reinen Grübeln in negativen Gegenwartsreflexionen verbundene Mißachtung von Erfolgserwartungen im allgemeinen entwicklungsfeindlich ist, wie sich am Beispiel des Ignorierens von Erwartungen, die von biologischen, geschichts- und kulturabhängigen sowie nichtnormativen Einflüssen gespeist werden, demonstrieren läßt. Für das Ignorieren von Erwartungen, die auf *biologischen Einflußfaktoren* beruhen, steht prototypisch die Frau im mittleren Lebensalter, die ihr Älterwerden in ihrem Aussehen, ihrem Gehabe und ihrer Kleidung nicht zum Ausdruck kommen lassen will. Anstatt ihr Äußeres (Kleidung, Schminke, Accessoires) ihrem Alter anzupassen, verharrt sie in der Phantasie der jugendlichen Schönheit. Dies verhindert ein Maximieren des altersgemäßen guten Aussehens und das Nutzen entsprechender kompensatorischer Maßnahmen (z.B. elegantere, dafür aber weniger körperbetonte Kleidung). Frauen im mittleren Alter, die sich trotz geringer Erfolgserwartungen nach wie vor den Habitus und das Äußere von

Teenagern verleihen, verpassen hier die Entwicklungsaufgabe des konstruktiven Umgangs mit dem alternden Aussehen.

Auch ein Mißachten der aus *geschichts- und kulturabhängigen Einflußfaktoren* resultierenden Erwartungen ist problematisch. Schwelgt eine Person, die in einer kollektivistischen Gesellschaft aufgewachsen ist, beispielsweise in der Phantasie der Selbstverwirklichung und in dem Genuß individueller Freiheiten, wird sie sich in ihrem Verhalten nicht nach der Wahrscheinlichkeit richten, mit der ein Verlassen des Kollektivs für sie möglich und dienlich ist. Die Folge ist ein Verharren in dem Gesellschaftssystem, dem man kritisch gegenübersteht. Somit werden sogar die Entwicklungsmöglichkeiten, die dieses System anbietet, nicht genutzt.

Schließlich soll noch ein Beispiel angeführt werden, das das Übersehen von Erwartungen betrifft, die von *nicht-normativen Einflußfaktoren* stammen. Träumt ein Jugendlicher davon, sich als Schauspieler und Autor einen Namen zu machen, ohne darüber zu reflektieren, daß er weder eine Ausbildung erhalten hat noch ein publizierbares Manuskript in den Händen hält, wird er die respektiven subjektiven Erfolgswahrscheinlichkeiten außer acht lassen. Wie bei den positiv träumenden Stellensuchern der Studie 4 mag er, zukünftigen Erfolg schon träumend vorwegnehmend, Optionen für solide, aber weniger prestige-trächtige Ausbildungswege (z.B. als Psychologe) ausschlagen. Erst mit Erreichen des mittleren Lebensalters wird erkannt, daß attraktive alternative Ausbildungsmöglichkeiten verspielt worden sind, die jetzt nicht mehr nachgeholt werden können.

Die hier vorgetragenen Beispiele sollen deutlich machen, daß das erfolgreiche Altern mittels des effektiven Einsatzes von Selektion, Optimierung und Kompensation der Beachtung von Erfolgswahrscheinlichkeiten bedarf. Das bloße Schwelgen in positiven Zukunftsphantasien verhindert diese Beachtung. So wichtig positive Zukunftsphantasien und ihre Visionen für die Befreiung des Individuums von kontextuellen Einflußfaktoren auch sind, darf man doch nicht vergessen, daß positive Zukunftsvisionen erst dann eine konstruktive Wirksamkeit entfalten, wenn sie mit Reflexionen über die widersprechende Realität kontrastiert werden. Ansonsten sind sie einer erfolgreichen Entwicklung über die Lebensspanne abträglich.

Das Modell der selektiven Optimierung mit Kompensation nimmt sich auch der Frage an, ob das Streben nach selektiver Optimierung mit Kompensation eine erfolgreiche Entwicklung sozusagen garantieren kann. Marsiske et al. (1995) argumentieren, daß selektive Optimierung mit Kompensation nur eine notwendige Voraussetzung für eine erfolgreiche Entwicklung ist, jedoch keine Garantie für eine erfolgreiche Anpassung an die Anforderungen des Lebens liefert. Wenn eine Person zu viele ihrer Ressourcen zur *Optimierung eines spezifischen Lebensbereiches* investiert, werden andere ebenfalls essentielle, subjektiv und objektiv wichtige Lebensziele zwangsweise und sträflich vernachlässigt. Die Gewinne werden in einem bestimmten Bereich auf diese Weise zwar maximiert, die Gesamtverluste jedoch nicht minimiert.

Positive Zukunftsphantasien mögen dieser Fehlentwicklung vorbeugen und entgegenwirken. Beziehen sich positive Zukunftsphantasien auf die vernachlässigten Bereiche, so bleiben letztere zumindest salient und werden mit einem moderaten Engagement aufrechterhalten. Werden die positiven Zukunftsphantasien schließlich auch mit relevanten negativen Realitätsgedanken kontrastiert, kommt es zur Selektion. Bei hohen Erfolgschancen dürfte sich ein vermehrtes Engagement auf den verkümmerten Gebieten beobachten lassen; bei niedrigen Erfolgserwartungen werden die vernachlässigten Bereiche als unpassend endgültig abgelegt. Ein *Workaholic* beispielsweise, der neben seiner Arbeit den Wunsch nach interessanten Reisen durch lebhaftes Phantasieren am Köcheln hält, erlebt nach Reflexionen der Realitätsbedingungen, die der Durchführung von Reisen entgegenstehen, eine Handlungsnotwendigkeit. Sind die Erfolgswahrscheinlichkeiten hoch, wird der *Workaholic* versuchen, seine Lebenssituation durch Reisen zu bereichern; sind sie niedrig, wird dieser Traum aufgegeben und der Weg freigegeben für eine Suche nach anderen Alternativen zur Arbeit, die ebenfalls eine Abwechslung und Bereicherung darstellen könnten.

Auch Kompensationsprozesse dürften nicht immer und überall wachstumsfördernd sein, da sie ebenfalls Ressourcen aufbrauchen. Wird der vorhandene Kräftehaushalt durch die eingeschlagenen Kompensationsstrategien überfordert, steht eine Ablösung vom respektiven Projekt an, die durch eine Kontrastierung von Zukunftsphantasien und widrigen Aspekten der Realität begünstigt wird. Im Modell der selektiven Optimierung mit Kompensation wird unter der Rubrik Kompensation allerdings eine Strategie aufgeführt, die kaum Ressourcen aufbraucht, nämlich die *Kompensationsstrategie der Rationalisierung*. Marsiske et al. (1995) schlagen beispielsweise als eine valide Kompensationsstrategie bei Problemen in der Partnerbeziehung vor, das ungeliebte Verhalten des Partners zu rationalisieren, dessen Überzeugungen und Verhaltensweisen also zu reinterpretieren. Eine Reinterpretation der negativen Realität würde nach unseren Befunden jedoch dazu führen, daß man sich zwar in der Phantasie dem Anreizobjekt verbunden fühlt, letztlich aber kaum die intensiven Bemühungen aufbringt, die notwendig sind, um die Partnerbeziehung wiederzubeleben und die entstandenen interpersonellen Schwierigkeiten zu beheben. Durch solch rationalisierendes Verhalten sollten bei hohen Erwartungen (z.B. signalisiert der Partner Veränderungsbereitschaft) wertvolle Handlungsmöglichkeiten vertan werden, während bei niedrigen Erwartungen (z.B. zeigt der Partner keine Veränderungsbereitschaft) eine befreiende Auflösung der Beziehung gehemmt wird. Nur unter Bedingungen, unter denen die gegebene Situation verhaltensmäßig weder verändert noch aufgegeben werden kann (sog. ausweglose Situationen, siehe Kapitel 9), scheint die Kompensationsstrategie des Rationalisierens und das damit verbundene Schwelgen in positiven Zukunftsphantasien funktional zu sein.

Fassen wir zusammen: Positive Zukunftsphantasien stellen einen wichtigen Aspekt für Prozesse der selektiven Optimierung mit Kompensation dar. Wenn sie mit Reflexionen über die entsprechende negative Realität kontrastiert werden, erlebt man eine Handlungsnotwendigkeit, die letztlich dazu führt, Entscheidungen zu treffen, diese mit Durchsetzungskraft zu verfolgen und bei Einbußen die notwendigen Hilfsmittel heranzuziehen. Das Schwelgen in positiven Zukunftsphantasien und das Grübeln über negative Aspekte der vorliegenden Realität eignen sich nicht für das erfolgreiche Bewältigen der über die Lebensspanne hinweg anstehenden Entwicklungsaufgaben. Hier werden die aus den kontextuellen Einflußfaktoren und der vergangenen Erfahrung ableitbaren Zukunftsprognosen nicht in das Handeln einbezogen. Nur in Ausnahmefällen mag Schwelgen und Grübeln von Vorteil sein (z.B. für das unmittelbare emotionale *Coping* nach einem unausweichlichen negativen Lebensereignis). Positives Schwelgen jedoch, das zum gewohnheitsmäßigen Umgang mit anstehenden Entwicklungsaufgaben wird, ist nachteilig für eine erfolgreiche Entwicklung über die Lebensspanne.

Selektive Optimierung mit Kompensation: Spezifische Theorien

Zuvor haben wir das Rahmenmodell der selektiven Optimierung mit Kompensation zu den in der vorliegenden Arbeit vorgestellten Befunden und Überlegungen in Beziehung gesetzt. Wie bereits dargestellt fungiert das Metamodell der selektiven Optimierung mit Kompensation als Rahmen für spezifischere Modelle der Entwicklung über die Lebensspanne, die auf Kontrollprozesse (J. Heckhausen und Schulz), Selbstwerterhöhung und -erhalt (Brandtstädter) und interpersonelle Beziehungen (Carstensen) fokussieren. Im folgenden sollen diese Modelle im einzelnen dargestellt und die Relevanz von Zukunftsphantasien für die jeweils angesprochenen Phänomene diskutiert werden.

Primäre und sekundäre Kontrolle über die Lebensspanne

Das Modell der primären und sekundären Kontrolle über die Lebensspanne (J. Heckhausen & Schulz, 1995) baut auf der Differenzierung von Rothbaum, Weisz und Snyder (1982) zwischen primärer und sekundärer Kontrolle auf. Primäre Kontrolle paßt das soziale und nicht-soziale Umfeld den eigenen Wünschen an, während sekundäre Kontrolle darauf abzielt, die eigene Person an das Umfeld anzupassen. Mit der Unterscheidung der zwei Arten von Kontrollprozessen wollten Rothbaum et al. darauf hinweisen, daß die bis dahin prevalenten Kriterien der Kontrolle wie Aktivität, Dominanz und aufgabenbezogene Anstrengungen zur Erfassung von Handlungskontrollprozessen nicht ausreichen. Passivität, Submission und Aufgeben dürfen nach Rothbaum et al. nicht notwendigerweise als Kontrollverlust gewertet werden, nur weil diese Verhaltensweisen häufig nach unkontrollierbaren Situationen auftreten und von Attributionen begleitet sind, die auf subjektiven Kontrollverlust hinweisen. Personen, die sich passiv und submissiv verhalten sowie die gestellten Aufgaben vermeiden, können nach Rothbaum et al. nämlich durchaus motiviert sein, Kontrolle zu ergreifen und diese kompetent einzusetzen. In diesem Fall wird Kontrolle jedoch nicht durch ein Anpassen der Umwelt an die eigenen Wünsche, sondern durch ein Anpassen der eigenen Person an die jeweilige Umwelt erreicht. Nach innen und nicht auf die Veränderung der Außenwelt gerichtete Verhaltensweisen müssen nicht notwendigerweise ein Aufgeben von Kontrolle bedeuten, sondern mögen lediglich einen anderen Weg zum Erreichen von Kontrolle darstellen. Aufgrund dieser Überlegungen hielten es Rothbaum et al. für notwendig, der primären Kontrolle eine zweite Art der Kontrolle, die sekundären Kontrollstrategien, an die Seite zu stellen.

Die Ideen von Rothbaum et al. wurden Anfang der 80er Jahre publiziert, also während der Blütezeit der Attributionsforschung. Es erstaunt deshalb nicht, daß sekundäre Kontrolle zunächst attributionstheoretisch exemplifiziert wurde. Attributionen auf mangelnde Fähigkeiten, Glück und mächtige Instanzen galten in klassischen Kontrollarbeiten als typische Symptome des Kontrollverlusts. Rothbaum et al. postulierten nun, daß Attributionen auf mangelnde Fähigkeiten "*Predictive control*" begünstigen, die vor Enttäuschungen schützt; Attributionen auf Glück würden "*Illusory control*" favorisieren, die negative Rückmeldung abschirmt, und Attributionen auf mächtige Instanzen (Religionen, Gruppen, schützende Autoritätsfiguren) sollten "*Vicarious control*" schaffen, die stellvertretende Kontrollgefühle erfahren läßt. Die genannten Attributionen führen nach Rothbaum et al. insgesamt zur "*Interpretative control*", die unkontrollierbaren Ereignissen Sinn gibt und dadurch diese Ereignisse weniger bedrohlich erscheinen läßt.

Rothbaum et al. betonen die Ähnlichkeiten ihrer Überlegungen mit Piagets Assimilations-Akkomodations-Modell der kognitiven Entwicklung. Piaget beschreibt, wie das kognitive System in der Interaktion mit der Umwelt sich verändert und entwickelt. Jede Begegnung mit der Außenwelt hat potentiell zwei Aspekte, die Assimilation und die Akkomodation. Assimilation bedeutet im wesentlichen die Interpretation und Konstruktion der Außenwelt in Übereinstimmung mit bereits existierenden kognitiven Strukturen;

Akkomodation stellt die komplementäre Tendenz dar, in der sich die kognitiven Strukturen den vorgegebenen äußeren Bedingungen anpassen.

Heckhausen und Schulz (1995; siehe auch 1993) greifen die Ideen Rothbaums et al. auf und diskutieren primäre und sekundäre Kontrollprozesse für die langfristige Optimierung des Potentials einer Person über die Lebensspanne. Zudem erweitern sie den attributionstheoretischen Rahmen, den Rothbaum et al. vorgaben. Heckhausen und Schulz subsummieren unter primärer Kontrolle die Aktivitäten einer Person, die auf die Veränderung der Außenwelt abzielen, während unter sekundärer Kontrolle Aktivitäten, die auf die Veränderung von Aspekten des Selbst gerichtet sind, verstanden werden. Zudem involviere primäre Kontrolle insbesondere Handlungen, während sekundäre Kontrolle meist auf gedanklichen Strategien beruhe. Anhand von Beispielen (das Einnehmen von Drogen, S. 285) illustrieren Heckhausen und Schulz aber, daß auch sekundäre Kontrollstrategien Handlungen beinhalten können. Daher gilt das Gerichtet-Sein auf das Selbst als das entscheidende Kriterium der Unterscheidung zwischen primärer und sekundärer Kontrolle.

Inwieweit eine Person ihr Entwicklungspotential realisiert, hängt von der Balance der primären und der sekundären Kontrolle ab (Heckhausen & Schulz, 1995). Dabei steht die sekundäre Kontrolle stets im Dienste der primären Kontrolle. Es ist letztlich das Ausmaß der primären Kontrolle, das die Ausschöpfung des individuellen Entwicklungspotentials über die Lebensspanne bedingt. Die Betonung der dienenden Funktion der sekundären Kontrolle für die primäre Kontrolle (diese Funktion wird bei Rothbaum et al. nicht postuliert) wird damit begründet, daß eine Person ihr Entwicklungspotential nicht realisieren könne, ohne sich die Umwelt untertan zu machen, und daß daher primäre Kontrolle größeren adaptiven Wert habe als sekundäre Kontrolle. Damit widerprechen Heckhausen und Schulz in Bezug auf die Frage der erfolgreichen Entwicklung über die Lebensspanne der von Rothbaum et al. implizierten Gleichberechtigung von primärer und sekundärer Kontrolle.

Heckhausen und Schulz entwerfen eine Taxonomie primärer und sekundärer Kontrollstrategien, indem sie die Dimension Funktionalität/Disfunktionalität mit der Dimension Veridikalität/Illusion kreuzen. Die letztgenannte Dimension bezieht sich auf den Realitätsgrad primärer und sekundärer Kontrolle (z.B. bei der primären Kontrolle: Effektives Kontrollverhalten, das entweder auf korrekten oder inkorrekten Überzeugungen basiert; bei der sekundären Kontrolle: korrekte versus selbstwertdienliche Attributionen). Die Dimension Funktionalität/Disfunktionalität primärer und sekundärer Kontrolle bedeutet dagegen Expansion versus Beschränkung der primären Kontrolle (z.B. bei der primären Kontrolle: Kontrollverhalten, das sich kurz- und langfristig als effektiv erweist versus nur kurzfristig effektives Kontrollverhalten, das langfristig das Kontrollpotential untergräbt; bei der sekundären Kontrolle: korrekte versus pessimistische Attributionen). Je mehr eine Strategie einer Person zur Ausbreitung und Erweiterung der primären Kontrolle verhilft, desto funktionaler ist sie, wobei die primären Kontrollstrategien direkt auf die Außenwelt wirken können, während die sekundären Kontrollstrategien zunächst nach innen wirken, ihre Außenwirkung dagegen über die primäre Kontrolle erlangen. Bei den sekundären Kontrollstrategien werden die genannten beiden Dimensionen noch mit einer dritten Dimension gekreuzt, um verschiedene Arten von Strategien zu unterscheiden. Diese dritte Dimension bezieht sich auf drei inhaltliche Aspekte der Handlungskontrolle: auf Erwartungen, Anreize und Attributionen. Es gibt somit bei den sekundären Kontrollstrategien funktionale und disfunktionale, die entweder realistisch oder illusionär sind und sich schließlich auf Erwartungen, Anreize oder Attributionen beziehen können.

Heckhausen und Schulz berichten eigene Befunde und solche aus der Literatur, die darüber Auskunft geben, in welchen Lebensabschnitten primäre und sekundäre Kontrollstrategien zum Einsatz kommen. Primäre Kontrolle ist bereits im Säuglingsalter vorhanden, sekundäre Kontrolle dagegen erst in der frühen Kindheit. Die primäre Kontrolle nimmt, nach Heckhausen und Schulz, über die Lebensspanne hinweg nicht ab. Heckhausen und Schulz zitieren zur Unterstützung dieser These die von Peng und Lachman (1993) berichteten Ergebnisse sowie eigene Arbeiten mit einer repräsentativen Stichprobe in den neuen Ländern (Heckhausen & Schulz, 1994; für widersprechende Evidenz siehe jedoch Brandtstädter & Renner, 1990). Diese Befunde widersprechen der in unserem Kulturkreis vorherrschenden Ansicht, daß sich mit dem Alter die subjektive Bilanz von Entwicklungsgewinnen und -verlusten verschlechtert. Befragt man junge, mittlere und ältere Erwachsene danach, was sich ihrer Meinung nach typischerweise im hohen Erwachsenenalter verändert, so erwarten alle Altersgruppen unerwünschte und unkontrollierbare Veränderungen (Heckhausen, Dixon & Baltes, 1989).

Was hier offensichtlich übersehen wird, ist, daß mit zunehmendem Alter die sekundären Kontrollstrategien der primären Kontrolle verstärkt zu Hilfe kommen (Heckhausen & Schulz, 1995). Sie stützen den Erhalt der primären Kontrolle über die Lebensspanne angesichts der im Alter zunehmenden Einschränkungen des objektiven Wirkungskreises einer Person. Tatsächlich scheinen sekundäre Kontrollstrategien mit dem Alter verstärkt zum Einsatz zu kommen. Hierin stimmen die Ergebnisse von Heckhausen und Schulz (1994), von Peng und Lachman (1993) und von Brandtstädter und Renner (1990) überein. Dabei wird eine Vielzahl verschiedener sekundärer Kontrollstrategien genutzt, die vom Herabsetzen von Zielstandards bis hin zu selbstwertschützenden sozialen Vergleichen reichen. Erst, wenn die sekundären Kontrollstrategien der primären Kontrolle angesichts eines absoluten Kontrollverlustes nicht mehr dienen können, setzen Einbrüche in der primären Kontrolle ein.

Primäre und sekundäre Kontrolle und positive Phantasien. Wo könnten im Modell von Heckhausen und Schulz der primären und sekundären Kontrolle zur Optimierung des menschlichen Enwicklungspotentials positive Zukunftsphantasien eine Rolle spielen? Zur Beantwortung dieser Frage muß zunächst geklärt werden, wo positive Zukunftsphantasien im Kategoriensystem des Modells ihren Platz haben, also bei den primären oder bei den sekundären Kontrollstrategien. Betrachten wir noch einmal die Definition primärer und sekundärer Kontrolle. Primäre Kontrolle bezieht sich auf Handlungen, die auf die Veränderung der Außenwelt abzielen, während sekundäre Kontrolle Gedanken (oder Handlungen) impliziert, die auf die eigene Person gerichtet sind. Selbst wenn eine Person in ihren positiven Phantasien die Umwelt durch grandiose Taten verändert, so bleibt dies eine sekundäre Kontrollstrategie, solange diese Taten lediglich ein Produkt ihrer Phantasien sind und nicht in ein tatsächliches Realisierungsengagement münden.

Sind positive Zukunftsphantasien nun im Sinne des Stützens der primären Kontrolle als funktionale oder disfunktionale sekundäre Kontrollstrategien zu klassifizieren? Positive Zukunftsphantasien sperren sich gegen eine schnelle Einordnung, weil es vom Zusammenspiel mit den entsprechenden Reflexionen über die Realität sowie von der Höhe der Erfolgserwartungen und schließlich von der Art der zu bestehenden Entwicklungsaufgabe abhängt, ob positive Zukunftsphantasien der primären Kontrolle dienlich sind und somit, nach Heckhausen und Schulz, die Optimierung des Entwicklungspotentials einer Person über die Lebensspanne voran treiben. Diese Überlegungen werden im folgenden expliziert.

Beginnen wir mit dem bloßen Schwelgen in positiven Zukunftsphantasien. Ein Beispiel solcher Zukunftsphantasien bei Jugendlichen ist der Traum, den "richtigen" Partner zu finden, bei Erwachsenen mittleren Alters das Erreichen des Höhepunkts der Karriereleiter oder bei älteren Erwachsenen die ideale Beziehung zur Tochter. Das Schwelgen in positiven Zukunftsphantasien sollte, unseren Befunden zufolge, eine Person "im Feld halten" und dient somit auf den ersten Blick der primären Kontrolle des Erreichens der Realisierung der genannten Träume. Bei genauerem Hinsehen entpuppt sich die dadurch induzierte primäre Kontrolle als disfunktional. Wenn eine Person hohe Erfolgserwartungen hat, führt das Schwelgen in positiven Zukunftsphantasien, unseren experimentellen Ergebnissen zufolge, zu weniger Engagement bei der Phantasierealisierung, als aufgrund der hohen Erfolgserwartungen gerechtfertigt wäre. Das Schwelgen in positiven Zukunftsphantasien läßt Personen ihre hohen subjektiven Realisierungschancen nicht in vollem Maße nutzen. Man setzt sich ungerechtfertigt zurückhaltend ein und geizt mit Handlungsengagement. Bei hohen Erfolgserwartungen behindert die sekundäre

Kontrollstrategie des Schwelgens in positiven Zukunftsphantasien somit das volle Ausschöpfen der von der Außenwelt angebotenen Möglichkeiten.

Bei niedrigen Erfolgserwartungen dagegen bemüht sich eine in positiven Zukunftsphantasien schwelgende Person mehr, als ihre Erwartungen es rechtfertigen. Sie engagiert sich zuviel und verschwendet ihre Kräfte und Ressourcen für aussichtslose Unternehmungen. Das Schwelgen in bloßen positiven Zukunftsphantasien angesichts niedriger Erfolgschancen bindet Personen an aussichtslose Projekte und verhindert das eigentlich notwendige Disengagement. Die sekundäre Kontrollstrategie des Schwelgens in positiven Zukunftsphantasien führt damit auch bei niedrigen Erwartungen zu Handlungen, die als disfunktionale primäre Kontrollversuche klassifiziert werden müssen.

Bei der Einschätzung der Funktionalität der sekundären Kontrollstrategie des Schwelgens in positiven Phantasien ist somit festzuhalten, daß bei hohen und niedrigen Erfolgserwartungen eine disfunktionale primäre Kontrolle gefördert wird. Das Schwelgen in positiven Zukunftsphantasien hält eine Person ungeachtet der Erfolgschancen zu einem moderaten Handlungsengagement an, was bei hohen Erfolgschancen zu ungerechtfertigt wenig Handlungsengagement und bei niedrigen Erfolgschancen zu ungerechtfertigt viel Handlungsengagement führt. In beiden Fällen wird somit die volle Ausschöpfung des Entwicklungspotentials behindert (es bleiben wertvolle Entwicklungsmöglichkeiten ungenutzt bzw. es wird in wenig aussichtsreiche Projekte investiert).

Die Frage nach der Funktionalität der sekundären Kontrollstrategie positiver Zukunftsphantasien ist damit jedoch noch nicht vollständig beantwortet. Denn wie wir aus unseren Experimenten wissen, gewinnen positive Zukunftsphantasien eine ganz andere Qualität, wenn sie mit Reflexionen über die negative Realität kontrastiert werden. Unter Kontrastierungsbedingungen fördern positive Zukunftsphantasien erwartungsgebundenes Engagement, das im Modell von Heckhausen und Schulz als funktionale primäre Kontrolle qualifizieren dürfte, weil es handlungsmäßig die volle Ausschöpfung des Entwicklungspotentials gewährleistet (über je nach hoher oder niedriger Erfolgserwartung effektives Engagement bzw. Disengagement).

Aber auch hier gilt, daß die durch die Kontrastierung stimulierten primären Kontrollprozesse nicht generell als funktional eingeschätzt werden dürfen. Es hängt von der Art der Situation ab (z.B. aussichtslose und unentrinnbare Situationen, siehe Kapitel 9), ob diese als funktional oder disfunktional bewertet werden darf. Bei Gebrechlichkeit im sehr hohen Alter und bei aussichtslosen terminalen Krankheiten beispielsweise sollte eine Kontrastierung zu einer Aufgabe des Überlebenswillen führen, was man aus der Perspektive der lebenslangen Optimierung des Entwicklungspotentials sicherlich als disfunktional bezeichnen muß. In solchen Fällen sollte das Schwelgen in positiven Zukunftsphantasien der Optimierung der noch vorhandenen Ressourcen besser dienen als die Kontrastierung (ein Punkt, auf den später noch einmal ausführlicher eingegangen wird).

Insgesamt machen die hier vorgetragenen Überlegungen deutlich, daß die Frage nach der Funktionalität einer gegebenen primären und sekundären Kontrollstrategie nicht allein schon anhand der Betrachtung von Inhalt und Art der Strategie beantwortet werden kann. Ob die sekundäre Strategie des positiven Phantasierens als funktional qualifiziert, hängt davon ab, wie eine Person diese Strategie zu anderen Gedanken in Beziehung setzt; ob sie sie mit Reflexionen über die negative Realität kontrastiert oder sich ihr ausschließlich hingibt. Ähnliches gilt für die primäre Kontrollstrategie des erwartungsgebundenen phantasie-realisierenden Handelns. Auch hier kann die Funktionalität erst beurteilt werden, wenn man in Betracht zieht, in welchem situativen Kontext dieses Handeln stattfindet; was in frei zu gestaltenden Handlungssituationen als funktional erscheint, muß in unveränderlichen und zudem ausweglosen Situationen als disfunktional bewertet werden.

Assimilation und Akkomodation beim Selbstwerterhalt im Alter

Ein weiteres spezifisches Modell, das dem Metamodell der selektiven Optimierung mit Kompensation zugeordnet werden kann, wird von Brandtstädter und Mitarbeitern vorgetragen. Es lehnt sich in seiner Terminologie explizit an das Assimilations-Akkomodations-Modell Piagets an und bezieht sich auf das Phänomen des Selbstwerterhalts über die Lebensspanne (Brandtstädter & Renner, 1990, 1992; Brandtstädter & Greve, 1992). Es wird hier angenommen, daß ein hoher Selbstwert dann vorliegt, wenn keine Diskrepanz zwischen dem idealen Selbst und dem aktuellen Selbst besteht. Auftretende Diskrepanzen können auf drei verschiedene Weisen geschlossen werden: Das aktuelle Selbst wird dem idealen angepaßt (assimilative Prozesse), das ideale Selbst dem aktuellen (akkomodative Prozesse), und schließlich kann die Diskrepanz auch nicht handelnd, also nur interpretativ geschlossen werden. Bei diesen immunisierenden Prozessen wird entweder das ideale Selbst (konzept-orientierte Immunisierung) oder das aktuelle Selbst (datengerichtete Immunisierung) uminterpretiert.

Auch Higgins (1987) beschäftigt sich in seiner Selbstdiskrepanztheorie mit der fehlenden Übereinstimmung von gedachten zukünftigen Selbstkonzepten (chronisches Ideal- versus Soll-Selbst) mit dem wahrgenommenen aktuellen Selbst. Während Higgins die jeweils anderen gefühlsmäßigen Folgen von Diskrepanzen des aktuellen Selbst zum Ideal- versus Soll-Selbst analysiert (Bedrücktheit bzw. Agitiertheit), interessiert Brandtstädter und seine Mitarbeiter die Qualität der Selbstbewertung als Folge bestehender versus abgebauter Diskrepanzen zwischen dem Ideal-Selbst und dem aktuellen oder Real-Selbst.

Brandtstädter postuliert, daß unabhängig davon, auf welchem Wege eine vorliegende Diskrepanz geschlossen wird, reduzierte Diskrepanzen stets mit einem hohen Selbstwert einhergehen. Damit wird eine Antwort auf die erklärungsbedürftige Tatsache gegeben, daß selbst im hohen Erwachsenenalter Selbstwertstörungen weitgehend ausbleiben (zusammenfassend siehe Brandtstädter & Greve, 1992) und positive Selbstbeschreibungen eine erstaunlich hohe Stabilität über die Lebensspanne aufweisen (Bengtson, Reedy & Gordon, 1985). Wie bereits angedeutet, gibt es nach Brandtstädter verschiedene Möglichkeiten des Schließens von Diskrepanzen, so daß auch Personen sehr hohen Alters noch Zugang zu effektiven Strategien zur Reduktion von Diskrepanzen haben sollten.

Die Prozesse des Schließens von Zieldiskrepanzen werden im einzelnen wie folgt beschrieben: Assimilative Prozesse sind instrumentelle Handlungen, die Entwicklungsverlusten in selbstwertrelevanten Domänen entgegen wirken sollen, indem sie das aktuelle Selbst in Richtung des idealen Selbst verändern. Wenn assimilative Prozesse nicht erfolgreich sind, setzen akkomodative Prozesse ein. Hier geht es um das Anpassen des idealen Selbst an das aktuelle Selbst, was durch eine Loslösung vom Ideal-Selbst und durch die Reduzierung von Aspirationen und Zielstandards in Richtung des aktuellen Selbst geleistet werden kann. Die dritte Strategie besteht ausschließlich aus interpretativen "immunisierenden" Maßnahmen, die unmittelbare Bedrohungen selbstwertschützend ausblenden oder den Ideal-Zustand selbstwertschützend ignorieren; diese interpretativen Maßnahmen können somit entweder am Ist- oder am Ideal-Zustand ansetzen.

Das Postulat, daß geschlossene Diskrepanzen generell zu einem hohen Selbstwert und einer positiven Identität führen, ganz gleich, auf welchem Weg diese geschlossen wurden, impliziert u.a., daß der akkomodative Prozeß des Ablösens von Zielen und der Reduktion von Zielstandards ebenfalls selbstwertförderlich ist. Diese Implikation steht im Widerspruch zu anderen Theorien, die sich explizit mit Fragen der Ablösung von Zielen beschäftigen. Klinger (1977; neuerdings auch Pyszczinski & Greenberg, 1992) beschreibt das Ablösen von Anreizen und Zielen als einen äußerst schmerzhaften Prozeß, der nicht nur selbstwertbedrohend ist, sondern häufig auch mit depressiven Zuständen einhergeht. Brandtstädters Annahme, daß auch akkomodative Prozesse selbstwerterhaltend sind, steht auch nicht im Einklang mit Positionen, die im Modell der selektiven Optimierung mit Kompensation zum Ausdruck kommen. Dieses Modell betont gerade das Unterhalten von Zielsetzungen und deren Realisierung als zentralen Faktor für eine erfolgreiche Entwicklung (siehe bspw. Marsiske et al., 1995).

Die Ideen Brandtstädters erinnern an die klassischen Ausführungen von William James über das Selbstwertgefühl. Auch nach James bestimmt sich der Selbstwert einer Person aus der Relation von aktuellem Selbst zu idealem Selbst (allerdings konzipiert James diese Relation nicht im Sinne einer Diskrepanz zwischen idealem Selbst und aktuellem Selbst, sondern als Quotient, wobei im Nenner das ideale Selbst und im Zähler das aktuelle Selbst steht). William James hat u.a. auch die Möglichkeit diskutiert, daß eine Person ihre "*Pretentions*", ihr Ideal-Selbst aufgibt. Zunächst sieht er darin, wie dies auch bei Brandtstädter zum Ausdruck kommt, etwas Positives. "*How pleasant is the day when we give up striving to be young, - or slender! Thank God! we say,* ***those*** *illusions are gone. Everything added to the Self is a burden as well as a pride.*" (James, 1890, S. 311). James kommen aber schnell Zweifel, und er gibt zu bedenken, daß diese Ablösung von den Idealen (*Pretentions*) auch ihre Kosten hat. Er findet keine schmeichelhaften Worte, wenn er eine solche Person charakterisiert, die sich im Aufgeben ihrer *Pretentions* besonders hervortut:

> *This Stoic fashion, though efficacious and heroic enough in its place and time, is, it must be confessed, only possible as an habitual mood of the soul to narrow and unsympathetic characters. It proceeds altogether by exclusion. If I am a Stoic, the goods I cannot appropriate cease to be* ***my*** *goods, and the temptation lies very near to deny that they are goods at all. We find this mode of protecting the Self by exclusion and denial very common among people who are in other respects not Stoics. All narrow people* ***intrench*** *their Me, they* ***retract*** *it, - from the region of what they cannot securely possess.* (James, 1890, S. 312).

Es gibt somit Grund für die Annahme, daß Prozesse der Akkomodation nicht ideal für den Erhalt des Selbstwertes geeignet sind. Zum einen sind Akkomodationsprozesse immer mit schmerzhaften Ablöseerfahrungen verknüpft und müßten deshalb den Selbstwert einer Person zumindest temporär in Mitleidenschaft ziehen. Zum anderen führen Prozesse der Akkomodation, wie James so plastisch beschreibt, zu einer Verengung der Persönlichkeit.

Assimilation/Akkomodation und positive Phantasien. Geht man davon aus, daß akkomodative Prozesse der Diskrepanzreduktion den Selbstwert wegen der begleitenden schmerzhaften Ablöseprozesse nicht sofort erhalten oder erhöhen, ergibt sich für positive Zukunftsphantasien hier eine zentrale Funktion. Positive Zukunftsphantasien dürften jemanden den Ablöseprozeß weniger schmerzhaft erleben lassen, wenn sie für die Zeit nach der Ablösung eine positive Zukunft ausmalen, auf die er sich jetzt schon freuen kann. Nicht der Akkomodationsprozeß allein schafft damit einen hohen Selbstwert, sondern es bedarf begleitender Phantasien über eine trotz der Ablösung positive Zukunft, weil sonst die Schmerzhaftigkeit des Ablöseprozeßes die positiven Selbstwerteffekte der Diskrepanzreduktion überdecken müßte.

Weiterhin sollten positive Phantasien über eine oder mehrere neue Zukunftsprojekte nach einer schmerzlichen Ablösung davon abhalten, daß man sich als Stoiker ganz zurückzieht oder sich als "enge Persönlichkeit" an das klammert, was man mit Sicherheit erreichen kann. Solche Zukunftsphantasien erlauben einer Person zudem, in Gedanken verschiedene Anreize auszuprobieren und dabei sozusagen "auf deren Geschmack zu kommen". Nach der Trennung von einem Partner beispielsweise mag man sich verschiedene Bekannte vorstellen, in die man sich verlieben könnte. Kontrastiert man die positiven Zukunftsvisionen dann auch noch mit Aspekten der momentanen negativen Gegenwart (als Single), kann die erwartungsgeleitete Partnersuche beginnen. Insgesamt betrachtet dürften positive Zukunftsphantasien über eine neue Zukunft einen selbstwerterhaltenden Umgang mit Ablöseprozessen erleichtern.

Diese Überlegungen müßten natürlich erst noch in experimentellen Studien überprüft werden, die das akkomodative Schließen einer Zieldiskrepanz mit oder ohne alternative positive Zukunftsphantasien versehen und anschließend die Selbstbewertung einer Person erheben. Vorhandene korrelative Daten sprechen dafür, daß derartige Experimente gewinnbringend sein dürften. Wir gaben über 150 männlichen und weiblichen Studenten der *University of Pennsylvania* den in Kapitel 7 beschriebenen *Fantasy Production Questionnaire* (Oettingen, 1988). Die Versuchspersonen wurden also gebeten, spontane positive Zukunftsphantasien zu 12 Szenarios zu generieren (jeweils 4 aus den Gebieten Arbeit, interpersonelle Beziehungen und Gesundheit) und danach diese Phantasien auf ihre Positivität/Negativität einzuschätzen. Zusätzlich mußten die Versuchspersonen auch den *Attributional Style Questionnaire* (*ASQ*; Peterson et al., 1982) ausfüllen sowie einen Fragebogen zur Erfassung depressiver Stimmungen, den *Beck Depression Inventory* (*BDI*; Beck, Ward, Mendelson, Mock & Erbaugh, 1961). Beim *BDI* handelt es sich um einen standardisierten Fragebogen mit 21 Items zur Messung diverser depressiver Symptome. Drei Wochen nach dieser ersten Erhebung füllten die StudentInnen den *BDI* ein zweites Mal aus. Positive Zukunftsphantasien gingen mit einer vergleichsweise milderen depressiven Symptomatik insbesondere bei den Versuchspersonen, die auf dem *ASQ* einen pessimistischen Erklärungsstil erkennen ließen, einher. Diese Beobachtung gilt sowohl für die querschnittliche als auch für die prädiktive, längsschnittliche Analyse der Daten (mit der Depressionsveränderung über 3 Wochen als abhängiger Variable).

Interpretiert man den pessimistischen Attributionsstil als eine Affinität für Akkomodationsprozesse, so spricht das vorliegende Datenmuster für unsere These, daß positive Zukunftsphantasien Ablöseprozesse weniger schmerzhaft erfahren lassen. Wir vermuten daher, daß alternative positive Zukunftsphantasien bei schwierigen Ablöseprozessen kurz- und mittelfristig eine wichtige Rolle in dem Kampf gegen reaktive Depressionen (als Folge von Ablöseprozessen) spielen.

In unserer bisherigen Diskussion von Akkomodationsprozessen fokussierten wir darauf, inwieweit positive Phantasien über alternative Zukunftsprojekte die mit der Akkomodation verbundenen Ablöseprozesse weniger schmerzhaft und selbstwertbelastend ausfallen lassen. Nun muß allerdings berücksichtigt werden, daß in bestimmten Phasen der Entwicklung über die Lebensspanne eine Ablösung keinen rechten Sinn ergeben will, weil alternative Zukunftsprojekte nicht mehr oder nur sehr eingeschränkt zugänglich sind. Wenn beispielsweise im sehr hohen Alter der Wirkungskreis einer Person so massiv eingeschränkt ist, daß Phantasien über alternative positive Zukunftsentwicklungen sich nicht mehr aufdrängen (z.B. drängen sich einer Person sehr hohen Alters nach dem Tod ihres Partners keine Phantasien über zukünftige Romanzen auf), empfiehlt es sich offensichtlich, den alten Traum weiterzuträumen und somit eine Loslösung vom verstorbenen Partner erst gar nicht einzuleiten. Wie wir aus unseren Experimenten wissen, verhindert das Schwelgen in positiven Zukunftsphantasien erwartungsgeleitetes Verhalten und damit auch die Loslösung vom eigentlich Aussichtslosen. Man bleibt somit dem Alten verbunden; eine schmerzhaftes Abwenden vom Alten wird nicht ins Auge gefaßt.

Insgesamt stimmen wir mit Brandtstädter und seinen Mitarbeitern darin überein, daß Akkomodationsprozesse und die Ablösung von Zielprojekten nicht notwendigerweise zu depressiven Verstimmtheiten und Selbstwertverlusten führen müssen (wie dies bpsw. von Klinger und anderen postuliert wird). Während Brandtstädter et al. aber die Anpassung des idealen Selbstbildes an das weniger schmeichelhafte Real-Selbst generell als selbstwerterhaltend interpretieren, vermuten wir, daß das Aufgeben idealer Selbstbilder nur dann den Selbstwert stabil läßt, wenn diese Ablösungsprozesse von Phantasien über alternative positive Zukunftsmöglichkeiten begleitet werden. Wir spekulierten schließlich darüber, daß es bisweilen für den Selbstwert einer Person von Vorteil sein kann, wenn die Ablösung von erlebten Verlusten erst gar nicht stattfindet (z.B. im sehr hohen Lebensalter). In derartigen Situationen kommt gleichthematischen Zukunftsphantasien eine große Bedeutung zu.

Theorie der sozial-emotionalen Selektivität

In ihrer *Socio-emotional selectivity theory* diskutiert Carstensen (1987, 1992, 1993) das Phänomen der Selbstregulation sozialer Interaktionen aus der Perspektive der Entwicklung über die Lebensspanne. Im einzelnen geht es um die altersbedingten Veränderungen in den Beweggründen für das Interagieren mit anderen. Nach Carstensen dient interpersoneller Kontakt drei verschiedenen Funktionen: dem Informationserwerb, der Selbstkonzeptausbildung und der emotionalen Regulation. Die relative Wichtigkeit dieser drei Funktionen ändert sich nach Carstensen über die Lebensspanne, und zwar in Abhängigkeit von der subjektiven Einschätzung der noch verbleibenden (Lebens)-Zeit. Wenn diese Zeit als nahezu unbegrenzt betrachtet wird, spielt der Informationserwerb eine primäre Rolle. Wenn die noch verbleibende Zeit dagegen als nur noch kurz bemessen eingeschätzt wird, gewinnt die Funktion der Emotionskontrolle an Bedeutung. Carstensen versucht mit ihrer Theorie, Befunde zu erklären, wonach Personen mit zunehmendem Alter insgesamt zwar weniger sozialen Kontakt haben, die emotionale Befriedigung in den aufrecht erhaltenen Beziehungen aber keineswegs abnimmt.

Im Einklang mit dem Metamodell der selektiven Optimierung mit Kompensation argumentiert Carstensen, daß Personen mit zunehmendem Alter zwar die Anzahl ihrer Interaktionspartner reduzieren (siehe auch Lang & Carstensen, 1994), dabei aber immer wählerischer werden, mit wem sie die noch verbleibende Zeit verbringen wollen. Personen hohen Alters suchen sich nämlich insbesondere solche Interaktionspartner aus, mit denen sie einen emotional befriedigenden Kontakt herstellen können. Sie spielen nach Carstensen somit eine aktive Rolle bei der Reduktion und Auswahl ihrer Interaktionspartner, wobei diese Selektion eine Maximierung der emotionalen Gewinne und eine Minimierung emotionaler Verluste verfolgt. Diese Überlegungen (und die sie stützenden Befunde) widersprechen somit der klassischen Theorie des emotionalen Disengagements im Alter (Cumming & Henry, 1961), die davon ausgeht, daß das emotionale Erleben im Alter allmählich erlischt.

Nach Carstensen versuchen auch Jugendliche, die emotionalen Gewinne zu maximieren und Verluste zu minimieren. Doch spielen im Jugendalter andere Beweggründe für das Interagieren mit anderen eine prominentere Rolle. Jugendliche sind stärker auf Informationsgewinn angewiesen als ältere Leute, und so nimmt der Jugendliche die emotionalen Kosten gerne in Kauf, die ein Interagieren mit Unbekannten (hoher Informationsgewinn) mit sich bringt. Die emotionalen Kosten fallen auch weniger ins Gewicht, weil er mehr Energie und Kraft hat, diese Kosten zu verarbeiten. Beispielsweise können Jugendliche, die im Rahmen von Interaktionen mit neuen Bekanntschaften Kritik an der eigenen Person erfahren, diese mit Hilfe der reichlich existierenden Kraftreserven emotional leichter verarbeiten als ältere Personen. Wenn mit dem Alter die Beweggründe der Suche nach Information und der Etablierung des Selbstkonzepts an Bedeutung verlieren, weil sie über die Lebensspanne bereits ausgiebig bedient worden sind, gewinnt der Beweggrund der emotionalen Regulierung vergleichsweise an Prominenz (dahinter steckt wohl die Annahme, daß der Beweggrund der emotionalen Regulation weniger leicht sättigbar ist). Da vertraute Interaktionspartner diesen Beweggrund besser bedienen als unvertraute, fokussieren Personen höheren Alters auf den Umgang mit einem kleinen, aber vertrauten Kreis anderer Personen.

Die Theorie der sozial-emotionalen Selektivität und positive Phantasien. Vielleicht hat die Selektion der Interaktionspartner im Alter in Richtung eines engen, vertrauten Kreises neben der Emotionskontrolle noch eine weitere Funktion. Mit zunehmendem Alter und insbesondere am Ende des Lebens nimmt die Anzahl von

Projekten zu, die man nicht mehr oder nur noch unter immensen Kosten aufgeben kann. Schon im mittleren Alter trifft dies für einige langfristig angelegte Projekte zu. Man denke an Personen, die eine Familie gegründet oder ihre Arbeitskraft über Jahre hinweg in bestimmte Spezialgebiete investiert haben. Mit zunehmendem Alter schwinden zusätzlich die Möglichkeiten, alternative Projekte in Angriff zu nehmen.

Verringern sich für eine Person, die sich auf die beschriebene Art und Weise in Projekten gefangen sieht, die Erfolgschancen, kann ein sehr belastender Konflikt entstehen: Man erkennt einerseits, daß ein weiteres Engagement erfolglos bleiben wird, andererseits kann man das Projekt nicht mehr oder nur mit unerwünscht hohen Kosten verlassen. Personen in solchen Situationen sollten eine Kontrastierung ihrer positiven Zukunftsphantasien mit Reflexionen über die negative Realität deshalb unter allen Umständen vermeiden, weil diese auf die niedrigen Erfolgschancen aufmerksam macht und damit den beschriebenen Konflikt induziert.

Die Vertrautheit von Interaktionspartnern dürfte hinsichtlich der Auslösung des beschriebenen Konflikts eine bedeutsame Rolle spielen. Vertraute Interaktionspartner sollten sich u.a. dadurch auszeichnen, daß sie einfühlsamer mit uns interagieren als unbekannte. Dies impliziert möglicherweise, daß sie uns unser Schwelgen in positiven Zukunftsträumen auch und gerade angesichts einer negativen Realität großzügig belassen. Ist dies der Fall, was in zukünftigen Studien noch zu prüfen wäre, hätten Personen hohen Alters (oder kurzer noch verbleibender Lebenszeit) neben der positiven Emotionalität einen weiteren Grund, ihre sozialen Kontakte auf vertraute Personen zu beschränken.

Insgesamt also sollte im Alter die Hoffnung im Sinne positiver Zukunftsvisionen angesichts schwindender Erfolgschancen eine bedeutende Rolle spielen für die Optimierung der noch verbleibenden Ressourcen. Die Wahl der Interaktionspartner spielt für den Erhalt dieser Hoffnung möglicherweise die zentrale Rolle. Personen, die anderen ihre positiven Zukunftsträume rauben, sollten selten unter den Interaktionspartnern von Personen zu finden sein, denen wenig Lebenszeit verbleibt.

Weisheit und optimales Altern

Das Thema Weisheit ist so etwas wie eine "Nagelprobe" für die Psychologie der Lebensspanne. Der Volksmund schreibt dem alternden Menschen Einbußen in nahezu allen Lebensbereichen zu ; wenn dem alternden Menschen ein Gewinn zugestanden wird, dann bestenfalls im Ausmaß seiner Weisheit (Heckhausen et al., 1989). Was aber ist dieses Gut der Weisheit? Ist es tatsächlich so, daß sich das Altern einer Person förderlich auf dessen Erwerb auswirkt?

Die Berliner Weisheitsforschung von Paul B. Baltes (Baltes, Dittmann-Kohli & Dixon, 1984; Baltes & Smith, 1990; Baltes, Smith & Staudinger, 1992; Baltes & Staudinger, 1993; Dittmann-Kohli & Baltes, 1990; Staudinger & Baltes, 1994) konzeptualisiert Weisheit als ausgeprägtes Wissen und kompetente Urteilsfähigkeit in der fundamentalen Pragmatik des Lebens. Weisheit wird somit als *Expertenwissen* über die Probleme des Lebens definiert. Das Berliner Modell basiert aber nicht nur auf dem im Rahmen der Kognitionspsychologie entwickelten Paradigma des *Expert knowledge*, sondern integriert auch historische Analysen zum Thema Weisheit (siehe bspw. Staudinger & Dittmann-Kohli, 1994) sowie die Leitsätze der Psychologie der Lebensspanne (P. Baltes, 1987, 1990) und das Metamodell der selektiven Optimierung mit Kompensation (P. Baltes & M. Baltes, 1989, 1990).

Expertenwissen in der fundamentalen Pragmatik des Lebens bedeutet Expertentum im Umgang mit grundlegendenen Lebensproblemen, die sich auf die Lebensplanung, Lebensgestaltung und -interpretation erstrecken. Die Qualität dieses Expertenwissens wird nach fünf a priori festgelegten Kriterien bewertet. Zunächst ist das Fakten- und Strategiewissen zu nennen, das als primäres Expertenwissen verstanden wird. *Faktenwissen* bezieht sich auf spezifisches Wissen über das Leben (bestimmte Ereignisse und Zusammenhänge), aber auch auf allgemeineres Wissen (Alternativen, Normen und Lebensdynamiken). *Strategiewissen* beinhaltet die Gewichtung von Werten und Aspirationen, den Umgang mit Lebenskonflikten und insbesondere Prozesse der Lebensinterpretation.

Diese beiden Aspekte des primären Expertenwissens werden durch drei weitere ergänzt, die auf der Entwicklungspsychologie der Lebensspanne basieren und in denen es insbesondere um die Unverständlichkeiten des Lebens und der menschlichen Situation geht. Der erste dieser drei Aspekte hoher Ausprägung von Weisheit ist ein Wissen um *kontextuelle Zusammenhänge*. Dieses bezieht sich zum einen auf den zeitlichen Kontext, in dem das Lebensproblem lokalisiert ist (in der Vergangenheit, der Gegenwart oder der Zukunft) sowie auf den altersgebundenen, den sozio-kulturellen und den nicht-normativen (persönlich-idiographischen) Kontext. Der zweite Aspekt bezieht sich auf das Wissen um die *Relativität von Werten*. Weise wissen um die Relativität von Werten und daß eine ausgewählte kleine Anzahl allgemeingültiger Werte generell anerkannt werden muß. Der dritte Aspekt bezieht sich auf das Wissen um die Notwendigkeit für das Erkennen, Annehmen und die *Bewältigung von Ungewißheiten*. Wenn die das Leben charakterisierende Ungewißheit anerkannt wird und effektive Strategien zum Umgang mit dieser Lebensungewißheit erkannt werden, trägt dies zu einem höheren Maß an Weisheit bei.

Diese Aspekte des Expertenwissens zur Pragmatik des Lebens dienten der Bewertung der in Interviews und Schriftstücken zum Ausdruck kommenden Weisheit von Personen, die sich zu Fragen der Lebensplanung (z.B. Smith & Baltes, 1990), -gestaltung (Maercker, 1995) und -interpretation (Staudinger, 1989) äußerten. Einer Person wurde dann ausgeprägte Weisheit zugesprochen, wenn sie bezüglich aller fünf Aspekte hohe Werte erzielte. Natürlich war es vor allem interessant, inwieweit Weisheit ein dem Alter vorbehaltenes Phänomen ist. Über die Lebensspanne (hier von 20 bis 80 Jahren) ist die Ausprägung von Weisheit relativ stabil. Man beobachtet keinen Anstieg, aber auch kein Schwinden der Weisheit mit dem Alter (Smith & Baltes, 1990) - eine bemerkenswerte Beobachtung einerseits, weil der Volksmund Weisheit gerne als für das Alter reserviert sieht (Heckhausen et al., 1989), und andererseits, weil die Entwicklungspsychologie der Lebensspanne in der auf biologischen Prozessen basierenden kognitiven Mechanik einen starken Altersabbau berichtet (Baltes & Kliegl, 1992; zusammenfassend siehe Baltes & Staudinger, 1993).

Staudinger, Smith und Baltes (1992; siehe auch Smith, Staudinger & Baltes, 1994) erprobten das beschriebene Verfahren zur Bestimmung von Weisheit schließlich anhand von Extremgruppen. Es wurden Berufsgruppen ausgewählt, von denen man weiß, daß sie über einen reichen Erfahrungsschatz hinsichtlich der Pragmatik des Lebens verfügen, nämlich erfahrene klinische Psychologen. Deren Leistungen wurden dann mit denen von jungen und alten Personen aus anderen akademischen Berufen verglichen. Tatsächlich befanden sich die erfahrenen klinischen Psychologen überzufällig häufig unter den 20% der Versuchspersonen mit den höchsten Weisheitsleistungen. Weiterhin wurde geprüft, ob Personen des öffentlichen Lebens (z.B. Politiker, Künstler, Wissenschaftler), die von anderen (nämlich Journalisten) als weise eingeschätzt wurden, nach dem beschriebenen Verfahren höhere Werte erzielten als die genannten Versuchspersonengruppen. Die als weise nominierten Personen erreichten ähnlich hohe Weisheitswerte wie die erfahrenen klinischen Psychologen (Baltes, Staudinger, Maercker & Smith, 1995).

In ihrer Gesamtheit unterstreichen diese Befunde, daß die Konzeptualisierung von Weisheit als Expertenwissen bezüglich der Pragmatik des Lebens sinnvoll ist. Zudem vermitteln sie ein optimistisches Bild des Alterns. Bei der Lösung von Aufgaben, die die kognitive Pragmatik einer Person beanspruchen, muß es im Alter offensichtlich nicht zu Leistungseinbußen kommen (Baltes & Staudinger, 1993).

Weisheit und positive Zukunftsphantasien. Was können unsere Überlegungen zum positiven Zukunftsdenken zur Konzeptualisierung von Weisheit als Expertenwissen beitragen? Man könnte unseren Ansatz zur Aufklärung von Fragen heranziehen, die sich darauf beziehen, welche Bedingungen den weisheitsrelevanten Wissenserwerb begünstigen.

Beginnen wir mit dem Erwerb relevanten Fakten- und Strategiewissens. Das reine Schwelgen in positiven Zukunftsphantasien und das bloße Grübeln über negative

Aspekte der vorliegenden Realität sollten den Wissenserwerb über die Pragmatik des Lebens in diesen beiden Aspekten behindern. Eine Person an der Schwelle vom Studium zum Berufsleben beispielsweise wird über die Problematik des Übergangs von einer Lebensphase in eine andere relativ wenig lernen, wenn sie sich ihren positiven Zukunftsphantasien nur schwelgend hingibt oder sich in Grübeleien über ihre schwierige Situation verliert. Dies deswegen, weil erst die Kontrastierung von positiven Zukunftsphantasien mit negativen Realitätsreflexionen eine erwartungsgebundene Auseinandersetzung mit der vorliegenden Entwicklungsaufgabe erlaubt. Die Fokussierung auf Erwartungen impliziert zunächst, daß die Funktion von Kontextfaktoren (altersgebundenen, sozio-historischen und nicht-normativen) kritisch analysiert wird, was ideale Voraussetzungen für das Erlernen ihrer Bedeutung schafft (Faktenwissen). Weiterhin fördert das durch die Kontrastierung induzierte Handeln je nach Höhe der Erwartung eine aktive Hin- oder Abwendung zur bzw. von der vorliegenden Lebensaufgabe, was ideale Bedingungen für den Erwerb des Strategiewissens schaffen sollte. Diese aktive Zu- und Abwendung produziert vermutlich aussagekräftigere Rückmeldungen bezüglich der Nützlichkeit eingeschlagener Strategien als das laue Handlungsengagement, das mit dem Schwelgen und Grübeln verknüpft ist. Mäßige Bemühungen erlauben für erlebte Fehlschläge immer die Alternativerklärung, man habe sich nicht voll und ganz eingesetzt (dies gilt sowohl für Strategien des Engagements als auch des Disengagements). Diese Überlegungen dürften im übrigen auch für die zwei weiteren Aspekte der Weisheit gelten, die als Kontextualismus der Lebensspanne und als die Relativität von Werten etikettiert worden sind.

Anders mögen die Dinge für den Aspekt der Weisheit, den Baltes et al. als konstruktiven Umgang mit den Ungewißheiten des Lebens beschreiben, liegen. Für das Erkennen von Ungewißheiten mag eine Kontrastierung ebenfalls von Nutzen sein, für die Bewältigung von unwägbaren Lebenssituationen (z.B. von Schicksalsschlägen und der Konfrontation mit der Endlichkeit des Daseins) dagegen hinderlich. Für die Bewältigung solch auswegloser Lebensperspektiven gewinnt die Verweigerung der Kontrastierung durch ein bloßes Fokussieren auf die positiven Zukunftsphantasien an Bedeutung. Positive Zukunftsphantasien vermitteln zumindest die Hoffnung, daß Unwägbarkeiten zu einem gute Ende kommen könnten, während eine Kontrastierung immer wieder auf das Faktum der Ausweglosigkeit hinweist. Letzteres behindert sowohl ein positives emotionales *Coping* als auch den langfristigen konstruktiven Umgang mit der ausweglosen Situation.

Wirklich weise wäre aus unserer Perspektive somit eine Person, der es gelungen ist, Wissen darüber anzusammeln, wann Situationen vorliegen, in denen es sich lohnt, positive Zukunftsvisionen mit negativen Aspekten der widersprechenden Realität zu kontrastieren, und wann es angebracht ist, in seinen positiven Zukunftsträumen zu schwelgen. Letztlich geht es dabei um den Erwerb der Unterscheidungsfähigkeit von ausweglosen versus nicht ausweglosen Lebenssituationen, wobei es sich bei letzteren um solche handelt, die entweder erfolgreich umgestaltet oder aufgegeben werden können.

Zusammenfassung

Im letzten Kapitel wurden unsere theoretischen Überlegungen zum Zukunftsdenken zu einem relevanten Bereich der Psychologie, der Entwicklungspsychologie der Lebensspanne, in Beziehung gesetzt. Wir versuchten herauszufinden, ob es die von uns erzielten Erkenntnisse über den Zusammenhang von Zukunftsdenken mit Motivation und Handeln erlauben, in diesem Bereich der Psychologie relevante Hypothesen zu generieren. Als Einstieg in die Psychologie der Lebensspanne wählten wir das Metamodell der selektiven Optimierung mit Kompensation (P. Baltes und M. Baltes). Dieses Modell postuliert, daß das volle Ausschöpfen des menschlichen Entwicklungspotentials auf einem effektiven Einsatz und Zusammenwirken von Selektions-, Optimierungs- und Kompensationsprozessen beruht. Die in der vorliegenden Arbeit präsentierten Ideen sprechen dafür, daß die Kontrastierung von positiven Zukunftsphantasien mit negativen Realitätsreflexionen über die Förderung erwartungsabhängigen Handelns effektive Selektion, Optimierung und Kompensation erleichtern dürfte. Wir haben auch darauf hingewiesen, daß die im Modell der selektiven Optimierung mit Kompensation angesprochene Wirkung von kontextuellen Faktoren auf die Entwicklung über die Lebensspanne insbesondere über die subjektiven Erfolgserwartungen von Personen vermittelt sein dürften. Damit fällt der Kontrastierung erneut eine Bedeutung für die Ausschöpfung des Entwicklungspotentials zu, weil diese garantiert, daß die Erwartungsurteile einer Person in ihrem Handeln zum Ausdruck kommen. Wir haben anhand verschiedener Beispiele versucht zu veranschaulichen, wie entwicklungshemmend sich das Ignorieren von Erfolgserwartungen, die auf biologischen, geschichts- und kulturabhängigen oder nicht-normativen Einflußfaktoren beruhen, auswirkt. Andererseits haben wir auch auf die Bedeutung positiver Zukunftsphantasien verwiesen, weil diese es der Person erlauben, sich von der Einbettung in die genannten Einflußfaktoren zumindest gedanklich zu emanzipieren. Weiterhin können sie Verengungen im Sinne der Fokussierung auf wenige eingegrenzte Lebensbereiche (z.B. nur Arbeit) entgegenwirken. Schließlich warnten wir vor einer generellen positiven Bewertung der Kompensationsstrategie der Rationalisierung. Diese Strategie dürfte nur dann entwicklungsfördernd sein, wenn sie ausweglose Situationen betrifft.

Wir wandten uns dann spezifischen Theorien der Entwicklung über die Lebensspanne zu, die sich den Grundsätzen des Metamodells der selektiven Optimierung mit Kompensation verpflichtet fühlen, dabei jedoch eingegrenzte Phänomenbereiche der Entwicklung betrachten. Zunächst wurde die Theorie der primären und sekundären Kontrolle über die Lebensspanne (J. Heckhausen und Schulz) diskutiert und die Frage analysiert, ob positive Zukunftsphantasien als eine sekundäre Kontrollstrategie verstanden werden können, die im Dienste einer effektiven primären Kontrolle steht. Dabei stellte sich heraus, daß je nachdem, wie eine Person mit ihren positiven Zukunftsphantasien verfährt (in ihnen schwelgt oder diese mit Aspekten der negativen Realität kontrastiert), diese entweder eine disfunktionale oder funktionale primäre Kontrolle (ineffektive versus effektive Veränderung der Umwelt) nach sich ziehen.

Anschließend wurden Fragen des Selbstwerterhalts im Alter anhand der Assimilations- und Akkomodationstheorie von Brandtstädter aufgeworfen. Die in der Theorie implizierte Annahme, daß Akkomodationsprozesse (das Aufgeben von Idealen zur Reduktion einer Diskrepanz zwischen dem idealen und dem realen Selbstbild) eine selbstwertstabilisierende Maßnahme darstellen, wurde anhand von Gegenpositionen aus der Literatur (Klinger, Pyszczynski & Greenberg, William James) kritisiert. Zur Differenzierung dieser Kritik wurde schließlich die Überlegung vorgetragen, daß das Schwelgen in positiven Phantasien über alternative Zukunftsperspektiven (und damit neue ideale Selbstaspekte) den schmerzhaften Anteil des Ablösens von Idealen mildern sollte. Somit dürften zumindest Akkomodationsprozesse, die von einem Schwelgen in alternativen positiven Zukunftsmöglichkeiten begleitet werden, den Selbstwert einer Person unbeschadet lassen.

Als dritte spezifische Entwicklungstheorie der Lebensspanne wurden schließlich die Arbeiten zur sozial-emotionalen Selektivität von Personen höheren Lebensalters (Carstensen) besprochen. Hierbei handelt es sich um das Phänomen, daß man sich im höheren Lebensalter in seinen interpersonellen Kontakten auf wenige intime Bezugspersonen beschränkt. Die Carstensensche Erklärung dieser Beobachtung verweist darauf, daß im hohen Lebensalter zwei Beweggründe des sozialen Interagierens (Informationssuche, Selbstkonzeptentwicklung) an Bedeutung verlieren, während der dritte Beweggrund (Emotionsregulation) in der gleichen Stärke erhalten bleibt. Die Ergebnisse unserer Experimente regen eine zusätzliche Erklärung an. Personen, die mit der Ausweglosigkeit der menschlichen Vergänglichkeit (d.h. dem nahestehenden Tod) konfrontiert werden, sollten gut daran tun, sich in positive Zukunftsphantasien zu flüchten. Intime Sozialpartner dürften dieser Strategie der Bewältigung auswegloser Situationen mit größerer Toleranz gegenüberstehen als fremde Personen.

Abschließend wurde auf ein besonders vitales Forschungsfeld der Psychologie der Lebensspanne eingegangen: die Entwicklung der menschlichen Weisheit. Es wurde der Ansatz der Berliner Forschungsgruppe (Baltes, Dittmann-Kohli, Smith und Staudinger) vorgestellt, der Weisheit als Expertenwissen bezüglich der Lebensplanung, -gestaltung und -interpretation konzeptualisiert. Setzt man die in der vorliegenden Arbeit erzielten Erkenntnisse in Beziehung zur genannten Weisheitsforschung, so lassen sich Aussagen über die Bedingungen des Erwerbs weisheitsbezogenen Wissens ableiten. Die Kontrastierung von positiven Zukunftsphantasien mit negativen Realitätsreflexionen sollte sich für den Erwerb aller weisheitsbezogenen Wissensaspekte förderlich auswirken, nur nicht für einen: für die Bewältigung von Unwägbarkeiten des Lebens. Da es sich dort um die Bewältigung des Ausweglosen handelt, mag das bloße Schwelgen in positiven Phantasien vergleichsweise adaptiver sein. Eine wirklich weise Person hätte dieser Überlegung zufolge Wissen darüber erworben, wann in einer gegebenen Situation Ausweglosigkeit vorliegt und wann die Möglichkeit besteht, diese Situation erfolgreich umzugestalten oder ihr zu entgehen.

Literatur

Abramson, L. Y., Seligman, M. E. P., & Teasdale, J. D. (1978). Learned helplessness in humans: Critique and reformulation. *Journal of Abnormal Psychology*, *87*, 49-74.

Ader, R., & Cohen, N. (1975). Behaviorally conditioned immunosuppression. *Psychosomatic Medicine*, *37*, 333-340.

Ader, R., & Cohen, N. (1993). Psychoneuroimmunology: Conditioning and stress. *Annual Review of Psychology*, *44*, 53-85.

Ader, R., Felten, D. L., & Cohen, N. (1991). *Psychoneuroimmunology* (2nd ed.). New York: Academic Press.

Ajzen, I., & Fishbein, M. (1970). The prediction of behavior from attitudinal and normative variables. *Journal of Experimental Social Psychology*, *6*, 466-487.

Ajzen, I., & Fishbein, M. (1977). Attitude-behavior relations: A theoretical analysis and review of empirical research. *Psychological Bulletin*, *84*, 888-918.

Ajzen, I., & Fishbein, M. (1980). *Understanding attitudes and predicting social behavior*. Englewood Cliffs, NJ: Prentice-Hall.

Allgeier, E. R., & Wiederman, M. W. (1991). Love and mate selection in the 1990s. *Free Inquiry*, *11*, 25-27.

Alloy, L. B., & Abramson, L. Y. (1979). Judgment of contingency in depressed and nondepressed students: Sadder but wiser? *Journal of Experimental Psychology: General*, *108*, 441-485.

Alloy, L. B., & Ahrens, A. H. (1987). Depression and pessimism for the future: Biased use of statistically relevant information in predictions for self versus others. *Journal of Personality and Social Psychology*, *52*, 366-378.

Allport, G. W. (1937/1938). *Personality: a psychological interpretation.* New York: Holt, & Company.

Allport, G. W. (1943). The ego in contemporary psychology. *Psychological Review*, *50*, 451-478.

Allport, G. W. (1955). *Becoming: Basic considerations for a psychology of personality*. New Haven & London: Yale University Press.

Ames, C. (1992). Achievement goals and the classroom motivational climate. In D. H. Schunk & J. L. Meece (Eds.), *Student perceptions in the classroom* (pp. 327-348). Hillsdale, NJ: Erlbaum.

Ames, C., & Archer, J. (1988). Achievement goals in the classroom: Students' learning strategies and motivation processes. *Journal of Educational Psychology*, *80*, 260-267.

Anderson, C. A. (1983). Imagination and expectation: The effect of imagining behavioral scripts on personal intentions. *Journal of Personality and Social Psychology*, *45*, 293-305.

Anderson, C. A., & Godfrey, S. A. (1987). Thoughts about actions: The effects of specificity and availability of imagined behavioral scripts on expectations about oneself and others. *Social Cognition*, *5*, 238-258.

Anderson, J. R. (Ed.). (1981). *Cognitive skills and their acquisition*. Hillsdale, NJ: Erlbaum.

Angell, M. (1985). Disease as a reflection of the psyche. *The New England Journal of Medicine*, *312*, 1570-1572.
Antrobus, J. S. (1968). Information theory and stimulus-independent thought. *British Journal of Psychology*, *59*, 423-430.
Antrobus, J. S., Coleman, R., & Singer, J. L. (1967). Signal-detection performance by subjects differing in predisposition to daydreaming. *Journal of Consulting Psychology*, *31*, 487-491.
Antrobus, J. S., & Singer, J. L. (1964). Visual signal detection as a function of sequential variability of simultaneous speech. *Journal of Experimental Psychology*, *68*, 603-610.
Antrobus, J. S., Singer, J. L., Goldstein, S., & Fortgang, M. (1970). Mindwandering and cognitive structure. *Transactions of the New York Academy of Sciences* (2nd series), *32*, 242-252.
Aron, A., Dutton, D. G., Aron, E. N., & Iverson, A. (1989). Experiences of falling in love. *Journal of Social and Personal Relationships*, *6*, 243-257.
Aspinwall, L. G., & Taylor, S. E. (1992). Modeling cognitive adaption: A longitudinal investigation of the impact of individual differences and coping on college adjustment and performance. *Journal of Personality and Social Psychology*, *63*, 989-1103.
Atkinson, J. W. (1953). The achievement motive and recall of interrupted and completed tasks. *Journal of Experimental Psychology*, *46*, 381-390.
Atkinson, J. W. (1957). Motivational determinants of risk-taking behavior. *Psychological Review*, *64*, 359-372.
Atkinson, J. W. (1964). *An introduction to motivation*. Princeton, NJ: Van Nostrand.
Atkinson, J. W. (1974). Strength of motivation and efficiency of performance. In J. W. Atkinson & J. O. Raynor (Eds.), *Motivation and achievement* (pp. 193-218). Washington, DC: Winston.
Atkinson, J. W. (1982). Motivational determinants of thematic apperception. In A. J. Stewart (Ed.), *Motivation and society* (pp. 3-40). San Francisco: Jossey-Bass.
Atkinson, J. W., & Birch, D. A. (1970). *A dynamic theory of action*. New York: Wiley.
Atkinson, J. W., & Birch, D. A. (1978). *Introduction to motivation* (2nd ed.). New York: Van Nostrand.
Atkinson, J. W., & Litwin, G. H. (1960). Achievement motive and test anxiety conceived as motive to approach success and motive to avoid failure. *Journal of Abnormal and Social Psychology*, *60*, 52-63.
Atkinson, J. W., & McClelland, D. C. (1948). The projective expression of needs, II: The effect of different intensities of the hunger drive on thematic apperception. *Journal of Experimental Psychology*, *38*, 643-658.
Atkinson, J. W., & Reitman, W. R. (1956). Performance as a function of motive strength and expectancy of goal attainment. *Journal of Abnormal and Social Psychology*, *53*, 361-366.
Back, K. W. (1972). Beyond words: The story of sensitivity training and the encounter movement. New York: Russel Sage.
Baer, J. S., Holt, C. S., & Lichtenstein, E. (1986). Self-efficacy and smoking reexamined: Construct validity and clinical utility. *Journal of Consulting and Clinical Psychology*, *54*, 846-852.
Baltes, M. M., & Carstensen, L. L. (in press). The process of successful aging. *Aging and Society*.
Baltes, P. B. (1987). Theoretical propositions of life-span developmental psychology: On the dynamics between growth and decline. *Developmental Psychology*, *23*, 611-626.
Baltes, P. B. (1990). Entwicklungspsychologie der Lebensspanne: Theoretische Leitsätze. *Psychologische Rundschau*, *41*, 1-24.
Baltes, P. B., & Baltes, M. M. (1989). Optimierung durch Selektion und Kompensation. Ein psychologisches Modell erfolgreichen Alterns. *Zeitschrift für Pädagogik*, *35*, 85-105.

Baltes, P. B., & Baltes, M. M. (1990). Psychological perspectives on successful aging: The model of selective optimization with compensation. In P. B. Baltes & M. M. Baltes (Eds.), *Successful aging: Perspectives from the behavioral sciences* (pp. 1-34). New York: Cambridge University Press.

Baltes, P. B., Dittmann-Kohli, F., & Dixon, R. A. (1984). New perspectives on the development of intelligence in adulthood: Toward a dual-process conception and a model of selective optimization with compensation. In P. B. Baltes & O. G. Brim, Jr. (Eds.), *Live-span development and behavior* (Vol. 6, pp. 33-76). New York: Academic Press.

Baltes, P. B., & Kliegl, R. (1992). Further testing of limits of cognitive plasticity: Negative age differences in a mnemonic skill are robust. *Developmental Psychology, 28,* 121- 125.

Baltes, P. B., & Smith, J. (1990). The psychology of wisdom and its ontogenesis. In R. J. Sternberg (Ed.), *Wisdom: Its nature, origins, and development* (pp. 87-120). New York: Cambridge University Press.

Baltes, P. B., Smith, J., & Staudinger, U. M. (1992). Wisdom and successful aging. In T. B. Sonderegger (Ed.), *Nebraska Symposium on Motivation: Vol. 39. Current theory and research in motivation* (pp. 123-167). Lincoln, NE: University of Nebraska Press.

Baltes, P. B., & Staudinger, U. M. (1993). The search for a psychology of wisdom. *Current Directions in Psychological Science, 2,* 75-80.

Baltes, P. B., Staudinger, U. M., Maercker, A., & Smith, J. (1995). People nominated as wise: A comparative study of wisdom-related knowledge. *Psychology and Aging, 10,* 155-166.

Bandura, A. (1965). Influence of models' reinforcement contingencies on the acquisition of imitative responses. *Journal of Personality and Social Psychology, 1,* 589-595.

Bandura, A. (1977a). Self-efficacy: Toward a unifying theory of behavioral change. *Psychological Review, 84,* 191-215.

Bandura, A. (1977b). *Social learning theory.* Englewood Cliffs, NJ: Prentice Hall.

Bandura, A. (1978). The self system in reciprocal determinism. *American Psychologist, 33,* 344-358.

Bandura, A. (1986). *Social foundations of thought and action: A social cognitive theory.* Englewood Cliffs, NJ: Prentice Hall.

Bandura, A. (1989a). Human agency in social cognitive theory. *American Psychologist, 44,* 1175-1184.

Bandura, A. (1989b). Self-regulation of motivation and action through internal standards and goal systems. In L. A. Pervin (Ed.), *Goal concepts in personality and social psychology* (pp. 19-86). Hillsdale, NJ: Erlbaum.

Bandura, A. (1991). Self-regulation of motivation through anticipatory and self-reactive mechanisms. In R. A. Dienstbier (Ed.), *Nebraska Symposium on Motivation: Vol. 38. Perspectives on motivation* (pp. 69-163). Lincoln, NE: University of Nebraska Press.

Bandura, A. (in press). *Self efficacy: The exercise of control.* New York: Freeman.

Bandura, A., Adams, N. E., & Beyer, J. (1977). Cognitive processes mediating behavioral change. *Journal of Personality and Social Psychology, 35,* 125-139.

Bandura, A., & Cervone, D. (1983). Self-evaluative and self-efficacy mechanisms governing the motivational effects of goal systems. *Journal of Personality and Social Psychology, 45,* 1017-1028.

Bandura, A., Cioffi, D., Taylor, C. B., & Brouillard, M. E. (1988). Perceived self-efficacy in coping with cognitive stressors and opioid activation. *Journal of Personality and Social Psychology, 55,* 479-488.

Bandura, A., Reese, L., & Adams, N. E. (1982). Microanalysis of action and fear arousal as a function of differential levels of perceived self-efficacy. *Journal of Personality and Social Psychology, 43,* 5-21.

Bandura, A., Ross, D., & Ross, S. A. (1963). Imitation of film-mediated aggressive models. *Journal of Abnormal and Social Psychology, 66,* 3-11.

Bandura, A., & Schunk, D. H. (1981). Cultivating competence, self-efficacy and intrinsic interest through proximal self-motivation. *Journal of Personality and Social Psychology*, *41*, 586-598.

Bandura, A., Taylor, C. B., Williams, S. L., Mefford, I. N., & Barchas, J. D. (1985). Catecholamine secretion as a function of perceived coping self-efficacy. *Journal of Consulting and Clinical Psychology*, *53*, 406-414.

Bandura, A., Underwood, B., & Fromson, M. E. (1975). Disinhibition of aggression through diffusion of responsibility and dehumanization of victims. *Journal of Research in Personality*, *9*, 253-269.Bandura, A., Ross, D., & Ross, S. A. (1963). Imitation of film-mediated aggressive models. *Journal of Abnormal and Social Psychology*, *66*, 3-11.

Bargh, J. A., & Gollwitzer, P. M. (1994). Environmental control of goal-directed action: Automatic and strategic contingencies between situations and behavior. In W. Spaulding (Ed.), *Nebraska Symposium on Motivation: Vol. 41. Integrative views of motivation, cognition, and emotion* (pp. 71-124). Lincoln, NE: University of Nebraska Press.

Barrios, M. V., & Singer, J. L. (1981-1982). The treatment of creative blocks: A comparison of waking imagery, hypnotic dream, and rational discussion techniques. *Imagination, Cognition and Personality*, *1*, 89-109.

Baumann, U. (1995). Bericht zur Lage der deutschsprachigen Psychologie 1994 - Fakten und Perspektiven. *Psychologische Rundschau*, *46*, 3-17.

Baumeister, R. F. (1989). The optimal margin of illusion. *Journal of Social and Clinical Psychology*, *8*, 176-189.

Baumeister, R. F. (1996). Self-regulation and ego threat: Motivated cognition, self-deception, and destructive goal-setting. In P. M. Gollwitzer & J. A. Bargh (Eds.), *The psychology of action: Linking cognition and motivation to behavior*. New York: Guilford.

Baumeister, R. F., & Jones, E. E. (1978). When self-presentation is constrained by the target´s knowledge: Consistency and compensation. *Journal of Personality and Social Psychology*, *36*, 608-618.

Beach, F. A. (1955). The descent of instinct. *Psychological Review*, *62*, 401-410.

Beck, A. T. (1967). *Depression. Clinical, experimental, and theoretical aspects*. New York: Harper & Row.

Beck, A. T., Ward, C. H., Mendelson, M., Mock, J., & Erbaugh, J. (1961). An inventory to measure depression. *Archives of General Psychiatry*, *4*, 561-571.

Beck, A. T., Weissman, A., Lester, D., & Trexler, L. (1974). The measurement of pessimism: The hopelessness scale. *Journal of Consulting and Clinical Psychology*, *42*, 861-865.

Beit-Hallahmi, B. (1972). Developing the prison fantasy questionnaire (PFQ). *Journal of Clinical Psychology*, *28*, 551-554.

Bellak, L. (1944). The concept of projection: An experimental investigation and study of the concept. *Psychiatry*, *7*, 353-370.

Bengtson, V. L., Reedy, M. N., & Gordon, C. (1985). Aging and self-conceptions: Personality processes and social contexts. In J. E. Birren & K. W. Schaie (Eds.), *Handbook of the psychology of aging* (pp. 544-593). New York: Van Nostrand.

Berglas, S., & Jones, E. E. (1978). Drug choice as a self-handicapping strategy in response to noncontingent success. *Journal of Personality and Social Psychology*, *36*, 405-417.

Bernier, M., & Avard, J. (1986). Self-efficacy, outcome, and attrition in a weight-reduction program. *Cognitive Therapy and Research*, *10*, 319-338.

Berscheid, E., & Hatfield (Walster), E. (1978). *Interpersonal attraction* (2nd ed.). Reading, MA: Addison-Wesley.

Betz, N. E., & Hackett, G. (1983). The relationship of mathematics self-efficacy expectations to the selection of science-based college majors. *Journal of Vocational Behavior*, *23*, 329-345.

Bierhoff, H. W. (1991). Twenty years of research on love: Theory, results, and prospects for the future. *The German Journal of Psychology, 15*, 95-117.
Biernat, M. (1989). Motives and values to achieve: Different constructs with different effects. *Journal of Personality, 57*, 69-95.
Blaut, T. F. (1984). *Children with asthma: A manual for parents* (2nd ed.). Amherst, MA: Pedipress.
Block, N. (Ed.).(1981). *Imagery*. Cambridge, MA: MIT Press.
Bock, M. & Klinger, E. (1986). Interaction of motion and cognition in word recall. *Psychological Research, 48*, 99-106.
Bohner, G., Bless, H., Schwarz, N., & Strack, F. (1988). What triggers causal attributions? The impact of valence and subjective probability. *European Journal of Social Psychology, 18*, 335-345.
Bolles, R. C. (1972). Reinforcement, expectancy, and learning. *Psychological Review, 79*, 394-409.
Bonnano, G. A., & Singer, J. L. (1993). Controlling one's stream of thought through perceptual and reflective processing. In D. M. Wegner & J. W. Pennebaker (Eds.), *Handbook of mental control* (pp. 149-170). Englewood Cliffs, NJ: Prentice Hall.
Bortz, J. (1979). *Lehrbuch der Statistik*. Berlin: Springer.
Bouffard-Bouchard, T. (1990). Influence of self-efficacy on performance in a cognitive task. *Journal of Social Psychology, 130*, 353-363.
Bouffard-Bouchard, T., Parent, S., & Larivée, S. (1991). Influence of self-efficacy on self-regulation and performance among junior and senior high-school age students. *International Journal of Behavioral Development, 14*, 153-164.
Bradley, G. W. (1978). Self-serving biases in the attribution process: A reexamination of the fact or fiction question. *Journal of Personality and Social Psychology, 36*, 56-71.
Brandstätter, V., & Gollwitzer, P. M. (1994). Research on motivation: A review of the Eighties and early Nineties. *German Journal of Psychology, 18*, 181-232.
Brandtstädter, J., & Greve, W. (1992). Das Selbst im Alter: adaptive und projektive Mechanismen. *Zeitschrift für Entwicklungspsychologie und Pädagogische Psychologie, 24*, 269-297.
Brandtstädter, J., & Renner, G. (1990). Tenacious goal pursuit and flexible goal adjustment: Explication and age-related analysis of assimilative and accommodative strategies of coping. *Psychology and Aging, 5*, 58-67.
Brandtstädter, J., & Renner, G. (1992). Coping with discrepancies between aspirations and achievements in adult development: A dual-process model. In L. Montada, S.-H. Filipp &M. J. Lerner (Eds.), *Life crises and experiences of loss in adulthood* (pp. 301-319). Hillsdale, NJ: Erlbaum.
Bray, G. A. (1992). Pathophysiology of obesity. *American Journal of Clinical Nutrition, 55*, 488S-494S.
Brehm, J. W., & Self, E. A. (1989). The intensity of motivation. *Annual Review of Psychology, 40*, 109-131.
Brehm, S. S. (1988). Passionate love. In R. J. Sternberg & M. L. Barnes (Eds.), *The psychology of love* (pp. 232-263). New Haven & London: Yale University Press.
Brehm, S. S. (1992). *Intimate relationships* (2nd ed.). New York: McGraw-Hill.
Brickman, P., Coates, D., & Janoff-Bulman, R. (1978). Lottery winners and accident victims: Is happiness relative? *Journal of Personality and Social Psychology, 36*, 917-927.
Brown, J. D. (1990). Evaluating one's abilities: Shortcuts and stumbling blocks on the road to self-knowledge. *Journal of Experimental Social Psychology, 26*, 149-167.
Brown, J. D. (1991). Accuracy and bias in self-knowledge. In C. R. Snyder & D. R. Forsyth (Eds.), *Handbook of social and clinical psychology* (pp.158-178). New York: Pergamon Press.
Brownell, K. D. (1989). *The LEARN program for weight control*. Dallas, TX: Brownell & Hager.
Brownell, K. D. (1991). Dieting and the search for the perfect body: Where physiology and culture collide. *Behavior Therapy, 22*, 1-12.

Brownell, K. D. (1993). Whether obesity should be treated. *Health Psychology, 12*, 339-341.

Brownell, K. D., & Rodin, J. (1994). The dieting maelstrom: Is it possible and advisable to lose weight? *American Psychologist, 49*, 781-791.

Brownell, K. D., & Wadden, T. A. (1992). Etiology and treatment of obesity: Understanding serious, prevalent, and refractory disorder. *Journal of Consulting and Clinical Psychology, 60*, 505-517.

Brunstein, J. C., & Olbrich, E. (1985). Personal helplessness and action control: Analysis of achievement-related cognitions, self-assessments, and performance.*Journal of Personality and Social Psychology, 48*, 1540-1551.

Burger, J. M., & Burns, L. (1988). The illusion of unique invulnerability and the use of effective contraception. *Personality and Social Psychology Bulletin, 14*, 264-270.

Burger, J. M., & Cooper, H. M. (1979). The desirability of control. *Motivation and Emotion, 3*, 381-393.

Burns, M. O., & Seligman, M. E. P. (1989). Explanatory style across the life span: Evidence for stability over 52 years. *Journal of Personality and Social Psychology, 56*, 471-477.

Butler, J. M., & Haigh, G. V. (1954). Changes in the relation between self-concepts and ideal concepts consequent upon client-centered counseling. In C. R. Rogers & R. F. Dymond (Eds.), *Psychotherapy and personality change: Co-ordinated studies in the client-centered approach* (pp. 55-76) . Chicago: University of Chicago Press.

Byrne, D. (1971). *The attraction paradigm* . New York: Academic Press.

Campbell, J. D. (1986). Similarity and uniqueness: The effects of attribute type, relevance, and individual differences in self-esteem and depression. *Journal of Personality and Social Psychology, 50*, 281-294.

Carnelley, K. B., & Janoff-Bulman, R. (1992). Optimism about love relationships: General vs. specific lessons from one´s personal experiences. *Journal of Social and Personal Relationships, 9*, 5-20.

Carroll, J. S. (1978). The effect of imagining an event on expectations for the event: An interpretation in terms of the availability heuristic. *Journal of Experimental Social Psychology, 14*, 88-96.

Carstensen, L. L. (1987). Age-related changes in social activity. In L. L. Carstensen & B. A. Edelstein (Eds.). *Handbook of Clinical Gerontology* (pp. 222-237). New York: Pergamon.

Carstensen, L. L. (1992). Social and emotional patterns in adulthood: Support for socioemotional selectivity theory. *Psychology and Aging, 7*, 331-338.

Carstensen, L. L. (1993). Motivation for social contact across the life span: A theory of socioemotional selectivity. In J. E. Jacobs (Ed.). *Nebraska Symposium on Motivation : Vol. 40. Developmental perspectives on motivation* (pp. 209-254). Lincoln, NE: University of Nebraska Press.

Carver, C. S. (1996). Some ways in wich goals differ and some implications of those differences. In P. M. Gollwitzer & J. A. Bargh (Eds.), *The psychology of action: Linking cognition and motivation to behavior*. New York: Guilford.

Carver, C. S., Blaney, P. H., & Scheier, M. F. (1979a). Focus of attention, chronic expectancy, and responses to a feared stimulus. *Journal of Personality and Social Psychology, 37*, 1186-1195.

Carver, C. S., Blaney, P. H., & Scheier, M. F. (1979b). Reassertion and giving up: The interactive role of self-directed attention and outcome expectancy. *Journal of Personality and Social Psychology, 37*, 1859-1870.

Carver, C. S., & Gaines, J. G. (1987). Optimism, pessimism, and postpartum depression. *Cognitive Therapy and Research, 11*, 449-462.

Carver, C. S., & Scheier, M. F. (1981). *Attention and self-regulation: A control-theory approach to human behaviors*. New York: Springer.

Carver, C. S., & Scheier, M. F. (1982). Outcome expectancy, locus of attribution for expectancy, and self-directed attention as determinants of evaluations and performance. *Journal of Experimental Social Psychology, 18*, 184-200.

Carver, C. S., & White, T. L. (1994). Behavioral institution, behavioral activation and affective responses to impending reward and punishment: The BIS/BAS Scales. *Journal of Personality and Social Psychology, 67*, 319-333.
Cassileth, B. R., Lusk, E. J., Miller, D. S., Brown, L. L., & Miller, C. (1985). Psychosocial correlates of survival in advanced malignant disease? *The New England Journal of Medicine, 312*, 1551-1555.
Chambliss, C. A., & Murray, E. J. (1979). Efficacy attribution, locus of control, and weight loss. *Cognitive Therapy and Research, 3*, 349-353.
Chatterjee, B. B., & Eriksen, C. W. (1962). Cognitive factors in heart rate conditioning. *Journal of Experimental Psychology, 64*, 272-279.
Cialdini, R. B., Kenrick, D. T., & Baumann, D. J. (1982). Effects of mood on prosocial behavior in children and adults. In N. Eisenberg (Ed.), *The development of prosocial behavior* (pp. 339-359). New York: Academic Press.
Clark, M. M., Abrams, D. B., Niaura, R. S., Eaton, C. A., & Rossi, J. S. (1991). Self-efficacy in weight management. *Journal of Consulting and Clinical Psychology, 59*, 739-744.
Cohen, J. (1994). The earth is round (p<.05). *American Psychologist, 49*, 997-1003.
Cohen, J., & Cohen, P. (1983). *Applied multiple regression/correlation: Analysis for the behavioral sciences* (2nd ed.). Hillsdale, NJ: Erlbaum.
Colditz, G. A. (1992). Economic costs of obesity. *American Journal of Clinical Nutrition, 55*, 503S-507S.
Colvin, C. R., & Block, J. (1994). Do positive illusions foster mental health? An examination of the Taylor and Brown formulation. *Psychological Bulletin, 116*, 3-20.
Colvin, C. R., Block, J., & Funder, D. C. (1995). Overly positive self-evaluations and personality: Negative implications for mental health. *Journal of Personality and Social Psychology, 68*, 1152-1162.
Condiotte, M. M., & Lichtenstein, E. (1981). Self-efficacy and relapse in smoking cessation programs. *Journal of Consulting and Clinical Psychology, 49*, 648-658.
Conrad, K. M., Flay, B. R., & Hill, D. (1992). Why children start smoking cigarettes: Predictors of onset. *British Journal of Addiction, 87*, 1711-1724.
Constantian, C. A. (1981). *Attitudes, beliefs, and behavior in regard to spending time alone*. Unpublished doctoral dissertation, Harvard University, Cambridge, MA.
Corbin, C. B. (1972). Mental practice. In W. P. Morgan (Ed.), *Ergogenic aids and muscular performance* (pp. 93-118). New York: Academic Press.
Coyne, J. C., Metalsky, G. I., & Lavelle, T. L. (1980). Learned helplessness as a experimenter-induced failure and its alleviation with attentional redeployment. *Journal of Abnormal Psychology, 89*, 350-357.
Crutcher, R. J. (1994). Telling what we know: The use of verbal report methodologies in psychological research. *Psychological Science, 5*, 241.
Csikszentmihalyi, M., & Larsen, R. J. (1984). *Being adolescent: Conflict and growth in the teenage years*. New York: Basic Books.
Csikszentmihalyi, M., & Rathunde, K. (1993). The measurement of flow in everyday life: Toward a theory of emergent motivation. In J. E. Jacobs (Ed.), *Nebraska Symposium on Motivation: Vol. 40. Developmental perspectives on motivation* (pp. 57-97). Lincoln, NE: University of Nebraska Press.
Cumming, E., & Henry, W. E. (1961). *Growing old: The process of disengagement*. New York: Basic Books.
Darwin, C. (1859). *On the origin of species*. London: Murray.
Darwin, C. (1872). *The expression of emotions in man and animals*. London: Murray.
DeCharms, R., Morrison, H. W., Reitman, W., & McClelland, D. C. (1955). Behavioral correlates of directly and indirectly measured achievement motivation. In D. C. McClelland (Ed.), *Studies in motivation* (pp. 414-423). New York: Appleton-Century-Crofts.
Deci, E. L. (1992). On the nature and functions of motivation theories. *Psychological Science, 3*, 167-171.

Deci, E. L., & Ryan, R. M. (1991). A motivational approach to self: Integration in personality. In R. Dienstbier (Ed.), *Nebraska Symposium on Motivation: Vol. 38. Perspectives on motivation* (pp. 237-288). Lincoln, NE: University of Nebraska Press.

Desmond, S. M., & Price, J. H. (1988). Self-efficacy and weight control. *Health Education*, February/March, 12-18.

De Volder, M., & Lens, W. (1982). Academic achievement and future time perspective as a cognitive-motivational concept. *Journal of Personality and Social Psychology*, *42*, 566-671.

Diener, E. (1977). Deindividuation: Causes and consequences. *Social Behavior and Personality*, *5*, 143-155.

Diener, E. (1984). Subjective well-being. *Psychological Bulletin*, *95*, 542-575.

Diener, E. , & Larsen, R. J. (1984). Temporal stability and cross-situational consistency of affective, behavioral, and cognitive responses. *Journal of Personality and Social Psychology*, *47*, 871-883.

Dittmann- Kohli, F., & Baltes, P. B. (1990). Toward a neofunctionalist conception of adult intellectual development: Wisdom as a prototypical case of intellectual growth. In C. Alexander & E. Langer (Eds.), *Higher stages of human development: Perspectives on adult growth* (pp. 54-78). New York: Oxford University Press.

Dorr, A. (1986). *Television and children: A special medium for a special audience*. Beverly Hills, CA: Sage.

Düker, H. (1965). *Konzentrationsleistungstest (K-T-L)*. Göttingen: Hogrefe.

Duval, T. S., & Wicklund, R. A. (1972). *A theory of objective self-awareness*. New York: Academic Press.

Dweck, C. S. (1991). Self-theories and goals: Their role in motivation, personality, and development. In R. Dienstbier (Ed.), *Nebraska Symposium on Motivation: Vol. 38. Perspectives on motivation* (pp. 199-255). Lincoln, NE: University of Nebraska Press.

Dweck, C. S., & Leggett, E. L. (1988). A social-cognitive approach to motivation and personality. *Psychological Review*, *95*, 256-273.

Eagly, A. H, Ashmore, R. D., Makhijani, M. G., & Longo, L. C. (1991). What is beautiful is good, but ...: A meta-analytic review of research on the physical attractiveness stereotype. *Psychological Bulletin*, *110*, 107-128.

Edell, B. H., Edington, S., Herd, B., O'Brien, R. M., & Witkin, G. (1987). Self-efficacy and self-motivation as predictors of weight loss. *Addictive Behaviors*, *12*, 63-66.

Eden, D., & Aviram, A. (1993). Self-efficacy training to speed reemployment: Helping people to help themselves. *Journal of Applied Psychology*, *78*, 352-360.

Eibl-Eibesfeldt, I. (1984). *Die Biologie des menschlichen Verhaltens: Grundriß der Humanethologie*. München Piper.

Ellickson, P. L., Bell, R. M., & McGuigan, K. (1993). Preventing adolescent drug use: Long-term results of a junior high program. *American Journal of Public Health*, *83*, 856-861.

Ellickson, P. L., & Hays, R. D. (1991). Beliefs about resistance self-efficacy and drug prevalence: Do they really affect drug use? *International Journal of the Addictions*, *25*, 1353-1378.

Elliott, E. S., & Dweck, C. S. (1988). Goals: An approach to motivation and achievement. *Journal of Personality and Social Psychology*, *54*, 5-12.

Emmons, R. A. (1986). Personal strivings: An approach to personality and subjective well-being. *Journal of Personality and Social Psychology*, *51*, 1058-1068.

Emmons, R. A. (1989). The personal strivings approach to personality. In L. A. Pervin (Ed.), *Goal concepts in personality and social psychology* (pp. 87-126). Hillsdale, NJ: Erlbaum.

Emmons, R. A. (1991). Personal strivings, daily life events, and psychological and physical well-being. *Journal of Personality*, *59*, 453-472.

Emmons, R. A. (1992). Abstract versus concrete goals: Personal striving level, physical illness, and psychological well-being. *Journal of Personality and Social Psychology*, *62*, 292-300.
Emmons, R. A. (1996). Striving and feeling: Personal goals and subjective well-being. In P. M. Gollwitzer & J. A. Bargh (Eds.), *The psychology of action: Linking cognition and motivation to behavior*. New York: Guilford.
Emmons, R. A., & King, L. A. (1988). Conflict among personal strivings: Immediate and long-term implications for psychological and physical well-being. *Journal of Personality and Social Psychology*, *54*, 1040-1048.
Entwisle, D. R. (1972). To dispel fantasies about fantasy-based measures of achievement motivation. *Psychological Bulletin*, *77*, 377-391.
Epping-Jordan, J. E., Compas, B. E., & Howell, D. C. (1994). Predictors of cancer progression in young adult men and women: Avoidance, intrusive thoughts, and psychological symptoms. *Health Psychology*, *13*, 539-547.
Erdelyi, M. H. (1990). Repression, reconstruction, and defense: History and integration of the psychoanalytic and experimental frameworks. In J. L. Singer (Ed.), *Repression and dissociation: Implications for personality theory, psychopathology, and health* (pp. 1-31). Chicago: University of Chicago Press.
Ericsson, K. A., & Simon, H. A. (1980). Verbal reports as data. *Psychological Review*, *87*, 215-251.
Ericsson, K. A., & Simon, H. A. (1993). *Protocol analysis: Verbal reports as data*. Cambridge, MA: MIT Press.
Escalona, S. K. (1940). The effect of success and failure upon the level of aspiration and behavior in manic-depressive psychoses. *University of Iowa Studies on Child Welfare*, *16*, 199-302.
Estes, W. K. (1972). Reinforcement in human behavior. *American Scientist*, *60*, 723-729.
Evans, J. St. B. T. (Ed.). (1983) *Thinking and reasoning: Psychological approaches*. London: Routledge & Kegan Paul.
Ewart, C. K. (1992). Role of physical self-efficacy in recovery from heart attack. In R. Schwarzer (Ed.), *Self-efficacy: Thought control of action* (pp. 287-304). Washington, DC: Hemisphere.
Eysenck, H. J. (1952). The effects of psychotherapy: An evaluation. *Journal of Counselling Psychology*, *16*, 319-324.
Eysenck, H. J. (1994). Neuroticism and the illusion of mental health. *American Psychologist*, 49, 971.
Feather, N. T. (1962). The study of persistence. *Psychological Bulletin*, *59*, 94-115.
Feather, N. T. (Ed.) (1982). *Expectations and actions: Expectancy-value models in psychology*. Hillsdale, NJ: Erlbaum.
Feather, N. T., & O´Brien, G. E. (1986). A longitudinal study of the effects of employment and unemployment on school-leavers. *Journal of Occupational Psychology*, *59*, 121-144.
Feingold, A. (1990). Gender differences in effects of physical attractiveness on romantic attraction: A comparison across five research paradigms. *Journal of Personality and Social Psychology*, *59*, 981-993.
Feingold, A. (1992). Good-looking people are not what we think. *Psychological Bulletin*, *111*, 304-341.
Felton, B. J., & Revenson, T. A. (1984). Coping with chronic illness: A study of illness controllability and the influence of coping strategies on psychological adjustment. *Journal of Consulting and Clinical Psychology*, *52*, 343-353.
Feltz, D. L. (1992). Understanding motivation in sport: A self-efficacy perspective. In G. C. Roberts (Ed.), *Motivation in sport and exercise* (pp. 93-105). Champaign, IL: Human Kinetics Books.
Feltz, D. L., & Landers, D. M. (1983). The effects of mental practice on motor skill learning and performance: A meta-analysis. *Journal of Sport Psychology*, *5*, 25-57.

Feshbach, S., & Singer, R. D. (1971). *Television and aggression: An experimental field study*. San Francisco: Jossey-Bass.
Festinger, L. (1942). A theoretical interpretation of shifts in level of aspiration. *Psychological Review*, *49*, 235-250.
Fibel, B., & Hale, W. D. (1978). The generalized expectancy for success scale - A new measure. *Journal of Consulting and Clinical Psychology*, *46*, 924-931.
Fisch, R., & Schmalt, H.-D. (1970). Vergleich von TAT- und Fragebogendaten der Leistungsmotivation. *Zeitschrift für Experimentelle und Angewandte Psychologie*, *17*, 608-634.
Fishbein, M., & Ajzen, I. (1975). *Belief, attitude, intention, and behavior: An introduction to theory and research*. Reading, MA: Addison-Wesley.
Fiske, S. T. (1993). Controlling other people: The impact of power on stereotyping. *American Psychologist*, *48*, 621-628.
Fiske, S. T., & Taylor, S. E. (1991). *Social cognition* (2nd ed.). New York: McGraw-Hill.
Fitzgibbon, M. L., Stolley, M. R., & Kirschenbaum, D. S. (1993). Obese people who seek treatment have different characteristics than those who do not seek treatment. *Health Psychology*, *12*, 342-345.
Frankl, V. E. (1947). *Ein Psychologe erlebt das Konzentrationslager*. Wien: Verlag für Jugend und Volk.
Frankl, V. E. (1959/1984). *Man's search for meaning*. New York, NY: Washington Square Press.
French, E. G., & Lesser, G. S. (1964). Some characteristics of the achievement motive in women. *Journal of Abnormal and Social Psychology*, *68*, 119-128.
Frese, M., & Sabini, J. (1985). *Goal-directed behavior: The concept of action in psychology*. Hillsdale, NJ: Erlbaum.
Freud, S. (1895/1962). *Aus den Anfängen der Psychoanalyse:1887-1902 Briefe an Wilhelm Fließ*. Frankfurt a. M.: Fischer.
Freud, S. (1896/1952). *Weitere Bemerkungen über die Abwehrneuropsychosen*. Gesammelte Werke, Band I (S. 377-403). London: Imago.
Freud, S. (1900/1961). *Die Traumdeutung*. Gesammelte Werke, Band II (S. 1-624). Frankfurt a. M.: Fischer.
Freud, S. (1905/1981). *Drei Abhandlungen zur Sexualtheorie*. Gesammelte Werke, Band V (S.27-145). Frankfurt a. M.: Fischer.
Freud, S. (1909/1955). *Beiträge zur Psychologie des Liebeslebens*. Gesammelte Werke, Band VIII (S. 65-92). London: Imago.
Freud, S. (1912/1961). *Totem und Tabu*. Gesammelte Werke, Band IX (S. 3 -194). Frankfurt a. M.: Fischer.
Freud, S. (1917/1955). *Eine Schwierigkeit der Psychoanalyse*. Gesammelte Werke, Band XII (S. 1-12). London: Imago.
Freud, S. (1920/1955). *Jenseits des Lustprinzips*. Gesammelte Werke, Band XIII (S. 1-69). London: Imago
Freud, S. (1923/1955). *Das Ich und das Es*. Gesammelte Werke, Band XIII (S. 235-289). London: Imago
Freud, S. (1930/1976). *Das Unbehagen in der Kultur*. Gesammelte Werke, Band XIV. (S. 419-506). Frankfurt a. M.: Fischer,
Friedman, M. A., & Brownell, K. D. (1995). Psychological correlates of obesity: Moving to the next research generation. *Psychological Bulletin*, *117*, 3-20.
Friedman, S. L., Scholnick, E. K., & Cocking, R. R. (1987). *Blueprints for thinking: The role of planning in cognitive development*. Cambridge, England: Cambridge University Press.
Fries, A., & Frey, D. (1980). Misattribution of arousal and the effects of self-threatening information. *Journal of Experimental Social Psychology*, *16*, 405-416.
Fromm, E. (1956). *The art of loving*. New York: Harper.
Fuchs, R. (1962). Schmerz als Signal für die Bedrohtheit von Leib und Leben. *Zeitschrift für Experimentelle und Angewandte Psychologie*, *9*, 361-396.

Futterman, A. D., Kemeny, M. E., Shapiro, D., Polonsky, W., & Fahey, J. L. (1992). Immunological variability associated with experimentally-induced positive and negative affective states. *Psychological Medicine*, *22*, 231-238.

Garner, D. M., & Wooley, S. C. (1991). Confronting the failure of behavioral and dietary treatments for obesity. *Clinical Psychology Review*, *11*, 729-780.

Gatchel, R. J., & Proctor, J. D. (1976). Physiological correlates of learned helplessness in man. *Journal of Abnormal Psychology*, *85*, 27-34.

Gattuso, S. M., Litt, M. D., & Fitzgerald, T. E. (1992). Coping with gastrointestinal endoscopy: Self-efficacy enhancement and coping style. *Journal of Consulting and Clinical Psychology*, *60*, 133-139.

Geiselman, R. E., Haight, N. A., & Kimata, L. G. (1984). Context effects in the perceived physical attractiveness of faces. *Journal of Experimental Social Psychology*, *20*, 409-424.

Giambra, L. M. (1974). Daydreaming across the life span: Late adolescent to senior citizen. *International Journal of Aging and Human Development*, *5*, 115-140.

Giambra, L. M. (1977). Daydreaming about the past: The time setting of spontaneous thought intrusions. *The Gerontologist*, *17*, 35-38.

Giambra, L. M. (1977-1978). Adult male daydreaming across the life span: A replication, further analyses, and tentative norms based upon retrospective reports. *International Journal of Aging and Human Development*, *8*, 197-228.

Giambra, L. M. (1979-1980). Sex differences in daydreaming and related mental activity from the late teens to the early nineties. *International Journal of Aging and Human Development*, *10*, 1-34.

Giambra, L. M. (1989). Task-unrelated-thought frequency as a function of age: A laboratory study. *Psychology and Aging*, *4*, 136-143.

Gibson, J. J. (1941). A critical review of the concept of set in contemporary experimental social psychology. *Psychological Bulletin*, *38*, 781-817.

Gjesme, T. (1975). Slope of gradients for performance as a function of achievement motive, goal distance in time and future time orientation. *Journal of Psychology*, *91*, 143-160.

Glass, A. L., & Holyoak, K. J. (1986). *Cognition* (2nd ed.). New York: Random House.

Glass, D. C., Reim, B., & Singer, J. E. (1971). Behavioral consequences of adaptation to controllable and uncontrollable noise. *Journal of Experimental Social Psychology*, *7*, 244-257.

Glass, D. C., & Singer, J. E. (1972). *Urban stress: Experiments on noise and social stressors*. New York: Academic Press.

Glynn, S. M., & Ruderman, A. J. (1986). The development and validation of an eating self-efficacy scale. *Cognitive Therapy and Research*, *10*, 403-420.

Golding, J. M., & Singer, J. L. (1983). Patterns of inner experience: Daydreaming styles, depressive moods, and sex roles. *Journal of Personality and Social Psychology*, *45*, 663-675.

Golin, S., Terrell, T., & Johnson, B. (1977). Depression and the illusion of control. *Journal of Abnormal Psychology*, *86*, 440-442.

Golin, S., Terrell, T., Weitz, J. & Drost, P. L. (1979). The illusion of control among depressed patients. *Journal of Abnormal Psychology*, *88*, 454-457

Gollwitzer, P. M. (1986). Striving for specific identities: The social reality of self-symbolizing. In R. A. Baumeister (Ed.), *Public self and private self*. New York: Springer.

Gollwitzer, P. M. (1990). Action phases and mind-sets. In E. T. Higgins & R. M. Sorrentino (Eds.), *Handbook of motivation and cognition: Foundations of social behavior*. (Vol. 2, pp. 53-92). New York: Guilford.

Gollwitzer, P. M. (1991). *Abwägen und Planen*. Göttingen: Hogrefe.

Gollwitzer, P. M. (1993). Goal achievement: The role of intentions. In W. Stroebe & M. Hewstone (Eds.), *European review of social psychology* (Vol. 4, pp. 141-185). Chichester, UK: Wiley.

Gollwitzer, P. M. (1996).The volitional benefits of planning. In P. M. Gollwitzer & J. A. Bargh (Eds.), *The psychology of action: Linking cognition and motivation to behavior*. New York: Guilford.

Gollwitzer P. M., & Bargh J. A. (Eds.). (1996).*The psychology of action: Linking cognition and motivation to behavior*. New York: Guilford.

Gollwitzer, P. M., Earle, W. B., & Stephan, W. G. (1982). Affect as a determinant of egotism: Residual excitation and performance attributions. *Journal of Personality and Social Psychology*, *43*, 702-709.

Gollwitzer, P. M., Heckhausen, H., & Ratajczak, H. (1990). From weighing to willing: Approaching a change decision through pre- or postdecisional mentation. *Organizational Behavior and Human Decision Processes*, *45*, 41-65.

Gollwitzer, P. M., & Kinney, R. F. (1989). Effects of deliberative and implemental mind-sets on illusion of control. *Journal of Personality and Social Psychology*, *56*, 531-542.

Gollwitzer, P. M., & Kirchhof, O. (in press). The willful pursuit of identity. In J. Heckhausen & C. S. Dweck (Eds.), *Motivation and self-regulation across the lifespan* . New York: Cambridge University Press.

Gollwitzer, P. M., & Moskowitz, G. B. (1996). Goal effects on action and cognition. In E. T. Higgins & A. W. Kruglanski (Eds.), *Social psychology: A handbook of basic principles* (pp. 361-399). New York: Guilford Press.

Goodhart, D. E. (1986). The effects of positive and negative thinking on performance in an achievement situation. *Journal of Personality and Social Psychology*, *51*, 117-124.

Gortmaker, S. L., & Sappenfeld, W. (1984). Chronic childhood disorders: Prevalence and impact. *Pediatric Clinics of North America*, *31*, 3-18.

Gotlib, I. H. (1991). Explanatory style: A question of balance. *Psychological Inquiry*, *2*, 27-30.

Gould, D., & Weiss, M. (1981). The effects of model similarity and model talk on self-efficacy and muscular endurance. *Journal of Sport Psychology*, *3*, 17-29.

Grawe, K. (1992). Psychotherapieforschung zu Beginn der neunziger Jahre. *Psychologische Rundschau*, *43*, 132-162.

Grawe, K. (1993). Über Voraussetzungen eines gemeinsamen Erkenntnisprozesses in der Psychotherapie: Eine Erwiderung auf Eysenck und Diepgen. *Psychologische Rundschau*, *44*, 181-186.

Gregory, W. L., Cialdini, R. B., & Carpenter, K. M. (1982). Self-relevant scenarios as mediators of likelihood estimates and compliance: Does imagining make it so? *Journal of Personality and Social Psychology*, *43*, 89-99.

Grings, W. W., & Lockhart, R. A. (1963). Effects of "anxiety-lessening" instructions and differential set development on the extinction of GSR. *Journal of Experimental Psychology*, *66*, 292-299.

Gruber, B. L., Hersh, S. P., Hall, N. R., Waletzky, L. R., Carpenter, J. K., Kverno, K. S., & Weiss, S. M. (1993). Immunological responses of breast cancer patients to behavioral interventions. *Biofeedback and Self-Regulation*, *18*, 1-22.

Gur, R. C., & Sackeim, H. A. (1979). Self-deception: A concept in search of phenomenon. *Journal of Personality and Social Psychology*, *37*, 147-169.

Hackett, G. (1995). Self-efficacy in career choice and development. In A. Bandura (Ed.), *Self-efficacy in changing societie*s (pp. 232-258). New York: Cambridge University Press.

Hackett, G, & Betz, N. E. (1989). An exploration of the mathematics self-efficacy/mathematic performance correspondence. *Journal of Research in Mathematics Education*, *20*, 261-273.

Halisch, F. (1986). *Operante und respondente Verfahren zur Messung des Leistungsmotivs*. München: Max-Planck-Institut für psychologische Forschung.

Hammersla, J. F., & Fraese-McMahan, L. (1990). University students' priorities: Life goals vs. relationships. *Sex Roles*, *23*, 1-14.

Hariton, E. B., & Singer, J. L. (1974). Women's fantasies during sexual intercourse: Normative and theoretical implications. *Journal of Consulting and Clinical Psychology, 42*, 313-322.

Hatfield, E. (1988). Passionate and companionate love. In R. J. Sternberg & M. L. Barnes (Eds.), *The psychology of love* (pp. 191-217). New Haven & London: Yale University Press.

Hatfield, E., & Rapson, R. L. (1987). Passionate love: New directions in research. In D. Perlman & W. Jones (Eds.), *Perspectives in interpersonal behavior and relationships*. New York: JAI Press.

Hatfield (Walster), E., & Walster, G. W. (1978). *A new look at love*. Reading, MA: Addison-Wesley.

Heatherton, T. F., Herman, C. P., & Polivy, J. (1991). Effects of physical threat and ego threat on eating behavior. *Journal of Personality and Social Psychology, 60*, 138-143.

Heckhausen, H. (1960). Die Problematik des Projektionsbegriffs und die Grundlagen und Grundannahmen des Thematischen Auffassungstests. *Psychologische Beiträge, 5*, 53-80.

Heckhausen, H. (1963). *Hoffnung und Furcht in der Leistungsmotivation*. Meisenheim /Glan: Hain.

Heckhausen, H. (1968). Achievement motive research: Current problems and some contributions toward a general theory of motivation. In W. J. Arnold (Ed.), *Nebraska Symposium on Motivation, 1968* (pp. 103-174). Lincoln: University of Nebraska Press.

Heckhausen, H. (1977). Achievement motivation and its constructs: A cognitive model. *Motivation and Emotion, 1*, 283-329.

Heckhausen, H. (1987). Wünschen - Wählen - Wollen. In H. Heckhausen, P. M. Gollwitzer & F. E. Weinert (Hrsg.), *Jenseits des Rubikon: Der Wille in den Humanwissenschaften* (S.3-9). Berlin: Springer.

Heckhausen, H. (1989). *Motivation und Handeln: Lehrbuch der Motivationspsychologie* (2. Aufl.). Berlin: Springer.

Heckhausen, H., & Gollwitzer, P. M. (1987). Thought contents and cognitive functioning in motivational vs. volitional states of mind. *Motivation and Emotion, 11*, 101-120.

Heckhausen, H., Gollwitzer, P. M., & Weinert F. E. (1987). *Jenseits des Rubikon: Der Wille in den Humanwissenschaften* . Berlin: Springer.

Heckhausen, H., & Kuhl, J. (1985). From wishes to action: The dead ends and short cuts on the long way to action. In M. Frese & J. Sabini (Eds.), *Goal directed behavior: The concept of action in psychology* (pp. 134-159). Hillsdale, NJ: Erlbaum.

Heckhausen, J., Diewald, M., & Huinink, J. (1994). *Control agency means-ends in adulthood questionnaire - short version.* Unpublished Questionnaire, Max Planck Institute for Human Development and Education, Berlin.

Heckhausen, J., Dixon, R. A., & Baltes, P. B. (1989). Gains and losses in development throughout adulthood as perceived by different adult age groups. *Developmental Psychology, 25*, 109-121.

Heckhausen, J., & Schulz, R. (1993). Optimization by selection and compensation: Balancing primary and secondary control in life-span development. *International Journal of Behavioral Development, 16*, 287-303.

Heckhausen, J., & Schulz, R. (1994). *Primacy of primary control as a universal feature of human behavior*. Paper presented at the 13th Biennial Meetings of the International Society for the Study of Behavioral Development, Amsterdam, The Netherlands.

Heckhausen, J., & Schulz, R. (1995). A life-span theory of control. *Psychological Review, 102*, 284-304.

Hegner, F., & Lakemann, U. (1989). Familienhaushalt und Erwerbstätigkeit. In R. Nave-Herz & M. Markefka (Hrsg.), *Handbuch der Familien- und Jugendforschung, Band 1: Familienforschung* (S. 491-511). Neuried: Luchterhand.

Heider, F. (1958). *The psychology of interpersonal relations*. New York: Wiley.
Heider, F. (1960). The gestalt theory of motivation. In M. R. Jones (Ed.), *Nebraska Symposium on Motivation: Vol. 8. Current theory and research in motivation* (pp. 145-172). Lincoln, NE: University of Nebraska Press.
Helgeson, V. S., & Taylor, S. E. (1993). Social comparisons and adjustment among cardiac patients. *Journal of Applied Social Psychology, 23*, 1171-1195.
Herman, C. P., & Polivy, J. (1975). Anxiety, restraint, and eating behavior. *Journal of Abnormal Psychology, 84*, 666-672.
Herman, C. P., & Polivy, J. (1980). Restrained eating. In A. J. Stunkard (Ed.), *Obesity* (pp. 208-225). Philadelphia, PA: Saunders.
Herrnstein, R. J., & Boring, E. G. (1965). *A source book in the history of psychology*. Cambridge, MA: Harvard University Press.
Heyns, R. W., Veroff, J., & Atkinson, J. W. (1958). A scoring manual for the affiliation motive. In J. W. Atkinson (Ed.), *Motives in fantasy, action and society* (pp. 205-218). Princeton, NJ: Van Nostrand.
Higgins, E. T. (1987). Self-discrepancy: A theory relating self and affect. *Psychological Review, 94*, 319-340.
Higgins, E. T., Roney, C. J. R., Crowe, E., & Hymes, C. (1994). Ideal versus ought predilections for approach and avoidance: Distinct self-regulatory systems. *Journal of Personality and Social Psychology, 66*, 276-286.
Hilgard, E. R., & Bower, G. H. (1966). *Theories of learning*. New York: Appleton-Century-Crofts.
Hinde, R. A. (1966). *Animal behavior*. London: McGraw-Hill.
Hiroto, D. S. (1974). Locus of control and learned helplessness. *Journal of Experimental Psychology, 102*, 187-193.
Hiroto, D. S., & Seligman, M. E. P. (1975). Generality of learned helplessness in man. *Journal of Personality and Social Psychology, 31*, 311-327.
Hofer, M. (1992). Familie und Arbeit. In M. Hofer, E. Klein-Allermann & P. Noack (Hrsg.), *Familienbeziehungen: Eltern und Kinder in der Entwicklung*(S. 55-81). Göttingen: Hogrefe.
Holman, H. R., & Lorig, K. (1992). Perceived self-efficacy in self-management of chronic disease. In R. Schwarzer (Ed.), *Self-efficacy: Thought control of action* (pp. 305-323). Washington, DC. Hemisphere.
Holmes, B. H., & Werbel, J. D. (1992). Finding work following job loss: The role of coping resources. *Journal of Employment counseling, 29*, 22-29.
Holmes, D. S., & Tyler, J. D. (1968). Direct versus projective measures of achievement motivation. *Journal of Consulting and Clinical Psychology, 32*, 712-717.
Holroyd, K. A., Penzien, D. B., Hursey, K. G., Tobin, D. L., Rogers, L., Holm, J. E., Marcille, P. J., Hall, J. R., & Chila, A. G. (1984). Change mechanisms in EMG biofeedback training: Cognitive changes underlying improvements in tension headache. *Journal of Consulting and Clinical Psychology, 52*, 1039-1053.
Holtzman, W. H. (1962). Methodological issues in P technique. *Psychological Bulletin, 59*, 248-256.
Horm, J., & Anderson, K. (1993). Who in America is trying to lose weight? *Annals of internal Medicine, 119*, 672-676.
Hormuth, S. E. (1986). The sampling of experiences in situ. *Journal of Personality, 54*, 262-293.
Horney, K. (1939). *New ways in psychoanalysis*.The collected works,Vol. 1. New York: Norton.
Horney, K. (1950). *Neurosis and human growth: The struggle toward self-real ization*.The collected works, Vol. 2. New York: Norton.
Horowitz, M. J. (1978). *Image formation and cognition*. New York: Appleton-Century-Crofts.
Huba, G. J., Aneshensel, C. S., & Singer, J. L. (1981). Development of scales for three second-order factors of inner experience. *Multivariate Behavioral Research, 16*, 181-206.

Huba, G. J., Singer, J. L., Aneshensel, C. S., & Antrobus, J. S. (1982). *The short imaginal processes inventory*. Port Huron, MI: Research Psychologist Press.
Hull, C. L. (1943). *Principles of behavior*. New York: Appleton-Century-Crofts.
Hull, C. L. (1952). *A behavior system*. New Haven: Yale University Press.
Hull, J. G., & Mendolia, M. (1991). Modeling the relations of attributional style, expectancies, and depression. *Journal of Personality and Social Psychology*, *61*, 85-97.
Hull, J. G., & Young, R. D. (1983). Self-consciousness, self-esteem, and success-failure as determinants of alcohol consumption in male social drinkers. *Journal of Personality and Social Psychology*, *44*, 1097-1109.
Hurlburt, R. T. (1980). Validation and correlation of thought sampling with retrospective measures. *Cognitive Therapy and Research*, *4*, 235-238.
Isen, A. M. (1970). Success, failure, attention, and reactions to others: The warm glow of success. *Journal of Personality and Social Psychology*, *36*, 1-12.
Jackson, D. N. (1974). *Manual for the Personality Research Form*. Goshen, NY: Research Psychology Press.
Jahoda, M. (1953). The meaning of psychological health. *Social Casework*, *34*, 349-354.
Jahoda, M. (1958). *Current concepts of positive mental health*. New York: Basic Books.
James, W. (1890/1950). *The principles of psychology* (2 vols.). New York: Dover.
Janoff-Bulman, R., & Brickman, P. (1982). Expectations and what people learn from failure. In N. T. Feather (Ed.), *Expectations and action: Expectancy-value models in psychology* (pp. 207-272). Hillsdale, NJ: Erlbaum.
Jasnoski, M. L., & Kugler, J. (1987). Relaxation, imagery, and neuroimmunomodulation. *Annals of the New York Academy of Sciences*, *496*, 722-730.
Jensen, M. R. (1987). Psychobiological factors predicting the course of breast cancer. *Journal of Personality*, *55*, 317-342.
Jerusalem, M., & Schwarzer, R. (1986). "Selbstaufmerksamkeit ". SAM. In R. Schwarzer (Hrsg.), *Skalen zur Befindlichkeit und Persönlichkeit* (S. 3-14). Berlin: Freie Universität, Institut für Psychologie.
Jerusalem, M., & Schwarzer, R. (1992). Self-efficacy as a resource factor in stress appraisal processes. In R. Schwarzer (Ed.), *Self-efficacy: Thought control of action* (pp. 195-213). Washington, DC: Hemisphere.
Johnson, J. E., Lauver, D. R., & Nail, L. M. (1989). Process of coping with radiation therapy. *Journal of Consulting and Clinical Psychology*, *57*, 358-364.
Johnson, M. K., & Sherman, S. J. (1990). Constructing and reconstructing the past and the future in the present. In E. T. Higgins & R. M. Sorrentino (Eds.), *Handbook of motivation and cognition: Foundations of social behavior* (Vol. 2, pp. 482-526). New York: Guilford.
Jones, E. E., & Berglas, S. (1978). Control of attributions about the self through self-handicapping strategies: The role of alcohol and unachievement. *Personality and Social Psychology Bulletin*, *4*, 200-206.
Jones, E. E., & Davis, K. E. (1965). A theory of correspondent inferences: From acts to dispositions. In L. Berkowitz (Ed.), *Advances in experimental social psychology* (Vol. 2, pp. 219-266). New York: Academic Press.
Jourard, S. M., & Landsman, T. (1980). *Healthy personality: An approach from the viewpoint of humanistic psychology* (4th ed.). New York: Macmillan.
Kahneman, D., & Miller, D. T. (1986). Norm theory: Comparing reality to its alternatives.*Psychological Review*, *93*, 136-153.
Kahneman, D., & Tversky, A. (1982). The simulation heuristic. In D. Kahneman, P. Slovic, & A. Tversky (Eds.), *Judgment under uncertainty: Heuristics and biases* (pp. 201-208). Cambridge: Cambridge University Press.
Kamen-Siegel, L., Rodin, J., Seligman, M. E. P., & Dwyer, J. (1991). Explanatory style and cell-mediated immunity in elderly men and women. *Health Psychology*, *10*, 229-235.

Kanfer, R., & Hulin, C. L. (1985). Individual differences in successful job searches following lay-off. *Personnel Psychology, 38*, 835-847.
Karniol, R., & Ross, M. (in press). The motivational impact of temporal focus: Thinking bout the future and the past. *Annual Review of Psychology.*
Karoly, P. (1993). Mechanisms of self-regulation: A systems view. *Annual Review of Psychology, 44*, 23-52.
Kaufman, A., Baron, A., & Kopp, R. E. (1966). Some effects of instructions on human operant behavior. *Psychonomic Monograph Supplement, 1*, 243-250.
Kavanagh, D. J. (1992). Self-efficacy and depression. In R. Schwarzer (Ed.), *Self-efficacy: Thought control of action* (pp. 177-193). Washington, DC: Hemisphere.
Kavanagh, D. J., & Bower, G. H. (1985). Mood and self-efficacy: Impact of joy and sadness on perceived capabilities. *Cognitive Therapy and Research, 9*, 507-525.
Kazdin, A. E. (1976). Effects of covert modeling, multiple models, and model reinforcement on assertive behavior. *Behavior Therapy, 7*, 211-222.
Kazdin, A. E., & Wilson, G. T. (1978). *Evaluation of behavior therapy: Issues, evidence, and research strategies.* Cambridge, MA: Ballinger.
Keen, S. (1986). *Faces of the enemy.* San Francisco: Harper & Row.
Keesey, R. E. (1986). A set-point theory of obesity. In K. D. Brownell & J. P. Foreyt (Eds.), *Handbook of eating disorders: Physiology, psychology, and treatment of obesity, anorexia, and bulimia* (pp. 63-87). New York: Basic Books.
Kelley, H. H. (1967). Attribution theory in social psychology. In D. Levine (Ed.), *Nebraska Symposium on Motivation : Vol. 15. Current theory and research in motivation* (pp. 192-238). Lincoln, NE: University of Nebraska Press.
Kenrick, D. T., & Cialdini, R. B. (1977). Romantic attraction: Misattribution vs. reinforcement explanations. *Journal of Personality and Social Psychology, 35*, 381-391.
Kerlinger, F. N., & Pedhazur, E. J. (1973). *Multiple regression in behavior research.* New York: Holt, Rinehart, & Winston.
Kiecolt-Glaser, J. K., & Glaser, R. (1988). Behavioral influences on immune function: Evidence for the interplay between stress and health. In T. M. Field, P. M. McCabe, & N. Schneiderman (Eds.), *Stress and coping across development* (pp. 189-205). Hillsdale, NJ: Erlbaum.
Kipnis, D. (1972). Does power corrupt? *Journal of Personality and Social Psychology, 24*, 33-41.
Kinsey, A. C., Pomeroy, W. D., & Martin, C. E. (1948). *Sexual behavior in the human male.* Philadelphia, PA: Saunders.
Kirk, C. C. (1994). *Taming the diet dragon.* St. Paul, Mn: Llewellyn.
Kirsner, J. B., & Shorter, R. G. (1982). Recent developments in nonspecific inflammatory bowel disease. *New England Journal of Medicine, 306*, 837-848.
Klein, D. C., & Seligman, M. E. P. (1976). Reversal of performance deficits and perceptual deficits in learned helplessness and depression. *Journal of Abnormal Psychology, 85*, 11-26.
Klinger, E. (1971). *Structure and functions of fantasy.* New York: Wiley.
Klinger, E. (1977). *Meaning and void: Inner experience and the incentives in people's lives.* Minneapolis: University of Minnesota Press.
Klinger, E. (Ed.). (1981). *Imagery (Vol. 2). Concepts, results, and applications.* New York: Plenum Press.
Klinger, E. (1990). Daydreaming: Using waking fantasy and imagery for self-knowledge and creativity. Los Angeles: Tarcher.
Klinger, E. (1996). Emotional influences on cognitive processing, with implications for theories of both. In P. M. Gollwitzer & J. A. Bargh (Eds.), *The psychology of action: Linking cognition and motivation to behavior.* New York: Guilford.
Klinger, E., Barta, S. G., & Mahoney, T. W. (1976). Motivation, mood, and mental events: Patterns and implications for adaptive processes. In G. Serban (Ed.), *Psychopathology of human adaptation* (pp. 95-112). New York & London: Plenum Press.

Klinger, E., Barta, S. G., & Maxeiner, M. E. (1980). Motivational correlates of thought content frequency and commitment. *Journal of Personality and Social Psychology*, *39*, 1222-1237.

Klinger, E., Barta, S. G., & Maxeiner, M. E. (1981). Current concerns: Assessing therapeutically relevant motivation. In P. C. Kendall & S. D. Hollon (Eds.), *Assessment strategies for cognitive-behavioral interventions* (pp. 163-196). New York: Academic Press.

Klos, D. S., & Singer, J. L. (1981). Determinants of the adolescent's ongoing thought following simulated parental confrontations. *Journal of Personality and Social Psychology*, *41*, 975-987.

Koestner, R., & McClelland, D. C. (1992). The affiliation motive. In C. P. Smith (Ed.), *Motivation and personality: Handbook of thematic content analysis* (pp. 229-253). New York: Cambridge University Press.

Krantz, D. S., Glass, D. C., & Snyder, M. L. (1974). Helplessness, stress level, and the coronary-prone behavior pattern. *Journal of Experimental Social Psychology*, *10*, 284-300.

Kreitler, H., & Kreitler, S. (1976). *Cognitive orientation and behavior*. New York: Springer.

Kuckartz, U. (1992). Auf dem Weg zur Professorin. *Zeitschrift für Pädagogik*, *38*, 681-700.

Kuhl, J. (1981). Motivational and functional helplessness: The moderating effect of state versus action orientation. *Journal of Personality and Social Psychology*, *40*, 155-170.

Kuhl, J. (1983). *Motivation, Konflikt und Handlungskontrolle*. Berlin: Springer.

Kuhl, J., & Beckmann, J. (Eds.). (1994).*Volition and personality: Action versus state orientation* . Seattle: Hogrefe & Huber.

Kuhl, J., & Kazen, M. (1994). Self-discrimination and memory: State orientation and false self-ascription of assigned activities. *Journal of Personality and Social Psychology*, *66*, 1103-1115.

Kunda, Z. (1990). The case for motivated reasoning. *Psychological Bulletin*, *108*, 480-498.

Lang, F. R., & Carstensen, L. L. (1994). Close emotional relationships in late life: Further support for proactive aging in the social domain. *Psychology and Aging, 9*, 315-324.

Lang, P. J., Kozak, M. J., Miller, G. A., Levin, D. N., & McLean, A. Jr. (1980). Emotional imagery: Conceptual structure and pattern of somato-visceral response. *Psychophysiology*, *17*, 179-192.

Langer, E. J. (1975). The illusion of control. *Journal of Personality and Social Psychology*, *32*, 311-328.

Langer, E. J., & Roth, J. (1975). Heads I win, tails it's chance: The illusion of control as a function of the sequence of outcomes in a purely chance task. *Journal of Personality and Social Psychology*, *32*, 951-955.

Langlois, J. H., & Roggman, L. A. (1990). Attractive faces are only average. *Psychological Science*, *1*, 115-121.

Lee, J. A. (1988). Love-styles. In R. J. Sternberg & M. L. Barnes (Eds.), *The psychology of love* (pp. 38-67). New Haven, CT: Yale University Press.

Lefkowitz, M., Blake, R. R., & Mouton, J. S. (1955). Status factors in pedestrian violation of traffic signals. *Journal of Abnormal and Social Psychology*, *51*, 704-706.

Leitenberg, H., & Henning, K. (1995). Sexual Fantasy. *Psychological Bulletin*, *117*, 469-496.

Lent, R. W., Brown, S. D., & Larkin, K. C. (1984). Relation of self-efficacy expectations to academic achievement and persistence. *Journal of Counseling Psychology*, *31*, 356-362.

Lent, R. W., Brown, S. D., & Larkin, K. C. (1986). Self-efficacy in the prediction of academic performance and perceived career options. *Journal of Counseling Psychology, 33*, 265-269.

Lent, R. W., Larkin, K. C., & Brown, S. D. (1989). Relation of self-efficacy to inventoried vocational interests. *Journal of Vocational Behavior, 34*, 279-288.

Lent, R. W., Lopez, F. G., & Bieschke, K. J. (1991). Mathematics self-efficacy: Sources and relation to science-based career choice. *Journal of Counseling Psychology, 38*, 424-430.

Lent, R. W., Lopez, F. G., & Bieschke, K. J. (1993). Predicting mathematics-related choice and success behaviors: Test of an expanded social cognitive model. *Journal of Vocational Behavior, 42*, 223-236.

Lewin, K. (1922). Das Problem der Willensmessung und das Grundgesetz der Assoziation. *Psychologische Forschung, 1*, 62-140, 191-302.

Lewin, K. (1926). Vorsatz, Wille und Bedürfnis. *Psychologische Forschung, 7*, 330-385.

Lewin, K. (1935). *A dynamic theory of personality*. New York: McGraw Hill.

Lewin, K. (1936). *Principles of topological psychology*. New York: McGraw-Hill.

Lewin, K. (1951). Field theory in social science. In D. Cartwright (Ed.), *Selected theoretical papers*. New York: Harper.

Lewin, K., Dembo, T., Festinger, L., & Sears, P. S. (1944). Level of aspiration. In J. McV. Hunt (Ed.), *Personality and the behavior disorders* (Vol. 1, pp. 333-378). New York: Ronald.

Lewinsohn, P. M., Mischel, W., Chaplin, W., & Barton, R. (1980). Social competence and depression: The role of illusory self-perceptions. *Journal of Abnormal Psychology, 89*, 203-212.

Lindzey, G. (1952). Thematic apperception test: Interpretive assumptions and related empirical evidence. *Psychological Bulletin, 49*, 1-25.

Lissner, K. (1933). Die Entspannung von Bedürfnissen durch Ersatzhandlungen. *Psychologische Forschung, 18*, 218-250.

Little, T. D. (1994). *Multi-CAM. A multi-dimensional instrument to assess children´s action-related beliefs for the domains friendship and academic performance.* (ACCD Tech. Rep. No. 2) Berlin: Max Planck Institute for Human Development and Education.

Little, T. D., Oettingen, G., Stetsenko, A., & Baltes, P. B. (1995). Children´s action-control beliefs about school performance: How do american children compare with german and russian children? *Journal of Personality and Social Psychology , 69*, 686-700.

Locke, E. A., & Latham, G. P. (1990). *A theory of goal setting and task performance*. Englewood Cliffs, NJ: Prentice Hall.

Locke, J. (1690/1970). *An essay concerning human understanding*. Menston, GB: Scolar Press.

Loftus, G. R. (1993). A picture is worth a thousand p values: On the irrelevance of hypothesis testing in the microcomputer age. *Behavior Research Methods, Instruments, & Computers, 25*, 250-256.

Mac Iver, D. J. (1993). Effects of improvement-focused student recognition on young adolescents' performance and motivation in the classroom. In M. L. Maehr & P. R. Pintrich (Eds.), *Advances in motivation and achievement* (Vol. 8, pp. 191-216). Greenwich, CT: JAI Press.

Maerker, A. (1995). *Existentielle Konfrontation: Eine Untersuchung im Rahmen eines psychologischen Weisheitsparadigmas*. Dissertation. Berlin: Freie Universität Berlin.

Mahler, W. (1933). Ersatzhandlungen verschiedenen Realitätsgrades. *Psychologische Forschung, 18*, 27-89.

Maier, S. F. (1970). Failure to escape traumatic electric shock: Incompatible skeletal motor responses or learned helplessness? *Learning and Motivation, 1*, 157-169.

Maier, S. F., Albin, R. W., & Testa, T. J. (1973). Failure to learn to escape in rats previously exposed to inescapable shock depends on nature of escape response. *Journal of Comparative and Physiological Psychology, 85*, 581-592.

Maier, S. F., Laudenslager, M. L., & Ryan, S. M. (1985). Stressor controllability, immune function, and endogenous opiates. In F. R. Brush & J. B. Overmier (Eds.), *Affect, conditioning, and cognition: Essays on the determinants of behavior* (pp. 183-201). Hillsdale, NJ: Erlbaum.

Maier, S. F., & Seligman, M. E. P. (1976). Learned helplessness: Theory and evidence. *Journal of Experimental Psychology: General, 105*, 3-46.

Maier, S. F., Seligman, M. E. P., & Solomon, R. L. (1969). Pavlovian fear conditioning and learned helplessness: Effects on escape and avoidance behavior of (a) the CS-US contingency and (b) the independence of the US and voluntary responding. In B. A. Campbell & R. M. Church (Eds.), *Punishment and aversive behavior* (pp. 299-342). New York: Appleton-Century-Crofts.

Maier, S. F., Watkins, L. R., & Fleshner, M. (1994). Psychoneuroimmunology: The interface between behavior, brain, and immunity. *American Psychologist, 49*, 1004-1017.

Markus, H., & Nurius, P. (1986). Possible selves. *American Psychologist, 41*, 954-969.

Marlatt, G. A., Baer, J. S., & Quigley, L. A. (1995). Self-efficacy and addictive behavior. In A. Bandura (Ed.), *Self-efficacy in changing societies*. New York: Cambridge University Press.

Marlatt, G. A., Curry, S., & Gordon, J. R. (1988). A longitudinal analysis of unaided smoking cessation. *Journal of Consulting and Clinical Psychology, 56*, 715-720.

Marlatt, G. A., & Gordon, J. R. (1985). (Eds.). *Relapse prevention: Maintenance strategies in the treatment of addictive behaviors*. New York: Guilford.

Marlatt, G. A., Kosturn, C. F., & Lang, A. R. (1975). Provocation to anger and opportunity for retaliation as determinants of alcohol consumption in social drinkers. *Journal of Abnormal Psychology, 84*, 652-659.

Marsiske, M., Lang, F. R., Baltes, P. B., & Baltes, M. M. (1995). Selective optimization with compensation: Life-span perspectives on successful human development. In R. A. Dixon & L. Bäckman (Eds.), *Psychological compensation: Managing losses and promoting gains* (pp. 35-79). Hillsdale, NJ: Erlbaum.

Maslow, A. H. (1950). Self-actualizing people: A study of psychological health. *Personality*, Symposium No. 1, 11-34.

Maslow, A. H. (1954/1970). *Motivation and personality*. New York: Harper & Row.

Maslow, A. H. (1962). *Toward a psychology of being*. Princeton: Van Nostrand.

Maslow, A. H. (1976). *The farther reaches of human nature*. New York: Penguin.

Mayer, S. (1995, 1. Sept.). Frauen, stellt die Männerfrage!, *Die Zeit.*

McAdams, D. P. (1984). Scoring manual for the intimacy motive. *Psychological Documents*, No. 2613. San Rafael, CA: Select Press.

McAdams, D. P. (1989). *Intimacy: The need to be close*. New York: Doubleday.

McAdams, D. P. (1992a). The intimacy motive. In C. P. Smith (Ed.), *Motivation and personality: Handbook of thematic content analysis* (pp.). New York: Cambridge University Press.

McAdams, D. P. (1992b). The intimacy motivation scoring system. In C. P. Smith (Ed.), *Motivation and personality: Handbook of thematic content analysis* (pp. 229-253). New York: Cambridge University Press.

McAdams, D. P., & Constantian, C. A. (1983). Intimacy and affiliation motives in daily living: An experience sampling analysis. *Journal of Personality and Social Psychology, 45*, 851-861.

McClelland, D. C. (1951). *Personality*. New York: William Sloane Ass.

McClelland, D. C. (1964). *The roots of consciousness*. Princeton, NJ: Van Nostrand.

McClelland, D. C. (1965). Achievement and entrepreneurship: A longitudinal study. *Journal of Personality and Social Psychology, 1*, 389-392.

McClelland, D. C. (1978). Managing motivation to expand human freedom. *American Psychologist*, *33*, 201-210.

McClelland, D. C. (1980). Motive dispositions: The merits of operant and respondent measures. In L. Wheeler (Ed.), *Review of personality and social psychology* (Vol. 1, pp. 10-41). Beverly Hills, CA: Sage.

McClelland, D. C. (1985a). *Human motivation*. Glenview, ILL: Scott, Foresman & Company.

McClelland, D. C. (1985b). How motives, skills, and values determine what people do. *American Psychologist*, 40, 812-825.

McClelland, D. C., Atkinson, J. W., Clark, R. A., & Lowell, E. L. (1953). *The achievement motive*. New York: Appleton-Century-Crofts.

McClelland, D. C., Clark, R. A., Roby, T. B., & Atkinson, J. W. (1949). The projective expression of needs, IV: The effect of the need for achievement on thematic apperception. *Journal of Experimental Psychology*, *39*, 242-255.

McClelland, D. C., Koestner, R., & Weinberger, J. (1989). How do self-attributed and implicit motives differ? *Psychological Review*, *96*, 690-702.

McClelland, D. C., & Pilon, D. A. (1983). Sources of adult motives in patterns of parent behavior in early childhood. *Journal of Personality and Social Psychology*, *44*, 564-574.

McClelland, D. C., & Watson, Jr., R. I. (1973). Power motivation and risk-taking behavior. *Journal of Personality*, *41*, 121-139.

McDougall, W. (1908/1948). *An introduction to social psychology*. London: Methuen.

McDougall, W. (1932). *The energies of men: A study of the fundamentals of dynamic psychology*. London: Methuen.

McIlwraith, R. D., & Schallow, J. R. (1982-83). Television viewing and styles of children's fantasy. *Imagination, Cognition and Personality*, *2*, 323-331.

McIlwraith, R. D., & Schallow, J. R. (1983). Adult fantasy life and patterns of media use. *Journal of Communication*, *33*, 79-91.

Meece, J. L., Wigfield, A., & Eccles, J. S. (1990). Predictors of math anxiety and its influence on young adolescents' course enrollment intentions and performance in mathematics. *Journal of Educational Psychology*, *82*, 60-70.

Metalsky, G. I., Abramson, L. Y., Seligman, M. E. P., Semmel, A., & Peterson, C. (1982). Attributional styles and life events in the classroom: Vulnerability and invulnerability to depressive mood reactions. *Journal of Personality and Social Psychology*, *43*, 612-617.

Metalsky, G. I., Halberstadt, L. J., & Abramson, L. Y. (1987). Vulnerability to depressive mood reactions: Toward a more powerful test of the diathesis-stress and causal mediation components of the reformulated theory of depression. *Journal of Personality and Social Psychology*, *52*, 386-393.

Miller, D. T., Turnbull, W., & McFarland, C. (1990). Counterfactual thinking and social perception: Thinking about what might have been. *Advances in Experimental Social Psychology*, *23*, 305-331.

Miller, G. A., Galanter, E., & Pribram, K. H. (1960). *Plans and the structure of behavior*. New York: Holt, Rinehart & Winston.

Miller, W. R., & Seligman, M. E. P. (1975). Depression and learned helplessness in man. *Journal of Abnormal Psychology*, *84*, 228-238.

Mischel, W. (1973). Toward a cognitive social learning reconceptualization of personality. *Psychological Review*, *80*, 252-283.

Mischel, W., & Patterson, C. J. (1976). Substantive and structural elements of effective plans for self-control. *Journal of Personality and Social Psychology*, *34*, 942-950.

Mischel, W., Shoda, Y., & Rodriguez, M. L. (1989). Delay of gratification in children. *Science*, *244*, 933-938.

Mischel, W., & Shoda, Y. (1995). A cognitive-affective system theory of personality: Reconceptualizing situations, dispositions, dynamics, and invariance in personality structure. *Psychological Review*, *102*, 246-268.

Misiak, H., & Sexton, V. S. (1973). *Phenomenological, existential, and humanistic psychologies*. New York: Grune & Stratton.
Mitchell, C., & Stuart, R. B. (1984). Effect of self-efficacy on dropout from obesity treatment. *Journal of Consulting and Clinical Psychology, 52*, 1100-1101.
Moeller, G. (1954). The SCS-UCS interval in GSR conditioning. *Journal of Experimental Psychology, 48*, 162-166.
Moffatt, M. (1989). *Coming of age in New Jersey*. New Brunswick & London: Rutgers University Press.
Mook, D. G. (1987). *Motivation: The organization of action*. New York & London: Norton.
Morgan, C. D., & Murray, H. A. (1935). A method for investigating fantasies: The thematic apperception test. *Archives of Neurology and Psychiatry, 34*, 289-306.
Mowrer, O. H. (1939). A stimulus-response analysis of anxiety and its role as a reinforcing agent. *Psychological Review, 46*, 553-565.
MPG-Spiegel (1995). Frauenförderung in der MPG: Aus dem Bericht des Vorsitzenden des Wissenschaftlichen Rates. *MPG-Spiegel, 2*, 18-20.
Multon, K. D., Brown, S. D., & Lent, R. W. (1991). Relation of self-efficacy beliefs to academic outcomes: A meta-analytic investigation. *Journal of Counseling Psychology, 38*, 30-38.
Murray, H. A. (1933). The effect of fear upon estimates of the maliciousness of other personalities. *Journal of Social Psychology, 4*, 310-329.
Murray, H. A. (1938/1963). *Explorations in personality*. New York: Oxford University Press.
Neisser, U. (1967). *Cognitive psychology*. Englewood Cliffs, NJ: Prentice-Hall.
Neisser, U. (Ed.). (1982). *Memory observed*. San Francisco: Freeman.
Nicholls, J. G. (1979). Quality and equality in intellectual development: The role of motivation in education. *American Psychologist, 34*, 1071-1084.
Nicholls, J. G. (1984). Achievement motivation: Conceptions of ability, subjective experience, task choice, and performance. *Psychological Review, 91*, 328-346.
Niessen, K.-H. (Hrsg.). (1987). *Pädiatrie*. New York: Ed. Medizin.
Nikula, R., Klinger, E., & Larson-Gutman, M. K. (1993) Current concerns and electrodermal reactivity: Responses to words and thoughts. *Journal of Personality, 61*, 63-84.
Nisbett, R. E., & Ross, L. (1980). *Human inference: Strategies and shortcomings of social judgment*. Englewood Cliffs, NJ: Prentice-Hall.
Nolen-Hoeksema, S.(1993). Sex differences in control of depression. In D. M. Wegner & J. W. Pennebaker (Eds.), *Handbook of mental control*. Englewood Cliffs: Prentice Hall.
Nolen-Hoeksema, S., Girgus, J. S., & Seligman, M. E. P. (1986). Learned Helplessness in children: A Longitudinal study of depression, achievement, and explanatory style. *Journal of Personality and Social Psychology, 51*, 435-442.
Nolte, D. (1991). *Asthma: Das Kranheitsbild, der Asthmapatient, die Therapie* (5. Aufl.). München: Urban und Schwarzenberg.
Norem, J. K., & Cantor, N. (1986a). Anticipatory and post hoc cushioning strategies: Optimism and defensive pessimism in "risky" situations. *Cognitive Therapy and Research, 10*, 347-362.
Norem, J. K., & Cantor, N. (1986b). Defensive pessimism: Harnessing anxiety as motivation. *Journal of Personality and Social Psychology, 51*, 1208-1217.
Oettingen, G. (1988). *Two ways of thinking about the future: Fantasy versus explanatory style*. Unpublished manuscript, University of Pennsylvania, Philadelphia.
Oettingen, G. (1995). Cross-cultural perspectives on self-efficacy. In A. Bandura (Ed.), Self-efficacy in changing societies (pp. 149-176). New York: Cambridge University Press.
Oettingen, G., Little, T. D., Lindenberger, U., & Baltes, P. B. (1994). Causality, agency, and control beliefs in East versus West Berlin children: A natural experiment on the role of context. *Journal of Personality and Social Psychology, 66*, 579-595.

Oettingen, G., & Little, T. D. (1993). Intelligenz und Selbstwirksamkeitsurteile bei Ost- und Westberliner Schulkindern. *Zeitschrift für Sozialpsychologie*, *24*, 186-197.

Oettingen, G., & Wadden, T. A. (1991). Expectation, fantasy, and weight loss: Is the impact of positive thinking always positive? *Cognitive Therapy and Research*, *15*, 167-175.

Ovsiankina, M. (1928). Die Wiederaufnahme unterbrochener Handlungen. *Psychologische Forschung*, *11*, 302-379.

Oyserman, D., & Markus, H. R. (1990). Possible selves and delinquency. *Journal of Personality and Social Psychology*, *59*, 112-125.

Page, H. A. (1957). Studies of fantasy-daydreaming frequency and Rorschach scoring categories. *Journal of Consulting Psychology*, *21*, 111-114.

Paivio, A. (1986). *Mental representations: A dual coding approach*. New York: Oxford University Press.

Parks, Jr., C. W., Klinger, E., & Perlmutter, M. (1988-89). Dimensions of thought as a function of age, gender and task difficulty. *Imagination, Cognition and Personality*, *8*, 49-62.

Pavlov, J. P. (1927). *Conditioned reflexes*. Oxford: Oxford University Press.

Payne, J. W. (1994). Thinking aloud: Insights into information processing. *Psychological Science*, *5*, 214.

Pedhazur, E. J., & Pedhazur Schmelkin, L. (1991). *Measurement, design, and analysis: An integrated approach*. Hillsdale, NJ: Erlbaum.

Peele, S. (1988). Fools for love: The romantic ideal, psychological theory, and addictive love. In R. J. Sternberg & M. L. Barnes (Eds.), *The psychology of love* (pp. 159-190). New Haven & London: Yale University Press.

Peng, Y., & Lachman, M. E. (1993, August). Primary and secondary control: Age and cultural differences. Poster presented at the 101st Annual Convention of the American Psychological Association, Toronto, Canada.

Perloff, L. S., & Fetzer, B. K. (1986). Self-other judgments and perceived vulnerability to victimization. *Journal of Personality and Social Psychology*, *50*, 502-510.

Person, E. S. (1988). *Dreams of love and fateful encounters*. New York: Norton.

Pervin, L. A. (Ed.). (1989). *Goal concepts in personality and social psychology*. Hillsdale, NJ: Erlbaum.

Peterson, C. (1988). Explanatory style as a risk factor for illness. *Cognitive Therapy and Research*, *12*, 119-132.

Peterson, C., & Barrett, L. C. (1987). Explanatory style and academic performance among university freshmen. *Journal of Personality and Social Psychology*, *53*, 603-607.

Peterson, C., Bettes, B. A., & Seligman, M. E. P. (1985). Depressive symptoms and unprompted causal attributions: Content analysis. *Behavior, Research and Therapy*, *23*, 379-382.

Peterson, C., & Bossio, L. M. (1991) *Health and optimism: New research on the relationship between positive thinking and physical well-being*. New York: Free Press.

Peterson, C., Luborsky, L., & Seligman, M. E. P. (1983). Attributions and depressive mood shifts: A case study using the symptom-context method. *Journal of Abnormal Psychology*, *92*, 96-103.

Peterson, C, Maier, S. F., & Seligman, M.E.P. (1993). *Learned helplessness: A theory for the age of personal control*. Oxford: Oxford University Press.

Peterson, C., & Seligman, M. E. P. (1984). Causal explanations as a risk factor for depression: Theory and evidence. *Psychological Review*, *91*, 347-374.

Peterson, C., Seligman, M. E. P., & Vaillant, G. E. (1988). Pessimistic explanatory style is a risk factor for physical illness: A thirty-five-year longitudinal study. *Journal of Personality and Social Psychology*, *55*, 23-27.

Peterson, C., Semmel, A., von Baeyer, C., Abramson, L. Y., Metalsky, G. I., & Seligman, M. E. P. (1982). The attributional style questionnaire. *Cognitive Therapy and Research*, *6*, 287-300.

Peterson, C., & Villanova, P. (1988). An expanded attributional style questionnaire. *Journal of Abnormal Psychology*, *97*, 87-89.
Peterson, L. (1989). Coping by children undergoing stressful medical procedures: Some conceptual, methodological, and therapeutic issues. *Journal of Consulting and Clinical Psychology*, *57*, 380-387.
Phillips, R. (1988). *Putting asunder: A history of divorce in Western society*. Cambridge, England: Cambridge University Press.
Pingitore, R., Dugoni, B. L., Tindale, R. S., & Spring, B. (1994). Bias against overweight job applicants in a simulated employment interview. *Journal of Applied Psychology*, *79*, 909-917.
Polivy, J., Herman, C. P., Hackett, R., & Kuleshnyk, I. (1986). The effects of self-attention and public attention on eating in restrained and unrestrained subjects. *Journal of Personality and Social Psychology*, *50*, 1253-1260.
Posner, M. I. (1978). *Chronometric explorations of mind*. Hillsdale, NJ: Erlbaum.
Powers, W. T. (1973). *Behavior: The control of perception*. Chicago: Aldine.
Price, R. A., & Stunkard, A. J. (1989). Commingling analysis of obesity in twins. *Human Heredity*, *39*, 121-135.
Pyszczynski, T., & Greenberg, J. (1992). *Hanging on and letting go. Understanding the onset, progression and remission of depression*. New York: Springer.
Pyszczynski, T., Holt, K., & Greenberg, J. (1987). Depression, self-focused attention, and expectancies for positive and negative future life events for self and others. *Journal of Personality and Social Psychology*, *52*, 994-1001.
Raynor, J. O., & Entin, E. E. (1982). *Motivation, career striving, and aging*. New York: Hemisphere.
Reissert, R., & Welzer, H. (1987). Übergang wohin? Ergebnisse zur Studiendauer und Übergangsphase von Hochschulabsolventen. In R. Bader, W. Habel, R. v. Lüde, S. Metz-Göckel & E. Steuer (Hrsg.), *Studenten im Schatten des Arbeitsmarktes* (S. 225-243). Frankfurt & New York: Campus.
Rescorla, R. A. (1967). Pavlovian conditioning and its proper control procedures. *Psychological Review*, *74*, 71-80.
Rider, M. S., Achterberg, J., Lawlis, G. F., Goven, A., Toledo, R., & Butler, J. R. (1990). Effect of immune system imagery on secretory IgA. *Biofeedback and Self-Regulation*, *15*, 317-333.
Rindskopf, D. (1984). Linear equality restrictions in regression and loglinear models. *Psychological Bulletin*, *96*, 597-603.
Robertson, L. S. (1977). Car crashes: Perceived vulnerability and willingness to pay for crash protection. *Journal of Community Health*, *3*, 136-141.
Robins, C. J. (1988). Attributions and depression: Why is the literature so inconsistent? *Journal of Personality and Social Psychology*, *54*, 880-889.
Rodin, J. (1976). Density, perceived choice, and response to controllable and uncontrollable outcomes. *Journal of Experimental Social Psychology*, *12*, 564-578.
Roe, D. A., & Eickwort, K. R. (1976). Relationships between obesity and associated health factors with unemployment among low income women. *Journal of the American Medical Women´s Association*, *31*, 193-194, 198-199, 203-304.
Roese, N. J. (1994). The functional basis of counterfactual thinking. *Journal of Personality and Social Psychology*, *66*, 805-818.
Rogentine, Jr., G. N., van Kammen, D. P., Fox, B. H., Docherty, J. P., Rosenblatt, J. E., Boyd, S. C., & Bunney, W. E. (1979). Psychological factors in the prognosis of malignant melanoma: A prospective study. *Psychosomatic Medicine*, *41*, 647-655.
Rogers, C. R. (1951). *Client-centered therapy: Its current practice, implications, and theory*. Boston: Houghton Mifflin.
Rogers, C. R. (1961). *On becoming a person: A therapist´s view of psychotherapy*. Boston: Houghton Mifflin.
Rogers, C. R. (1970). *Carl Rogers on encounter group*. New York: Harper & Row.
Rosenholtz, S. J., & Rosenholtz, S. H. (1981). Classroom organization and the perception of ability. *Sociology of Education*, *54*, 132-140.

Rothbaum, F., Weisz, J. R., & Snyder, S. S. (1982). Changing the world and changing the self: A two-process model of perceived control. *Journal of Personality and Social Psychology, 42*, 5-37.

Rotter, J. B. (1954). *Social learning and clinical psychology*. Englewood Cliffs, NJ: Prentice-Hall.

Rubin, Z. (1973). *Liking and loving*. New York: Holt, Rinehart, & Winston.

Rudikoff, E. C. (1954). A comparative study of the changes in the concepts of the self, the ordinary person, and the ideal in eight cases. In C. R. Rogers & R. F. Dymond (Eds.), *Psychotherapy and personality change: Co-ordinated studies in the client-centered approach* (pp. 85-98). Chicago: University of Chicago Press.

Rumelhart, D. E., & Norman, D. A. (1988). Representation in memory. In R. C. Atkinson, R. J. Herrnstein, G. Lindzey & R. D. Luce (Eds.), *Stevens´ handbook of experimental psychology* (2nd ed.), (Vol. 2, pp. 511-587). New York: Wiley.

Ruvolo, A. P., & Markus, H. R. (1992). Possible selves and performance: The power of self-relevant imagery. *Social Cognition, 10*, 95-124.

Sanford, R. N. (1936). The effects of abstinence from food upon imaginal processes: A preliminary experiment. *Journal of Psychology, 2*, 129-136.

Sanford, R. N. (1937). The effects of abstinence from food upon imaginal processes: A further experiment. *Journal of Psychology, 3*, 145-159.

Sarason, I. G. (1975). Anxiety and self-preoccupation. In I. G. Sarason & C. D. Spielberger (Eds.), *Stress and anxiety* (Vol. 2, pp. 27-44). Washington, DC: Hemisphere.

Schachter, S. (1982). Recidivism and self-cure of smoking and obesity. *American Psychologist, 37*, 436-444.

Schaufeli, W. B., & Van Yperen, N. W. (1993). Success and failure in the labor market. *Journal of Organizational Behavior, 14*, 559-572.

Scheier, M. F., & Carver, C. S. (1985). Optimism, coping, and health: Assessment and implications of generalized outcome expectancies. *Health Psychology, 4*, 219-247.

Scheier, M. F., & Carver, C. S. (1987). Dispositional optimism and physical well-being: The influence of generalized outcome expectancies on health. *Journal of Personality, 55*, 169-210.

Scheier, M. F., & Carver, C. S. (1988). A model of behavioral self-regulation: Translating intention into action. In L. Berkowitz (Ed.), *Advances in experimental social psychology* (Vol. 21, pp. 303-346). San Diego, CA: Academic Press.

Scheier, M. F., & Carver, C. S. (1992). Effects of optimism on psychological and physical well-being: Theoretical overview and empirical update. *Cognitive Therapy and Research, 16*, 201-228.

Scheier, M. F., Matthews, K. A., Owens, J. F., Magovern, Sr., G. J., Lefebvre, R. C., Abbott, R. A., & Carver, C. S. (1989). Dispositional optimism and recovery from coronary artery bypass surgery: The beneficial effects on physical and psychological well-being. *Journal of Personality and Social Psychology, 57*, 1024-1040.

Schifter, D. E., & Ajzen, I. (1985). Intention, perceived control, and weight loss: An application of the theory of planned behavior. *Journal of Personality and Social Psychology, 49*, 843-851.

Schmalt, H.-D. (1976a). *Das LM-Gitter. Handanweisung*. Göttingen: Hogrefe.

Schmalt, H.-D. (1976b). *Die Messung des Leistungsmotivs*. Göttingen: Hogrefe.

Schönbach, P. (1981). *Education and intergroup attitudes. European monographs in social psychology* (Vol. 229). London: Academic Press.

Schunk, D. H. (1989). Self-efficacy and cognitive skill learning. In C. Ames & R. Ames (Eds.), *Research on motivation in education: Goals and cognitions* (Vol. 3, pp. 13-44). San Diego, CA: Academic Press.

Schwartz, G. E. (1977). Psychosomatic disorders and biofeedback: A psychobiological model of disregulation. In J. D. Maser & M. E. P. Seligman (Eds.), *Psychopathology: Experimental models* (pp. 270-307). San Francisco: Freeman.

Schwarzer, R. (Ed.).(1986). *Self-related cognitions in anxiety and motivation*. Hillsdale, NJ: Erlbaum.

Schwarzer, R. (1992a). *Psychologie des Gesundheitsverhaltens*. Göttingen: Hogrefe.
Schwarzer, R. (1992b). Self-efficacy in the adoption and maintenance of health behaviors: Theoretical approaches and a new model. In R. Schwarzer (Ed.), *Self-efficacy: Thought control of action* (pp. 217-243). Washington, DC: Hemisphere.
Schwarzer, R. (1993). Defensiver und funktionaler Optimismus als Bedingungen für Gesundheitsverhalten. *Zeitschrift für Gesundheitspsychologie*, *1*, 7-31.
Schwarzer, R. (1994). Optimism, vulnerability, and self-beliefs in health-related cognitions: A systematic overview. *Psychology and Health*, *9*, 161-180.
Schwarzer, R., & Jerusalem, M. (1989). Erfassung leistungsbezogener und allgemeiner Kontroll- und Kompetenzerwartungen. In G. Krampen (Hrsg.), *Diagnostik von Attributionen und Kontrollüberzeugungen* (S. 127-133). Göttingen: Hogrefe.
Schwarzer, R., & Weiner, B. (1990). Die Wirkung von Kontrollierbarkeit und Bewältigungsverhalten auf Emotionen und soziale Unterstützung. *Zeitschrift für Sozialpsychologie*, *21*, 118-125.
Sears, R. R., Maccoby, E. E., & Levin, H. (1957). *Patterns of child rearing*. New York: Harper & Row.
Seligman, M. E. P. (1970). On the generality of the laws of learning. *Psychological Review*, *77*, 406-418.
Seligman, M. E. P. (1972). Learned helplessness. *Annual Review of Medicine*, *23*, 407-412.
Seligman, M. E. P. (1975). *Helplessness: On depression, development, and death*. San Francisco: Freeman.
Seligman, M. E. P. (1991). *Learned optimism*. New York : Knopf.
Seligman, M. E. P., Castellon, C., Cacciola, J., Schulman, P., Luborsky, L., Ollove, M., & Downing, R. (1988). Explanatory style change during cognitive therapy for unipolar depression. *Journal of Abnormal Psychology*, *97*, 13-18.
Seligman, M. E. P., Klein, D. C., & Miller, W. R. (1976). Depression. In H. Leitenberg (Ed.), *Handbook of behavior modification and behavior therapy* (pp. 168-210). Englewood Cliffs, NJ: Prentice-Hall.
Seligman, M. E. P., & Maier, S. F. (1967). Failure to escape traumatic shock. *Journal of Experimental Psychology*, *74*, 1-9.
Seligman, M. E. P., Maier, S. F., & Geer, J. H. (1968). Alleviation of learned helplessness in the dog. *Journal of Abnormal Psychology*, *73*, 256-262.
Seligman, M. E. P., Nolen-Hoeksema, S., Thornton, N., & Thornton, K. M. (1990). Explanatory style as a mechanism of disappointing athletic performance. *Psychological Science, 1*, 143-146.
Seligman, M. E. P., Peterson, C., Kaslow, N. J., Tanenbaum, R. L., Alloy, L. B., & Abramson, L. Y. (1984). Attributional style and depressive symptoms among children. *Journal of Abnormal Psychology*, *93*, 235-238.
Seligman, M. E. P., & Schulman, P. (1986). Explanatory style as a predictor of productivity and quitting among life insurance sales agents. *Journal of Personality and Social Psychology*, *50*, 832-838.
Seligman, M. E. P., & Visintainer, M. A. (1985). Tumor rejection and early experience of uncontrollable shock in the rat. In F. R. Brush & J. B. Overmier (Eds.), *Affect, conditioning, and cognition: Essays on the determinants of behavior* (pp. 203-210). Hillsdale, NJ: Erlbaum.
Seward, J. P., & Humphrey, G. L. (1967). Avoidance learning as a function of pretraining in the cat. *Journal of Comparative and Physiological Psychology*, *63*, 338-341.
Shaffer, J. B. P. (1978). *Humanistic psychology*. Englewood Cliffs, NJ: Prentice-Hall.
Shavit, Y., & Martin, F. C. (1987). Opiates, stress, and immunity: Animal studies. *Annals of Behavioral Medicine*, *9*, 11-20.
Shedler, J., Mayman, M., & Manis M. (1993). The illusion of mental health. *American Psychologist*, *48*, 1117-1131.
Shedler, J., Mayman, M., & Manis M. (1994). More illusions. *American Psychologist*, *49*, 974-976.

Sherman, S. J., Cialdini, R. B., Schwartzman, D. F., & Reynolds, K. D. (1985). Imagining can heighten or lower the perceived likelihood of contracting a disease: The mediating effect of ease of imagery. *Personality and Social Psychology Bulletin, 11*, 118-127.

Sherman, S. J., Skov, R. B., Hervitz, E. F., & Stock, C. B. (1981). The effects of explaining hypothetical future events: From possibility to probability to actuality and beyond. *Journal of Experimental Social Psychology, 17*, 142-158.

Sherman, S. J., Zehner, K. S., Johnson, J., & Hirt, E. R. (1983). Social explanation: The role of timing, set, and recall on subjective likelihood estimates. *Journal of Personality and Social Psychology, 44*, 1127-1143.

Shipley, Jr., T. E., & Veroff, J. (1952). A projective measure of need for affiliation. *Journal of Experimental Psychology, 43*, 349-356.

Showers, C. (1992). The motivational and emotional consequences of considering positive or negative possibilities for an upcoming event. *Journal of Personality and Social Psychology, 63*, 474-484.

Simonton, O. C., Matthews-Simonton, S., & Creighton, J. (1978). *Getting well again*. Los Angeles, CA: Tarcher.

Simpson, J. A., Campbell, B., & Berscheid, E. (1986). The association between romantic love and marriage: Kephart (1967) twice revisited. *Personality and Social Psychology Bulletin, 12*, 363-372.

Singer, D. G., & Singer, J. L. (1990). *The house of make-believe: Children´s play and the developing imagination*. Cambridge, MA: Harvard University Press.

Singer, J. L. (1966). *Daydreaming*. New York: Random House.

Singer, J. L. (1975). Navigating the stream of consciousness: Research in daydreaming and related inner experience. *American Psychologist, 30*, 727-738.

Singer, J. L. (1988). Sampling ongoing consciousness and emotional experience: Implications for health. In M. J. Horowitz (Ed.), *Psychodynamics and cognition* (pp. 297-346). Chicago: University of Chicago Press.

Singer, J. L. (1990). *Repression and dissociation: Implications for personality theory, psychopathology, and health*. Chicago: University of Chicago Press.

Singer, J. L., & Antrobus, J. S. (1963). A factor-analytic study of daydreaming and conceptually-related cognitive and personality variables. *Perceptual and Motor Skills, 17*, 187-209 (Monograph Suppl. No. 3-V17).

Singer, J. L., & Antrobus, J. S. (1972). Daydreaming, imaginal processes, and personality: A normative study. In P. W. Sheehan (Ed.), *The function and nature of imagery* (pp. 175-202). New York: Academic Press.

Singer, J. L., & Brown, S. L. (1977). The experience-type: Some behavioral correlates and theoretical implications. In M. A. Rickers-Ovsiankina (Ed.) *Rorschach psychology* (pp. 325-374) Huntington, NY: Krieger.

Singer, J. L., & McCraven, V. G. (1961). Some characteristics of adult daydreaming. *Journal of Psychology, 51*, 151-164.

Singer, J. L., & Pope, K. S. (1978). The use of imagery and fantasy techniques in psychotherapy. In J. L. Singer & K. S. Pope, *The power of human imagination* (pp. 3-34). New York & London: Plenum Press.

Singer, J. L., & Schonbar, R. A. (1961). Correlates of daydreaming: A dimension of self-awareness. *Journal of Consulting Psychology, 25*, 1-16.

Sitharthan, T., & Kavanagh, D. J. (1990). Role of self-efficacy in predicting outcomes from a program for controlled drinking. *Drug and Alcohol Dependence, 27*, 87-94.

Skinner, B. F. (1938). *The behavior of organisms: An experimental analysis*.New York: Appleton-Century-Crofts.

Skinner, B. F. (1950). Are theories of learning necessary ? *Psychological Review, 57*, 193-216.

Skinner, B. F. (1953). *Science and human behavior*. New York: Free Press.

Skinner, B. F. (1987, May). Outlining a science of feeling. *Times Literary Supplement*, 1-5.

Skinner, E. A., Chapman, M., & Baltes, P. B. (1988). Control, means-ends, and agency beliefs: A new conceptualization and its measurement during childhood. *Journal of Personality and Social Psychology*, *54*, 117-133.

Sklar, L. S., & Anisman, H. (1979). Stress and coping factors influence tumor growth. *Science*, *205*, 513-515.

Sklar, L. S., & Anisman, H. (1981). Stress and cancer. *Psychological Bulletin*, *89*, 369-406.

Sliosberg, S. (1934). Zur Dynamik des Ersatzes in Spiel- und Ernstsituationen. *Psychologische Forschung*, *19*, 122-181.

Smith, J., & Baltes, P. B. (1990). Wisdom-related knowledge: Age/ cohort differences in response to life planning problems. *Developmental Psychology*, *26*, 494- 505.

Smith, J., Staudinger, U. M., & Baltes, P. B. (1994). Occupational settings facilitative of wisdom-related knowledge: The sample case of clinical psychologists. *Journal of Consulting and Clinical Psychology*, *62*, 989-1000.

Snyder, C. R., Harris, C., Anderson, J. R., Holleran, S. A., Irving, L. M., Sigmon, S. T., Yoshinobu, L., Gibb, J., Langelle, C., & Harney, P. (1991). The will and the ways: Development and validation of an individual-differences measure of hope. *Journal of Personality and Social Psychology*, *60*, 570-585.

Snyder, C. R., & Higgins, R. L. (1988). Excuses: Their effective role in the negotiation of reality. *Psychological Bulletin*, *104*, 23-25.

Sobal, J., & Stunkard, A. J. (1989). Socioeconomic status and obesity: A review of the literature. *Psychological Bulletin*, *105*, 260-275.

Spence, K. W. (1956). *Behavior theory and conditioning*. New Haven, CT: Yale University Press.

Sprecher, S., Aron, A., Hatfield, E., Cortese, A., Potapova, E., & Levitskaya, A. (1994). Love: American style, Russian style, and Japanese style. *Personal Relationships*, *1*, 349-369.

Staffieri, J. R. (1967). A study of social stereotype of body image in children. *Journal of Personality and Social Psychology*, *7*, 101-104.

Starker, S. (1974). Two modes of visual imagery. *Perceptual and Motor Skills*, *38*, 649-650.

Statistisches Bundesamt. (1992). Bevölkerung und Erwerbstätigkeit, Serie 1, Reihe 3. In *Veröffentlichungen des Statistischen Bundesamtes*. Stuttgart: Kohlhammer.

Staudinger, U. M. (1989). *The study of life review: An approach to the investigation of intellectual development across the life span*. Berlin: Edition Sigma.

Staudinger, U. M., & Baltes, P. B. (1994). The psychology of wisdom. In R. J. Sternberg (Ed.), *Encyclopedia of intelligence* (pp. 1143-1152). New York: MacMillan.

Staudinger, U. M., & Dittmann-Kohli, F. (1994). Lebenserfahrung und Lebenssinn. In P. B. Baltes, J. Mittelstraß & U. M. Staudinger (Hrsg.), *Alter und Altern: Ein interdisziplinärer Studientext zur Gerontologie* (S. 408-436). Berlin: DeGruyter.

Staudinger, U. M., Smith, J., & Baltes, P. B. (1992). Wisdom-related knowledge in a life review task: Age differences and the role of professional specialization. *Psychology and Aging*, *7*, 271-281.

Steele, C. M. (1988). The psychology of self-affirmation: Sustaining the integrity of the self. In L. Berkowitz (Ed.), *Advances in experimental social psychology* (Vol. 21, pp. 261-302). San Diego, CA: Academic Press.

Steffy, B. D., Shaw, K. N., & Noe, A. W. (1989). Antecedents and consequences of job search behaviors. *Journal of Vocational Behavior*, *35*, 254-269.

Stein, J. (Ed.). (1982). *The Random House dictionary of the English language* (unabridged ed.). New York: Random House.

Stendhal, de (Beyle, H.) (1822/1922). Über die Liebe. In F. von Oppeln-Bronikowski (Hrg.), *Gesammelte Werke,* Band IV. Berlin: Propyläen.

Stephan, W., Berscheid, E., & Walster, E. (1971). Sexual arousal and heterosexual perception. *Journal of Personality and Social Psychology*, *20*, 93-101.

Stephenson, W. (1953). *The study of behavior: Q-technique and its methodology*. Chicago: University of Chicago Press.

Sternberg, R. J. (1986). A triangular theory of love. *Psychological Review*, *93*, 119-135.

Sternberg, R. J., & Barnes, M. L. (Eds.). (1988). *The psychology of love*. New Haven, CT: Yale University Press.

Stipek, D. J. (1984). The development of achievement motivation. In R. Ames & C. Ames (Eds.), *Research on motivation in education: Student motivation* (Vol. 1, pp. 145-174). San Diego, CA: Academic Press.

Stotland, S., & Zuroff, D. C. (1991). Relations between multiple measures of dieting self-efficacy and weight change in a behavioral weight control program. *Behavior Therapy*, *22*, 47-59.

Stotland, S., Zuroff, D. C., & Roy, M. (1991). Situational dieting self-efficacy and short-term regulation of eating. *Appetite*, *17*, 81-90.

Strauss, J., Doyle, A. E., & Kreipe, R. E. (1994). The paradoxical effect of diet commercials on reinhibition of dietary restraint. *Journal of Abnormal Psychology*, *103*, 441-444.

Strupp, H. H., Fox, R., & Lessler, K. (1969). *Patients view their psychotherapy*. Baltimore: Hopkins.

Stunkard, A. J. (1976). *The pain of obesity*. Palo Alto, CA: Bull Publishing.

Stunkard, A. J. (1988). Some perspectives of human obesity: Its causes. *Bulletin of the New York Academy of Medicine*, *64*, 902-923.

Stunkard, A. J., Harris, J. R., Pedersen, N. L., & McClearn, G. E. (1990). The body-mass index of twins who have been reared apart. *New England Journal of Medicine*, *322*, 1483-1487.

Stunkard, A. J., & Wadden, T. A. (1992). Psychological aspects of severe obesity. *American Journal of Clinical Nutrition*, *55*, 524S-532S.

Sullivan, H. S. (1953). *The interpersonal theory of psychiatry*. New York: Norton.

Suls, J., & Fletcher, B. (1985). The relative efficacy of avoidant and nonavoidant coping strategies: A meta-analysis. *Health Psychology*, *4*, 249-288.

Suls, J., & Wan, C. K. (1989). Effects of sensory and procedural information on coping with stressful medical procedures and pain: A meta-analysis. *Journal of Consulting and Clinical Psychology*, *57*, 372-379.

Super, D. E., & Hall, D. T. (1978). Career development: Exploration and planning. *Annual Review of Psychology,* 29, 333-372.

Sweeney, P. D., Anderson, K., & Bailey, S. (1986). Attributional style in depression: A meta-analytic review. *Journal of Personality and Social Psychology*, *50*, 974-991.

Tabachnick, B. G., & Fidell, L. S. (1989). *Using multivariate statistics* (2nd ed.). New York: Harper & Row.

Taylor, C. B., Bandura, A., Ewart, C. K., Miller, N. H., & DeBusk, R. F. (1985). Exercise testing to enhance wives' confidence in their husbands' cardiac capability soon after clinically uncomplicated acute myocardial infarction. *American Journal of Cardiology*, *55*, 635-638.

Taylor, I. (1983). *William James on exceptional mental states: The 1896 Lowell Lectures*. New York: Scribner & Sons.

Taylor, S. E. (1983). Adjustment to threatening events. *American Psychologist*, *38*, 1161-1173.

Taylor, S. E. (1989). *Positive illusions: Creative self-deception and the healthy mind*. New York: Basic Books.

Taylor, S. E. (1991). *Health psychology* (2nd ed.). New York: McGraw-Hill.

Taylor, S. E., & Brown, J. D. (1988). Illusion and well-being: A social psychological perspective on mental health. *Psychological Bulletin*, *103*, 193-210.

Taylor, S. E., & Brown, J. D. (1994a). Positive illusions and well-being revisited: Separating fact from fiction. *Psychological Bulletin*, *116*, 21-27.

Taylor, S. E., & Brown, J. D. (1994b). "Illusions" of mental health does not explain positive illusions. *American Psychologist, 49*, 972.

Taylor, S. E., & Gollwitzer, P. M. (1995). Effects of mindset on positive illusions. *Journal of Personality and Social Psychology*, *69*, 213-226.
Taylor, S. E., Kemeny, M. E., Aspinwall, L. G., Schneider, S. G., Rodriguez, R., & Herbert, M. (1992). Optimism, coping, psychological distress, and high-risk sexual behavior among men at risk for acquired immunodeficiency syndrome (AIDS). *Journal of Personality and Social Psychology*, *63*, 460-473.
Taylor, S. E., Lichtman, R. R., & Wood, J. V. (1984). Attributions, beliefs about control, and adjustment to breast cancer. *Journal of Personality and Social Psychology*, *46*, 489-502.
Taylor, S. E., & Lobel, M. (1989). Social comparison activity under threat: Downward evaluation and upward contacts. *Psychological Review*, *96*, 569-575.
Taylor, S. E., & Pham L. B. (1996). Mental simulation, motivation, and action. In P. M. Gollwitzer & J. A. Bargh (Eds.), *The psychology of action: Linking cognition and motivation to behavior*. New York: Guilford.
Taylor, S. E., & Schneider, S. K. (1989). Coping and the simulation of events. *Social Cognition*, *7*, 174-194.
Tecker, G. (Hrsg.). (1989). *Morbus Crohn - Colitis ulcerosa: Mit der Darmerkrankung leben*. Stuttgart: TRIAS.
Tennen, H., & Herzberger, S. (1986). Attributional style questionnaire. In D. J. Keyser & R. C. Sweetland (Eds.), *Test critiques* (Vol. 4, pp. 20-32). Kansas City: Test Corporation of America.
Tennov, D. (1979). *Love and limerence*. New York: Stein & Day.
Thorndike, E. L. (1911). *Animal intelligence: Experimental studies*. New York: Macmillan.
Tice, D. M. (1991). Esteem protection or enhancement? Self-handicapping motives and attributions differ by trait self-esteem. *Journal of Personality and Social Psychology*, *60*, 711-725.
Titchener, E. B. (1896). *An outline of psychology*. New York: Macmillan.
Tolman, E. C. (1932/1967). *Purposive behavior in animals and men*. New York: Appleton-Century-Crofts.
Tolman, E. C., & Honzik, C. H. (1930). Introduction and removal of reward, and maze performance in rats. In W. Brown, E. C. Tolman & H. E. Jones (Eds.), *University of California Publications in Psychology* (Vol. 4, pp. 257-275). Berkeley, CA: University of California Press.
Toshima, M. T., Kaplan, R. M., & Ries, A. L. (1990). Experimental evaluation of rehabilitation in chronic obstructive pulmonary disease: Short-term effects on exercise endurance and health status. *Health Psychology*, *9*, 237-252.
Toshima, M. T., Kaplan, R. M., & Ries, A. L. (1992). Self-efficacy expectancies in chronic obstructive pulmonary disease rehabilitation. In R. Schwarzer (Ed.), *Self-efficacy: Thought control of action* (pp. 325-354). Washington, DC: Hemisphere.
Trope, Y. (1975). Seeking information about one's own ability as a determinant of choice among tasks. *Journal of Personality and Social Psychology*, *32*, 1004-1013.
Trope, Y., & Brickman, P. (1975). Difficulty and diagnosticity as determinants of choice among tasks. *Journal of Personality and Social Psychology*, *31*, 918-925.
Truax, C. B., & Mitchell, K. M. (1971). Research on certain therapist interpersonal skills in relation to process and outcome. In A. E. Bergin & S. L. Garfield (Eds.), *Handbook of psychotherapy and behavior change*. New York: Wiley.
Tversky, A., & Kahnemann, D. (1973). Availability: A heuristic for judging frequency and probability. *Cognitive Psychology*, *5*, 207-232.
Vaillant, G. E. (1977). *Adaptation to life*. Boston: Little, Brown.
Vaillant, G. E., & Vaillant, C. O. (1990). Natural history of male psychological health, XII: A 45-year study of predictors of successful aging at age 65. *American Journal of Psychiatry*, *147*, 31-37.
Valkenburg, P. M., & van der Voort, T. H. A. (1994). Influence of TV on daydreaming and creative imagination: A review of research. *Psychological Bulletin*, *116*, 316-339.

Van Itallie, T. B. (1985). Health implications of overweight and obesity in the United States. *Annals of Internal Medicine*, *103*, 983-988.
Varendonck, J. (1921). *The psychology of day-dreams*. New York: Macmillan.
Veroff, J. (1957). Development and validation of a projective measure of power motivation. *Journal of Abnormal and Social Psychology*, *54*, 1-8.
Veroff, J. (1992a). Power motivation. In C. P. Smith (Ed.), *Motivation and personality. Handbook of thematic content analysis* (pp. 278-285). New York: Cambridge University Press.
Veroff, J. (1992b). A scoring manual for the power motive. In C. P. Smith (Ed.), *Motivation and personality: Handbook of thematic content analysis*. New York: Cambridge University Press.
Visintainer, M. A., Volpicelli, J. R., & Seligman, M. E. P. (1982). Tumor rejection in rats after inescapable or escapable shock. *Science*, *216*, 437-439.
Vrana, S. R., Cuthbert, B. N., & Lang, P. J. (1989). Processing fearful and neutral sentences: Memory and heart rate change. *Cognition and Emotion*, *3*, 179-195.
Wadden, T. A., Foster, G. D., & Letizia, K. A. (1990). *Long-term treatment of obesity with and without very-low-calorie diet*. Unpublished manuscript: University of Pennsylvania.
Wadden, T. A., Sternberg, J. A., Letizia, K. A., Stunkard, A. J., & Foster, G. D. (1989). Treatment of obesity by very low calorie diet, behavior therapy, and their combination: A five-year perspective. *International Journal of Obesity*, *13*, 39-46.
Wadden, T. A., & Stunkard, A. J. (1986). Controlled trial of very low calorie diet, behavior therapy, and their combination in the treatment of obesity. *Journal of Consulting and Clinical Psychology*, *54*, 482-488.
Wadden, T. A., Stunkard, A. J., & Liebschutz, J. (1988). Three-year follow-up of the treatment of obesity by very low calorie diet, behavior therapy, and their combination. *Journal of Consulting and Clinical Psychology*, *56*, 925-928.
Wadden, T. A., & van Itallie, T. B. (1992). *Treatment of the seriously obese Patient*. New York: Guilford.
Wallerstein, R. S. (1989). The psychotherapy research project of the Menninger Foundation: An overview. *Journal of Consulting and Clinical Psychology*, *57*, 195-205.
Watson, J. B. (1913). Psychology as the behaviorist views it. *Psychological Review*, *20*, 158-177.
Watson, J. B. (1919/1924). *Psychology from the standpoint of a behaviorist* . Philadelphia: Lippincott.
Watson, J. B. (1925/1930). *Behaviorism*. New York: Norton.
Wegner, D. M., Lane, J. D., & Dimitri, S. (1994). The allure of secret relationships. *Journal of Personality and Social Psychology*, *66*, 287-300.
Weinberg, R., Gould, D., & Jackson, A. (1979). Expectations and performance: An empirical test of Bandura's self-efficacy theory. *Journal of Sport Psychology*, *1* , 320-331.
Weinberger, D. A., Schwartz, G. E., & Davidson, R. J. (1979). Low-anxious, high-anxious, and repressive coping styles: Psychometric patterns and behavioral physiological responses to stress. *Journal of Abnormal Psychology*, *88*, 369-380.
Weinberger, J., & McClelland, D. C. (1990). Cognitive versus traditional motivational models: Irreconcilable or complementary? In E. T. Higgins & R. M. Sorrentino (Eds.), *Handbook of motivation and cognition: Foundations of social behavior* (Vol. 2). New York: Guilford.
Weiner, B. (Ed.). (1974). *Achievement motivation and attribution theory*. Morristown, NJ: General Learning Press.
Weiner, B. (1980). *Human motivation*. New York: Holt, Rinehart & Winston.
Weiner, B. (1985). An attributional theory of achievement motivation and emotion. *Psychological Review*, *92*, 548-573.
Weiner, H. M. (1977). *Psychobiology and human disease*. New York: Elsevier North-Holland.

Weinstein, N. D. (1980). Unrealistic optimism about future life events. *Journal of Personality and Social Psychology*, *39*, 806-820.
Weinstein, N. D. (1982). Unrealistic optimism about susceptibility to health problems. *Journal of Behavioral Medicine*, *5*, 441-460.
Wells, G. L., & Gavanski, I. (1989). Mental simulation of causality. *Journal of Personality and Social Psychology*, *56*, 161-169.
Wicklund, R. A. (1979). The influence of self-awareness on human behavior. *American Scientist*, *67*, 187-193.
Wicklund, R. A., & Eckert, M. (1992). *The self-knower: A hero under control*. New York & London: Plenum Press.
Wicklund, R. A., & Gollwitzer, P. M. (1982). *Symbolic self-completion*. Hillsdale, NJ: Erlbaum.
Widaman, K. F., Geary, D. C., Cormier, P., & Little, T. D. (1989). A componential model for mental addition. *Journal of Experimental Psychology: Learning, Memory, and Cognition*, *15*, 898-919.
Wilson, S. C., & Barber, T. X. (1983). The fantasy-prone personality: Implications for understanding imagery, hypnosis, and parapsychological phenomena. In A. A. Sheikh (Ed.), *Imagery: Current theory, research, and application* (pp. 340-387). New York: Wiley.
Wilson, T. D. (1994). The proper protocol: Validity and completeness of verbal reports. *Psychological Science*, *5*, 249-252.
Winter, D. G. (1973). *The power motive*. New York: Free Press.
Wood, J. V., Taylor, S. E., & Lichtman, R. R. (1985). Social comparison and adjustment to breast cancer. *Journal of Personality and Social Psychology*, *49*, 1169-1183.
Woodworth, R. S. (1918). *Dynamic psychology*. New York: Columbia University Press.
Wortman, C. B., & Brehm, J. W. (1975). Responses to uncontrollable outcomes: An integration of reactance theory and the learned helplessness model. In L. Berkowitz (Ed.), *Advances in experimental social psychology* (Vol. 8, pp. 277-336). New York: Academic Press.
Wright, R. A. (1996). Brehm´s theory of motivation as a model of effort and cardiovascular response. In P. M. Gollwitzer & J. A. Bargh (Eds.), *The psychology of action: Linking cognition and motivation to behavior*. New York: Guilford.
Young, P. T. (1936). *Motivation of behavior*. New York: Wiley.
Zachariae, R., Hansen, J. B., Andersen, M., Jinquan, T., Petersen, K. S., Simonsen, C., Zachariae, C., & Thestrup-Pedersen, K. (1994). Changes in cellular immune function after immune specific guided imagery and relaxation in high and low hypnotizable healthy subjects. *Psychotherapy and Psychosomatics*, *61*, 74-92.
Zachariae, R., Kristensen, J. S., Hokland, P., Ellegaard, J., Metze, E., & Hokland, M. (1990). Effect of psychological intervention in the form of relaxation and guided imagery on cellular immune function in normal healthy subjects. *Psychotherapy and Psychosomatics*, *54*, 32-39.
Zajonc, R. B. (1960). The process of cognitive tuning in communication. *Journal of Abnormal Psychology*, *61*, 159-167.
Zeigarnik, B. (1927). Das Behalten von erledigten und unerledigten Handlungen. *Psychologische Forschung*, *9*, 1-85.
Zillmann, D. (1978). Attribution and misattribution of excitatory reactions. In J. H. Harvey, W. Ickes, R. F. Kidd (Eds.), *New directions in attribution research* (Vol. 2, pp. 335-368). Hillsdale, NJ: Erlbaum.
Zullow, H. M., Oettingen, G., Peterson, C., & Seligman, M. E. P. (1988). Pessimistic explanatory style in the historical record. *American Psychologist*, *43*, 673-682.

Autorenverzeichnis

In der Reihe MOTIVATIONSFORSCHUNG sind bisher folgende Bände erschienen

Band 1: Motivation unter Erfolgsrisiko
von Klaus Schneider

Band 2: Leistung und Chancengleichheit
von Heinz Heckhausen

Band 3: Motivation und Berufswahl
von Uwe Kleinbeck

Band 4: Häusliche Umwelt und Motiventwicklung
von Clemens Trudewind

Band 5: Studienmotivation und Studienverhalten
von Bernd-Achim Wilcke

Band 6: Die Messung des Leistungsmotivs
von Heinz-Dieter Schmalt

Band 7: Aggression und Katharsis
von Horst Zumkley

Band 8: Leistungsbewertung und Lernmotivation
von Falko Rheinberg

Band 9: Fähigkeit und Motivation in erwartungswidriger Schulleistung
herausgegeben von Heinz Heckhausen

Band 10: Motivationsförderung im Unterricht
von Gerburgis Weßling-Lünnemann

Band 11: Zweck und Tätigkeit
von Falko Rheinberg

Band 12: Hilflosigkeit, Depression und Handlungskontrolle
von Joachim C. Brunstein

Band 13: Abwägen und Planen
von Peter M. Gollwitzer

Band 14: Emotion und Volition
von Kurt Sokolowski

Band 15: Motivation nach Mißerfolg
von Joachim C. Brunstein